発達支援の意味と役割

発達支援の技法と理論

発達支援の日常実践

発達支援に関わる制度

発達支援と医療

発達支援学
その理論と実践
育ちが気になる子の子育て支援体系

加藤正仁・宮田広善………監修
全国児童発達支援協議会（CDS JAPAN）………編集

協同医書出版社

はじめに

　二十世紀後半からのこの半世紀余の間に私たちを取り巻く社会状況は医療の進歩、情報化社会の拡大、人権意識の高まりと福祉制度の充実、少子高齢化社会の到来、地方分権化、価値観の多様化や家族形態の多様化など日常生活のさまざまな面において過去のどの時代よりも激しく大きな変化を遂げてきているのではないだろうか。そして当然のことながら「発達が気になる子どもの育ち、学び、暮らし」もそうしたことと無縁ではあり得ないということは自明のことであろう。

　こうした社会状況に対応して、発達が気になる子どもの発達支援・家族支援・地域生活支援に関わる関係者は1990年代初め頃から支援のあり方について定期的に議論を重ねてきている。たとえば、当時すでに支援機関を利用する子どもの低年齢化、鑑別診断前の気になる子どもの増加、支援課題の多様化・重複化・重度化、保育所・幼稚園との併行通園化、療育・支援技法の進歩などを受け、我が国の障害児福祉施策の不十分さと制度疲労などが話題になり課題として受け止められていた。

　1996年には「発達支援センター」全国整備計画案を、知的障害児通園施設、肢体不自由児通園施設、難聴幼児通園施設の代表者からなる3種別通園療育懇話会の試案として当時の厚生省所管に提出をしている。その後、今日の児童デイサービス事業の関係者も参加する中で、たとえば障害児（者）地域療育等支援事業、障害児通園施設の相互利用制度、重症心障害児の通園事業制度、保育所との併行通園制度などの具体的制度化にも尽力してきた。

　そして2006年には障害者自立支援法が児童関係者にとっては多くの問題点を含みながらも施行され、2010年末にはその一部改正が現在検討中の障がい者総合福祉法の制定までの間の中継ぎ法として制定された。内容的には子どもの施策については、まさに20年前の当時から関係者間で議論し、煮詰められてきた「エリアメイキング」「子育て支援」「ティームアプローチ」「地域ネットワーキング」「障がいの一元化」「サービスのアウトリーチ化」などがこの間の時の熟成経過を経てやっと実現しようとしている。

　しかし「どこに生まれ、育ち、生きようとも、子どもはもちろんその家族にとっても、必要なサービスが、必要な時に、必要なだけ活用できる社会、まさに尊厳をもって誰もが輝いて生きられる社会」を目指してのソーシャルアクションが我々のミッションであることを確認するにつけても未だ地域間格差や事業所間格差は大きいという現実は残念ながら関係者なら誰しもが認めざるを得ないところであろう。

　一方、3種別通園療育懇話会は、その後児童デイ事業関係者も加わった全国発達支援4通園連絡協議会として活動を重ね、さらには障害者自立支援法の3年後の見直しによる一部改正法案の中で取り上げられた「障害種別等で分かれている施設の一元化」を受けて、

全国児童発達支援協議会（The Council of Developmental Support Center, Japan）として大同団結をはかり、2010年6月に改めて正式発足をしたところである。

その前年、2009年に厚生労働省の平成21年度障害者保健福祉推進事業「障害児施設の一元化に向けた職員養成に関する調査研究事業」を加藤正仁を主任研究者として全国児童発達支援協議会が受託実施した。その研究内容は発達支援関係者の長年の研究成果を踏まえながらも、施設一元化に向けて関係者が当面する具体的課題の一つであるハード面、ソフト面での「地域間格差」や「事業所間格差」に「施設種別間格差」を加えて、それらをどのように是正するか、一定水準以上の支援サービスをどのように確保し平準化するか、そのための課題は何かということについて調査研究をするというものであった。

中でも発達支援者としての優れた人材をどのように養成するかはどこの現場にあっても腐心を余儀なくさせられる悩ましいテーマである。どのようなプログラムで、どのようなテキストを使って、どのような場で、どのようなやり方で養成をおこなえばよいのか等課題は尽きない。そうした模索途上の第一歩として、我々のこの調査研究事業で模擬研修会の実施やそのためのテキスト作りも同時並行して行ってきた。

本書は研究班が職員養成のためのテキストブックとして企画・作成・提案したものを基本にしつつ、もっと我が国の子どもの育ち支援に係わる保育者・教師・療法士・療育士などさまざまな関係者にも活用していただこうと願ってできたものである。

そしてこの出版を契機にして我が国でははじめてとなるであろう「発達支援学」という概念をここに提案し、発達支援と言う課題に求められる理念や視点、システム、技法、領域、関連分野等についてトータルに概観し、理解し、実践しようとするものである。

人としての有り様はどこまでもグラデション的である。その意味では本書は乳幼児期や学齢期を中心とした発達期にある子どもの理解とその支援、子育てに悩む家族の理解とその支援などに有効且つ適切な視点、気づき、スキル、情報を与えてくれるものとなるであろう。総合的な子育て支援書として関係者に広く活用いただけたらと願うものである。

本書が作成されることに対してご理解とご執筆をいただいた方々には衷心より御礼を申し上げる。また原稿をいただいてからの1年余の間に急逝された宇佐川浩先生と庄司順一先生には完成した本書を見ていただくことが出来なかったことが悔やまれるが、心からお許しを願いつつご冥福を祈るばかりである。合掌

補記：本書では「障害」と言う表記を「障がい」と表記している箇所もある。この点については昨今の議論が未だ統一的な決着状況にないことから敢えて統一表記としないで執筆者の考えに委ねることとした。

2011年2月

加藤正仁

執筆者一覧（五十音順）

青木　建（国立武蔵野学院）
天野珠路（日本女子体育大学体育学部幼児発達学専攻）
石塚謙二（文部科学省初等中等教育局特別支援教育課）
市川奈緒子（白梅学園大学子ども学部）
宇佐川浩（故人）（元 淑徳大学社会福祉学部）
内山　勉（難聴幼児通園施設 富士見台聴こえとことばの教室）
内山登紀夫（よこはま発達クリニック／福島大学人間発達文化学類）
大石幸二（立教大学現代心理学部）
太田篤志（姫路獨協大学医療保健学部）
大塚　晃（上智大学総合人間学部）
大場信一（財団法人鉄道弘済会 児童養護施設札幌南藻園）
大森美依奈（小金井眼科クリニック）
加藤　淳（全国発達支援通園事業連絡協議会／デイサービスちよだ）
加藤正仁（社会福祉法人からしだね うめだ・あけぼの学園）
金沢俊文（社会福祉法人麦の子会 むぎのこ）
岸　良至（社会福祉法人こぐま福祉会）
北川聡子（社会福祉法人麦の子会 知的障害児通園施設むぎのこ）
北原　佶（鳥取県立総合療育センター）
近藤直子（日本福祉大学子ども発達学部）
坂井　聡（香川大学教育学部）
佐々木信一郎（社会福祉法人聖母愛真会こじか「子どもの家」）
佐島　毅（筑波大学大学院人間総合科学研究科）
佐竹恒夫（横浜市総合リハビリテーションセンター）
里見恵子（大阪府立大学人間社会学部）
塩永淳了（社会福祉法人こぐま福祉会 こぐま学園）
繁成　剛（東洋大学ライフデザイン学部）
清水直治（東洋大学文学部）
庄司順一（故人）（元 青山学院大学教育人間科学部）
髙橋摩理（昭和大学歯学部口腔衛生学教室）
竹谷志保子（社会福祉法人からしだね うめだ・あけぼの学園）
玉井邦夫（大正大学人間学部）
辻　薫（大阪発達総合療育センター南大阪療育園）
津田　望（のぞみ発達クリニック）
土野研治（日本大学芸術学部）
長瀬　修（東京大学大学院経済学研究科）
西牧謙吾（国立特別支援教育総合研究所）
舩越知行（目白大学人間学部）
嶺井正也（専修大学経営学部）
宮田広善（姫路市総合福祉通園センター）
山根希代子（広島市西部こども療育センター）
米川　晃（社会福祉法人 柏学園）

目　次

はじめに　iii

執筆者一覧（五十音順）　v

第1部　発達支援の意味と役割　1

1.1　発達支援の意味と課題
（加藤正仁）………2

子どもを取り巻く社会事情　2／支援者としての基本的な視点　6／乳幼児がおかれている特異的な状況　7／発達支援者が取り組むべき具体的な支援の枠組みと支援課題　8

1.2　家族支援について
（大塚　晃）………11

家族とは何か　11／障がいのある家族とはどのようなものか　11／家族の支援をどのように考えるか　13／具体的な家族支援のツールとは　13／家族支援のためにサービスを使う　14／家族支援のための使える障害福祉サービスとは　15／障がい児の支援の見直しと家族支援　17

1.3　親の障がい受容とメンタルヘルス
（北川聡子）………21

障がいの受容についてのアプローチの現状　21／障がいの告知―それぞれの場合　21／障がい児と喪失　22／障がい児が生まれたのは自分のせい？―罪悪感　23／告知と心的外傷―怒りについて　23／心理的なノーマライゼーションとは―慢性的悲哀　24／虐待の予防について　25／ネガティブな感情は「問題」ではなく、「解決」へのプロセスである　26／レジリアンシーについて　26／家族システム　27／未来が豊かになっていくために　28

1.4　ノーマライゼーションと統合保育
（近藤直子）………29

統合保育制度の歴史と現状　29／統合保育を進めるうえでの基本的視点　30／統合保育における取り組みへの支援　32／父母と共に手をつないで　35

1.5　アセスメントとチームアプローチ
（市川奈緒子）………37

乳幼児の発達支援におけるアセスメント　37／乳幼児の発達支援におけるチームアプローチ　41

1.6　個別支援計画について
（金沢俊文）………46

個別支援計画とは　46／個別支援計画（発達支援プラン）作成のポイント　49／個別支援計画の参考例　55

1.7　就学支援について
（西牧謙吾）………57

特別支援教育をめぐる動向　57／乳幼児期から学校卒業後まで一貫した相談支援体制の整備　60／保護者の支援　61／就学支援の新しい視点　65

1.8 発達支援と児童虐待
(玉井邦夫) ……… 67

子ども虐待の現状とメカニズム 67／子ども虐待と発達障がい 68／発達支援と家族支援 70／家族支援にあたって 73

1.9 子どもの権利条約と障がい乳幼児
(大場信一) ……… 75

「社会的養護」の動向 75／子どものウェルビーイングの実現への過程 76／擁護されなければならない子どもの権利 77／障がいのある子どもの権利 79／障がいのある乳幼児のウェルビーイング 79／親、保護者への支援 81

1.10 自立支援協議会と地域ネットワーク
(宮田広善) ……… 84

障がい児支援における地域ネットワークの重要性 84／地域自立支援協議会の機能と重要性 84／地域ネットワークにおける地域自立支援協議会の役割 85／市町村行政と地域自立支援協議会との関係 86／障がい児支援における地域自立支援協議会の役割 87／兵庫県姫路市における地域自立支援協議会の例 88／誰もが安心して暮らせる地域を創るために 90

第2部 発達支援の技法と理論 93

2.1 行動分析学の考え方とその実際
(大石幸二) ……… 94

行動分析学の考え方 94／応用行動分析の特徴 95／行動形成の実際 95／計画的無視の実際 96／自己管理の実際 97／子どもの好みと日ごろの取り組み 98／応用行動分析の適用範囲 99

2.2 ポーテージ・プログラムの考え方とその実際
(清水直治) ……… 101

障がいのある乳幼児の早期教育と家族支援のために 101／ポーテージ・プログラムの理念と構成 104／ポーテージ・プログラムによる指導の実際 107

2.3 TEACCHの考え方とその実際
(内山登紀夫) ……… 112

TEACCHの理念 112／構造化の考え方を具体化すると 116／構造化はいつまで必要か？ 119／まとめにかえて〜TEACCHは柔軟 119

2.4 モンテッソーリ法の考え方とその実際
(佐々木信一郎) ……… 121

モンテッソーリ法の歴史的意義 121／日本における展開 121／感覚教育 128／他の療法との補完 130

2.5 インリアル・アプローチの考え方とその実際
(里見恵子) ……… 132

インリアル・アプローチとは 132／インリアル・アプローチの対象 132／インリアル・アプローチの方法 133／言語・コミュニケーションの発達に沿った援助 134／インリアル・アプローチの実際 135

2.6 AACの考え方とその実際
(坂井聡) ……… 139

ICIDHからICFへ 139／自己決定と自立 141／AACについて 142／事例から 144／どう考えればいいのか 149

2.7 非音声言語手段による言語指導の考え方とその実際
（津田　望）……… 152
非音声による言語システムの研究開始の背景　152／発達障がい乳幼児への早期からの適用の効果　152／さまざまな非音声言語手段　154

2.8 音楽療法の考え方とその実際
（土野研治）……… 161
音楽療法の定義　161／音楽の特性　161／音楽療法の構造　162／実践　164／使用する音楽について　165／子どもの音楽療法表現を考える視点　166／配慮点　166

2.9 感覚統合療法の考え方とその実際
（太田篤志）……… 168
感覚統合とは　168／「共感的理解を基盤とした支援」のために　171／子どもたちの行動理解と支援の考え方　172／遊び活動として感覚統合療法を活用するためのポイント　176

2.10 脳性麻痺の運動障がいの考え方とその実際
（北原　佶）……… 178
家庭や保育園・幼稚園での取り組みが重要である　178／子どもの動きを理解しよう　180／脳性麻痺の運動障がいの特徴　180／ボバース法、ボイター法、上田法について　189

2.11 スイミング療法の考え方とその実際
（舩越知行）……… 192
水の環境を活用し水に誘われる　192／療育におけるスイミングの役割（指導法の理念）　193／療育に必要な観点　195／評価の指標　197／アクティビティ　200／道具　204

2.12 ポジショニングと環境調整の考え方とその実際
（繁成　剛）……… 206
ポジショニングの考え方　206／環境調整の考え方　214

第3部　発達支援の日常実践　217

3.1 こころの育ちを育む
（庄司順一）……… 218
発達のとらえ方　218／発達段階とその特徴　222／子どもの気質　223／対人関係と自己意識の発達　225

3.2 見る力を育む
（佐島　毅）……… 228
ものを見るための3つのメカニズムとその障がい　228／基礎疾患と見えにくさの特性　231／視機能評価の方法　233／医療との連携・医療情報の包括的読み取り　235／見る力を育む指導と学習環境　235／見る力を育む指導　238

3.3 聴く力を育む
（内山　勉）……… 241
聴く力とは　241／健常乳幼児の聴覚発達　241／難聴乳幼児とコミュニケーション障がい　242／難聴児の療育方法について　243／早期療育の効果　247／他障がいを合併する難聴児の処遇　248／難聴児の早期療育体制　249

3.4 食べる力を育む
（髙橋摩理）……… 251
食べる機能の発達　251／摂食・嚥下機能障がい　254／摂食・嚥下機能療法　255／疾患別の対応　263

- 3.5 まねる力を育む
  （竹谷志保子）……… 265
  「まねる力を育む」ことの意味　265／模倣の発達と支援へのヒント　268／まねる力を育むための基本ステップ　270／まねる力のつまずきを見つける　274／まねる力と発達の障がい　274

- 3.6 粗大運動面／姿勢や移動能力を育む
  （辻　薫）……… 279
  子どもの姿勢と移動能力を育むための基本的理解　279／遊びや日常生活を通して姿勢や移動能力を育む　282／姿勢と移動を育むためのチームマネジメント　288

- 3.7 「もの」を操作する力を育む
  （岸　良至）……… 289
  「もの」の操作とは　289／「もの」の操作と感覚　291／手と素材　294

- 3.8 状況を理解する力を育む
  （宇佐川浩）……… 298
  認識する力を育てる　299／コミュニケーションの手段を育てる　301／状況理解で不適応を示すその他の要因　303／状況を理解する力をいっそう高めるための支援　304

- 3.9 コミュニケーションの力を育む
  （佐竹恒夫）……… 307
  言語・コミュニケーション療育の基礎知識　307／言語・コミュニケーション療育の実際　313

- 3.10 みんなと活動する力を育む
  （加藤　淳）……… 322
  発達段階と社会性　322／社会性を育む働きかけ　326／乳幼児期の社会性を育む　327

第4部　発達支援に関わる制度　329

- 4.1 児童福祉制度の現状とその動向
  （青木　建）……… 330
  児童福祉法の成立　330／障がいのある子どもと家族の支援　331／障がい児支援についての今後の動向　339

- 4.2 保育制度の現状とその動向－障がい児保育を中心に－
  （天野珠路）……… 344
  保育所保育指針の改定と次世代育成支援　344／障がい児保育の歴史と変遷　348／障がい児保育の現状と課題　349

- 4.3 幼児教育制度の現状とその動向－障がい幼児教育を中心に－
  （米川　晃）……… 354
  幼稚園におけるこれまでの特別支援教育の経緯　354／わが国における幼稚園の現状　354／幼稚園における障がい児保育の実状について　356／今後の課題として　359

- 4.4 特別支援教育の制度とその動向
  （石塚謙二）……… 360
  特別支援教育の基本的な考え方　360／特別支援教育の制度　362／特別支援教育の課題など　365

- 4.5 障がいのある子どもの保健医療制度とその動向
  （西牧謙吾）……… 369
  医療制度の仕組みについて　370／公費負担制度と医療給付制度　370／小児医療に関連する医療給付制度　371／障がいのある子どもに関連する保健施策　377／予防接種　381

4.6 海外の発達支援の制度とその動向
　　　　　（嶺井正也）……… 383
　　国際機関と発達支援施策　383／ECEC、ECCEを所管する行政機関　384／各国の発達支援施設　387

4.7 障害者の権利条約と子ども
　　　　　（長瀬　修）……… 391
　　障害者の権利条約への道のり　391／障害者の権利条約の主な原則　392／特に子どもに関する条文　393／推進会議第１次意見と閣議決定　399／地域生活の実現へ　401

第５部　発達支援と医療　403

発達支援と障害児医療
　　　　　（西牧謙吾、宮田広善、山根希代子、大森美依奈、内山　勉、塩永淳子）……… 404

＊「障害児医療」について　404
障害児医療とは　404／障害児医療に係る制度について　405／障害児施策の入り口としての母子保健の現状　405

＊障害の発見から発達支援の開始へ　407
障害の発見　407／障害の診断と告知　407

＊基礎疾患　408
運動機能障害（脳性麻痺、二分脊椎、神経筋疾患）　408／精神遅滞　415／発達障害（広汎性発達障害・自閉症、AD/HD、LD）　419／視覚障害　422／聴覚障害　427

＊日常の健康管理について　439
日常の健康管理と環境づくり　439／体調のチェックポイント　440／健康診断　442／歯科検診と口腔衛生　444

＊感染症対策　446
学校保健法に基づく感染症　446／MRSA　448／B型肝炎　448／予防接種　449

＊合併症とその対応　451
てんかん　451／先天性心疾患　455／呼吸障害とその対応　456／摂食嚥下障害　462／排尿障害　464／便秘　466／アレルギー　466／肥満　468／骨折・脱臼　470／不眠・生活リズムの乱れ　471／偏食　472

＊重症心身障害児　475
重症心身障害児の概念　475／超重度障害児の概念　476／「医療的ケア」について　477

＊救急対応　485
体温の異常　485／けいれん　487／気道の異物（窒息）　487／蘇生術　490

＊遺伝相談　491
遺伝とは　491／染色体とは　491／遺伝のしかた　492／出生前診断について　493／遺伝カウンセリングとは　493

索引　495

第 1 部
発達支援の意味と役割

- 1.1 発達支援の意味と課題
- 1.2 家族支援について
- 1.3 親の障がい受容とメンタルヘルス
- 1.4 ノーマライゼーションと統合保育
- 1.5 アセスメントとチームアプローチ
- 1.6 個別支援計画について
- 1.7 就学支援について
- 1.8 発達支援と児童虐待
- 1.9 子どもの権利条約と障がい乳幼児
- 1.10 自立支援協議会と地域ネットワーク

1.1　発達支援の意味と課題

1　子どもを取り巻く社会事情

　子どもの育ちを取り巻く状況は、今日的な地球的規模での社会的な変化の荒波にもまれ、あたかも激流に浮かぶ小舟のようである。いま子どもに向き合おうとしている我々が子どもと共にどこにいるのか、どこに向かおうとしているのかということに対する認識は発達支援職を専門とする者としての責務ですらあるだろう。その意味では我々自身の立ち位置をまず見定める必要があるだろう。なぜなら海図も気象図もなしに暗闇に船を漕ぎ出すのは危険であると同時に無責任なことでもあるだろう。たとえば；

①**止まらない少子化傾向**

　1947年の第一次ベビーブームの始まり頃には年間出生数は267万人であった。1970年には第一次のベビーブーマーの次世代誕生が193万人までに復活した時期はあったものの、グラフからも理解できるように、今日までひたすら減少の一途を辿っている。合計特殊出生率から見た場合、その社会の人口動態が現状維持されるためには2.07ということである。しかし2009年度の推定値は107万人、1.30を切っている（図1）。このことは欧米諸国でもほとんど同じような傾向となっている（図2）。このまま推移すればわが国の社会体制は維持できなくなるだろう。その意味でこの問題は国家的な喫緊の課題である。

②**急激な高齢化**

　欧米の福祉先進諸国においては世紀をまたぐような長い時間をかけながら高齢化社会が進行したことからハード面での基盤整備とかソフト面での支援技法とか国民的な意識改革などが比較的時間をかけながらじっくりと準備ができていったようなところがある。それに比してわが国では、第二次世界大戦以降に急速に保健・衛生・医療などの面での改善進歩がはかられる中で、半世紀ほどの間に一気に世界の最長寿国の仲間入りを実現した。そのことから畢竟、欧米諸国の高齢社会に対する対応に比して、ハード面やソフト面における混乱は避けがたいものとなっていて、財政的にも福祉予算の中で大きな割合を占めている。

③**国家的な財政難**

　2010年度のわが国の一般会計予算は約92兆円、その中で拡大の一途を辿っている福

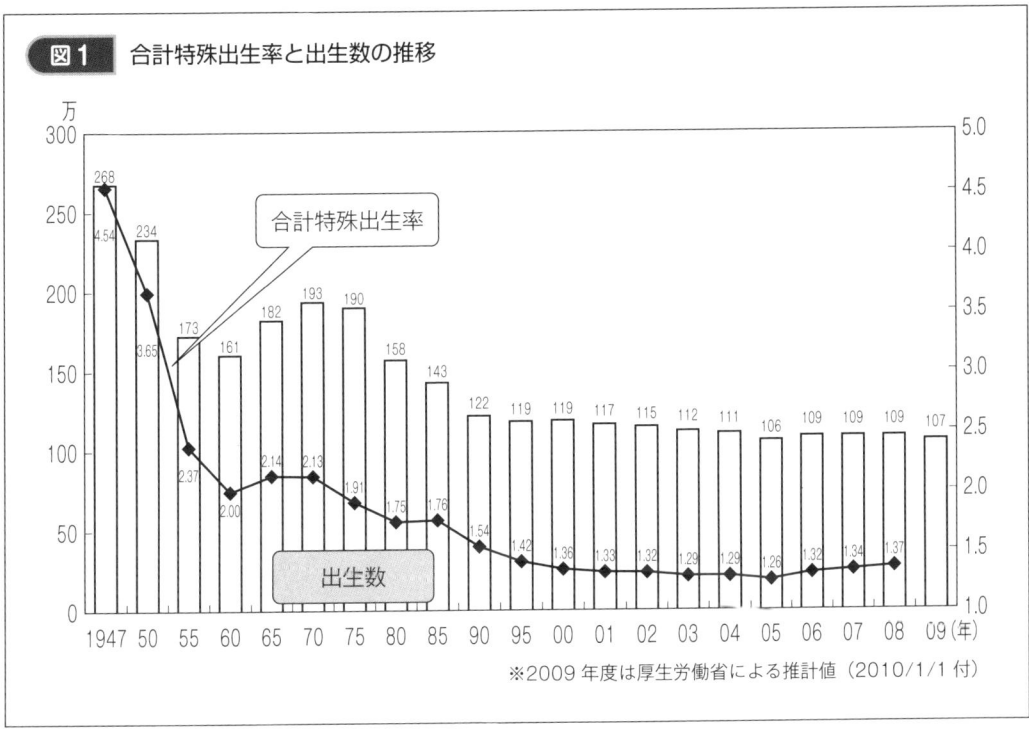

祉ニーズが占める予算比率は22％、また国債などの依存比率は48％である。すなわち国家財政の半分近くが元金に利息を加えて返済しなければならない借金で賄われている。今までの事業の組み立てや支援サービスの在り方をコストの視点からも再考や見直しを行い、より効果的で利用者の満足度の高い事業体系の創出、納税者からもわかりやすく納得できる事業体系へのパラダイム転換は不可避的かつ今日的な課題となっている。

④ノーマライゼーション理念の普及

「social」、「normal」、「personal」をキーワードとした地球的規模での人間観は20世紀半ばにデンマークのバンク・ミケルセン氏によって提唱された。このNormalizationの意味には、その運動の原点としてのHumanizationとEqualizationの意味をも内包していると言われる。この概念がわが国にも浸透し今日に至っているが、その最も劇的なエポックは1995年の「障害者プラン」であろう。なかでも、その副題が「ノーマライゼーション7ヶ年戦略」とされたことである。当時の主要な省庁がその総意として、このプランをノーマライゼーションをキーワードとしてわが国の諸施策に反映させ、推進させることを確認したことである。そのことは今日的には2006年に国連で採択された「障害者の権利条約」として、さらに地球的規模で我々の生活の隅々にまで浸透しようとしている。

⑤児童虐待の増加

「子ども」とか「人権」とか「地域」などの概念が日常的に氾濫する中にあって、それらが訴えている意味とは逆行するように子どもへの虐待が激増している（図3）。

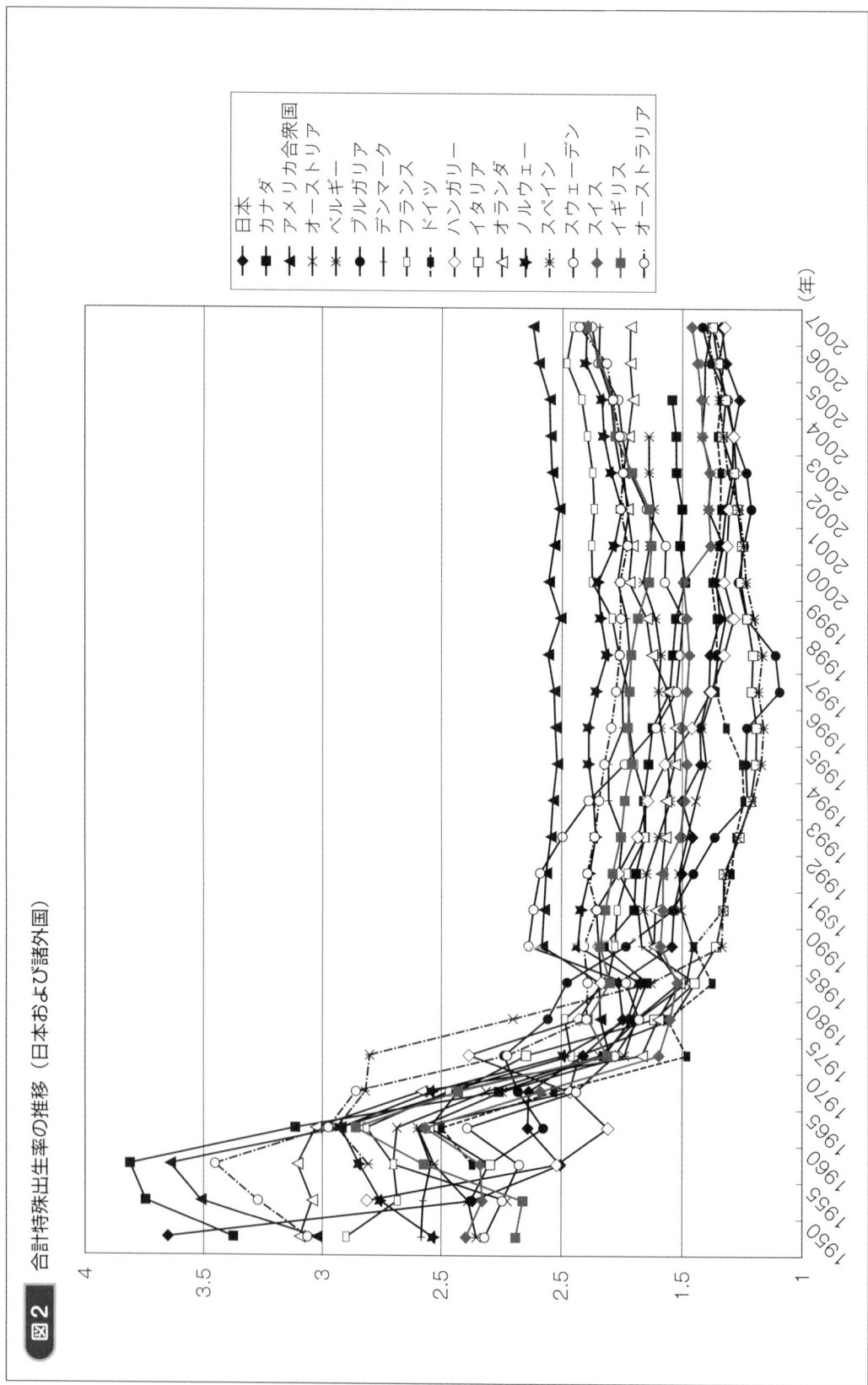

図2 合計特殊出生率の推移（日本および諸外国）

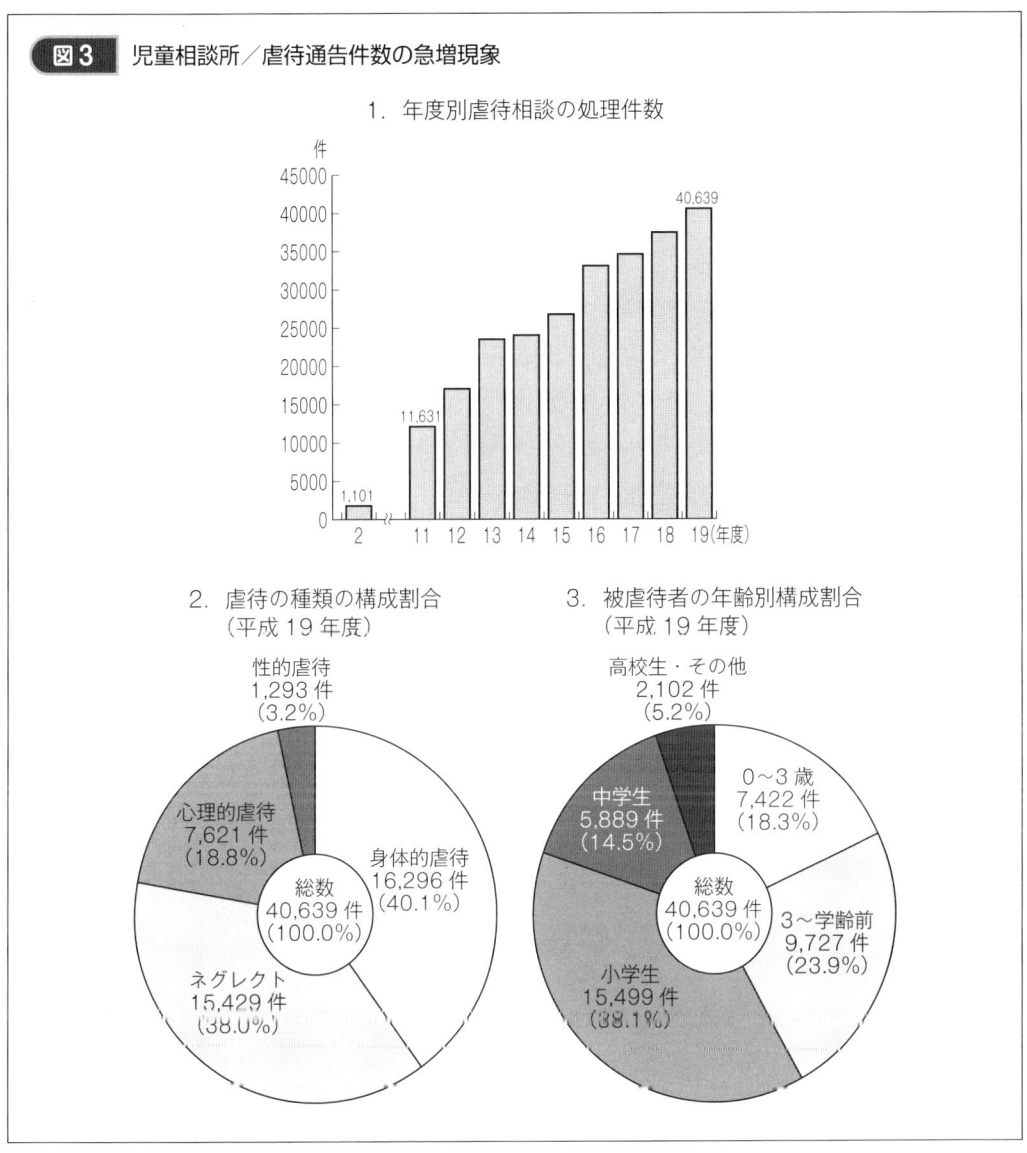

図3 児童相談所／虐待通告件数の急増現象

1. 年度別虐待相談の処理件数
2. 虐待の種類の構成割合（平成19年度）
3. 被虐待者の年齢別構成割合（平成19年度）

　国が、社会が、家族が、個人がそれぞれのレベルでゆとりを喪失し、それぞれの思いや意図とは異なる、ぎくしゃくした関係性の中での存在を余儀なくされてしまっている。そこに潜む社会病理的な現象のしわ寄せは、残念ながらその集団での最も弱い者へと収斂することが危惧される。まさにその渦中の直中にあるのが、自らの意志で己の存在を守るすべを持たない子どもたちではないだろうか。ましてや乳幼児期の発達が気になる子どもであってみればなおさらであろう。

　もちろん、わが国には「子どもの権利条約」や「児童福祉法」や「児童虐待防止法」が批准整備されているにもかかわらずである。とりわけ、はっきりとした診断がついていないとか、気になる程度が軽微なものであったり、まわりの大人が世間体を気にするあまり見て見ぬふりをしてしまうとか、ネガティブな事実を認めたくない気持ちとか、子育てに

対して責任感が強すぎるあまり「しつけ」と称してがんばりすぎたりしている場合、子どもの日常生活場面での有り様が理解しにくく、子育てに強い困り感を持つ保護者は多いだろう。また子ども自身も周囲の大人たちのそうした無理解や偏見などから、適切な支援が得られないままに周囲への適応に大人以上に困り感を持ってしまっていることを忘れてはならない。

その他にも子どもを取り巻く今日的な状況としては、母子保健行政の充実、新生児医療や周産期医療の進歩、療育技法の開発と進歩、支援機関の多様化、両親の離婚、母親の就労、外国籍の保護者、核家族化などの要因も陰に陽に子どもの育ちや子育てに大きな影響を与えているであろう。

2 支援者としての基本的な視点

発達が気になる子どもの育ち・学びを支援したいという願いが我々の第一義的な役割であり使命であるとした時、我々が発達支援専門職として具体的にその場面に立ち会う際の基本となるフレーム（枠組み）を持つことが大切である。

たとえば、我々支援者としての第一義的な課題は、子ども自身の示す気になる発達臨床像を期待される方向や水準にまで引き上げることである。しかし我々に求められている基本的な課題は、目立ってわかりやすい、表層的な見かけ上の育ち課題の改善を願いつつも、より究極的には「一人ひとりの子どもが、持っている可能性を十二分に開花させて、掛け替えのない人生を謳歌しながらその子らしく生きていく」ことを願って取り組むことであろう。

一方、乳幼児期の子どもの場合、その存在は他力的であり、より直接的には母親を中心とした家族の庇護・養護に大きく依存している。すなわち子どもの健やかな育ちを願うことは、家族そのものの健やかな子育て・生活・暮らしを願うことにならざるを得ないし、家族支援としての関わりや介入は不可避的なことである。

さらには、当該の気になる子どもを抱えた家族が地域の中で健やかな暮らしを営むためには、彼らが暮らす地域社会からの理解や協力なしにはあり得ないだろう。子どもを連れて公園にも、買い物にも出られないような生活では、第一義的な課題である子どもの健やかな育ちを願うことはできないからである。その意味では我々の役割は眼前の当該児だけではなく、子どもを中心に据えた家族、地域社会という三層構造を意識した改善・調整・支援などのトータルな支援サービス行為が求められる（図4）。

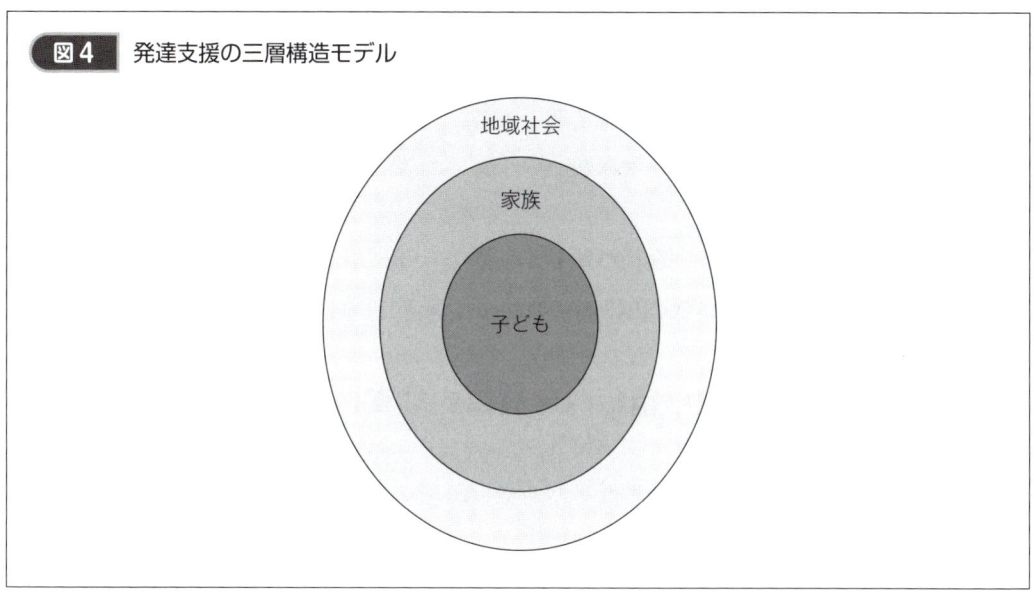

図4 発達支援の三層構造モデル

3 乳幼児がおかれている特異的な状況

　発達支援の取り組みに際して我々が持つべき基本的なフレームは、図4に示す三層構造をなすものであるが、それら各層での取り組むべき各論的課題はさまざまな要因が複雑な因果関係の中で錯綜している。そうした状況下での成長発達の著しい時期でのよりタイムリーで適切な支援は、支援を求めている子どもとその家族が今おかれている特異的な有様をまずは十分に把握理解することから始まる。

①乳幼児期の子ども

　自閉症や発達障がい児に代表されるように、障がいによっては臨床像が確定診断のできるほどに発症あるいは顕在化してはいない。

　一方では、発達的な敏感期が集中的に存在し、最も可塑性に富む時期であることから、適切な支援が与えられれば主症状の軽減化や二次障がいの予防など、発達上の大きな効果が期待できる。

　この時期は人としてのさまざまな機能が緊密な関係性の中にあり、特に心と身体の機能は相互依存性が強い時期とも言えることから、発達の諸側面をトータルに支援することが必要となる。

　その意味では、たとえばこの時期のダウン症児が知的障がい児か肢体不自由児かを判別することは無意味であるように、乳幼児期に障がい種別を区分することは適切ではない。

②乳幼児期の保護者

- わが子の障がい宣告に対しての肯定的な受容が未だ不十分な段階で、将来に対する不

安感の直中にある。
- 若い世代の結婚生活は、夫婦の絆も未だ不十分であったり、ライフスタイルとか家庭内の役割分担も未だ未確立なカオス期である。
- 核家族化の進行や育児経験の無さからの子育て不安が強く、身近に信頼できる相談者がいない場合が多い。
- 孤独感や孤立感の中で苦しみ、わが子に利用できる既存の福祉サービスについての知識もなく、人間関係からも情報からも孤立し悩んでいる。

4　発達支援者が取り組むべき具体的な支援の枠組みと支援課題

　発達支援に際しての支援メニューは子どもや保護者の有り様の多用さや複雑さに応じて臨機応変に、また柔軟な発想で対応すべきである。また可能な限り質的にも、量的にも多彩で多様なサービス選択肢が用意されることが望ましいだろう。利用者である子どもとその家族を手持ちの貧弱なサービスメニューの中にむりやり押し込めるようなことは避けなければならない。

　今日の時代状況においては、自分たちのサービスの不完全さや不十分さを人材不足のせいにしたり財源の少なさのせいにすることからは何も解決されない。まずは今持ち得ている資源を最大限に活かす工夫と、それによって最大の効果を生み出す工夫が求められている。

　発達支援サービスの役割とか使命とその課題としては今やある程度明らかになっていると言えるだろう。それらをイメージ的に構造化するとすれば図5に示すようなリンゴの樹で表現することができる。

　すなわち、リンゴの樹の実としてのリンゴを一人ひとりの子どもと見なした時、支援者が願う一人ひとりの子どもが健やかな育ちや暮らしを確保することはそのリンゴがリンゴらしく甘く、大きく、艶やかに実ることに置き換えて考えることができる。リンゴが持っている甘く艶やかに実る可能性は、葉が青々と元気に茂ることや幹が太く高く空に向かって伸び、枝も葉がよく光や風を受け止められるように空に向かって大きく拡がることが必要であろう。そしてさらにはリンゴ、葉、枝や幹が生長するには地中に伸びた根がそれらに必要な水や栄養を十分供給できることも不可欠なことである。そうした状況はまさに我々に期待されている支援事業の主要課題を考える際に表1のように対比させることができる。

　いずれにしても、発達支援者に求められる最終的な資質は、我々の一人ひとりがPASSION（自己犠牲と献身）とMISSION（使命観）を日常的な一つひとつの支援行為の背景として持つことであろう。

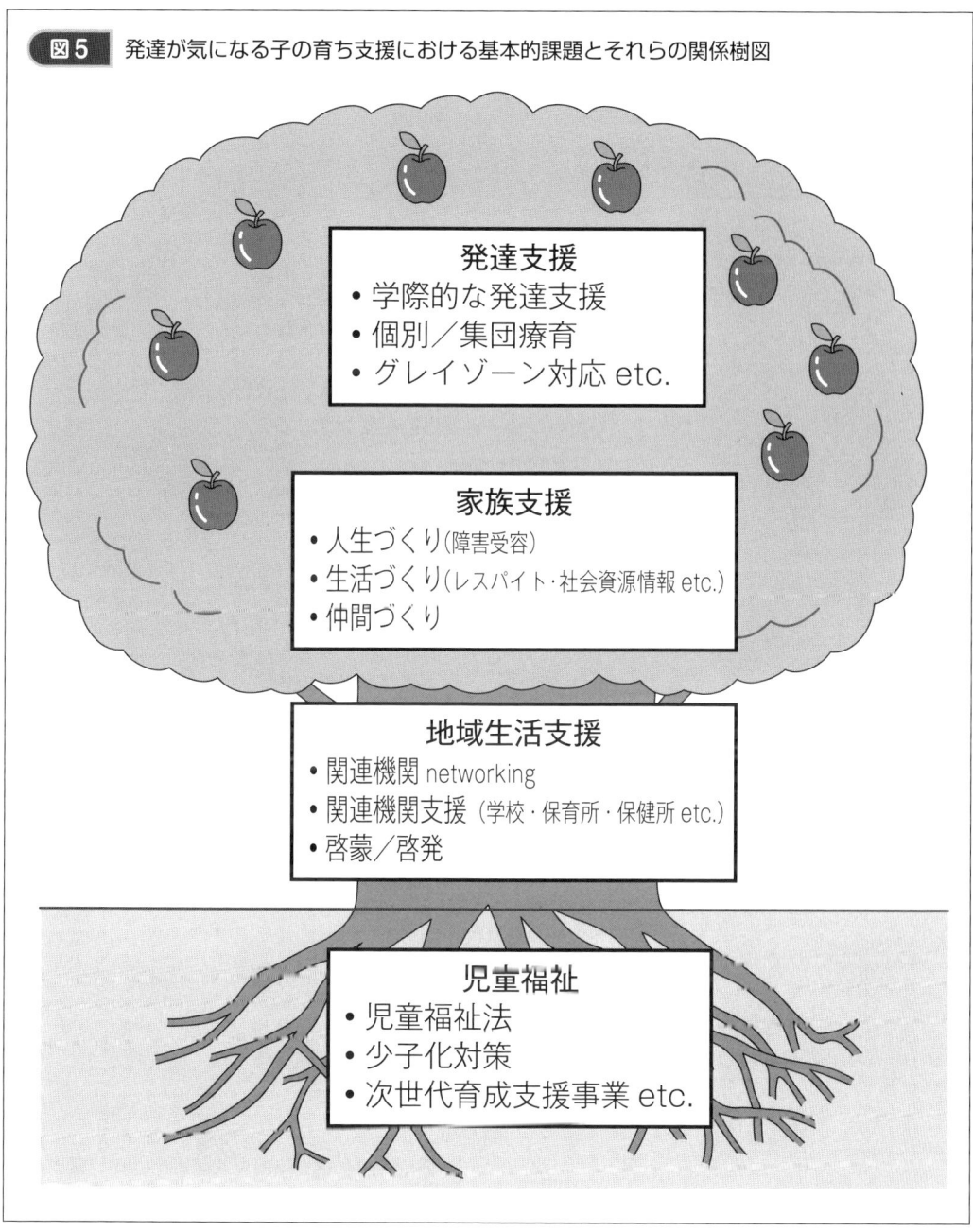

図5 発達が気になる子の育ち支援における基本的課題とそれらの関係樹図

発達支援
- 学際的な発達支援
- 個別／集団療育
- グレイゾーン対応 etc.

家族支援
- 人生づくり(障害受容)
- 生活づくり(レスパイト・社会資源情報 etc.)
- 仲間づくり

地域生活支援
- 関連機関 networking
- 関連機関支援(学校・保育所・保健所 etc.)
- 啓蒙／啓発

児童福祉
- 児童福祉法
- 少子化対策
- 次世代育成支援事業 etc.

参考文献

1) 糸賀一雄：福祉の思想．NHKブックス，1968．
2) 財団法人日本精神薄弱者愛護協会・通園施設部会・編：発達が気になる子の療育・保育ハンドブック．1990．
3) 北海道乳幼児療育研究会・編著：早期療育－北海道システムの構築と実践－，コレール社，2000．

（加藤正仁）

表1 リンゴの樹と支援課題の対比表

リンゴ	発達支援 (子どもへの支援)	〈形態〉 まずは個別形態から始め、 ・可塑性に富み、成長変化の著しい子どもの状態像を丁寧に観察把握すること ・タイムリーかつデリケートに対応すること ・保護者の気持ちに寄り添うことなどが、基本的な対応として個別的になされるべきである。 その後、徐々に小集団形態でのゆっくりと穏やかなペース、周囲を見回すゆとりを持つ中での活動へと進む。 一方、小集団も最初のうちは親子分離をせずに同伴形態から始め、やがて子どもだけの母子分離形態へとシフトする。 〈内容〉 ・子どもとその家族の個別的で多角的なアセスメントの実施 ・個別支援計画を保護者の参加と同意を得ながら作成 ・Plan-Do-See過程の導入とモニタリング ・多様なニーズ対応のためのチームアプローチ体制
葉	家族支援 (父親、母親、きょうだい等への支援)	〈人生づくり〉 わが子にラベリングされた障がい名の受容(原因・予後・発達レベル・具体的子育て指針)からわが子の全人的受容へと進化するために夫婦それぞれの人生観・価値観の個人作業的見直しと再構築が求められる。 〈生活づくり〉 ・生活のしづらさや子育てのしづらさに対する家庭内での役割調整やライフスタイルの修正 ・子育てについてや障がいについての公的な諸資源の利用に関する知識と情報を持つ ・レスパイトサービスなど保護者の日常的な子育てからの一時解放 〈仲間づくり〉 孤立感や孤独感からの解放を図るために、 ・保護者の社会化をめざしたグループづくり ・ピアカウンセリング的な保護者同士の関係づくり ・外部の地域障がい関係団体への繋ぎ
木幹	地域生活支援	地域の中で健やかに胸を張って子育てや暮らしを営むためには、 ・周囲の人間の障がいに対する無知からくる偏見や差別心への啓蒙啓発活動 ・一機関では生活上の諸課題は解決しないので、地域にある関係諸機関(保健所・学校・保育所など)とのネットワーキング ・地域にある関係機関への機能提供や役割を担う
根	子どもの権利保護・保障	障がい児である前に子どもとしての権利が日々の生活の中で担保されるべきで、 ・児童福祉法などの子どもとしての権利が法や条約の下で守られているかを監視する ・少子化対策や次世代育成支援など子ども政策において、障がい児が実質的に除外されてしまうことのないように見守る

1.2 家族支援について

2005（平成17）年度から施行されている発達障害者支援法の第13条は、『発達障害者の家族への支援』として「都道府県及び市町村は、発達障害児の保護者が適切な監護をすることができるようにすること等を通じて発達障害者の福祉の増進に寄与するため、児童相談所等関係機関と連携を図りつつ、発達障害者の家族に対し、相談及び助言その他の支援を適切に行うように努めなければならない」としている。家族の支援を考えるに当たっては、社会経済状況の大きな変化のもと、子育て状況も大きく変化し、虐待問題に象徴されるように家族の問題は深刻化し大きな社会問題となっていることに留意する必要がある。このような時代にあって障がいのある子どもを持つ家族の支援について考えてみたい。

1 家族とは何か

森岡によれば、「家族とは、夫婦・親子・きょうだいなど少数の近親者を主要な成員とし、成員相互の深い感情的関わりあいで結ばれた、幸福（well-being）追求の集団である」としている[1]。また、家族はおおむね生活共同集団となり多面的な機能を担うことになる。家族機能が多面的であることは、生殖・経済・保護・教育・保健・娯楽など多岐にわたっているが、家族が果たすこれらの個別機能は、いずれも家族員の幸福追求に方向づけられているとされている。しかし子どもへの先ほどの虐待の例など必ずしも幸福追求に方向づけられていない事例が多くなってきている。誰しも幸福を求め集団で生活してきた人間が、他者との生活協同の中で幸福を追求しようとするという前提が崩れている状況が日常化しつつある。また、家族員相互の関係を家族関係としているが、夫婦、親子、特に母子などの関係についても、生物学的基礎のある母子家庭が特に子どもの養育と社会化にとって重要であるとされているが、そこにもさまざまな危機的状況が生まれてきている。

2 障がいのある家族とはどのようなものか

子どもを育てることにさまざまな困難を抱える時代にあっては、障がいのある子どもを育てることにはいっそうの困難が伴う。それは、障がい者が受け入れられていない社会に

おいては家族の子育てにはいっそうの不安が伴うということを意味している。差別や能力主義的人間観が存在する社会、すなわちノーマライゼーションが実現していない社会では家族の不安も大きいものとなる。また、「世間」を常に意識し生活することを強いる社会も、家族はそこから排除されることを怖れながら生きることとなり、生きづらさや不安が増大する。

　障がいのある家族が大きなストレス状態にあることはよく言われることである。ストレスとは、セリエ（Selye H）が、「外界の要因（ストレッサーあるいはストレス要因と言う）によって起きる特異な個体の反応」と定義している[2]。障がい児を持つことによる子育ての困難さは、苛立ちや不安などの身体状態を呈することは想像しやすい。障がいのある子どもの誕生により、子どもに障がいがあると知った時、強い精神的ストレスとなると共に、子育てに関する情報や具体的な支援がないことがより大きなストレスとなっていくだろう。中田（2007）は、育児・教育における親のストレスとの関連で注目される要因は、①定型発達の子どもと比較すること、②しつけなどの子どもの育て方がわからないこと、③他の子どもの交流の機会が制限されること、④他のきょうだいの養育が十分にできないこと、をあげている[3]。家族に関する問題としては、①障がいに対する、子どもの療育の夫婦間の認識のずれ、②父親の理解・サポートの程度、③きょうだいの問題、④祖父母との関係、をあげている[3]。

　家族の障がい受容に関しては、ドローター（1975）の『先天奇形を持つ子どもの誕生に対する親の正常な反応』の研究が有名であり、それは、障がいのある子どもを持った親は、ショック→否認→悲しみと怒り→適応→再起のプロセスをとるとされる[4]。このようなそれぞれの反応は多くの親に見られる正常の反応であり、関係する者も落ち着いて見守ることができるが、一方すべての親に受容のプロセスを要求することにもなるかもしれない。また、親の障がい受容に関しては、親の悲しみは一過性のものではなく、子どもの変化や生活上のさまざまな出来事により繰り返されるという「慢性的悲哀」論を主張する立場がある。特に、入学や就職など大きな出来事により際限されやすいとされている。この主張は、親の悲哀も正常な反応でありライフサイクルを通した継続的な支援の必要性を示唆している。

　このような子どもと家庭に関わるさまざまな課題を解決していくためには、課題を抱えている子どもへの支援はもとより、子どもが安心して育つことのできる社会環境を整え、問題を生み出す背景をつくらないような予防的な対応が重要である。そのためには、乳幼児期、学童期、青年期というライフステージを通した一貫した支援体制の構築が急務である。

3 家族の支援をどのように考えるか

　障がいについての考え方は、2002年のWHOのICF（国際生活機能分類）によって従来の考え方に比して大きく変化した。ICFの特徴は、
　①人間の生活機能というプラス面から見る
　②障がいの状態は、「活動の制約」や「参加の制約」としてとらえる
　③環境因子の観点を導入し、障がいを環境との関係においてとらえる視点を入れた
とされている。従来障がいはその人が生来持っているもの（属性）ととらえる立場では、本人や周りの者も障がいを克服するということに重点がおかれてきたが、ICFのように、障がいとは環境との間に生じているもの（関係性）としてとらえるということにより、障がいそのものをどうこうするより、環境を整えて社会生活や自立生活を果たしていくことに重点がおかれている。環境とは、本人のできない部分を支援やサービスで補うことにより「生活のしづらさ」に対処していこうとするものである。このような理解は、医療モデルから生活モデルへの変化としてとらえられる。

　このような立場は家族の支援に当てはまるだろう。従来は子どもの呈する課題あるいは問題の原因を親そのものにその原因を求める傾向があり、問題家族として家族支援の対象にしてきたが、家族の呈する課題も環境との相互作用の中から生じているとすれば、どのような支援によってあるいはどのような環境の調整により、家族がもう一度子育てにチャレンジする方途を見つけられるかというエンパワメントの支援が求められていないだろうか。

4 具体的な家族支援のツールとは

　障がいのある子どもの早期の療育・教育プログラムについて、たとえばアメリカ合衆国で開発されたポーテージプログラムは、一人ひとりの子どもの発達に応じたアプローチをする個別プログラムであること、親が指導の中心的役割を担い、主に家庭で日常生活の中で指導をしていくこと、指導技法に応用行動分析という心理学の原理を用い、指導の目標や結果を正確に記録することなど親を協働療育者と位置づけ、その効用は子ども本人のみならず親を含めた家族の支援という形をとっている。

　障がい受容を含めた親自身を対象としたさまざまな具体的な支援プログラムが発展してきている。それは支援者にとっては、親への受動的な支援から、能動的・具体的・現実的な支援への転換という形となっている。藤井和子（2003）によれば、「ペアレント・トレーニングとは、親が行動原理を使って子どもの問題に対処できるように親を訓練することである。親は子どもを育てる人であり、行動のモデルであり、子どもをしつけるもっと

も身近な教育者である．親は毎日の相互作用の中で子どもに影響を及ぼす第一人者である。ペアレント・トレーニングは、親に子どもの行動変容のための方法を学習してもらい、自分の子どもの問題を効果的に解決できる治療者となることが第1の目標である。子どもの環境の中心にある親が、日常生活の中で子どもを直接に治療できるようにするのである」としている[5]。

親は家庭であるいは外出先で、子どもが「望ましくない行動」をとる場面に必ず遭遇する。その時、つい感情的になって子どもに怒って、「望ましくない行動」をエスカレートさせたり、あるいは子どもがますます反抗的になったり、親子関係そのものを悪くさせ、子育てに自信を失わせることもある。このような「望ましくない行動」→親の怒りやイライラ→子どもへの不適切な対応→さらなる「望ましくない行動」の出現という悪循環から一歩退いて、客観的にどのようなことが起きていて、その対応を親ともう一度考え、具体的な行動を探していく親と支援者の協働がペアレント・トレーニングと言うことができる。

ペアレント・トレーニングは、アメリカ・UCLA神経精神医学研究所のハンス・ミラー博士によって1974年に開始され、日本でもこの方法を改良した肥前方式、奈良方式、精研方式などといった日本版が実施されており、それは全国的に展開されつつある。

表1は、行動論に基づくペアレント・トレーニングの実際の一つとして兵庫教育大での公開講座「発達が気になる子どもの家庭療育の方法」より示した[6]。井上雅彦（鳥取大学）が2002～2006年まで実施してきた9回の連続計画であり、2週に1度のペースで実施され、1回は2時間である。母親の参加が主であり、子どもの障がいは広汎性発達障がいが多く、その他の知的障がいも・肢体不自由も含む事例である。

5 家族支援のためにサービスを使う

社会基礎構造改革の一連の流れの中で、2000（平成12）年6月に社会福祉事業法等の一部改正が行われ、「社会事業法」は、「社会福祉法」と名称を変えた。この法改正の趣旨は、現在の社会福祉制度は、生活困窮者を緊急に保護・救済するために旧社会福祉事業法を中心に、行政主導で措置の対象者および内容を判断し、保護・救済を行う仕組み（措置制度）として制度化され、一定の成果を上げてきた。しかし、生活水準の向上、少子・高齢化の進展、家庭機能の変化などの社会環境の変化に伴い、今日の社会福祉制度には、従来のような限られた者に対する保護・救済に留まらず、児童の育成や高齢者の介護等、国民が自立した生活を営むうえで生じる多様な問題に対して、社会連帯に基づいた支援を行うことが求められるようになった。こうした変化を踏まえ、利用者と事業者が対等な関係に立って、福祉サービスを自ら選択できる仕組みを基本とする利用者本位の社会福祉制度確立を図り、障がい者などのノーマライゼーションと自己決定の実現を目指すものである。

障がい者福祉サービスについて、利用者の申請に基づき支援費を支給する支援費制度を

表1 グループによる連続講座型のペアレントトレーニングの概要例[6]

回	前半（講義内容）	後半（講義内容）
第1回	オリエンテーション	サポートブック作り
第2回	行動の理解（ほめ方・しかり方）	
第3回	行動支援の基礎技能Ⅰ	目標設定シートおよび手続き作成表の記入 ↓ 家庭での実習＋記録 ↓ グループディスカッション（グループによる報告） 手続きの修正、および新たな目標設定シートおよび手続き作成表の記入
第4回	行動支援の基礎技能Ⅱ	
第5回	行動問題の理解と対応Ⅰ	
第6回	行動問題の理解と対応Ⅱ	
第7回	学校との連携について	
第8回	きょうだいの支援について	
第9回	まとめ	

導入すると共に、福祉サービスの利用者の利益の保護について、福祉サービスに関する情報の提供、利用法の援助および苦情の解決に関する規定を整備するものであった。2003（平成15）年度からスタートした支援費制度は、障がい者のノーマライゼーションと自己決定に基づき、地域での生活を目指すものであった。支援費制度においては、特にホームヘルプサービスなど在宅のサービスを中心に利用しやすい形となり、そのため利用者は増加した。そのため支援費制度は、利用者の増加に対応する財源の確保という課題がそのスタートから浮き彫りになったが、それは障がい者やその家族が地域で生活をするという支援費制度の理念が実現化し始めた結果とも考えられる。また、この状況は、障がい者本人や家族がサービスを利用しながら地域で暮らすということがはじめて現実感をもったスタート地点であった。

6 家族支援のための使える障害福祉サービスとは

　2006（平成18）年度から施行されている障害者自立支援法における「障害福祉サービス」は、居宅介護、重度訪問介護、行動援護、療養介護、生活介護、児童デイサービス、短期入所、重度障害者包括支援、共同生活介護、施設入所支援、自立訓練、就労移行支援、

就労継続支援、共同生活援助があげられる。児童に関係するサービスとしては以下のものがある。

①居宅介護

　障害者等につき、居宅において入浴、排泄又は食事の介護その他の厚生労働省令で定める便宜を供与することをいう（障害者自立支援法第5条第2項）。

②行動援護

　知的障害、または精神障害により行動上著しい困難を有する障害者等であって常時介護を要するものにつき、当該障害者等が行動する際に生じ得る危険を回避するために必要な援護、外出時における移動中の介護その他の厚生労働省令で定める便宜を供与することをいう（障害者自立支援法第5条第4項）。

③児童デイサービス

　障害児につき、児童福祉法第43条の3に規定する肢体不自由児施設その他の厚生労働省令で定める施設に通わせ、日常生活における基本的な動作の指導、集団生活への適応訓練その他の厚生労働省令で定める便宜を供与することをいう（障害者自立支援法第5条第7項）。

④短期入所

　居宅においてその介護を行う者の疾病その他の理由により、障害者支援施設その他の厚生労働省令で定める施設への短期間の入所を必要とする障害者などにつき、当該施設に短期間入所をさせ、入浴、排せつ又は食事の介護その他の厚生労働省令で定める便宜を供与することをいう（障害者自立支援法第5条第8項）。

⑤重度障害者包括支援

　常時介護を要する障害者等であって、その介護の必要の程度が著しく高いものとして厚生労働省令で定めるものにつき、居宅介護その他の厚生労働省令で定める障害福祉サービスを包括的に提供することをいう（障害者自立支援法第5条第9項）。

　上記のサービスは、直接的には障がい児を対象として提供されるものであるが、間接的には障がいのある家族の支援となる。欧米で広く行われている地域支援サービスの一つであるレスパイトケアは、障がいを持つ家族が日常的なケアから一時的に開放されるサービスと定義され、家族支援の一形態である。レスパイトケアは、日本においても、全国的に広がりを見せており、自治体独自で制度化される例も少なくない。レスパイトは「休息・息抜き」などを意味し、このサービスは緊急時にも利用されるが、第一の目的は、障がいのある子どもを日常的にケアしている家族などの介助者が心身の充電をし、リフレッシュするために利用するものである。この意味では、障害者自立支援法の短期入所や地域生活支援事業の「日中一時支援事業」もこのレスパイトケアの一形態と言えるだろう。

　また、障害者自立支援法においては、第19条第1項の規定により同項に規定する支給

決定を受けた障がい者または障がい児の保護者が障害福祉サービスを適切に利用することができるよう、当該支給決定障がい者などの依頼を受けて、当該支給決定に係る障がい者などの心身の状況、そのおかれている環境、障害福祉サービス利用に関する意向その他の事項を勘案し、利用する障害福祉サービスの種類および内容、これを担当する者その他の厚生労働省令で定める事項を定めた計画（サービス利用計画）を作成すると共に、当該サービス利用計画に基づく障害福祉サービスの提供が確保されるよう、第29条第2項に規定する指定障がい者福祉サービス事業者などその他の連絡調整その他の便宜を供与する「相談支援事業」が法に規定されている。相談支援事業は、障がい児とその家族を地域で支えるための相談支援、サービスの調整、権利擁護、連携など仕事を担い、それを実際行う相談支援専門員の専門的活動が期待されている。

障がい児の支援の見直しと家族支援

障害者自立支援法により、障がい児については居宅介護、短期入所、児童デイサービスが法に位置づけられた。また、児童福祉法に位置づけられていた施設サービスも契約制度となり、報酬も日額払いとされた。しかし児童福祉施設体系も含めた障がい児福祉サービス全体についての在り方の見直しはなされず、障害者自立支援法における積み残された課題であったと言える。このよう状況において、「障害児支援の見直しに関する検討会」が2008（平成20）年3月から7月にかけて11回開催され、社会保障審議会障害者部会が2008（平成20）年4月から同年12月まで19回にわたって開催された。同会により、同年月21日には「障害者自立支援法3年後の見直し報告書」が出されている。2009（平成21）年2月には、「障害者自立支援法の抜本見直しの基本方針」が与党PTから出されており、政府は、与党PTの方針や審議会の検討を踏まえ、2009（平成21）年3月31日に障害者自立支援法等の一部を改正する法律案を第171回国会（常会）に提出した。しかし、衆議院の解散などにより、7月、障害者自立支援法等の一部を改正する法律案は廃案となった。

障がい児の支援に関しては、従来ともすれば障がいに目がいさがちであった障がい児について、今後は子どもに着目し、まずは子育て支援に位置づけることが重要である。

障害者自立支援法の理念を子どもに当てはめれば、障がいのある子どもの心身ともに健全に育つ権利を保障すると共に、子どものころから共に遊び、学び、活動する共生社会を実現していくことである。また、障がい種別を超えて、身近な地域で適切に発達支援や家族支援が提供され、子どものライフステージ応じた一貫した支援が求められている。

障がい児施設サービスの実施主体のあり方などは、検討課題とされている。このような状況から上記の「障害児支援の見直しに関する検討会」報告書によれば、その検討すべき基本的考え方について次の4点があげられている。

7.1　子どもの将来の自立に向けた発達支援

　早期に障がいを発見して適切な発達支援（療育）に結びつけていくことが重要である。特に、障がい受容を含めて家族をどのようにフォローしていくかが大切である。そのためには、母子保健で実施されている1歳半や3歳の検診やその後のフォローのための親子教室と障がい児サービスをどう関係づけていくかということが重要である。また、通園施設や児童デイサービスの機能をどのように整理していくかという課題もある。そもそも「障がいのある子どもの自立とは何か」というところから基本的な議論をしていく必要がある。

7.2　家族を含めたトータルな支援

　障がい児支援に当たっては、障がいのある子どもたちの「子育て」の支援という考え方も必要ではないか。従来であれば、障がい児本人に、特にその「障がい」に目がいきがちであった。しかし、そのようなアプローチだけでは障がい児の育ちには不十分であり、家族全体をトータルに支援することが障がい児自身の育ちに効果があると言われている。また、障がい児が地域で生活し続けることを考えると、親御さんのみならず兄弟姉妹などを含めた家族をトータルに支援していくことが重要である。

7.3　子どものライフステージに応じた一貫した支援

　子どもは成長するにしたがい、乳児期、学齢期、成人期と移っていくが、こうしたライフステージに応じて、医療、保健、福祉、教育および労働などの関係機関が連携して支援していくことが重要である。これまでも各地域の取り組みを聞いていると、障がい児施設の療育の内容が学校に伝わらず、障がい児本人が困難に直面する例もよくある。このように、保育所から学校へ、学校から働く場へなどの移行期の支援が特に重要である。その際、関係者が一体となって個別支援計画を作成していく仕組みが大事であり、その際にどう情報を共有していくかということなどが課題となる。

7.4　できるだけ子ども・家族にとって身近な地域における支援

　障がい児やその家族にとって、身近な地域で気軽にサービスが受けられようにすることが大事である。「身近」には、サービス提供主体をどうするかということと、行政の実施主体をどうするかということの両方の意味がある。サービス提供主体という意味では、たとえば、通園施設に通うのに往復何時間もかかることのないように、さまざまな資源を活用して、住まいの近くでサービスを受けられるようにすることである。また、行政の実施主体という意味では、市町村と都道府県との関係を整理する必要があるが、特に、虐待など要保護性のあるケースなどへの対応をどうするかなども考えていかなければならない。家族支援は重要な位置を占めているが、今後は具体的な形を検討する必要がある。

2006（平成18）年、第61回国連総会において「障害者の権利に関する条約」が採択され、日本政府は2007（平成19）年にこの条約に署名した。現在、批准に向け関係省庁の調整が行われている。この条約は、障がい者の権利および尊厳を保護・促進するための包括的・総合的な国際条約であり、障がい者の尊厳、個人の自律および自立、非差別、社会への参加等を一般原則として規定するほか、法の下の平等、身体の自由、アクセシビリティー、家族、教育、労働などさまざまな分野において、障がい者の権利を保護・促進する規定を設けている。この条約の締約国は、すべての障がい者が他の者と平等の選択の機会をもって地域社会で生活する平等の権利を認めるものとし、障がい者が、この権利を完全に享受し、ならびに地域社会に完全に受け入れられ、および参加することを容易にするための効果的かつ適当な措置をとるとされている。

障がいのある子どもについては、以下の事項があげられている。

①締約国は、障がいのある児童が他の児童と平等にすべての人権及び基本的自由を完全に享有することを確保するためのすべての必要な措置をとる。

②障がいのある児童に関するすべての措置をとるに当たっては、児童の最善の利益が主として考慮されるものとする。

③締約国は、障がいのある児童が、自己に影響を及ぼすすべての事項について自由に自己の意見を表明する権利並びにこの権利を実現するための障がい及び年齢に適した支援を提供される権利を有することを確保する。この場合において、障がいのある児童の意見は、他の児童と平等に、その児童の年齢および成熟度に従って相応に考慮されるものとする。

今後は、障がいのある子どもについても、障がい者の権利条約を中心に議論が展開されていくと考えられ、障がいのある子どもの家族を支援していくということを考える際にも障がいのある子どもの権利擁護の観点からの支援のあり方を検討していく必要がある。

引用文献

1) 森岡清美, 望月 嵩：新しい家族社会学　四訂版. 培風館, 1997, p2.
2) 柘植雅義, 井上雅彦・編著：発達障害の子を育てる家族への支援. 金子書房, 2007, p25.
3) 中田洋二郎：同上, p27.
4) 同上, pp30-32.
5) 藤井和子．(上林靖子, 斉藤万比古, 北　道子・編) 注意欠陥/多動性障害－AD/HD－の診断・治療ガイドライン. じほう, 2003.
6) 井上雅彦・井澤信三・嶋崎まゆみ・佐々木和義：兵庫教育大学・公開講座「発達が気になる子どもの家庭療育の方法」, 2006.

参考文献

1) 柘植雅義, 井上雅彦・編：発達障害の子を育てる家族への支援. 金子書房, 2007.

2) 中田洋二郎：発達障害と家族支援. 学習研究社, 2009.
3) 上林靖子, 齋藤万比古, 北　道子・編：注意欠陥／多動性障害－AD/HD－の診断・治療ガイドライン. じほう, 2003.
4) 厚生労働省：障害児支援の見直しに関する検討委員会報告書. 平成20年7月22日.
5) 厚生労働省：社会保障審議会障害者部会報告書「障害者自立支援法施行後3年の見直しについて」. 平成20年12月16日.
6) 厚生労働省：障害者自立支援法等の一部を改正する法律案. 平成21年3月31日.

（大塚　晃）

1.3 親の障がい受容とメンタルヘルス

1 障がいの受容ついてのアプローチの現状

　通園施設や児童デイサービスに通園することになった子どもの養育者にとって、「障がいの受容・養育者のメンタルヘルス」は重要な課題であるにもかかわらずこの問題に対する支援が十分になされているという現状ではない。実際、2008年の「障害児支援の見直しに関する検討会」の報告書の中で、はじめて支援の機能として「家族支援」「心理的ケアやカウンセリング」の必要性が表現された。障がいのある子どもはこの世に生を受け祝福された大切な子である。しかしわが子の障がいは、親にとって、家族にとってさまざまなプロセスや価値観や人生そのものに変化をもたらすのである。わが子の障がいに気づいた時の落胆、罪悪感、悲嘆、怒りなどの精神的混乱の中におかれた養育者と共に歩み支えようとする第三者─カウンセラー、ケースワーカー、通園施設の職員、看護師、医者が重要な存在となる。

2 障がいの告知──それぞれの場合

　つらかった。何度も死のうと思った。育てていかなければという思いと、この子が死んでくれたらという思いが交互に起きた。夢であってほしい。朝めざめたら、お医者さんが来て、何かの間違いだったと言ってくれるはずだ。なんで私なの。つらい。つらい。つらい。どうやって生きていけばいいの。やっぱり死ぬしかない。でもかわいい。幸せ感じるはずだったのに。私は、一生、親の迷惑を、心配をかけて生きていくのか。
　　　　　　　　　　　　　　　　　　　　　　　　　　　　　（ダウン症の母）

　3歳児検診まではと言い訳していたが、近づくにつれ、もしかして自閉症？まさか自分の子がそんなことがあるわけもない。そんなことがあったらもうこの世のおしまいだと思って、気づかないふりをしていた。3歳児検診の保健所のロビーは、健常の子で溢れ返っていて、もう明らかに誰が見ても自分でも成長が遅れている。しかもただの遅れというよりは何か障がいがあるのだと現実になっ

た。ドクターから児相を紹介された。ただただ思いっきり泣きたかった。気が狂うほど。早く家に帰って泣きたかった。やっとたどりついた家のソファに長男のランドセルが投げだされていた。それを見て一気に絶望した。この子は社会から外れた。小学校に行くことさえないのだ。普通ではないのだ。　（自閉症児の母）

　子どもの障がいに青天のへきれきのように突然直面する場合と、少しずつ感じとっていく場合がある。突然の場合は、ダウン症や脳性麻痺など先天的な障がいと言われる場合が多い。少しずつ感じとっていく場合は、子どもの育ちの中で言葉の遅れや、周りの子どもと上手く遊べなかったり親自身も発達について心配したり、保育園の先生たちから心配されたりする。保健センターの1歳半や3歳児検診の発達相談で「様子を見ましょう」と言われ、その間を不安な気持ちになりながら、当然「そんなはずはない」と否定の気持ちが起こり気持ちは揺れ動く。そういう意味で突然の障がいの告知の心の状態とは違った経過を示す。わが子に障がいがあるとわかった時の受け止め方は、養育者の状況や家族のあり方によってさまざまである。あまり負の感情がなく子育てしていく場合もある。しかし多くの親は、悲しくて悲嘆にくれる。私たち支援者はこの時期、「大丈夫」という励ましではなく、ひどく混乱し落胆し悲嘆にくれている負の感情を当たり前なこととして、寄り添っていくことが求められる。私たちが、このような家族の抱える負の感情に目をそらさず、家族支援を組み立てていくことは、障がい児支援・家族支援の土台である。

障がい児と喪失

　親は、妊娠中から赤ちゃんが生まれてくることを期待して準備して待っている。赤ちゃんが生まれた後のイメージをしながらこの期間を過ごす。ほとんどの親は、障がいがないということを前提としており、子どもに障がいがあるという事実は、実際にイメージしていた家族イメージ・子育てイメージが喪失してしまうことである。精神分析の考え方では、障がいのある子どもの誕生は、「期待した健康な子どもの死」であると言われている。「死」とまではいかなくても、自分の抱いていた子育てのイメージの喪失とこれからの不安があることには、多くの養育者に共通している。子どもの障がいからどんな影響を受けるのかは、これまでもいろいろな人たちが研究をしてきているが、子どもの障がいを受け止めていくための段階と言われている。

①**ショック**：ショックのあまり呆然自失の状態に陥る
②**否認**：否定しようとする感情
③**悲しみと怒り**：自分がものすごくみじめに感じられたり、不幸に感じ、周りの人に不
　　　　　　　　満や怒りの感情
④**適応**：こういう大変なプロセスを経ながら現実を受け止めていく時期

4 障がい児が生まれたのは自分のせい？―罪悪感

お母さんたちのほとんどは、自分が悪いから障がい児を産んでしまったという自責の念に苦しむ。社会的な状況や周りの関係もあるが、自分を追いつめてしまう。AD/HDや高機能広汎性発達障がいは、成長の過程で気づくことが多いため、障がいというより、親のしつけが悪い、自分のせいと思うことが多くある。周囲の視線が気になり、厳しいしつけをしてしまうことで、かえってかんしゃくや反抗が強くなり、悪循環が生じて虐待の原因に繋がってしまう場合もあるため、この時期の母親への理解者が重要な役割を果たす。養育者の罪悪感は、一生懸命なあまり再び虐待を生み出すことにも繋がるので、罪悪感を軽減する支援は、養育者のメンタルヘルスの核をなすものとなる。

5 告知と心的外傷―怒りについて

わが子に障がいがあると知った時、伝え方や養育者の状況によって、十分なケアをされないと心的外傷となってしまう場合がある。心的外傷とは、精神的な強いショックを受けた時に起きてくる障がいで、PTSD[*1]だけではなく、うつ病など一過性の精神病状態も、睡眠の障がいも、人格の変化も起こってくる可能性がある。不安、感情の鈍麻、回避などのストレス症状が現れる場合もある。そういう意味で、わが子に障がいがあるとわかった時の心の状態は、トラウマを受けた状況に近い状況になる。回復の過程の中で不安と恐怖、孤立感、自己統制力の喪失、自己消滅の脅威が、さまざまな生きにくさを引き出す。障がいのある子の親になった時、最も難しい感情である怒りは、パートナーへ、専門家へ、社会へ、家族へ、運命へ、子どもへ向かう場合がある。怒りの処理がうまくいかないと、内側に向かい、うつや自傷行為になる場合もある。時には専門家の助けを借り、怒りの感情を受け止めてもらい、安全に表現することも大切である。「回復のための第一原則は、その後を生きる者の中にパワーを与えることにある。その後生きる者自身が自分の回復主体であり、判定者でなければならない。その人以外の人間は、助言し、支持し、そばにいて立会い、手を添え、助け、暖かい感情を向け、ケアすることはできるが、治療するのはその人である。善意にあふれ意図するところも良い救援の多くが挫折するのは、エンパワーメントという基本原則が見られない場合である」（ジュディス・ハーマン）。このようなエンパワーメントの概念は、障がい児のファミリーサポートにおいても有益な考え方である。

[*1] PTSD：PTSDはPost Traumatic Stress Disorderの略語で「心的外傷ストレス障がい」という意味である。つまり「トラウマ（心的外傷）」となる、心に受けた衝撃的な傷が基で後に生じるさまざまなストレス障がいのことを指す。

また、一つのところでは安心せず療育期間・医療機関など何箇所も訪ね利用するドクターショッピングについて、支援者側は批判したくなり、「子どもにとって良くないことである」という発言を聞くことがある。しかし、養育者とすれば、親として子どもへの不安感や見通しのなさと共に、子どものために必死で行動し、子どもの障がいをより理解しようとしている気持ちの現れなのである。そのため支援者は、表面的な行動よりも、ショッピングしたい気持ちに寄り添っていくことが求められている。その中で子どもにとって何が大切なのかを、親自身の力で理解し、納得いく選択ができるのだと考える。支援者側にとってもつらい時期になるが、レッテルを貼らないで、肯定的に見守り、親自身の自己選択を応援し、子どもに対しては療育をしっかりと行っていく時期である。

❻ 心理的なノーマライゼーションとは──慢性的悲哀

　アメリカのバークレーで障がい児の母としてまた障がいがある子どもと家族の支援をしているメーガン[*2]は「障がいの段階説というのは専門家がつくったもので、親はいつもいろんな感情が入り混じり、そんなに簡単にはいかないものです」と語っている。それは、子どものライフステージの中で、否認や適応の感情が行きつ戻りつするということである。

　段階説に示されているような感情は、ごく当然な感情で、障がい児に出会ったり、人生の危機にある時に生まれる大切な感情である。

　そしてまたメーガンは、「その感情は、実はステップを踏んで進んでいくものではなくそれぞれの要素が行ったり来たりしながら、共存することが当たり前」、「逆にステップを踏んでいくと理解されること自体が親には苦しく辛い」ということであった。

　お母さんたちは、正直に語れる場があると、子どもへのネガティブな気持ちも表現しやすくなる。「この感情を表現できる人は、いったん子どもを受け止めるといい関係を子どもや周囲の人たちと作っていけることが多い」[7, 8)]と、障がい児の母でもある「さっちゃんの魔法の手」の作者である野中明子さんがご自身で編集された本に書かれてある。私もたくさんの障がい児のお母さんたちに出会ってこのことを実感している。この時期、お母さんが子どもに対してネガティブな感情が出てきても、支援者が陥りやすい「こうあるべきだ」「子どもを大事にすべき」ということではなく、養育者を責めないサポートが求められる。養育者が自分を責めないことは、子どもを責めないことに繋がる。

　障がいを受容するということは、「疾患によって起こった生活上の困難な・不自由・不利益である障がいに対して、あきらめでもなく、居直りでもなく、障がいに対する価値観を転換し、障がいを持つことが、自己の全体としての価値感を低下させるものではないと

[*2]　メーガン：アメリカ・サンフランシスコ・バークレーにおいて、スルー・ザ・ルッキング・グラスという障がい児の家族の支援センターを運営している。支援者に当事者が多く、多職種のチームで家庭に出向いて支援をしている。

の認識と体得を通じて、恥の意識や劣等感を克服し、積極的な生活態度に転ずること（上田敏）[4]」、「障害児を受け入れることのできる豊な社会になればその大変さの多くは取り除くことができる。（同26頁）」ということを支援者は自覚し、受容のプロセスのさまざまな感情に寄り添い共に歩む必要がある。

また障がいの受容は、できるとかできないとかという簡単な問題ではなく、常に悲しみの中にある「慢性的悲哀」という表現をオーシャンスキーは用いた[1]。障がいの問題は、一生の課題であるため、人生のいろいろな出来事（誕生のお祝い・七五三・学校入学・進学・就職・結婚など）の時に悲しみが自然に沸き起こってくる。障がいを否定したい気持ちと、肯定したい気持ちとの両方を抱えながら生活しているのが、家族なのある。

心理的ノーマライゼーションとは、もう今までの生活には戻れないけれど、障がいがある子どもと共に新しいごく普通の生活をしていくことである。そこには、サポートがあって当たり前という概念が登場してくる。支援者は、肯定だけではなく、否定したい感情も大切な感情であるということに気づき、支援をし続けていく姿が求めらる。時には、ケースワークとして、専門家は、親がつらい時の子どもの処遇を子どもの権利擁護として配慮していく必要がある。

7 虐待の予防について

7.1 発達障がいと虐待

発達障がいと虐待の問題は、ここ数年語られることが多くなった。虐待の問題はお母さん自身が同じような虐待体験を持っている場合に顕著に現れる。幼い時に虐待を受けた経験は、学歴等の関係なく、治療や介入がないままでは、頭ではしてはいけないことであるとわかっていても、どうしようもないイライラは子どもに向かってしまうのである。

また、子どもの存在は悪くはない。しかし障がいがある子の子育ては、大変さが多いのも事実である。乳幼児期の泣きやまない子、睡眠障がい、パニックなど、集団の中では不適応を起こし、他児とのトラブルが絶えない子などを育てている養育者には、想像を絶するつらさである。こういう状況の中で怒りは、どうしても子どもに向いてしまう。子どもをかわいくないと思ったり、怒りを子どもに向けてしまうことへの罪悪感がまた悪循環を生み出す。身勝手に見える行動を修正しようとさらに愛着の遅れを生じ、さらにかんしゃくや反抗的態度が強まる。この問題を、支援者は避けて通るわけにはいかない。子どもへのネガティブな感情は、誰でも持つことであり、気持ちを語ることで、子どもへの感情がネガティブなものからポジティブのものへ変化する場合も多くある。ダメなことと決めつけず、親のつらい気持ちに気持ちを傾け、子どもを守り、療育していく取り組みが求められている。

7.2 代理ミュンヒハウゼン[*3]

極端な例ではあるが、虐待の一例として、障がいのある子どもも育てていることで注目や関心を引き寄せるために、子どもを自己満足のための操作に使う場合がある。お母さんグループで、あるお母さんが「重度で手がかかる子どものままでいる方が、周りから頑張っているすばらしい親と思われる」と語ったことに対して、周りのお母さんたちからの共感が多く、そのような気持ちになることもごく自然なのだと思う。しかし障がいのある子どもで言葉がなかったり、気持ちを表現するのが難しいために状況を判断するのは困難である。子どもにとって不利益な場合は、養育者に治療すべき課題があることを踏まえなければならない。

8 ネガティブな感情は「問題」ではなく、「解決」へのプロセスである

痛みの感情は、否認、不安、恐れ、罪悪感、うつ、怒り、これらの感情を経験し、シェアし、悲しみをしっかり体験しようとすること、サポートされることで、人間として・家族として成長に繋がる。世界や人生へのより深い意味を見出すことも可能になる。具体的には、痛みの感情は、解決のモデルそのものとなるのである。

「否認」は、子どもの障がいに向き合うための、内なる力を蓄えるための防御、「不安」からは、子どもの障がいに向き合うための変化に対処し、行動するための内なるエネルギーを与えられる。「恐れ」からは、「喪失」に向き合いながら、さらに愛していく勇気を与えられる。「罪悪感」は、「喪失」で崩れてしまった価値観や人生を、もう一度整理しなおすことを媒介とする感情である。「うつ」は、子どもに自分に治せない障がいがあるという新しい現実に対して、「力があり、価値があり、強い人間」ということの意味を再定義することを助ける。「怒り」は、深い悲嘆の底から、公平さや正義についての再定義をし、新しい信念を統合することを助けるが、親にとって最も難しい感情になる。

そのため、養育者の中に起こるネガティブな感情に、ダメな感情と周りからも自分でもレッテルを貼ってはならない。それは、希望に繋がる大切な感情なのである。

9 レジリアンシー[*4] について

レジリアンシーは、家族の回復の力であり、家族が障がいという喪失感を体験しつつ、

[*3] ミュンヒハウゼン症候群（Münchhausen syndrome）：自分に周囲の関心を引き寄せるために虐待の話しをしたり、自らの体を傷つけたり、病気を装ったりする。
代理ミュンヒハウゼン症候群（Münchhausen syndrome by proxy）：自分以外、たとえば子どもを傷つけ、周囲の関心を引き寄せる。

その新しい状態で、またごく「普通の生活」をしていく復元力、弾力性をいう。そのためには、具体的に暮らしとして、以下のような生活を大切にしたい。

- 家族員の役割のシェアと一緒に過ごす努力
- 障がいのある子どもの特別なニーズと、他の家族員のニーズのバランスをとるようにする
- 家族としての活動を続け、家族としての価値感や優先順位を大切にする
- 家族の中で障がいの原因を責め合うのを避ける
- 状況に対する肯定的な意味を、家族全体で見つけ、シェアする
- 受け身にならず、積極的にアプローチして生きることの大切さ
- 社会的なサポートを利用する

10 家族システム

家族は一つの生き物であり、メンバーは、お互いが「相互依存」している。障がいがある子がいることは、他の家族に影響する。家族システムを見ていく時、

- 夫婦関係、親、きょうだい関係、母と娘、父と娘、母と息子、父と息子、祖父母との関係は、それぞれのシステムの近さや強さはどうか？
- 境界線はどうか、そのオープン度、クローズ度はどうか？
- 結束力は？ とりこまれているかそれとも疎遠か？
- 家族のライフサイクルの変化に適応する力があるか？
- 家族の持つアイデンティティへの影響は？ ライフサイクルへの影響は？
- ストレスは？ 心理的感情的、対人関係的、実存的にどうか？
- ソーシャルサポートはあるか？
- トラウマの影響はどうか？

など、家族をとらえる時、これらのことを念頭におきつつアプローチしていく必要がある。

10.1 父親の役割

両親の協力・支え合いは、子どもを安心して育てることに繋がる。しかし母親が、直接子育てをする場合が多く、父親の方が現実を受け止めることは難しく遅れる場合が多い。能力主義社会の第一線で働いている父親たちにとっても、弱さがあるわが子の受容は、時間がかかり、また男性は、自分の気持ちを表現することが苦手な人が多いため、子どもの障がいに向かい合うことなしに学童期や成人期になることもある。そういった意味で、同じ立場にいるお父さんたちのグループや集まりは本当はとても大切な場となるのである。

[*4] レジリアンシー（resiliency）：弾力的復元力。

父親の役割は、思春期以降社会性の確立という意味でも大きくなる。

10.2 きょうだいのこと

　特別な支援の必要な子どもがいることで、きょうだい児への影響が出てくる場合が多い。両親は、どうしても手のかかる方の子どもに気持ちが行きがちである。そのような中で、知らず知らずのうちに我慢して大人びた子ども時代を送り、親を過剰に理解しようとしたり、きょうだいの世話をしたりすることもある。きょうだい児とのセラピーの中では、「もっと私をかまってほしい」「わたしだけを見て」ということを表現する子どもが多い。また不登校などで自分の気持ちも表現したり、大人になって特別な支援の必要な子どもが親元を離れてから、登社拒否になったきょうだいもいる。また障がいを持つきょうだいに対しても受け入れられない感情を持ってしまうことは、やはり親の障がいの受容と同じように、否定的な感情を持つことは自然な感情である。きょうだい児の場合も、家族だけではなく社会的なサポートの中で支援していく必要がある。

11　未来が豊かになっていくために

　母親グループの中でお母さんたちが元気になっていくプロセスは、自分の気持ちを安全な場で、語ることができるというところにある。一生言ってはいけないと思っていた「この子の存在のつらさ、いなくなってほしかった」などの気持ちが自分だけではない、皆も同じ気持ちだったのだということに励まされ、元気になる。自分を肯定し、子どもを肯定し、頑張らないで、仲間と弱さで繋がり、楽しく明るい未来もつくり、つらさを乗り越える原動力に繋がっている。

参考文献

1) オーシャンスキー：慢性的悲哀　精神薄弱児の親の反応．1962．
2) Judith Lewis Herman（中井久夫・訳）：心的外傷と回復．みすず書房，1996．
3) V. ハイスラー（稲浪正光充・訳）：家族の中の障害児．ミネルヴァ書房，1990．
4) 上田　敏：リハビリテーションを考える－障害者の全人間的復権－．青木書店，1983．
5) 児玉真美：私は私らしい障害児の親でいい．ぶどう社，1998．
6) 早樫一男，団　士郎，岡田隆介・編著：知的発達障害の家族援助．金剛出版，2002．
7) 野辺明子，加部一彦，横尾京子・編著：障害を持つ子を産むということ．中央法規，1999．
8) 野辺明子，加部一彦，横尾京子，藤井和子・編著：障害を持つ子が育つ．中央法規，2008．
9) 中田洋二郎：子どもの障害をどう受容するか．大月書店，2002．
10) 本間博彰昌：乳幼児と親のメンタルヘルス．明石書店，2008．

〈北川聡子〉

1.4 ノーマライゼーションと統合保育

2008年度に行われた「障害児支援の見直しに関する検討会」の報告を受けて、身近な地域における障がい児支援の一環として、障がい児を受け入れている「保育所等への専門施設による訪問支援」の強化が検討されている。専門施設の職員が保育所や幼稚園を訪問することが、障がい児にとっても保育者にとっても意味あるものとなるためにはどのような知識が必要となるのであろうか。

保育所も幼稚園も障がい児のための施設ではない。そのため、施設設備も人員も、障がい児に合わせたものとはなっていない。そのことをまず踏まえておく必要がある。いわゆる統合保育制度の現状を自治体に即して理解し、保育現場における保育者の労苦を踏まえた支援が求められる。

統合保育として開始された保育所・幼稚園の障がい児保育は、「子どもの権利条約」「障害者の権利条約」を経て、インクルージョンを目指す保育へと発展してきている。障がい児の権利に関する国際的な到達点を踏まえ、今後発展させるべき方向について、基本となる明確な指針をもって子ども・家族そして保育者と向き合いたい。

こうした基本視点に基づき、限られた施設・設備、人員でも可能な実践のあり方を、保育所・幼稚園の保育者と共に考え合い、子どもたちが育ち合うことのできる実践を蓄積していきたい。

1 統合保育制度の歴史と現状

わが国において統合保育が本格的に広がり始めたのは1970年代後半以降のことである。

幼稚園・保育所での障がい児の受け入れを国が正式に認め補助金を出すようになったのは1974年のことであった。この年、私立幼稚園での障がい児の受け入れに対して「特殊教育費補助」制度が開始され、その後統合保育に熱心に取り組む幼稚園が各地に広がった。一方、保育所の障がい児保育についても、この年に「障害児保育要綱」が出され制度化された。当初は「保育に欠ける」「4歳以上の軽度」障がい児と受け入れ対象が限定されていたが、1978年には年齢規定がなくなり、「中程度までの」障がい児の受け入れが位置づけられ、保育所に通う障がい児は増加の一途をたどった。

私立幼稚園に対する補助制度は当初、10名以上の障がい児を受け入れている幼稚園へ

の補助制度として出発したが、現在は2名以上を受け入れている幼稚園への補助制度になっている。公立幼稚園に関しては、2007年の「特別支援教育」の開始に伴い制度化が図られることになったが、義務教育に比して取り組みは遅れている。「認定子ども園」に見られるように、「幼保一元化」を国が進めていることから、今後、障がい児の受け入れ制度も一本化されることが予想される。

保育所の障がい児保育は、1989年度から国の特別保育の中に「障害児保育事業」として位置づけられ、軽度児への補助や、新たに障がい児を受け入れる保育所への体制整備補助など、よりきめ細かな補助制度が設けられた。こうして保育所の統合保育は拡大の道をたどってきたが、2003年度より「障害児保育事業」の国庫負担金が地方交付税化され、障がい児保育は市町村の裁量と責任で行うこととなった。そのため公立保育所においては、障がい児のための加配職員を減らす、パート化するといった自治体も出ている。また公務員定数の削減により、職員の半数が非正規化している公立保育所も増えており、障がい児保育のみならず保育全般に関して実践の蓄積に問題が生じている。都市部の私立保育所では、待機児対策として定員を大幅に超えて子どもを受け入れており、狭い空間に多くの子どもが生活するためクラスが落ち着かず、障がい児の対応により困難が増してきている。今後は保護者が保育所と入所契約を結ぶ制度とすることが目指されているが、手のかかる障がい児を厳しさの増している現場が受け入れることができるのか注目する必要がある。

2 統合保育を進めるうえでの基本視点

2.1 子どもの権利の保障

障がいの有無にかかわらず、子どもには普遍的な権利がある。「日本国憲法」に保障された「生活権」（25条）、「教育権」（26条）はもちろんのこと、「幸福追求権」（13条）が重要である。「すべて国民は、個人として尊重される。生命、自由及び幸福追求に対する国民の権利については、公共の福祉に反しない限り、立法その他の国政の上で、最大限の尊重を必要とする」という条文を子どもに当てはめれば、安全に安心して生活でき、安定した関係の中で「発達する」権利の保障ということになるだろう。1989年に国連で採択された「子どもの権利条約」での基本理念「子どもの最善の利益」（3条）、「意見表明権」（12条）、「差別の禁止」（2条）が、障がい児の権利保障上の課題と言えよう[1]。

保育所・幼稚園に入園することが、安全で安心な生活と安定した関係の中で発達する権利を保障する「子どもの最善の利益」たり得るためにはどのような条件と実践が求められるのかについての検討が求められる。そのことはとかく「問題行動」としてとらえられがちな障がい児の示している姿の中に「声なき声」を聴き、「意見表明」を読み取り得ている

のかを問うことになる。「差別の禁止」とは、障がい児が通う場が、障がいのない子どもと暮らす保育所・幼稚園なのか、障がい児だけで暮らす通園施設なのかといった「場」の問題としてではなく、「可能な限り社会的統合と文化的および精神的発達を含む個人の発達を達成することに貢献する方法で」（23条）「障害児の特別なニーズ」に即した援助が保障し得ているのかどうかという問題なのである。このことは 2006 年に国連で採択された「障害者の権利条約」（川島、長瀬・仮訳）の「障害のある子ども」（7条）において、「障害のある子どもが、自己に影響を及ぼすすべての事項について自由に自己の意見を表明する権利」を「行使するための障害及び年齢に適した支援を提供される権利」として提示されている。子どもが真に求めていることを表明し得るように援助すること、そして行動や表情などで「意見表明」していることは何なのかを読み取ることが、障がい児関係者には求められている。さらに「障害者の権利条約」においては、「障害のある人の完全なインクルージョン及び参加を容易にするため」に必要な措置をとることを求めている。場の共有を主として重視してきた「統合：インテグレーション」から、意見表明権の保障を前提にした実質的な参加を意味する「包摂：インクルージョン」へと、統合保育の目指すべきものは発展してきているのである[2)]。ノーマライゼーションとは、障がいのある子どもが「他の子どもとの平等を基礎として、すべての人権及び基本的自由を完全に享有すること」（障害者の権利条約7条1）なのであり、そのために必要とされる援助が保障されていることなのである。

2.2 障がい児の願いを理解して

　障がいのある子どもがうまく表現することのできない「真の願い」を理解するとは、どのようなことなのだろうか。障がいがあると、ともすると障がいに目を奪われ、医師などの「専門的な支援」に目が向くが、障がいの有無にかかわらず子どもは、安全で安心できる生活の中で安定して過ごしつつ発達していくことを求めている。子どもが安全に過ごすことができるとは、戦火や紛争から守られていること、そして自由に活動し得る空間や場が保障され、衣食住において基本的な権利が守られていることである。常に医療的ケアを必要とする子どもに関しては、医療スタッフに見守られていることが安全の必要条件となるが、多くの子どもにとっては、保育室だけでなく遊戯室や園庭などの自由な空間と、おいしい給食と、見守る保育職員の存在が安全の保障となる。

　安心と安定は保育者との信頼関係が基礎となる。自分を受け止めてくれ、自分の気持ちを理解してくれる保育者を子どもは信頼する。保育室に入りにくい気持ちや、給食が食べられない気持ちを理解し受け止められることで、安心し外に目が向きやすくなる。外に向いた目を大切にし、世界を楽しく広げてくれる保育者との出会いが子どもの発達を実現する。さらに子どもたちは仲間から受け入れられ認められることを願っている。「苦手だから」と避けていた活動にも、大好きな仲間とであれば挑戦するようになっていく。こうし

て信頼できる人が増えていくことが、子どもの安心と安定の糧となると共に、世界を広げ自分の可能性を信じられるこころ、自己肯定感をはぐくみ、発達を実現する原動力となるのである。障がい児だから特別なのではなく、どの子どもにも保障すべき取り組みを、より丁寧に保障すべき子どもとして理解することが求められる。

　子どもの「問題行動」も、その中にこめられた子どもの気持ちを理解し受け止めようとする姿勢が重要である。子どもは意味を感じたことに向けて行動するが、力量が未熟な場合はその行動に無理が生じる。仲間への関心が、叩くなどの「乱暴な」行動になってしまうことも多い。また発達的な挑戦が力量不足のためにうまくいかず内にこもり、指しゃぶりや性器いじりなどの行動が目立つ時期もある。こうした行動を、外側から「いけないこと」と評価し「いかにして止めさせるか」を考えるよりも、子どもなりの涙ぐましい努力の現われとして共感し、子どもの挑戦を援助するという積極的な視点が発達の保障にとっては欠かせない。障がいのない子どもたちとの実践において保育者が蓄積してきた、「子どもの世界を広げる取り組み」の成果を尊重しつつ、障がい児の挑戦を支える丁寧な取り組みを検討したいものである。

3　統合保育における取り組みへの支援

3.1　専門施設とは異なる子どもの顔[3]

　専門施設と保育所・幼稚園では、子どもにとって生活の質が異なることを、まずは踏まえる必要がある。専門施設は一般に1クラスの人数が8名から10名と少なく、日課もゆったりとしている。障がい児だけで集団が構成されているため、活動も子どもの発達に合ったものが取り組まれる。

　一方、保育所・幼稚園は障がいのない子どもを前提としているため、クラスの人数が20名を超え刺激の多い騒がしい集団と言える。教材の出し入れなど日課の切り替えも多く、活動は障がい児の発達水準から見ると難しいものが多くなる。このような生活の質の違いから、専門施設では落ち着いて過ごし、給食やトイレもスムーズに行えていた子どもが、保育所・幼稚園では保育室に入らず、給食を一口も食べないといった姿が見られることも多い。こうしたギャップが父母も担任も不安に陥れることになる。

　子どもから見た時には保育所・幼稚園は、専門施設とはまったく異なる環境なのだ、ということを踏まえた保育者への支援が求められる。子どもにとって保育所・幼稚園が安心できる場になれば、子どもは保育室にも入り得るようになっていく。安心できない場合には、不安から逃れるために園から飛び出す、人目のない場所に隠れるなど危険なことも多く、子どもの安全が脅かされてしまう。子どもが安心できるためには、専門施設の環境に近い条件を保障することが求められる。具体的には、園内で最も静かな職員室や遊戯室

で、子どもの発達に合った子どもの好きな活動を少人数で楽しむことで、園内に安心できる「こころの居場所」をつくり、担当保育者との間に信頼関係を形成することが入園当初の課題となる。こうしたことは入園後の支援としてではなく、入園前の「個別支援計画」の引き継ぎの段階で保育所・幼稚園に伝えておきたい。入園時のあわただしさの中で子どもの不安を必要以上に高めることなく、また入園時の対応に向けて園全体で体制を検討するためにも、事前の支援として重要である。障がいと診断されていない場合でも、保育室に入りにくい子どもへの対応の基本は共通であり、他の新入園児や進級児にも生かされる支援となることが望まれる。

3.2 障がい児の願いを尊重した保育の創造

多くの場合、父母は統合保育への期待として、保育所や幼稚園に入ることで「わが子が良い刺激を受けて欲しい」と願っている。それでは子どもは何を願っているのだろうか。子どもは刺激を受けたいとは思っていない。安心できる生活の中で、保育者に受け止められ、仲間に認められることを願っている。

安心できなければ仲間に目を向けることは難しく、仲間の遊びに刺激を受けることも困難である。園生活が安心できるものとなるためには、入園当初は嫌いな騒音やいやな活動を避け、職員室で静かに過ごすことも必要になるが、子どもが安心できるためにはそれだけでは不十分である。子どもが園を好きになるためには、楽しい活動が保障され、保育者に受け止められることが必要になる。それでは子どもにとって楽しい活動とはどのようなものであろうか。

子どもは自分の発達に合った活動を好み、子どもが好む活動は子どもの発達に合っている。したがって子どもが好んで取り組む活動を積極的に位置づけることになるが、多くは砂遊びや水遊び、ブロックやままごとなどの単純な遊びである。自由遊びの時間になるべく十分に時間をとって保育者が関わり、遊びの中での子どもの楽しさを受け止めるだけでなくさらに楽しさを広げ、子どもが保育者を信頼できるようにすることが望まれる。その際に何人かの子どもを誘い、遊びの楽しさを仲間と共有できるようにすることが、仲間に関心を向ける基盤となる。障がいのない子どもを中心とした園生活においては、障がいのない子どもの活動に障がい児を誘うことが多いが、発達に弱さを持つ子どもが力量のある子どもに合わせることは本来困難なことである。力量のあるものがそうでないものに合わせることの方が自然ではないだろうか。時刻表や身体図鑑など関心対象が偏っている子どもの場合にも、周りの子どもがその子の関心に合わせることの方が無理は少ない。障がい児の関心を周りの子が受け止めることができるように、障がい児の遊びに名前をつけることや、電車ゴッコ、お医者さんゴッコとして位置づけ発展させることが保育者の役割だといえよう。

こうして好きなことを楽しんだ充足感と仲間への前向きな気持ちが、保育者の「おはよ

うするよ」ということばを受け止め、仲間と共に行動する「生活場面の切り替え」を実現し、クラス活動への主体的な参加を生むのである。場面の切り替えがうまくいかない時には、子どもが何らかの不満を表明しているのではないかと、自由遊びの見直しを図りたい。自由遊びにおいてだけでなく、障がい児も障がいのない子も共に楽しみ得る活動を、クラスで積極的に位置づけたい。発達に差があっても好む活動としては、追いかけっこや散歩、水遊び、リズム活動など、どの年齢でも取り組む活動がある。こうした活動を1学期に位置づけることで、子どもたちが活動を共有しクラスの仲間として意識しやすくなる。

3.3 仲間と共に育ち合える保育に向けて

　障がいのある子がクラスに入り活動することが本人の要求になるためには、クラスの子どもたちが障がい児のことを仲間として認め受け止めることが必要となる。障がい児のために周りの子どもたちが我慢を強いられている場合は、保育者の見ていないところで子どもたちが「○○がいなければいいのに」などと陰口を叩く姿が出てくる。また保育者の受け止めを求めている子どもからは「○○ちゃんだけいいな」といった声も出るようになる。こうした声も大切な意見の表明として保育を見直すことが必要になる。障がい児が安心して生活し得る保育は、子どもたちが安心して生活し得る保育なのである。

　クラスの子どもたちが障がい児を仲間として受け入れるためには、第一に障がい児と活動を共にすることが必要とされる。障がい児の遊びに子どもたちを誘い入れることや、みんなが参加しやすい活動を組むのはそのためである。第二に障がい児も含めクラスの中で相対的に外れがちな子どもたちに出番をつくり、クラスの子どもたちから認められる機会をつくることである。子どもの面白い発想をみんなの活動に位置づけることはもちろんのこととして、お茶当番やお便り帳の配布など、仲間に感謝されることで子どもたちの気持ちは落ち着く。クラスでの出番がつくりにくい場合は、年少のクラスのお手伝いなど、自分の力を実感し認められる喜びを感じられる機会を保障したい。第三にトラブルを障がい児理解の機会として取り組むことが求められる。仲間への暴力や保育室からの逃亡などのトラブルは障がい児の意見の表明であると共に、クラスの子どもたちからすると活動を妨害する許しがたい行為である。「いやだ」「困る」といったクラスの子どもの意見表明が尊重されねばならない。障がい児のために不当に我慢させられ、素直に思いを言えない状況では、障がい児への潜在的な不快感が形成されるおそれも出てくる。いやだと言う子どもたちの思いを受け止めたうえで、なぜ叩いたのか、なぜ飛び出したのかを考え合うことで、子どもたちの障がい児理解は深まっていく。話し合いが成立するためには日ごろから保育者が子どもの言い分に耳を傾けていることや、保育者に取り組みについての見通しがあることが求められる。

　障がいのある子どもが安心して生活し得る保育を求めることでクラスの子どもたちの保育も充実し、子どもたちの仲間を見る目が豊かになることが、本来のインクルージョンを

目指した保育なのである。同じ場にいるだけではない充実した保育の実現に向けて、年間の見通しを持って保育に当たれるような、職員集団作りを可能にする支援を目指したい。

4 父母と共に手をつないで

　障がいのある子どもは、保育所や幼稚園では少数派であり父母も不安を感じやすい。地域の障がい児「親の会」は年長の親が多く、幼児期の親には敷居が高い。専門施設の「親の会」は貴重な親の交流の場と言える。OB会を組織し、統合保育に関する不安や就学に関する不安を受け止めることは、地域の統合保育を支える専門施設の役割である。長年にわたり統合保育を進めてきた保育所・幼稚園の中には、園単位でOBも含めた「親の会」を運営している場合もある。親を孤立させない取り組みとしてこうした「親の会」づくりを支援することも重要である。

　保育所や幼稚園が困るのは障がいの診断を受けていない子どもへの対応である。障がいの発見から対応への流れが充実している自治体では、診断後に入園する子どもの方が多いが、必ずしもそうなっていない自治体も見られる。最近は就労する母親が増えているために、1歳児から就園する子どもでは、保健師よりも先に保育所が障がいを疑う場合も増加している。また知的に問題はないが集団生活においてトラブルを起こす子どもの場合は、入園前に診断を受けていることが少なく、そのため、専門機関にどのように紹介したらよいのかを迷う保育者もいる。

　何より大切なことは専門機関に行くことの目的である。子どもを理解するための手がかりを得るということは保育者の目的であり、必ずしも親の目的ではない。親も困っている場合でなければ、保育者のひとりよがりとなってしまう。「障がいの受容」ということが語られるが、障がいの有無にかかわらず、わが子を真に受け止めることは簡単なことではない。わが子が可愛いがゆえに過剰な期待もするし甘やかしもする。わが子に障がいがあるとは思いたくないのが親心だということを踏まえておきたい。

　親が保育者を信頼できなければ、保育者が「子どものため」と言っても専門機関に足は向きにくい。子どもが保育者を信頼して初めて、親も保育者を信頼できるのである。可愛いところも、伸びてきたところもしっかりと伝えてくれることで、保育者が子どものことを真剣に考えてくれていると感じ得るから、専門機関に足が向くのである。専門機関の受診が子どもにとっても親にとっても意味のあるものになるよう、親の気持ちを熟成させることが保育者の役割であろう。就学が親にとっては重要なステップとなることを見通して、子どもとも親ともじっくりと付き合いたい。専門機関との窓口も学校との窓口も通常は園長であり、親に専門機関の受診を勧める際には、園長が責任をもって関わることが必要である。

　子どもに関しても親に対しても、担任だけに任せず園全体で話し合い協力しながら向き

合うことで、職員一人ひとりの肩の荷を軽くし、見通しをもって実践を積み上げていくことが望まれる。専門施設の支援が、そのためのステップとなることを期待したい。

引用文献

1) 茂木俊彦, 近藤直子, 白石正久他・編：子どもの権利条約と障害者自立支援法. 全障研出版部, 2007.
2) 浜谷直人・編著：発達障害児・気になる子の巡回相談 すべての子どもが「参加する」保育へ. ミネルヴァ書房, 2009.
3) 近藤直子, 白石正久, 中村尚子・編：新版 テキスト障害児保育. 全障研出版部, 2005.

（近藤直子）

1.5 アセスメントとチームアプローチ

1 乳幼児の発達支援におけるアセスメント

1.1 アセスメントの意義と目的

　乳幼児期の発達支援・療育支援は、思春期以降のそれと大きく異なる面がある。それは、①子どもの発達に可塑性が大きいこと、②子どものその後の生活・学習環境に可能性の幅が大きいこと、③子どもの発達や学習に領域固有性が少なく、発達の各側面が互いに緊密に結びつき、全体としての構造をなしていること、④保護者を中心とした家族が支援を担う面が大きいため、そうした側面での家族支援の重要性が大きいこと、である。④に関しては、まだ親子の歴史も浅く、関係を築いていくための出発点の支援という意味合いも大きい。アセスメントとは、さまざまなデータを集めて、それに従って対象を評価することであるが、発達支援・療育支援のスタートを切る場合も、育児支援を視野に入れた家族関係・環境的なアセスメントが重要であり、また子どもの発達状況を各方面からアセスメントし、それを統合させて子どもの全体像を把握し、関係者とりわけ家族と共通理解していくことが求められる。

1.2 どのようなアセスメントがあるのか

①医学的診断

　子どもの予後について予測立てをし、治療や支援の方向性を考えるために、医師は発達の遅れや偏りの背景として特定され得る原因疾患の有無と、合併症の有無を調べる。原因疾患の調査のためには、脳波検査、脳のMRI、CTなどの脳に関する検査のほかに、染色体異常の有無等を調べるための血液検査を行うこともある。ただし、発達障がいではこうした医学的な検査に特別な所見が見られないことが多く、そうした場合、診察時の行動観察や保護者からの情報、他のアセスメントの結果などから診断されるのが一般的である。こうした診断の根拠として、ICD-10やDSM Ⅳ tr*が使われる。また、視覚や聴覚の問題の有無を調べるために、遠視・近視・乱視などの有無を調べる屈折検査や中耳炎などの有無を調べる鼓膜検査などを行う。

②心理アセスメント

　発達検査・知能検査等各種の心理検査は、子どもの大まかな発達像を簡便に評価するためのツールである。表1は一般によく使われる心理検査の概要であるが、IQ・DQなどの数値の扱いや、各検査の目的と限界に留意することが必要である。

③運動アセスメント

　理学療法士や作業療法士が中心となって、姿勢と粗大・微細運動を評価する。心理検査のような既製のものはほとんど存在しないため、子どもの状態や評価の目的に応じて、運動や操作する環境を設定して子どもの姿勢や動きを観察し、ハンドリング（直接子どものからだに触れて動きを支援しつつ、動きに関する情報を得ること）や、自助具や補助具を使用しながら、評価していくのが一般的である。運動・口腔機能面からの摂食の評価を行うこともあるほか、運動障がいが大きい子どもの場合、呼吸機能のアセスメントも行うことがある。

④言語アセスメント

　必要に応じて、聴こえに関する精査（表2）や、言語理解・表出の評価（国リハ式S-S法言語発達遅滞検査など）、言語能力を支える聴覚・視覚認知と処理の検査（ITPA言語学習能力診断検査）、音声言語以外の手段を考えるためのAAC（拡大・代替コミュニケーション）評価、コミュニケーションの評価、口腔機能の評価（構音検査、食事評価）を言語聴覚士が中心になって行う。

⑤感覚統合面のアセスメント

　発達に遅れや偏りのある子どもの場合、脳の覚醒レベルが変動しやすかったり常に低い状態であったりすることが時おり見られる。また、感覚が未熟であったり、感覚間や感覚と運動の協応が育っていない子どもの場合、そうしたベースとなる発達の未熟さが言語、学習、運動面に大きく影響したり、いわゆる「問題行動」と言われる行動の原因になっていることも多い。感覚統合面のアセスメントは、そうした発達の基礎である脳機能の問題の有無を、子どもの姿勢・動き・行動の観察から評価していくものである。評価を助けるものとして、既製のツール（南カリフォルニア感覚統合検査や日本版ミラー幼児発達スクリーニング検査など）を用いることもある。

⑥視覚のアセスメント

　現在、発達障がい乳幼児の視覚のアセスメントを行える専門家は希少である。障がいを持つと言われる子どもたちに対して特別な配慮ができる眼科医療現場における視能訓練士か、盲学校（視覚障がい特別支援学校）の教員が中心である。発達に遅れや偏りのある子どもの視力検査は、特別な配慮や技術を必要とすることが多く、視力の問題の発見までに

---

* ICD-10とDSM-Ⅳ-tr：ICD-10は、世界保健機構（WHO）が作成した「国際疾病分類」、DSM-Ⅳ-trは、アメリカ精神医学会（APA）が作成した「精神疾患の分類と診断マニュアル」。どちらも診断基準として使用される。

表1　乳幼児に対してよく用いられる発達検査・知能検査の概要

検査名	概要
新版K式発達検査	運動面・認知面・言語面の3つの領域のバランスと発達全体の様子を簡便に見ることができる。0歳から成人まで適用可能。
WISC-Ⅲ知能検査	言語性と動作性の両機能のバランスと知的な発達状況を知るための検査。検査時間はかかるが、検査結果を学習面の問題や支援の方向性と結びつけて解釈しやすい。5歳から16歳11か月まで適用可能。現在改訂版の日本版を作成中。
K-ABC心理・教育アセスメントバッテリー	認知処理様式の個人内差と、「習得度」といって学習で培われた知識とのバランスを見る検査。潜在的な知的な力と表面的な学習力の関係がわかりやすい。2歳6か月から12歳11か月まで適用可能。
田中ビネー知能検査Ⅴ	短い時間で簡便に知的発達のおおよその様相を把握できる。主な適用年齢は2歳から成人だが、発達年齢が2歳未満と考えられる子どものために、補助項目が設けられている。

表2　乳幼児に用いられる代表的な聴こえの検査

検査名	概要
聴性行動反応聴力検査（BOA）	乳幼児のいろいろな音への反応を指標として判定する。
条件詮索反応聴力検査（COR）	音と光を条件づけることにより、子どもの反応を引き出して聴力を測定するもの。
聴性脳幹反応聴力検査（ABR）	睡眠時の脳波測定による検査。

時間がかかりやすい。必要に応じて、視野や眼球運動などの「見え方」や、フロスティッグ視知覚発達検査のように図と地などの視知覚や視覚—運動協応の状態を調べることもある。

ⅰ)日常生活活動のアセスメント

子どもが生活するうえで必要な食事・排泄・着替えなどに始まって、普段の環境の中で

何がどのようにできているのかいないのか、そうしたことに子どもの力と環境がどのように相互作用しているのかを、子どもの発達支援ならびに家族支援の視点からアセスメントする。部分的には心理検査の中にそのような項目を設けているものはある（津守・稲毛式乳幼児精神発達診断やS-M社会生活能力検査など）が、非常に個別的な質問を必要とすること、保護者の悩みやニーズに直結する事柄であることが多いため、支援のキーパーソンとなるスタッフが保護者の悩みに沿いつつ聞き取り調査していくことが望ましい。

⑧家族機能と養育環境のアセスメント

「子どもの障がい」という大きな危機に直面した家族に対して、何よりもその家族を知る、理解するということが支援の入り口となる。理解のポイントとなるのは次のようなものである。

- 保護者自身の背景・育ちと、そうした保護者の営む家族の文化
- 保護者の子ども観、育児観、障がい観、療育観
- それまでの養育の中で培ってきた思い、傷ついてきた経験など
- 保護者の考え方、対人関係の持ち方、精神的な安定度、養育能力
- 夫婦関係・きょうだい児を含めた家族関係
- 家族を取り巻く原家族などとの関係
- 地域生活の中での繋がりやリソース

これらは、一度に集められる情報ではない。また、なかには混乱の中の保護者に直接聞いても、混沌として思いをことばにすることが難しい面もあろう。そうした家族の「ことばにならない思い」も含めて、これまでの養育の経過などを丁寧に聴きながら、また子どもとのやりとりや夫婦間のコミュニケーションの様子を見ながら汲み取っていくことが重要になる。保護者に精神疾患がある、虐待のリスクがある、経済支援の必要性があるなど、より包括的な育児・生活支援が必要な時には、速やかに他機関との連携の必要性・可能性について検討していく。また、そうしたリスクのない家族でも、「地域に根付いて自立的に生活していく」ということがどの程度達成できているのかに支援者は常に留意し続ける。このアセスメントは、支援のキーパーソンのほか、相談支援を専門とするケースワーカー（ソーシャルワーカー）や保健師が担当することもある。

1.3 アセスメントにおける留意点

以上、さまざまなアセスメントがあるが、アセスメントはその目的に沿って適切に行われるべきであり、その結果をどのように生かすかということが最も大切である。アセスメントにおける留意点は次のようなものである。

①各論ではなく、子どもの発達の全体構造が理解されるアセスメントであること

どれほど細かいデータを大量に積み重ねても、それらを総合して子どもの全体像を理解することができなければ、それはアセスメントとは言えない。各アセスメントは、何がで

きた・できないということではなく、たとえばできないのはどうしてなのか、未熟なのか未学習なのか病理性なのか、またそのことが他の領域の力とどのように関わっているのか、そして子どもの発達全体の構造はどうなっているのか、といったものを推論し、組み立てていくものでなければならない。そのためにも各職種がそれぞれアセスメントしたものをつき合わせていく作業（支援検討会議など）が必要である。

②子どもや家族の長所や潜在的な力がわかるアセスメントであること

往々にしてアセスメントはその子どもや家族の持つ「問題点」や弱さをあぶり出すためのものと考えられがちである。しかし、家族や子どもが抱えている課題と同様に、子どもの発達上の長所や家族の持つ強みを明らかにしていくことは支援に繋げていくための柱である。

③支援の方向性を出すためのアセスメントであること

支援の始まりに行うアセスメントの目的の1つは、子どもと家族の支援の方向性を見極め、プログラム立てしていくことである。つまり、支援の頻度、内容（担当職種や、グループか個別かなど）、他機関との連携のあり方などを決めていく。支援の内容と方向性の適切さを知るために、支援の節目にも適宜アセスメントをしていくことが必要である。

④関係者と保護者が共通理解できるものであること

アセスメントの目的のもうひとつは、他機関も含め、関係者と家族が子どもについて共通理解することである。したがって、アセスメントの結果とそれから導き出された支援の方向性は個別支援計画等に明文化され、保護者に対して適切に説明されるべきである。

⑤日々の支援の中でも継続的にアセスメントしていくこと

アセスメントは、1回行って終わりというものではない。とりわけ乳幼児は日々変化・成長する存在である。最初に行ったアセスメントの妥当性の検証のためにも、日々の療育の中で常にアセスメントし直す姿勢が必要である。

2 乳幼児の発達支援におけるチームアプローチ

前述のように、アセスメント自体が多職種によるチームアプローチである。支援機関によって、職種もその役割も異なってくるため、この節では知的障がい児通園施設におけるチームアプローチを取り上げ、その内容と留意点についてまとめたい。

2.1 支援の内容と主な担当職種

①医学的支援・衛生管理：医師・看護師・保健師

子どもの状態像を診断し、保護者に予後や対応を含めて診断名を告知すること、合併症を含めて投薬等治療・医学的な処置を行うこと、定期的な健診を含めた日々の子どもの健康管理、発達・健康・医療に関する相談、他の医療機関との連携が、医療スタッフの行う

医学的支援である。また、看護師・保健師が中心となり、食事・排泄を含めた生活や環境面に関する各種の衛生面の管理指導、疫学的な情報に基づく対応策の徹底を行う。

②ソーシャルワーク：ケースワーカー（社会福祉士、ソーシャルワーカー）・保健師

乳幼児の発達支援におけるソーシャルワークとは、家族の社会生活のニーズに応じて、カウンセリングなどの対人技術と社会資源の活用を通した相談援助である。相談内容に応じて、福祉サービスや同じ障がいを持つ親の会の紹介を行ったり、関係機関と連携して家族が自立的に社会生活を送るための総合的な支援を行う。養育困難・虐待が顕著に増加している現在、こうしたソーシャルワークの重要性はいや増している。

③運動・操作の療育：理学療法士・作業療法士

理学療法士と作業療法士は、共に子どもの感覚・運動経験を拡大させつつ、姿勢・粗大運動・微細運動の学習・獲得を支援していく。その中には、呼吸機能や摂食・嚥下機能の援助、脳性麻痺などの子どもに対する変形・拘縮などの軽減・予防、装具・自助具の製作・調整、食事・着替えなど日常生活活動の支援も含まれる。

④感覚統合療育：作業療法士

感覚統合療育では、脳の覚醒レベルの調整や感覚情報の交通整理を支援しながら、子どもが環境に対して混乱なく主体的に関わることができるようにサポートしていく。具体的には、自分の感覚・体の動きに気付く経験を通して子どもがボディイメージを育てる、自分で考えつつからだを動かす経験の中で、からだの動かし方と空間の認識を育てる、楽しく遊ぶ経験の中で感覚の過敏さを軽減していくなど、子どもが自分のからだと外界に対して適切に関わり、その結果をきちんと認識できるように支援していくものである。

⑤認知・言語・コミュニケーションの療育：言語聴覚士・保育士・児童指導員・心理職・視能訓練士

認知機能とは、外界の情報を統合してそれがどういうものであるのか、どういう事態であるのかを推測し、判断し、対応するものである。言語は、コミュニケーション以外にもそうした思考や情報の整理・ラベリングの機能を持つ。したがって、認知機能・言語機能・コミュニケーションは三位一体となって発達していく。各職種は子どものニーズに応じてそれぞれの専門性を生かしつつ、アプローチを行う。

⑥食事支援：栄養士・調理師

食育ということばにある通り、「食」は健康な身体作りの基本となるだけでなく、人が生きるということの根本であり、健康な心も育てる重要性を持つ。しかし、発達に遅れや偏りのある乳幼児の場合、健康面に課題を持つ子どもが多いほか、食事面でも食べ物の取り込み・嚥下などの摂食機能自体に未熟さがあったり、感覚過敏のために過度の偏食があることも多い。そういった子どもたちの場合、支援体制がないと、食事が広がらない、食事が苦痛になるなどの問題も出てくる。一人ひとりに栄養学的な配慮と、細かいステップを踏んだ離乳、アレルギーなど摂食と健康管理に関する個別の支援のほか、食事を楽しく進

める工夫や、子どもたちが「食」に興味を持つための配慮が必要である。

⑦集団生活支援：保育士・児童指導員

①〜⑥の支援は、子どもが家族と共に自分の力を発揮しながら生き生きと地域生活が送れるようにするための発達の基礎づくりである。したがって、そうした土台を基に、子どもが主体的に生活し、自己を育てていく場が必要となる。乳幼児の場合、それが保育園・幼稚園であり、通園施設のクラス・グループである。具体的には次のような支援が含まれる。

- さまざまな情報を整理し、どのような状況か判断して対処する力の育成
- 獲得した運動能力を用いて、空間やものに対して適応的に動く力の育成
- 獲得したコミュニケーションツールを用いて、日常生活の中で他者とコミュニケーションする力の育成
- 日常生活の中でものや事柄の概念を広げ、確実なものにしていく
- 食事や排泄など、日常生活活動の自立に向けての取り組み
- 家族以外の人間関係、とりわけ同年輩の子ども同士の関係性の育ち
- 上記の力を通して、クラスやグループの一員としての社会性と自己の育ち

したがって、クラスの中では、子どもが見通しを持ちやすく、時間・空間を自分でデザインして動くことのできる環境設定（TEACCHプログラムもこの目的に沿うひとつの方法。第2部「TEACCHの考え方とその実際」参照）、子どもが理解して自分から他者に働きかけることのできるコミュニケーションツールの使用が必要となる。クラスやグループの担当者は、上記①〜⑥の支援を含めた総合的な知識が求められる。

2.2 チームアプローチにおける留意点

チームアプローチにおいて最も留意したい点は、職種同士の相互理解と協働であろう。これを解決するために、次のような工夫が求められる。

①職種による上下関係をつくらない風土づくり

雇用条件や勤務体制が職員同士の壁とならないような職場の基本姿勢といったものをどのようにつくっていくか、職員が相互に常に考えていかなければならない。こういった姿勢は、職種の壁だけでなく、新人職員が自由に意見を述べられるなどの職場の民主性にも通じるものだということを認識したい。

②多職種が協働する体制

異なる職種が専門性を相互に理解し発揮するためには、実際に子どもに協同してアプローチすることが最も有効である。クラスやグループのプログラムを多職種で共同して作成し、実際に多職種で運営する．子どもの個別の支援計画を共同して作成していくなど、どの職種も子どもに対して対等に責任を持って協力しながら支援していく体制を日常的につくることが必要である。

③他の職種の専門性について学習する機会の提供

　他の職種が用いている専門用語がわからないとか、他の専門職種が何をしているかよくわからないということは多い。そうした事態をそのままにせず、各職種の用語や考え方を相互に学ぶ機会をつくることも必要である。多職種で行う支援会議のほか、職員向けに各職種が学習会を行うなど、子どもの発達支援に関する幅広い知見を相互に持つ努力をするべきである。

2.3　アセスメントからチームアプローチへ

　図1、図2はアセスメントをどのように支援に繋げていくのかのイメージ図である。各

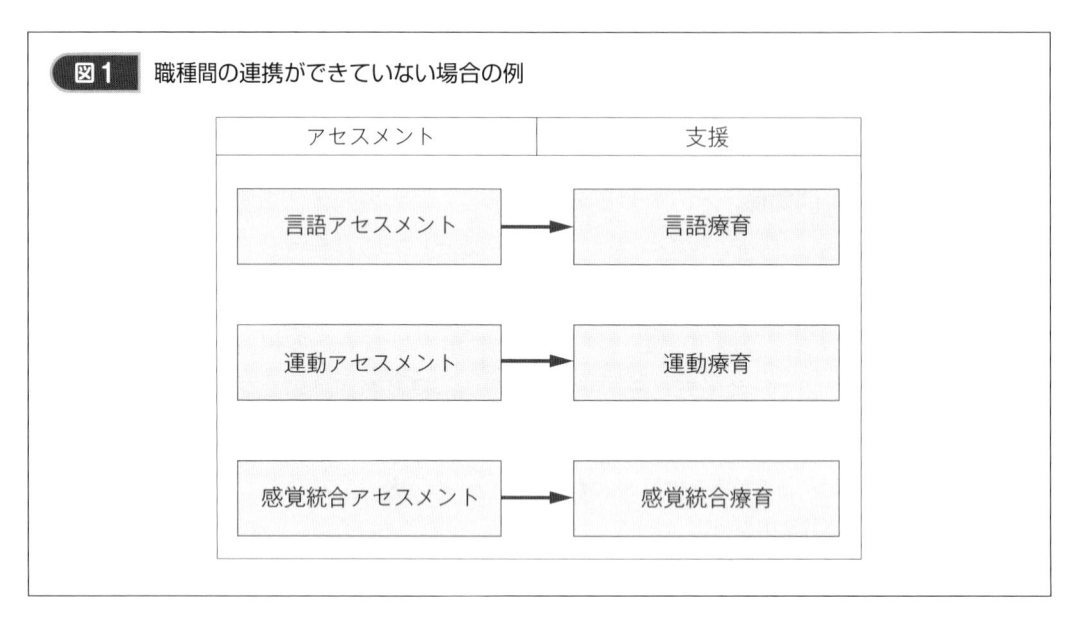

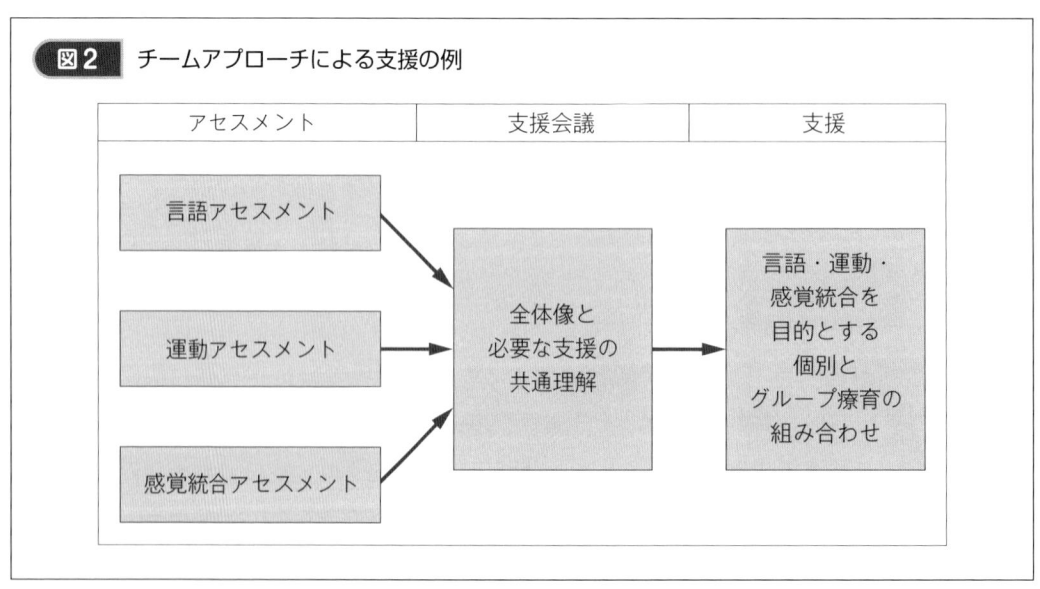

図1　職種間の連携ができていない場合の例

アセスメント	支援
言語アセスメント →	言語療育
運動アセスメント →	運動療育
感覚統合アセスメント →	感覚統合療育

図2　チームアプローチによる支援の例

アセスメント	支援会議	支援
言語アセスメント 運動アセスメント 感覚統合アセスメント →	全体像と必要な支援の共通理解 →	言語・運動・感覚統合を目的とする個別とグループ療育の組み合わせ

職種のアセスメントから各職種の支援がバラバラに始まる（図１）のではなく、全体像を共通理解したうえで協働していく（図２）ことが必要である。

参考文献

1）田中千穂子，栗原はるみ，市川奈緒子・編著：発達障害の心理臨床．有斐閣，2005．
2）木村　順：育てにくい子にはわけがある．大月書店，2006．
3）内山登紀夫：本当のTEACCH－自分が自分であるために．学研，2006．

（市川奈緒子）

1.6　個別支援計画について

1　個別支援計画とは

1.1　乳幼児発達支援における「個別支援計画」の意味

「個別支援計画」は、障がい児・者本人が地域で豊かな生活を構築するために、サービス提供機関が作成する計画である。障がいの確定が困難な乳幼児期の支援は、子育て支援や発達支援、機関間の連携等のいろいろな要素を持つ。さらに、保護者や家族と協同して支援を行うなどの特殊性を持っている。たとえば、①子どもの育ちをベースにし、発達段階をとらえた専門的な支援、②障がいの特性や見通し、予後を考慮した支援、③障がいが確定する前からの支援、④保護者と家族は支援の協同パートナーであり、「家族支援」では支援の対象、⑤一つの機関だけの支援では不十分で、同時に縦や横の連携、協力を必要とする、などである。

＊筆者の地域〈北海道〉で実施している子ども発達支援事業では、相談支援における「個別支援計画」との混乱を防ぐため、発達支援における「個別支援計画」を「発達支援プラン」と名称を変えて行っている。

1.2　個別支援計画の基本要素

個別支援計画の目的、対象、実施場面を以下のように考える。

①目的

　発達の遅れや障がいのある子どもの実態を把握し、一人ひとりの発達のニーズを保護者と共に把握、整理し、子育てや保育、福祉、教育、医療等の多方面からの視点を取り込んで、短期、長期の目標を設定し、関係者の共通理解の基で子どもの育ちを継続して支援する。

②対象

　発達支援が必要な発達の遅れや障がいのある子ども（主に乳幼児期）。乳幼児期の発達支援では、保護者や家族を支援の協同パートナーとして支援計画を進める。しかし、障がい児支援では、保護者や家族を支援する「家族支援」、連携の充実や地域シス

テムの構築を進める「地域支援」が大切な要素にもなる。

③個別支援計画の実施場面

　実施場面は、子どもの生活場面であり、それは主に関係機関および家庭である。これまでの指導計画は、指導機関での活動を想定していた。しかし、乳幼児期の発達支援は、子どもの育ちを支援する活動であり、支援計画は生活場面全体を想定して実施される。実施場面は家庭を含めた一日のすべての生活場面であり、発達支援機関での集団活動（遊びや身辺、運動の体験など）場面や個別活動場面、家庭での活動場面である。

1.3　個別支援計画の基本手順

　個別支援計画は、①子どもの実態の把握（アセスメント）→ ②支援ニーズに沿った支援計画の作成 → ③実践の積み重ね → ④子どもの成長と変化の確認と修正（モニタリング）、という手順に沿って進められる（表1参照）。

1.4　個別支援計画における保護者への説明と共有の意味

　支援計画が継続されるためには、支援者は保護者（家族）と支援ニーズの確認と整理を行い、支援計画の意図や目的、内容を具体的（実践的）に説明することが必要である。さらに、支援者は日常的に実践している内容や子どもの成長、変化を保護者と共通に理解し、支援を継続することが必要である。

　たとえば、支援計画が関係機関と家庭の相互で継続されるためには、療育ニーズにどれだけ応えているのかが問われる。障がい乳幼児の療育ニーズ調査などからは、3つの特徴が見られる。これは、①発達評価による子どもの客観的把握、②具体的な日常の関わり方、③将来への見通し（予後）、である（表2参照）。また、専門療育機関での相談を終えた親たちから、「訓練でいろいろな器材（教材）を使ったけど、家には同じ物がない。継続したいけど…、どう工夫すればいいのか…？」と言う声を聞く。実際に地域の機関や家庭で療育機関と同じ関わりを行うことは困難である。療育機関が提示する療育プログラム（個別支援計画）は、客観的な評価を行い、保護者や地域のニーズに基づいて具体的であり、わかりやすく実現可能で、継続できる内容であること、また予後や見通しを丁寧に説明することが必要である。

1.5　個別支援計画におけるプライバシーの保護

　支援者が個別支援計画を進める時は、深い人権意識に基づいた倫理観を持って、子どもや保護者の立場に立って考え、丁寧な説明を行い、さらに不利益が生じないようにプライバシーを保護することが必要である。

　たとえば、支援者が個別支援計画を作成、実施するには、次の3つの基本姿勢が求めら

表1 個別支援計画の基本要素と作成手順

項　目	内　容	担　当
（1）子どもの実態の把握（アセスメント）	①これまでの発達経過の把握－フェースシートの作成 　・基本情報 　・生育歴の確認 　・これまでの支援内容の確認 ②状態像の把握 　・発達領域ごとの把握（分析）－行動観察 　・発達評価－標準化された発達検査の実施 ③現在の生活実態の把握－育児環境、福祉制度の利用など ④その他の情報の収集と整理	支援者
（2）保護者のニーズの整理	ニーズの客観的な把握と確認、整理	支援者 保護者
（3）支援目標の設定	①長期の支援計画の設定 ②短期の支援計画の設定 ③設定した目標の優先順位を決める	支援者 保護者
（4）支援内容の作成	具体的内容の設定	
（5）保護者への説明と共有	①支援計画の提示と確認 ②計画実施上の留意点の確認	
（6）関係機関との共通理解	①支援計画内容の提示と説明 ②関係機関間での留意点の確認	支援者 関係者
（7）支援計画に基づいた実践の積み重ね	①実践の積み重ね ②客観的な記録の作成	支援者 保護者
（8）支援計画の再調整（モニタリング）	支援計画の見直し	

表2 障がい乳幼児の療育ニーズの特徴と内容

項　目	内　容
発達評価による子どもの客観的把握	・子どもの発達段階を知りたい ・子どもの得意、不得意について知りたい ・前回に比べて、成長を確かめたい　など
具体的な日常の関わり方	・偏食を直すにはどうしたらいのか ・他害を止めさせたい ・叱ることはできるが、どう褒めればいいのか ・親子での遊び方 ・言葉を促すために何をすればいいのか　など
将来への見通し（予後）	・就園、就学について ・進路、就職の見通しについて ・福祉制度　など

れる。それは、①共感と対等性を持った相互の信頼感の形成、②人権意識に基づいた情報の公開とプライバシーの保護の姿勢、③継続的研修の実施などの専門家として自己研鑽、である。また乳幼児期の発達支援では、いくつかの機関で役割分担をしながら支援を行うのが一般的であり、機関間で子どもの基本情報の共有や提供が必須になる。その時、当然支援者側は、事前に書面（契約書や重要事項説明書）でプライバシー保護や情報の扱い方について、保護者に説明と同意を得ることが大切である。

2　個別支援計画（発達支援プラン）作成のポイント

　個別支援計画の作成の手順に沿いながら事例（Ａ子－５歳）を通して、対象児のアセスメント、ニーズの把握と確認、支援目標の設定、個別支援計画（内容）の作成、モニタリングまでを実践し、作成のポイントを述べる。
　＊事例は、プライバシーを保護するため保護者の承諾を得て、一部加工している。
　＊事例資料は、支援計画の作成を実践的に理解してもらうために加工、構成している。
【事例：児童デイサービスを利用している５歳のＡ子】

【Ａ子の特徴】
　幼稚園年長Ａ子（5：5）、Ｂ児童デイサービスを週２回利用。両親、２人姉妹の長女。△療育センターより自閉症、精神発達遅滞（軽度）の診断を受ける。
　Ａ子は、「遊ぼう！遊ぼう！」「一緒遊んでー。」と、友達に一方的に話しかけていく。実際、友達はＡ子と距離をおいてあまり関わらず、遊んでいる。逆に、友達が「一緒に、行こう！」と誘うと、「ハーイ、わかりました」といって、勝手に一人で行ってしまい、遊びが続かない。また、一人で歌ったり、人形遊びやビデオを見ていることが多い。職員には遠慮せず、よく話しかけてくる。会話の内容は食べ物やお人形の話が多く、一人で長々と話し続ける。その時は、大人（職員）を見ていないことが多い。
　大人から質問をすると、「わかりません！」「いやなの！」などと尻上がりの口調で答えたり、「では、行ってきます。」とその場面とは違うことを平気で言いだす。クラスでの遊びでは、席に着いて待つことができず、よく注意されている。最近、何度か注意すると、わかったのか、座ることや順番が待てるようになる。
　小麦粉粘土遊びの時は、ベトベトした感触を「イヤー」と言って手に付いた粘土を取る。果物や車を作るように誘うが、作らない。クッキー用の型押しを渡すと、最初黙っていたが、見て作っている。
　初めての遊びや行事は、すぐには参加せず、「私、やらない！」と何度も大きい声を出し、また表情を硬くして、落ち着きがなくなる。そうして、急にお友だちを叩いたりすることがある。
　走ることや滑り台遊びは楽しんでいるが、すぐに床に座り込む。また、体が少し揺れて転びそうになる。ボール投げでは、手足の動きが中途半端である。また、比較的身体は大きく、やや太っている（身長112.6cm、体重25.2kg、カウプ指数19.6－肥満傾向）。クレヨンを握り持ちで書く。
　食事は、野菜が嫌いで偏食がある。シチューだとタマネギ、ニンジン、ジャガイモは食べる。お腹が空いている時は、野菜を刻んでご飯に混ぜると食べている。また、家庭にはお菓子がいつも準備されている。その日の気分によって好き嫌いが変わる。スプーンを握って持って、すくって食べ

る。排尿（おしっこ）は、自分からできている。時々、排便時の尻拭きを失敗している。衣類の着脱は年齢と同じようにできる。

生育歴：出生問題なし（出生体重2,600ｇ）、定頚4か月、はいはい9か月、始歩20か月、人見知り7か月弱い、後追い少ない、始語18か月、指さし30か月、2語文36か月。

療育歴：1歳半健診で発達の遅れ指摘、3歳まで子育て支援センター利用（週1回）、3歳から幼稚園を利用するが、発達支援は受けていない、母親が心配になり4歳から児童デイサービス利用（週2回）。

2.1 子どもの実態の把握（アセスメント）

2.1-1 これまでの発達経過の把握－フェースシートの作成

　フェースシートの作成では、利用児の基本情報や生育歴、これまでの支援内容の把握が必要である。基本情報は、利用児の氏名や住所、家族構成、障がい状況や福祉制度の利用状況、健康状態などである。乳幼児の発達支援機関では、調書としてすでにこれらの情報を把握していることが多い。個別支援計画の作成では、特に利用児の生育歴とこれまでの支援内容が大切な情報になる。

　【生育歴確認：出生時、乳幼児期の運動、言語、社会性等の基礎的な発達指標】
　　→定頚、はいはい、始歩、始語、指さし、2語文、人見知り、後追い、など

　乳幼児期は発達的な変化が大きい時期であり、それは子どもと環境が相互に関わり合いながら、変わっていく。支援計画の作成では、その発達的な変化を発達過程に位置づけて考えることが重要である。そのため、支援者は乳幼児期の基本的な発達指標（正常な範囲、時期）の習得が求められる。

　Ａ子の発達歴：はいはいや始歩の遅さ、人見知りの弱さ、始語と指さしの遅れ。
　　→Ａ子の1歳前後の発達特徴から、全体的な発達と対人面の弱さが推測される。

　【これまでの支援内容の確認：現在までに利用した相談や療育経過、支援内容】

　子どもは養育（発達支援）の体験から、他者への信頼感の状況も個々に違っている。同様に、親たちも疑問を持ちながらも懸命に子育てをしてきたり、逆に疑問を持たなかったり、障がいの告知を受け不安を持っていたりといろいろな背景を持っている。支援者は、子どもの自己肯定感や信頼感、親自身の子育て感や心理的背景を把握して、支援計画を作成する。

　Ａ子は児童デイサービスの利用までは、発達支援は受けず、母親もＡ子の発達の問題（障がい）に不安は持っていたが、積極的には関わっていなかった。
　　→Ａ子には他者とのやり取りのベースの弱さが見られる。母親は具体的なＡ子への関わり方がわからない様子。

2.1-2 状態像の把握

個別支援計画の作成と保護者への説明では、作成の根拠とする現在の成長や発達状況の分析と把握が必要である。保護者と支援者の子ども像が一致することで、目標と支援の方向づけができる。

【発達領域ごとの把握（分析）】

子どもの現在の成長と発達状況の把握は、発達領域に分けて行う方が理解しやすい。発達支援では、遊び、運動、社会性（対人）、身辺、言語・理解、情緒、などの5~6程度の領域に分けて把握、表現する方がわかりやすい（表3）。

【発達評価】

標準化された発達検査等の実施を行う。また、実施機関からの情報を収集する（質問紙検査：遠城寺式、津守－稲毛式等、知能検査：K式、ビネー、WIPPSY、K-ABCなど）（表4）。

【現在の生活実態の把握】

家族構成、育児環境、福祉制度の活用、関係機関の利用、など

【その他の情報の収集と整理】

行動特徴、健康、成育状況、など

A子の行動特徴や健康面から、他害（問題行動）と肥満傾向が見られる。

表3 A子の「遊び」の把握と分析

遊び	・集団場面は、順番待ちなどの行動統制は苦手です。 ・一人で歌ったり、人形遊びやビデオを見ることが好きです。 ・粘土では大人の真似をして型押しするのが得意ですが、遊びを広げることは苦手です。

表4 A子の発達評価（生活年齢5歳5か月）

津守－稲毛式検査 （児童デイサービス実施）	運動　4歳0か月 探索　3歳6か月 社会　3歳0か月 身辺　4歳0か月 言語　4歳0か月	K式2001発達検査 （相談機関実施）	姿勢／運動　／ 認知／適応　3歳1か月 言語／社会　3歳0か月 全　　体　　3歳1か月

2.2　保護者のニーズ（思い）の整理

保護者の思い（子どもの発達、育ちへの願い）は、主観的、抽象的な表現内容が多い。支援者との相談を通して、ニーズをより客観的、具体的に確認、整理する（表5）。

2.3　長期、短期の目標の設定（表6）

長期目標は、子どもや保護者からのニーズに沿いながら、ライフステージを見通し、本人が地域で豊かな生活を構築するために、必要な取り組みを発達領域ごとにまとめ、設定するものである。

短期目標は、長期目標に到達するまでの幾つかの通過点や構成要件として設定される。設定においては、発達領域毎にスモールステップに分けて考え、期間はおおむね4か月から6か月程度の期間を想定する。

設定した目標の優先順位を決める。

2.4　支援内容の検討と作成（関係者で共通理解を得る具体的内容の設定）

具体的な手だては、検証されてきた発達過程と発達指標を用いて、子どもの発達と障がいの特徴を考慮（理解）して設定する。

実際の生活場面を想定し、家庭でも可能な手だてを工夫し、目的や意図を説明する（表7）。たとえば、教材を使う場合は、家庭でも使用できる場合を想定して説明する（支援機

表5　保護者のニーズの整理

保護者の思い	確認されたニーズ
・子どもの発達に合わせて、必要な遊びを家でどうしたらよいか	→他児とのやり取りの向上
・幼稚園で友だちを噛んだり、集団から逃げ出すことを直したい	→問題行動の理解と対応

表6　A子の長期、短期目標

長期目標	短期目標	優先順位
・他児とのやり取りの向上	→指示の応答性の向上	1
・他児とのやり取りの向上	→コミュニケーション手段の拡大	2
・適応行動の拡大	→問題行動の理解と対応	1

表7 具体的手だて（A子）

短期目標	→具体的手だて
・応答性の向上（相手の思いや意図に合わせて行動する）	〜指示した場所や相手に物を置く、入れる、手渡す →指示に合わせて物（ペグや色カード等）を分類する、後片づけ、型はめ、配達遊び、など

関：色、形の2要素、3要素の弁別 → 家庭：食器、洗濯物を種類毎に片づける）。

①平易な用語を使用し、簡潔でわかりやすい内容にする（「認知構造的な格差があり、聴覚面に比べ視覚的情報処理能力が優位である」→「理解面の偏りがあり、見て考える方が、耳から聞いて考えるよりも得意です」）。

②文体は「である」などの報告書のスタイルではなく、「です」「ます」などの表現にする。

③文章は長文を避け、1文は30〜40文字以内で、箇条書きを適度に設ける。

2.5 保護者との共通理解

支援者は保護者とニーズの確認と整理を行い、個別支援計画の意図や目的、内容を具体的（実践的）に説明し、理解を得ることが大切である。さらに、支援者は日々実践している内容や子どもの変化を保護者に説明し、共通に理解する。

【保護者への説明と共有のポイント】

個別支援計画は保護者が示すニーズと関連していること。説明は、保護者へ個別に丁寧に行い、可能ならば実際に体験してもらうことが大切である。

さらに、子どもの様子や変化、支援の見通しを保護者に伝え、支援者と一緒に取り組むこと。支援を通して達成されるイメージを保護者と共に持ち、計画実施上の留意点を確認することが大切である。

2.6 関係機関との共通理解

乳幼児期の発達支援では、親子はいくつかの機関を並行して利用している場合が多い。そのため、関係する機関同士が共通に役割分担を確認し理解する場が必要である。たとえば、ケース会議等を通して、関係者間で支援計画を共通に理解することや、支援計画の内容に応じて、関係者間でそれぞれの機能、役割を具体的に分担することが大切である。

2.7 個別支援計画に基づいた実践の積み重ね

個別支援計画に基づいて、支援者と家族が協同して子どもの子育てと発達支援を継続

し、お互いに子どもの成長や変化を確認することが大切である。また、支援者は子どもの変化を客観的に把握し分析できるように、子どもの行動と周囲からの関わりを日々記録することが大切である。たとえば、日々の支援場面で、支援者と保護者が子どもの変化や計画の進み具合等を話し合うことが重要である。

また、日常の行動記録が逸話的な表現やだらだらとした文章では、行動変化の分析が困難である。記録は、時系列的な分析やデータ処理がしやすいように、目標ごとや発達領域ごとに分けて行う。

2.8 個別支援計画の再調整（モニタリング）

個別支援計画に沿って実践が進み、一定期間を経て、支援目標が適切であったかどうか、課題の達成状況の検証、見直しが必要になる。また、子どもの周囲の環境の変化などがあった場合も同様である。乳幼児期の成長や発達的変化が大きいことを考慮し、再調整

表8　参考例－個別支援計画

〔現在の発達状況〕　計画実施期間：平成　年　月　～　平　年　月（6か月間）　記入日平成　年　月　日

| 児童名　A子 | 5歳5か月 | 女 | 行動特徴：自閉症・精神発達遅滞　記入者（職名）□□　◇◇ |

（発達全体像）
- 全体の発達段階は3歳前後です。
- マイペースな行動、会話や表現力の弱さ、新規場面の不安や場面の切替えの苦手さなどの自閉症の特徴が見られます。
- 大人への関心はありますが、やり取りはやや未熟です。
- 理解（認知）面では、聞いて考えるより、見て考え操作する方が得意です。
- 身辺で、食事は野菜などの偏食があります。排泄、着脱はほぼ年齢相応です。

〈津守－稲毛式検査〉
運動　探索　社会　身辺　言語
4:6　3:6　3:0　4:0　4:0

〈K式2001発達検査〉
姿勢／運動　／
認知／適応（見て考え、整理し、覚える）　3歳1か月
言語／社会（聞いて考え、表現し、覚える）　3歳0か月
全　　体　3歳1か月

現在の状況

（遊び）
- 集団場面は、順番待ちなどの行動統制は苦手です。
- 一人で歌ったり、人形遊びやビデオを見ることが好きです。
- 粘土では大人の真似をして型押しするのが得意ですが、遊びを広げることは苦手です。

食事～野菜が苦手で偏食があります。空腹時は嫌いな食品も食べて、気分により、食べる種類が異なるようです。スプーンですくう操作は未熟です。
排泄・着脱～ほぼ自立してます。

（言語・理解）
～　略　～
- 3歳前後の理解力です。理解面の偏りがあり、聞くよりも見て考える方が得意です。集中力の弱さもあります。
～　略　～

（運動・感覚）
- 粗大運動では大きな問題は少ないが、ややぎこちないです。
～　略　～

（対人関係・社会性）
- 他児への関心は少なく、マイペースな行動が多く、1人遊びになりやすいです。
- 大人への興味や期待感は見られます。一緒に何度か体験してわかると、ルールに応じて行動できます。
- 新しいことや場面変化への不安、緊張感が強いです。

（その他）
- 見通しが立たない不安などがあると、他者を叩く等の問題行動が見られます。
- 身長112.6cm、体重25.2kg、カウプ指数19.6で、肥満気味です。

表8 参考例－個別支援計画（続き）

〔支援計画〕

長期目標　短期目標	内容（具体的手だて）	モニタリング時期
（長期目標） 他児とのやり取りの向上 （短期目標） 応答性の向上 （相手の思いや意図に合わせて行動する）	・指示した場所や相手に物を置く、入れる、手渡す。 →指示に合わせて物（ペグや色カード等）を分類する：型はめ、配達遊び、など。 ・役割当番やお手伝いをする。身のまわりのことを自分で整理、後片づけする、など。 →配膳などの当番、掃除、片づけ。 ・わかりやすいルールに合わせて行動する。 →物を交互に使う、順番や合図に合わせて動く：すごろくゲーム、リズム活動、など。	6か月後
（長期目標） 適応行動の拡大 （短期目標） 問題行動の理解と対応 （不適応行動が、どのような要因で起こるのか観察し仮説を立て、一貫した対応をする）	・行動の意味は、急な変更などによって見通しが保てず混乱した不安を表現する行動と思われる。そのため、見通しを持ちやすいよう事前に予定や変更を伝える（混乱の予防に取り組む）。 →スケジュール提示、事前の説明など。 ・社会的に認められない行動（叩く、蹴る、など）の場合は、わかりやすく簡潔に注意して、適切な行動を伝え、やるべきことを促す。周囲の者は、本児の行動に振り回されないように、時には静観する。 ・本児の不安な気持ちを受け止めて、「イライラするね」「嫌だよね」という言葉をかけて、本児の気持ちを汲み取るように関わる。 ・不安状態（かんしゃく）が長く続き、パニック状態の時は、場面を切り替えて（無刺激で静かな場所＝部屋）、気持ちを落ち着かせる。	6か月後

〔支援計画〕

目標	内容（具体的手だて）	状況の変化と結果	今後の対応
応答性の向上	・指示した場所や相手に物を置く、入れる、手渡す。 ・役割当番やお手伝いをする。身のまわりのことを自分で整理、後片づけする、など。 ・わかりやすいルールに合わせて行動する。	・指示が簡単で、短時間だと集中して行うようになる。本児も自信をもってきた。 ・食事前の配膳は意欲的に取り組むが、他の後片づけは不十分で、他の物に関心が移る。 ・遊びの内容がわかりやすく、意欲的に参加する。	・指示内容を工夫して継続 ・片づけの物を少なくして継続 ・遊び内容をごっこ遊びに移行
問題行動の理解と対応	～　略　～	～　略　～	～　略　～

（モニタリング）の期間は、4か月から6か月が良いと思われる。

3　個別支援計画の参考例

　ここでは、前章で示したA子の「個別支援計画」および「モニタリング表」を示す（表8）。

参考文献

1) 日本知的障害者福祉協会　調査・研究委員会・編：知的障害者のためのアセスメントと個別支援計画の手引き　2008年版．日本知的障害者福祉協会，2008．

資料提供協力機関

発達センターちよだ（名古屋市）
留萌中部地域発達支援センター（北海道羽幌町）
通園施設むぎのこ（札幌市）

（金沢俊文）

1.7 就学支援について

1 特別支援教育をめぐる動向

1.1 特殊教育から特別支援教育へ

　日本では、障がいのある幼児児童生徒の教育は長年「特殊教育」と呼ばれ、障がいのある幼児児童生徒が自立し社会参加する資質を培うため、一人ひとりの障がいの種類や程度に応じて、盲・聾・養護学校（幼稚部・小学部・中学部・高等部）ならびに小・中学校の特殊学級および通級による指導においてきめ細かな教育が行われてきた。

　近年、社会におけるノーマライゼーションの理念の浸透、教育の地方分権化、障がいの重度・重複化、多様化、医学や心理学等の進歩による障がいの概念や範囲も変化し、特殊教育をめぐる状況が大きく様変わりしてきた。小・中学校の通常の学級に在籍している児童生徒のうち、LD（学習障がい）・AD/HD（注意欠陥・多動性障がい）・高機能自閉症等により学習や生活の面で特別な教育的支援を必要としている児童生徒が約6％程度の割合で存在する可能性が示され、これらの児童生徒を含め障がいのある児童生徒への適切な指導および必要な支援が、学校教育における喫緊の課題となっていた。そのような変化を踏まえて、特別支援学校制度の創設や小・中学校などにおける特別支援教育の推進などを内容とする学校教育法の改正が2006年（平成18年）6月に行われ、2007年（平成19年）4月から「特別支援教育」へ制度の転換が行われた。

　特別支援教育の対象となる幼児児童生徒は、近年増加傾向にあり、2008年（平成20年）5月現在で約23万4千人（全体の約2.2％）である。また、特別支援学校（小・中学部）においては、2008年（平成20年）5月現在、約42.5％の児童生徒が重複障がい学級に在籍するなど、障がいの重度・重複化に伴い、早期からの福祉・医療・労働などの関係機関などと密接に連携した適切な対応が求められている。

1.2 特別支援教育とは

　特別支援教育は、障がいのある幼児児童生徒の自立や社会参加に向けた主体的な取り組みを支援するという視点に立ち、幼児児童生徒一人ひとりの教育的ニーズを把握し、その

持てる力を高め、生活や学習上の困難を改善または克服するため、適切な指導および必要な支援を行うものである。

また、特別支援教育は、これまでの特殊教育の対象の障がいだけでなく、知的な遅れのない発達障がいも含めて、特別な支援を必要とする幼児児童生徒が在籍するすべての学校において実施されるものである。さらに、特別支援教育は、障がいのある幼児児童生徒への教育にとどまらず、障がいの有無やその他の個々の違いを認識しつつさまざまな人々が生き生きと活躍できる共生社会の形成の基礎となるものであり、わが国の現在および将来の社会にとって重要な意味を持っている。

現在、都道府県や市町村、各学校においては、校内委員会の設置、校内の障がいのある児童生徒の実態把握の実施、特別支援教育コーディネーターの指名、特別支援教育支援員の配置、個別の教育支援計画や個別の指導計画の作成・活用、さらに教職員研修など教員の専門性向上のための取り組みが進められ、特別支援教育の推進体制の整備は、小・中学校を中心に着実に進みつつある。今後の課題として、幼稚園、高等学校等における特別支援教育の推進体制の整備について、乳幼児期から学校卒業後まで一貫した支援について、障がいのある児童生徒の就学について、があげられる[1]。

1.3 特別支援教育の対象となる幼児児童生徒

特別支援教育では、これまでの特殊教育（盲・聾・養護学校、特殊学級、通級による指導）の対象となっていた幼児児童生徒に加え、LD・AD/HD・高機能自閉症等の幼児児童生徒も対象となる。特別支援学校の対象となる障がいの程度は、学校教育法第75条で、政令で定める旨を規定している。これを受けて、学校教育法施行令第22条の3では、それぞれの程度について表1の通り規定している（以下、「就学基準」と呼ぶ）。

学校教育法施行令第22条の3に規定されている程度の障がいのある児童生徒についての就学に関する留意事項など、障がいのある児童生徒を小・中学校の特別支援学級において教育する場合のその教育の対象となる障がいの程度、通級による指導を行う場合のその指導の対象となる障がいの程度については、2002年（平成14年）4月の学校教育法施行令の改正に合わせて、文部科学省初等中等教育局長通知「障害のある児童生徒の就学について」（平成14年5月27日付け文科初第291号）によって示されている。この通知においては、学校教育法施行令第22条の3に該当する障がいのある児童生徒のうち、市町村の教育委員会が、小・中学校において適切な教育を受けることができる特別の事情があると認める場合（これを認定就学者と呼ぶ）を除き、障がいの程度が重い子どもは特別支援学校で、軽い子どもは小学校や中学校の特別支援学級、通級による指導または通常の学級で留意して教育することになっている。

なお、平成18年度から通級による指導の対象とされたLD、AD/HDの児童生徒の障がいの程度については、2006年（平成18年）3月の文部科学省初等中等教育局長通知「通

発達支援の意味と役割

表1 就学基準

区分	障害の程度
視覚障害者	両眼の視力がおおむね0.3未満のもの又は視力以外の視機能障害が高度のもののうち、拡大鏡等の使用によっても通常の文字、図形等の視覚による認識が不可能又は著しく困難な程度のもの
聴覚障害者	両耳の聴力レベルがおおむね60デシベル以上のもののうち、補聴器等の使用によっても通常の話声を解することが不可能又は著しく困難な程度のもの
知的障害者	1. 知的発達の遅滞があり、他人との意思疎通が困難で日常生活を営むのに頻繁に援助を必要とする程度のもの 2. 知的発達の遅滞の程度が前号に掲げる程度に達しないもののうち、社会生活への適応が著しく困難なもの
肢体不自由者	1. 肢体不自由の状態が補装具の使用によっても歩行、筆記等日常生活における基本的な動作が不可能又は困難な程度のもの 2. 肢体不自由の状態が前号に掲げる程度に達しないもののうち、常時の医学的観察指導を必要とする程度のもの
病弱者	1. 慢性の呼吸器疾患、腎臓疾患及び神経疾患、悪性新生物その他の疾患の状態が継続して医療又は生活規制を必要とする程度のもの 2. 身体虚弱の状態が継続して生活規制を必要とする程度のもの

図1 特別な支援を必要とする児童生徒の就学について

特別な支援を必要とする児童生徒の就学について

学校教育法第81条

特別支援学校（学校教育法第72条）
- 視覚障害者
- 聴覚障害者
- 知的障害者
- 肢体不自由者
- 病弱者（身体虚弱も含む）

特別支援学級（学校教育法第81条の2）
- 弱視者
- 難聴者
- 知的障害者
- 肢体不自由者
- 病弱及び身体虚弱者
- 言語障害者（H14年291号通知）
- 自閉症者
- 情緒障害者

通級による指導（学校教育法施行規則 第140条）
- 弱視者
- 難聴者
- 肢体不自由者（H14年291号通知）
- 病弱及び身体虚弱者
- 言語障害者
- 自閉症者
- 情緒障害者
- 学習障害者
- 注意欠陥多動性障害者

通常学級
- 弱視者
- 難聴者
- 知的障害者
- 肢体不自由者
- 病弱者
- 身体虚弱者
- 言語障害者
- 情緒障害者
- 自閉症者
- 学習障害者
- 注意欠陥多動性障害者
- その他の発達障害者
- その他

認定就学者（視覚・聴覚・知的・肢体・病弱）

級による指導の対象とすることが適当な自閉症者、情緒障害者、学習障害者又は注意欠陥多動性障害者に該当する児童生徒について」(平成18年3月31日付け文科初第1178号)によって示されている(図1)。

2 乳幼児期から学校卒業後まで一貫した相談支援体制の整備

2.1 一貫した相談支援の体制とは

　障がいのある子どもの就学支援は、障がいのある幼児児童生徒の就学すべき学校および特別支援学級などにおける教育や指導についての決定、またその障がいの判断にかかる一連の手続きである就学指導を中心に「点」として長らく行われてきた。

　しかし、早期から適切な対応を行えば、障がいのある子どもの望ましい成長発達を促すと共に、就学に向けて保護者の悩みに応えることができることから、適切な就学を実現するためには、就学にかかる早期からの一貫した効果的な就学支援が重要である。

　現在では、就学前の段階から、医療機関、保健機関、療育機関、幼稚園、保育所、認定子ども園など、多くの関係機関が障がいのある幼児に関わっている。今後は、このような早期からの支援が継続して就学相談・指導につながる「線」としての教育支援へ、そして、家庭や関係機関と連携した「面」としての教育支援が求められている。

　「障害者基本計画」(平成14年12月)にも「乳幼児期における家庭の役割の重要性を踏まえた早期対応、学校卒業後の自立や社会参加に向けた適切な支援の必要性にかんがみ、これまで進められてきた教育・療育施策を活用しつつ、障がいのある子どもやそれを支える保護者に対する乳幼児期から学校卒業後まで、一貫した効果的な相談支援体制の構築を図る」ことが示されている。

　このため、市町村の教育委員会は、住民に最も身近な基礎自治体として、福祉、医療、労働等の関係部局と連携しながら、障がいのある幼児児童生徒やその保護者に対して相談や支援を行う体制を整備することが望まれる。現在、教育委員会を中心に、学校、医療機関、児童相談所、保健所などの関係者で構成する相談支援チームが全国各地で組織されつつある。そこでは、乳幼児期から学校卒業後まで各段階において教育や発達などに関する相談の機会を設け、保護者や幼児児童生徒との相互理解や相互信頼のうえに必要な支援内容を具体的に提示し、また支援の成果を評価し、その結果を保護者にフィードバックしていくことが重要となる。

　また、都道府県の教育委員会においても、県レベルで福祉、医療、労働等の関係部局と連携し、特別支援教育連携協議会が設置されるところが増えてきている。そして特別支援教育センターや教育事務所の特別支援教育担当の指導主事らが、市町村の教育委員会の教育相談担当者に対して巡回相談を行ったり、教育相談に関する指導者に対する研修会を開

催したりするなど、市町村の教育委員会の相談支援体制を支援していくことが行われている。

2.2 就学制度

特別支援学校への就学は、視覚障がい者、聴覚障がい者、知的障がい者、肢体不自由者または病弱者（身体虚弱者を含む）で政令（学校教育法施行令）に規定される「就学基準」を満たす者のうち、市町村の教育委員会が障がいの状態に照らして小学校または中学校において適切な教育を受けることができる特別の事情があると認める者を除いた児童生徒となることはすでに述べた。そして、障がいの程度が就学基準に達しない児童生徒については、特別支援学級、通級による指導または通常の学級において留意して指導することとなる。

この際、市町村の教育委員会は、適切な就学指導を行うため、障がいの種類、程度などに応じて教育学、医学、心理学などの観点から総合的な判断を行うことができる調査・審議機関（以下、「就学指導委員会」と呼ぶ）を設置している。また、多くの特別支援学校は都道府県立であることから、都道府県教育委員会においても、特別支援学校における教育内容などについて専門的な立場で調査・審議を行う就学指導委員会が設置されている。

これまで、就学先の決定に当たっては、「就学基準」に該当することの判断のみならず、「認定就学者」の認定判断に当たっても就学指導委員会を設置することなどにより専門家の意見を聴くものとされていた。これに加え、日常生活上の状況などをよく把握している保護者の意見を聴くことにより、当該児童の教育的ニーズを的確に把握できることが期待されることから、保護者からの意見を聴取することが義務づけられた（学校教育法施行令第18条の2）。学校の校長との連携はもとより、その障がいに応じた教育内容などについて保護者の意見を聴いたうえで、就学先について総合的な見地から判断することとなる。さらに、障がいのある児童生徒の教育内容等について専門家の意見を聴く機会を提供するなど、保護者に対し情報の提供に努めることも重要となる。

就学予定者の就学の手続きは表2のように実施される。

3 保護者の支援

3.1 保護者の無理解、支援者の無理解

特別支援教育体制になり、当事者である障がいのある子どもや保護者に対する学校の支援体制整備が大きく進んだ。それまでの支援との違いは、支援の輪の中に当事者である子どもや保護者の参加が法的にも求められるようになった点である。その意味では、保護者の理解や協力が得られなければ子どもへの望ましい支援は十分に行えない。

表2 就学指導の流れ（就学指導資料より改変）

随時	療育相談 　病院、療育相談センター等 育児相談 　保育所、育児相談室等 教育相談 　特別支援学校、教育相談センター等		
満1歳半～満2歳	1歳6か月児健診 〔母子保健法　第12条〕		
満3歳～満4歳	3歳児健診 〔母子保健法　第12条〕		
満3歳～	特別支援学校の幼稚部入学 〔学校教育法　第72条、第76条、第80条〕		
小・中学校就学前の10月31日までに	学齢簿の作成 〔学校教育法施行令　第2条〕 〔学校教育法施行規則　第31条〕		
11月30日までに	就学時健康診断 〔学校保健安全法　第11条〕 〔学校保健安全法施行令　第1条〕		
	教育指導 〔学校保健安全法　第12条〕		
	専門家への意見聴取　〔学校教育法施行令　第18条の2〕 小学校又は特別支援学校の小学部に就学させるべき者について第5条又は第11条の規定により通知をしようとする場合に意見を聴取		
		小・中学校	
	特別支援学校 （視覚障がい者等）	認定就学者	視覚障がい者等以外の者
12月31日までに	特別支援学校等への就学の通知 （市町村教委→ 　保護者、都道府県教委） 〔学校教育法施行令第11条〕		
すみやかに			
1月31日までに	入学期日等の通知 （都道府県教委 　→保護者、校長、市町村教委） 〔学校教育法施行令 　　第14条、第15条〕	入学期日等の通知 （市町村教委 　→保護者、校長） 〔学校教育法施行令　第5条、第7条〕	入学期日等の通知 （市町村教委→保護者、校長） 〔学校教育法施行令　第5条、第7条〕
すみやかに			
随時	学齢簿の加除訂正 〔学校教育法施行令　第3条〕	学齢簿の加除訂正 〔学校教育法施行令　第3条〕	学齢簿の加除訂正 〔学校教育法施行令　第3条〕
随時	学校指定の変更 （保護者→都道府県教委） （都道府県教委 　→保護者、校長、市町村教委） 〔学校教育法施行令　第16条〕	学校指定の変更 （保護者→市町村教委） （市町村教委→保護者、校長） 〔学校教育法施行令　第8条〕	学校指定の変更 （保護者→市町村教委） （市町村教委→保護者、校長） 〔学校教育法施行令　第8条〕
就　学			
視覚障がい者等になった時			障害該当通知 （学校長→市町村教委） （市町村教委→都道府県教委） 〔学校教育法施行令　第12条〕 ※特別支援学校等への就学の通知 　　　　　または 　　認定就学者の入学期日等の通知へ
視覚障がい者等でなくなった時	障害消失通知 （学校長→都道府県教委） （都道府県教委→市町村教委） 〔学校教育法施行令　第6条の2〕 ※入学期日等の通知へ	障害消失通知 （学校長→市町村教委） 〔学校教育法施行令　第6条の4〕	
認定就学者になった時	認定就学者の通知 （校長→都道府県教委 　　　→市町村教委） 〔学校教育法施行令　第6条の3〕 ※入学期日等の通知へ		
認定就学者でなくなった時		認定就学消失通知 （学校長→市町村教委） 〔学校教育法施行令　第12条の2〕 ※特別支援学校等への就学の通知へ	

ところが、保護者と支援者の間には、まだまだ深い溝がある。教育や保育現場では、子どもの状況を保護者に一生懸命伝えようとしても、「保護者にわかってもらえない」という悩みをよく聞く。保護者からは、支援者への不信の声が聞こえてくる。いったいこの原因はどこにあるのだろうか。

保護者は、ある意味で自分の子どもの子育ての経験は豊富だが、さまざまな子どもたちを数多く見ているわけではなく、全般的な子どもの発達やさまざまな障がいに関する知識や経験があるわけではない。なかには、独学により、わが子の障がいに関して豊富な知識を持つ保護者もいるが、障がいのある子どもの専門知識を持つ専門家でも、いつも冷静に子育てができるとは限らない。

支援者が、自分の経験に基づく信念や指導法に執着している場合、保護者は、自分を理解してもらっていないと感じるだろう。保護者の心の準備（障がい認知）が整わない間に、支援者が、子どものためにという思いから、先回りして具体的な提案をしている場合も見受けられる。いずれの場合も、保護者支援はうまくいかないだろう。

保護者との関係づくりは、どのように進めればよいだろうか。

3.2 就学相談のポイント

保護者には、早期から養育や教育についてさまざまな機関において相談し、助言を得ながらも、なお悩みや不安を解決できない場合がある。そのような保護者の悩みや不安に応えるためには、教育、医療、福祉等の専門家や専門機関による適切な教育相談の体制を整える必要がある。

このため、教育委員会においては特別支援教育センターなどを含め教育相談体制の整備を行っており、特別支援学校のセンター的機能や小・中学校の特別支援学級における相談機能を充実し、その活用を図ることが求められる。この時に、相談ニーズの困難さに応じ、児童相談所、保健所・保健センターなどの地域の保健関係機関や児童福祉関係機関との連携・協力を図っていくことも重要である。

3.2-1 相談に当たって必要な配慮

保護者の持つ悩みや不安を取り除き、子育て上の困難を解決する努力を続け、やがて子どもの障がいを受容していくには、相談者が果たす支援者としての役割が非常に重要となる。相談者として必要とされる配慮事項を、以下に示す。

①保護者の心情への共感的理解

特別支援学校への就学が適切であると判断され、そのことが伝えられた時は、動揺する保護者も見られる。相談者は、このような保護者の心情や、子どもの現在までの治療・療育歴、育児等の経過について傾聴すると共に、共感的理解に努め、温かい人間関係の中で、保護者との信頼関係を築きながら、相談に当たることが重要である。

②相談場面での配慮

　　保護者との面接では、子どもの障がいの状態、生育歴、教育や保育などの状況、希望する教育内容や方法などについて、保護者から必要となる情報を得ると共に、特別支援学校等における教育の内容や子どもの発達段階に応じた学習内容などについて、保護者へ情報を提供する機会でもある。また、保護者と相談者が、面接という機会を通じて、適切な就学の場について、互いの意見や情報を交換し、共通理解を深める場でもある。

　　このため、面接に当たっては、①面接する場の環境は、保護者が心を開いて話せるように静かでくつろげる雰囲気にする、②限られた時間内で相互の信頼関係を築くことを念頭に置き、相談が単なる質問や調査に終わらないようにする、③保護者に不安感を与えたり、誤解を生じさせたりすることのないように配慮する、④個人情報保護と守秘義務、に配慮することが重要である。

③支援者としての姿勢

　　子どもの就学直前の時期は、子どもの発達上、心身の変化が大きく見られる場合もある。特に、早期療育を受けている状況下では、保護者はこれまで以上に子どもが成長すると期待する場面も見られる。支援者は、保護者に対して、子どもの可能性を伸長する教育環境や教育内容・方法について、適切な指導・助言を行うと共に、就学に関する多様な情報を正確な方法で提供し、それらを保護者自らが理解し、適切な判断ができるように援助する姿勢が重要である。

3.2-2　総合的な情報の提供

　保護者の多くは、特別支援学校において、自分の子どもにどのような学習内容が設定され、どのような方法で教育が行われるのか、子どもの成長・発達の見通しはどうなのかなどについて、具体的に知りたいという強い要望を抱いている。このような保護者の要望に応え、保護者の十分な理解を得るため、学校との連携や協力を十分に図りながら、具体的な情報提供の機会である学校見学や体験入学の機会を十分に活用するように保護者へ積極的に働きかけることが重要である。また、その機会をとらえて、すでに就学している子どもの保護者の体験を聞く機会を設けたり、就学に関する体験集を活用したりすることは、保護者ばかりでなく、幼稚園、保育所等の関係者に対しても、就学に対する理解啓発を図ることにつながる。

　また、就学支援の機会を利用して、小・中学校等の教員や地域住民に、障がいのある子どもの教育への理解・啓発を推進する視点も重要である。特別支援教育は、障がいのある幼児児童生徒への教育にとどまらず、障がいの有無やその他の個々の違いを認識しつつさまざまな人々が生き生きと活躍できる共生社会の形成の基礎となることを想定している。特別支援学校の学校行事（運動会や文化祭など）に地域の住民を招待して行う交流活動を活発に展開したり、地域の中で特別支援学校の存在意義を認めてもらう活動を通じて、保護者や一般社会の人々の障がいのある子どもに対する教育への理解のいっそうの推進に努

めることが、共生社会実現の第一歩である。

4 就学支援の新しい視点

就学に向けての支援は、障がいのある子どもの支援と保護者支援の視点があるが、ここでは保護者支援に焦点を絞って述べる。

4.1 カウンセリング＋ケースワークの視点

保護者支援は、いろいろな時と場を利用して行われるべきである。立ち話、連絡帳、教育相談、ケース会議等々、いろいろなバリエーションが考えられる。

保護者の安心の確保には、カウンセリングマインドが必要であるし、当事者や家族が抱える問題解決には、関係者や関係機関を巻き込んだケースワーク的発想が必要となる。特別支援教育で謳われている学校支援体制は、まさに関係者や関係機関を巻き込んだ支援といえる。

4.2 待つ姿勢から、日常的な支援へ－現場教員への期待－

今までの保護者支援のイメージは、特別なニーズがあれば、自分から相談に行くという申請主義的な発想が暗黙のうちにできあがっていた。専門家と呼ばれる支援者では、その傾向が強いと思われる。特別支援教育では、医師、心理士、教員など障がいや病気の専門家の巡回相談や相談支援チームの制度が全国各地で整いつつある。しかし、これからは、現場の教員全員が、子どもの発するさまざまなSOSへの「気づく力」を付け、カウンセリングマインドを持つことが、ひいては授業力向上につながり、学校の信頼回復につながる。なんらかの気づきがあれば、すぐに専門家に送るのではなく、まず自分たちにできることをする日常的な支援が求められる。

4.3 個別支援から、地域支援へ

学校内で解決できない課題が出てきた時には、関係機関が連携して学校を支える地域のセーフティネットの構築が求められる。そのためのツールとして用意されたものが、個別の教育支援計画である。個別の教育支援計画とは、障がいのある幼児児童生徒の一人ひとりのニーズを正確に把握し、教育の視点から適切に対応していくという考えのもと、長期的な視点で乳幼児期から学校卒業後までを通じて一貫して的確な支援を行うことを目的として作成されるもので、関係機関が協力して作成する支援の計画書である。2009年（平成21年）の改訂幼稚園教育要領、改訂小中高等学校・特別支援学校学習指導要領解説の中で、個別の教育支援計画の作成根拠が明示された。その作成には、教育のみならず、福祉、医療、労働などのさまざまな側面からの取り組みを含め、関係機関、関係部局の密接

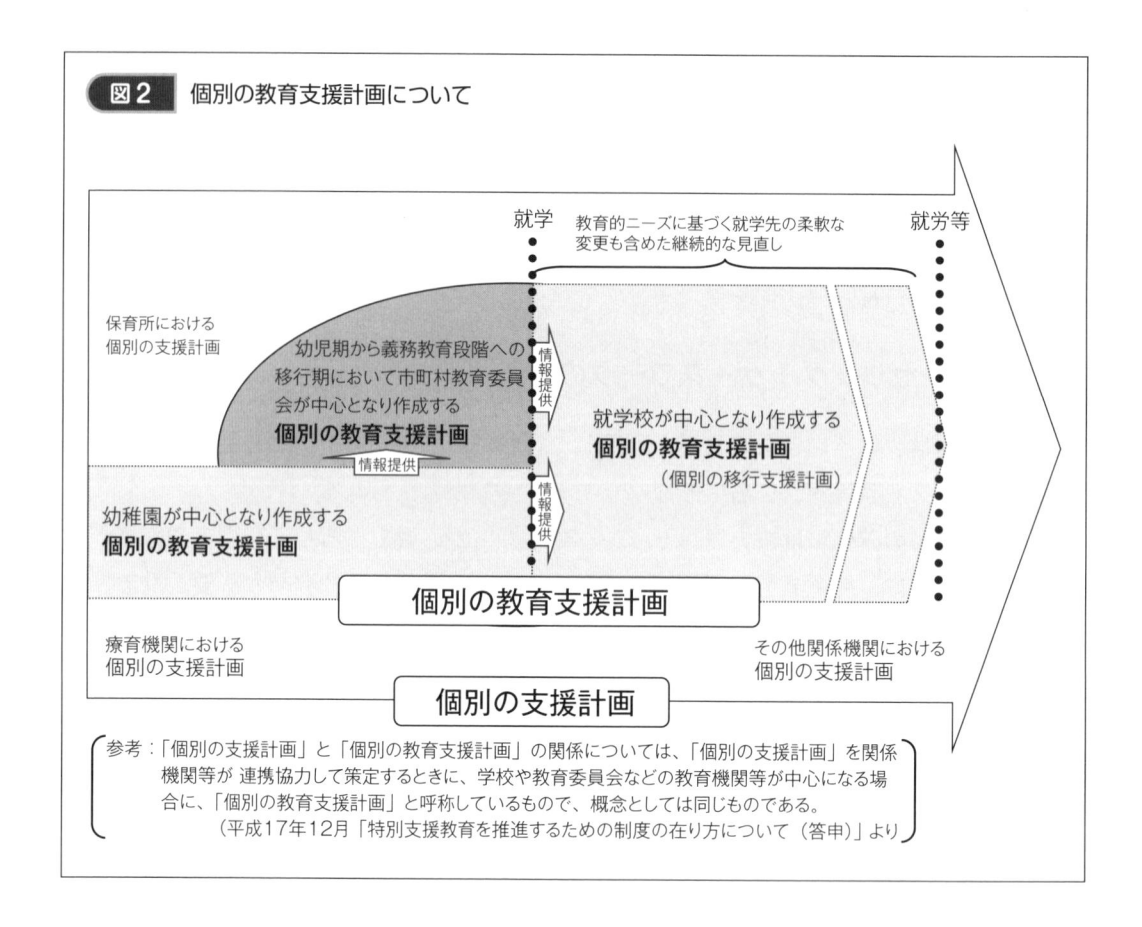

図2 個別の教育支援計画について

```
                              就学  教育的ニーズに基づく就学先の柔軟な     就労等
                                   変更も含めた継続的な見直し

  保育所における
  個別の支援計画
              幼児期から義務教育段階への    情
              移行期において市町村教育委員  報  就学校が中心となり作成する
              会が中心となり作成する        提  個別の教育支援計画
              個別の教育支援計画          供  （個別の移行支援計画）
                        情報提供
                                      情
  幼稚園が中心となり作成する              報
  個別の教育支援計画                    提
                                      供
                    個別の教育支援計画

  療育機関における                        その他関係機関における
  個別の支援計画                          個別の支援計画
                    個別の支援計画
```

参考：「個別の支援計画」と「個別の教育支援計画」の関係については、「個別の支援計画」を関係機関等が連携協力して策定するときに、学校や教育委員会などの教育機関等が中心になる場合に、「個別の教育支援計画」と呼称しているもので、概念としては同じものである。
（平成17年12月「特別支援教育を推進するための制度の在り方について（答申）」より）

な連携協力を確保することが不可欠であり、就学支援を行うに当たり同計画を活用することが必須事項になる。

　今後は、個別の保護者支援を行うことで、個別の教育支援計画もセットで作成される。個別の教育支援計画を作成すればするほど、障がいのある子どもを支えるセーフティネットが地域でできあがる。これは、同時に地域の子育てを支えるセーフティネットにもなる。その理由は、たとえ個別の保護者支援でも、それが積み重なれば、支える気持ちが地域（の支援者の中）で蓄積されるからである。そのような地域づくりの視点も持ちたいものである。

参考文献

1) 特別支援教育の推進に関する調査研究協力者会議：特別支援教育の更なる充実に向けて（審議の中間とりまとめ）～早期からの教育支援の在り方について～．平成20年2月．
2) 文部科学省初等中等教育局特別支援教育課：就学指導資料．平成14年6月．
3) 国立特別支援教育総合研究所：特別支援教育の基礎・基本．ジアース教育新社，2009．

（西牧謙吾）

1.8　発達支援と児童虐待

1　子ども虐待の現状とメカニズム

　子ども虐待は、児童相談所の通告受理件数が年間4万件を超え、現在も減少に転ずる要因は見当たらない状態が続いている。もともと、児童相談所に通告される虐待事例数を優に上回る数の潜在的な虐待事例が存在していると考えられており、母子保健や児童福祉、学校教育現場での実感としては、年間10万件を軽く超えているのではないかとも感じられる。

　こうした数的な増加には、もちろん平成12年11月に施行された児童虐待防止法（通称）を契機として、関係機関に通告義務があることが周知徹底され始めたという事情もあずかって大きいと思われる。しかし、その一方で、単に発見できるようになったということだけではなく、虐待的な親子関係そのものが増加しても不思議ではない社会状況もある。

　そもそも、虐待を生じさせてしまう要因は、「親の要因」「子どもの要因」「家庭の要因」「社会の要因」と4層に分けて考えられる。「親の要因」は多様であるが、多くの虐待事例に共通する点を突き詰めていくと、根底に「子どもに対する不正確な認知」があることに気づく。これは、子どもの感情や意志を適確に把握できないという現れをすることもあるが、より重篤な事例では、子どもに独立した人格があることすら認めることができない状態も観察される。こうした不正確な認知は必然的に子どもへの不適切な指示・対応を招くことになる。子どもの能力をはるかに超えた言動を要求したり、行為の善悪の水準ではなく感情の持ち方にまで強制力を及ぼそうとする養育態度などが生じてくるのである。さらに、虐待をする親には、おしなべて自己評価の低さが認められる。これは、親自身が被虐待児として育ったという場合や、学齢期にいじめられる体験を重ねてきたといった生育歴が関係していることが多い。こうした生育歴を持つ親は、人間関係をパワーゲームとしてとらえてしまうことになりがちで、成人後の社会生活で、自らを「勝ち側」に置こうとする心理的・社会的努力をしていることも多い。こうした努力そのものが人間関係は強い方が弱い方を意のままにできるのだという歪んだ認知の現れなのだが、それでも本人なりに「勝ち」と感じられる状況に出遭えば、彼（女）なりの心理的安定は得られることになる。しかし、育児という行為は、彼（女）に再び「負け側」への転落という恐怖を感じさせる。

「泣く子と地頭には勝てない」という言葉は、地頭はともかくとして「泣く子」についてはまさに正鵠を射ているからである。育児という行為は、ある意味で子どもに対して自分が自覚的・全面的に「負ける」ことを許容するだけの自我の強さを必要としている。こうした自我の基盤を獲得し得ないまま親の立場に立たされた場合、子どもの示すさまざまな「問題行動」(それらは実は子どもの発達過程においてごく当然のことがらであることがほとんどなのだが)に対して、「脅威」や「非難」を認知してしまう。そして、子どもの要求に応じず意のままに子どもを動かすことを通じて、自らのパワーを再確認していくのである。

　「子どもの要因」については、要するに、親に対して「この子は育てにくい」「この子は他の子と違う」と感じさせる要素が何かある、ということである。したがって、この要因については、最終的に虐待に繋がるかどうかは親の認知次第だということになり、結局は「親の要因」と言うこともできる。しかし、虐待防止の観点からすれば、親が「育てにくい」と感じる子ども側の要因を把握しておくことは重要な意義を持つことになる。後述するが、子どもが発達障がいを持つということは、「子どもの要因」としてきわめて重大な位置を占めることになる。

　「家庭の要因」は、親と子それぞれの個別的な特性ではなく、家族システムという有機体に生ずる要因を指す。経済的な困難や親の精神疾患の存在などは、家族全体の機能を低下させる要因として重要になるが、家族システム論的に言えば、虐待に繋がる最も重大な要素は、家族システムの硬直性と閉鎖性ということになる。硬直性とは、家庭内での成員間のコミュニケーションが両方向性を失い、ストレスの連鎖が決まった方向にしか進まなくなることを指している。虐待を受ける子どもは、しばしば家庭内で、他のすべての成員のストレスを引き受ける立場に置かれていることが多い。もうひとつの閉鎖性とは、家族システムが外部のネットワーク(親族・友人・近隣・職場)との柔軟な相互交渉をとれなくなり、家庭内のストレスを外に排出することもできず、家庭外から家庭内の問題解決のための資源やエネルギーを導入することも困難になるという状態である。これらのことについては、後で詳述することにする。

　「社会の要因」には、実に多様な要素が考えられるが、現実の臨床においては、社会の要因に言及したところでさほど有益な対処策には繋がらないことも多いので、詳述しない。ただし、一点だけ、虐待防止の社会的啓発活動が、逆に孤立した育児をしている若い親たちを「育児に失敗することはできない」という強迫的な心理状態に追い込むというリスクを私たちは念頭においておかなければならない、ということだけを指摘しておく。

2　子ども虐待と発達障がい

　虐待を生じさせる「子どもの要因」として、子どもの発達障がいが重要な位置を占める

ことはすでに述べた。もともと、子どもに障がいがあることが、虐待の喚起要因になり得ることはさまざまな角度から指摘されていた。障がいを持つ子どもは生活の基本的なニーズ充足に親の力を借りる度合いが高まるし、同年齢の子どもたちとの交渉範囲も狭まるため、承認欲求を家庭内で満たすことに傾倒しがちになる。さらに、行動調整力や問題解決能力が低い水準に留まらざるを得ないため、親の介入を招きやすくなる。知的な障がいの水準によっては、無前提とも言える大人への信頼関係に繋がることもあり、性的知識の不十分さとあいまって、性被害を受けることにも繋がりやすい。

いわゆる発達障がい（ここでは、発達障害者支援法に対象規定された障がい種別のことをこう表記することにする）の場合、こうした諸点とはまた異なった意味で虐待との親和性がある。とりわけ高機能群と呼ばれる子どもたちに言えることだが、早期発見や確定診断が幼児期には困難であるということが、親の養育負担感を強めることに繋がるのである。すでに、被虐待を主訴として児童精神科を受診した500名以上の子どもの精査で、25％の子どもに自閉症スペクトラムが認められたという報告もある。自閉症圏の子どもが愛着形成に困難さを示すことはもはや周知の事実であるが、ここでは実験結果[1]をひとつ紹介して、その困難さの深刻さを指摘しておく。

3群の子どもたちが対象である。3群はそれぞれ生後8か月の「健常群」「音声言語が未獲得で自閉傾向を伴わない知的障がい群」「音声言語が未獲得の自閉症群」である。これらの子どもたちに「驚き」「不満」「喜び」「要求」の4つの状況を設定し、その場での発声を録音する。群ごとに集められた声のサンプルを、それぞれの母親に聴いてもらうのである。すると、「健常群」と「自閉傾向を伴わない知的障がい群」の母親は、それぞれの声についてどの状況下の声かを判定することはできたが、どれが自分の子どもの声であるかは判定できなかった。ところが、「自閉症群」の母親は、どれが自分の子どもの声で、しかもどの状況下の声であるかまで判定することができたが、他の子どもの発声については状況を判断できなかったのである。つまり、「健常群」でも「自閉傾向を伴わない知的障がい群」でも、発声は状況固有で共通しており、それはおそらくヒトが生得的に持っているコード体系なのだと考えられるが、「自閉症群」ではこのコード体系にもダメージがあり、各自が特異的な発声パターンを持つと考えられるのである。親と子の情緒的な絆は有意味言語の出現以前から確立されるが、自閉症圏の子どもたちが被るダメージは、親子相互作用にも深刻な打撃となり、親の養育負担感を強め、子どもに対する「わからなさ」を助長する度合いが高いと言うことができるだろう。

いわゆる発達障がいと虐待との関連性については近年種々の指摘があるが、障がい児療育と虐待防止の関連性はもっと多岐にわたることも銘記しておく必要がある。たとえば、ダウン症はともすれば対人関係の良好さゆえに親子関係の構築には大きな支障がないと思われがちであるが、ほとんどが生後1か月以内に障がい告知を受けるということは、かえって子どもに対する「わからなさ」を助長してしまう危険性もある。ダウン症に限ら

ず、障がいの告知は両親のどちらかに対してのみ行われることも多く、このことがその後の養育における両親連合の形成を阻害する危険性もある。現行の早期発見システムの中には、虐待防止という観点からまだまだ見直すべき点が多数あるものと思われる。

3 発達支援と家族支援

　発達支援を子ども虐待の防止に位置づけていくためには、まず発達支援と家族支援の関連性について理解しておかなければならない。虐待防止とは、家族支援のひとつである。

　発達支援と家族支援の関連を理解するうえで、重要な前提は、家族がひとりの子どもと同様、全体性を持った有機体であるということである。それは、単に父親・母親・子どもの人格特性が加算されれば説明できるというものではない。臨床に携わる人であれば容易に納得できることだろうが、「あの母親はひとりで相談に来ている時と両親が揃っている時とでは話の中身がまったく違う」といったことは当たり前にある。個々の家族成員が持っている人格特性は、どの家族成員と共にいるかによって種々に異なる現れ方をするのである。

　家族をひとまとまりの生き物としてとらえれば、子どもの評価に発達という観点が必要とされるのとまったく同様に、家族評価にも発達という観点が必要になることになる。

　家族という生き物は、子どもが誕生する以前、一組の男女が性生活を伴う共同生活を始めたところからスタートする。近年では結婚制度や家族制度に大きな変化が生じてきているとはいえ、パートナーシップを組んだ男女が、異なる家族の出身者であるという点は今もほぼ確実である。現代社会では、男女がそれぞれ地域的にもまったく異なる出身であるということも珍しくない。違う家族の出身者であるということは、おおげさな言い方をすれば違う生活文化の中で育ってきたことを意味する。このことが、男女に価値観の差を生じさせる。

　パートナーシップを組むに当たっては、価値観が一致することで互いに惹かれ合うことがほとんどである。しかしながら、実際に共同生活が始まると、必ずしもすべての水準で価値観が一致することなどほとんどない。もちろん、パートナーシップを継続するうえで基盤的な価値観については一致していることも多いが、嗜好・趣味などといった水準の価値観（通常、これは価値観などという言葉では語られず、生活習慣とか好き嫌いという語られ方をする）についてはさまざまな食い違いが生じる。

　パートナーシップが形成される初期段階で、こうした価値観の微妙な食い違いは、一致しないまでも共通認識される。ただし、それは一朝一夕に生じることではなく、何度かの行き違いを克服する中で達成されることであり、一定の時間を必要とする。定型的な発達経過をたどる家族であれば、子どもの誕生は、パートナーシップが安定した後の出来事であり、「夫婦システムが安定した後でその上に両親システムが乗る」という順序になる。ま

さに、ひとりの子どもの発達が、乳幼児期の発達課題をクリアできなかったことで思春期に入ってさまざまな適応障がいを生じさせるように、家族という生き物もまた、初期の夫婦システム形成期に解決できなかった問題が、子どもの養育という「家族の思春期」に入って養育機能の不全という形で生じてくるのだと考えられる。

　子どもの誕生によって、夫婦には両親という役割が加わり、役割の二重性を持つことになる。その結果、家族内の役割関係は複雑度を増す。同じ人間同士のコミュニケーションであっても、「夫婦間」と「両親間」では話題も異なるしパワー構造も異なる。同様に、親子のやりとりも、親と子という適切な役割関係で営まれていることもあるが、時には「夫（妻）としての怒りを子どもにぶつける」という不適切な役割関係になることもある。

　最も単純な核家族を考えてみよう（現実の問題としては、社会的な真空状態で生活している家族などあり得ないため、実家・近隣・職場などとの関係が入り込んでくることになるが、ここではあくまでも話を単純化する）。「父と母」「夫と妻」「父と子」「母と子」の役割関係は適切なものと考えられる。対して「父と妻」「夫と母」「夫と子」「妻と子」という役割関係は不適切で、この関係性の中ではなかなか有効な問題解決は得られないことになる。家族の養育機能が適応的に発揮されるためには、まず適切な役割関係の方が圧倒的に多く、不適切な役割関係は時おり生ずる、という量的なバランスが保たれなければならない。こうしたバランスの安定は、すべての役割間のコミュニケーションが相互性を保障されることによって達成される。たとえば、「夫と母」といった不適切な役割関係のコミュニケーションが生じた場合（帰宅した夫が「自分がこんなに疲れて帰ってきているのにまだ子どもが起きていて騒いでいるとはどういうことだ」と『母』にクレームをつけたような場合）、コミュニケーションの相互性が保たれていれば、「妻」なり「母」からの修正的なフィードバックが生じる（「あなたとお風呂に入りたいと言って待っていたんだから、そのくらいしてあげて」という『母』から『父』へのフィードバック、あるいは、「私だって働いているんだからあなたの帰る時間にばかり合わせることなんてできない」という『妻』から『夫』へのフィードバックなど）。その結果、たとえば「父」が「子」と入浴することでやりとりが収束すれば、これは適切な役割関係が回復されたといっことになるのである。

　コミュニケーションの相互性が崩れ、たとえば「男性から女性へのコミュニケーションは生じるが、逆は生じない」という事態に陥ると、上記のような場面でも「妻」ないし「母」からの修正的なフィードバックは起き得ず、結果として不適切な役割関係でのコミュニケーションが温存されてしまうことになる。なお、コミュニケーションは言うまでもなく言語的な水準と非言語的な水準の両方で展開されており、ここで述べたことがらはすべて言語的コミュニケーションの範囲である。非言語の水準では上記の例でも「妻」ないし「母」からの発信は行われている。しかし、言語的に確認できない「思惑」での交信は、現実の言動の修正に繋がりにくく、その意味で役割関係の適切性を保障する量的バランスの維持には機能しにくくなると考えられる。

さて、適切な役割関係の量的バランスと並んで家庭の養育機能の健康度を左右するのが、親子の間に存在する世代間境界の運用である。世代間境界は親と子の精神水準の差であるから、当然親は子どもよりも圧倒的に優位である。しかし、健康的な養育においては、親は世代間境界をいとも簡単に飛び越え、子どもの精神水準に降りる。これはある意味で退行であるが、病的な退行とは決定的に違い、自律的な退行である。赤ん坊をあやしていたとしても、電話が入ればたちどころに年齢相応の水準に戻り、電話が終わればまた赤ん坊の精神水準に応じた対応をするのである。このような自律的退行ができることによって、親は子どもに対して「子どもの発達水準に見合う要求を出す」というきわめて重要な機能を果たすのである。また、時には世代間境界を堅持することによって、親は子どもに成熟した社会的モデルを示したり、子どもを保護したりする。適切な躾は前者の例であり、「子どもはそんなこと心配しなくていい」と語りかけることは後者の例である。

　子どもに発達障がいがあるという事実は、親にとって世代間境界の運用を困難にさせる。さまざまな日常活動の達成水準に生活年齢と発達年齢の乖離が生じやすくなるからである。療育の場でしばしば課題となる障がい受容も、親にとって子どものどの言動に対して世代間境界を飛び越えて、どこで境界を堅持すべきなのかについての認知的な地図が描けないという見方をすることもできる。世代間境界の運用という観点から虐待という親子関係を見れば、親として自律的な退行を起こすべきところで起こすことができなかったとすれば、それは子どもにとって能力の限界を超えた発達要求をつきつけられるということになる。実際、多くの虐待事例において、周囲の人からすれば理不尽にも感じられるような要求を子どもに対してしている親というのは珍しくない。こうした状況は、しばしば「受容ができていない」と評されることになる。また、たとえ表面的には障がい受容ができているように見えても、子どもに対する要求は「みんなと同じことをする」ことに集中しているという場合もある。あるいは、子どもに障がいがあるという事実があたかも免罪符のように理解されてしまい、子どもにとってソーシャルスキルを伸ばすべき機会を奪われているような事例もある。このような状況とはまた別だが、性的虐待のすべては、親が自分たちの世代で満たさなければならない欲求を子ども世代に向けているという意味で、世代間境界の極度の歪みであると言うことができる。

　療育や発達相談の活動は、その初期にほとんど例外なく障がい受容の課題を取り扱う。障がい受容が、段階説と呼ばれるような、ショックと否認から再起と適応に向かうものなのか、あるいは慢性的悲哀と呼ばれるような状態に至るものなのかという点はここでは論じないが、いずれにしても親がわが子に対する心理的距離をどのように調節するのかを学習する課題であることは間違いない。いわゆる発達障がいの場合には、さまざまな生活領域で子どもが示す達成水準に個人内差が激しくなるため、この距離調節はいっそう困難になると考えられる。だとすれば、子どもの障がい受容をめぐる家族支援とは、そのまま虐待防止のための家族支援であると言ってもあながち言い過ぎではないのかもしれない。そ

こでは、単に子どもをラベリングする告知ではなく、その子がどのようなメカニズムでつまずきを体験していくのかという説明をする必要がある。しかも、そのつまずきを、調理や運転といった、親にとって身近な活動になぞらえて説明できることが望ましいことになる。

4 家族支援にあたって

　障がい受容を促し、家族システムの中に障がいを持つ子どもが適切に組み込まれていくための家族支援では、どのようなことに留意すればいいのだろうか。

　家族内の役割関係という点では、まず何よりも両親間の連合が適切に形成されるかどうかという点に留意しなければならない。もちろん、両親が揃っている家族ばかりとは限らない。その場合でも、主として養育にあたる大人が、周囲からの支えを感じることができているかどうかが重要になる。

　家族支援にあたって銘記すべきことは、子どもの発達支援が、そのまま家族支援になるとは限らない、ということである。しばしば（とりわけ、子どもの発達支援を中心的な業務にしている専門職には多いが）、子どもがスキルアップをすることはそのまま家族にとっても生活の質を上げ、親と子の生活上の制約を軽減することに繋がるはずだという考え方がされる。実は、大半の事例ではその通りなのである。しかし、発達支援を虐待防止という観点から眺めた時には、発達支援と家族支援は限りなく同じように見えながら、本質的には異なる営みであるということを理解しておかなければならない。異なる営みである以上、それらを織りなしていくための自覚的な努力が専門職には求められているということになる。

　発達支援が家族支援と同義ではないということは、ひとつには子どもの発達が直線的に家族の生活を「楽」にするものではないということで説明される。もともと発達とはそういうものであろう。子どもが自立歩行を獲得すれば、家庭内の物品管理はそれ以前よりもはるかに気づかいが必要になることなどが好例である。療育の場でも、以前は「子どもが喋らない」ということを何よりの不安材料として訴えていた親が、いざ子どもが有意味発話を獲得してくると「毎日うるさくて」と訴えたりする。子どもの発達が有しているこの本質的なジレンマは、通常、発達支援にあたる専門職と親との間で、子どもが発達していくべき方向性についての共有ができていることで克服されていく。今直面している困難は、子どもが発達の階段を登る過程で、いわば踊り場まで来た状態であり、次の階まで登れば困難は克服されること、そして、その階段こそが、この子の登らなければならない階段なのだという理解がなされていることで、「今は過渡期で大変だけど頑張りましょう」という励ましが有効になるのである。ただし、子どもに障がいがある場合には、どうしても「親から子へ」という関わりの方が極端に多くなりがちであり、その結果として知らず

知らずのうちに親はわが子を自分の掌の上に把握し切れているかのような思い込みをしてしまい、新たなスキルを獲得したことで自分の統制を外れかけた子どもの姿に接すると、必要以上に不安と焦りを感じてしまいかねない。そのため、何とか子どもを自分の統制下に留めようとする心理的圧力を感じてしまうことになる。「幼稚園に行くようになったら子どもが悪くなった」というようなクレームは、こうした親の心情の現れであると考えられる。

子どもが登るべき発達の階段の方向性が共有できないという点で見れば、虐待と呼ばざるを得なくなるような家族ではさらにこの傾向が顕著になる。そして、支援にあたる専門職とはまったく異なるベクトルを主張する親は、前述の通り子どもの能力や感情について正確な認知ができていないことがほとんどであり、対応の困難度が増すことになる。

発達支援を家族支援と織りなし、虐待防止に結びつけていくために、まず優先されなければならないのは発達支援である。これは療育に携わる者の絶対の前提であり、どれほど親の立場や心情に理解できるところがあったとしても、みすみす子どもの発達を阻害すると判断される関係や環境を看過することはできない。しかし、そこで教科書的な療育方法を指導したとしても大きな効果は望めないことが多い。これは、虐待リスクを抱える親子だけではなく、発達的な問題を持つ親子すべてに通じることかもしれない。子どもの障がいを認めることができなかったり、生活の中で子どもを統制することに絶望的な見通ししか持てなくなっている親にとって、「この子は○○障がいだから〜の関わりを」と言われても能動的に受け止めることは困難である。子どもの障がい特性に応じた手立てを、その親子という固有性を持った家族の生活文脈の中にどう位置づけるのか、普段自分たちがしている言動のどこをどう変えることが、子どもの中にどんなスキル獲得させていくことに繋がるのか、といった「翻訳」が行われる必要があるのである。こうした「翻訳」を通じて、親は子どもの障がいの躓きのメカニズムとして理解し、生活のどこに発達支援の糸口があるかを考える姿勢を学び、子どものスキルアップが家族の生活をどう変えるのかについて、新たな困難に直面することも含めて予測する力を獲得していくのだと考えられる。

引用文献
1) Ricks D: Making sense of experience to make sensible sounds, In M. Bullowa (Eds.) Before speech: The beginning of interpersonal communication, pp245-268. N.Y.: Cambridge Univ. Press, 1979.

参考文献
1) 杉山登志郎：子ども虐待という第四の発達障害．学研，2007.

（玉井邦夫）

1.9 子どもの権利条約と障がい乳幼児

1 「社会的養護」の動向

　少子高齢化が急速に進行していく中で、家族機能が縮小化していても、子育ては家族が背負い込んでいる。密室化し孤立化している子育て、人に弱みを見せられず人に尋ねずマニュアルよる子育て、学歴・資格・技術志向・偏重社会がもたらしている結果としての貧困など、子どもや家族を取り巻く状況は大きく変化し、物質上の豊かさと生活の利便性の向上とは裏腹に、子どもの貧困など厳しさを増すばかりとなっているが、ここ十年あまり子どもの虐待が今日的社会的な問題と認知されるようになってから、「社会的養護」ということばが新聞紙上などマスコミに多く取り上げられ、注目されるようになってきている。「社会的養護」は子どものより良い育ちを考える時には、忘れてはならないキーワードと考えている。

　「社会的養護」という考えは、けっして最近のものではなく、児童福祉法の制定時にはすでに反映されている。児童福祉法第1条には、児童福祉の理念として「すべて国民は、児童が心身ともに健やかに生まれ、且つ、育成されるよう努めなければならない。すべて児童は、ひとしくその生活を保障され、愛護されなければならない」と示されていることからもわかる。また、第2条には、児童育成の責任として「国及び地方公共団体は、児童の保護者とともに、児童を心身ともに健やかに育成する責任を負う」と示されている。児童福祉法の制定は、敗戦による社会の混乱状態において、保健衛生状態が悪化し、社会的弱者である子どもが大きな影響を受けている時に、親を失った子ども、浮浪児、不良児などへの保護対策が解決を急がなければならない課題となっていたなかで進められ、保護を必要とする子どもに限定することなく、すべての子どもを対象とする総合的な法律となっており[1]、子どもが健やかに生まれ育つように努力することが求められている。

　子どもと向き合う時の立ち位置に違いはあるが、それぞれが責任を負っていることは明らかなことである。第2条において、保護者と共に国および地方公共団体の責任が明記されており、一義的には保護者がその責任を果たすことになるが、保護者が責任を果たすことができない場合、保護者に任せることが好ましくない場合などは、健全な育成に対する責任を負うことが明記されている。このような考え方は「社会的養護」の理念と言える。

社会的養護は従来家庭養護の対概念として議論されてきた経緯があり、家庭養護が家族による子どもの養育を意味しており、社会的養護は入・通所型の児童福祉施設や里親によるその補完、代替の枠組みを担ってきた[2]、と理解されてきた。2007年5月に今後目指すべき児童の社会的養護体制に関する構想検討委員会（座長：柏女霊峰淑徳大学教授）より中間とりまとめ[3]が出され、その中で「社会的養護」とは、「狭義には、里親や施設における養護の提供を意味するが、広義には、レスパイトケアや一時保護、治療的デイケアや家庭支援等、地域における子どもの養育を支える体制を含めて幅広くとらえることができる」としている。

「社会的養護」ということばは、狭義の社会的養護を中心として考えられていることが多いのが現状である。一般的には児童相談所の養護相談に分類されるものを指していると理解されているが、広義としては養護相談のほかに障がい相談、育成相談、非行相談などに分類されるものも含まれるものであり、すべてに児童を対象にしていると言える。社会的養護を必要とする子どもという視点から見てみると、はじめに親の死亡や棄児など親のいない状態にある子ども、または、親がいても同じ状況にある子どもで、敗戦後には最も対応を迫られた子どもたちである。次に、親の入院、家出、服役などにより一時的に保護を必要としている子どもたちがいる。また、被虐待児のように親の不適切な養育や、養育拒否など家庭で生活することが好ましくない状況にある子どもがいる。さらに子ども自身が発達上、社会生活上でいろいろな課題を抱え、教育、療育、指導支援等が必要とされる子どもたちがいる。時代の状況、地域の状況が反映され、社会的養護を必要とする子どもの背景となる問題・課題は変遷していくことになるが、子どもが健やかに育つように努力を重ねていくことには変わりはない。

2　子どものウェルビーイングの実現への過程

今まで要保護対策（ウェルフェア welfare）が重点的に取り組まれ法律やシステムの整備が行われてきたが、福祉の対象となる本人の人権の尊重と自己実現を目指し、それを支援する取り組み（ウェルビーイング well-being）の流れが加速度的に進んできた。児童福祉の分野においても、次代の社会の担い手である児童一般の健全育成、全児童の福祉の積極的増進を目的とした児童についての根本的・総合的法律として児童福祉法が制定されている[4]が、その時代、その社会のニーズに応じていっそうの充実を図るため改正がなされてきた。児童福祉法や児童憲章に示されている理念や児童の権利に関する条約に明示されている内容とその思想などから考えて、子どものウェルビーイングがどう具現化されているのか検証する必要がある。

児童福祉法に示された児童福祉の理念についての表現は、成人は基本的人権の理念的主体と実践的主体とが合致しているのに対し、子どもは基本的人権の理念的主体は子どもで

はあるが、実践的主体は社会体制と成人一般になるということを示している。言うまでもなく子どもの主体性を否定しているものではなく、成人になるまで十分な責任行為が持てない存在であることを示している[5]。

　子どもの権利条約（以下「条約」とする）では、子どもを保護の対象から発達可能態としてとらえ、権利を享有し行使する主体として把握することを基礎に、その権利を保障している[6]。条約の批准は子どもの権利を誰しもが認め、擁護し、さらに発展させていくことが課せられていることを意味する。この条約の中核概念（コンセプト）は3Pという記号で表現されており、Protection（保護を受ける権利）、Provision（最善のものを供与される権利）そして、Participation（社会参加の権利）を保障するというものである。保護を受ける、最善のものが与えられるということは、受け身の権利保障と言えるので条約批准の前から既に考えられていた概念である。条約の前文にも「1924年の児童の権利に関するジュネーブ宣言及び1959年年11月20日に国際連合総会で採択された児童の権利に関する宣言」「世界人権宣言、市民的及び政治的権利に関する国際規約（特に第23条及び24条）、経済的、社会的及び文化的権利に関する国際規約（特に10条）」を通じて特別な保護を与えることの必要性が述べられている。

　障がいのある子どもたちを考える時に、WHO（国際保健機構）が2001年に示した国際生活機能分類を忘れてはならず、「心身機能・身体構造」「活動」「参加」から制限、制約があるのかをみるものであり、条約にある「社会参加をする権利」を持つということは大きな意味を持っている[7]。

3　擁護されなければならない子どもの権利

　この条約のポイントは、18歳未満のすべての子どもを対象にしていること、子どもの人種、性、出身などによる差別を禁止していること、子どもの最善の利益が考慮されるものとされていること、父母等の保護者には子どもの保護などに関して第一義的責任があるとされていること、子どもの意見表明権の尊重が規定されていること、子どもを暴力や虐待などから守る適切な措置が講ぜられるべきとされていること、子どもの性的搾取などからの保護が規定されていること[8]、があげられている。条約における子どもの権利の考え方は、子どもの最善の利益、子どもの市民的自由、意見表明権、発達しつつある存在としての子ども[9]、ということになる。

　子どもの権利とは何かを条文に沿って考えてみる。第3条に示された「子どもの最善の利益（the best of the child）」という概念は条約を貫く基本理念として、社会福祉施設はもとより、立法、司法、行政機関を理念的に拘束する。この概念は、立法上の価値基準、裁判上の解釈基準、さらには行政および社会福祉上の行為基準をなす指導理念（価値概念）と言えるとされている[10]。子どもに関わるすべての措置をとるにあたって、はじめに考慮

しなければならないこととなる。条約の主要な柱となっている子どもの社会参加を進めるには、子どもの最善の利益が保障されることが最前提となり、そのために大人や社会の最善の努力が求められることになる。

　第6条の生命に対する権利について、条約案が検討されていた時は、「生命」は受胎の瞬間から始まるもので、生まれる前から権利が認められるべきとの主張もあったことが報告されている。また、子どもの生存および発達を可能な最大限の範囲（the maximum possible）において確保することが求められており、積極的に子どもの健全育成のための方策を講じなければならないとしている[11]。

　第12条の「子どもの意見表明権（the view of the child being given due weight）」は、批准時に最も関心の高い条文であったことは周知のことである。政府訳だけではなく児童福祉関係者、教育関係者の訳したものが紹介され、ユニセフ（国連児童基金）訳も紹介され、原文との比較が議論となった。特に「その児童の年齢や成熟度に従って相応に考慮される」という部分が、それぞれの分野でどのように生かされるのかが問題となった。自己の意見を形成する能力のある子どもがその子どもに与えるすべての事項について自由に自己の意見を表明すること、表明された意見は、その子どもの年齢と成熟度に従って相応に考慮されること、子どもに影響を及ぼす司法上行政上の手続きにおいて、子どもが直接的または間接的に聴取されること、が規定されている。学校や児童福祉施設など子どもが所属する機関においては、校則や施設の決まりなどとの整合性が問題となった。

　子どもが権利行使の主体者として大人社会に積極的に参加することが保障されるために、意見表明権のほかにも第13条「表現・情報の自由」、第14条「思想・良心・宗教の自由」、第15条「結社・集会の自由」、第16条「プライバシー・通信・名誉の保護」の規定の持つ意味は大きい。また、条約は「子どもの発達」を重視しており、第27条「身体的、心理的、精神的、道徳的及び社会的発達のために十分な生活水準に対するすべての児童の権利を認める」、と生活水準の権利を強調している。前文の中でも「人格の全面的かつ調和のとれた発達のために家庭環境の下で幸福、愛情及び理解のある雰囲気の中で成長すべきである」と述べており、発達という観点から見ると、第29条「教育の目的」、第31条「休息、余暇、遊び・芸術的生活への参加」、第32条「経済的搾取、有害労働からの保護」にも規定されている。さらに、困難な状況下にある子どもを緊急かつ優先的に救済・保護しなければならないとしており、基本的な人権の尊重と発達の保障を踏まえたものとして規定している。特に困難な状況下にある子どもとして、民族上、宗教上もしくは言語上の少数者または先住民の子ども（第30条）、家庭環境を奪われた子ども（第20条）、障がいのある子ども（第23条）の権利が規定されている。また、さまざまな搾取からの保護、武力紛争における子どもの保護に関わる規定と、犠牲になった子どもの心身の回復と社会復帰（第39条）のためにあらゆる措置をとらなければならないことを定めている。

4 障がいのある子どもの権利

　この条約の第23条は障がいのある子どもの権利を定めたもので、第1項では、障がいのある子どもが尊厳や人間らしい生活がより脅かされやすいことから、人間としての尊厳を確保し、生活を享受する普遍的な権利を認めている。十分かつ相応な生活は、英文ではa full and decent lifeとなっている。第2項では、障がいのある子どもの特別なケア（special care）を認め、これに応えるため援助の拡充を確保することが求められている。特別なケアには、療育ばかりではなく、養育、保育、教育など幅広く養護も含まれていると考えることが適当である。このようなケアなくしては、「自立」や「社会参加」の実現は困難となると言える。第3項では、特別なニーズ（special needs）を認め、援助の原則や方法が規定されている[12]。その実現にあたって、国などによる援助の対象には、障がい児のみならず、父母など子どもの養育に責任を負っている者も含まれ、援助は申請に基づき、しかも子どもの条件・父母の状況に適したものでなくてはならず、援助は可能な限り無償で与えられるものとしている。可能な限り、と訳されている部分についてもさまざまな意見があるが、英文では無償にかかるところはwhenever possibleとなっており、社会への統合にかかるところはthe fullest possibleとなっており、前者が「機会」を示し、後者が「程度」を意味している[13]。また、援助は障がいのある子どもが可能な限り、社会的な統合と個人の発達（文化的および精神的な発達を含む）を達成できるような方法で行われなければならず、援助の対象分野は教育のほか、訓練、保健サービス、リハビリテーション・サービス、雇用準備、レクリエーションなどにも及ぶものとなっている[14]。障がいのある子どもの権利は、教育、福祉、保健、医療、労働などの分野で実現のための具体的な対策や条件整備はどのように打ち出されてきているのかについては、まだ課題として残っている。さらに、各分野間の協働・連携が機能しているのかを検証し、解決を図っていくことも必要となっている。

5 障がいのある乳幼児のウェルビーイング

　障がいに対する早期発見・早期療育は、母子保健法（1965年）による妊産婦健康診査、乳幼児健康診査、1歳6か月健康診査、3歳児健康診査などの保健医療サービスが整備され、ハイリスクに対する母子指導や療育体制の整備が進んできた。周産期医療の著しい進歩により、救命率の向上は障がいを伴うリスクを高くしており、出生率が低下しているにもかかわらず障がい児の数は減少していないと言われている[15]。

　また最近は、認知機能や協調運動、行動統制能力に課題を抱えていると言われている発達障がいの子どもたちへの対応の問題が取り上げられている。発達障がいは乳幼児期には

発達の個人差や個人内差と判断されてしまうことが多く、支援の必要性は学齢期以降に認識されることが多いのが現状である[16]。学齢期以降に注意欠陥・多動性障がい（AD/HD）、広汎性発達障がい（PDD）、学習障がい（LD）などといった診断を受けた子どもたちは、児童相談所のケース記録から生育歴の中で気になっていたことを拾い上げてみると、気難しい、よく泣く、なだめることが難しい、抱っこを嫌がる、視線が合わない・合いにくい、何事にも興味・関心がない、ことばが遅い、会話がかみ合わない、我慢ができない、ルールに従って遊べない、衝動的、落ち着きがない、などと記載されている。少なくとも相談の時点では発達障がいあるいはその疑いであるとは思ってはいないことが、児童相談所の相談ケースの中からはわかる。このことは、周囲の無理解を助長し、親のしつけ不足や不適切な養育によるものと考え、結果として親を責めることとなり、親は自責感を強め、より厳しい不適切な対応をとるような悪循環を引き起こしている例も見られる。一般的にも子育て中の親（特に母親）のストレス要因としては、子どもの発達に対する懸念が大きいと言われている。乳幼児のウェルビーイングを保障するためには、親へのきめ細かな支援は欠かすことができない。

　障がいに対する気づきは支援のスタートとなるが、乳児から幼児期前期においては、障がいが重篤な場合や原因背景が明らかな場合を除いては、気づくことが遅れることと理解されている。しかし、発達障がいに関わる北海道における2007年度実施の「実態調査」と2008年度実施の「機関調査」の結果では、保護者が子どもの障がいについて他の子どもと異なるとはじめて気づいた時期は、4か月～1歳6か月が全体の37.2％、1歳6か月～2歳が17.5％、2～3歳が24.2％となっており、なんらかの育てにくさを感じており、早い段階から子どもの発達の状態に気づいていることがわかる。また、発達障がいと診断された時期は、全体では3～4歳が37.6％、小学校期が30.4％となっており、気づきの時期と診断の時期にズレがあることがわかる[17]。乳児期から幼児期前期は、子ども自身がどこにも所属していないことが多く、幼児期中期から後期にかけて療育機関や統合保育の活用が多くなってくる。

　障がいの気づき、告知、診断から始まる障がい受容については、アメリカの精神科医エリザベス・キューブラ・ロスのモデル（ステージ理論）が多く取り上げられており、否認と隔離、怒り、取引、抑うつ、受容の段階をたどると示している。また、ナンシー・コーンは、ショック、回復への期待、悲哀、防衛、適用という5段階を提唱している。この段階を行きつ戻りつしながら5段階に到達していくと理解されているが、完全なる障がいの受容はありえないとさえ言う者もいる。

　乳幼児期に子どもの障がいがある、もしくは障がいがある可能性があると告知された時に少なからずある、親のショックは計り知れないものがある。乳幼児に関わる障がいの受容は、とりもなおさず親、保護者自身の障がい受容となるものである。障がいの受けとめ方は、障がいへの理解度、家族内の立場、周囲の状況によって異なってくるが、親との信

頼関係や家族の状況を考慮したうえで慎重に行う必要がある。親に対して劣等感や精神的不安についての指導、将来の不安に対する指導、人間の価値観に対する指導、障がいについての指導の重要性が言われてきており[18]、その支援のあり方が問題となる。

6 親、保護者への支援

　障がいのある子どもを持つ親の思い・悩みは、親の会などの集まりの中でも主要な話題となり、育児・養育・療育方法についての困惑、同年齢の子どもとの比較からの焦燥感、育児談義や子どもの自慢話の輪の中に入っていけない孤立感、親亡き後の生活への不安（年齢が増すほど、障がいが重いほど深くなる）、いつまで自分が支えていけるのかという不安（家族、自分自身の病気などの時には特に）、自分の時間が取れないという不自由さ、利用したい制度・サービスの不備への不満などが話され、しかも多くが重なっていることがわかる。悩み立ちすくんでいる親に真摯に向き合い、親の「力」を奪うことがないような対応が支援者には求められている。

　支援者には自身の関わりについて振り返りが必要となる。助言、指導、情報提供が果たして役に立っているのだろうか、思いなどにきちんと耳を傾けているのだろうか、支援者個人の人生観、人間観、児童観や支援機関の価値観に違いがあることを気づいているのだろうか、人間としての尊厳を認めているのだろうか、相手の立場で考えているのだろうか、関わることになった縁を大切にできているのだろうか、ということを、親の会の集まりに参加するたびに感じさせられる。石井哲夫は対人援助の基本は人間が人間を援助することであり、ミッションは共通であり本人の最善の利益を求めるという利用者本人のミッションに基づき行われるものとして、「本人が背負っている重荷を知り、それを少しでも軽くしてあげたい。援助者は本人の立場に立って理解を深め、徹底的に味方になって生きてほしい」[19]と述べている。

　北海道における発達障がい児（者）支援の在り方検討ワーキンググループ（乳幼児グループ、学齢期グループ）に参画し、「気づく」「支える」「繋ぐ」をキーワードに議論を重ねた。その中では、「気づき」の議論の時には、障がいの特性や子どもの年齢、親の受け止めるためのレディネスによる違いもあるものの、支援者が「伝えづらさ」を感じている実態も明らかになっている。「支え」の課題については、親・保護者らに気づきがあった乳幼児を速やかに支援できる機関として、療育の場（児童デイサービス事業、障害児通園施設など）、子育て支援の場（子育て支援センターなど）と子ども集団の場（幼稚園、保育所など）の観点から、現状、課題、今後の方向性について検討を重ねたが、支援の場に出向くことができない、あるいは、難しい場合の対応についても個々の事情に配慮した取り組みの必要性は共通の認識となっていた。また、「繋ぐ」の課題については、本人・家族が資源に繋がること、機関間の連携、ライフサイクルを通しての繋がり、の3点を中心に議論さ

れた。学齢期は所属する学校を中核として他との関わりが中心となるが、乳幼児期は医療、保健、福祉、教育が同時に関わることができる期間であることから、最も連携のしやすい時期とも言える[20]。また、連携の必要性が最も高い時期でもある。しかし、支援機関がその不十分さを感じている現状もある。障がいのある子ども、その親・保護者を中心において、密度の濃い連携の努力は速やかに取り組まなければならない。個人の努力や幸運なめぐり合いに支えられていることでは、継続的な支援は期待できない。

　障がいのある乳幼児の権利を擁護するためには、子ども自身だけではなく、その親に対しても同様に、まわりの大人、社会の最善の努力なくして実現は困難、という認識をまず持つことが必要である。問題に焦点を当てる時に、誰が問題を抱えていると感じ考えているのか、何を問題と感じ考えているのか、いつから問題と感じ考えているのか、なぜ問題と感じ考えているのか、それは個別的で特別なものなのか、など、支援者として考えておかなければならないことは多くある。障がいの有無にかかわらず、子どもの健やかな成長、発達を願うことに誰もが異論はないところである。これからは、まずは子育ち、子育ての支援として考えていくことが大前提にあり、障がいのある子どもに対しては、条約にもあるように特別なケアが子育て支援施策に上乗せされていくことで、障がいのある乳幼児のウェルビーイングが実現されていくと考える。条約が批准され国内発効されて15年が経過し、条約が目指したものが実現されているのか、身近にいる困難さを抱いている子どもたち、親たちから目をそらさずに、きちんと向き合い、濃密に、そして丁寧に関わることが実現の一歩となると考える。

引用文献

1) 児童福祉法規研究会・編：最新児童福祉法母子及び寡婦福祉法母子保健法の解説．時事通信社，1999, p8.
2) 松原康雄：社会福祉研究第103号．財団法人鉄道弘済会，2008, p21.
3) 厚生労働省HP：今後目指すべき児童の社会的養護体制に関する構想検討会中間とりまとめ，http://www.mhlw.go.jp/shingi/2007/05/s0529-5.html.
4) 児童福祉法規研究会・編：最新児童福祉法母子及び寡婦福祉法母子保健法の解説．時事通信社，1999, p10.
5) 財団法人日本知的障害者福祉協会知的障害児施設在り方検討委員会：子どもの施設としての知的障害児施設の検証と提言〜知的障害児施設在り方検討委員会報告書〜．2003, p2.
6) 永井憲一，寺脇隆夫・編：解説子どもの権利条約．日本評論社，1991, p15.
7) 伊藤則博：子どもの育ちを支援する−発達臨床的アプローチin北海道−．ことのは舎．2005, p14.
8) 児童福祉法規研究会・編：最新児童福祉法母子及び寡婦福祉法母子保健法の解説．時事通信社，1999, p44.
9) 許斐有，望月彰，野田正人，他・編：子どもの権利と社会的子育て．信山社，2002, pp11-12.
10) 下村哲夫・編：学校版逐条解説児童の権利条約．教育出版，1995, p31.

11）波多野里望：逐条解説児童の権利条約［改定版］．有斐閣，2005，p40.
12）永井憲一，寺脇隆夫・編：解説子どもの権利条約．日本評論社，1991，p11.
13）波多野里望：逐条解説児童の権利条約［改定版］．有斐閣，2005，p163.
14）下村哲夫・編：学校版逐条解説児童の権利条約．教育出版，1995，p100.
15）財団法人日本知的障害者福祉協会知的障害児施設在り方検討委員会：子どもの施設としての知的障害児施設の検証と提言～知的障害児施設在り方検討委員会報告書～．2003，p11.
16）北海道ノーマライゼーション研究センター：北海道ノーマライゼーション研究No.16，2004，p82.
17）北海道発達障害者支援体制整備検討委員会：北海道における発達障がい児（者）支援のあり方に関する報告書．2008，p5.
18）松山郁夫，米田　博・編著：障害のある子どもの福祉と療育．建帛社，2005，pp53-54.
19）石井哲夫：月刊福祉．全国社会福祉協議会，2003.
20）北海道発達障害者支援体制整備検討委員会：北海道における発達障がい児（者）支援の在り方に関する報告書．2008，pp11-26.

（大場信一）

1.10 自立支援協議会と地域ネットワーク

1 障がい児支援における地域ネットワークの重要性

　障がいのある子どもの育児を支え、将来の自立した地域生活に向けて家族と共に育てていくためには、①障がいを発見し親の障がい理解を促す保健・医療機関、②乳幼児期の育児を支え社会的発達の基盤をつくる保育所や通園施設、③児童期・思春期の発達を支え成人期の地域生活の基盤をつくる学校、④すべてのライフステージを通して本人・家族の相談にのり制度的支援に繋げる行政機関や相談支援事業所、⑤成人期に関わる障がい者福祉施設や企業など、多くの地域機関の緊密な連携・協働体制が必要である。

　後述するが、地域機関の「横」の連携が求められる障がいのある成人の地域生活支援と違い、障がいのある子どもの支援は、障がいが確定する以前から子どもだけでなく親・家族への支援が必要であり、乳幼児期から開始され学齢期を経て成人期に繋がるすべての機関の「縦」の連携が求められる。

　しかし現実には、それぞれのステージに対応する機関の連携の乏しさがライフステージの移行期の支援を希薄にし、成人期の自立を阻む大きな原因になってきたことは否めない。

　今後の障がいのある子どもたちの支援体制を構築しようとする時、ライフステージを通した機関間の連携を構築する制度が相談支援事業であり、相談支援事業が公平かつ中立な立場で活動していくための制度基盤が地域自立支援協議会である。

　この項では、地域ネットワーク構築の制度基盤として期待される地域自立支援協議会の重要性と展開方法について述べる。

2 地域自立支援協議会の機能と重要性

　地域自立支援協議会は、障害者相談支援事業が円滑に運営されることを目的として、障害者自立支援法の中で市町村に設置が求められている。2006（平成18）年8月1日の障害保健福祉部長通知では、「相談支援事業をはじめとする地域の障害福祉に関するシステム作りに関し、中核的な役割を果たす定期的な協議の場として、市町村が設置する」と規定されている。つまり、地域自立支援協議会には、相談支援事業の効果的な運営だけでな

く、今後の市町村における障がい者福祉推進の核となることが求められている。

国は地域自立支援協議会に求める機能として以下の６点をあげている。

①中立・公平性を確保する観点から委託相談支援事業者の運営評価などを実施
②困難事例への対応のあり方に関する協議・調整（当該事例の支援関係者等による個別ケア会議を必要に応じて随時開催）
③地域の関係機関によるネットワーク構築などに向けた協議
④地域の社会資源の開発・改善
⑤市町村相談支援機能強化事業および都道府県相談支援体制整備事業の活用に関する協議
⑥権利擁護などの分野別のサブ協議会などの設置・運営

この６点をまとめると、地域自立支援協議会には地域ネットワークの中心となることに加えて、障がいのある人や子どもとその家族に対する地域支援システムの中核として、地域の障がい者福祉サービス全般における企画、運営、管理、評価という機能が求められている。

国主導で全国一律のサービスが受けられた措置制度と違い、障害者自立支援法をはじめとする利用・契約制度のもとでは、当事者・家族の明確な要求とサービスの拡大や充実のための市町村の行政努力が期待される。利用・契約制度では、市町村行政の意識が高く当事者の声が大きい地域とそうでない地域では格差が拡大してしまうことが想定される。そのため、当事者のニーズを集約して市町村行政と共に考えていく仕組みが必要になってくる。

障がいのある人が持つニーズを支援者間で確認して具体的な支援に繋げる地域のケアマネジメント機能は、地域支援の取組みが比較的進んでいる地域では以前から「サービス調整会議」や「個別支援会議」として形成され、個々の障がい者のニーズを評価・分析し地域のサービスに適切に繋げる役割を果たしてきた。

今後、個別支援会議が形成されておらず、さまざまな分野の機関や職員が別々に活動しているような地域においても、利用・契約制度＝障害者自立支援法の適切な展開のために、早急に地域ネットワークを基盤としたケアマネジメント機能を発展させる必要がある。この仕組みの核になるのが地域自立支援協議会である。

３ 地域ネットワークにおける地域自立支援協議会の役割

地域で生活する障がい児・者の支援ニーズは多様である。このニーズを満たすためにはさまざまな専門性や立場を持つ団体や個人が集まって支援計画を立てて支援に当たることが不可欠であり、その前提となる地域ネットワークの構築は必然的な課題である。緊密な地域ネットワークの構築は、一人の障がい者を支える過程を通じて必然的に地域の資源開

発に繋がっていく。そして、そのようなソーシャルアクションが地域のさまざまな課題の解決策となると共に、市町村行政を動かし、障がい福祉施策の発展に繋がるのである。

　地域福祉を推進する有効な手法として、特定の地域課題を直接市町村が担うのではなく、地域の関係団体などの協議体に委ねる手法がある。つまり、特定の課題に関係する団体のネットワークによる自治型機構（ローカルガバナンス）である。地域自立支援協議会をこのローカルガバナンスとしてとらえると、多角的な情報やアイデアを集中して課題解決を図り、市町村行政の努力を客観的に評価することも可能となる。このような観点から見れば、地域自立支援協議会は地域で暮らす障がい者を支える機関であると共に、地域で暮らすすべての人たちを支える「街づくり」のツールとして位置づけられる。

　地域自立支援協議会の構成メンバーとしては、市町村行政、相談支援事業者、障がい福祉サービス事業者、保健・医療関係者、教育・雇用関係機関、企業、障がい者関係団体、権利擁護団体、学識経験者など、さまざまな団体と個人が想定され、地域自立支援協議会という公的立場でのネットワークの構築によって、分野を越えた議論が可能となり強固な地域ネットワークの形成が期待される。また、市町村行政による関与が進めば新たな地域資源が開発され、これまでは支援が困難とされて地域での暮らしをあきらめざるを得なかった事例に対しても支援が可能となることが期待される。

❹ 市町村行政と地域自立支援協議会との関係

　地域自立支援協議会は市町村が設置し、必要な予算は地方交付税で賄われるものであるため、市町村行政の裁量が大きく影響することは否めない。しかし、協議会を市民の立場に立ったニーズを実現していくツールとして発展させるためには、独立したローカルガバナンスとして位置づけ、協議会の決定が市町村行政から独立して尊重されることが必要である。

　市町村は、協議会の独立性を認めたうえで運営費用を保障すると共に、市町村行政も協議会を構成する一団体として積極的な役割を果たすことが求められる。たとえば、東松山市では地域自立支援協議会の設立にあたり、当事者からの聞き取りや市民へのアンケートを実施し、その結果に基づいて協議会の基本的スタンスや組織構成を図っている。同市が地域自立支援協議会の目的を、「障害の有無にかかわらずすべての市民が共に暮らすことのできる地域づくりの方策を検討し、推進する」とした背景には、このような自治体のメリットを生かしたリサーチがあり、地域自立支援協議会の位置付けを市民の立場に立って明確かつ確固としたものにする市行政の先見性がある。

　市町村行政は、協議会の設置段階では方向性を示し牽引する役割を果たすべきである。しかし、その後の運営においては、間接的な支援の立場に立って協議会の自主性を尊重するべきであろう。

5 障がい児支援における地域自立支援協議会の役割

「障がい児」は「子ども」である。"disabled child"ではなく"child with disability"として、一般の児童と同様に、児童福祉法に基づいて成長・発達を保障され、愛護されなければならない。また、障がい児に対するすべての支援は国家の責任において無償で提供されねばならない（子どもの権利条約）。

障がいのある子どもの「地域での育ち」を支援しようとする時、地域生活への支援を最重要課題とする従来の障がい「者」施策とは異なるさまざまな課題が現れる。この点を考慮することが、障がい児の育児や育ちを柔軟かつ継続的に支援し、将来の自立した地域生活に繋げていく相談支援事業のスタートにおいては重要である。

障がい児支援の特殊性について以下にまとめると、

①発達期の支援である

障がい「児」はライフステージのスタート段階にあり、「障がい」に対する支援以前に、育児支援と発達支援という「子ども」としての特有のニーズを満たすことが必要である。障がい児支援においては、「育児支援、保育保障などの福祉的支援による育つ環境の整備」と「障がいの診断やリハビリテーションによる精神・身体の発達への支援などの医療的支援」が同時に求められる。そのため、福祉・保健・医療など多岐にわたる地域資源の開発・確保とそのネットワーク構築に向けたコーディネートが必要である。

②保護者・家族への支援が重要である

支援すべき対象は、障がい児本人だけでなく障がい児を育てている保護者・家族もである。障がいがあるがゆえの育児困難や育児不安に寄り添って、障がい発見前後の親・家族の精神的動揺を支え、子どもの成長の基盤である家庭機能の維持を図ることが、障がい児支援の前提として不可欠である。

③「障がい確定」以前から支援を開始する必要がある

医療機関や乳幼児健康診査で発達の遅れなどを指摘されてから、リハビリテーションや障がい児保育などの支援が提供されるまでに、保護者の障がい理解が進まなかったり、専門機能の確保が困難であったりして相当の時間を要することが多い。特に最近注目されている高機能自閉症や注意欠陥・多動性障がいなどの「軽度発達障がい（知的障がいが軽度である発達障がい）」では、障がいの確定が困難で長い時間を「（発達上）気になる子ども」として不安な日々を過ごすことが多い。しかし、より早い時期からの育児環境の整備と適切な指導が彼らの成長・発達にとって重要であることは多くの専門家が指摘しているところである。障がい児（またはその周辺児）への支援は、障がいの確定を待たず（各種手帳や受給者証なしに）、また保護者の障がい理解への援助も含めて開始されるべきである。

④「横」と「縦」を紡ぐ地域ネットワークの構築が必要

「（地域機関の）横の連携」が強調される成人期の支援に比べて、児童期の支援は「（乳幼児期－学齢期－成人期へとライフステージを繋ぐ）縦の連携」も重要な課題になる。

わが国の制度は、「幼児期は通園施設、児童期は学校、そして成人期は成人施設」というように年齢ごとに細分化されており、幼児期からの支援が成人期の生活に繋がりにくいという問題がある。しかし、移行期における支援の脆弱性こそ障がい者の社会的自立を阻む大きな原因である。障がい児を対象にした相談支援には横の連携だけでなく、ライフステージを通した緊密な縦の連携や適切な移行期支援が求められる。

このように、障がい児に対する相談支援は、成人を対象にした相談支援とは違う「特殊性」を持っており、その展開においてはその点を勘案することが必要となる。

6 兵庫県姫路市における地域自立支援協議会の例

6.1 姫路市の状況

人口53万人の中核市である姫路市は、「行政主導」で障がい福祉を進めてきた街と言える。当事者運動や家族による要望活動が活発とは言えない地域であったにもかかわらず、幼児期から成人期まで対応できる公立・民間の通園・通所・入所施設、就労・生活支援センター、障害者相談支援事業などが確保されてきた。養護学校（特別支援学校）も、市立肢体不自由養護学校、県立特別支援学校に加えて県立聴覚特別支援学校もあり、十分ではないが豊富にサービスが用意されている地域と言えた。

しかし、行政や施設が先導する形でサービスを確保してきたため、それぞれの施設や機関には緊密な連携体制が育たず、困難事例に対する個別支援会議も開催されずに事業所や職員の個別対応に任されることが多かった。そのため、処遇困難例に対してもニーズを取り入れた柔軟な支援策が協議されることもなく、個々の課題が市の施策に十分に反映されてはこなかった。

このような状況の中で、障害者自立支援法に定められた地域自立支援協議会が立ち上げられることになり、2007（平成19）年4月、障がい別に分かれた当事者・家族の団体、障害福祉事業所、そして市保健・福祉行政と教育機関（市教育委員会、学校）を構成メンバーとして地域自立支援協議会がスタートし、新たな地域ネットワークの構築と地域ニーズの市政への反映をめざすことになった。

6.2 姫路市地域自立支援協議会の特徴と課題

2007（平成19）年度から設置された姫路市地域自立支援協議会の仕組みを図1に示す。

図1 姫路市地域自立支援協議会。課題は地域における活発な「個別の支援会議」

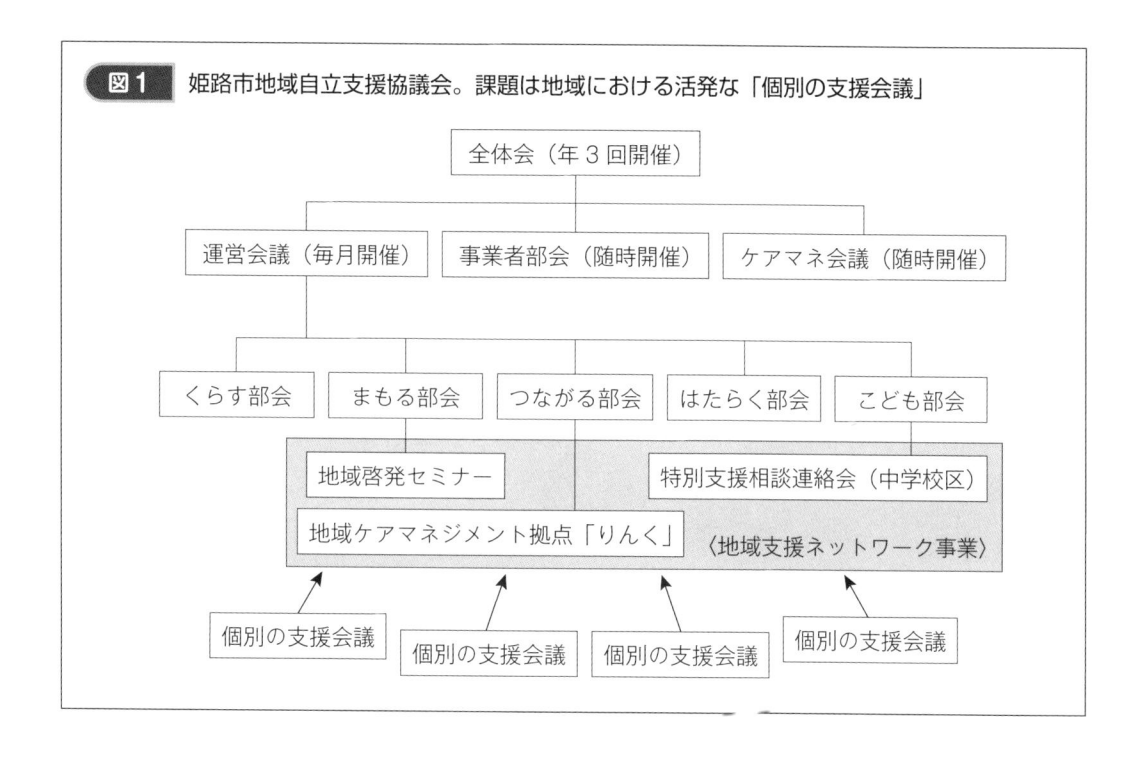

```
                    全体会（年3回開催）
                           │
      ┌────────────────────┼────────────────────┐
   運営会議（毎月開催）  事業者部会（随時開催）  ケアマネ会議（随時開催）
      │
  ┌───┬───┬───┬───┬───┐
 くらす まもる つながる はたらく こども
 部会   部会   部会    部会    部会
          │
    ┌─────────────────────────────────┐
    │ 地域啓発セミナー  特別支援相談連絡会（中学校区）│
    │ 地域ケアマネジメント拠点「りんく」            │
    │              〈地域支援ネットワーク事業〉    │
    └─────────────────────────────────┘
      ↑       ↑        ↑        ↑
   個別の    個別の    個別の    個別の
   支援会議  支援会議  支援会議  支援会議
```

　まず姫路市の協議会は、制度や施設別ではなく、障がいのある人の支援ニーズごとに「くらす（地域生活支援）」「まもる（権利擁護）」「つながる（地域ネットワーク）」「はたらく（就労）」「こども（療育・教育）」という5つの部会を設けて、それぞれの分野の施設職員や当事者が議論して対応策を考えたり、必要な施策を提案したりする仕組みを持つ。特に、障がい福祉分野では「蚊帳の外」に置かれがちな障がいのある子どもへの支援を考える「こども部会」を持ち、市教育委員会や学校関係者も参加することによって、子どもを中心とした一貫性のある対応策が検討できるようになった。

　協議会の立ち上げに続いて、姫路市は、市内4箇所の委託相談支援事業者と就労・生活支援センター、「（NPO法人）姫路市介護サービス第三者評価機構」の協力を要請して、2008（平成20）年度から障害者相談支援事業の拠点となる「りんく」を立ち上げ、相談支援体制の強化を図った。また平成20年度からは、協議会の公平性と中立性を担保するために、協議会の運営を上記の「姫路市介護サービス第三者評価機構」に委託することになった。

　協議会は四段階の会議から成り立っている。

　協議会の事業は、毎月開催される「運営会議（各部会の代表、会長、副会長、障害福祉課）」で検討され、年に3回開催される「全体会」で承認される。

　施設や学校での処遇困難事例や相談支援事業で対応困難な事例は、問題の内容に準じて運営委員とケアマネジメント委員で構成される「ケアマネジメント会議」に上げられる。ケアマネジメント会議では、市障害福祉課の職員も一緒になって、具体的な支援策を提案

し必要なサービスを確保することになる。ここで協議されたにもかかわらず適当なサービスが確保されず課題が残った場合には、次年度の予算要求や障害福祉計画などの姫路市の施策に繋がることになる。

なお2010（平成22）年度からは、市内の指定・委託相談支援事業者、地域活動系事業者（地域活動支援センター、作業所）、居住支援系事業者（入所施設、共同生活介護・援助事業者など）、日中活動系事業者（通園施設、児童デイサービス、生活介護事業、就労継続事業など）、在宅支援系事業者（居宅介護、移動支援など）など162事業所を網羅する「事業者部会」の立ち上げが予定されている。

また協議会の運営の過程で、「こども部会」から子どもも対象にした「個別の支援会議」の積極的な展開を図る必要性が確認されて、平成22年度から特別支援教育コーディネーターも参加した「特別支援相談連絡会」が3中学校区をモデルとして開催されることになった。また、「まもる部会」からは市民レベルの障がいへの理解を深めるために「地域啓発セミナー」の開催が求められ、2009（平成21）年9月に第1回のセミナーが開かれた。このように、各部会から提案される新たな事業を具体的な形にしていく事業を「地域支援ネットワークモデル事業」と位置づけ、将来的には、「地域支援ネットワーク事業」として統合していく予定である。

「地域自立支援協議会の命綱は『個別支援会議』」と言われる。本来は個別の支援会議があって協議会があるべきであるが、姫路市ではこれまで施設間連携の乏しさのために個別の支援会議は開催されることが少なかった。今後の課題としては、個別の支援会議が、地域で活発に開催され、障がい当事者や家族の現実的なニーズや事業者から多くの具体的な提案が協議会に上がってくることである。地域支援ネットワーク事業の発展を期待したい。

7 誰もが安心して暮らせる地域を創るために

障がいのある人とその家族に対する支援システムは大きく変容している。

支援費制度から障害者自立支援法に移行して3年、黙っていても全国一律の（しかし限定的で貧しい）サービスが受けられた措置制度は終わり、私たちは利用者のニーズに基づいて地域の努力でサービスを創り出していく利用・契約制度の時代を生きている。

これからの福祉は、「行政がなんとかしてくれる」と口を開けて待っているだけでは進まない。利用・契約制度では要求のないところにサービスは生じないのだ。しかし、すべての人が行政や施設に意見を言いニーズを伝えられるわけではない。だから市町村には、障がい当事者や家族のニーズを集約し、施設の活動を評価し、新たなサービスの必要性を提起し、行政の姿勢を第三者の立場から監視していく仕組み＝地域自立支援協議会が必要になる。障がい児支援を現場で担う私たちこそ、この障がい福祉の変化を前向きにとらえ、子どもたちの未来のために、新たな障がい児福祉サービスの創出に向けて歩を進めな

ければならない。

　新たな時代の障がい福祉のキーワードは地域生活支援であり、その基盤は地域機関の緊密なネットワークである。地域自立支援協議会は、その期待を具現化する重要な社会資源として育てていくべき重要かつ不可欠なシステムである。

参考文献

1) 山崎順子：特集　障害者自立支援法の施行後3年目の見直しの課題と展望「相談支援，ケアマネジメント，地域自立支援協議会」．発達障害学研究 31(4)：257-267，2009．
2) 平成19年度障害者保健福祉推進事業（障害者自立支援調査研究プロジェクト）報告書・「障害児等療育支援事業と関連させた障害児に対する相談支援事業の展開方法についての調査・研究（主任研究者：宮田広善）『IV　障害児の相談支援事業の基盤整備について』」．2008，p52-60．
3) 宮田広善・編著：障害児（者）地域療育等支援事業ハンドブック．ぶどう社，2001．
4) 厚生労働省社会・援護局障害保健福祉部　障害保健福祉主管課長会議：資料6「障害者に対する相談支援事業について」．2008．

（宮田広善）

第 2 部
発達支援の技法と理論

2.1	行動分析学の考え方とその実際
2.2	ポーテージ・プログラムの考え方とその実際
2.3	TEACCHの考え方とその実際
2.4	モンテッソーリ法の考え方とその実際
2.5	インリアル・アプローチの考え方とその実際
2.6	AACの考え方とその実際
2.7	非音声言語手段による言語指導の考え方とその実際
2.8	音楽療法の考え方とその実際
2.9	感覚統合療法の考え方とその実際
2.10	脳性麻痺の運動障がいの考え方とその実際
2.11	スイミング療法の考え方とその実際
2.12	ポジショニングと環境調整の考え方とその実際

2.1 行動分析学の考え方とその実際

1 行動分析学の考え方

「行動分析学」は、スキナーというアメリカの心理学者がその基礎をかたちづくった[1]。1938年のことである（Skinner, 1938）。それから70余年が経ち、行動分析学は、心理学以外の多くの領域で、その考え方や技法が用いられるようになった。その典型的な領域のひとつは、社会福祉（特にソーシャルワーク）の実践領域である。

たとえば、ソーシャルワーカーとしての実務経験を持つ研究者が、私たちの身近な地域社会における問題をとらえ、その解決を図るために編集した専門書（Mattaini & Thyer, 1996）には、次のような項目が並んでいる（表1参照）[2]。そして、行動分析学の考え方や技法を応用しながら、その解決方法を手引きしている。

表1を見れば、幅広い問題に対して、行動分析学の考え方と技法とを応用できることが理解されるであろう。そして、具体的な事例をあげて問題解決を図ってきた、その実績に触れれば、よりよい社会の実現に向けて応用できることが実感されるであろう。

表1 地域社会における問題解決を図るために行動分析学が応用される実践領域[2]

- 青少年の暴力と攻撃性
- 教育危機と学校改革
- 人種問題と差別のない社会
- 企業経営と職場の生産性
- 性的逸脱行為と青少年の性衝動
- 不適切な養育態度と被虐待の後遺症
- 精神性疾患とその予防、社会復帰支援
- 孤立、社会的ひきこもり、不安障がい
- 薬物依存と常習性

2 応用行動分析の特徴

　行動分析学の中でも、社会的な問題や世の中の多くの人びとが関心を寄せている事柄の解決を図ろうとして、実践的に研究する領域は「応用行動分析」と呼ばれている。こちらは、1968年にその基盤が整ったとされている（Baer, Wolf, & Risley, 1968)[3]。よって、今日までに40余年が経過したことになる。

　応用行動分析の取り組みは、子どもたち（特に知的障がいや発達障がいのある子どもたち）の発達支援に最も重点的に応用されていることは疑いがない。しかし、他の発達支援諸技法と違って、なにか特定のやり方・手続きなどが固定的に決められているわけではない。決められているのは、望ましい行動の変化を導くために、行動の前後関係を丹念に分析するということである。また、「望ましい」というのは、周囲からの承認や賞賛を受けやすいというだけではなく、その行動が周囲の人びとに対して、効果的で影響力を備えているということである。

　それでは、行動の前後関係を丹念に分析する方法とは、どのようなものであろうか。

　表2に示した例で説明してみよう。たとえば、タロウくんという子どもがいるとして、この子はなかなか保育者をジッと見て話を聴かない、とする。すると、多くの人たちは話を聴くことができないタロウくんを問題視するだろう。けれども、応用行動分析の取り組みをする実践家は、タロウくんがどういう条件の時に、保育者の方をジッと見る行動が現れやすいのかを見極めようとする。そして、保育者がことばかけだけでなく手ぶりを示す時や、保育者がすかさずその子に目を向けて賞賛する条件の時に、望ましい行動が現れやすい、ということをつかむであろう。これが丹念に分析する方法である。

3 行動形成の実際

　行動の前後関係を丹念に分析する方法を用いて、これを適切に応用するならば、まだ身につけていない行動をかたちづくることができる。これが「行動形成」と呼ばれるものぐ

表2 行動の前後関係を丹念に分析する方法（例示）

行動のきっかけとなること	実際に現れる行動の内容	行動に続いて生じる結果
・保育者がことばかけだけでなく、手ぶりを示す	・子どもの方から保育者の方をジッと見る	・保育者がすかさずその子に目を向け、賞賛する

> **表3** ボタンかけを例にとった行動形成の実際
>
> ① ボタンかけを最終段階まで手助けして、完成・完了を共に喜び合う
> ② ボタンかけを完成・完了のひとつ手前の段階まで手助けして、ボタンをホールから引き抜いたところで触れさせる
> ③ ボタンをホールにくぐらせた状態で留めておいて、そこのところで触れさせる
> ④ ボタンとホールを近づけた状態で留めておいて、そこのところで触れさせる
> ⑤ かけるべきボタンをつかみやすいように示して、そこのところで触れさせる
> ⑥ かけるべきボタンを指さしで示して、そのボタンに触れるまで見届ける
> ⑦ 声かけをして、自力でボタンかけを完成・完了するまで見届ける

ある。たとえば、ボタンかけがうまくいかないハナコちゃんという子どもがいるとして、この子どものボタンかけがうまくいくための行動形成について考えてみよう。

ボタンかけがうまくいかない子どもがいる場合、誰しもなんらかの手助けを行いつつ、少しずつ自分ひとりでボタンかけができるところまで応援しようと考えるに違いない。行動形成を行う場合も、そのような手助けを検討する。ただし、最初にたくさんの手助けを与えておいて、少しずつその手助けの量を減らしていくという方法は、応用行動分析の取り組みをする実践家は行ったとしても、その取り組み方を知らない人たちはあまり採用しない方法であろう。

表3に示した行動形成の方法は、完成・完了したという結果（イメージ）をまずハナコちゃんに知らせている。そして、手助けの量を最大にして、ハナコちゃんが失敗することなく目標に到達できることを応援する。そして、その成功体験を、手助けの量を減らしても積むことができるように、行動のきっかけと、行動の結果の示し方を微調整していく。これが行動形成のオーソドックスな取り組み方である。

❹ 計画的無視の実際

子どもたちは時として、（私たち大人の目から見ると）困った行動を示すことがある。たとえば、ヒロシくんという子がいるとして、この子が欲しいものがあると「駄々こね」をするとしよう。その場合、私たち大人は周囲の目を気にして、早いタイミングでヒロシくんの要求をのんでしまうということを行ってしまう。けれどもヒロシくんは、駄々こねこそが、要求を通す最も効果的な方法だということを学んでしまうかもしれない。逆に、心を鬼にして、対応を留保して互いに話し合える状況を確保しようとする保育者や指導員が存在する。この人たちがヒロシくんに対してとっている取り組みは計画的無視である。

表4のように取り組むことにより、必要以上に多くの声かけや介助などを行わなくとも、ヒロシくんの適切な行動を引き出すことができる。計画的無視の効果を確認したい。

表4 計画的無視を用いて適切な行動を相談するための取り組み

ヒロシくんの行動	保育者や指導員の応対
・手に入れたいオモチャや活動などが目に留まり、欲求が高まる ・穏やかな声のトーンで要求を伝えても充足されないので、大声をあげる ・しばらくの間大きな声をあげて泣き叫んだが、次第に落ち着いた様子で周囲を見渡し始めた ・自分に要求がある時も、穏やかに周囲の様子を見渡して、保育士や指導員のところに行くと、活動のきっかけを与えてもらえるので、大声をあげて訴える必要がなくなる	・ヒロシくんには、今、行わなければいけない活動があり、取り合わない ・ヒロシくんの大声が最高潮に達する時に要求を充足すると、その場面だけでなく今後もエスカレートするので、すぐには取り合わない ・ヒロシくんが自分で気持ちを整え、泣き叫びをやめたことを評価する

5 自己管理の実際

　通園施設のみならず、保育所や幼稚園などでも、一日の活動の流れが室内に掲示されていたり、カレンダーや時計などの目で見て確認できる材料を生かして、自分で自分の行動をどちらに方向づけたらよいのかを教えていく試みがなされている。これらの取り組みは広く「自己管理」と呼ばれる。

　たとえば、見通しが持てないためにパニックを起こすことがあるレイコちゃんがいるとする。これから何がどうなるのか予測がつかないのだから、心理的・情緒的に混乱が生じて、パニックが生じるというのも無理がない。しかし、表5にあるような行動の自己管理を高めるための取り組みを行ったら、どうなるだろうか。

　いつになったら外遊びに出られるのか予測ができなかったレイコちゃんも、キッチンタイマーの聴き慣れた音が聞こえれば、そろそろ外に出て遊べるということを確認できるならば、パニックを起こす必要がないであろう。また、お当番を心待ちにしていたレイコちゃんが「もうすぐだよ」とあいまいな回答を得ていたころには、慢性的な不安定さに襲われていたものが、お当番を担うことができる日のカレンダーの日付に印が付されていて、シールを貼りながら指折り数えることができれば、具体的にその日を待つことができる。

　このようにずっと大人の指示の下に子どもたちがおかれるのではなく、自分自身で手がかりを見出して、見通しや結果の評価を自分なりにして行動していくことができれば、混乱や不安に必要以上に苛まれることがなくなる。

> **表5** 行動の自己管理を高めるための取り組み
>
> - キッチンタイマーなどで、時間がきたことを自分で確認できるようにする
> - 使い終わったものを片づけて、あとどれくらいで完了・完成するのかを自分で確認できるようにする
> - カレンダーやスケジュール帳などにシールを貼って、あとどれくらいで目標日などがやってくるのかを自分で確認できるようにする

これが自己管理を支えることの効果である。

6 子どもの好みと日ごろの取り組み

　子どもがどんなことに興味・関心をいだき、どんな活動を好んでいるかは、行動形成や問題改善、自己管理を考えるうえで重要である。すでに記したように、行動はその前後関係によって変化するものである。そして、子どもが興味・関心をいだいている対象が目の前に示されているほうが、そちらに目が向きやすい。また、子どもが好んでいる活動を一緒に行うだけで、直前に行われていた行動は増加しやすくなるであろう。

　表6には、好みの活動がもたらすいくつかの効果を示した。自発的かつ高頻度で行われるということは、活動それ自体に、子どもにとっての目的や意義があるということである。そのような活動は、取り組むだけの価値がある。ただし、保育者や指導員、あるいは養育者が心配をするのは、それらの活動を一人ぼっちで行ってしまい他を寄せつけないようなかたちになってしまうと、対人関係や社会性が育たなくなり、こだわりが強くなるのではないか、ということである。よって、これらの子どもが好みとして行う活動に、無理のない範囲で立ち会わせてもらうことが必要である。そして、共に楽しみ、喜び合う経験を通じて、好みの物品や活動の背後にある、他者の存在に気づくようになるのである。そのような、他者との関わり・やりとりの中で好みの活動を展開できる時、子どもには、むしろ自己管理する力（セルフコントロールの能力）が身に備わる、ということがこれまでの研究結果から明らかにされている。

> **表6** 好みの活動がもたらす効果
>
> ① 好みの活動は、自発的に、そしてしばしば行われる可能性が高い
> ② 自発的で、高頻度の活動が伴うと、形成したい行動は増加する
> ③ 好みの活動は、承認や賞賛と同じ働きをする
> ④ 好みの活動の自己決定は、承認や賞賛と同じ働きをする

さらに、表6では、「自己決定」が承認や賞賛と同様に、行動形成や自己管理に有益な効果を示すことを述べた。したがって、日ごろの取り組みの中では、子ども自身が「選ぶ・決める」を実行できる機会を積極的に設定していく必要も考慮していきたい。

7 応用行動分析の適用範囲

　応用行動分析は、広い意味では社会的問題の解決のために用いられる（Baer, et al, 1968）[3]。また、狭い意味では行動の前後関係を丹念に分析して個人の行動を変容させるために用いられる。それでは、この応用行動分析の適用範囲は、どのようなものとなっているであろうか。

　表7に示したように、対人援助領域における応用行動分析の適用範囲は、障がいのある子どもを主たる対象とするものである。その内容は、身辺自立や、ことばとコミュニケーション、問題行動と対人不適応、仲間関係や集団活動への参加、指示理解と行動の調整、子どもを取り巻く関係者に対する支援などに及んでいる。よって、これらの先行研究（これまでの研究成果）を広く見渡して、必要に応じてそれらを組み合わせて適用することで、問題の改善や解決に結びつけることができる。また、応用行動分析の目標は、どの人も、社会的に見て望ましい行動の選択肢を幅広く身につけることができ、それが多くの他者の目に留まって、必要な支援や承認・賞賛を受けることができる「社会」を実現することにある（Baer, et al, 1968）[3]。

　以上が、行動分析学の考え方の基礎と、実際的な適用に関連している。もちろん、その取り組みは広範囲に及び、長い歴史を持っているので、学習を深めたい先生方のために、参考書籍をいくつかあげた。これらも活用しながら、日々の実践を深めていただきたい。

表7　対人援助領域における応用行動分析の適用範囲

- 知的障がい児や自閉症児に対する身辺自立の援助
- 知的障がい児や自閉症児に対することばの指導
- 知的障がい児や自閉症児に対する問題行動の改善
- 幼児、知的障がい児や自閉症児に対する集団参加の促進
- 幼児、知的障がい児や自閉症児に対する幼稚園や学校での指示理解の促進
- 知的障がい児や自閉症児の養育者に対する関わり方法のバックアップ
- 保育者・指導員に対する関わり方法のバックアップ

引用文献

1) Skinner BF: The behavior of organisms: An experimental analysis. Acton, MA: Copley Publishing, 1938.
2) Mattaini MA, Thyer BA: Finding solutions to social problems: Behavioral strategies for change. Washington, DC: American Psychological Association, 1996.
3) Baer DM, Wolf MM, Risley TR: Some current dimensions of applied behavior analysis. Journal of Applied Behavior Analysis, 1, 91-97, 1968.

参考文献

1) 小林重雄・監修：応用行動分析学入門．学苑社，2000．
2) R. ホーナー・他（小林重雄，加藤哲文・監訳）：自閉症，発達障害者の社会参加をめざして－応用行動分析学からのアプローチ－．二瓶社，1992．
3) P.A. アルバート・他（佐久間徹，谷　晋二・監訳）：はじめての応用行動分析．二瓶社，1988．

（大石幸二）

2.2 ポーテージ・プログラムの考え方とその実際

1 障がいのある乳幼児の早期教育と家族支援のために

「ポーテージ」とは、アメリカ合衆国ウィスコンシン州の州都マディソンから北へ約150kmに位置する酪農地域の地名である。その地域を北から南へと流れる川と、南から北へ流れる川があって、その昔、カヌーでこの地にやってきた人たちが、もと来た方に帰るのに、1マイルほど離れたその2本の川の間を、カヌーを頭に担いで運んだことがその地名の由来であるという。

このポーテージにおいて、この地域に在住する就学前の障がいのある乳幼児とその親や家族に適用可能な早期教育プログラムの開発を目的として「ポーテージ・プロジェクト」が組織され、1969年に、アメリカ合衆国連邦政府から最初の助成金が交付された。その際にポーテージ・プロジェクトは、適用対象を障がいの種別にかかわらず就学前の障がいがすでに現れているあるいはハイリスクな乳幼児とすること、そして次の要件を満たすプログラムの作成を企図した。①発達的アプローチを採用する、②発達領域を区分し、それらの発達段階ごとの技能を指導する、③指導課題や効果の記録の仕方を明示する、④指導の方法を明示する、ということである。そして、3年後の1972年に、それらの要件を兼備した『ポーテージ早期教育ガイド』を完成した[1]。

今から40年ほど前に開発されたこの『ポーテージ早期教育ガイド』が、その後さまざまに翻案され、「ポーテージ・プログラム」と総称されるようになった教育や心理を基盤とする早期対応プログラムの起源である。

1.1 『ポーテージ早期教育ガイド』とポーテージモデル

1970年前後からアメリカ合衆国において発達に遅れや偏りのある乳幼児に対する早期教育が盛んに試みられるようになった背景には、1960年代後半から10年くらいの間に、就学前教育に関連する一連の連邦法が相次いで制定されたことがあげられる。

障がいのある乳幼児の早期教育の発展にとって重要な連邦法は、1968年に制定された『障害児早期教育援助法』（PL90-538）である。この法律は、アメリカ合衆国全域にわたる異なる状況のもとで応用が可能な、障がいのある乳幼児およびその家族を支援するため

のモデル・プログラムを開発しようとするプロジェクトに対して、助成金を交付することを規定している。ポーテージ・プロジェクトは、この3年ごとの助成金の交付を受けることによって『ポーテージ早期教育ガイド』の開発・改訂を行った。

　『ポーテージ早期教育ガイド』の管理運営は、ウィスコンシン州の中にある公教育補充サービス機関であるCESA（Cooperative Educational Service Agency）のNo.5が担当しているが、その管轄地域が9300km^{2}と広大であり、人口が当時7000人ほどでしかも人口分散が著しいという地理的条件のために、指導の形態としては、訪問教師が一定期間ごとにそれぞれの家庭を訪問し、その間は家庭において親や家族が発達に遅れや偏りのある自分の子どもを指導するという家庭訪問指導が採用されることになった。こうして、原則として1週間を単位とする家庭訪問指導の中で、『ポーテージ早期教育ガイド』を活用しながら親や家族による障がいのある乳幼児に対する早期対応は、総称して「ポーテージモデル」と呼ばれるようになった。

　『ポーテージ早期教育ガイド』という名称は、もとよりその地名が冠せられたものであるが、同時に、訪問教師がプログラムを家庭に「運ぶ」ことと、就学前の子どもを小学校に「運ぶ」ことの寓意が込められている。

1.2　各国でのポーテージモデルの発展

　『ポーテージ早期教育ガイド』は、現在世界35か国語以上に翻訳・翻案されており、ポーテージモデルは、アメリカ合衆国はもとより世界各国において導入され、それぞれの国の事情に合わせてさまざまに発展してきた。その理由として、
　①親・家族を中心として対応が行える
　②指導目標や指導方法がわかりやすく、『ポーテージ早期教育ガイド』としてゆるく構造化されているので、適宜に変更して使える
　③親を障がいのある自分の子どもの直接の支援者に養成することで、資源や経験の乏しい発展途上の国々において利用しやすい
などがあげられる。

　ポーテージモデルによれば、障がいのある子どもの特徴や親や家族の独自性に合わせて、個別化した早期対応を計画・実践することができる。

1.2-1　アメリカ合衆国

　アメリカ合衆国では、『ポーテージ早期教育ガイド』が1976年に改訂され[2]、1994年には第2次改訂版が出版された[3]。この第2次改訂版では、1976年以来の20年近くにおよぶポーテージモデルの発展と時代状況を反映させ、生態学的アプローチやDAP（発達にふさわしい実践）が強調された。その後2003年には、さらに新たなプログラムが開発されている[4]。

1.2-2 英国

英国には、1976年にポーテージモデルが導入された。そして、1970年代後半から1980年代初めにかけて行われた有効性の検討や広範な普及活動の成果として、ポーテージ・サービスの制度が作られた。このポーテージ・サービスは、1983年に設立された英国ポーテージ協会による管轄のもとで、英国内の約180か所で活動が行われており、それぞれの地域における障がいのある乳幼児とその家族の支援システムとして重要な役割を果たしている。

1.2-3 その他の国々

ポーテージ・プログラムは、アジア各国はもとより、アフリカや中南米の発展途上国において、CBR（Community-Based Rehabilitation）活動の中でも、それぞれの国の事情に合わせて改変され、多く適用されている。CBR活動の中のポーテージ指導には、次のような利点がある。

①ポーテージ・プログラムの構成や指導手続きが柔軟に変更できる
②家庭や地域社会を基盤にしたプログラムであって、日常生活への般化や維持が促進できる
③文化背景や言語体系に合わせて翻案でき、少ない経費で利用できる
④家庭から就学への円滑な橋渡しができる

などである[5]。

なお、ポーテージ・プログラムを活用した早期対策を実践している国々が参加した国際ポーテージ協会が1985年に創設され、研究報告や情報交換を目的として2年に1回ごとに国際ポーテージ会議が開催されている。

1.3 日本版の作成と普及

NPO法人日本ポーテージ協会は、2010年に創立25周年を迎えた。アメリカ合衆国ウィスコンシン州ポーテージで、ポーテージ・プロジェクトによって開発された『ポーテージ早期教育ガイド』の1976年改訂版をもとに、1983年に、日本の実情に合った早期対応プログラムとして『ポーテージ乳幼児教育プログラム』を作成した[6]。そして、発達に障がいのある乳幼児やハイリスク乳幼児を対象に、この早期からの発達支援プログラムの理論的・臨床的な妥当性の検討を行い、その有効性を実証してきた。また、日本全国およびアジア地域にこの早期対応プログラムを普及させるために、定期的にワークショップやセミナーを開催すると共に、NPO法人日本ポーテージ協会に支部を設立し、2010年現在その数は全国46か所にのぼり、各地の支部を核にしながら、それぞれの地域の実情を考慮したポーテージ指導が実施されている。

そして、2005年6月には、それまでの20年以上に及ぶ臨床経験や研究の成果あるい

は時代の要請の変化を踏まえて、『ポーテージ乳幼児教育プログラム』を全面的に改訂し、『新版ポーテージ早期教育プログラム』[7]を作成した。

本稿では、こうした経緯の中で開発・実践されてきたポーテージ・プログラムの構成や基本的な理念とポーテージ指導の実際について紹介する。

2 ポーテージ・プログラムの理念と構成

ポーテージ・プログラムを用いた早期対応で大きく目標にしたのは、①後述するような6つの発達領域において子どもの発達実態を把握する、②対象となった子どもの個別の指導計画を作成する、③親をその子どもにとって最良の支援者に養成する、④小学校就学の準備をする、ことであった。

2.1 『新版ポーテージ早期教育プログラム』とは

2.1-1 理念

（1）ポーテージ指導の原理：『新版ポーテージ早期教育プログラム』を用いたポーテージ指導には、

　　①親による家庭指導
　　②発達的アプローチ
　　③行動分析学の原理の応用

という3つの特徴がある。

　すなわち、家庭を中心にして、すでに発達に遅れや偏りのある子どもやこれから発達に遅れや偏りが現れる危険性が高い乳幼児を対象に、早期から対応するためのプログラムであること。つまり、家庭の日常生活という子どもにとって「自然な環境」の中で、親が子どもを適切に育てることを支援することが、ポーテージ指導の基本である。また、そのポーテージ指導に際して、発達の標準としてごく普通の子どもの平均発達をもとに、発達の遅れや偏りについてアセスメントを行いながら、発達の系列性や順次性にしたがって発達を促進するための支援を行う。そして、指導する目標は観察可能で測定可能な行動の用語を使って行動目標として設定し、そこで適切な行動を増やすと共に、不適切な行動を減らし新しい行動を形成する働きかけを行動分析学の原理を応用して実践する。

（2）親支援と家族中心アプローチ：家庭訪問指導に基づく親や家族による子どもの指導というポーテージモデルを円滑に実行するには、早期対応の過程に積極的に親や家族の参加が求められる。早期対応の成功の鍵は親や家族が握っていると言っても過言ではなく、親支援の利点は次の通りである。

　　①指導の有効性や習得したスキルの般化や維持は、親の参加の程度による

②親の多くは、子どもが受けている指導の内容を知りたがっており、指導への参加動機づけが高い
③親は子どもが受けている指導がわかれば、その指導の継続・普及にとって擁護者になる
④親と連携することで、一貫した指導が行える
⑤親は子どもにとってすでに自然な強化者であるが、指導を通して、子どもの行動管理ができるようになる
⑥親を指導することで、障がいのある子どもだけでなく、きょうだいにも利益がある

　ポーテージ・プロジェクトは、『親のためのポーテージプログラム指導技法』[8]を開発して、ポーテージ指導を進めるための技術を指導することによって、親が単独でしだいに自分の子どもの指導カリキュラムを作成し、それをもとにポーテージ指導を実践し、その指導効果の記録が行えるように指導者としての親の養成を企図した。
　早期からの対応の効果に影響する要因の一つに、適切な対応を行う時間の長さが考えられる。親と家族が主体的に参加する、家庭を基盤とする家族中心アプローチによれば、次のような利点がある。

①子どもと親や家族にとって「自然な環境」である家庭での学習が、最も容易である
②個別化した指導が行いやすく、子どもに自然に起こった行動に直接あるいは一貫して対応できる
③家庭で獲得された行動は、般化や維持が容易である
④家族全員の参加が可能である
⑤子どもの広範な行動に適時に対応できる
⑥子どもにとって実際的で機能的な行動が指導できる
⑦親の子育てスキルを発展させ、子どもの多様な行動に対応できるようになる

(3) **精密指導法**：ポーテージ指導は精密指導法と呼ばれる指導法によっている。どんな重度の障がいのある乳幼児であっても、後述するように、多層アセスメントによる行動目標が選定され、その達成に向けての課題分析と精密指導法により、短期間にその子どもの学習の成果や発達進歩が観察できる。精密指導法は、次の5段階からなる。

①**焦点化**：チェックリストから行動目標を選び出し、必要であれば、それを4つの要素（「誰が」「どんな条件のもとで」「どの程度上手に」「何をする」）を含む文章に書き下ろし、その行動目標について課題分析をして、連続する標的目標のステップを構成する。その一つの標的行動について、後述する「活動チャート」を使って、親や家族が家庭で子どもをどう指導し、その結果をどう記録するかを明示する

②**指導前記録**：選び出した行動目標や標的行動の指導前の達成状況を観察・記録し、指導後の評価の基準とする

③**ポーテージ指導**：一定期間、親や家族による家庭指導の結果を記録する

④**指導後記録**：指導後の習得状況を観察・記録し、指導前記録と比べて指導の効果を評価する

⑤**再指導**：選び出した行動目標や標的行動が達成されなかったら、ポーテージ指導を継続する

精密指導法では、ポーテージ指導の過程を記録データをモニターしながら指導が進められるので、エヴィデンス・ベースト（証拠に基づく）による親や家族とポーテージ相談員との共通理解や意思決定が共有できるという利点がある。

2.1-2 構成

『新版ポーテージ早期教育プログラム』は、「チェックリスト」、「活動カード」、「発達経過表」、「使用手引書」からなる。発達水準が0～6歳までの乳幼児の発達支援に活用する。

（1）**チェックリスト**：総数576の行動目標を、「乳児期の発達」、「社会性」、「言語」、「身辺自立」、「認知」、「運動」の6つの発達領域ごとに、発達の系列性・順次性に従って配列し、発達領域ごとに識別しやすいように色分けして冊子にしたものである。各発達領域の発達年齢別の行動目標数を表1に示す。

表1 各発達領域の発達年齢別行動目標数

発達領域 発達年齢	乳幼期の発達 水色	社会性 灰色	言語 薄緑色	身辺自立 黄色	認知 薄桃色	運動 薄朱色	計
0-4か月	45						45
0-1歳		28	14	14	18	47	121
1-2歳		15	20	12	9	19	75
2-3歳		8	22	26	18	17	91
3-4歳		13	13	16	25	15	82
4-5歳		8	11	22	21	16	78
5-6歳		12	12	15	20	25	84
計	45	84	92	105	111	139	576

図1 活動カードの一例

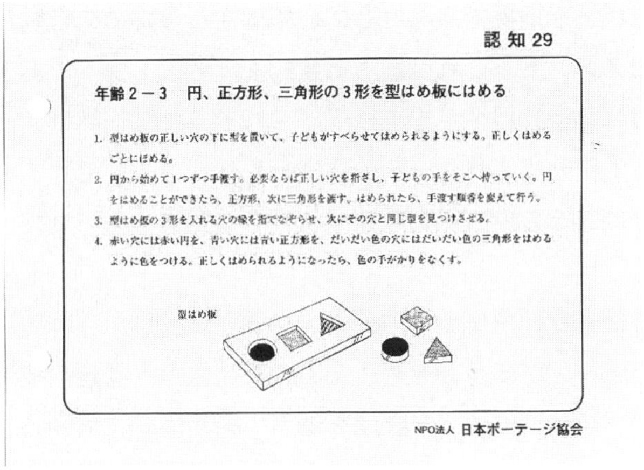

認知 29

年齢2-3　円、正方形、三角形の3形を型はめ板にはめる

1. 型はめ板の正しい穴の下に形を置いて、子どもがすべらせてはめられるようにする。正しくはめるごとにほめる。
2. 円から始めて1つずつ手渡す。必要ならば正しい穴を指さし、子どもの手をそこへ持っていく。円をはめることができたら、正方形、次に三角形を渡す。はめられたら、手渡す順番を変えて行う。
3. 型はめ板の3形を入れる穴の縁を指でなぞらせ、次にその穴と同じ型を見つけさせる。
4. 赤い穴には赤い円を、青い穴には青い正方形を、だいだい色の穴にはだいだい色の三角形をはめるように色をつける。正しくはめられるようになったら、色の手がかりをなくす。

型はめ板

NPO法人 日本ポーテージ協会

(2) **活動カード**：576のすべての行動目標について、図1に示すように、指導を行う際に必要な教材・教具、支援の仕方や活動例などを1枚ずつに記載したカードである。
(3) **発達経過表**：指導に伴う発達変化を一覧するために、指導の成果を記録する用紙である。
(4) **使用手引書**：この早期対応プログラムの理念とポーテージ指導の進め方について解説した。

3 ポーテージ・プログラムによる指導の実際

3.1　ポーテージ指導の進め方

3.1-1　指導手順

『新版ポーテージ早期教育プログラム』を用いたポーテージ指導は、次の手順で実施する。「アセスメント」、「行動目標の選定」、「指導計画の作成」、「指導活動の展開」、「指導効果の評価」の循環過程である。

【アセスメント】

ポーテージ指導を開始するのに先立って最も重要なことは、現在の子どもの障がいの特徴や発達状態についてアセスメント情報を収集することである。ポーテージ・プログラムでは、次の4つの水準から多層アセスメントを行う。

①**標準検査によるアセスメント**：標準化された発達検査を使って、ポーテージ指導の有効性や子どもの発達進歩について総括的に情報を収集する
②**行動観察によるアセスメント**：子どもの障がいの特徴や学習の仕方、家族との関係

などについて、子どもの行動を直接観察したり親や家族から情報を聴取する
- ③**カリキュラムアセスメント**：チェックリストを使って、6つの発達領域における行動目標の達成状況を把握するとともに、指導を行うための行動目標を選定する
- ④**指導途上アセスメント**：これは最も微視的なアセスメントである。チェックリストから選び出された行動目標がすぐに達成されそうにない時に、後述するように、課題分析によって細分化された一つの標的行動について「活動チャート」をもとに指導を行った際に、その標的行動の達成状況を確認する

【行動目標の選定】

各発達領域についてカリキュラムアセスメントが終了したら、そこからの情報をもとに、次のことを考慮しながら指導を行うための行動目標（課題、技能）を選定する。

①発達の系列性・順次性に従った課題を選ぶ
②学習しかかっている技能を選ぶ
③子どもに役立つ技能を選ぶ
④子どもが興味を示す技能を選ぶ
④親が子どもに学習させたいと思う技能を選ぶ

親が指導に慣れないうちは1〜2課題を選ぶが、指導に慣れてくるに従って、しだいにすべての発達領域にわたる行動目標を選び出してもよい。

【指導活動の展開】

カリキュラムアセスメントに基づく指導活動は、次のように展開する。すなわち、

- ①**チェックリストから課題を選定**：6つの発達領域からなる576の行動目標の中から、子どもの発達状態に合った指導目標として課題を選ぶ
- ②**指導目標を行動目標として書き換え**：課題分析による指導であれば、4つの要素（「誰が」、「どんな条件のもとで」、「どの程度上手に」、「何をする」。ここで「どんな条件のもとで」は、子どもに与える援助を指し、援助には身体的援助、視覚的援助、言語的援助がある。「どの程度上手に」は、その課題が達成されたと判断できる最低の基準を指す）を含む行動目標を作成する
- ③**課題分析**：行動目標に書き換えた課題について課題分析を行う
- ④**標的行動を選定**：課題分析により細分化したステップの一つの標的行動を、一定期間の指導における課題として選ぶ
- ⑤**活動チャートの作成**：その標的行動の指導の方法や結果の記録の仕方などを記載した「活動チャート」を親に渡す
- ⑥**ポーテージ指導**：親や家族が家庭や日常生活の中で指導を実践する
- ⑦**指導効果の評価**：その標的行動が達成されれば次のステップの標的行動を課題とし、達成されなければその理由を検討し、その課題の指導を継続するか、指導する行動目標を変更する

3.1-2　課題分析によるステップ学習

課題分析とは、最終・長期の行動目標に子どもが確実に誤りなく到達できるように、短期間に達成できるいくつかのステップからなる標的行動に細分化することである。

次の順序で行う。

①最終・長期の指導目標としての課題を選定する

②その指導目標を行動目標に書き換える（「誰が」「どんな条件のもとで」「どの程度上手に」「何をする」の４つの要素を含み、観察可能で測定可能な一義的な行動目標を設定する）

③行動目標の「どんな条件のもとで」、「どの程度上手に」と「何をする」のすべてあるいはそのいくつかの要素について、子どもにとってすることが困難なものから容易なものの順に、事項を記載する

④その難易度の順に記載した各要素について、すべての組み合わせを作る。つまり、「どんな条件のもとで」、「どの程度上手に」、「何をする」に記載された事項をすべて掛け合わせる

⑤次いで、「誰が」の要素も加えて、④で記載したすべての文章を、今度は、子どもにとってすることが容易なものから困難なものの順に配列する

⑥子どもの特徴に応じて、必要なステップ数に調整した標的行動として設定する

さらに、必要であれば、そこでの標的行動を同様のやり方で細分化して、いっそう細かいステップを作成し、ステップ学習を実施する。

3.1-3　活動チャートの利用

ポーテージ指導では、選定した標的行動とその指導方法を親や家族と共有すると共に、親や家族による指導の効果を評価するための記録の一種として活動チャートを利用する。

一定の指導期間中に達成することが目指された課題について、親や家族が家庭で具体的に子どもにどう指導すればいいか、また指導の効果をどう記録すればいいかを明記して親に渡す。親や家族は、そこに記載された指導方法に従って日常生活の中で指導を繰り返し、毎日の指導の結果を所定の欄に決められた記号で記入する。活動チャートは、親や家族が行動分析学の原理を応用した個別の指導計画を家庭で効率的に実践するために開発されたものである。

3.1-4　ポーテージ指導の３つの部分

一定期間ごとに繰り返される親や家族との面談は、次の３つの部分を含んで約１時間行われる

①カリキュラムアセスメントを通して選定した行動目標の達成を確認する活動

②指導の結果として獲得した課題の般化や維持を促す活動

および、

③親のカウンセリングや親や家族が求める情報を提供する活動

である。このように、『新版ポーテージ早期教育プログラム』を用いたポーテージ指導は、ただ単にチェックリストにあげられた行動目標の達成を目指すだけではない。むしろ、子どもが獲得した技能を機能的に自発使用するようになることを重視するものであり、また、親や家族においても、障がいのある子どもやそのきょうだいに対して、ポーテージ・プログラムや行動分析学の原理が自立的に応用できるようになることを目指すものである。

3.2 ポーテージ・プログラムによる指導の評価

　ポーテージ・プログラムに限らず、障がいのある乳幼児とその家族に対する早期からの対応が有効であることは、すでに数多くの研究が実証してきた[9]。日本ポーテージ協会の追跡調査でも、参加した母親のほとんどがポーテージ指導の効果を認めており、また、効果を高く表明した母親ほど父親の協力が得られたという指摘があった。そして、ポーテージ指導にあたって時間的負担を最も感じていたものの、障がいのある自分の子どもや障がいの見方が変化したという母親が80％以上おり、その内容は「子どもの発達を支援できることがわかった」「母親として子どもの成長をゆったりと見られるようになった」などが多かった。さらに、一人ひとりの子どもや家族のニーズに適切に即した早期対応の実施や、早期対応の効果に及ぼす影響について検討する必要があろう。

　ポーテージ・プログラムを用いたポーテージモデルによる早期対応の実践は、子どもや家族のニーズ、言語体系や文化的背景の違いに応じて変更して柔軟に活用できるという利便性があった。『新版ポーテージ早期教育プログラム』も、障がいのある乳幼児とその家族のユニークなニーズに応じて、適宜に変更をしながら適用できるという特徴がある[10]。

引用文献

1) Shearer MS & Shearer DE: The Portage Project: A model for early childhood education. Exceptional Children, 36: 210-217, 1972.
2) Bluma S, Shearer M, Fromann A, & Hillard J: The Portage Guide to Early Education (revised ed). Portage WI: Cooperative Educational Service Agency 5, 1976.
3) Doan MA, Wollenburg, & Wilson A: The Portage Guide to Early Education (second revision). Portage WI: Cooperative Educational Service Agency 5, 1994.
4) Portage Project: New Portage Guide Birth to Six. Portage WI: Cooperative Educational Service Agency 5, 2003.
5) 山口　薫・監訳：カード式ポーテージ乳幼児教育プログラム．主婦の友社，1983．
6) 清水直治：発達障害乳幼児の早期療育とCBR活動－アジア地域におけるポーテージ・モデルの適用を中心にして－東京学芸大学紀要第1部門．教育科学，第49集：267-274，1998．
CBR（Community-Based Rehabilitation）
7) 山口　薫・監修：新版ポーテージ早期教育プログラム．日本ポーテージ協会，2005．
8) 山口　薫・監訳：親のためのポーテージプログラム指導技法．主婦の友社，1986．
9) 山口　薫・監修：ポーテージで育った青年たち－発達に遅れのある子の乳幼児からの成長の歩み－．ぶどう社，2002．

10) 清水直治：ポーテージモデル－発達の遅れた乳幼児とその家族のための早期介入の理念と発展．東洋大学文学部紀要，第58集，教育学科編XXVIII, pp117-140, 2005.

（清水直治）

2.3 TEACCHの考え方とその実際

　TEACCHはTreatment and Education of Autistic and Related Communication handicapped Childrenの略であり、「自閉症および関連障がい、関連領域にコミュニケーションの障がいを持つ子ども（と成人）の治療と教育」という意味である。ノースカロライナ全州規模をカバーする、州の自閉症スペクトラムの援助システムであり、本部はチャペルヒルのノースカロライナ大学にある。

　TEACCHが行っていることは教育機関や福祉機関などでのコンサルテーション、就労支援、専門家の養成・教育、自閉症スペクトラムの診断・評価、研究、啓発などである。ノースカロライナ州にある9つのセンターでは診断・評価、カウンセリング、個別指導、コンサルテーションを中心とした自閉症スペクトラムの子どもと成人、その家族の直接援助を行っている。実際に自閉症スペクトラムの子どもや成人の支援を直接に行うのはTEACCHセンターではなく、学校や幼稚園、職場という地域の機関であり、TEACCHは支援機関のコンサルテーションを行うことが多い。TEACCHでは自閉症スペクトラムは生涯にわたる発達障がいと考えているので、1歳半、2歳からの早い時期から成人期、中年期、老年期にまで至る一貫したサービスを行う。TEACCHは自閉症スペクトラムの人に直接サービスを提供するだけのプログラムではなく、自閉症スペクトラムに関連した多くのことを行う組織である。

　9つあるセンターにはそれぞれ臨床心理学の博士号を持つディレクターが一人、心理、言語療法士、教師などのバックグランンドを持つセラピストが5、6人いる。一つのセンターで成り立っており、特別の設備があるわけではない。TEACCHが提供するものは直接の支援だけではなく、自閉症スペクトラムを支援するための理念や考え方、技術である。我々外国の専門家がTEACCHから学び、日本で活かせることは数多くある。まず自閉症スペクトラムを支援するためのTEACCHの理念について解説する。

1　TEACCHの理念[1,2]

1.1　学問的な理論よりも、個人を観察することによって自閉症スペクトラムの特性を理解する

　出来合いの理論に自閉症スペクトラムの人を当てはめるよりも、実際に自閉症スペクト

ラムの人がどのような行動特性や認知特性があるのかを正確に認識し理解することから支援を考える。TEACCH が出発した 1960 年代はアメリカでは精神分析が盛んで、フロイトの理論に基づいて親に対して治療を行っていた。TEACCH を創設したショプラーは早い時期にそういう考え方は間違っているのではないかと考えた。実際に自閉症スペクトラムの子どもを見て、どう療育をしてどう反応を見てどう変わっていくかどうか、という観察・評価を重視するのが TEACCH の技法的な側面の特徴である。精神分析的な見方で自閉症スペクトラムを理解している人は、精神分析の専門家も含めて、現代ではほとんどいないと思われる。しかしながら新たな理論というのは常に提唱されるのであり、理論先行ではなく現実から出発することは重要な原則である。

1.2 親と専門家の協力を重視する

TEACCH の理念では親は専門家と一緒に協力して自閉症スペクトラムの人を支援する「共同支援者」である。これは親は常に子どもに課題を教える教師の役割を果たすという意味ではない。TEACCH は柔軟であり、親の希望や親の余力や時間のあるなしを評価し、個々の親子の状態に応じて決めていく。親に無理なことを要求することはない。

1.3 治癒ではなく、より良い生活をすることがゴールである

自閉症スペクトラムに対する根本的な治療法はなく、生涯にわたる支援プログラムが必要である。TEACCH プログラムは自閉症スペクトラムの「治癒」を目標とせず、適応能力の向上に重点をおいている。「適応能力の向上」は誤解されることが多い。TEACCH のいう「適応能力の向上」の意味することは、社会で生きていくためのスキルをすべて教えるべきであるということではない。当然 TEACCH でも自閉症スペクトラムの人たちに生活するための新しいスキルを教えることは重視する。しかし自閉症スペクトラムの特性に由来するハンディのために、新しいスキルの獲得が難しい場合は、困難を補うように環境を調整することも大切にする。たとえば聴覚過敏があるために静かな環境が必要な人のためには、静かな環境を準備することを重視する。「騒音のある環境に慣れることが社会適応のためには大切だ」とする考え方もあるが、TEACCH ではそのような考え方をしない。支援者や周囲が自閉症スペクトラムの人たちの立場にたって彼らの困難を理解し、自閉症スペクトラムの人が過ごしやすい環境を準備することに労力を割く。

1.4 個別に正確な評価をする

TEACCH は個別化の評価に基づいた個別の教育プログラムを設定する。自閉症スペクトラムの特性は個々の事例で多様な現われ方をする。感覚的な過敏さがある子もいれば、あまり過敏でない子もいるし、運動が得意な子もいれば苦手な子もいるように、社会性障がいやコミュニケーション障がいなどの自閉症スペクトラムの特性も個々の人の年齢や知

的水準、性格などによっても大きく異なる。自閉症スペクトラム共通の特性はあるけれども、子どもによって行動に現われる特性もその基底にある認知特性もそれぞれ異なるので、評価を個別に行いプログラムを考えていかなければならない。一人ひとりに合った作業の内容、教え方の工夫、環境調整をすることが重要で、そのためには、一人ひとりの長所や苦手、興味や関心のあり方を知ることが大切である。「個別の評価」は自閉症スペクトラムの人、一人ひとりの違いを大事にし、個性を尊重し、無理なことを強いないために必須である。支援のプランは個別に作り、全員一律に同じ課題や作業を設定することはない。同じ個人でも状態は変わり得るので、その時その時の利用者の状態を評価し、プランは柔軟に変更される。

評価には発達検査のように標準化された検査を用いるフォーマルな評価と、普段教室や職場、家庭などで特に検査などを用いずに行うインフォーマルな評価がある。フォーマルな評価としてはTEACCHが開発したPEP-Ⅲ[3]やTTAP[4]があるが、ケースによってはWISC-Ⅲなどの一般の知能検査も参考にする。このように個別に評価をし、個別に課題や活動を設定することは、いつも一人で活動をするということを意味しない。集団の中で活動や課題を行うことも、それが個別の評価に基づいた当事者にとって意味があり無理がないものであれば推奨される。しかし、当事者にとって無意味で苦痛だけの課題や活動に「みんなと一緒が良い」という理由だけで参加を無理強いすることはしない。

1.5 構造化された指導を利用する

自閉症スペクトラムの人たちは、人の言うことを耳で聞いて理解する、自分で計画を立てて実行したり、物事の要点を把握したり、必要なことに集中することが苦手なことが多い。予定を変更したり、やるべきことを別のことに切り替えたりすることに不安を感じることもある。一方、好きなことには長時間集中できる、記憶力が良い、目で見て理解する力は耳で聞く力より強いなどの長所を持つ人も多い。

このような特性は発達による変化はあるものの、基本的には生涯続く。TEACCHプログラムでは、自閉症スペクトラムの人の苦手な部分を長所を活かして補う工夫をする。構造化とは自閉症スペクトラムの人たちの強みを活かすことによって、彼らが物事を理解し、自信を持って行動するための工夫を具体化することでもある。

1.6 認知理論と行動理論を重視する

TEACCHプログラムでは認知理論と行動理論を重視する。認知理論とは人が物事をどのように理解しているか、どういうふうに外界からの情報を理解しているか、どのように頭の中で考えて、行動しているかを検討することから出発する理論である。一般に行動分析的アプローチでは表面に現れた行動と環境の関係を重視するが、TEACCHでは、表面に現われた行動よりも行動には直接見えない脳の中の認知的な情報処理のメカニズムを想

定し、自閉症スペクトラムの認知障がいを出発点としてプログラムを考えていくのが特徴である。

1.7　スキルを伸ばすと同時に、弱点を受け入れる

　TEACCHでは自閉症スペクトラムの人それぞれの特性を知ることを大切にする。それは同時にその人の弱点（どんなことで苦労をするのか、何が困難となっているのか）を把握し、受け入れることに繋がる。TEACCHプログラムでは、弱点のない人、あるいは「より普通に近い人」になることを目指しているわけではない。誰にでも得手・不得手はあるように、自閉症スペクトラムの人たちにも自閉症スペクトラム特有の困難や、その人の持つ個性としての苦手な点があることを理解し受け入れる。苦手な点を克服しようとするよりも、得意な点で補うことが大切だと考える。「普通に近づけるのが良い」「多数派にとけ込むのが良い」「普通の方法で指導するのが良い」といった「普通」「多数派」を価値の高いものとする考え方とは異なる。

1.8　ジェネラリスト・モデル

　TEACCHプログラムでは、支援者はスペシャリストではなくジェネラリストであるべきとする。TEACCHが生まれたアメリカでは専門家による専門分野の細分化が進み、コミュニケーションの指導は言語療法士、問題行動の対策は行動療法の専門家、自閉症スペクトラムの人の心理検査は臨床心理学者といったように、多職種の専門家が関与することが多く、たとえば「奇声をあげる」という問題を誰に相談するのかわからない、あるいは相談する相手の職種によってアドバイスの内容が非常に異なるということがあった。自閉症スペクトラムの人のハンディキャップは広範囲にわたるので特定の専門分野の視点からだけでは不十分である。専門家は「自分の専門以外のことはわからない」という立場ではなく全体を見据えた、幅広い視野にたった支援を提供することが必要であるというのがTEACCHの立場である。

1.9　生涯にわたる地域に根ざしたサービスを行う

　TEACCHプログラムでは、あらゆる年齢層の自閉症スペクトラムの人たちに対して継続的に支援をする。自閉症スペクトラムの人の支援は特定の年代で終結するわけではないし、学校や病院だけで完結するものでもない。自閉症スペクトラムの人が暮らす地域に根ざした、途切れることのない一貫性のある支援は、自閉症スペクトラムの人たちが自分の生まれ育った地域の中で社会の一員として生きていくために必要だとTEACCHは考えている。したがって一部の行動療法の専門家が主張するように幼児期に集中的に療育することを重視するのではなく、幼児期も学童期も、成人期も、中年期も必要な支援を切れ目なく提供することを重視している。

2 構造化の考え方を具体化すると

　TEACCHでいう構造化には4つの要素がある。「構造化」という用語は現在では多様な意味で使われているが、TEACCHにおける「構造化」は物理的構造化、スケジュール、ワークシステム、視覚的構造化を指す。TEACCHは包括的援助プログラムであるから、TEACCH＝支援技法ではないが、TEACCHにも支援技法の側面がある。TEACCHが使う技法の一つ（全部ではない）が構造化である。

　写真（図1）はクリニックの個別指導の場面の例である。子どもをスケジュールに移動する場合に、「スケジュールをみましょう」などと言ってトーマスの絵カード（図1①）を渡す。子どもによっては別のキャラクターを使うこともあるし、キャラクターのない色紙を使うことも、ブロックのような物体を使うこともある。どれを使うかは子どもの興味や能力を評価して決定する。TEACCHではトランジッションカードと呼ぶ。子どもはこのカードを見ることでスケジュールに移動する。多くの自閉症スペクトラムの子どもは、単に「スケジュールをチェックしましょう」とことばだけで言うより、このような視覚的指示があったほうが指示を理解しやすいし、移行（切り替え）も負担が少なく容易になる。スケジュールの場にいくと個別のスケジュール（図1②）が用意されている。この子どもの場合には写真が使用されているが、子どもの理解力によって実物（たとえば、勉強のエリアのサインとして鉛筆を使用するなど）、絵、文字などを使用する。

　スケジュールに移動すると、最初のカードが「べんきょう」なので、子どもは「勉強のエリア」（図1③）に移動する。このケースの場合は勉強のエリアでは「自立課題」（一人でできる課題）をやる設定になっており、ワークシステム（図1④）に従って一人で複数の課題をやる。課題はすべて籠に入っていて、数字のカードが貼ってある。子どもの目の前のワークシステムの数字と課題に入った籠の数字をマッチングさせることで、複数の課題を自力で切り替えて実施していく。まず1番のカードと籠を持ってきて一人で勉強して、フィニッシュボックスに入れる。次に1番のカードと1番の籠を持ってきて教材をやる。最後にはまたトーマスのカードがあって、これを持ってスケジュールに戻る。スケジュールを見ると次は「遊び」であり、子どもは遊びのエリア（図1⑤）に移動して遊びを始める。このように子どもは自立して複数の課題や複数の場所を、次になにをやるかの見通しを持ちながら移動していくわけである。

　ワークシステムが考案された背景は以下に述べるように、極めて実際的な理由もある。どこの国でも予算や人員の制限があり、教師がいつも1対1で子どもを指導できるわけでない。ノースカロライナでは一人の教師と一人のアシスタント合計2人の指導者が5、6人の子どもを担当することが多かった。2人の指導者で6人の子どもを担当する場合、仮に2人の子どもが不安定になり一対一で関わる必要がある場面では、他の4人の子ども

図1　クリニックの個別指導の場面の例

①トーマスの絵を子どもに渡すことでスケジュールに移動する

②写真によるスケジュール

③ワークエリアの設定

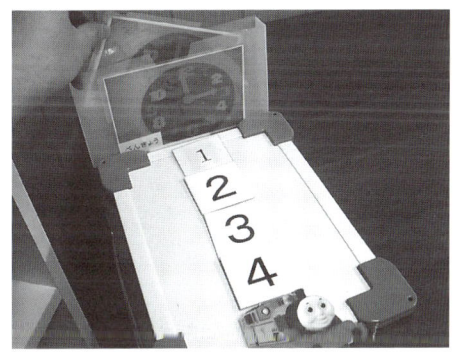

④数字によるワークシステム、ワークエリアで使用する

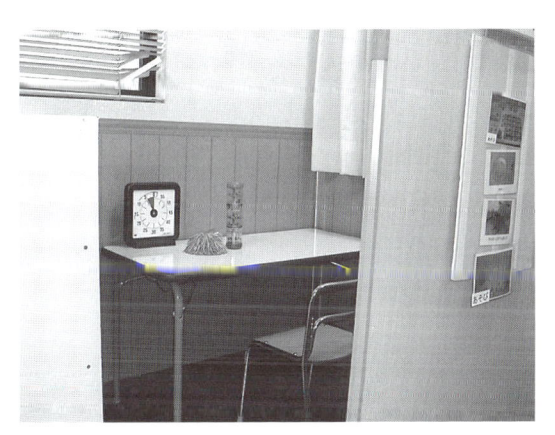

⑤プレイエリアの例

発達支援の技法と理論

は放置せざるを得ない。あるいは1人の指導者が3人ずつことばで説明する一斉指導をすると、少なくとも3人には同じ教材を使って同じようにことばかけをして指導せざるを得ない。マンツーマンで指導者をつけられないのは予算やマンパワーが有限である限り、どこの国でも生じ得る。そこでTEACCHでは、子どもたちの自立を促すワークシステムを考案した。そうすれば一人で動ける子は自立の時間は先生が一対一でつききりでなくても課題に取り組むことが可能になる。さらに指導者は別の子どもに新しいスキルを一対一で教えることができる。新しいスキルを教わった後は自立のエリアに行き一人で課題がすることができるようになる。そうしたら今度は自立課題のエリアにいた子どもが新しいスキルを教えてもらえる、こういうふうにワークシステムがあると効率良く、しかも指導者も子どもも時間の余裕ができるので、互いにポジティブなコミュニケーションが持てる時間が増えるのである。

　TEACCHでは視覚的スケジュールの使用も推奨する。予定表というのは誰でも普段の生活の中で使う。学校には時間割がある。TEACCHで用いる視覚的なスケジュールの機能と日常生活で我々が使用する手帳やスケジュールの機能に本質的な違いがあるわけではない。しかし、自閉症スペクトラムの子どもには定型発達の子どもやAD/HDなどの他の発達障がいの人よりもはるかにスケジュールが有効である。スケジュールが有効であるのは、自閉症スペクトラムの特性と深く関連している。まず自閉症スペクトラムでは予測ができないことには強い不安を感じる。さらに切り替えが苦手である。またことばの指示よりも視覚的な指示のほうが理解しやすい。そのうえ、視覚的刺激には強く引き付けられるという特性がある。「見ると、それに反応しやすくなる」のである。TEACCHで用いるフィニッシュボックスは子どもにその課題の終わりを示すために考案された。自閉症スペクトラムの子どもは「終わりの概念」を理解することが難しい。そのために、ある活動を終わるべき時に終わることができず、「こだわり」に繋がりやすい。こだわって同じ課題を続ける子どもにフィニッシュボックスを視覚的に提示すると、そこに課題を入れて終わりにすることができることが多い。視覚の刺激を見ると、それに「ドライブ」がかかってやりたくなるという特性は自閉症スペクトラムの人にしばしば見られる特性である。スケジュールやワークシステム、フィニッシュボックスなどの視覚刺激を用いた指示（コミュニケーションでもある）は、自閉症スペクトラムの視覚刺激に反応しやすいという特性を活用した手法である。しかし、自閉症スペクトラムの子どもの側からは「視覚で指示されると、本来は苦痛であったり拒否したい活動であっても心ならずも従ってしまう」という事態に繋がりやすい。支援者の側は、構造化が単に子どもをコントロールするための手段にならないように、常に注意する必要がある。

3 構造化はいつまで必要か？

　構造化された支援はスケジュールのように比較的一般の人が使う手段と類似して違和感の少ない支援もあるが、絵カードのように一般の人は使わない不自然な方略もある。不自然に映る支援はなるべくしたくない、使うとしても、なるべく早く「卒業」したいと思う人が多いのではないだろうか？　構造化された指導を、「普通でない」「不自然だ」「物を介した支援は人と人との繋がりを否定するものだ」という批判もある。

　このような議論で留意しなければならないのは、自閉症スペクトラムは生涯にわたる発達障がいだという認識である。構造化したとしてもずっと構造化できるわけではない、だから構造化はいらない、構造化したら構造化の中でしか生きていけない人が大人になってしまう、という批判もある。構造化しなければ、今までの伝統的な教育をしていれば、成人期の自閉症スペクトラムの人が社会に適応して自立しているだろうか？　普通の教育をすれば支援も構造化も必要なくなるというのは、根拠に基づかない支援者の万能感あるいは楽観的すぎる予測である。

　TEACCHの基本理念に「個別化」がある。構造化が個人の能力、興味を無視した集団指導のために、誤用濫用されていることがある。視覚支援だといって視覚的な指示をする際に、その指示の内容が子どもに合っていないことが少なくない。「座る」、「黙る」、「落ちつく」など支援者や親のニーズに基づく指示ばかりということがある。指示する内容は子どもにとって意味がある、子どもにとって利益があることから開始することが大切である。子どもの自己実現のためではなく、大人の都合に合わせて構造化を使ってはならない。

4 まとめにかえて～TEACCHは柔軟

　TEACCHはもともと、折衷的・実際的・現実的で、さらに柔軟である。TEACCHの考え方を活かすことはどのような現場でも可能である。どこでもワークエリアと一対一のエリアを作り、ワークシステムとスケジュールを作らないとTEACCHではないということもない。評価は重要であり必ず必要なものであるが、PEP-ⅢやTTAPを用いなければ評価ができないわけではない。大事なのは、支援者がTEACCHの原則を頭に入れて、「自分が置かれた環境下で可能な限りの支援を、自分の頭で考えて、実践して、結果を見て修正する」という一連のプロセスを実行することであろう。

引用文献
1) 内山登紀夫：本当のTEACCH. 学研, 2006.
2) 佐々木正美：自閉症児のためのTEACCHハンドブック. 学研, 2008.

3) エリックショプラー（茨木俊夫・訳）：自閉児発達障害児 教育診断検査－心理教育プロフィール（PEP-3）の実際. 川島書店, 2007.
4) ゲーリー・メジボブ, ジョン・Bトーマス, S・マイケル・チャップマン, エリック・ショプラー（梅永雄二・監修, 服巻 繁, 服巻智子・監訳）：自閉症スペクトラムの移行アセスメントプロフィール TTAPの実際. 川島書店, 2010.

（内山登紀夫）

2.4 モンテッソーリ法の考え方とその実際

1 モンテッソーリ法の歴史的意義

マリア・モンテッソーリ（1870～1952、イタリア人女医、医学博士）は、イタール（アヴェロンの野生児研究）、セガン（生理学的教育）などの業績を集大成し、障がい児教育の世界で新しい局面を切り開いた。彼女は、19世紀後半から20世紀初頭の思弁的な教育の世界の中で医師として、経験科学者の眼で子どもをとらえた。このことは、今まで知られていなかった子どもの本当の姿を世界中の人々に明かすことになった。

彼女は、子どもの内部には発達プログラム、発達課題がすでに存在し、整えられた環境とそこでの活動の自由を子どもに与えれば、子どもは主体的に環境に働きかけ、自分で自分を育てていく、つまり自己教育をする存在であると説いた。詳しくは、次節で述べることにする。

この真の子どもの発見とそれに伴う彼女の教育法は、すべての子どもたちのために有効であるとして世界中から大きな評価を得た。

その後、第二次世界大戦が起こり、世界は全体主義に傾き、彼女の教育法は「自由」を理由に迫害を受けた。大戦後、1960年代後半から70年代にかけて、モンテッソーリ・リバイバルが起こり、世界的な広まりを見せ、現在に至っている。

モンテッソーリ法の障がい児への適用では、現在、世界中の施設での実践があるが、特にドイツのミュンヘン小児センターが有名である。

2 日本における展開

日本においては、大正時代にすでに公教育の場に取り入れられていたことが知られている。その後、モンテッソーリ・リバイバルの時期から障がい児施設、幼稚園、保育園などで盛んに実践されるようになった。

1980年代には、「感覚・訓練」が養護学校で行われるようになり、多くの養護学校がモンテッソーリ法を取り入れようとした。今現在も、多くの養護学校の倉庫にモンテッソーリ教具がしまわれ、眠っている。いったんは取り入れようとしたモンテッソーリ法が顧み

られなくなってしまった原因にはいくつかある。①教師養成に時間がかかる、②教条主義的な教具の提示法、③集団主義の伝統の中で個別的な考え方がなかなか理解されないこと、にあったと考えられる。なかでもとりわけ、②の教条主義的な教具の提示法は大きな問題があった。

各教具には、目的と提示法（実際に教師が子どもにその教具の使い方を見せる方法）があり、この提示法がひとつのパターンとなってしまい、それ以外のあり方を許さない教条主義的な状況を呈している。これは、現在の教師養成のあり方の問題であるが、ケースごとに異なる障がい児へ適応する場合には、大きな障壁となってしまう。

しかし、本来のモンテッソーリ法は、もっと自由であり、子どもの発達や状況に合わせて、提示法を変えることができる無限の可能性を秘めたものである。ドイツなど欧米では、柔軟に、一人ひとりの子どもに対応しており、他の療法と補完しながら行っている。

日本の障がい児教育は全般的に、訓練・療育と称して子どもの発達ニーズをあまり考えずに健常児に近づけようと教え込む傾向があるように思われる。障がい児も自己教育をする存在であることを再確認して、子ども側のサインを読み取り、学ぶ喜びを取り戻し、主体性、意欲、自己選択力などを育てていく必要がある。

2.1 子どもの見方（敏感期・主体性・意欲・自己選択力・自己教育）

モンテッソーリ法の中心概念は自己教育であり、この自己教育の根幹をなす概念が敏感期である。

> 敏感期とは、子どもがある能力を獲得するために外界のあるものに特に敏感になって、主体的に関わっていくある一定の時期をいう。

つまり、子どもの中に発達課題が生まれると、子どもはその課題を達成するために、自ら外界、環境へ働きかけて自分を自分で育てようとする。

たとえば、1歳代の子どもがティッシュペーパーをすべて引き抜いてしまったり、水道の蛇口を開けたり、閉めたりするなど家庭の中で「いたずら」をする時期がある。これは、眼と手の協応、手でものを引く動き、手首の回旋などを発達させようとしている姿である。この子どもたちは、主体的に環境に働きかけ、運動能力を獲得するよう行動している。

これを運動の敏感期と呼ぶ。この運動の敏感期にいる子どもは、自ら主体的に外の世界に働きかけ、さまざまな運動能力を獲得していく。このように子どもは自らの発達課題に基づいて、自らを発達させようとする存在、つまり自己教育する存在であると見なされる。自己教育をすることにより、子どもは自立・自律の方向へ向かう。

このことは、発達が気になる子どもたちにとっても同様に言えることである。5歳頃に

ようやく歩行を獲得したダウン症児が、一生懸命に自ら階段上りに挑戦し、階段を上る動きを獲得するような場合である。生活年齢に発達年齢が追いつかないという状況はあるものの、主体的に環境に働きかけ、自分を発達させようとしている姿には変わりがない。つまり、このダウン症児も確かに自己教育をしているのである。

この際に大切なポイントは、

①各敏感期に発達課題が準備されている

「子どもは自分の発達に必要なことをすでに知っている」という観点を見誤らないことである。

②この発達課題は、興味・関心となって外に現れる

この興味・関心をくみ取り、そこを出発点にして遊びを広げてあげることが重要なポイントである。これを見誤り、大人が勝手に課題を立て、押しつけていくような場合には、子どもは学ぶ意欲を失い、教育効果も上がらないことが十分に予測される。また、同じ発達段階にいる子どもたちでも、興味・関心は一人ひとり異なるということも忘れてはならない。同じ活動を一斉一律にさせることは、年齢が低ければ低いほど子どもに過渡な負担を強いることになる。

③興味・関心からの出発が、学ぶことの近道

興味・関心は、その子が今一番発達したい、ある能力を身につけたいところである。そのことを理解し、それが達成できる環境を準備し、できないところを支援すれば、子どもは集中して取り組む。集中して取り組み、何度も繰り返し行えば、さまざまな能力がひとりでに身についてしまう。大人は自分が与えた課題を効率的にやってくれればと思うかもしれない。大人からすると遠回りと感じるかもしれないが、子どもの興味・関心につきあい、そこから広げたほうが子どもはより早く学ぶのである。

④子どもは自分の発達にとって必要なものを環境から主体的に選択する

興味・関心は、一人ひとり異なるのであるから、子どもの発達に見合った環境を整備すれば、子どもは、自分の発達課題を達成しようと、自ら主体的に環境に働きかけ、やりたい活動を自己選択し、集中し、学ぶ。この過程の中で、主体性や意欲、自己選択力が育つ。この主体性、意欲、自己選択力は、そもそも子どもが生まれた時から持っているものである。現在の「発達支援」は、障がいの軽減を目指す医学モデルのみならず、地域での成人期をいかに豊かにするかという生活モデルの観点が重要視されている。施設で一生を過ごすというあり方から地域の中で暮らすあり方へ、つまりノーマライゼーションの方向に確実に進んでいる。そのためには、乳幼児期に主体性、意欲、自己選択力を潰すことなく、育てていくことがとても重要なポイントとなる。

⑤個別支援計画の重要性

以上を基本にしながらも、実際のケースはさまざまである。たとえば、遊びが選択

できない子ども、遊びの応用展開が難しい子ども、意欲が乏しい子ども、暴力的な子ども、反抗的な子ども、依存的な子どもなど、子どもは一人ひとり異なり、それぞれの原因が考えられる。そのため、生育歴を精査し、現状をよく観察して一人ひとりの個別支援計画（観察→仮説→指導→評価）を立てることが必要である。個別支援計画を立てていくと、子どもによっては、強引に教師が活動に誘う、応用発展の仕方を示すなどの働きかけが必要な場合もある。今でこそ、個別支援計画の重要性が広く知られているが、モンテッソーリ法では、以前から個別支援計画に基づく療育が行われている。

2.2　敏感期とモンテッソーリ法の教育分野

　子どもの発達に応じて大きく4つの敏感期がある。その敏感期は図1のとおりである。

　運動の敏感期を例にとり説明する。先述したように、たとえば1歳半から2歳頃の子どもは、模倣期であることもあり、家庭で両親の行う日常生活を真似し始める。引き出しの開け閉め、戸の開閉、水道の開け閉めに始まり、掃除、洗濯、調理などあらゆるものを模倣したがる。

　この頃の子どものこの行動を「いたずら」として、大人は禁止するが、この行動には大きな意味が隠れている。歩行に至るまでの全身運動をある程度獲得してきた子どもたちの次の発達課題は、微細運動であり、さまざまな日常生活を模倣し、自分の体を動かすことにより、微妙な手や腕の使い方を学んでいくのである。

図1　敏感期の種類と内容

運動の敏感期	0歳	3歳	6歳
		運動機能の獲得 主に全身運動	運動機能の完成（乳幼児として） 主に微細運動
感覚の敏感期	0歳	3歳	6歳
		感覚の成熟 感覚的印象のため込み	感覚の洗練 知性 感覚体験の整理（概念形成）
言語の敏感期	0歳	3歳	6歳
		話しことばの敏感期	書きことばの敏感期
数の敏感期	0歳	3歳	6歳
		量の獲得	数値の獲得

このように子どもは自ら外界へ働きかけて学ぶ。子ども自身が「動きを獲得したい」という発達要求に応えるために、モンテッソーリ法では、日常生活の練習という分野を準備し、環境に配置し、子どもが自分で選択し活動できるようにしている。

日常生活の練習の用具には図2のようなものがある。

このようにその他の敏感期も子どもから出てくる発達要求に添う形で、教育分野が対応している。紙数の関係ですべてを説明することはできないが、各敏感期と教育分野の対応は、図3のとおりである。

運動の敏感期には日常生活の練習が、感覚の敏感期には感覚教育が対応している。この日常生活の練習と感覚教育が土台となって、次の知的教育と呼ばれる、言語教育（書きこ

図2　日常生活の練習の用具

基本動作	自己への配慮	環境への配慮	社交的な振る舞い	運動の調整
座る 立つ めくる 折る 注ぐ あけ移す 貼る 縫う 切る しぼる 開閉 編む ねじる 組む 積み重ねる etc.	鏡を見る 衣服の着脱 靴を履く、脱ぐ 鼻をかむ 歯を磨く 手を洗う 髪をとかす 着衣 服のたたみ方 入浴の仕方 爪の切り方 etc.	絨毯の巻き方・広げ方 道具の運び方・置き方 机の拭き方 掃除の仕方 金属磨き アイロンのかけ方 点滅 食器洗い 野菜の皮むき 洗濯の仕方 動植物の世話 食卓の準備 鏡の磨き方 花の水切り etc.	挨拶の仕方 感謝とお詫びの仕方 咳・くしゃみ・あくびの仕方 先のとがったものの渡し方 戸の開閉の仕方 作業の観察の仕方 教師との接し方 指示への参加の仕方 お茶の出し方 外遊具の使い方 訪問の仕方 ノックの仕方 トイレの使い方 交通ルール etc.	静粛練習 線状歩行

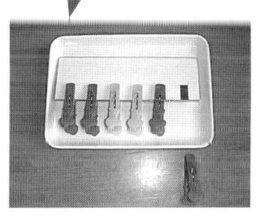

図3 各敏感期に対応した教育分野

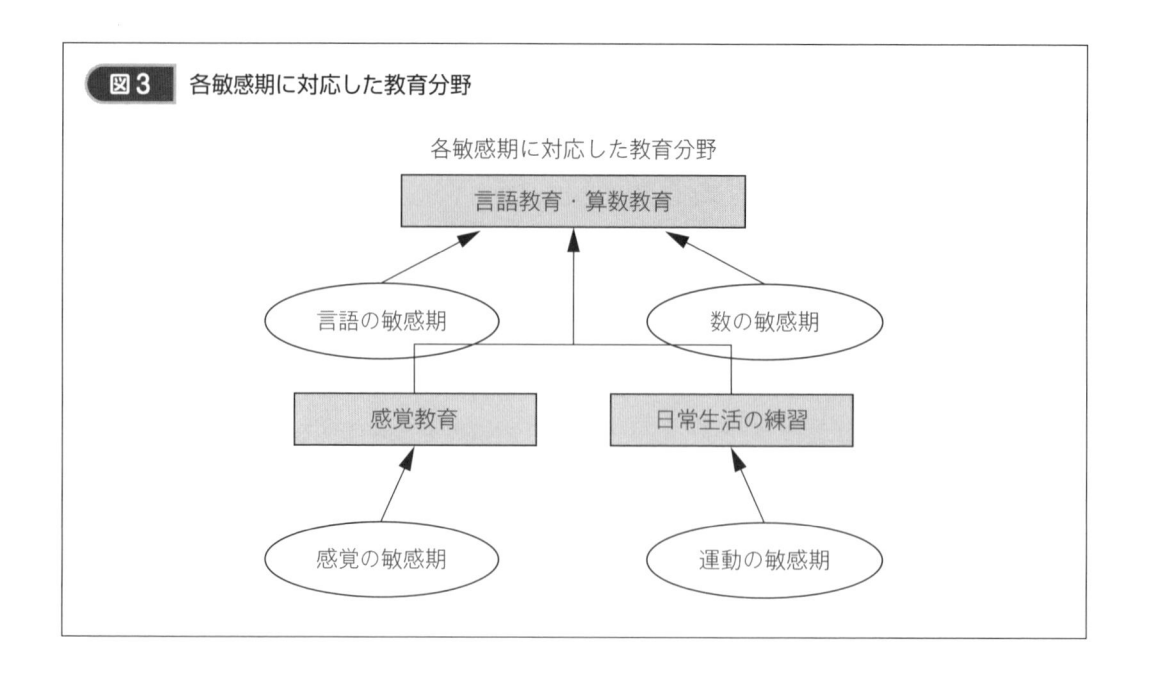

```
            各敏感期に対応した教育分野
            ┌─────────────────────┐
            │   言語教育・算数教育    │
            └─────────────────────┘
              ↑         ↑        ↑
         (言語の敏感期)    (数の敏感期)
                │         │
        ┌───────────┐ ┌───────────┐
        │  感覚教育  │ │ 日常生活の練習 │
        └───────────┘ └───────────┘
              ↑              ↑
         (感覚の敏感期)    (運動の敏感期)
```

とば)、算数教育が無理なく、スムーズに学ぶことができるようにシステマテックに繋がっている。

2.3 環境、そして子どもの発達にとって必要な「自由」

2.3-1 整えられた環境

子どもの自己教育を支えるものは、環境である。子どもは、自らの発達課題に従って主体的に環境に関わり、自己教育するのであるから、子どもたちの発達に見合った整えられた環境が重要である。

モンテッソーリ法では、各分野にたくさんの発達を促す教具が準備されている。その教具を、カテゴライズして、つまり日常生活の練習の用具、感覚教具などはひとまとまりになるように教具棚に入れて、環境の中に配置し、子どもがいつでも自己選択できる自由を与えている（図4、5、6、7、8を参照）。この際、環境はできるだけ変えないように、同じものがいつも同じ場所においてあるようにする。こうすることによって、子どもは、自分の記憶に残っているやりたい教具・教材は自分で探すことができる。

2.3-2 環境は子どもが育つ場と同時に評価の場

この環境は、子どもが育つ場であると同時に、観察・評価の場にもなっている。条件が一定に保たれた環境で自由を与えられた子どもは、さまざまな行動をとる。

たとえば、A君はいつも同じ教具を持っていたり、その教具棚の前に座っていたりする。その教具を紹介してみる。A君はその教具に夢中で取り組み始める、というように子どもの興味・関心をとらえやすいのである。その他にも、どのようにそのものに関わろうとしているか、ひとつのものでもどこに興味を持っているのか、子どもの遊びの種類・

図4 モンテッソーリ・クラス環境

図5 モンテッソーリ・クラス環境

図6 日常生活の練習

図7 感覚教育

図8 言語・算数教具

発達支援の技法と理論

質・関わり方、対人関係のあり方、問題行動等々を観察することができる。子どもの発達に見合ったたくさんの教材・教具が置いてあるから可能であり、何もない部屋で観察しても意味がない。

　自閉症の子どもは、周囲の刺激が多すぎるとそれに振り回されて、なかなか活動に集中できないと言われている。しかし、すべての自閉症児がそうであるわけではない。今までの実践の中で、注意が集中できない子どもたちはごく一部であった。逆に、自閉症児に対して先入観で接し、彼らの活動を狭めている場合も多いのではないだろうか。後述するが、他の療法と補完することも必要である。

　このモンテッソーリ環境の中で、子どもをじっくり観察することによって子どもの真の情報が収集できると考えられる。その情報に基づいて個別支援計画を立てることによって、よりその子の真実に近い計画が立てられるのである。

2.3-3 「個」から集団へ

　子どもの年齢が低ければ低いほど、まず「個」のニーズが満たされる必要がある。一人ひとりの子どもが興味のある活動に出会い、それに集中すると、子どもの中には満足感、充実感、意欲、次のものへの挑戦力が生まれる。そうなって初めて、子どもの目は集団へ向かうようになり、一斉活動が可能となる。それを保証するのもモンテッソーリ環境である。

3　感覚教育

3.1　感覚の敏感期

　モンテッソーリ法の特徴的なものに感覚教育がある。本稿では、感覚教育に絞って説明する。感覚教育は、感覚の敏感期に対応して行われる。図1（敏感期）にあるとおり、子どもの発達ニーズは3つある。①感覚の洗練、②知性（ものを考えたり、整理するための方法）、③感覚体験の整理（概念形成）である。

3.2　知性によって感覚体験が整理される（概念が形成される）

　障がい児は、特に概念形成が苦手と言われる。子どもの認知発達は、具体から抽象の方向へ進む。たとえば、1歳・2歳代の子どもは「リンゴ」という実物を頭の中にイメージする世界、つまり具体的な世界に住んでいる。3歳・4歳代になると、リンゴの形は「まる」、色は「あか」、目の前の2つのリンゴを比べたら、「こっちのリンゴの方が大きい」という抽象の世界に入り始める。

　この具体から抽象への橋渡しをするのが、知性である。知性とは、比較することであり、比べて分ける、分けたら同じ種類のもの同士を集める、同じ種類のものを集めたら、

共通する要素を持ったものを選び出して「対応」させる。このように比較、分類、集合、分析、対応が知性の働きである。2歳頃からこの知性が出始める。

よく幼稚園などで、自分の持ってきたお弁当に描かれているキャラクターと友だちの持っているものが同じであると「～ちゃんの私のと同じ」と合わせてみるような行動が見られる。これは、子どもの中に知性が働き始めていることを表している。

モンテッソーリ法では、この知性の中で特に重要なものを3つあげている。①ペアリング（同一性）（同じであることの理解）、②グレーディング（順序性）（順番の理解）、③ソーティング（分類・集合）（属性によってあるまとまりができることの理解）。

この3つ知性の働きによって、子どもたちが0歳から2歳・3歳頃までに自分の中にため込み漠然としている感覚的な体験・印象が整理される。つまり概念が形成されるのである。

障がい児は、なかなかこの知性が働き出さない。そのためにモンテッソーリ法では、教具が開発されている。この教具は、各感覚（視覚、聴覚、触覚、味覚、嗅覚）を洗練させること、知性の働きを強めること、概念形成を促すことの3つの目的を持っている。

たとえば、図9は感覚教具の色板であるが、これは対になる2つの同色の板から構成されている。この板をばらばらにしてペアにしていく活動を通して、知性の中のペアリング（同一性）の働きを強めていく。また、図10はピンクタワーと呼ばれる教具である。これは10個の立方体で、一番大きい立方体は、10×10×10cm、一番小さい立方体が1×1×1cmになっている。この立方体をばらばらにして、下から順番に積み重ねたり、横に並べたりする活動を通して、グレーディング（順序性）の働きを強めていく。それと同時に、色板を対にしていく活動を通して、今までため込まれていた色の概念が整理される。ピンクタワーでも同様に、大小の概念が整理されるのである。

そして、活動が豊かに行われた後、今度は整理された概念に名称を与えていく。その際に使用されるのがセガンの名称練習である。

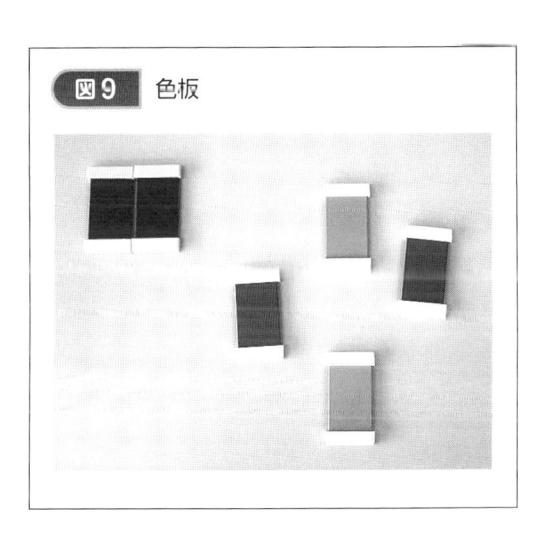

図9 色板

図10 ピンクタワー

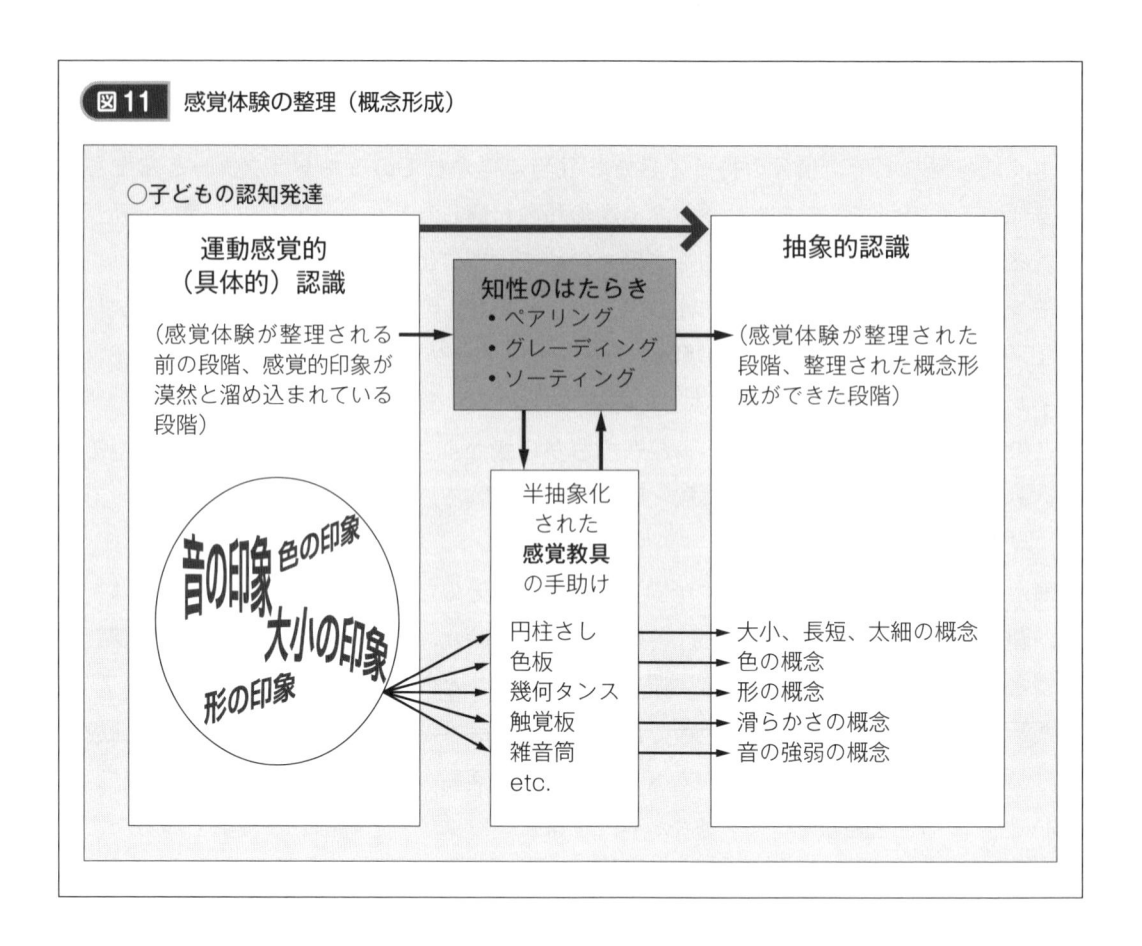

図11 感覚体験の整理（概念形成）

○子どもの認知発達

運動感覚的（具体的）認識
（感覚体験が整理される前の段階、感覚的印象が漠然と溜め込まれている段階）

音の印象　色の印象　大小の印象　形の印象

知性のはたらき
- ペアリング
- グレーディング
- ソーティング

半抽象化された**感覚教具**の手助け

円柱さし
色板
幾何タンス
触覚板
雑音筒
etc.

抽象的認識
（感覚体験が整理された段階、整理された概念形成ができた段階）

→ 大小、長短、太細の概念
→ 色の概念
→ 形の概念
→ 滑らかさの概念
→ 音の強弱の概念

　ここで子どもたちが働きを強めた知性は、後の知的教育の土台にもなっている。たとえば、数で「2」という数字と「○○」という量が同値であることがわかるためにペアリングという知性が働くことが必要であるからである。以上のことは、図11を参考にしてほしい。

4　他の療法との補完

　以上、モンテッソーリ法を概観してきたが、多動な子ども、注意の転導が激しい子どもなどについては、モンテッソーリ法では限界がある。感覚統合療法などとの補完が必要である。また、運動面において、粗大、微細共に訓練が必要な場合にボイター法、ボバース法などとの補完が必要である。言語についても専門的な療法との補完が必要である。

　どの療法も完全ではない。それぞれに良さと限界があり、各療法は専門分化し、高度になっている。ひとりの人間が、オールマイティーになることはできない。そうすると、各療法のエキスパート同士のチームアプローチが必要となる。現場に働くものにとって、今後ますます人とのコミュニケーション能力が重要な資質となる。

参考文献

1) R.C.Orem（原田信一，井田範美，ジョン・K・ディーリ・訳）：障害児のためのモンテッソーリ教育．日本文化科学社，1975．
2) E.M.スタンディング（クラウス・ルーメル，佐藤幸江・訳）：モンテッソーリの発見．エンデルレ書店，1975．
3) ウィリアム・ボイド（中野善達，藤井智尚，茂木俊彦・訳）：感覚教育の系譜－ロックからモンテッソーリへ－．日本文化科学社，1979．
4) 井田範美：現場のためのモンテッソーリ障害児教育．あすなろ書房，1982．
5) 井田範美・田中道治：精神発達遅滞児の知的学習．明治図書，1986．
6) Clara Maria von Oy: Arbeitshefte zur heilpädagogishen Übungsbehandlung Band3 Montessori-Material, Heidelberger Verlagsanstalt und Druckerei GmbH- Edition Schindel 1987.
7) 相良敦子：ママ，ひとりでするのを手伝ってね！．講談社，1985．
8) 佐々木信一郎：子どもの潜在能力を101％引き出すモンテッソーリ教育．講談社，2006．

（佐々木信一郎）

2.5 インリアル・アプローチの考え方とその実際

1 インリアル・アプローチとは

　インリアルは、1974年コロラド大学のワイズ（Weiss, R）博士によって言語発達遅滞幼児のためのコミュニケーション・アプローチとして開発された。

　INREAL（インリアル）とは、INter REActive Learning and communicationの頭文字の略で、大人と子どもが相互（Inter）に反応（Reactive）し合うことで、子どもの学習（Learning）とコミュニケーション（communication）を促進しようとするものである。コミュニケーションは、話し手と聞き手、つまり子どもと大人の相互の協力があってはじめてうまくいく。インリアルでは、子どもの言語とコミュニケーションの問題に目を向けると同時に、聞き手である大人のコミュニケーションにも目を向け、大人が自分の関わり方やことばかけをビデオを用いて検討し、両者のコミュニケーションの相互作用を変えていくという手法をとる。このように、ビデオ分析を通して大人の関わり方やことばかけを子どもの発達レベルや言語レベル、コミュニケーションの問題に合わせて調整することで、子どもとのコミュニケーションがうまくいくようになり、その結果、子どもが伝えることへの自信と自発性を持つというのがインリアル・アプローチの考え方である。

2 インリアル・アプローチの対象

　インリアルは、大阪教育大学の竹田によって1979年に日本に導入され、当初はことばの遅れの幼児を対象としていた。その後、さまざまな実践を通して、現在ではコミュニケーションに課題を持つ幼児から成人まで、ことばのない子どもから語用論的使用に課題を示す高機能広汎性発達障がいの子どもまでを含んでいる。

　①子どもに指導または子どもとのコミュニケーションの担い手になる大人
　②言語・コミュニケーションに課題を持つ児・者

3 インリアル・アプローチの方法

3.1 ビデオ分析

　具体的には、子どもとの遊びや会話の場面をビデオに録画し、その録画場面を用いてインリアル・トレーナーやインリアル・スペシャリストと一緒にビデオ分析を行い、両者のコミュニケーションの問題を相互関係的に評価していく。分析は場面全体を見て行うマクロ分析とトランスクリプト（継時的記録）によるミクロ分析がある。関わる大人については、待ち時間や子どもとのリズム、意図の読み取りがうまくできているか、ことばかけの量と質などについて検討し、次回の関わりの目標を決め、その目標に沿って子どもと関わりビデオ録画を行っていく。実践とビデオ分析を交互に繰り返すプロセスがインリアル・アプローチの特徴である。

3.2 SOUL（ソウル）

　大人の関わりの基本姿勢としてSOULがある。SOULとは、S：Silence（静かに見守る）、O：Observation（観察する）、U：Understanding（理解する）、L：Listening（ことばを聴く）の略であり、大人との関わりにおいて、子どもが主導権を持って遊びや会話を始められるようにするための態度を述べている。

3.3 言語心理学的技法とその他の技法

　子どもへのことばがけの方法としては、言語心理学的技法がある（表1）。言語心理学的

表1　言語心理学的技法とその他の技法

ミラリング	子どもの行動をそのまま真似る
モニタリング	子どもの音声やことばをそのまま真似る
パラレル・トーク	子どもの気持ちや行動を言語化する
セルフ・トーク	大人自身の行動や気持ちを言語化する
リフレクティング	子どもの発音の誤りや文法の誤りを正しく言い直して聞かせる
エキスパンション	子どものことばを意味的・文法的に広げて返す
モデリング	子どもに新しいことばのモデルを示す
限定質問	子どもが応えられる質問を行い、会話が続くようにする
提案	今している遊びが展開できるような提案をする
ト書き発言	今の状況や暗黙の了解をことばで表現する
	※ト書きは台本のせりふ以外の状況を示す文章。インリアルでは、会話の中で今の状況や暗黙の了解をことばで補う発言を指す。

技法は、育児語の研究を参考にして作られたもので、聞き手効果から命題的伝達段階、会話期初期（0～2歳頃）の子どもに適している（表2参照）。一方的な命令や指示、質問は、子どもの自発性やコミュニケーション意欲をそぐことになりがちであるため、言語心理学的技法には、命令、指示、禁止、質問のことばがけが含まれていない。言語心理学的技法を使うことで、ことばのモデルを示し、話す意欲を支えていく。さらに、会話段階では、言語心理学的技法では不足であり、限定質問や提案を使うことで、会話の力を援助することに繋がる。また、高機能広汎性発達障がいの子どもでは、暗黙の了解や状況の理解ができにくいため、ト書き発言を使い、意味理解を助ける必要がある。

4 言語・コミュニケーションの発達に沿った援助

4.1 インリアル・アプローチの適用と限界

　指導として効果をあげようとすると、子どもの障がいの程度や認知の発達の程度が大きく関わってくる。認知および運動障がいが重く、感覚レベルにある子どもでは、少なくとも刺激を与えた時に笑うなどの快反応や、刺激が終わったことに対する不満の表情を見せる、遊び特有のポジションをとった時に期待をするなどの予測行動があれば、インリアル・アプローチの適用となる。また、対人関係に問題を持つ自閉症児では、認知が1歳を超え、手段－目的関係などの理解ができれば適用できる。しかし、認知が弱く今何が起こっているのかわかりにくい子どもやこだわりがきつく人の介入を極度に嫌がる子どもには適用しにくい。

4.2 コミュニケーションの4つの段階

　インリアルでは、コミュニケーションの初期発達段階をベイツの研究を参考に4つの段階に分け、子どもが到達可能なコミュニケーションの段階と手段について見通しを持って実践を行っていく（表2）。4つの段階は、健常児の発達を示すものであり、「評価」と「指導」では、対象とする子どもが今どの段階にあるのか、また、どのような伝達手段が可能であるのかを評価できることが求められる。コミュニケーションの到達可能段階は、認知能力に見合った段階をゴールとする（図1）。しかし、子どもが可能な伝達手段、つまり話しことばが伝達手段になり得るのかについては、認知の言語理解の発達程度、言語表出能力と関連するため、認知的には象徴機能を獲得していても、言語表出できない子どももいる。

> **表2** 初期コミュニケーションの4つの段階

聞き手効果段階（0〜0：10）
　子ども自身の発声や行為にはまだ伝達の意図は含まれず、聞き手が意図を解釈することでコミュニケーションが成り立つ段階
意図的伝達段階（0：10〜1：0）
　子どもは、「視線＋発声＋行為」で要求や注意喚起などの自分の意図を伝達できるようになり、子どもからコミュニケーションの開始ができるようになる。
命題伝達段階（1：0〜1：6）
　子どもはことばで自分の意図を伝えられる。一語発話による簡単なやりとりができる。ことばが使えることで、意図だけではなく意図の内容が伝わりやすくなる。大人の質問に頷く、首を振るなどして聞き手としての自分の判断も伝えることができる。
文と会話の段階（1：6〜2：0から始まる）
　それまで一語発話であったものが2〜3語文が出てくる。文での表現ができることで、誰が何をなど内容が明確になる。また、自分から話題を提供し、簡単な会話が続くようになる。3歳頃から大人の会話スタイルに近づく。

＊月齢は健常発達の目安

> **図1** 指導の効果

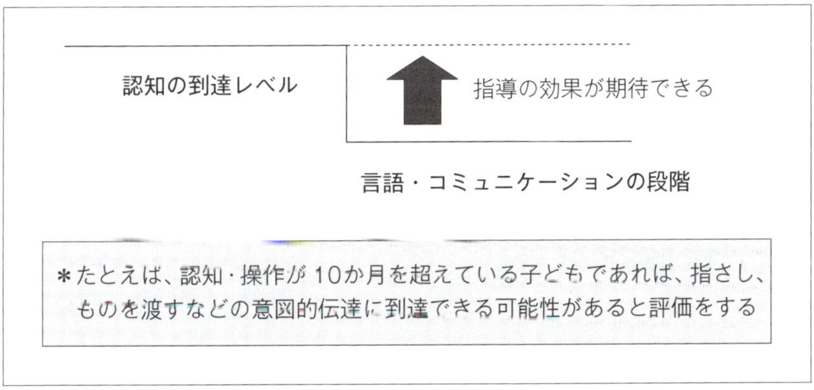

認知の到達レベル　　↑　指導の効果が期待できる
　　　　　　言語・コミュニケーションの段階

＊たとえば、認知・操作が10か月を超えている子どもであれば、指さし、ものを渡すなどの意図的伝達に到達できる可能性があると評価をする

5 インリアル・アプローチの実際

5.1 シンシアリティ・レベルとミーニング・レベル

　インリアルでは、大人の到達のレベルとして「シンシアリティ・レベル」と「ミーニング・レベル」を設けている。シンシアリティ・レベルとは、大人が誠実な態度を持ちSOULを守り、子どもの発達や言語理解のレベルに合わせ、反応的に関わることを学ぶ段階である。ミーニング・レベルは、大人が子どもの障がい特性や発達のレベルの適切な評

価ができ、子どもの目標と援助する大人の関わりの目標を立てて関わることで、子どもの言語とコミュニケーションの問題を改善しようとする段階を指している。

5.2 専門職者が学ぶ

専門職者が学ぶ場合には、ミーニング・レベルを目指すため、インリアル・トレーナーまたはスペシャリストの指導を受けながら、子どもと自分の関わりのビデオ場面の分析を受け、評価の方法や目標設定の導き方を学ぶことから始める必要がある。

しかし、スーパーバイザーの分析を受けることができない場合には、次に述べる保護者への適用と同じように、ステップを踏んでインリアルの基本姿勢である子どもに反応することや、言語心理学的技法を使って子どもの言語発達やコミュニケーション能力を援助するとは、具体的にどのようなものなのかを知ることから始める。この場合のゴールは、シンシアリティ・レベルになる。

5.3 母子コミュニケーションの援助に適用する

通園施設や幼児の指導機関において、対象の母子のコミュニケーションの援助に適用する場合には、次のようなステップで段階的に関わり方やことばかけを指導していく（表3）。実践後、毎回10ターン程度のトランスクリプトを一緒に作成し、ことばかけがうま

表3 言語心理学的技法の段階的使用

	発達の遅れの子ども	広汎性発達障がいの子ども
第1回	・基本姿勢とやりとり遊び ・マクロ分析	・基本姿勢とやりとり遊び ・対象児の伝達行動の確認 ・マクロ分析
第2回	・やりとり遊び ・ミラリング、モニタリングを使う ・トランスクリプト作成	・やりとり遊び ・ミラリング、モニタリングを使う ・トランスクリプト作成
第3回	・ミラリングを使う ・エキスパンションを使う ・トランスクリプト作成	・やりとり遊び ・指さしを添え、主語を入れたパラレル・トーク、セルフ・トークを使う ・トランスクリプト作成
第4回	・セルフ・トーク、パラレル・トークを使う ・必要に応じてモデリングを使う ・トランスクリプト作成	・指さしを添え、主語を入れたパラレル・トーク、セルフ・トークを使う ・モデリングを使う ・トランスクリプト作成
第5回	・振り返り	・振り返り

くできたかを振り返る（表4）。この方法では、シンシアリティ・レベルを目指し、対象は意図的伝達段階に到達している、またはことばの出始めにある子どもである。また、簡単なやりとりができる広汎性発達障がい児にも適用できる。全体で5～6回の短いプログラムであり、その場で分析を行い、関わりやことばかけを振り返る方法で、保護者に反応的な関わりや子どもと遊ぶことを伝えることができる。

第1回では、対象児と大人が遊ぶ姿をビデオ録画し、その録画を用いて基本姿勢について（リズムを合わせること、待ち時間、子どもの開始を待つこと）をフィードバックする。その後にミラリングとモニタリングについて説明し、やりとりしやすい遊びをいくつか選んでおく。2回目以降もビデオ録画を基にフィードバックを行っていく。このように、毎回20～30分程度ビデオ録画を行い、その場でトランスクリプト作成をし、それに基づきながらビデオ分析を行い、次のビデオ録画に繋げていく。このプロセスでは、指導者がモデルとなる関わりやことばかけを示すことができると、さらにわかりやすくなる。保護者に子どもと関わってもらう前に、指導者が子どもと関わってみせる、または子どもと保護者、指導者の3名で遊んだり会話をしたりするとよいだろう。

最終回では、第1回のビデオと第4回ないし5回のビデオを比べながら、子どもに合わせること（基本的レベル）、楽しく遊ぶこと（基本レベル）、言語心理学的技法を使うことの子どもと大人の変化について、話し合いを行い、変化を確認する。

表4 トランスクリプト作成

子ども	大人	言語心理学的技法
カップを持ち「からっぽ」	→カップを持ち「からっぽ」	・ミラリング ・モニタリング
	＊3回目ではエキスパンションをする 「カップ　からっぽだね」	
やかんを持ちコップに傾ける	→やかんを持ちコップに傾ける	・ミラリング
	＊2回目ではパラレル・トークまたはセルフ・トーク 「やかんから　ジャー」「お母さんもジャー」	
大人を見る	→子どもを見る	・始めるのを待つ
「あちち」と飲むふりをする	→「あちち」と飲むふりをする	・ミラリング ・モニタリング
	＊3回目ではエキスパンションをする 「お茶　あつい　あちち」	
やかんの蓋が開かずに差し出す	→「はい」と受け取り開ける	
	＊4回目では、モデリングを使う 「おかあさん、あけて」	

5.4 広汎性発達障がいの子どもへの適用

　広汎性発達障がい児は、ことばがあっても人に伝達することの理解しにくさがあるため、まず人とのやりとりがあることや伝達することを知らせる必要がある。実践は、ことばの遅れがある子どもたちと基本的には同じだが、子どもとやりとり遊びができるようにすることが求められる。子どもと大人が手遊びやくすぐり遊び、おいかけっこなどの楽しいやりとり遊びができるようになる、または命名を要求することも多く、大人を必要とする遊びを見つけることから始める。そのうえで、言語心理学的技法のモデリングを大人が示すことで「やって」などの要求ができるようになりやすい。また、言語心理学的技法の使い方としてはパラレル・トークやセルフ・トークに主語を用い、あわせて指差しを添えてことばが何を指しているのかを明確にする必要がある（表3参照）。発達の遅れのある子どもよりもやりとり関係を築くのに時間がかかるので、指導回数は考慮する。

5.5 高機能広汎性発達障がいへの適用

　高機能広汎性発達障がい児については、日常的な会話ができるようになっても暗黙の了解や状況の読みとりができにくいので、会話場面で大人がト書きや限定質問を使うことで、そこでは話されてはいないが了解しなければならないことへの理解を助ける。また、保護者や幼稚園・保育所の先生が、子どもとの会話の援助方法を学ぶことで、身近によく理解してくれる大人ができ情緒が安定しやすい。

　本稿では、インリアル・アプローチのシンシアリティ・レベルの実践方法を紹介した。実際のインリアル・アプローチは、インリアル・スペシャリストやインリアル・トレーナーと一緒にビデオ分析しながら学んでいく方法であり、紙面での紹介には限界がある方法である。詳しくは、日本INREAL研究会のホームページ、および参考文献を参照されたい。

参考文献
1) 竹田契一，里見恵子・編著：インリアル・アプローチ．日本文化科学社，1994．
2) 竹田契一・監修，里見恵子，河内清美，石井喜代香：実践インリアル・アプローチ事例集．日本文化科学社，2005．

（里見恵子）

2.6 AACの考え方とその実際

1 ICIDHからICFへ

　本稿ではAAC（Augmentative and Alternative Communication：拡大・代替コミュニケーション）について考えるが、その前に、なぜ、AACの考え方が重要なのかについて触れておきたい。AACの考え方を理解することができると、言語の訓練や支援の場でどのように取り入れていけばよいのかのアイデアが浮かぶ、と考えられるからである。

　障がいについて考えるうえで役立つものとして、1980年に公表されたWHO（世界保健機関）の国際障がい分類がある。これは、ICIDH（International Classification Impairments, Disabilities and Handicaps）と呼ばれている。ICIDHでは、障がいを機能形態障がい（Impairment）、能力障がい（Disability）、社会的不利（Handicap）というように分類してきた（図1）。

　もう少しわかりやすく、知的障がいのあるAさんを例にして考えてみよう。Aさんには、知的に障がい（機能形態障がい）がある。それが原因で、お金の計算を正確にすることができない（能力障がい）。その結果として就職する場所がなかなか見つからない（社会的不利）というように障がいを分類して考えてきたのである。

　このICIDHの概念では、社会的不利から能力障がい、機能形態障がいに後戻りすることはできなかった。つまり、機能形態障がいを持ったならば、能力障がいを持つことになり、その結果社会的に不利になるという一方通行の流れだけを意味するものだったからである。ところが、これでは説明することができない事例も現れてきた。たとえば、まったく同じ障がいを持っている人が、一方では就職でき、一方では就職先がなかなか見つからないということが起こったからである。

　そこでWHOはICIDHでは十分に表すことができない部分を改善し、2001年にICIDHを改定し、ICF（International Classification of Functioning, Disability and Health：国際生活機能分類）として公表した（図2）。ICFでは、機能形態障がい（Impairment）、能力障がい（Disability）、社会的不利（Handicap）といった用語に代えて、心身機能の構造（body functions and structures）と活動（activity）と参加（participation）という用語が使われている。そして、障がいは、健康状態と背景因子との間の相互作用ないし

は複雑な関係であり、「心身の機能と構造」、「個人レベルの活動」、「社会への参加」の3つの次元の相互作用からなると考えた。背景因子には、環境因子（environment factor）と個人因子（personal factor）が含まれている。

　知的障がいのあるAさんを例にして考えてみよう。ICIDHでは、知的障がいのあるAさんには、能力障がいがあり、その結果、就職先が見つからないと考えるということであった。しかし、Aさんが働くことができるように、職場の環境が整ったとしよう。そうすると、さまざまな要因が双方向性に影響し合うので、就職という参加の場にも、活動することにも影響を与えることになる。その結果、ますます環境は整い、活動できるようになっていく可能性がある、ということなのである。概念図では、これを示すためにそれぞれの要素を双方向の矢印で結ぶことで表現している。すなわち、ICFでは環境を整えることで、「参加」することや「活動」することが影響を与えることになるということであり、個人の持っている障がいだけが、「参加」や「活動」に影響しているのではないということである。環境を整えることによって、「活動」できるように、「参加」できるようにすることで、状態としての障がいを取り除こうとする考え方である。このようにICFの公表によって、障がいに対する概念は大きく変わったと言える。

　ICFの考え方は、学校における指導にも大きく影響を与えている。特別支援学校では、

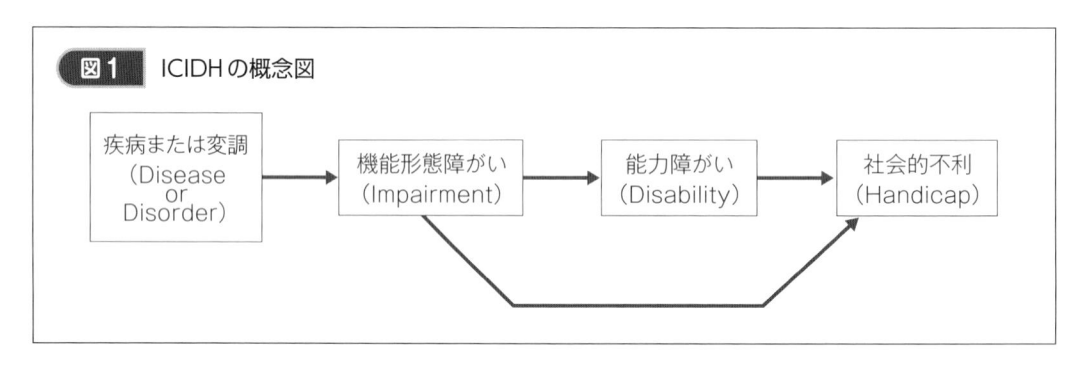

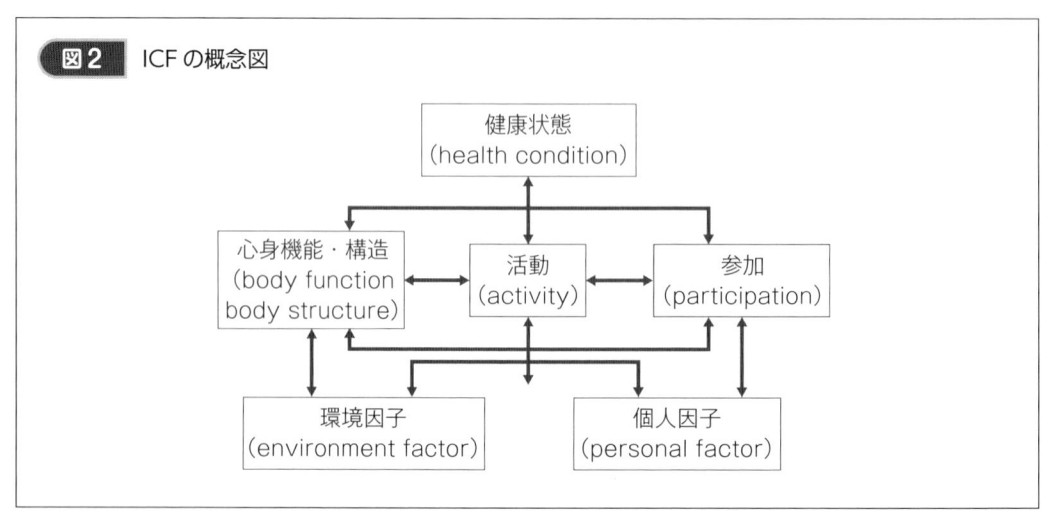

図1　ICIDHの概念図

疾病または変調（Disease or Disorder） → 機能形態障がい（Impairment） → 能力障がい（Disability） → 社会的不利（Handicap）

図2　ICFの概念図

健康状態（health condition）

心身機能・構造（body function body structure） ― 活動（activity） ― 参加（participation）

環境因子（environment factor）　個人因子（personal factor）

領域別の指導が行われている。その代表的なものに自立活動と呼ばれているものがあるが、平成23年から施行される、新しい特別支援学校の学習指導要領では、その目標の中に、「障害による学習上の困難や、生活上の困難を克服し改善する」というように書かれた部分がある。つまり、「活動」「参加」できるように、学習上の困難や生活上の困難を克服し改善することが求められているのである。障がいそのものを克服し改善するということではないということである。

　参加や活動を考えた時、ただ単に参加の場や活動の場があるというだけでは不十分である。場を共有することは大切なことであるが、参加した場において自己決定や自己選択することができるように支援する必要がある。自己決定や自己選択ができるかできないかは、質の高い生活をすることに繋がっていくからである。

2　自己決定と自立

　従来は、食事・着替え・入浴など日常生活動作（ADL：Activity of Daily Living）がひとりでできるようになることが自立した生活を送るうえで最も重要なことであると考えられてきた。訓練を通して自分の力で衣服の着脱が可能になったり、食事ができるようになったりすることに重きをおかれてきたということである。その結果、それらのことがひとりでできるようになった人も多く存在する。しかし、筆者が出会った障がいのある人の中には、衣服を着ることはできるのに、自分が着たい服を選ぶことができなかったり、食事はできるのに、何を食べたいのかを自分で決めることができなかったりする人も多くいた。周囲の人の指示があれば動くことができるが、自分で決めなければならない時に、何をしてよいのかがわからない人も多いということなのである。これは、訓練は行われてきたが、自己決定や自己選択については、その機会が少なかったことによるものではないかと考えられる。生活の質（QOL：Quality of Life）を高めるには、日常生活動作の獲得を目指すのと同様に、自己決定や自己選択の経験ができるように支援することは大切なことである。

　しかし、たとえ自己決定できたとしても、なんらかの手段で相手に自分の意志を伝えなければならない。自己決定することができるだけでは不十分なのである。たとえば、勝手に冷蔵庫からジュースを取り出して飲んでしまった子どもを想像してみよう。ジュースを選んで飲むということはできているので、自己決定はしているということになる。しかし、勝手に飲んでしまったということは、周囲の人たちには受け入れられない行為であり、これでは、自己決定することができても十分とは言えない。つまり、相手にわかるように自分の意思を伝えなければならない、ということである。上記のような問題は、障がいの重い人ほど深刻になるものと思われる。そこで、このような問題点を解決するために、重度の障がいを持っている人とのコミュニケーションの技法について研究されるよう

141

になってきた。AACはこの研究の領域のひとつである。

3 AACについて

3.1 AACとは

　AACについてASHA（American Speech-Language-Hearing Association、1989、1991）は、「AACとは重度の表出障がいを持つ人々の形態障がい（impairment）や能力障がい（disability）を補償する臨床活動の領域を指す。AACは多面的アプローチであるべきで、個人のすべてのコミュニケーション能力を活用する。それには、残存する発声、あるいは会話機能、ジェスチャー、サイン、エイドを使ったコミュニケーションが含まれる」と定義しており[1]、中邑（1998）は「AACの基本は、手段にこだわらず、その人に残された能力とテクノロジーの力で自分の意志を相手に伝えることである」と述べている[2]。つまり、AACは、しゃべれることよりも、コミュニケーションできることを重視する考え方である。

　このようなAACの考え方は、欧米で広がりを見せ、日本でも少しずつ知られるようになってきているが、わが国で具体的な技法が用いられているかというと、必ずしもそうではない現状がある。

　それには、以下に示すような理由があると考えられる。

- AACを系統立てて指導訓練していくことができる人材の不足
- 重度の障がいのある人の場合、健康の維持や機能の維持に必要な訓練を受けることに重点がおかれ、コミュニケーションについての優先順位が低い
- 安易な方法の導入によって、既存の音声表出などにマイナスに作用してしまうのではないかという危惧がある
- 音声表出によるコミュニケーションを期待して、このまま様子を見るということが長い期間続く
- ハイテクのコミュニケーションエイドが高価であるというイメージがある

　このような理由があるために、AACが取り入れられない現状があるのではないかということである。

3.2 コミュニケーションエイドとは

　コミュニケーションに障がいを持つ人のコミュニケーションをサポートする道具は、総称してコミュニケーションエイドと呼ばれている。つまり、離れた人とコミュニケーションするために使っている電話も携帯電話のメール機能もコミュニケーションエイドと言える。

表1 コミュニケーションボードとVOCAの特徴[3]

	コミュニケーションボード	VOCA
手軽さ	使う場所を選ばない 気楽に使える	使う場所を選ぶ 　例）お風呂は× 壊れないかと気を使う
コスト	安い	高い
表出の伝達性	相手がこっちを見てくれていることが前提 シンボルを相手が理解してくれない場合もある	相手の注意を喚起できる 一度に多数の相手に伝えることができる 音声は誰もが理解してくれやすい
受容の伝達性	相手にもボードを使ってもらうことで理解を助ける	基本的に受容の助けにはならない
ポインティングができない場合	視線による選択	外部スイッチの利用

　コミュニケーションエイドは、大きく2つのグループに分けることができる。ひとつはローテクコミュニケーションエイド（非電子コミュニケーションエイド）であり、もうひとつはハイテクコミュニケーションエイド（電子コミュニケーションエイド）である。

　ローテクコミュニケーションエイドは、電子的な作りをしていないもので、たとえば、50音の書かれた文字盤、シンボルを使ったコミュニケーション用のボード、シンボルが描かれたコミュニケーション用のブックなどがそれに当たる。それに対し、ハイテクコミュニケーションエイドとは、ハイテクを駆使したコミュニケーションエイドのことである。音声を出力することのできるVOCA（Voice Output Communication Aids）、コンピュータを使った意思伝達装置などがそれに当たる。

　代表的なローテクコミュニケーションエイドであるコミュニケーションボードと代表的なハイテクコミュニケーションエイドであるVOCAの双方の特徴を、高原（2000）は次のように比較している（表1）[3]。

3.3　VOCAとは

　ハイテクコミュニケーションエイドの代表としてVOCAがあげられる。VOCAはVoice Output Communication Aidsの略で「ヴォカ」と呼ばれているもので、現在日

表2 音声の再生方式の違いによる特徴[5]

	録音音声方式	合成音声方式
長所	自然な音声 文字の理解の必要がない 短時間で再生が可能	その時々に応じて自由にことばを作れる 文書登録が可能で、必要な時に呼び出して使うことができる
短所	本人ではことばを登録できない 登録してあることばしか使えない	音質が録音音声方式より劣る メッセージの作成に時間がかかる 文字の理解が必要

本では約50種類のVOCAが市販されている。

　近年のテクノロジーの進歩は、特にVOCAに代表されるハイテクのコミュニケーションエイドを使いやすいものにしてきた。

　VOCAには、メッセージの自然さ、項目の豊富さ、伝達距離と方向の拡大などの利点（小島2001)[4] があり、重い発達障がいを持つ人たちにとっても有効なコミュニケーション手段としての期待が大きくなってきている。

　VOCAは大きく2つの種類に分けることができる。ひとつは録音音声方式と呼ばれるもので、誰かの音声をデジタル録音しそのまま再生させるタイプのものである。もうひとつは合成音声方式のもので、コンピュータの合成音声を利用して、文字を一字一字綴りながら音声を出力させるタイプのものである。これらのVOCAの長所と短所については、塩田（2001）が比較している（表2)[5]。

4 事例から

　それでは、事例を通してAACについ考えてみることにする。

　障がいがある人の中には、その障がいに起因して、音声表出で人に伝えることができない人たちがいる。そのような人たちは、音声表出以外の方法で自分の意思を伝えようとしているが、その方法が周囲の人に受け入れられないような方法であった場合などは、「あの人は、問題行動のある困った人だ」というような評価をされているケースも少なくないであろう。しかし、このような評価は不当な評価である。なぜならば、音声表出が苦手であるために、自分の考えていることを音声表出で表現することができないということが、周囲の人に受け入れられない行動の原因だからである。自分の意思を周囲の人に理解してもらうことができるような方法を身につけることができれば、相手にわかるように伝える

ことができるようになると考えられるのである。

4.1 対象児

対象児は、小学校の特別支援学級に在籍する5年生の自閉症のあるA男である。文字を読むことができ、簡単な文章を読んで理解することができる。また、日常生活でよく使われることばについては、聞いて理解し、行動に移すこともできる。音声表出によるコミュニケーションをとることはできない。

A男がコミュニケーションエイドを導入したきっかけは、母親がA男とともに、筆者が開いているコミュニケーション相談室を訪れ、A男のコミュニケーション手段について相談したことである。

筆者は、母親からの聞き取りや、実際の場面でのA男とのやり取り、母親が記録したコミュニケーションの記録（表3）などから評価し、PDAを使ったコミュニケーションエイドの導入を提案した。

筆者がPDAによるコミュニケーションエイドを提案したのは以下に示すような理由からである。

- A男が、平仮名や数字を読むことができていたこと

表3 コミュニケーションの記録

どのような場面で（文脈）	どうした（子どもの言動）	機能				文脈		手段	備考
		要求	注目	拒否	その他	どこで	だれに		

写真1 トークアシスト™

- 電子機器に興味を持っていたこと
- 両親がPDAやコンピュータなどの設定を苦にしなかったこと
- 日常的に利用することを可能にするために、持ち運びがしやすい方がよいと考えられたこと
- 文字盤を使って要求しようとしているが、伝わらない場面が多く見られたこと

このような理由から、明電ソフトウェア社製のトークアシスト™（以下TA）を使用することとした（写真1）。そして、約1か月間の試用期間を経て、本児用のTAが導入されることになった。

4.2 導入に際して親に求めたもの

TAなどのコミュニケーションエイドの導入が初めてであるA男の親には次のようなことを求めた。

- TAで遊んでいても止めないこと
- 何かを伝えてきた時には、TAで伝えるように促すこと
- TAで伝えてきた時には、最後まで聞いてから答えるようにすること（先読みをしない）
- TAを身につけることができるように工夫すること

4.3 使用の実態

A男は、隔週で約1時間程度香川大学教育学部坂井研究室において、主に大学院生が企画したさまざまな活動を通して、コミュニケーションの練習をしている。指導の様子は、ビデオ撮影され、指導終了後、指導時のやりとりの様子は担当学生によりトランスクリプトに文字転写され、資料として活用されている。

4.4 使用回数の変化

図3は、2006年にTAの使用を開始してからの使用状況を示したグラフである。回数は、コミュニケーション指導の中での使用回数である。

TAを使って自発的に伝達してきた回数は、2006年度から2007年度にかけて増加し、2008年度以降は多少の変化はあるものの、TAは使われていることがわかる。このように、自発的にTAを使用する回数が増えて、使用できているということは、A男がTAを自分の意思を伝えるための効果的な手段であると理解している結果だと考えることができる。A男のコミュニケーション・ニーズを満たすうえで有効な手段（ツール）となっていたということである。

4.5 語彙の増加

図4は、TAを使い始めた2006年から、2009年9月までの、A男が研究室での一回のセッションの中で、TAで発した語彙数の変化である。TAを使って伝達してきた語彙が明らかに増加していることがわかる。また、その時伝えてくることばの長さも長くなっており、初期の頃は「ください」のみを伝達していたものが、具体的に名詞を入れて「○○をください」と伝えることもできるようにもなってきている。この、語彙数の増加は、

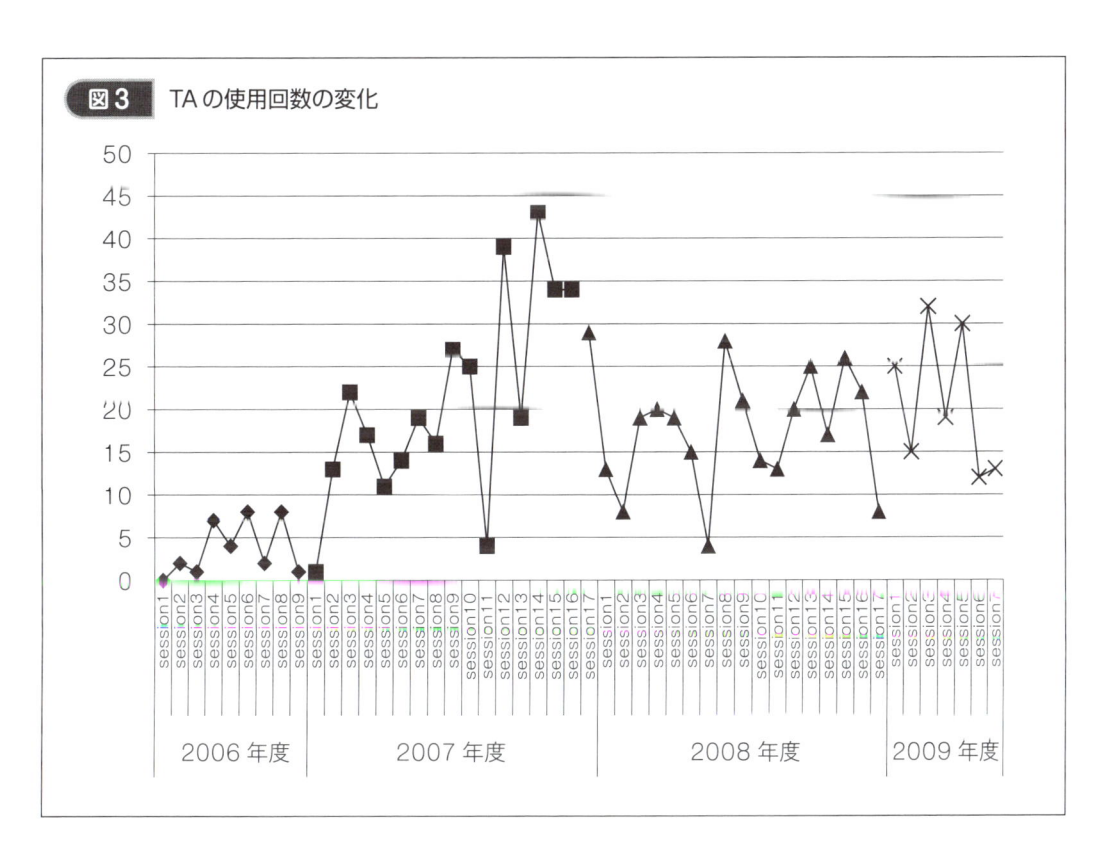

図3　TAの使用回数の変化

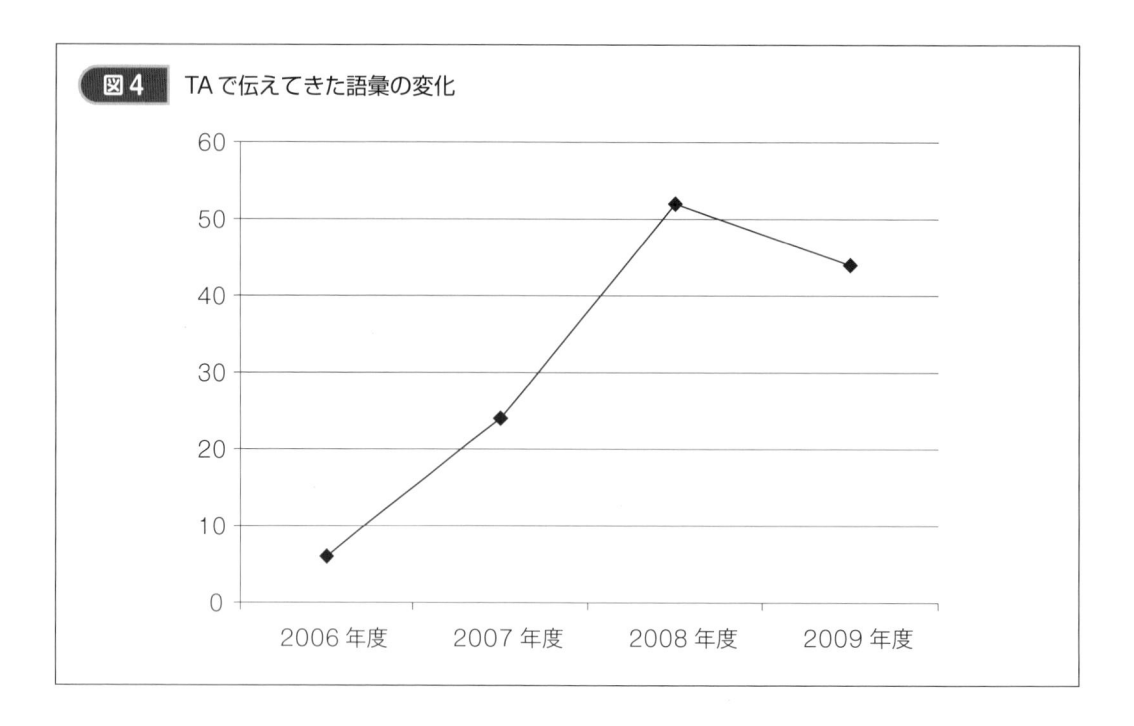

図4 TAで伝えてきた語彙の変化

VOCAなどのコミュニケーションエイドの導入による効果であると考えることができる。

　VOCA導入前までは、A男は文字盤を綴りながらコミュニケーションをしていたが、音声が出ない文字盤の場合は、受け手側が綴っていく文字を目で追い、確認しながら理解しなければならないため、伝わらなかったことも多かったと考えられる。実際に母親も「気づかないことも多く、何を伝えてきているのかわからないことも多かった。単語での要求が多かった」と、文字盤使用時の感想を述べていた。しかし、音声を出力することができるVOCAの導入は、音声が出力されるので相手に伝わりやすくなるため、自分の意思が相手に伝わったというコミュニケーション成立の経験の繰り返しを可能にすると考えられる。この快の経験が、コミュニケーション意欲に繋がり、その結果、相手に伝えたいことが増えるので、新しい語彙も吸収し、それらを使って伝えることができるようになっていたのではないかと考えられる。

4.6　日常生活への広がり

　コミュニケーション指導の成果は確実に日常生活にも反映され、広がりを見せている。表4は、2008年にあった象徴的なエピソードのトランスクリプトである。A男は、時々、両手で耳をふさぎながら研究室に来ていた。その日も、両手で耳をふさぎながら来たが、ある日のセッション終了後、帰り際に見られたA男と筆者とのやりとりについて示されているものである。

　ここでは、「(あなたの声が大きいから困るので)小さな声でお願いします」と耳をふさいでいた理由を筆者にはっきりとTAで伝えているのである。それでも不安なのであろ

表4 TAを使って

A男	筆者
1. 筆者のそばまでやってきて、TAを打ち、「小さな声でお願いします」 2. 少し離れたところで、筆者に背を向けて、TAで「さようなら」 4. にこにこしながら「うん」とうなずき帰っていく	3. 小さな声で「さようなら」

う、筆者に背中を向けて「さようなら」とTAで発信している。その後、小さな声で「さようなら」と言う筆者に対し、筆者の方を向いて、にこにこしながら「うん」とうなずき帰っていっているのである。その表情は、これで安心という感じのものであった。

　このエピソード以後、A男が、研究室に来る際に両手で耳ふさぎをすることはほとんどなくなった。ここでのやりとりは、TAを使って自分から発信することによって、自分で環境を変える経験ができていたということを表している。参加しやすい環境を自分の力で整えることができたということである。これは、音声表出によって周囲の人に伝えることができないA男が、TAを手に入れ、それを用いたからこそ可能になったことであると考えられる。TAがあるからこそ、自分の窮状を自分の力で解決することができたということであり、伝える術を持つことで、参加したり活動したりする環境を自分の力で整えることが可能になるということである。このことによる、日常生活への影響は大きいと考えられる。コミュニケーションすることによって、窮状を改善することが可能になれば、不安や混乱を最小限にすることが可能になるからである。その結果、生活の質は大きく改善するのではないかと考えられる。

5 どう考えればいいのか

　AACをどのように理解し、どのように実践の場に活かしていけばよいのかについて、コミュニケーションエイドを使っている自閉症のあるA男の事例を通して考えてきた。紹介してきたように、A男のTA活用の様子からは、本児にとって、TAが有効なコミュニケーションの支援機器になっていることがわかる。しかし、現実には、A男のように、コミュニケーションエイドを生活の中で有効に活用している子どもは少ない。A男のような可能性を持っている子どもは多いと考えられるにもかかわらず、利用されていないケース

が多いということである。

　図5を見てもらいたい。ここには、AACを導入するということの考え方を示した。子どもたちの力は、本人の力だけではなく、支援やツールによって引き出される力がある。そして、それらの支援やツールを利用しているその子どもを周囲が理解するということによっても引き出される力がある。すると、そこに直方体を作ることができる。この直方体の容積が本当の子どもの力になるのではないかと思うのである。もし、本人の今の力で伝えることができないのであれば、AACを適用してみる。すなわち、それは、支援の方向に矢印を延ばすということになるであろう。本人の力がまだ満たないのだから、支援の方向に矢印を伸ばして、底面積を広くして、直方体の容積を大きくし、今ある本人の力でできることを増やしてみようと考えるのである。そうすれば、できなかったことが可能になるのではないかということである。

　もうひとつ大切なことは、それら支援を使って生活しているその人を認めるということである。周囲の理解を得るという方向の矢印も忘れてはならないであろう。この3方向の力で、私たちは支援を考えなくてはならない。その中で、支援やツールの方向を引き出す方法のひとつとしてAACがあるということである。

　そして、ここで重要なのは、「本人の力」と「支援やツール」と「周囲の理解」のいずれかひとつでも「ゼロ」であってはならないということである。いくらコミュニケーションエイドが使えても、周囲の人が理解してくれなかったとしたら、それらを使うことは許されないからである。たとえばA男の場合だと、TAを使って周囲の人に伝えることはできなかったということである。

　私たちは、ただ単にAACを導入すればよいかというとそうではなく、本人の力も伸ば

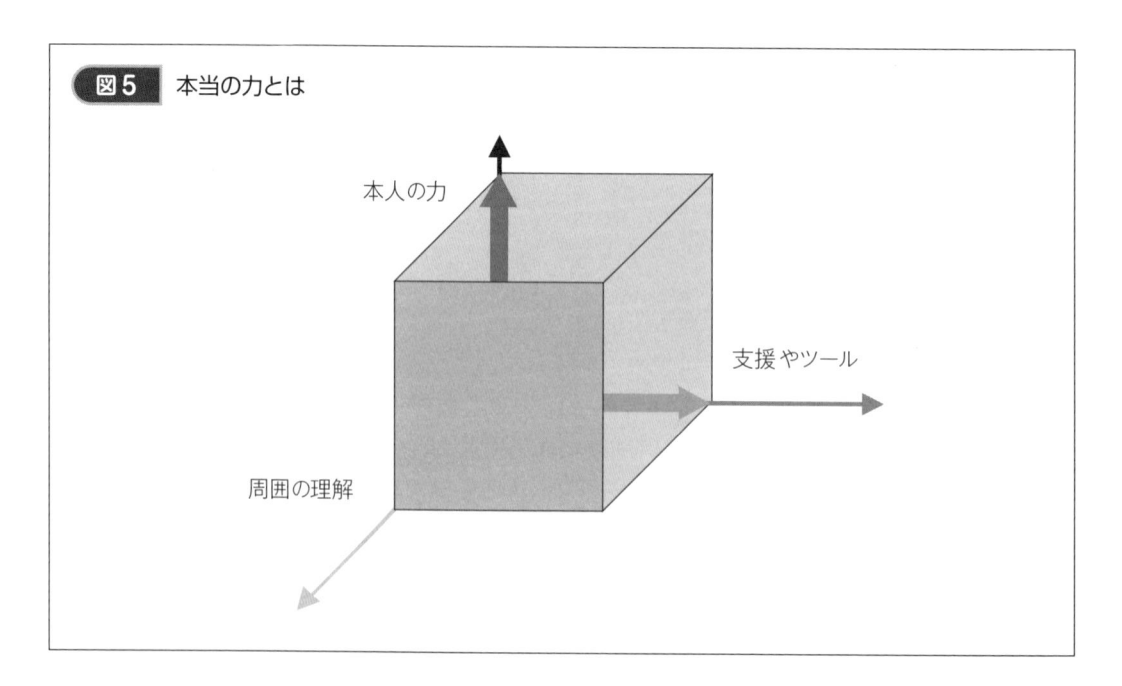

図5 本当の力とは

本人の力

支援やツール

周囲の理解

しながら、AACの導入により、本来の力を引き出すと同時に、周囲の理解も引き出すことができるように働きかけていかなければならないということである。今後は、周囲の人たちの理解を得ることができるように、実践から得られたエビデンスの蓄積と分析が求められることになるだろう。

　目の前にいる子どもが「何を伝えたいのだろう」「何か言いたいことがあるのではないか」と考え、「ちゃんと伝えてごらん」という視点に立った時、AACの導入は効果を発揮するに違いない。しかし、AACを導入したら、その瞬間からコミュニケーションがとれるようになるかというとそのようなことはない。子どもは、コミュニケーターとしては、未熟なままなのである。これを使って、コミュニケーションの練習をしてみようと考え、練習を繰り返す時、子どものコミュニケーション能力は徐々に伸びていくのである。AACの考え方を理解して、子どもたちと楽しくコミュニケーションしていきたいものである。

引用文献

1) ASHA (American Speech-Language-Hearing Association) Report: Augmentative and alternative communication. Asha, 33 (Suppl. 5) 9-12, 1991.
2) 中邑賢龍：AAC入門．こころリソースブック出版会，1998，pp7-14.
3) 高原淳一：コミュニケーションエイドとは何か　視点は始点．こころリソースブック出版会，2000，p134.
4) 小島哲也：補助・代替コミュニケーション（大石敬子・編：ことばの障害の評価と指導）．大修館書店，2001，pp110-128.
5) 塩田佳子：VOCAでコミュニケーションしてみよう（中邑賢龍・他：コミュニケーションの小さなヒント）．2001，こころリソースブック出版会，p41.

参考文献

1) 坂井　聡：自閉症や知的障害をもつ人とのコミュニケーションのための10のアイデア．エンパワメント研究所，2002，pp90-100.
2) 坂井　聡：ケータイで障がいのある子とちょこっとコミュニケーション．学研，2009.
3) 世界保健機関：国際生活機能分類．2002.

（坂井　聡）

2.7 非音声言語手段による言語指導の考え方とその実際

1 非音声による言語システムの研究開始の背景

　私たちの日常生活の中のコミュニケーションは、ほとんどの場合音声言語（ことば）で行っている。表情やボディランゲージ、指さしや筆談などの非音声言語コミュニケーション（nonverbal communication：NVC）は、音声言語に付随して気づかず用いたり、または意図的に用いることなどにより、伝達の効果が歪んだり薄れたり、また効果的になるなど、伝達内容を左右する大きな要因である。電話での会話の相手の印象が、直接会ってみると大きく異なっていることでもわかる。

　音声言語でのコミュニケーションが難しい人たちの数は、世界的にはおおよそ1％弱と言われている（Beukelman et al, 1992）。そのような人たちへ、音声言語の代替になるようなNVC手段（サイン言語、図形シンボルなど）の研究が1960年代後半から1970年代以降急速に高まり、聴覚障がい児・者のトータルコミュニケーション（Total Communication）の理念を背景に、その分野を言語コミュニケーション手段に限定したAAC（Augmentative & Alternative Communication：拡大・代替コミュニケーション）という新しい理念の形成が急速に進められた。1990年から2000年にかけては、今後の高齢化社会や、重度重複児などの増加傾向社会を鑑みて、そのニーズの後押しもあり、研究が加速化され事例報告なども急増した。

2 発達障がい乳幼児への早期からの適用の効果

　それまでNVC手段の使用は、音声言語でのコミュニケーション困難、または中途失調児・者に対しての音声言語の代替手段として使用されていた。しかし言語獲得の難しい発達障がい児に対し、発達早期から視覚的な言語刺激と並列して音声言語を入力することにより、音声への関心が高まり、「ことば」の獲得の改善に効果があるという報告が多くなると、発達早期からの言語指導にAAC導入が頻繁にされるようになった。

2.1　子どもの言語発達と障がい乳幼児の言語発達

　子どもが生まれ成長するということは、人間社会に適応していく過程を意味している。生まれてから初期は母子の相互の関わりや、さまざまな共有関係を分かち合いながら、子どもは「外」の世界を「内」の世界へとしていく。新生児期であっても、そばにいる赤ちゃんが泣くと一緒に泣き出す共鳴動作（コアクション）が見られるなど、すでに「外」の社会からの影響を受け止める発達的要素を持って生まれている。微笑みの共有や欲しいものへ手を伸ばすリーチング行動など、どれも「外」の世界への自発的な関わりの表現である。自発的な「外」への働きかけ後の報酬とその成功感が、次の働きかけのエネルギーとなっていく。そのプロセスにおいて、「外」の出来事を「内化」した現象のひとつが模倣である。ことばも最初は、音声発出の練習期である喃語から始まり、それが意味づけられ模倣することでことばの獲得へと繋がる。

　しかし発達に課題を持つほとんどの子どもは、発達の初期から「外」の世界への興味が希薄なことが多い。そのために母親の姿や声に反応したり不快感を表現するなど、「外」への働きかけの頻度が減少する。そのような「外」とのやりとりの難しさが、象徴機能獲得期における指さしや見比べの力、また言語音の「意味化」へと通じにくくさせている。その結果として、環境の「内化」が遅れ、ことばの獲得が遅延したり、やりとりに必要なコミュニケーション能力の形成が脆弱になる。

2.2　障がい乳幼児へのサイン言語と図形シンボルの役割

　言語の理解の経路は多種あるが、そのほとんどが聴覚と視覚から受容する。音として聴覚から入力された情報は残存性が低く、その理解を促すには聴覚記銘の能力に頼るところが大きい。それに対し視覚的な刺激は、映像としての保持性も高く記銘されやすい。また、音は継時的に意味をなすのに対し、視覚からの情報は即時的に内容を示すため記銘や発想の想起などが容易である。たとえば、「小さい自動車と大きな自動車」とことばで話すと、音節数も多く長い音の連鎖になるため、内容を理解するには高い聴覚記銘力が必要になる。しかし視覚から入力されるサイン言語で行う場合、両腕でハンドルを作り小さく動かして（小さな自動車）、その後ハンドルを大きく動かす（大きな自動車）ことで瞬時に表し、また図形シンボルであれば、2つの記号（図形）を並べることでよい。特に集中力や注意力の持続が短い発達障がい児にとって、視覚による意味の入力の手段は、内容理解にかかる時間が短縮され記憶に残存・保持されやすいことがわかる。

　また言語の表出に関しても、特に言語音獲得の初期の発話を例にとると、音を作りだすために多くの努力を要し、それだけで高い動機づけと表出への集中力が必要になる一方、サインやシンボルについては、上記の文章で言えば2つの動作または2つの記号を示すことで表出・伝達が可能で、その即効性や成功感が得られやすいうえフラストレーションも

低く、その結果としての行動療法的報酬による伝達のモチベーションへと繋がりやすい。

2.3 サイン言語と音声言語獲得の関連性

　子どもの発達期におけるサイン言語導入の最も大きな懸念は、発声発語の獲得の遅い乳幼児にサイン言語を適用した場合、音声言語獲得を阻止するのではないかということである。この問題に関しては、これまで過去の多くの報告によっても、その事実を確認することはできない。むしろ、サイン言語によるコミュニケーションの確立からほどなくして音声言語の発現が報告されるケースが多い。その理由はいくつか考えられる。

　子どもが音声言語を獲得するのは多くの要因が整った結果であるが、その中でも音の模倣行動の完成形であるとも言える。模倣の出現には、「外」の世界の事象が「内」の世界へと浸潤した結果の出来事である。障がい乳幼児は他との自発的な「外」との関わりが希薄なことが多いが、決して興味がないのではない。さまざまな発達的・感覚的要因が、その手段の獲得を阻んでいると考えられる。自閉症児に限らずあらゆる言語的問題を持つ児・者のやりとりの獲得を、ことばという聴覚のみに頼るだけではなく、視覚からもことばの意味づけを行うことにより理解を促進するだけではなく、音声の模倣よりはるかに単純な構造の動作模倣により表出言語による伝達を可能にしようとするのが、サイン言語や図形シンボルなどの視覚刺激手段による指導である。

　このように音声言語より単純な構造でまた即時性の高いサイン言語やシンボルによるやりとりの成功体験の経過の中で、伝達意欲が助長され、模倣能力が促進されるのではないかと考えられる。同時に、コミュニケーションの核である「外」の世界の「内化」が急激に行われ、やりとりの構造の理解の促進と共に、記銘や情報の統合などの言語能力、また伝達や表出などを含む言語運用など、言語の全般的な発達が促されていくのではないかと考えられる。

3　さまざまな非音声言語手段

3.1　サイン言語系

　サイン言語法では、各国内で標準化されている聴覚障がい者のための手話が、今でも多く用いられている。しかし手話は、知的発達に問題のない聴覚障がい者のために開発されたものであるため、サインの形状が複雑であったり、複合して意味をなすものなど獲得には複雑すぎることが指摘される。そのためこれまでに、音声言語だけではなく知的に問題がある対象児・者のための、単純で模倣しやすいサインの形状、また提示の方法などに工夫したサイン言語指導法がいくつか開発されてきた。

　サイン言語法の導入の前に、対象児・者の手指や腕の機能性、また模倣力や運動企画の

力などをチェックしておくことが大切である。導入には、最も好きであったり、身近なものから指導すると楽しく進行する。

3.1-1 マカトン法

マカトン（Makaton）とは、マーガレット・ウォーカー（Margaret Walker）、キャシー・ジョンストン（Kathy Johnston）、トニー・コンフォース（Tony Conforth）という3人の開発者の名前の頭文字をとってつけられた。

マカトン法は原版ではMakaton Vocabularyと言われているように、厳選された330語（英国版は350語）の核になる語彙（核語彙）がその中心的特長とされる。それらを9つのステージに分け、指導場面ではその最初のステージからカードなどと共に指導をしていこうとする指導法である。

マカトン法の指導では、伝達文中の最も重要な語彙（キーワード）にだけサインをつけ、伝達方法や内容をできるだけ単純にしようとしている。また口形模倣や音声模倣を促すために、サインと同時に必ずことばを提示することが基本とされている。

3.1-2 インシデンタルサイン指導法（Milieu Teaching：Incidental Teaching Technique）

インシデンタルサイン法とは、対象児・者から自発的に表出された伝達手段を、そのままコミュニケーションの手段として日常的に使用していこうとするものである。特にサイン言語指導では、指導者が一方的にサインを「教える」ということになりやすく、自発的な表出能力を低減させてしまうことがあるためである。そのために対象児・者それぞれの

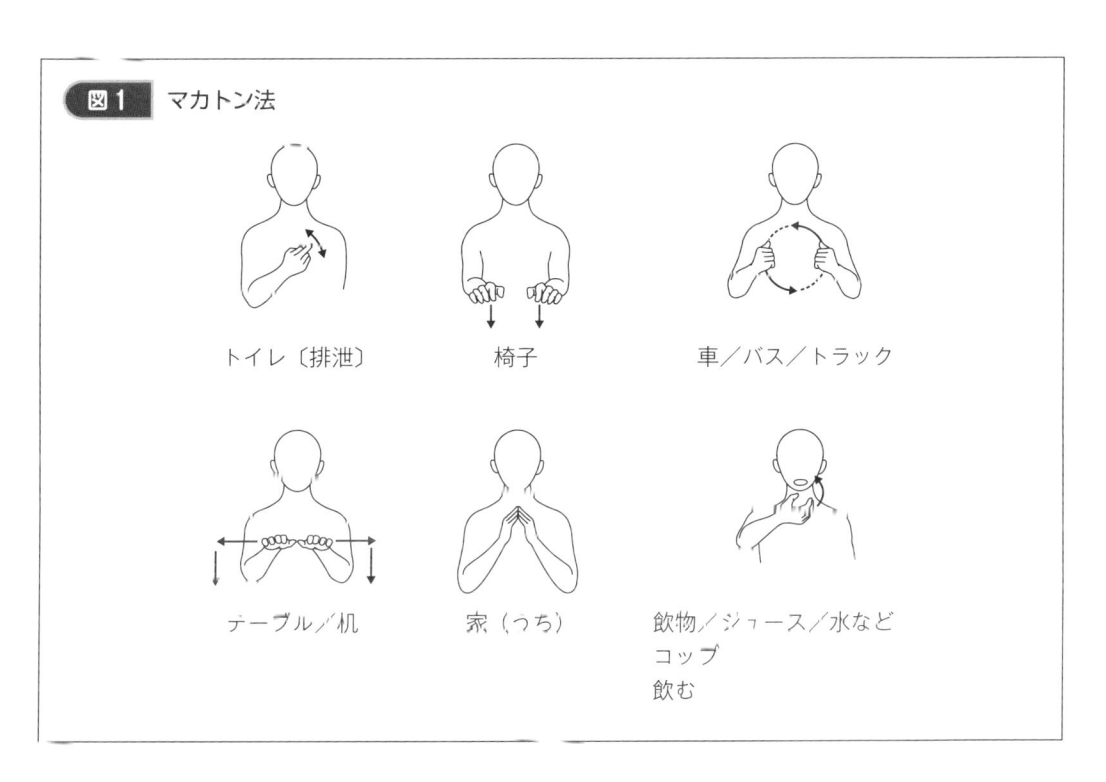

図1 マカトン法

トイレ〔排泄〕　　椅子　　車／バス／トラック

テーブル／机　　家（うち）　　飲物／ジュース／水など
　　　　　　　　　　　　　　　コップ
　　　　　　　　　　　　　　　飲む

機能的表出手段を日常的に取り入れ、定着させていくものである。

　この方法は、インシデンタル指導法（Incidental Teaching Strategy, Hart & Rogers-Warren, 1978）と言われ、重度の知的障がいや肢体不自由の対象児・者が、日常の置かれた環境で、自発に出したサイン（兆候や働きかけ）をそのまま表出手段のモジュールとして採用していく方法である。

3.1-3　アメリンド法（Amer-Ind Gestural Code）

　Amer-Indとは、アメリカンインディアンたちが使っていたサイン言語を用いたコミュニケーション手段法である。北米大陸の土着のインディアンたちは、多くの種族がそれぞれの文化と言語を持っていたため、共通語としてサイン言語を用いていた。そのサイン言語を体系化し、音声言語の難しい人たちに適用したのが、Amer-Indである。

　ここで使用するサインは、ひとつの意味をなす語に対し、複数の語彙を連続して表出する。たとえば、「駐車場」は、「場所」+「運転」+「小屋」のように行う。Amer-Indではこの「駐車場」は意味をなす語（Concept）と言われ約250語あり、それを説明するには約2,500語のサインによって構成され、サインの形状は標準化された手話よりも、誰が見てもよくわかるものであると言われる。Amer-Indは、主に北米を中心に使用されているが、選定されている語彙の内容などから、失語症や高次機能障がいなどのコミュニケーション障がい者の使用が適していると言われている。

3.2　図形シンボル系

　無発話なコミュニケーション困難児・者で、模倣や手指機能が難しい、また記憶に課題がある対象児・者の場合、サイン言語の獲得やその再現には多くのハードルがある。そのためポインティングで意思表示ができたり、自ら描けるようなシンプルな図形シンボルがコミュニケーション用のツールとして開発・体系化されてきた。図形シンボルの開発は、サイン言語の体系化の時期より先に行われた。どのシンボルにするかは、それぞれの特徴をよく見極め、対象児・者の視覚認知度、弁別力、また体系化されている語彙の内容や数を知ったうえで導入する。図形シンボルが適切と判断した場合でも、できれば指導者は、シンボルを提示しながらサイン言語や実物、ジェスチャーなどを同時に使用することが望ましい。そうすることにより、注目を引き出し、集中の持続を促進すると同時に、言語的象徴機能向上の補助的ツールとして有効であると言われる。

3.2-1　PCS（Picture Communication Symbols）

　日本でもPCSとして広く周知されている図形シンボルである。約3,500語が選定されており、世界でも10か国語に訳されている。このシンボルは、スタンプやシール、またコピーして使えるようなシンボル辞書（ブック）、またサイズの可変や着色などが可能なパソコン用ソフト、その他さまざまな教材も販売されている。

3.2-2 PIC（Pictogram Ideogram Communication Symbols）

これは400語の白黒のユニークな絵柄の図形シンボルである。この絵柄の特徴として、黒地に白の抜き柄であり、三次元の立体的な絵柄で描かれるものが多い。この方法を使用して多くの試験的施行が行われた結果、この黒地に白抜きの絵柄が、他の図形シンボルや白地に黒絵柄のシンボルに比較し、より重度な障がい児・者にとって理解されやすくなると共に、転導的な対象児・者の場合でも注視度がより高くなることもわかった。

3.2-3 リーバスシンボル（Rebus Symbols）

この方法は、障がい児・者のための代替法が提唱されて間もない頃から体系化され、世界的には最も長く使用されている方法のひとつである。これは当初、北米の非障がい児の読み教育のために開発され大きな成果をあげた。その後英国において、障がい児・者のためのコミュニケーション方法として最終的にまとめられた。そのため意図的に、シンボル

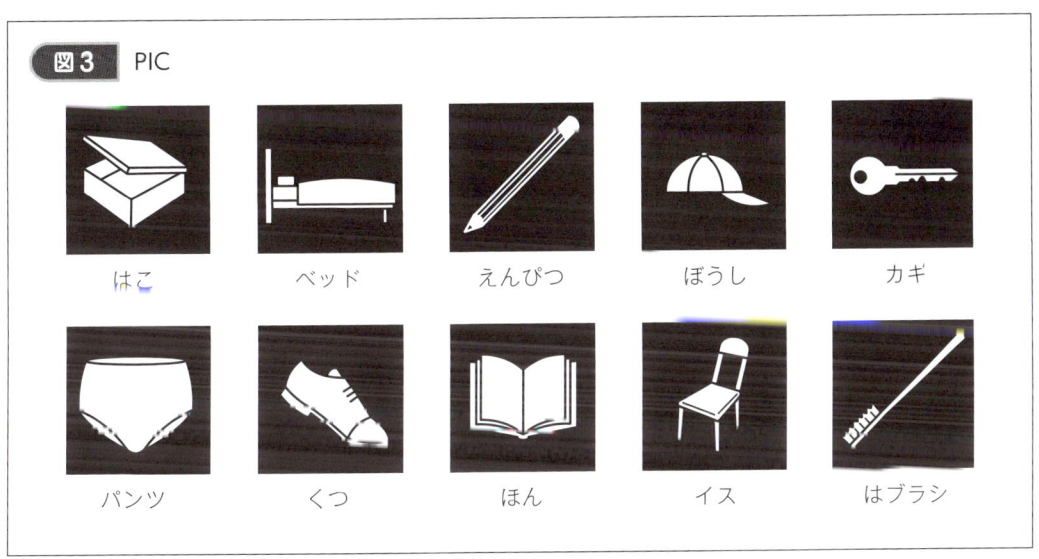

図2 PCS

図3 PIC

の中に発音に相当する文字が入っていたり、またシンボルを複合的に使用するなど、将来的な「読み能力」に移行することを目的とする様相を残している。

3.2-4　マカトンシンボル（Makaton Symbols）

マカトンシンボルも前述のサイン言語指導と同様に、シンボルが330語（英国版350語）の核語彙の一つひとつに対応してシンボルがついている。マカトンシンボルは、マカトンサインと同時に提示をすることにより、サインを表出できない・表出しにくい対象児・者のコミュニケーション代替表出手段として指導されることが多い。この方法も、絵カードや絵本などを用いながら、語連鎖拡張などの指導に使用される。マカトンシンボルは、図形をシンプル化しているために描きやすい反面、象徴性や平面性が高い。

3.2-5　PCS、リーバス、マカトンシンボルの比較

音声言語の獲得が難しい障がい児・者に対し、これまでは（今でも）ことばの獲得への直接的な指導が行われていた。しかし視覚刺激入力法による言語指導により、コミュニケーションへの興味が広がると共に、自然に音声言語獲得へと通じていく症例報告がこれまで多くされてきた。筆者もその結果を多く体験しているひとりである。今回紹介した非

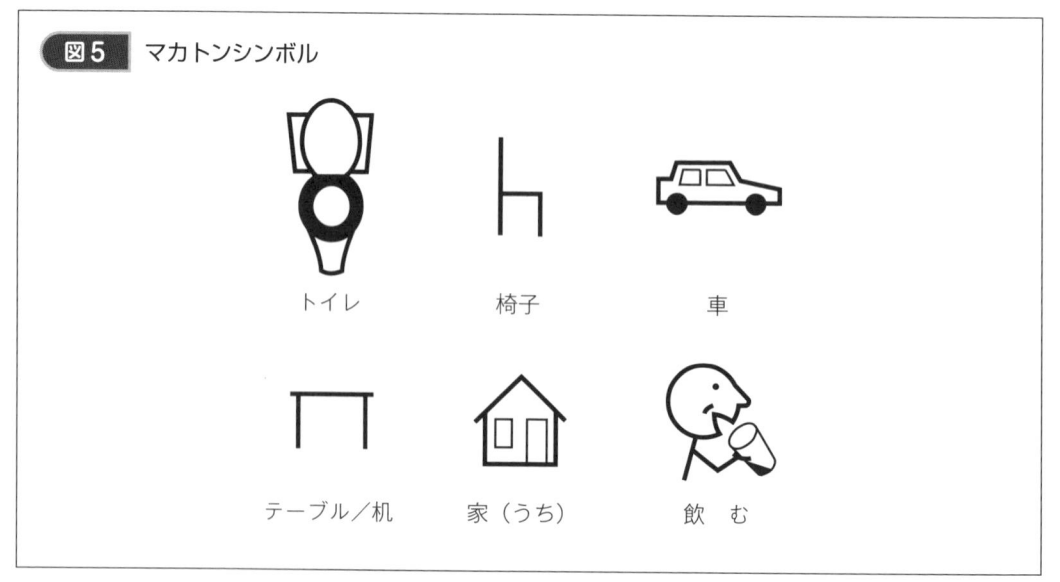

図4　リーバスシンボル

| お母さん | お母さん | お母さん | お母さん | お母さん |

図5　マカトンシンボル

トイレ　椅子　車

テーブル／机　家（うち）　飲む

音声言語の手段の他にも、AAC手段としてVOCA（Voice Output Communication Aids）のように音声表出機器もある。さまざまな方法や種類がある中で、ひとつの手段に固執することなく、その対象児・者に発達やニーズに合わせて手段を選択し組み合わせて指導に取り入れ、指導の進行と共に、速やかにその内容と方法を柔軟に進化させることが大切である。

図6 PCS、Rebus、Makatonシンボルの比較

	Picture Communication Symbols	Rebus	Makaton
欲しい	want		
食べる	eat		
考える	think		
どこ？	where		
友だち	friend		
車椅子	wheelchair		

参考文献

1) D.R. Beukelman, P. Mirenda: Augmentative and Alternative Communication Management of severe Communication Disorders in Children and Adults, Brooks, 1992.
2) S.L. Glennen, D.C. DeCoste: Handbook of Augmentative & Alternative Communication Singular Publishing Group Inc., 1997.
3) 松田祥子・監修, 服部美也子・編著:マカトン法への招待. 日本マカトン協会, 2008.
4) 津田 望:新ことばのない子のことばの指導. 学習研究社, 1998.
5) W.Yule, Rutter, Ed: Language Development and Disorder, Mac Keith Press, 1987.
6) N. Tsuda: Changing of the Signers' Utterance during Therapy Using Sign Language, International Conference Interdisciplinary Perspectives in Speech and Language Pathology, Dublin Ireland, 1992.
7) 中邑賢龍:AAC入門－拡大・代替コミュニケーションとは. こころリソースブック出版会, 2000.

各手段等連絡先

1) PCS:
   米国　Mayer-Johnson, Inc.
   国内連絡先:アクセスインターナショナル
   http://www.accessint.co.jp/accessstore/products/at2_2_bm.html
2) PIC:
   Pictogram Ideogram Communication
   藤澤和子, 井上智義, 清水寛之, 高橋雅延:視覚シンボルによるコミュニケーション:日本版PIC. ブレーン出版, 1995.
   日本PIC協会　http://www.geocities.co.jp/NeverLand/3740/
3) マカトン法:
   日本マカトン協会(旭出学園教育研究所内, 東京都練馬区大泉1-12-16)
   http://www5b.biglobe.ne.jp/~asahidek/

(津田　望)

2.8 音楽療法の考え方とその実際

　音楽療法は障がいを抱える子どもへの発達支援の一方法として、近年注目を集めている。通園施設や特別支援学級、特別支援学校でも、音楽を活用し多くの実践が行われている。しかし、音楽は非常に個人的な営為であり、「この音楽ならよい」という性質のものではない。また音楽はすでにひとつの構造を持っているため、一見かたちにはなりやすいが、障がい児の発達促進にどのように関与しているかを明確にしていく必要がある。本稿では、音楽療法の基本的なとらえ方や構造、具体的なプログラム、提供する音楽について考えてみたい。

1 音楽療法の定義

　日本音楽療法学会は、音楽療法とは「音楽のもつ生理的、心理的、社会的働きを用いて、心身の障がいの回復、機能の維持改善、生活の質の向上、行動の変容などに向けて、音楽を意図的、計画的に使用すること」と定義している[1]。また筆者は、障がい児への音楽療法の意義を「音楽を介して、障がい児の抱える社会的ハンディキャップを軽減させ、少しでも社会生活が営みやすくなるように援助していくこと」と考えている。
　音楽療法は、歌唱や楽器演奏などの音楽技術を高めることを目的とせず、音楽の特性を効果的に用いて、障がい児の調和的な発達の基盤を構築することを目的として行われる。

2 音楽の特性

　ブラッキング（Blacking）は「音楽とは、人間によって組織づけられた音響である」と定義している[2]。また松井は、音楽の特性を10項目掲げている[3]。これらの特性を理解しておくと、音楽療法がより構造化し効果的に展開できる。
　①音楽が知的過程を通らずに、直接情動へ働きかける
　②音楽活動は、自己愛的満足をもたらしやすい
　③音楽は人間の美的感覚を満足させる
　④音楽は発散的であり、情動の直接的発散をもたらす方法を提供する
　⑤音楽は、身体的運動を誘発する

⑥音楽は Communication である
⑦音楽は一定の法則性の上に構造化されている
⑧音楽には多様性があり、適用範囲が広い
⑨音楽活動には統合的精神機能が必要である
⑩集団音楽活動では社会性が要求される

　音楽療法は前言語的あるいは非言語的な交流が行われるため、言語コミュニケーションに問題を持つ子どもや情緒に不安定さを抱える子ども、運動機能に問題のある子どもの発達援助に大きく関わっている。また集団音楽活動では、対人関係の広がりや社会性の向上などが期待できる。

3　音楽療法の構造

　音楽療法は、セラピストの数だけ方法があると言われるほど、さまざまな方法が用いられる。
　音楽療法の構造は次のようになっている。

　　依頼：病院・施設・学校・福祉施設・保護者から依頼される
　　　⇩・依頼者のニーズを明確にする
　　アセスメント：事前資料（障がい名・成育歴・発達の状況・音楽の好み）とセッションを通してアセスメントを行う
　　　⇩・発達の状況を明確にする
　　目標設定：長期目標（1年くらい）・短期目標（3か月くらい）を具体的に設定する
　　　⇩・音楽療法でできることを明確にする
　　実践（セッション）：頻度・時間・場所・セッション形態（個人・小集団・母子）・プログラムを構成する
　　　⇩・音楽療法の構造を明確にする
　　結果：どうなったか（セッションでの音楽的・対人的・認知的・身体運動・社会性の変容）
　　考察：なぜそうなったか（使用した音楽とセラピストや子ども同士の関係性の検討）

　セッション前に、子どもの発達状況を把握しておくことが必要だが、音楽療法はセッションを行いながら同時にアセスメントを行い、目標設定やプログラムを検討できることが特徴である。重要な点は、セラピストが単に傍観者としてアセスメントを行うのではなく、共に音楽活動を行いながら、子どもとセラピストとの関係性の中でアセスメントを行い音楽活動が発展していくことである。そのためには当然「関与」についても十分な配慮と視点を持たなければならない。特に障がいを抱える子どもの場合は、まず音楽活動を通

して、子どもとセラピストとの信頼関係の基盤を樹立することが何よりも重要である。セッションを開始する時は次の点に考慮する。

音楽療法の治療構造は以下のようになる。

- いつ：セッションの頻度、セッション時間、セッション時間帯の設定

    セッションの頻度（週1回、隔週、月1回）を決める。頻度により目標や活動の定着度などを考慮する。セッション時間は1セッション30～40分くらいに設定する。その日の子どもの状態によって短縮してもよい。年齢の低い場合は、20分くらいでもよい。時間帯は、施設の日程や子どもの生活リズムを考慮し、できるだけ活動に集中できる時間帯に設定することが望ましい。

- どこで：セッション場所の設定

    セッションを行う場合、人数と部屋の大きさを考慮する。なるべく音楽に集中できる環境をつくる。壁の掲示物を整理したり、カーテンの有無などもセッションに大きく影響する。広すぎる場合はパーテーションなどで区切ることも必要である。机や椅子の使用についても検討する。

- だれと：対象児の決定（個人で行うか、小集団にするかを検討する）

    セッションには、個人セッションと小集団セッションがある。子どもの発達状況によりセッション形態を決定する。小集団セッションでは構成メンバーの障がい種別、年齢・発達状況・人数などに配慮する。発達が初期段階の子どもや重度重複障がい、自閉的傾向の子どもの場合は、個人セッションを行い小集団活動へ移行させる。

- だれが：担当者（音楽療法士）

    現在、音楽療法士は国家資格には至っていないが、日本音楽療法学会が音楽療法士を認定している。しかし療育・教育現場に必ずしも音楽療法士がいるわけではないので、音楽の特性を十分に把握した人が担当することが重要である。音楽療法では音楽が最も重要である。

- 何を：音楽療法

    音楽療法が療育・教育現場でその名称ゆえに受け止めにくい場合がある。その場合は「音楽タイム」「音楽を用いた自立活動」など、目的を明確にして実践を行えば、名称に強いこだわりは持たなくてもよい。重要な点は内容である。音楽をいかに子どもの発達援助として活用できるか、また音楽でなくてはできないことを、セッションを通して提起することもセラピストの使命である。

- どうなった：変容、結果

    音楽療法によってどのように変容したのか、目的は達成できたのかを検討する。音楽療法の最終目的は日常生活での般化であるが、まず音楽療法のセッションでの変容について丁寧に考察する。評価表としては、「発達障がい児のための音楽活動

チェックリスト（MCL）」（日本臨床心理研究所）が参考になる。
　なぜ：考察
　　　音楽がどのような働きをしたのか、音楽のどのような要素が子どものどこに働きかけたかを丁寧に検討する。

4 実践

　プログラムには、声（歌唱）、楽器、身体運動、鑑賞などが含まれるが、子どもの発達状況、小集団の人数などを考慮し、プログラムを構成する。声は、その時の子どもの心理状況を端的に表すもので、歌詞のある歌唱とは若干異なる。子どもの発声をセラピストが模倣したり、母音や子音を組み合わせてことば遊びのように関わることも重要である。楽器は、ことばによるコミュニケーションが難しい子どもにとって、ことばの代わりとなってコミュニケーションの基盤を形成し、コミュニケーションを促進する重要な意義を持つ。楽器の特性をよく把握し提供することが重要である。楽器の音色、音質、ピッチ、余韻の長さ、演奏方法（叩く：タンバリン・トライアングル・ボンゴ・コンガ・音積み木・カスタネットなど、押す：卓上オルガン・キーボードなど、振る：マラカス・鈴・ミュージックベル・トーンチャイムなど、踏む：フットシンバル・エレクトーンのペダルなど、吹く〈吸う〉：ハーモニカ・クワイアホン・ペットホン・擬音笛など、弾く：ギター・オートハープ、カリンバ）など。そのほか、形態（丸い、三角、四角）、触感、重さ、撥の長さ・重さ・太さなど、楽器選択には多くの配慮が必要である。また子どもが使いやすいような手作り楽器も有効である。いずれにしても「音」が子どもにどのような意味を持つのかを考え、子どもの音の好みや身体運動の特徴を考慮して選択することが重要である。身体運動は、自己の身体に気づかせ、身体バランスや協調運動を向上させ、身体を組織化する大きな意味を持つ。またリトミックのように、音楽と運動を連合させた方法も活用できる。次にプログラム例と目的を紹介する。

　①挨拶：毎回同じ曲を用い、セッション開始の理解を高める。気持ちを切り替え音楽に向かう姿勢（身構え）を作る
　②音積み木：運動の方向性、目と手の協応、順序性を高める
　③クワイアホン：口腔感覚の整理、呼吸の意識化、音の方向性を意識させる
　④歌唱：呼吸・声の受容と意識化、メロディの記憶、発語の促進、共感を高める
　⑤身体運動：情動の発散、身体の意識化、音楽と運動を一致させる
　⑥コンガ：情動の発散、音楽との一体感を高める
　⑦挨拶：毎回同じ曲を用い、セッション終了の理解を高める、気持ちを安定させる

5 使用する音楽について

　筆者は、音楽の役割として、音楽療法が安全や安心の場であること、子どもたちを音楽により包み込むこと、音楽が脅威や威圧でないこと、を理解させる音の提供が重要であると考える。またその時の子どもの状態や発達課題に即した音や音楽を提供できることが音楽療法士の役割だと考える。特に自閉傾向の強い子どもの場合、音楽が圧力となり情緒不安を引き起こすことが多い。音や音楽を提供する場合は、音色、音質、音量、子どもとの距離には、細心の注意が必要である。

　選曲は、生活年齢と発達状況を考慮して行う。必ずしも即興音楽がすべてよいわけではなく、子どもの耳慣れた音楽を効果的に用いることにより、子どもの興味や集中時間を持続させることができる。音の使い方については、松井がBED-MUSICという技法を提唱している。技法名は、8つの技法の頭文字からなっている。これらの技法は心理療法の背景を持つ音の使い方として参考になる[4]。

　　B.G.M.（背景音楽）
　　Echo-Technique（以下T）（反響技法）
　　Dialogue（対話）
　　Modeling（モデリング）
　　Unaccomplished-T（未解決技法）
　　Stimulative-T（刺激技法）
　　Iso-T（同質技法）
　　Call-T（呼びかけ技法）

　Call-Tは、音楽活動の開始時や終了時に毎回同じ音楽を用いることにより、その音楽と音楽活動が結びつき、場面の予測や場面理解へと発展する。そのことにより安心感や情緒的安定、期待をもたらすことができる。Echo-Tでは、子どもの発した声やリズムをより美的に反響することで、子どもが自分の表現を受け止めやすくなり、セラピストとの関係性も深くなる。母子関係の基盤を形成する技法である。Unaccomplished-Tは、音楽の完結性を活用し、曲やフレーズの一部または最後の部分を子どもに表現させる技法である。とかく音楽を提供する側がすべてを演奏して「良かったね」と声をかけることが多いが、音楽の持っている構造を活用し、子どもが曲の不足している部分、未解決な部分を演奏することで、達成感や満足感を経験する。また未解決な部分を埋めることで、均衡（小メオスターンス）を保とうとする気持ちを引き出すことができる非常に重要な技法である。Iso-Tは、音楽療法の根幹となる子どもの情緒と同質の音楽を提供する技法である。多動傾向の子どもを落ち着かせようとして、ゆっくりとした音楽を提供するよりは、速いテンポの音楽で発散させてから次第にゆったりした音楽へ移行するほうが効果的である。

6　子どもの音楽療法表現を考える視点

　音楽療法を開始する際にアセスメントの重要性はすでに述べたが、ここでいくつかの視点を考えてみたい。
　①子どもがどのような音や音楽を好むか
　　　　⇨音色・音質・強弱・テンポ・リズム・曲調を観察する
　②外界のとらえ方として視覚認知が優位か、聴覚認知が優位か
　　　　⇨音楽の提示方法を工夫し観察する
　③声のピッチ（高さ）、声の強さ、発声・発音の特徴、言語理解
　　　　⇨歌いかけながら観察する
　④手指の巧緻性、利き手、身体バランス、協調運動
　　　　⇨楽器操作や身体運動から観察する
　⑤音楽表現の特徴
　　　　⇨子どもの音楽表現の原則を観察する

　音楽に対する反応をどのようにとらえるのかは、セラピストの持つ視点による。特に重度重複障がい児の場合には、一見無表情で反応がないと思われがちだが、眼球や手指の動き、唇や舌の動き、顔の向きなど細かい点に留意すると、いろいろな反応を示していることに気づかされる。たとえばセッション開始時に毎回同じ音楽で名前を呼ぶ際、セラピストは以下の点に留意ながら音楽を提供する。
　①体調（顔色、表情、呼吸、全体の雰囲気）
　②返事の様子（名前の理解、呼吸の状態、舌や唇の動き、声の強さ、声の高さ、声の伸ばし方、まなざしの向け方）
　③対人・情緒（セラピスト・アシスタント・子ども同士の関係性、安定性、集中度）
　④身体（姿勢、手指や足の動き、足の着き方）
　⑤音（音の受容）
　⑥音楽の共感性（音楽の提示後の表情）

7　配慮点

　①音楽療法の目的や音楽療法でできることを明確にする。目標設定では、1年間の長期目標、3か月くらいの短期目標を具体的に設定するとよい。
　②音楽療法での言語的・身体的援助方法について共通理解する。特に子どもの自発的な動きが出てくるまで待つことや、楽器演奏では運動の支点を作ること、子どもの表現

の原則について共通理解することは極めて重要である。
③生活年齢も考慮して選曲する。
④小集団活動の場合、すべてに参加しなくてもセッション中に1回はスポットが当たるようにする。
⑤セラピストは保護者や他職種の人に、目的、方法、経過をわかりやすく説明をする。

　現在音楽療法を取り入れている通園施設や特別支援学校は少しずつ増え、保護者からのニーズも高くなっている。しかし音楽療法が国家資格化されていないことや、エビデンスが明確に提示しにくいために、現場での評価が得にくいことも考えられる。音楽療法士でなければなし得ない音楽の力を活用し、実践で子どもの変容を示すことが、何より音楽療法の意義と必要性を現場に提起できるものと考える。

引用文献
1) 日本音楽療法学会HP：音楽療法とは，http://www.jmta.jp/.
2) J.ブラッキング（徳丸吉彦・訳）：人間の音楽性．岩波書店，1978.
3) 松井紀和：音楽療法の手引．牧野出版，1980.
4) 松井紀和，土野研治，古賀幹敏・他：音楽療法の実際．牧野出版，1995.

参考文献
1) 土野研治：声・身体・コミュニケーション－障害児の音楽療法－．春秋社，2006.
2) 土野研治：心ひらくピアノ－自閉症児と音楽療法士との14年－．春秋社，2000.
3) 松井紀和，土野研治，古賀幹敏・他：音楽療法の実際．牧野出版，1995.
4) 櫻林　仁・監修：音楽療法研究　第一線からの報告．音楽之友社，1996.

（土野研治）

2.9 感覚統合療法の考え方とその実際

　感覚統合療法は、LD（学習障がい）を中心とする発達障がいに対する治療介入モデルとして、米国の作業療法士エアーズ（A. Jean Ayres）により脳神経科学を基盤として構築された理論である。本来、感覚統合療法は専門的な講習を受けたセラピストによって発達障がい児の感覚情報処理機能の向上を目的とした個別的療法で用いられるものであり、対象児の詳細な評価を基に計画される治療的プログラムである。しかしながら感覚統合療法で用いられる感覚運動機能を育む活動のアイディアは、障がいの有無に関わらず子どもたちの発達を促すための援助法として有用である。また子どもたちが示す感覚面や運動面での"困り感"の原因を理解するうえで、感覚統合の観点が有用なことも多く、療育施設での集団活動・生活指導、子どもの行動理解のための考え方として広く活用されてきている。本論では、厳密な意味での感覚統合療法（狭義の感覚統合療法）ではなく、療育施設において応用的に活用されている広義の感覚統合療法のアイディアについて紹介する。

1　感覚統合とは

　感覚統合とは、人が環境に対して適応するために、自分自身の身体および環境からの感覚情報を中枢神経系にて処理（組織化・統合）する過程であり、適切に処理されることで楽しさや自己効力感を伴った環境との関わり（行為・行動・運動・学習など）が可能となる。処理過程には、①感覚刺激の適切な情緒的意味づけ、②自己身体の把握、③環境（対象物）の把握、④自己と環境の関係性の把握、⑤観念化・運動企画（環境に対して実行可能な行為のアイディアを思いつき、それを実行するための動作プログラムを作成）、⑥実行（プログラムを実際の運動として行うこと）、が含まれている（図1、図2）。この脳内プロセスが適切に処理されず、環境に対する適応的な行為が障がいされている状態を感覚統合障がいと呼び、これは「感覚調整障がい」、「行為機能障がい」という2つの枠組みにて整理されている（表1）。

　感覚統合理論では、普段あまり意識することのない感覚系である前庭感覚、固有受容覚、触覚の機能を重視しているのも特徴のひとつである。前庭感覚とは、身体（頭部）の傾き、動きの刺激を感知する感覚系であり、姿勢保持・バランス機能や3次元空間における自分の身体の位置の把握などの身体機能に関与している。また快感・爽快感などの情動

図1 感覚統合のプロセス

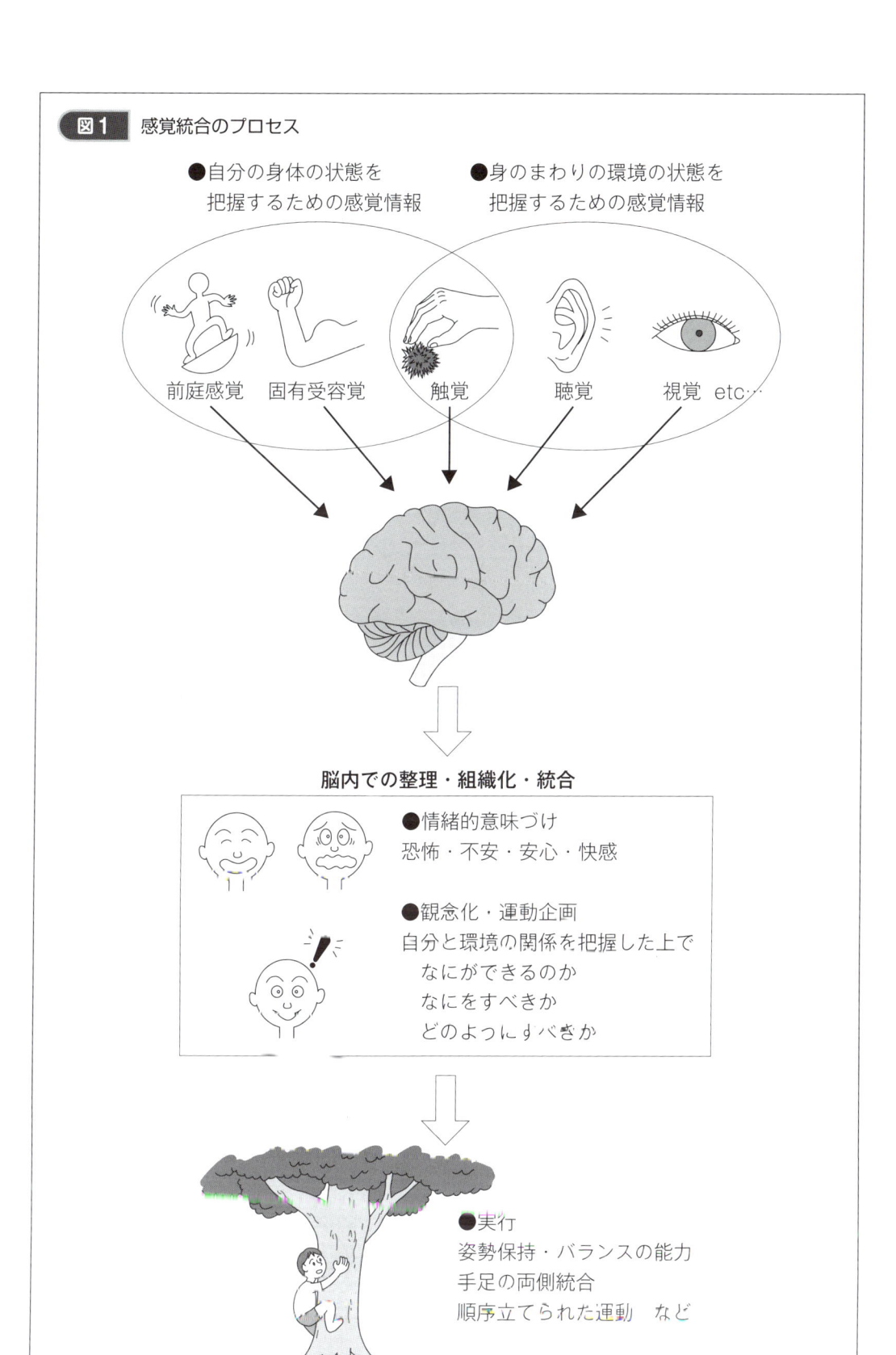

●自分の身体の状態を把握するための感覚情報
●身のまわりの環境の状態を把握するための感覚情報

前庭感覚　固有受容覚　触覚　聴覚　視覚　etc…

脳内での整理・組織化・統合

●情緒的意味づけ
恐怖・不安・安心・快感

●観念化・運動企画
自分と環境の関係を把握した上で
なにができるのか
なにをすべきか
どのようにすべきか

●実行
姿勢保持・バランスの能力
手足の両側統合
順序立てられた運動　など

発達支援の技法と理論

図2 感覚統合のプロセス　木登りの場合

感 覚 情 報

●自分の身体を把握
- 体が傾き、頭が地面の方に向いてる（前庭感覚）
- 枝から足が離れ、自分の体の支えがない（固有受容覚）

●身のまわりの環境を把握
- 痛い！枝の棘がある（触覚・痛覚）
- 次の動きを考えるために枝の形・向きを確認（視覚）

脳内の整理・組織化・統合

●情緒的意味づけ：危険！　不安や緊張

●観念化・運動企画：あの手が届きそうな枝をつかんで、身体を立て直そう。足は、あの枝にかければ大丈夫だ。

●実行：しっかり力をいれて落ちないように姿勢を支えて、考えた通りに手足をスムーズに動かす。

試行錯誤

表1　主な感覚統合障がい

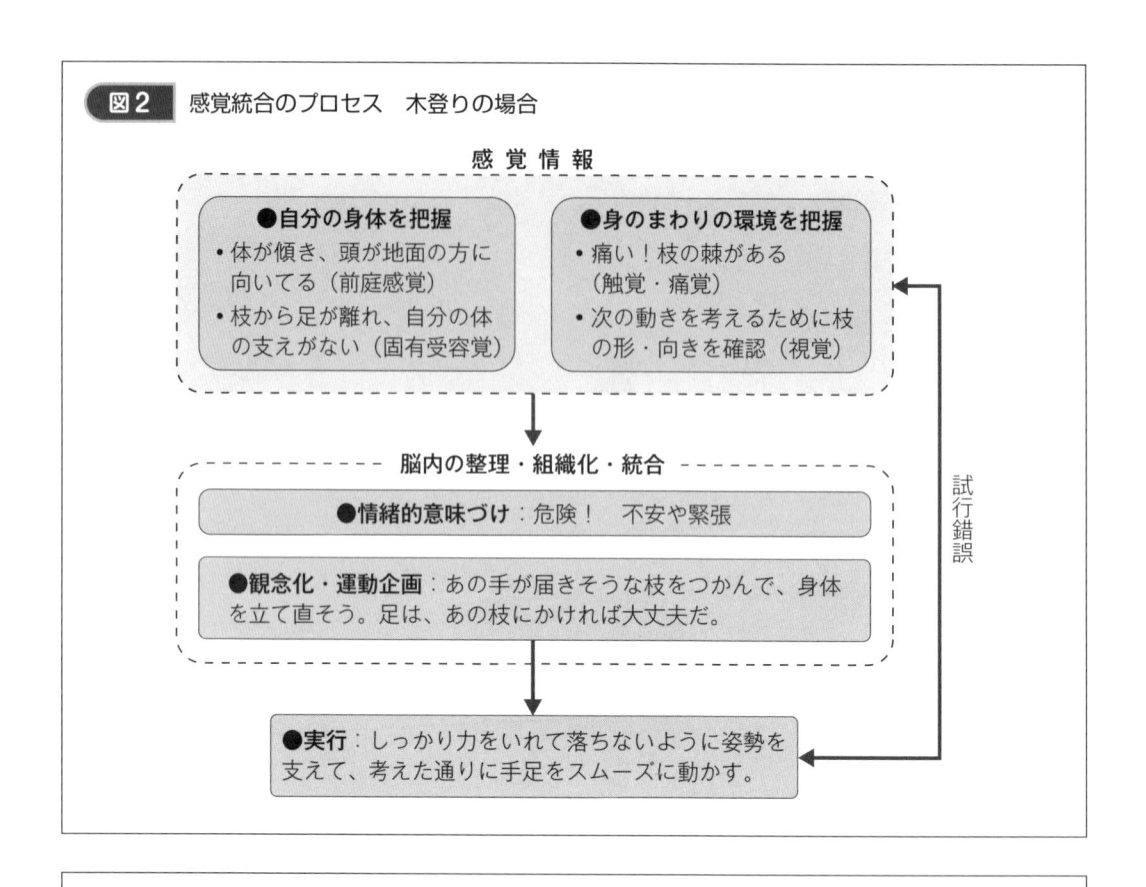

感覚刺激への気づきや反応性の偏り（感覚調整障がい）	動作・運動の不器用さ（行為機能障がい）
・感じ方（情緒的意味づけ）の偏り 　感覚過敏：過度な不安・恐怖感 　感覚探求：過度な快感 ・感覚刺激への気づきの問題 　刺激に気づかない 　選択的に注意を集中できない	以下の機能に未熟さや苦手さが見られやすい ・姿勢をきちんと保つこと ・感覚の判別性（違いがわかる能力） ・自分の身体の状態を無意識下で把握する能力（身体図式） ・場面・状況にあった動作を考え組み立てる能力（観念化→運動企画） ・左右の手足を同時に協調して動かす能力（両側統合） ・複数の動作を順番に行う能力（順列化・シークエンス）

と関係が深いと考えられている。固有受容感覚とは、関節の動きや位置、筋肉に対する抵抗感などの刺激を感知する感覚系で、運動の微調整・力加減、身体部位の位置関係の把握などの身体機能に関与している。また沈静などの情動との関係が深い。触覚は、皮膚への

> **表2** 感覚は、どのように役立っているのか考えてみよう
>
> - ズボンや靴を履くために片足立ちになる時（前庭・固有受容覚）
> - ぬかるみなどの不安定な場所を歩く時（前庭・固有受容覚）
> - 紙コップなど柔らかいものを壊さないように持つ時（固有受容覚）
> - 背中の痒いところを掻く時（触覚・固有受容覚）
> - 細かなもの（米粒）などを摘む時（触覚・固有受容覚）
> - 襟元のボタンを留める時（触覚・固有受容覚）

刺激を感知し、素材、形状などを認識する感覚系で、危険から身を守るための防衛機能、対象物を操作するための判別機能、身体と環境の境界の把握などの身体機能に関与している。また心地よさや愛着などの情動との関係が深い。

　これら感覚の機能は、日頃気づくことは少ないが日常生活の随所で活用されており、これらの機能に問題が生じると、思わぬ行為・動作に問題が生じる。多くの人々にとって当たり前にできることができない状態であるため、周囲の人はなぜできないのか理解することができず困惑する。支援者は、これらの動作がどのような感覚・機能によって成立するかを再確認することで、子どもたちのできない理由を解明する際の分析力を高めることができる（表2）。

　感覚統合療法の介入は、適切な感覚統合が促されるよう計画された遊び活動の提供によって実施されることが多い。この活動は、必ずしも訓練器具を必要とするものではなく、日常的に療育場面で用いられている運動遊び、園庭遊具、伝承遊び、集団ゲームなどを活用し実施することが可能である。また直接的に感覚運動活動を提供することのみならず、対象児の療育環境を感覚情報処理の観点で整備することや療育の流れ（日課）を工夫することで、対象児の脳を最適な状態へ調整するなどの間接的介入の重要性も指摘されている。これらの介入により、対象児の感覚情報処理機能が改善され、対象児の達成感、自己効力感へと繋がると考えられている。しかし感覚統合療法は万能ではなく、対象者の特性に合わせ、他の理論・療法と組み合わせて用いることが重要である。また感覚統合療法は、未だ仮説の段階であり、実際の子どもたちへの介入において、その効果について絶えず検証されるべきである。

2 「共感的理解を基盤とした支援」のために

　近年、発達障がい児を「困った子ども」ではなく「困っている子ども」であると理解する流れがあるが、彼らの「困り感」に対して支援するためには、彼らがどのように世界を感じ対処しているのかを理解するための理論が必要である。雨の日の登園を拒む児童が、

小雨に当たり痛いとパニックを起こしている時、支援者は「そうだよね……雨は痛いよね……」と共感的態度で接することができるであろうか。多くの場合「このくらいの小雨だったら大丈夫！ 濡れてもすぐに拭けばいいし……」と励ますのではないだろうか。なぜなら多くの支援者にとって雨は不快であっても決して痛いものではないからである。自閉症（アスペルガー）の当事者である藤家氏は、「雨は当たるとひとつの毛穴に針が何本も刺さるように痛いものである」[1]と述べている。このような言動に対して感覚統合療法を学んだ支援者であれば、すぐに感覚調整障がいの可能性を推測し、その状態像に対して共感的に理解するであろう。

一般的に「共感」とは、ある事柄に対して二者が同じように感じている時に生じる気持ちである。しかし感覚統合障がいがある場合、対象児と支援者とは同じように感じていない可能性もある。ゆえに対象児の奇妙な行動を支援者が共感できないことも多い。彼らの感覚の感じ方の特性を理解することで、同じように感じてはいないものの、対象児への感覚的共感性は高まる。子どもたちの示す行動がたとえ"困った行動"であったとしても、その理由を共感的にとらえ、問題解決に繋げる理論として感覚統合療法を活用していただきたい。

3　子どもたちの行動理解と支援の考え方

感覚統合障がいで見られるいくつかの状態と介入の考え方について概説する。

3.1　多動性・不思議な行動（自己刺激行動・常同行動）

室内を走り回り動きが激しい子どもや着席時に落ち着きがない子どもたちの原因はさまざまであるが、これらの行動の原因のひとつとして「感覚探求」が関係している場合がある。「感覚探求」とは、ある種の感覚刺激を過度に好み求める傾向であり、感覚情報処理の偏りによって生じると考えられている。「前庭感覚」が感覚探求である場合、回転ブランコで揺れても目が回らず（回転後眼振の抑制）、より強い刺激を充足しようとするためにいつまでもブランコに固執する、絶えず動き回るなど刺激の強い行動・遊びを続けることが考えられる。また床の上でジャンプを繰り返す、身体の一部を反復的に動かし続ける、つま先歩きなどのいわゆる常同行動・自己刺激行動も、固有受容覚の感覚探求の観点で理解できる場合も多い。これら感覚探求への対処は、彼らが求めている感覚を適切に充足することが重要である。机上課題を行う際、椅子の座面に空気の入ったクッション（写真1）を置き、対象児の前庭覚－固有受容覚に対する欲求を満たすことで、離席などの落ち着きのなさが軽減することもある。また対象児が欲求している感覚刺激を含む活動、たとえば揺れ遊び、アスレチック、感触遊び、乗り物遊びなどを療育活動・日課の中に織り込むことで、感覚探求の充足のみならず活動への能動性を高め、遊びの幅を広げることになる。

写真1 椅子の座面に置く空気の入ったクッション

逆に多動性を軽減させる目的で静的な活動を強要すると、感覚探求がいつまでも充足できず、最適なパフォーマンスを引き出すことができない可能性もある。

多動にはさまざまな理由があり、環境の中に刺激が多すぎるために注意散漫となり多動が生じている場合もある。この場合は刺激を制限することが重要であり、同じ多動であっても対処法は異なる。「多動」→「感覚探求」→「感覚運動の充足」というようなステレオタイプな対応ではなく、たえず多面的に解釈する視点が重要であり、原因をきちんと見極め、原因に対応した介入を実施するべきである。

感覚探求への介入にあたっては、JSI-R[2,3]などの行動チェックシートなどを用いて、対象児の感覚探求の有無や特性を把握するとよい。日常生活の中で頻繁に行っている行動、好きな遊びなどに共通する感覚刺激が存在する場合もある。そのような行動観察を通して、対象児が求めている感覚刺激（センソリーニーズ）を見出す。また対象児が行っている行為・動作を支援者が真似してみると、そこに含まれる感覚に気づくことも多い。同じ感覚運動体験を共有することは対象児の感覚特性への共感性を高めることにも繋がるであろう。

支援者や周囲の人々を困惑させる、いわゆる"問題行動"は、支援において消去すべき行動として介入されるものであるが、この行動に感覚探求のヒントが隠されていることも多い。またその行動は、周囲にとっては問題であるが、本人にとっては困ったことではなく、むしろ目的的で能動的な行動である場合も少なくない。他児への暴力的な関わりは集団生活で見られる問題行動のひとつであるが、固有受容覚に感覚探求がある子どもの場合、攻撃的な意図ではなく親しみを込めた関わりであったとして、強い固有受容覚刺激を伴う関わり方を好むため、一見、暴力的な関わり方になることもある。

3.2 感覚への過敏さ

足が汚れることを過度に嫌がる、賑やかな場所が苦手で物音に過敏、高所・不安定な場

所を過度に怖がるなど、触刺激、聴覚刺激、前庭覚刺激などへの過敏性は、感覚過敏と呼ばれている。感覚過敏は、多くの人々にとって無害である刺激に対して過度に拒否的な情動反応を示すことであり、感覚刺激に対する適切な情緒的意味づけのプロセスに何らかの問題が生じていると考えられている。感覚過敏への介入は、①感覚環境の調整、②感覚防衛の改善、③対処技能の向上などを必要に応じて実施する。感覚環境の調整では、不快反応を生じさせる嫌悪刺激や過剰な刺激を除去もしくは制限し、対象児の混乱を軽減する。集団生活である療育現場では、子どもたちの動き・ざわめき、室内にあるカラフルな掲示物、エアコンの音など過剰な刺激によって満たされていることが多い。楽しい雰囲気づくりのために支援者は張りのある高音の元気な声で呼びかけ、賑やかな音楽のBGMを流すかもしれないが、その意図に反して感覚過敏の彼らにとってはそれが苦痛の原因となる場合もある。従来の好ましいと考えられていた保育内容や工夫を見直す必要性もある。まず療育環境の中に物静かな部屋を整備することは、過剰な刺激によって過覚醒の状態となった感覚過敏の子どもたちを安定させることに役立つであろう。

　感覚防衛の治療プログラムは、深部圧刺激と固有受容覚刺激を多く含む活動の提供や能動的な感覚運動体験などを用いることが多い。感覚過敏が見られる対象児であっても、主体的に刺激に関わる場合、感覚過敏の反応が抑制されることが多く、自ら対象物を触っていくような触覚探索遊び、楽器の演奏など能動的な感覚運動経験は、療育において積極的に取り組むことが望まれる。このような活動を行う際に配慮すべきことは、決して無理強いせず、本人の意思によって選択された活動を行うことである（表3参照）。日常生活において感覚過敏を引き起こす場面をすべてなくすことは困難であり、そのような場面に直面することも多い。そのような状況に備えて代償的ではあるが対処技能を向上させるこ

表3　感覚過敏がある場合の配慮

- **主体的な感覚体験となるよう促すこと**
　活動は、本人の意思によって選択されたものであり受け身的でないこと。自分で触る、自分で揺らすなど、自分自身の意思（判断）で、刺激のコントロールができること。
- **無理に慣れさせようとしないこと**
　いつでも止めることができる、不快となった場合の対処方法を事前に知らされているなど、安心の中で体験できること。
- **受け入れられるものから丁寧に段階づけること**
　安心できる高さ、安定性、スピード、感触などから始め、徐々に受け入れることのできる幅を広げていくこと。
- **認知的な配慮を十分に行うこと**
　どのような刺激が提供されるかについての見通し、予測性を持たせ、不意に刺激されることがないように注意すること。活動の目的や意味を明確に示すこと。

※ここに示しているのは、一般的原則であり、個々の状態によって対応法は異なる

と、たとえば子どもが不快に感じた場合、支援者に対してそのことを適切な手段（コミュニケーションツールなど）で伝え、その場所から自分で避難できるような行動を事前に学習することは重要である。対処方法を習得することで安心して活動に参加することができ、逆に苦手な活動へ挑戦することが増えることもある。

3.3 運動の不器用さ

机上活動の際の座位姿勢が悪い、バランスが悪くすぐに転ぶ、手先の力加減ができず握りつぶしてしまう、家具や階段などでよく身体をぶつけるなど、運動の問題も感覚統合障がいで生じる特徴のひとつである。前庭覚‐固有受容覚の感覚情報処理に問題があり姿勢保持能力やバランス能力が低下すると、普通であれば無意識的にできる座位姿勢（背筋を伸ばした座位）を保つことが困難であったり、姿勢を保ちながら別の課題に注意を向けることが困難となることがある。このような場合、姿勢を正す指示（ことばかけ、指示のための絵など）ではなく、前庭‐固有受容覚を適宜刺激するような工夫、たとえば机上活動の合間にトランポリンを跳ぶ、空気の入ったクッションを座面に置くなど姿勢保持機能を促通するような感覚刺激を提供するとよい。

手指の固有受容覚の判別性が低下している場合、力加減ができず、生卵をそっと持つようなことが困難となる。このような場合、手指の動きに対する抵抗を明確に感じ、その感覚情報を手がかりに運動を調整するようなゲームなどが提供される。

身のこなしが悪い場合、自分の身体の輪郭や自分はどのような姿勢でいるのかなど、自己身体の状態を脳が把握できていない可能性がある。この脳内で自己身体を無意識的に把握する機能は、身体図式と呼ばれており、環境空間内における身体の形態、姿勢、大きさ、位置、運動などの身体情報マップは、環境に対する運動が適切に行われるための情報として無意識的に活用されている。支援者にとって、自分の身体がわかりにくい、自分の身体が無くなる感覚は、共感しにくい状態像のひとつである。自閉症当事者のエピソードに「コタツに入ると脚がなくなったような感じとなる」[1]というものがあるが、身体図式が不明瞭な状態であれば自分の身体を見ることができない状況にある場合、上述のような状態になるのは理解できる。さらにコタツから出る際には、布団をめくって脚の位置を確認しないと立ち上がれないとも述べられており、私たちが通常無意識に行っている視野外操作を、たえず意識し注意深く行わなくてはいけない"困り感"と"苦労"が存在することを十分に知ったうえで、共感的に支援することが大切である。

身体図式の発達を促すための活動としては、全身への触・固有受容感覚刺激を含む活動や物理的制限のある空間の中で身体を操作するような活動などがあげられる。プールの中を歩く、重量物を動かす、全身をマットに挟まれ圧を加えられる時に、触・固有受容感覚からの感覚フィードバックが増強され、自分自身の身体の形や動きに気づきを生じさせることができる可能性がある。またトンネル、ジャングルジムなど狭い空間での遊びでは、

環境の構造に自分の身体を合わせていくような空間関係を意識し、適切に身体を操作することを促す。

両手を協調して動作することや、順序立てられた動作をタイミングよく行うことなど、複雑な運動の苦手さも感覚統合障がいで頻繁に見られる状態であり、これらの問題は、「両側統合」「シークエンス・順列化」の障がいと呼ばれている。これらの問題は、粗大運動のみならず書字などの学業に関係する技能にも多大な影響を及ぼす可能性がある。

3.4 遊びが広がらない

運動企画とは、馴染みのない運動課題を新たに企画し遂行する能力である。この能力に問題がある場合、初めての遊び・遊具への取っつきが悪く（遊び方が思いつかず）、馴染みのある特定の遊びに固執したり、遊びの幅が制限されてくることがある。このような場合、まず遊びのアイディアが湧きやすい遊具から遊び始め、徐々に複雑なアイディアを必要とする遊びへ促していく。感覚統合療法では、特定の遊び方を習得するのではなく、さまざまな動き方や道具の使い方などを柔軟に考え、環境に対して幅広い適応力を促していく。複数の遊具を使い多様な運動経験を提供できるサーキット遊びは、有用な遊びでのひとつであるが、同じ設定で繰り返し遊ぶだけではなく、遊具の組み合わせなどを変化させることで、脳が新たな運動企画を形成することを促し、環境への適応力を高める。自閉症児は、変化のない安定した構造で活動することで、見通しを持ち安心して活動できることが多いが、彼らの適応力に合わせて段階的に変化のある構造の中で運動企画の能力を育むことは、多様で変化する現実世界の中で臨機応変に適応できる脳の土台づくりとなる。

4 遊び活動として感覚統合療法を活用するためのポイント

4.1 子どもたちが求める遊びの要素と支援者が提供したい治療的要素のバランス

感覚統合機能は、子どもたちが能動的に環境と関わることによって効果的に促される。ゆえに子どもに遊びを提供する場合、その活動が子どもたちにとって意味のある目的的活動であり、子どもが望んで参加するような魅力的なものでなくてはいけない。感覚統合療法の雰囲気は、決して無理に押しつけられた課題のようなものでなく、子どもたちを魅了する"遊び"の雰囲気に満ち溢れていることが望ましい。そのため遊びは、子どもたちの自発性、指向性、興味、探索、選択などに十分配慮し実施されるが、単に子どもだけの意思によって決定される自由遊びではない。自由遊びは必ずしも感覚統合を促すわけではない。支援者が意図する治療的介入の要素を子どもたちが求める遊びの要素の中にバランスよく織り込んだ遊び活動を、豊かな遊び心を持つ支援者と子どもたちが共に創造し展開していくことが重要である。

4.2 ほどよい挑戦で行為機能の発達を促す

　ほどよい挑戦（just right challenge）は、活動を提供する際の重要なキーワードのひとつである。ほどよい挑戦とは、失敗し挫折するほどの難しさでもなく、退屈になるほどの容易さでもなく、対象児がほんの少し能力を高めることで達成できる範囲の挑戦である。対象児に適切なほどよい挑戦を提供することにより、行為機能を効果的に高めることができる。しかし能力の異なる子どもたちの集団療育の場面では、個々にほどよい挑戦を提供することは、支援者にとって難しい課題でもある。この課題に取り組むためには、支援者が個々の対象児の能力を把握（対象児の評価）するための観察力と分析力を高め、提供する活動によって促される機能とその難易度を柔軟に変化・展開させる技術を磨くことが必要である。

　感覚統合療法の最終目標は、「やりたいことがあり、それができる存在となり、環境からの要請に対して満足感をもって対応でき、自己を意味ある存在に導くようにすることである」[4]とエアーズは述べている。感覚統合療法は、子どもたちの生き生きとした生活を創造するものである。子どもたちの苦手さの問題解決や発達促進という観点のみならず、療育の中で子どもたちが主人公である豊かな生活を構築するアイディアとして感覚統合を活用していただければ幸いである。

引用文献

1) ニキ・リンコ，藤家寛子：自閉っ子，こういう風にできています！．花風社，2004．
2) 太田篤志，土田玲子，宮島奈美恵：感覚発達チェックリスト改訂版（JSI-R）標準化に関する研究．感覚統合障害研究 9：45-63，2002．
3) 日本感覚インベントリー（Japanese Sensory Inventory）サポートセンター HP：http://www.atsushi.info/jsi/．
4) Ayres AJ: Sensory integration and learning disorders. Western Psychological Services, California, 1972, p257.

参考文献

1) 佐藤　剛・監修：感覚統合　Q&A　子どもの理解と援助のために．協同医書出版社，1998．
2) 岩永竜一郎，ニキ・リンコ，藤家寛子：続　自閉っ子，こういう風にできています！　自立のための身体づくり．花風社，2008．
3) Anderson JM（小越千代子・訳）：自閉症とその関連症候群の子どもたち　学級・セラピーの現場でできること−．協同医書出版社，2004．
4) Bundy AC, Lane SJ, Murray EA編著（土田玲子，小西紀一・監訳）：感覚統合とその実践　第2版．協同医書出版社，2006．

（太田篤志）

2.10 脳性麻痺の運動障がいの考え方とその実際

　わが国では、脳性麻痺（cerebral palsy：以下、CP）の治療・訓練というとボバース法、ボイター法、さらには上田法しかなく、これらの訓練法が万能のように誤解されがちである。しかしボバース法、ボイター法、上田法は理学療法の一部の運動療法であり、あくまでも CP の運動障がい改善のための訓練法の一部であることを最初に強調しておきたい。

　子どもに運動障がいが起きた時、運動障がいの専門家を頼りにすることは当然である。理学療法士（physical therapist：以下、PT）、作業療法士（occupational therapist：以下、OT）は運動に関する専門家である。そのため、わが子が CP である、運動障がいがあると告げられれば、親はその改善のために PT、OT を頼りにするだろう。

　しかし、運動障がいの専門家でなくても、CP の運動障がいの特徴を理解することで、CP 児を含めた運動発達遅滞児への運動発達促進、運動障がいの改善に向けた関わり方[*1]が、日常的な家庭での育児、保育園での保育活動場面で可能となる。また運動障がいの特徴を理解することは、それぞれの場面での関わり方にいろいろな工夫をしやすくする。これらは運動障がいの子どもたちの運動発達促進、運動障がい改善に結びつく。この点を本稿では特に強調して論を進めたい。

1 家庭や保育園・幼稚園での取り組みが重要である

　運動障がいに対する訓練法とされている手技には、修練を積んだ熟練の専門家しかできない特殊な手技もあるが、日頃、多くの親が家庭の育児の中で、あるいは保育士が保育活動の中で行っている関わり方も多数含まれている。ただし、これらの関わり方は適切であっても、必ずしも意図的に行われているわけではない。そのために訓練とは関係ない育児、保育と受け止められていることが多い。

[*1] 関わり：子どもへの対応方法は、「関わり」、「介入」、「アプローチ」、「手技」等々といろいろな表現がされている。業界や職種によっても表現方法が微妙に異なっている。本稿では峻別しないで用いているので同義語として受け止めてほしい。家庭や保育園での子どもへの対応は「関わり」と主に表現し、関わりのより細かい方法が求められる時には「手技」としている。また理学・作業療法では、細かい対応方法が重要となるので主に手技と表現している。介入も関わりと同じ意味で使用されている。また最近は一般的に「支援」という表現も広く使用されているが同じ意味と解釈している。

協同医書出版社の好評書

感覚統合Q&A
子どもの理解と援助のために 改訂第2版

土田玲子●監修
石井孝弘＋岡本武己●編集

- B5・246頁　定価（本体3,000円＋税）
- ISBN978-4-7639-2135-2

● 療育に携わる人のためのガイドブック

保護者の質問にセラピストが具体的に答えるスタイルはそのままに，現場でのニーズの高まりを見据え，関連する質問を大幅に増補し，子どもの抱える発達上の様々な問題を日頃の行動の中から読み取り，子どもが必要としている援助を考えていく際の知識を豊富なイラストとあわせて幅広く解説．発達障害の子どもたちの臨床に携わる人々のみならず，保育・教育関係者，保護者にとっても，いっそう読みやすく理解しやすい内容になっている．

どうして普通にできないの！
「かくれ」発達障害女子の見えない不安と孤独

こだま ちの●著

- A5・156頁　定価（本体1,500円＋税）
- ISBN978-4-7639-4013-1

● わかりにくい発達障害者の理解につながる当事者の手記

大人になってから発達障害と知った著者は，幼い頃から「普通」になりたくてなれなくて，ずっと孤独，不安を抱えて生きてきた．外に出ない（出せない）彼女の感じ方や考え方，「気が遠くなるほど」行った「自分分析」に加えアスペルガー症候群の娘と定型発達の息子を育てるなかで自分なりに解釈した「特性」についても記している．発達障害に関わる支援者には示唆に富む一冊．

感覚統合とその実践 第2版

Anita C. Bundy他●編著
土田玲子＋小西紀一●監訳

- B5・550頁　定価（本体8,500円＋税）
- ISBN978-4-7639-2114-7

● 感覚統合に関する学術的な情報を集大成

感覚統合障害に関する理論研究，評価と臨床的理由づけの枠組み，治療的介入について，各分野の第一人者が執筆．感覚統合理論の神経生理学的基礎から臨床応用まで，丁寧に解説されている．また，学校での治療的介入の生かし方や作業理論との関係，他の実践的理論や技法との関係など，米国における臨床実践を具体的に紹介．子どもの発達に興味をもつすべての人に，感覚統合に関するバイブルとして手元に置いてほしい一冊である．

子どもの発達と感覚統合

A. Jean Ayres●著　佐藤 剛●監訳

- A5・290頁　定価（本体3,800円＋税）
- ISBN978-4-7639-2003-4

● Ayres自身による，解りやすい感覚統合療法の"入門"書

「障害の性格が明らかになればなるほど，それに対する援助が可能になる」という信念の下，感覚統合療法の提唱者自身が，感覚統合が子どもの発達にとっていかに重要かを，両親や専門外の人々に向けてわかりやすく解説した一冊．特に巻末の質疑応答では子どもをよりよく理解するうえでの具体的な指針が得られるよう工夫されている．

発達を学ぶ
人間発達学レクチャー

森岡 周●著

- A4・164頁・2色刷
- 定価（本体3,400円＋税）
- ISBN978-4-7639-1077-6

●「人間発達学」のこれからの潮流をとらえた新しい教科書

発達を複数の視点「姿勢と運動」「認知と知性」「情動と社会性」から理解する方法を，豊富な図版とともに解説．発達学の教科書で手薄だった脳科学の理論的根拠も漏れなく解説．基礎的な知識から最先端の知識まで，読者の興味を引きつける幅広い内容のコラムも充実．理学療法，作業療法に限らず，小児医療，小児看護，保育，特別支援教育に携わる人々にとっても活用できる．

コミュニケーションを学ぶ
ひとの共生の生物学

森岡 周●著

- A4・140頁・2色刷
- 定価（本体3,400円＋税）
- ISBN978-4-7639-1083-7

● 脳の進化，人と社会，これからのコミュニケーション理解の基本を解説

リハビリテーション脳科学の第一線で活躍する著者による「コミュニケーション科学」の教科書．本書は，人間とその社会との成り立ちをコミュニケーションという観点から解説しています．従来のコミュニケーション理解からさらに一歩進み，人間の脳機能の進化が飛躍的に発達させた人間行動の特徴としてコミュニケーションを捉え直します．

協同医書出版社　〒113-0033　東京都文京区本郷3-21-10
Tel. 03-3818-2361／Fax. 03-3818-2368
http://www.kyodo-isho.co.jp/

育ちが気になる子の子育て支援体系
発達支援学 その理論と実践

加藤正仁＋宮田広善●監修
全国児童発達支援協議会●編集

B5・512頁
定価(本体4,800円+税)
ISBN978-4-7639-2131-4

我が国の子どもの育ちに関わるさまざまな問題を乗り越えていくために，力の結集を！子どもとその家族の理解，その支援のために適切な視点や気づきを提供し，有効な技法や情報を提供するために編まれた「発達支援学」の総合的な入門書．学術的な議論から支援のためのさまざまな技法，法制度への提言までを網羅．

精神科医となった自閉症者の声無き叫び
無限振子

Lobin H.●著

A5・160頁
定価(本体1,800円+税)
ISBN978-4-7639-4008-7

本書は，精神科医であり「受動型」の自閉症である著者が，30代にして診断を受け0歳から生き直し始めるまでの自らの経験を，分析的視点を交えて綴った貴重な記録である．さらに，最大のサポーターである精神科医と，最大の理解者であり「本当の」"私"に初めて気づいた担当のセラピストが，著者について，また自閉症について解説を加えている．

子どもの生と死に向き合う医療と療育
いのちのケア

武田康男●編

A5・168頁
定価(本体1,800円+税)
ISBN978-4-7639-4009-4

子どもの誕生，それは家族にとって祝福に満ちた人生の出発のときである．しかし，誕生と表裏一体の問題として死が存在することも事実である．「グリーフケア(悲嘆のケア)」の現状とその支援について，専門家によるケアのありかたについて述べるとともに，いのちと向き合う経験をした親による手記を収め，いのちの誕生と死について考える．

当社刊行書籍のご購入について

当社の書籍の購入に際しましては，以下の通りご注文賜りますよう，お願い申し上げます．

◆書店で
医書専門店，総合書店の医書売場でご購入下さい．一般書店でもご購入いただけます．直接書店にてご注文いただくか，もしくは注文書に購入をご希望の書店名を明記した上で，注文書をFAX(注文受付FAX番号：03-3818-2847)あるいは郵便にて弊社宛にお送り下さい．

◆郵送・宅配便で
注文書に必要事項をご記入の上，FAX(注文受付FAX番号：03-3818-2847)あるいは郵便にて弊社宛にお送り下さい．本をお送りする方法として，①郵便振替用紙での払込後に郵送にてお届けする方法と，②代金引換の宅配便とがございますので，ご指定下さい．なお，①②とも送料がかかりますので，あらかじめご了承下さい．

◆インターネットで
弊社ホームページ http://www.kyodo-isho.co.jp/ でもご注文いただけます．ご利用下さい．

〈キリトリ線〉

注 文 書 (FAX: 03-3818-2847)

書　名	定価	冊数	書　名	定価	冊数
感覚統合Q&A 子どもの理解と援助のために 改訂第2版	本体3,000円+税				
どうして普通にできないの！ 「かくれ」発達障害女子の見えない不安と孤独	本体1,500円+税				

フリガナ	
お名前	
お届け先ご住所電話番号	〒□□□-□□□□ 電話(　　)　－　　　，ファックス(　　)　－
Eメールアドレス	＠
購入方法	□ 郵送(代金払込後，郵送) □ 宅配便(代金引換)【配達ご希望日時：平日・土休日，午前中・14〜16時・16〜18時・18〜20時・19〜21時】 □ 書店でのご購入【購入書店名：　　　都道府県　　　市区町村　　　書店】
新刊のご案内および図書目録などの弊社出版物に関するお知らせを，郵送または電子メールにてお送りする場合がございます．記入していただいた住所およびメールアドレスに弊社からのお知らせをお送りしてもよろしいですか？	□ 希望する □ 希望しない

協同医書出版社　〒113-0033　東京都文京区本郷3-21-10　TEL (03) 3818-2361
URL　http://www.kyodo-isho.co.jp/　FAX (03) 3818-2368

たとえば、図1は子どもが長座位で歌を歌いながら輪を前の方に動かしているだけである。見慣れた保育活動とも言える。しかし、この子どもはCPで両下肢に痙性麻痺があり長座位（図1①）が苦手である。両下肢を伸ばしたままの座位で体を前に曲げること（図1②）はさらに苦手である。理学療法では両下肢の筋緊張を緩めるため、膝関節の屈曲拘縮を防ぐために、図1②の姿勢をとらせる訓練を行うが、小さい子どもにとっては苦痛のために泣いて拒否することが多い。しかし、図のように保育活動の中に上手に取り入れると、苦手な図1②の姿勢を遊びの中のひとこまとして苦痛も少なく実施できる。これは上手なPTが理学療法を行ったのと同じ効果を得られる。

この関わりを育児や保育活動の中で意図的に行えば、PTなどの専門家が行う訓練と同じ効果、あるいはそれ以上の効果を持つことになる。

それ以上の効果とは次に述べるようなことである。専門家が訓練室で行う訓練の目標は、訓練の成果として子どもから引き出せた動き（運動）を家庭や保育園・幼稚園・学校などの活動の中で行えるようにすることである。子どもから引き出したい動き（運動）が日々の家庭や保育活動の中で引き出されているとすれば、専門家が訓練室で行う訓練の目標はすでに達成されていることになる。ということは訓練室で訓練をする必要がないことを意味する。訓練のための時間から解放され自由な遊び時間が増えることは子どもの成長・発達、そして日々の生活の広がりにプラスの効果をもたらすことになる。

図1　歌遊び（集団活動）の中でのストレッチ（関節可動域訓練）の工夫

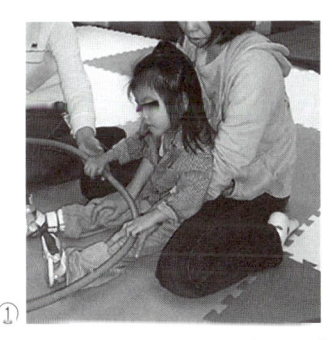

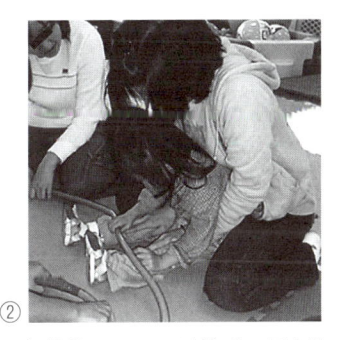

子どもは痙性脳性麻痺。両足を伸ばして座る長座位の姿勢①をとるのが苦手。長座位の姿勢から上半身を前方に曲げる②の姿勢をとるのはさらに苦手。②の姿勢をとる訓練は理学療法でもごく一般的に行われるが、子どもは苦手なために嫌がって泣くことが多い。しかし、このような遊びの中に上手に取り入れれば苦手な姿勢も嫌がること少なく自ら行える。子どもの動きに合わせて大人が背中をさらに押して上半身を前方に深く曲げれば、さらに効果的な理学療法を遊びの中で行ったことになる。

2　子どもの動きを理解しよう

　CPの子どもから「ある動き」を意図的に引き出すためには、なぜ、その動きが重要なのか理解が必要となる。また「ある動き」を引き出す訓練や手技がなぜ有効かの理解も必要となる。そのために、生理学的、神経学的、あるいは発達心理学的説明がされる。しかし、それらの説明を理解するのに専門家以外の多くの人は戸惑うことが少なくない。そのために、結果としては子どもの適切な動きを有効に引き出しているにもかかわらず、意図的に行われていないために日常的な関わり（育児・保育）は有効ではなく、専門家が行う訓練・手技のみが有効で、それは専門家しかできない訓練であると誤解されやすい。この誤解は解消されるべきである。

　運動発達遅滞児であれCP児であれ、子どもの運動発達を促進させるには、子どもが潜在的に有する動きを誘導する、引き出すことである。ひとりの子どもとしては興味がある動き、活動は、障がいがあるなしにかかわらずどんな子どもも自発的に行うし、繰り返し行うので運動発達は促進され、運動障がいは改善される。しかし興味がない活動を強制されても、その活動は子どもが日々行う活動の中に生かされにくい。この点は、子どもの成長・発達において重要であるにもかかわらず、障がい児の訓練となるとしばしば忘れられ、「訓練は遊びではない」「訓練はがまんし、頑張って行うもの」と受け止められる傾向が強いが、運動障がいがない子と同じように体を自由に動かして、いろいろな遊びを楽しめるために訓練をしていることを忘れてはならない。

3　脳性麻痺の運動障がいの特徴

　何を目指して育児・保育をするか、訓練あるいは理学・作業療法をするか、についての理解を深めるためには、CPの運動障がいの背景を知っておくことが役に立つので、図2を基に説明する。

3.1　脳障がいとは

　CPは脳障がい（形成不全や低酸素性脳症や脳炎等による損傷）によって生ずる。成人の脳卒中による片麻痺や四肢麻痺などと運動障がいをきたす背景は同じ脳の機能障がいである。しかし、CPと診断されるのは、脳がまだ未成熟な乳幼児時期に損傷を受けた点が異なっている。相違点は脳の損傷時期によるもので大人の脳卒中の運動障がいとは共通点も多い。

　脳障がいでは運動障がいのみならず、知的障がい、てんかん、学習障がい、広汎性発達障がい、多動等々いろいろな機能障がいが生ずる。脳障がいであってもてんかんのみ、知

図2 脳性麻痺の運動障がいの重度化への機序

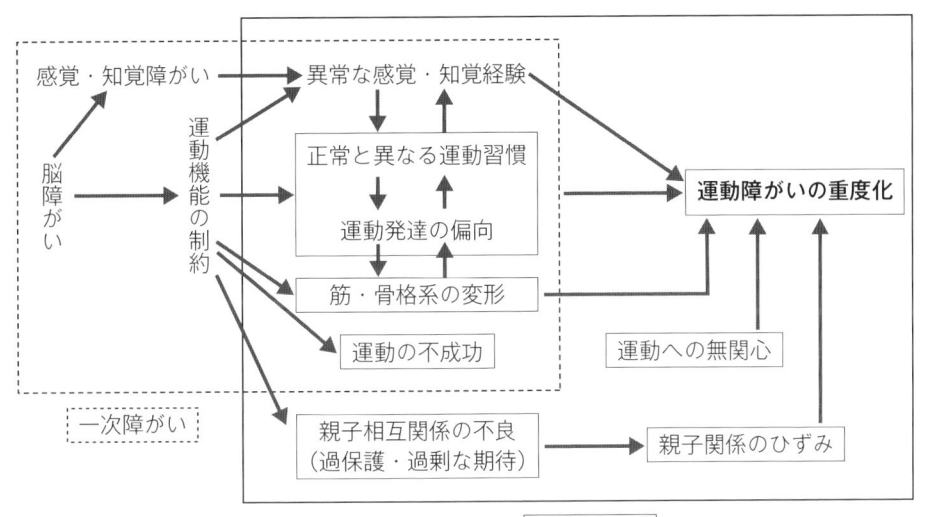

```
感覚・知覚障がい ──→ 異常な感覚・知覚経験 ─┐
                  運                ↕        │
脳              動  ──→ 正常と異なる運動習慣   │
障              機              ↕              ├──→ 運動障がいの重度化
が  ──→        能      運動発達の偏向         │        ↑     ↑
い              の              ↕              │        │     │
                制  ──→ 筋・骨格系の変形 ─────┘        │     │
                約                                         │     │
                    ──→ 運動の不成功              運動への無関心
  ［一次障がい］
                    ──→ 親子相互関係の不良 ──→ 親子関係のひずみ
                         （過保護・過剰な期待）
                              ［二次障がい］
```

脳性麻痺は脳障がいのために運動機能の制約、すなわち運動障がいをきたす。その結果、正常と異なる運動習慣、運動発達の偏り、筋・骨格系の変形、運動達成の不成功をきたしやすい。また親は子どもに運動障がいのため過保護になったり、運動障がいを無視して過大な成功を期待したりする。これらが絡み合って変形の増強、運動への無関心、親子関係のひずみが生じる。これらに脳障がいによる感覚・知覚の異常も関与して脳性麻痺の運動障がいを重度化する。この流れを断ち切るのが療育の役割である。
点線で囲まれた流れは脳障がいの直接の結果であり一次障がいで、今の医学では治癒できない。実践で囲まれた流れは、子どもと環境との相互作用の中で生ずる二次障がいである。それゆえ環境の調整、すなわち適切な関わり、療育により運動障がいは軽減できたり予防できたりする。

的障がいのみということもある。CPは、これらのうちで運動障がいに限定した診断名である。脳障がいの部位によっては運動障がいのみのこともあるが、てんかんや知的障がいを伴うことが少なくない。それゆえCPの診断がついていても、運動障がいよりもてんかんや知的障がいのほうが日常生活や社会生活を送るうえでの制約になっていることも多い。筋疾患や末梢神経疾患では損傷を受けた体の一部の筋力低下による運動障がいに限定されているが、脳障がいではこれらと異なり、体の広範な部位の運動障がいと共に、多様な障がい像を生じやすい特徴がある。

3.2 脳障がいによる運動障がい

CPでは、脳障がいに特徴的な運動障がいを示す。運動発達が遅れたり、一定の姿勢をとり続けたり、四肢の動きが少なく硬かったり、逆に柔らかすぎたりする。また四肢が意思と関係なく不随意に動いてしまう不随意運動が見られたりする。さらに、これらは年齢

推移と共に変化する。成長期にあるCPの特徴である。

　①運動障がいの特徴

　脳障がいの結果、脳の機能に異常が生じ、運動障がいをもたらす。これらは、一次障がいである。そして一次障がいである脳性運動障がいにより正常運動発達は阻害され、健常児とは異なる運動習慣、運動発達の偏向、筋骨格系の変形、課題遂行の不成功などが生ずる。

　②異なる運動習慣、運動発達の偏り

　脳（中枢神経系）を起因とする運動障がいでは、健常児とは異なる姿勢・運動習慣や運動発達の偏りが見られる。

【麻痺について】

　CPの「麻痺」は、侵された四肢や体幹の一部の筋力低下が生ずる筋疾患や末梢神経疾患の麻痺と異なり、四肢や体幹のいろいろな筋群の相互の協調運動が侵されていると見るべきである。ある姿勢では四肢の動きが悪いために筋力低下による運動障がいと見える時でも、別の姿勢にすることで同じ四肢の筋肉が強く収縮して力強い動きが生じたりする。CPの「麻痺」は、個々の筋肉の力が弱いという意味の麻痺ではなく、脳によるいろいろな筋肉間の協調的な運動（収縮・弛緩）が上手くできないという「脳の麻痺」を示している。四肢・体幹は動くけれども適切に動かすことができないために目指す課題が達成できないという意味の麻痺で、これが「脳の麻痺」、すなわち「脳性麻痺」であることを強調したい。したがってCPの運動障がいは個々の筋肉の筋力強化を目指していては解決にならない。協調運動の誘発が解決の大きな鍵となる。

【異なる運動習慣、運動発達の偏向について】

　CPによる両下肢の麻痺について見てみよう。痙性型のCPでは図3①のように下肢交叉が見られやすい。一方、健常児でも同じように下肢交叉（図3②）が見られる。しかし健常児では下肢交叉のみをいつまでもとり続けていることはなく、時間経過と共にいろいろな下肢の動きが見られる（図4）。CPでは下肢の協調運動の不良（これを一般的には「筋緊張異常」と言われている）のため、ひとつの姿勢をとり続けることが多い。このようにCPでは、健常児と比べて四肢・体幹の多様な動きが少なかったり、欠如したりする。そのために座位がとれなかったり、たとえ座位がとれたとしても一定の座位姿勢しかとれない、あるいは図5のように不安定な座位姿勢になってしまう。健常児では、座位姿勢といっても、図6のようにいろいろな座位姿勢が可能となるが、CPでは、限られた姿勢での座位しかとれない。もし健常児と同じようにいろいろな座位を安定してとることが可能であれば、CPであったとしてもきわめて軽度のCPである[*2]。軽度のCPとは、日常生活、社会生活を送るうえでの制約が少ないことを意味する。

　片麻痺の子どもでは、麻痺のない上肢でいろいろな遊びが可能となるし、日常動作も可能となる。それゆえ乳幼児期は大きな不自由を呈しない。しかし麻痺した上肢を使う

図3 どちらの子どもも下肢交叉を示しているが

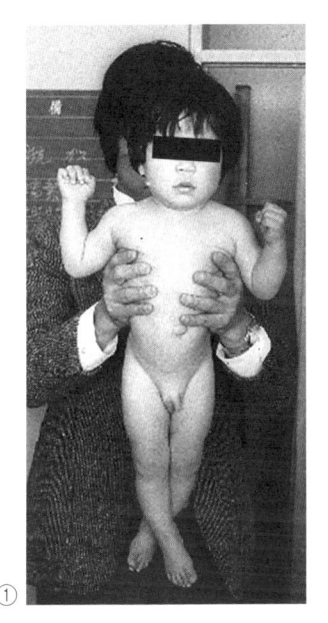

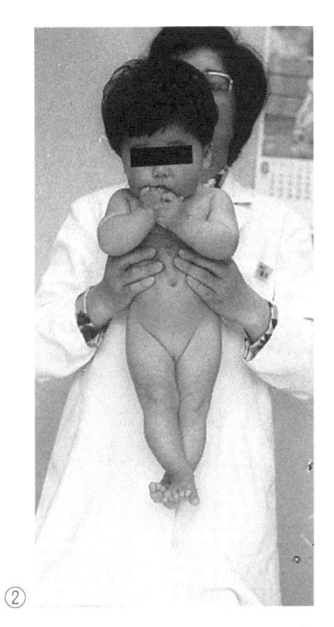

①は痙性型の脳性麻痺（1歳2か月）で下肢交叉を示している。②は健常児（生後5か月）であるがやはり下肢交叉を示している。

ことが少なく、一側上肢のみを使用するという健常児とは異なる運動習慣は、使用している上肢のみが発達し、麻痺側である使用しない上肢は発達しないという運動発達の偏りを強める。

　さらに片側上下肢の麻痺では、腹臥位での移動時に麻痺した下肢を使用しないために四つ這いではなく、座ったまま進む（いざる）などの健常児とは異なった運動習慣が見られやすい。成長過程で麻痺した上下肢を使用しないという経験が続くため、麻痺側の上下肢の動きの制約が生ずると共に筋・骨の発達も不良となる。さらに四つ這い移動

---

*2　いろいろな姿勢をとれるようになればCPが軽くなるということの意味はきわめて重要である。なぜならば、いろいろな姿勢や動きをとれるように関わりを工夫をすれば良いのであって、その関わりの方法はボバース法、ボイター法とは限らないからである。これらの工夫ならば、必ずしもPT、OTなどの専門家でなくとも可能なことが多々生ずる。CPの訓練は、専門家しかできないという限定された考え方から抜け出る考えとして意味がある。なお誤解されないために、PT、OTが必要ないといっているのではないことはお断りしておく。PT、OTは、子どもの運動障がいを改善し、運動発達を促進するためにいろいろと工夫し、上手に適切な訓練を行っている。それを否定するものではない。ただし、その工夫や訓練のやり方は親や家族、保育士、教師にも可能であることが多いと強調しているだけである。訓練の仕方（手技、関わり方）が難しければ、専門家からより判りやすくできる方法を指導してもらう。それでも行うことが難しければその訓練法は専門家に任せればよい。大切なことは、「訓練」として特殊視されている手技、関わりの少なからずが、日々の育児、保育の中に取り込まれ実施され得るし、実施されているという点である。このことを理解してほしいために繰り返し述べていることを了解頂きたい。

図4 下肢交叉を続ける脳性麻痺の子ども

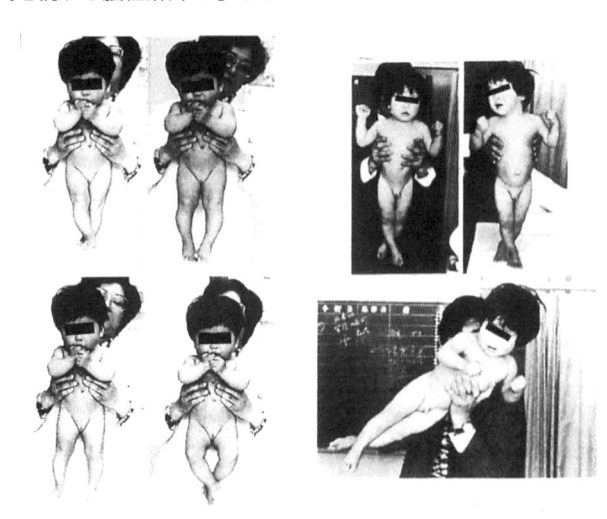

健常児　　　　　　　　脳性麻痺児

図3と同じ子どもたちである。いろいろな姿勢にしても脳性麻痺の子どもは下肢交叉を示し続けている。このように脳性麻痺では四肢の動きに制約がありとれる姿勢が限定される。一方、健常児は時間経過と共に両下肢を開いたり、両足のみを絡めたりといろいろな下肢の肢位を示している。四肢の動きに制約がないためにいろいろな姿勢がとれる。健常児では多様な姿勢を示すことができる。

図5 脳性麻痺児の座位姿勢

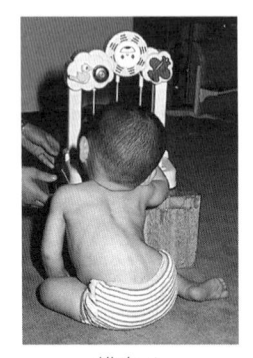

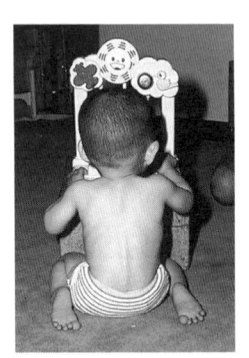

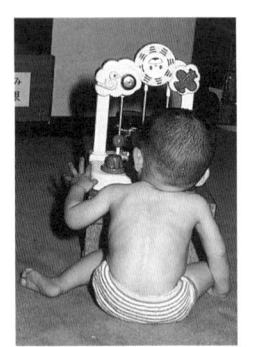

横座り　　　　　　W型座位　　　　　　横座り

アテトーゼ型脳性麻痺（2歳）の座位姿勢であるが、W型座位では健常児の図6のW型座位と同じような姿勢をとる。横座りになると右側、左側への横座りとも体幹が側方に大きく崩れて手での支えが必要で、手での支えでようやく座位姿勢を保っている。

で体得される肩や股周辺で体を支える協調運動、上下肢のバランスのとれたリズミカルな交互運動などの運動発達を経験することができない。そのために一側上下肢のみの使用、殿部での移動といった偏向した運動発達になる。

図6 健常児の多様な座位姿勢

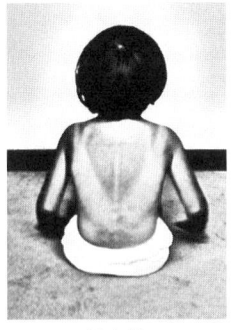

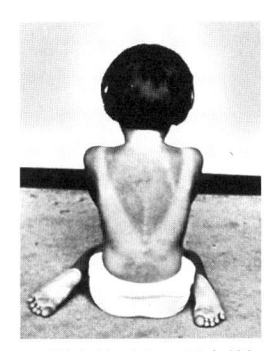

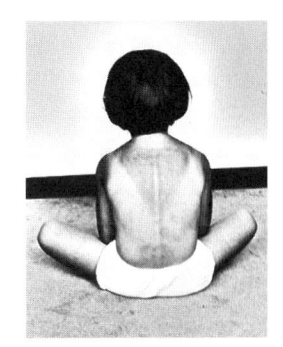

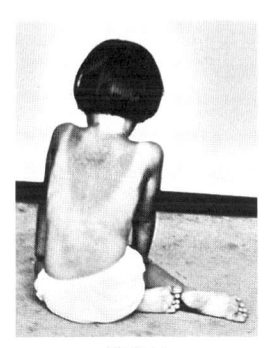

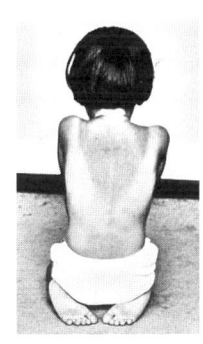

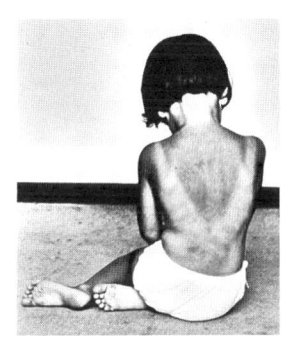

| 長座位 | W型座位（トンビ座位） | あぐら座位 |
| 横座り | 正座 | 横座り |

一方健常児では、左方、右方の横座りとも体幹の側方への大きく崩れることなく、かつ、手での支えを必要とせず座位姿勢が保つことができている。なお図の子どもは3歳であるが、健常児では2歳になれば、このようにいろいろな座位姿勢をとることができやすい。

【「異なる運動習慣、運動発達の偏向」への対応】

　成長・発達と共に子どもの活動は広がる。この中で、片麻痺の子どもに両上肢・両手をできるだけ多く使わせる遊びや状況を設定することが麻痺の改善や運動発達促進のためには重要となる。PT・OTたちはそのための工夫をいろいろと行っている。

　たとえば、ボール遊びでは、片手では持てない大きさのボールを選び、両手で持つように工夫している。紙を切る時は麻痺側上肢で紙を押さえ（手で押さえられない時には肘で押さえ）麻痺のない上肢ではさみを持ち、紙を切れるように工夫している。食事では、麻痺側で茶碗を支えて麻痺のない上肢で箸・スプーンを持って食べれるように、あるいは、茶碗を麻痺側で持ち上げて持つことが難しくても茶碗がテーブル上を滑らないよう支え方を工夫している。日々の遊び・活動の中で、麻痺側が補助的な動きであっても両手動作が引き出されていれば麻痺の改善へと結びついている。片手のみでも遊び・活動ができないことはないが、両手が使えればより効率的な運動となり、片手動作による課題達成の制約を少なくしている。結果として異なる運動習慣や運動発達の偏りを少

なくし、CPの麻痺を軽減し、運動発達を促進していることになる。これは子どもの成長・発達を促していることでもある。

これらの工夫を、家庭・保育園・学校などですれば適切な理学療法・作業療法になっているし、適切な理学療法・作業療法を受けたことになる。

③関節拘縮、変形および脱臼

脳障がいに起因する四肢や体幹の姿勢の固定、拮抗筋間の持続的な筋緊張不均衡により姿勢・運動の異常や関節拘縮、さらには骨・関節の変形や脱臼を起こしやすい。

【たとえば「尖足」について】

歩けるCPの子どもでも踵が床につかず、つま先だけを床につけて歩いていることがある。尖足歩行と言う。ふくらはぎの筋肉が強く収縮しているためである。この状態を持続し続けると、両足を揃えて立位姿勢になった時、普通ならば踵が床に付き足底全体を床につけて立つことができるが、これができなくなる。このように足関節を背屈させる範囲が狭くなった状態、すなわち関節の動く範囲が狭くなった状態を関節拘縮と言う。CPでは関節拘縮を起こしやすいので、予防のための訓練を継続する。尖足に関しては、踵が床につくように立位姿勢や歩き方を工夫する。時には下肢に装具をつけて強制的に踵が床につくようにする。

【関節可動域訓練とは】

関節可動域訓練といって足関節などの動く範囲を確保する他動的な訓練法がある。一般的にストレッチと言われているのと同じ方法である。したがってストレッチが十分できれば、改めて関節可動域訓練をしなくてもよいことになる。CPの訓練というとこの関節可動域訓練が重視されがちであるが、あくまでも関節の動きの柔軟性を確保するだけが目的である。運動や移動という見方からすれば、むしろ重要なことは、スムーズに歩ける、躓きにくい、疲れない、などであり、足関節の柔軟性を確保するのもそのためである。

【股関節の脱臼の予防】

両下肢を交叉した立位保持や歩行を続けると股関節（股）の外側への動きが制約され続け、股関節が脱臼しやすくする。股関節が脱臼してしまうと手術でしか治すことはできない。そのために下肢交叉を防ぐ動きを誘導する。下肢交叉のままで無理やり立たせたり歩かせたりせずに、両下肢を開いて立つ、一側下肢に体重を乗せてもう一方の下肢が外側に動くように誘導する。次にその下肢の方に体重を移せるように腰や体をゆっくりと誘導する等の訓練をする、あるいは遊びをする。これらが十分可能となると股関節脱臼も予防される。

④育児環境への配慮

（1）心理的発達への配慮

乳幼児期の運動発達の促進においても、心理面への配慮は大切である。CPでは運動

障がいのため、遊び等の活動での課題達成がうまくいかずに、失敗に終わることが多い。失敗の繰り返しは、乳幼児が自ら運動をする意欲をなくし消極的にする。かわりに他人に行ってもらうことを期待するようになる。その結果、自らの身体運動で目的を達成する経験は少なくなり、運動障がいは重度化する。この悪循環を断つには、運動課題が失敗に終わらないような関わり、環境設定が必要となる。

　小球を摘んで口に入れる一連の動きを例に、達成感を得るための関わり、環境設定を検討してみよう。小球を親指と人差し指で摘めれば、摘んだまま指ごと口の中に入れることができ、小球は口の中に容易に入る。しかし、CPでは小球を親指と人差し指で摘めないことが起きる。手のひら全体で摑もうとするがなかなか摑めない。失敗を繰り返しているうちに摑むのを諦めてしまう。たとえ手のひら全体を使って上手く摑めたとしても、口に入れようとした時、口の中に押し込む前で握った手を開くため小球は口に入らずに、こぼれ落ちてしまうことが多い。握った手のひらの小球を口に入れるためには、握った手を口に押し付けて、よいタイミングで手のひらを開き、小球を口に押し込む動きが必要である。あるいは、顔を上に向けて、開いた口の上で握った手を開いて小球を口の中に落す、という一連の動作が必要となる。これらの一連の動きが成功すれば、小球を握る、口に入れる動作は繰り返し行われる。何回か失敗しても、成功体験があれば、少しずつ動きを修正して再び成功する。それゆえ、握る、口に入れる動作はますます上手になっていく。さらに握る、摘む動作も繰り返されるために、親指と人差し指で摘みやすい小球の大きさを配慮した遊びを工夫しやすくなる。摘みやすい大きさを提示することで摘む動作は成功体験となる。次には、もう少しだけ小さくした小球を摘まむよう誘導する。上手く摘めるようになればさらに小さい小球を提示する、等々である。乳幼児が課題達成の成功感をいかに多く体験するかが重要となる。そして周囲の大人たちには、このような成功体験を得られるように、オモチャなどの大きさや置く位置を工夫、配慮することが求められる。さらには、椅子や机の工夫、時には装具を含めた福祉機器の活用も可能である。これらの工夫、配慮は訓練室に限らず、育児、保育、教育の中でも可能なことである。

　健常児では、成長・発達に従い、自らの試行錯誤でいろいろなことができるようになる。それだけの応用力を潜在的に持っている。一方、CPなどの運動障がい児ではその運動における応用力に制約がある。それゆえに、環境の場を適切に調整、工夫することで遊びでの課題を上手く達成できた成功感を得ることができるようになる。

　成功は障がいの有無にかかわらず、子どもを次の新たな遊び、活動への挑戦に向かわせる。この挑戦が成功するとさらなる活動の広がりへと発達させる。もし成功しない時には、わずかの環境調整や介助の工夫をして成功へと導くことが重要となる。これが適切な訓練であり、療育であり、保育でもあり、子育てでもある。

発達支援の技法と理論

（2）親子関係の調整

　ここでは「親子関係」として説明するが、親と子に限定されたことではなく、保育園における「保育士と園児の関係」、学校における「教師と生徒の関係」、さらには訓練における「訓練士と子どもの関係」についてもまったく同じことが当てはまる。

【親の果たす役割は大きい】

　子どもの発達に親の果たす役割は大きい。CPにおいても、親子の良好な相互関係は、子どもの成長・発達を促す重要な鍵となる。親は、子どもが課題をできないと、CPだからできない、運動障がいがあるからできない、と思い込み、子どもの動きや気持ちを先取りして、子どもができることまで手伝ってしまう過保護の育児態度をとりがちになる。過保護の育児態度は、子どものできることまで親が代わりにしてしまうために、子どもが自ら動かずに、親や周囲の大人がしてくれるのを待つ受身の子どもにしてしまう。子どもの持つ潜在能力を十分発揮させないことに終わる。一方、課題ができない、失敗するのは努力が足りないとして叱咤激励する。子どもができそうな運動レベルよりももっと難しいレベルの課題を提示し、達成に向けて無理強いをする。

【運動発達レベルの理解】

　両手遊びと座位の関係を例に検討してみよう。両手を床についてようやく座位姿勢が保てる子どもに座位姿勢のまま両手遊びをさせようとする時、座位姿勢で両手を使った遊びが可能になるには、腋下で身体をしっかり支えてやり、両手を離しても座位姿勢が保てるように介助することが必要である。あるいは、身体を支える枠のある椅子に座らせて、両手遊びをさせることである。このような配慮があれば、子どもは座位姿勢でも両手を使って遊べることを体で知ることができる。

　運動発達レベルを理解せずに暦年齢相当の課題をさせたがると同じようなことが起きる。歩き始めたばかりの3歳の子に、3歳だからといってひとりでの階段の昇り降りをさせようとすること、などである。階段の上り下りには片足で身体を支えるバランスの発達が必要である。敷居などのわずかな段差を越える、凸凹のある道を歩くなどの体験を通して、子どもは徐々にこのバランスを獲得していくものである。

　運動発達レベルを無視した難しすぎる課題の提示は、たとえ子どもが一生懸命取り組んだとしても不成功に終わる。不成功は自信を喪失させ、次に手足を動かして課題に取り組む意欲をなくしてしまう。さらに失敗経験を繰り返すと、手足を動かす運動そのものを無関心にしてしまう。この無関心に陥ると、身体の動きを通して学習する空間の広がり、物事の因果関係、環境は操作すれば変わる、などの認識の発達も制約を受けてしまう。これらの運動意欲の喪失、運動への無関心は、運動障がいを重度化する。

【「できそうなこと」を見つけよう】

　親はわが子の運動障がいを理解して、わが子がひとりでできること、できそうなこと、できないことを見分けて、ひとりでできることは手伝わず、できそうなことは必要

最小限手伝ってできるようにする、できないことはしっかりと手伝う。「できそうなことは必要最小限手伝ってできるようにする」ということは、上記にいろいろと述べてきたオモチャなどの大きさの工夫、置く位置の工夫、座位がようやくできた子どもを両手で遊ばせるための身体の支え方、等々の環境の微調整をすることである。この工夫が子どもに成功感をもたらし、運動への意欲を注ぎ、運動への関心を強化することになる。そして、いろいろな体験を積み、ひとりでできる課題・活動を広げ、周囲への関心を強くし、環境への働きかけをも活発にする。運動障がいを軽減するだけでなく、興味・関心、意欲なども成長・発達させることになる。

4 ボバース法、ボイター法、上田法について

　CPに対する治療法としてボバース法、ボイター法がわが国に紹介されたのは、1960～1970年代である。これ以前のCPの治療・訓練法は、関節可動域の拡大や筋力強化が主であった。これらに対して、ボバース法、ボイター法は、神経生理学的促通法として、中枢神経に働きかける特別な方法と受け止められた。さらにCPを早期発見して、ボバース法、ボイター法を行うとCPが治るとされ、CPの早期発見・早期療育が30年以上にわたって盛んに推奨されてきた。しかし、CPの子どもはCPの大人になっている。CPの運動障がいが軽減することはあっても、正常化はしなかった。CPは完全治癒しなかった。

　わが国での30年以上のCPの早期発見・早期療育の取り組みの意味がなかったと言うつもりはない。これらの積極的な取り組みがあったからこそ、CPの早期発見・早期療育の限界を私たちは理解できたのである。早期発見・早期療育の位置づけを明確にし得たと受け止めるべきである。

　その意味で、ボバース法、ボイター法をすればCPは治ると誤解しないことである。ボバース法、ボイター法の訓練法は、CPの治療・訓練法の一部であることを再度強調しておきたい。

4.1　ボバース法

　ボバース法は、ボバース夫妻によって開発されてきた手技である。ボバース法の考え方は、CPは緊張性頚反射や緊張性迷路反射などの原始反射に支配されているので、これらの反射による姿勢や動きを抑制して、正常児の示す運動パターンを促通、また異常な姿勢・運動をもたらす筋緊張異常を抑制し正常な筋緊張を促通することを基本としている。神経発達学的治療（NDT）とも言われている。その後、子どもの自発的運動を引き出すこと、日常生活への応用を重視するようになってきた。異常運動パターンを抑制し正常運動パターンを促通する多くの手技が開発されている。訓練士が主体で子どもが受け身の訓練法から子ども自身による動きを引き出し、強化する訓練法へと変化している。個々の手

技、関わり方についてはナンシー・フィニー著『脳性麻痺の家庭療育』に詳細が記載されている。ボバース法を行っているPTが「ボバース法では、子どもは一人ひとり違うということを認識したうえで、子どものニーズを見つけて最良の援助をすること。その援助はより自発的で機能的なことへ結びつけることを大切に考えている」と指摘しているように子どもの運動発達の促進への多様な関わり方を考慮している。ボバース法という限定した運動療法の手技を実施するのではなく、運動発達を支援する関わりと言えよう。しかし、この点になるとボバース法とあえて言う必要もなくなる。ボバース法も初期から変更を重ねてきた。またボバース夫妻が亡くなられた後も後継者によって変更が加えられてきているのが実情である。

4.2　ボイター法

ボイター法の基本は、脳損傷のため制約されている中枢性協調運動障がいの改善である。CPの子どもたちにも正常児と同じ基本的運動パターンを反射的に誘発することができ、基本的運動パターンが活性化されることで、その後の二足歩行や上肢の随意的運動の発達へと結びつくとされる。

基本的運動パターンの反射的誘発手技として、反射性寝返りと反射性腹這いがある。出発肢位を決め、誘発帯とされる身体の一部に圧刺激を加えることで、求める寝返り運動や腹這い運動を誘発する。求める運動が誘発しにくい時には、刺激する誘発帯を増やす、刺激時間を延長する等工夫をする。この手技を両親が習得し、家庭で1日4回実施する。訓練時間以外での子どもの活動は自由とされるが、訓練で活性化された基本的運動パターンを応用して活動がされるという前提になっている。

4.3　上田法

上田法はわが国の上田正によって開発されたCPの過筋緊張を改善する手技である。この訓練法もわが国では広く行われている。

上田法では過筋緊張がCPの運動発達を妨げ、異常な姿勢、運動の原因であると考えている。この過筋緊張を改善するのに5つの基本手技および4つの補助手技が開発された。この手技は子どもに3分間一定の姿勢を保持し続けさせるものであるが、手技を組み合わせて実施した後は、筋緊張が著しく改善され運動がスムーズになる、呼吸が楽になる、などの効果が示されている。

4.4　各種訓練法の位置づけ

CPの運動障がいに対する訓練法は、ボバース法、ボイター法、上田法だけでなく、感覚統合療法、乗馬療法、心理療法、○○療法、等々いろいろある。その他に民間療法もある。それぞれ療法の背景とする理論や根拠が異なり、実施される手技も異なる。このよう

にいろいろな療法が存在するのは，CP の運動障がいがひとつの療法で正常化しないのは当然としても，そのひとつの療法さえ実施しておけば運動障がいの課題が解決するわけではないためである．したがって私たちは，CP の運動障がいの特徴を理解し，個々の子どもの成長・発達を促進する関わりを検討し，工夫することが最も重要となる．

参考文献

1) Nancie R. Finnie 編著（梶浦一郎，鈴木恒彦・訳）：脳性まひ児の家庭療育　原著第 3 版．医歯薬出版，2003．
2) 有馬正高，北原　佶：小児の姿勢　改訂第 2 版．診断と治療社，2002．
3) 君塚　葵・編：脳性麻痺のリハビリテーション－乳幼児から成人まで－．MB Med Reha35，全日本病院出版会，2003．
4) 千野直一・安藤徳彦・編主幹：小児のリハビリテーション．リハビリテーション MOOK8，金原出版，2004．
5) 佐伯　満，北原　佶，相良　研：脳性麻痺児の運動機能訓練．小児内科 33：1103-1107，2001．
6) 第 52 回全国肢体不自由児療育研究大会シンポジウム：肢体不自由児の理学療法の効用と限界．療育 49：25-40，2008．

（北原　佶）

2.11　スイミング療法の考え方とその実際

　水ほど、身体の働きと心の働きを一度に実感できるものはない。身の周りに生じるしなやかな水の動き、陸上とは異なる浮力を体感する時、子どもは、新しい感覚の中で、水と一体感を感じる。海や川やプールにおいて、自分を取り巻く水の環境は、さまざまな身体の動きと心の体験を引き出し強くて深い記憶を残す。療育の手段として見た場合、水は、子どもと環境を繋ぐ奥の深い媒体であることに気づかされる。

　この水との接触を通じて得られる感触や体感は、身体のダイナミックな動きを生み出すパワーの源であり、子どもにとって水は、心身の変化をとらえやすい素材である。

　水を一口に言えば、子ども自身を楽しませる素材であると言える。この陸上と異なる世界は、子ども自身を包み込み、子どもの世界に取り込まれるという意味で、きわめてわかりやすい療育に役立つ素材である。スイミング療法は、発達の遅れや障がいを持つ子どもの確かな成長を育む療育活動であり、遊びに立脚したアプローチである。

1　水の環境を活用し水に誘われる

　水の体験で得られるものは、水流、しぶき、浮力、水面、体感温、息継ぎである。この切れ目のない動き、柔らかな表面の光沢に子どもはこころを躍らせ、水に魅力を感じ水に向かおうとする。スイミング療法の技法を紹介する前に、なぜ、子どもが、水に近寄り誘われてしまうかについて思いを巡らせてみよう。

1.1　水環境とアフォーダンス

　米国の知覚心理学者であるJ. ギブソン（J. Gibson）は、アフォーダンス理論を完成させ、認知科学のみならず身体運動機能を問題とする専門家に多くの影響を与えた。アフォーダンス（affordance）という概念を用いて認知機能が運動機能に及ぼす影響として、視覚的な運動感覚や自己感覚の存在を明らかにした。ギブソンによれば、アフォーダンスとは、「環境が動物に提供する価値のことを意味し、環境が動物に与えるために備えているもの」とした。アフォード（afford）とは、「〜ができる、〜を与える」などの意味を持つ動物にとっての環境の性質である。たとえば、プールにおける水面や水中で見える世界は、プール環境の中で動き回って、何かを見ようとしている子どもが、その全身と

共に発見するものである。

　子どもは、水中活動をしていることを感じ、自分そのものを体験する。これは環境に含まれるさまざまな水に関する光の情報が「浮く、潜る、泳ぐ」動きを誘発するためである。

1.2　水活動とインデュースメント

　スイミング療法では、子どもの特別なニーズに応えた訓練の側面だけを想定していない。障がいを持つ子どももそうでない子どもも共に楽しみ学習できる療育環境を用意することが非常に大切である。療育活動では、子ども同士や子どもと指導者との相互関係、指導方法までを含めたものを、子どもを取り巻く環境として重視する。

　水という環境の中で、子ども自身を「その気にさせる」ことをインデュースメント（Inducement：誘引すること、誘導）と呼ぶ。たとえば、プール環境にあるさまざまな素材を組み合わせて、子どもが自発的に動き出すような場面の設定、遊具の利用、提示法によって、新しい子どもの動きを誘発することがインデュースメントに着目した療育である。

　療育の中では、子どもを標準的な水活動の水準に近づけるのではなく、子どもの特別なニーズに応じた課題を設定し、その達成に向けて働きかけをする。たとえば、水を怖がる子どもには、浮力と水深は、水底の足の動きを規定する重要な要因であるため、腕にフローティを付けて浮力による新しいバランス感覚を入れる前に、安心した人（母親）に介助されながらプールに導入するといった環境を用意する。常に、子どもと環境との相互作用を意識し環境の要因を活用し工夫することで、子どもの活動水準を向上させていく。

2　療育におけるスイミングの役割（指導法の理念）

　スイミング療法を進めるうえで、「浮く、潜る、泳ぐ」という活動は、簡単な動きに見えて実のところ複雑な働きの結果成り立っている。その背景にある認知機能に目を向けると「浮く、潜る、泳ぐ」空間に注目せざるを得ない。これらの運動空間が、どのようにつくられるのか。その成り立ちに目を向け療育を進めていく。

2.1　空間構成法という考え方と水への適応

　子どもの泳ぎに関わるさまざまな身体活動は、泳ぎに至るさまざまな段階で、子ども自身が運動を認知するプロセスを前提に成り立っている。水に触れ、水に入り、水に包まれ、水の浮力を体感し、水流をとらえ、水に身体をゆだねるという、この新しい身体の使い方を学ぶプロセスには、水中環境を安定した外界として認知する心理的機能を必要とする。

　子どもにとって安心と安定を導く心理的機能は、環境との相互作用を通じて得られる空間の理解に大きく影響を受ける。障がいを持つ子どもには、身の周りの空間の理解を促す

ことで、環境との相互作用によって生じた空間認知の歪みによる心理的な混乱を改善することが可能となる。スイミング療法は、単に水中活動でのスキルの向上を目的とするのではなく、身体活動を成り立たせている空間に着目し、泳ぎに至るプロセスを泳ぎの空間づくりとしてとらえた療育の実践である。

2.2 空間構成の視点

　スイミング療法では、子どもに認知される内部空間としての運動空間と、外部空間としての環境の理解を導くことが課題になる。水を通じた身体の安定性（スタビリティ）と均衡性（バランス）は、療育環境との相互作用を通じて獲得される。そして、子どもが空間の中で自己を同定（定位）し身体活動を調整するために、ある一定の範囲の認知的"確定域"を必要とする。スイミング療法では、より確実な身体の安定性（スタビリティ）と均衡性（バランス）を導くために、運動の自発に必要な認知的確定域に着目したアプローチを行う。

　この認知的確定域は、身体接触が可能な範囲である。子どもは、この確定域を通じて実感として外界をとらえるようになる。

　さらに身体を包みこむ周辺の空間を観察すると、構成要素として「不動面」と「動面」という空間理解の重要な手がかりに気づく。たとえば、不動面は視空間の中で常に不変で安定した空間と認知され、動面は視運動空間の中で常に変化する空間として認知される。具体的には、前者は、地面、床、壁、枠、狭間、背中などの身体、遠くの風景、馴染みの場所であり、後者は、物、水、風、人、声（音）、近くの風景、新しい場所などである。

　スイミング療法の活動では、このような認知的確定域、不動面、動面といった諸要因を基に療育環境が形作られていることに目を向ける。

2.3 陸上活動と水活動の相補性

　ここでは、陸上での活動として、家庭、公園、施設での遊びや活動をイメージしていただきたい。陸上での活動を水中活動と同様の空間構成の諸要因から見る時、子どもの遊ぶ様子や日常活動の関心事や運動が自発するきっかけとなる空間の手がかりが観察できる。

　スイミング療法では、陸上活動における身体の使い方、運動の自発の様子、感覚の使い方について水中活動との相補性を意識的にとらえたアプローチをする。陸上における重力、水中における浮力といった、子どもの身体活動に伴う抗重力に係る条件は異なっても、子どもが学習し獲得すべき身体活動について、陸上におけるサーキットトレーニングを水中サーキットとして水中で行うなど、双方からアプローチを行う。

2.4 水の体験と入れ子世界

　スイミング療法での環境は、プールの壁や床、水深といった物理的な条件だけでなく、

子ども自身、指導者、教具、指示内容、提示方法までも含めたものである。子どもが体験する療育の場面は、時間的にも空間的にも「入れ子構造」の様子を呈している。入れ子とは、同様の形状の大きさの異なる容器などを順に中に入れたものを言う。子どもの世界の中で、現在の状況とそれまでの過去の状況が入れ子のように関係づけられることは、障がいを持つ子どもの遊びの「始まりと終わり」の切り替えの困難さに見ることができる。

日常生活での水の体験は、手洗い、洗面、入浴などがあるが、これらの日常生活での水体験は、療育でのプール体験と繋がっている。子どもには、日常での水の体験が遠近法（Perspective）として、療育でのプール体験に繋がってとらえられている。

3 療育に必要な観点

水泳療法には、①物理的な特性（温熱、浮力、力学的作用、精神的作用）を活用した水治療法、②発達に必要な要件（体重支持、バランス保持、姿勢のコントロール、親子関係、感覚・知覚機能、自立心）を促す発達援助、③健康増進（体力の増強、皮膚・心肺機能の鍛練、肥満防止）を導く体力増進、などのさまざまな目的に応じたものがある。

療育における評価や活動内容、使用する道具についても、療育の目的によって異なる。ここでは、発達援助としての指導法を紹介する。スイミング療法では、主にプール環境における療育活動を次の8のポイントから子どもの動きを見立てている。

① **子どもにとって保護された空間になっているか**：プール場に到着するまでの移動手段と順路の理解、プール場に入るまでの支度、プール場の位置、プール場内の周囲環境など、場所を通じて、空間と自分との位置関係を理解する。子どもが、療育の場を保護され心理的に安定した場として理解しているかを見る。

② **陸上と水中活動の協同化による影響**：陸上であるプールサイドの水辺活動と水中活動を連続としてとらえ、陸上と水中活動に共通する身体の安定性とバランスに目を向ける。水中活動の前段階として、プールサイドの活動とプール活動とを関連させ、陸上と水中活動の協同による効果を見る。

③ **運動空間を拡大する**：プール環境における活動を子どもの視点から見れば、取り囲まれる側（子ども＝自分）が動いても、取り囲む側（環境）を安定してとらえるための安定した運動空間が用意されることが必要である。療育では、いかに水中で身体をコントロールする際に支持面を利用して、どのように運動空間を広げていくか、である。プール環境の不動面（プールの壁や床）と動面（人との関わりや道具）が、運動の獲得の際に、空間理解の手がかりになっているのかを見る。

④ **水中での姿勢調整**：プールでの水中活動では、頭部や顔が水面上にある活動と水面下にある活動とに大別できる。まず指導は、頭部や顔が水面上にある状態から始め、腹這い、四つ這い、座位、立位による姿勢でも、体位の変化に対して柔軟に身を守るこ

とができる安定した姿勢を保つようにする。

　その際、手のひら、肘、膝、足底が姿勢調整に大きな役割を果たす。身体が横姿勢、縦姿勢、横から縦への姿勢変換など、体幹への浮力を受けても、安定した姿勢を保つようにする。

　頭や顔が水面上にある身体活動で安定したこの姿勢調整が可能になれば、顔つけ、潜りを伴う横姿勢、縦姿勢、横から縦への姿勢変換が可能になる。頭部と顔の水面上から水中への移行については、呼吸のコントロールが必要になり、新たな緊張を引き起こす。その際には姿勢調整への影響を考慮に入れる。

⑤**身体の安定性を保つための水深**：子どもの身長に応じた水深を確保する。30～70cmの水深のプールに簀の子や油圧式自動床を用いて、子どもの横姿勢や縦姿勢での手のひら、足底による身体の安定性を保てるようにする。また、水中での安定とバランスがとりやすい、壁面、マット、遊具を活用した活動を設定する。

⑥**呼吸の調整**：呼吸は無意識に作用しており、目的を持った、吹く・吸う、うがい時の息止めなど特別な場合を除いて意識することはない。しかし、これが水によって意識化されると、全身の同時収縮（複数の筋が同時に働くこと）や強い心的緊張を伴う活動となる。

　水中活動の呼吸統制に必要な条件は、身体の安定と上下肢の協応であり、この基盤のうえにどの程度、呼吸に必要な口唇や鼻腔の機能調節が成立しているかを見る。さらに水中での口唇や鼻腔を介した呼吸の調整には、自己の意識化、自己統制が関係することから、仮に自己意識が弱い場合は、水中活動を通じて自己意識を高めることに留意する。

⑦**自己を定位する**：浮力を伴う水中活動では、プール環境の中で自分の位置を明確に理解する必要がある。子どもが体験する活動は、新しい運動空間であるため、常に置かれた場の中で自分自身を同定しようとする指向性が働く。そのため何が、子どもを定位するための空間的な手がかりになっているのかを見る。

⑧**空間の枠づけによる感覚運動の高次化**：療育における水中活動は、水中歩行から伏し浮きまで多岐にわたるが、それぞれの活動に伴って感覚運動機能がどのように作用し高次化するのかを見る。

　感覚と運動の高次化には、何らかの外界の空間的枠づけから新たに感覚が取り入れられる。また、身体空間の枠組みとして姿勢が感覚の受容と深く関与する。これらの空間的枠組みを通して、視覚と運動感覚、触覚と固有感覚などの近感覚と視覚－聴覚などの遠感覚との新たな感覚間の協応を見る。

4 評価の指標

ここでは、評価の指標として次の点をあげる。評価の指標は、事前の見立てと事後の振り返りにとって必要である。具体的な療育では、次の評価の指標を考慮して水中活動と陸上活動の双方の評価を関連づけてプログラムを作成する。

4.1 認知発達と運動発達との相互関連

療育活動の方針を立てるうえで認知機能と運動機能の相互関連を取りあげる。図1に、子どもの遊泳力と発達の関係を示した。療育は矢印の方向に進み、最終的にⅣの領域を目標とする。

Ⅳ領域は、歩行が獲得されており、認知機能が表象・概念水準にある段階を指す。この段階であれば将来なんらかの形で自力遊泳が可能であり、体力が伴えば、泳ぎ自体を早期から練習しなくても問題はない。

Ⅲ領域は、運動機能として歩行が獲得されているが、認知機能が表象・概念水準に達していない感覚・知覚水準の段階である。療育では、このⅢ領域の子どもを対象とすることが多く、療育経験を積むことでⅣ領域へと進む。他方、認知機能の向上が困難な場合は、なんらかの補助具の助けを借りながらの自力遊泳を目標とする。

Ⅱ領域では、認知機能が表象・概念水準に達しているが、将来にわたって自力歩行が困難な場合である。ここでは補助具を利用することで自力遊泳を目標とする。

Ⅰ領域では、介助を伴うことで疑似遊泳を目標とする。

通常、療育の中で多いタイプは、Ⅱ・Ⅲ領域である。Ⅳ領域では、特に指導効果が表れやすい。反対に、Ⅰ領域は水中活動を積極的に展開することが難しいタイプである。Ⅱ領

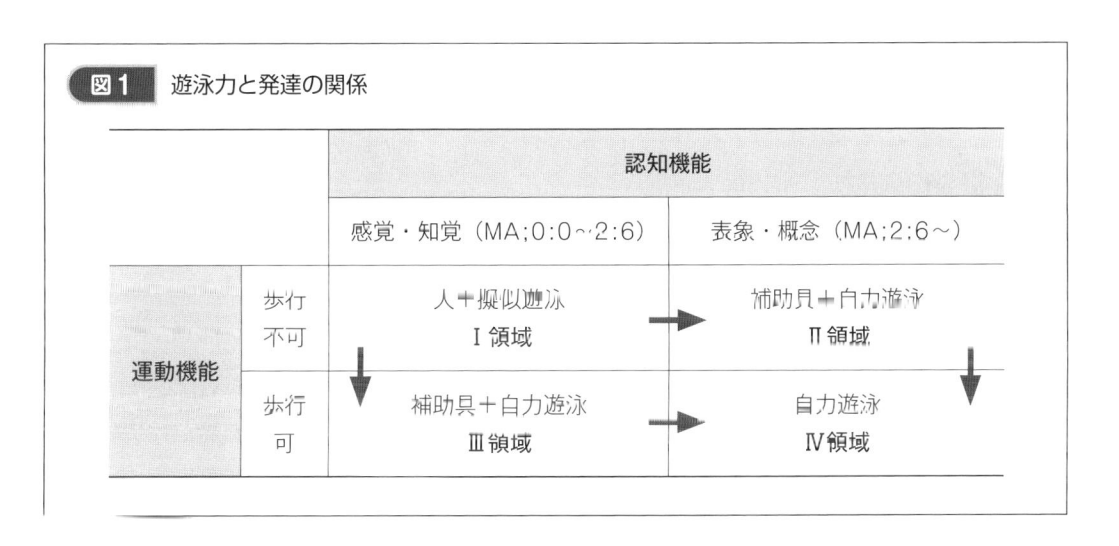

図1 遊泳力と発達の関係

		認知機能	
		感覚・知覚（MA;0:0～2:6）	表象・概念（MA;2:6～）
運動機能	歩行不可	人＋擬似遊泳 Ⅰ領域	補助具＋自力遊泳 Ⅱ領域
	歩行可	補助具＋自力遊泳 Ⅲ領域	自力遊泳 Ⅳ領域

域やⅠ領域では、何らかの補助具による自力遊泳や常時の介助による疑似遊泳が主な活動となるが、水を媒介としたリラクゼーションや他者とのコミュニケーションが重要な課題となる。

4.2 上肢と下肢の支持

　表1は、子どもの身体を支持する力の上肢と下肢の関係を示している。子どもの運動機能を上肢・下肢の支持力の強弱によってとらえることは、介助を考えるうえで大切である。子どもは、上肢・下肢のいずれかの支持力の強い方を使って身体を動かす。反対に、自分の支持力の強い方を他動的に介助されることを嫌がるなどの特徴がある。

　療育では、支持力が「上肢＞下肢」であれば、上肢から使い始め、「上肢＜下肢」であれば、下肢から使い始める。この介助の留意点は、水中で身体の安定性とバランスを獲得するうえで効果的であり、水中活動での姿勢が縦姿勢であっても横姿勢であっても共通する。水中活動では、子どもにとって支持力の強い方の身体部位を使う活動から療育を始める。

　表2は、上肢と下肢の身体支持力の違いによる活動課題の例を示したものである。基本的に支持面は、①から④へと進み、上肢・下肢の強さによってA系、B系の活動を組み合

表1 上・下肢の支持力の類型

		上　肢	
		弱い	強い
下　肢	弱い	Ⅰタイプ	Ⅱタイプ
	強い	Ⅲタイプ	Ⅳタイプ

表2 身体支持力と活動内容

支持面（不動面・動面）	A系：上肢＞下肢の場合	B系：上肢＜下肢の場合
①床を利用した活動	ワニ歩き	ひとりジャンプ
②壁を利用した活動	壁ジャンプ	カニ歩き
③マットを利用した活動	ワニマット蹴り	マット立ち蹴り
④用具を利用した活動	背浮き	馬乗り

わせる。

　ここで留意すべきことは、全般的に身体の支持力が弱く安定性の低い段階では、子どもを他動的に介入・介助しないことである。身体と水深との関係や水中での姿勢との関係を考慮に入れ、支持力が弱くても子どもが自発的になるように注意深く導いていく。

4.3　姿勢と水位の活動分類

　療育での水中活動では、子どもの姿勢と水位との関係を十分観察し適切に活動を設定する。表3は、子どもの姿勢と水位との関係から水中活動を分類したものである。

　まず、顔と水との関係で、顔が水上にあるか、水中にあるか、子どもはどの状態を受け入れているのかを見る。

　次に姿勢と繋げて、横、縦、変換、捻りを伴う活動を子どもの発達に応じて活動を選びプログラムを組立てる。

表3　姿勢と水位による活動分類

		姿勢			
		横	縦	変換	捻り
顔水上	低水位	四つ這い ワニ歩き ワニ蹴り ワニマット蹴り		背浮き（簀の子）	馬乗り
顔水上	中水位	壁持ち浮き シート乗り	カニ歩き マットジャンプ ひとりジャンプ	壁ジャンプ 背浮き（立位） マット立ち蹴り	馬乗り
顔水中	低水位	飛行機浮さ 顔洗い 顔つけ 飛行機浮き	スベリ台		ロールオーバー
顔水中	中水位	顔つけ	潜りジャンプ 縦潜り 横潜り	背浮き（立位） 水中バス 立ち蹴り	馬乗り

4.4 感覚受容と感覚間協応

　水中活動は、全身的な冷温覚、圧覚を主とする触覚受容を生み、水中での浮力と水圧による筋・関節などの自己受容感覚の受容が、視覚や聴覚に作用し新たな感覚の受容を導く。このような感覚の受容と感覚間の協応を生む条件を水中活動でとらえることが必要である。子どもがどの感覚を手がかりとして水中での活動を処理し、運動を実感しているのかを知るために、子どもの感覚の使い方と運動の自発の仕方を見る。プールなどの水から出た後の状態も水中と比較し、感覚の受容の変化を見る。

4.5 注意機能

　水中活動における療育の進度は、子どもの模倣力が影響する。この模倣力の違いは注意機能の違いでもある。療育の中では、頭部の不安定さが引き起こす視覚受容への影響を考慮して、頭部を身体の正中線上で保つために手掌部と足底部の安定した支持性を導く。

　水中活動におけるさまざまな視運動の空間的な枠づけの設定が明瞭な視空間を導き、頭部の安定性を高めることに繋がる。

5 アクティビティ

　ここでは、療育における実際を紹介する。療育での留意点は次のとおりである。

①**プールサイドやフロア周辺での活動**：プール環境を十分に把握することから始める。プールサイドを歩くこと、危険のない水際、プールの位置、場の広さや大きさなどを知らせる。次にプールの床面を利用した定期的な運動を繰り返すことで運動のイメージを学習する。

　　　①床面と身体面との接触が多い活動
　　　②身体枠を知る活動
　　　③姿勢を変える活動
　　　④支える力を強める活動
　　　⑤運動を協応させる活動
　　　⑥動作模倣を引き出す活動

　これらの活動を達成するために、さまざまに工夫した状況設定を用意する。

②**安定した支持性が保障された低水位の場で活動を導く**：フロア・トレーニングを通じて活発化した運動の中で、低水位でできるものを行う。内容は主に横姿勢の活動である。

③**低水位、中水位のいずれでも水中サーキットを行い、フロア活動との協同化を図る**：ここでの低水位とは水深30cm、中水位とは50～70cmを言う。この水位での活動

に適した子どもの身長は100cmが目安である。水中サーキットでは、歩く、走る、跳ぶ、蹴る、投げる、持つ、くぐる、またぐ、渡る、ぶら下がる、滑る、押す、引くことを導く。水中サーキットの課題は、プールサイドを利用した活動にも応用する。

④**中水位で身体の安定性とバランスを獲得する**：低水位で横姿勢の十分な体位変換を行い身体の安定性を高めた後、中水位での身体活動を促す。中水位は、よりダイナミックな浮力経験、水流体験ができ、縦姿勢の活動と横姿勢への姿勢変換に必要な水深である。縦姿勢の中で水面上にあった頭部、顔を水面下に浸けたり、潜らせたりすることができやすい。床、壁、簀の子などの支持面を用いた活動に加えて、マット、シートなどの支持面を用いた活動に広げ、新しい身体の支持性とバランスを学習する。

⑤**水位を変えて水面下でマットなど道具用いた活動を多く取り入れる**：低水位から中水位へ、水面上から水面下へ、縦姿勢から横姿勢へ、さらに姿勢の変換などを組み合わせる。呼吸機能もバブリングから息継ぎ、潜りに伴う息のためこみなど複雑な要素が加わる。この段階では、ゴーグルを着けて水中における自己イメージを持ちやすくする。

　療育の流れとしては、図2で示したステージ1～3までの段階を基本とする。

　ステージ1では、フロア・トレーニングと水中サーキット（自由場面）、低水位指導を行い、子どもの水慣れに具合を考慮しながら徐々に中水位指導を取り入れていく。

　ステージ2では、フロア・トレーニングと水中サーキット（設定場面）、低水位指導と中水位指導を並行して行う。3つのステージの中で、この段階で行う活動数が最

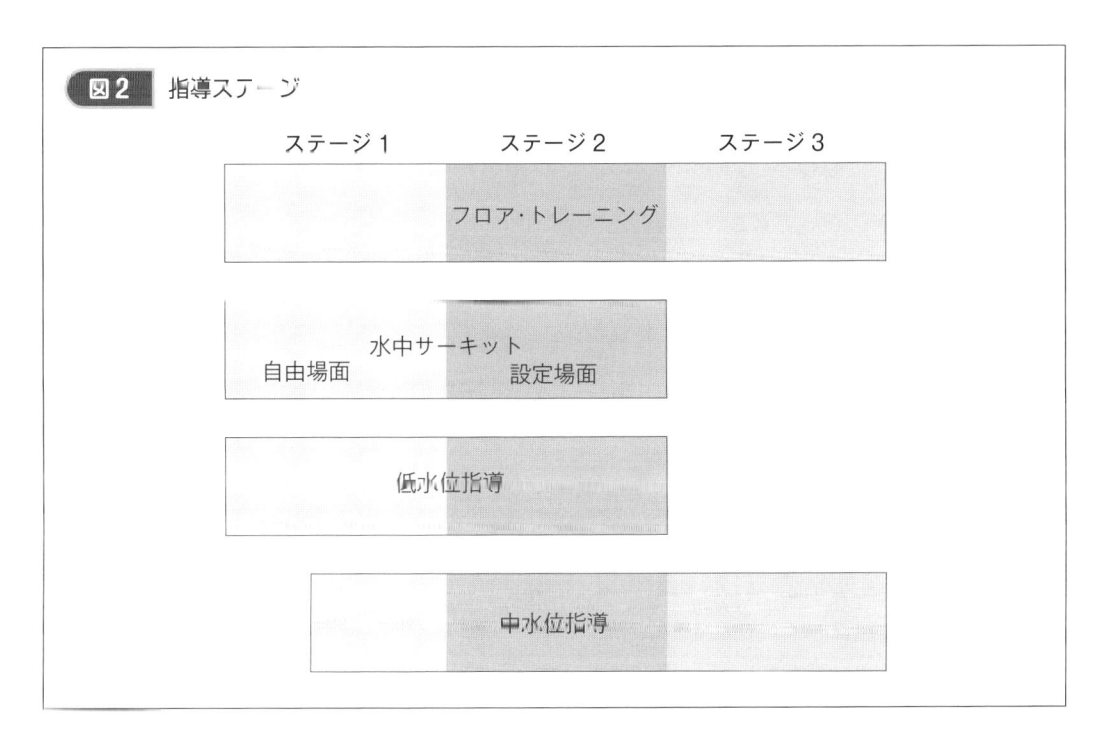

図2 指導ステージ

	ステージ1	ステージ2	ステージ3
		フロア・トレーニング	
	自由場面	水中サーキット 設定場面	
	低水位指導		
		中水位指導	

表4 水中活動（項目1〜24）

	項目番号	項目	指導番号	活動名
陸上での指導	1 2 3 4	水辺・水際での十分な散歩 静かで緩やかな水への誘い 床・壁・他者を媒介としたフロア・トレーニング シャワー	 4-①	 シャワー
低水位での指導（30cm）	5	低水位での自由活動		
	6	低水位での横姿勢活動（四つ這い、腹這い）	6-① 6-②	四つ這い ワニ歩き
	7	低水位での顔への接近（うつ伏せ、座位）	7-① 7-② 7-③	顔洗い 顔つけ 呼吸
	9	低水位での遊具を使う活動（つかまり）	9-①	馬乗り
	10	低水位でのマット活動（立位・うつ伏せ）	10-① 10-② 10-③ 10-④	大マット乗り 大マット降り 半マット浮き 細マット浮き
	11	低水位での壁を使った活動	11-① 11-②	ワニ蹴り ワニマット蹴り
	18	低水位でのうつ伏せと横潜り	18-①	飛行機浮き
	13	低水位でのスベリ台	13-①	スベリ台
中水位での活動（50〜70cm）	17	中水位での顔への接近	17-① 17-②	顔つけ 呼吸
	8	中水位でのプール壁を使う活動（立位）	8-① 8-② 8-③	カニ歩き 壁ジャンプ 壁持ち浮き
	12	中水位での床を使う運動（立位）	12-①	ひとりジャンプ
	15	中水位でのマット活動（立位）	15-①	マットジャンプ
	16	中水位でのマット活動（うつ伏せ）	16-① 16-②	シートマット 透明シート
	20	中水位でのマット活動（立位・うつ伏せ）	20-① 20-② 20-③ 20-④ 20-⑤ 20-⑥	マット立ち蹴り 大マット乗り 大マット降り 半マット浮き 細マット浮き ロール浮き
	14	中水位での遊具を使う活動（つかまり）	14-①	馬乗り
	19	中水位での簀の子を使う活動	19-① 19-②	横回転 簀の子背浮き
	21	中水位での縦潜り、ブランコ	21-①	縦潜り
	22	中水位での横潜り、伏し浮き	22-① 22-②	水中パス 横潜り
	23	中水位でのあお向け	23-① 23-②	立ち背浮き1 立ち背浮き2
	24	中水位での伏し浮き蹴り、キック前進	24-① 24-② 24-③	座位伏し浮き 縦伏し浮き 横手伏し浮き

表5 マット活動の分類

		持つ位置					
		向縁	向両端	2/3両端	1/2両端	手前両端	一点
接触面	全身						
	ひざ						
	腰			2/3			
	腹				1/2		
	胸						
	腕						
	上腕						
	手のひら						

発達支援の技法と理論

写真1 大マット

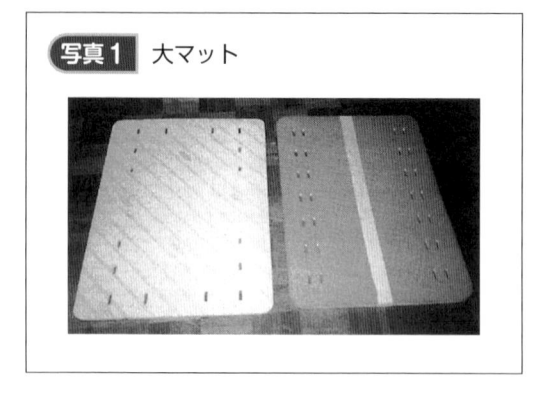

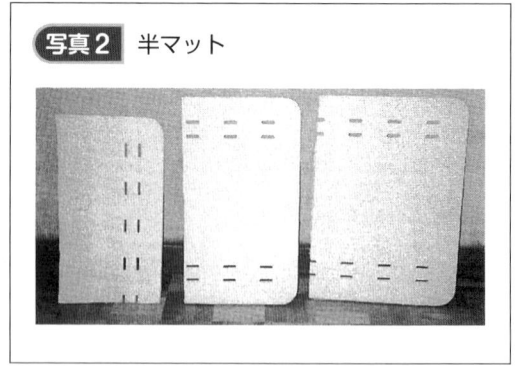

写真2 半マット

も多く、時間を十分かけて指導する。

ステージ3では、フロア・トレーニングと中水位指導を行うが、基本的には中水位活動を中心とした指導になる。各ステージの移行は、子どもの水中活動の進度に合わせて個別的に活動段階を追いながらプログラムを用意する。

表4は、水中活動を一覧したものである。図2の指導ステージと実際の各ステージにおける活動との対応は、表4の指導番号で示した活動（容易なものから難しいものまで）の中から選択する。

マット活動の進め方は、身体の接触面とマットを持つ位置に考慮して使用するサイズ（大・中・小・半・薄・シート）を選ぶことから始まる。表5の分類に沿って、「全身－向縁持ち」から「手のひら－一点持ち」まで、子どもの身長、体重、身体支持力に応じて活動を組合せる。

6 道具

空間構成法によるスイミング療法の特徴は、マットの利用である。マットは自発的な水中活動を促す最適な用具であり、次のような利点がある。

①持ち運びが簡単で子どもの身体に合わせて使うことができる
②容易に入手できる素材である
③マットの持つ属性や空間性を利用した水中活動が引き出せる
④他の水泳用具と組み合わせることで新しい活動を引き出す
⑤縦姿勢、横姿勢、姿勢変換など、さまざまな姿勢の変化において必要なバランスを補うことができる
⑥子どものレベルに合わせて水中での安定した支持面が確保できる。

マットの拡張道具として、薄マット（通常マットの半分の厚さ）、シート（塩化ビニール180×90cm）、透明シート（透明ビニール180×90cm）を使用する。特に、シートは、横姿勢全身とシートとの間に水流を作り、シートで全身を支えると同時に、浮力を体感で

きる。透明シートは、さらに床底が見え水中活動は疑似的ではあるが、水流をダイナミックに経験し伏し浮きを体験することになる。

　水を媒介とするスイミング療法は、誰もが楽しむことができる、インクルーシブ（包み込む）な学習の場である。まさに水に包まれる体験は、陸上での障壁を越える可能性を持ち、ユニバーサルな支援である。空間構成法によるスイミング療法には、療育としての訓練プログラムの側面と水中活動を楽しむ2つの側面が含まれている。このアプローチは、水に入り、潜り、伏し浮くという極めて基本的な活動が、どのような運動－認知の機能と空間のもとで成り立つのかをとらえようとするものである。スイミング療法は、通園施設における10年にわたる療育の実践研究を通じて、まとめた指導方法である。この視点は、障がいを持つ子どもの療育に限らず、泳ぐことが苦手な子どもや一部の成人や高齢者にも応用することが確かめられている。

参考文献
1) 舩越知行：発達障害児のスウィミングセラピィと空間構成法．全国心身障害児福祉財団，1993．
2) 児玉和夫・覚張秀樹：発達障害児の水泳療法と指導の実際．医歯薬出版，1992．
3) 真城知己：図説特別な教育的ニーズ論．文理閣，2003．
4) 佐々木正人：アフォーダンス－新しい認知の理論．岩波書店，1994．

（舩越知行）

2.12 ポジショニングと環境調整の考え方とその実際

1 ポジショニングの考え方

1.1 姿勢とは

　姿勢は文字通り「勢いのある姿」を表している。人間に限らず動物はすべてダイナミックなバランス調整によって一定の姿勢を保っている。人間は座位や立位などで静止した姿勢を保っている時でも、7分に1回は大きく動いており、睡眠中でさえ15分に1回は無意識のうちに姿勢変換していると言われている。日常生活の中で姿勢を観察すると、睡眠をとる時は臥位、作業をする時は座位、移動する時は立位になるように、何か活動している時は、意識的あるいは無意識のうちに活動に適した姿勢をとることが多い。

　療育やリハビリテーションの分野では、対象者の運動発達レベルや運動訓練の目的に合わせて姿勢を選定し、種々の道具を使って姿勢を保持するための工夫をする。理学療法士（PT）や作業療法士（OT）は、病気や事故あるいは先天的な疾患によって運動、感覚、認知の面で障がいのある人に対して、日常動作を行うための問題を改善するためにさまざまなアプローチを実践している。その中で運動や動作に適切な姿勢を提供するための方法をポジショニング（positioning）、車いすや座席に座った時の姿勢を改善する考え方とそれを実践する技術をシーティング（seating）と呼んでいる。

　運動学では、姿勢（posture）は体位（position）と肢位（attitude）に分類されている[1]。体位は重力に対する位置関係を指し、肢位は身体の各部位の位置関係を示す。大別すると人間の日常とっている姿勢は臥位、座位、立位になり、それらの姿勢を変換する時は四つ這いや膝立ちなどの中間姿勢になる。人間は日中の活動で座位をとることが多いが、椅子に座る椅座位から床に座る時には正座や胡座などの肢位をとっている。

1.2 ポジショニングの原則

　自力で座位や立位などの姿勢が長時間とれない人に対して、シーティングやポジショニングの技術が導入されている。その基本となる原則をまとめると次の5項目になるだろう。

①個別対応

　対象となる人の身体各部の寸法と形状に適合していることがシーティングの基本となる。さらに脊柱や肋骨の変形、筋緊張、関節可動域などの状態に対応して、姿勢保持の方法を考え、技術を適用することが必要である。小児の場合は運動発達や知的発達のレベル、教育目標、学校や家庭での使用環境等も考慮に入れることが求められる。成人の場合は体重の増加による機器の強度、介助負担の軽減も個別に対応する。高齢者の場合は移乗のしやすさ、立ちやすさ、転倒予防などの対応も必要になる。

②同一姿勢15分

　図1は健康な20歳の成人に端座位の姿勢でできるだけ動かないように指示を出して、1時間連続して座った時の座面にかかる最大圧力と重心の変化を記録したグラフである[2]。座り始めてから徐々に体圧（特に坐骨周辺の圧力）が上昇し、15分経過した時に計測器の最大圧力である200mmHgに達している。この時被験者は殿部に痛みを訴え座り直している。その直後に最大圧力は100mmHgを下回って減少したが、時間と共に圧力は上昇し、15分後にはまた200mmHgに達し、再度座り直している。このように健康な成人でも1時間に4回座り直して除圧しなければ、同一姿勢を続けることは困難であることがわかる（図1）。

　自力で姿勢変換できない人や下肢麻痺などで殿部の痛みを感知できない人は、15分を目安として他動的または意識的に姿勢を変えることが重要である。そうしなければ圧力に強くかかった部位の血行が阻害され、褥瘡のできる危険性が高まる。

③心身の変化に対応する

　人間の心と身体は常に変化しながらも生体としての恒常性を保っている。しかし痙攣や発作などによって急激に姿勢制御機能が働かなくなった時に、転倒や転落で危険

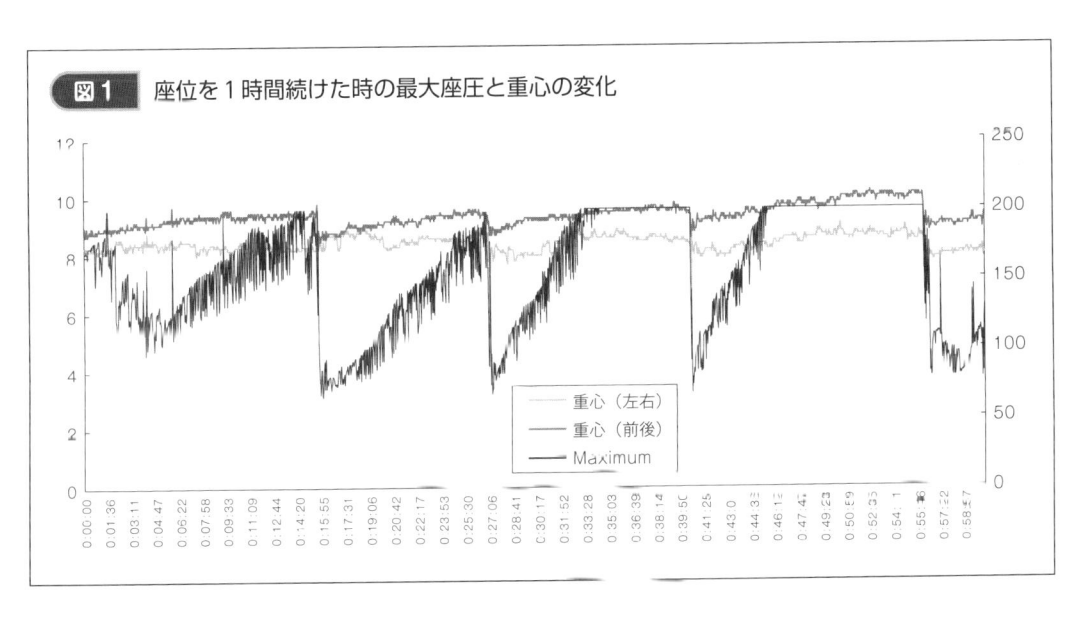

図1　座位を1時間続けた時の最大座圧と重心の変化

な状態になる。これを防ぐために服薬や健康管理は欠かせないが、安全対策として転落を防ぐための姿勢の管理や、発作が起きた時に座位から臥位へと即座に姿勢変換できるハード面の整備が必要である。小児の場合、泣いたり、喜んだり、不快な状況が生じた時に全身を反り返らせたり、激しく動き回ることがある。これらの心身の急激な変化に対してベルトやパッドなどで身体を強く圧迫して危険のないように対応すべきである。

④チームアプローチ

車いすや座位保持装置などユーザーと機器の適合をより高次元で実現するためには、ユーザーを担当する医師やセラピストなどの医療サイドと製作を担当する技術者のチームアプローチが必要不可欠である。そのためには医療関係者は車いすや座位保持装置に関する基礎知識を身につけ、製作技術者は解剖学や障がい学などに関する基礎知識を学んでおく必要がある。さらにユーザー一人ひとりに最適なシーティングやポジショニングの考え方と技術について常に情報交換し、問題解決へのアイデアを共有することが重要である。

⑤フォローアップ

車いすや座位保持装置は1回ないし数回の仮合わせを経て完成し、ユーザーに納品される。ただし納品された後も、ユーザーの状態の変化に対応して使用できているか、また機器の不備が生じていないかチェックするためのフォローアップを怠ってはならない。成長期にある小児の場合は数か月でサイズが合わなくなることが多い。車いすや座位保持装置には調節機構が装備されているので、半年から1年に一度は適合をチェックし、調整することが望ましい。側弯などの変形が進行しバックサポートの形状やヘッドサポートの位置が合わなくなることも多い。その時には担当のセラピストと製作者が協力して適合するまで機器を調整する。

1.3 姿勢の選定と方法

私たちが普段とっている姿勢は大別すると臥位、座位、立位になる。矢状面（身体を側方から観た姿勢）から細かく観察すると、体幹を直立した姿勢、体幹を後傾した姿勢そして体幹を前傾した姿勢に分類されるだろう。姿勢を正すと言った場合は体幹を直立した座位や立位となる。逆に疲れて休息したい時には、身体を椅子の背もたれや壁にもたれて体幹を後傾した姿勢をとる。また集中して本を読んだり、字を書いている時は体幹を直立または前傾した座位になっている。リハビリテーションや療育の中でも直立姿勢、前傾姿勢、後傾姿勢が対象者の状態に合わせて適宜採用されている。染谷は療育の現場で採用している姿勢を立位、座位、臥位という重力方向と体幹を前傾、直立、後傾する方法で分類し図式化した[3]（図2）。

体幹を後傾した姿勢（TBIP：Trunk Backward Inclining Posture）は安静的な姿勢

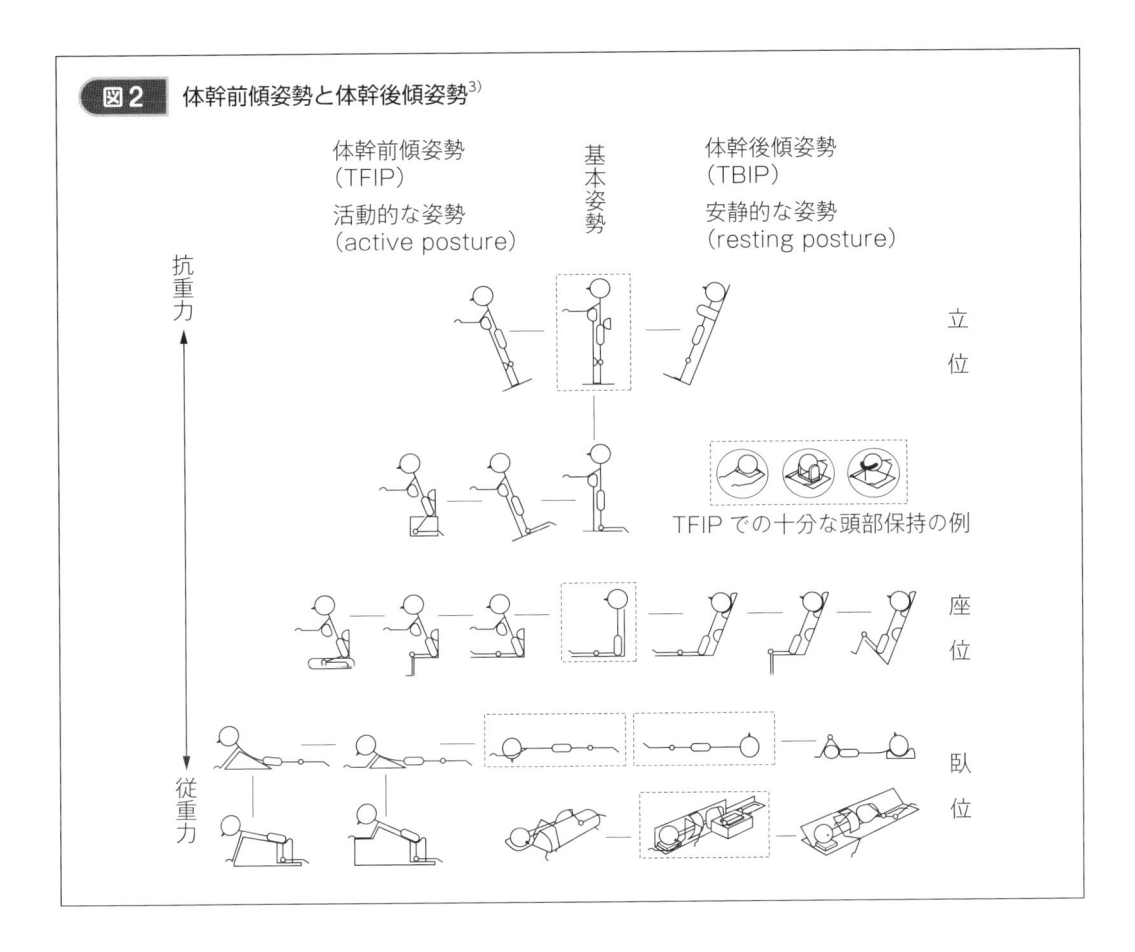

図2 体幹前傾姿勢と体幹後傾姿勢[3]

(resting posture) で身体にかかる重力の負荷を軽減し、休息に適した姿勢となる。一方で体幹を前傾させた姿勢（TFIP：Trunk Forward Inclining Posture）は活動的な姿勢（active posture）で、作業や移動に適した姿勢と言える。リハビリテーションや教育の分野で、対象者の心身の状態に対応して、あるいは目的となる作業や運動を引き出すために、TBIPやTFIPの中から適切な姿勢を選定することがポジショニングの基本となる。

1.4 姿勢保持装置の種類と特徴

①座位保持装置

【構成部品】

　1990年に補装具の種目として加えられた座位保持装置は普通型、リクライニング式普通型、モールド型、可変調節型と4種類に分類されている。2001年に改正された基準では座位保持装置は、1）（身体）支持部、2）支持部の連結、3）構造フレーム、4）付属品、5）調整機構、6）完成用部品、からなる。

　支持部の製作要素は頭部から足部まで6分割され、骨盤・大腿と体幹部は平面形状型、モールド型（図3）、シート張り調節型に分けられている。支持部の連結には機械

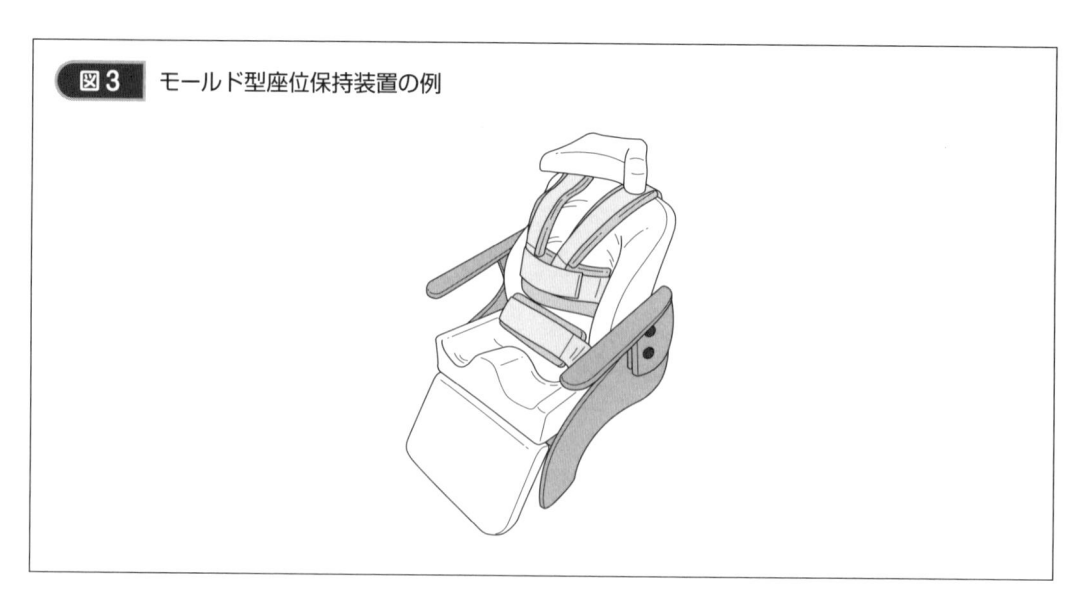

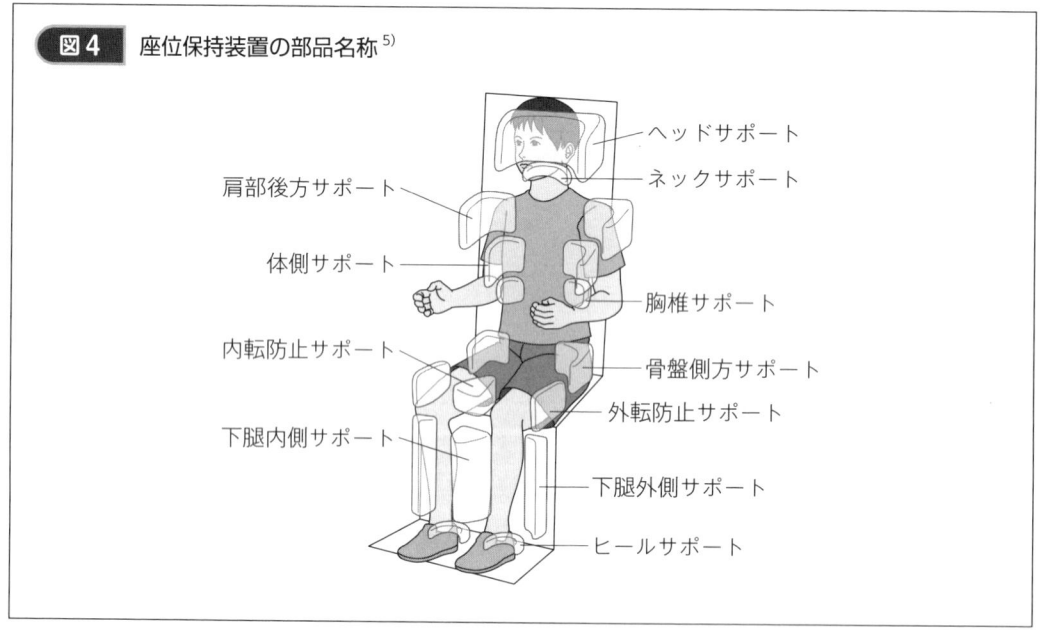

図3 モールド型座位保持装置の例

図4 座位保持装置の部品名称[5]

- ヘッドサポート
- ネックサポート
- 肩部後方サポート
- 体側サポート
- 胸椎サポート
- 内転防止サポート
- 骨盤側方サポート
- 外転防止サポート
- 下腿内側サポート
- 下腿外側サポート
- ヒールサポート

式、ガス圧式、電動式が選択できる。構造フレームはティルト機構、昇降機構があり、車いすフレームも選べる。付属品は各種のパッドやベルトなどを対象者の座位保持能力や使用目的に合わせて選択して付加する（図4）。調節機構は、高さ調節、前後調節、角度調節、付属品の脱着機構、開閉機構があり、必要に応じて構造フレームに付加される。完成用部品は支持部、構造フレーム、付属品などで国内外のメーカーから市販されているもので、厚生労働省が認可したものである[4]。

【調整機構】

座位保持装置で調節の必要な部分は各部のサイズと角度である。フレームのサイズ

図5 リクライニング式とティルト式の角度調節

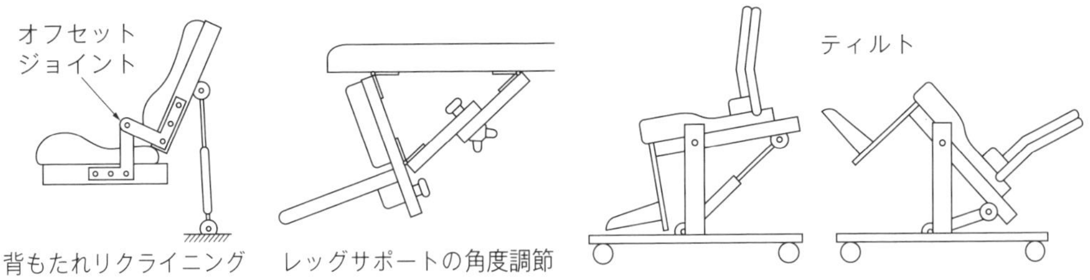

背もたれリクライニング　レッグサポートの角度調節　ティルト

調節は座面奥行き、座面高（足台高）、背もたれ高、テーブル高（アームレスト高）に50mmから150mmの範囲で設定する。アタッチメントではヘッドレスト、内転防止パッド、体幹パッドなどは調節と脱着を兼ねた機構を持たせている。ヘッドレストは適合が難しいので、高さ、前後、角度および形状などの可変構造を必要に応じて加えている。調節はノブボルトを使い手で回せるようにしているが、緩むと危険な部位にはレンチで締めつけるボルトを用いる。

　角度調節は基本的にリクライニング式とティルト式に分かれる（図5）。一般に休息姿勢をとる時は背もたれを後傾させ、レッグレストを挙上し、股関節や膝関節の角度を広げる。しかし、人体の関節と角度調節のジョイントは離れているため、身体と支持面やベルトにずれが生じる。これを少なくするためオフセットジョイントが採用されている。ティルト式は座面・背もたれ・レッグレストの角度を一定にした状態で、後方または前方に傾斜する方法で、どの角度に調節してもクッションやパッドのずれはほとんど生じない[6]。モールド型で製作した場合はティルトを採用することが多い。

【採型の方法】

　モールド型を製作する場合、使用者の座位姿勢を採型することが基本となる。採型器（シミュレーター）を使って使用者に最適な姿勢で座らせ、殿部、大腿部および体幹部周辺の型を採る。この時、担当の医師やセラピストが対象者の最適な座位姿勢をハンドリングで予め確認し、実際に採型器で良姿勢を再現できるまでシミュレーションする。側弯や後弯の強いケースでは、どの程度姿勢を矯正またはサポートするかを採型しながらチェックする。採型に十分な時間をかけ、セラピストやエンジニアが使用者の姿勢とサポートの方法を検討することが重要である[7]。

②立位保持装置

　現在使用されている立位保持装置は3タイプに分類される[8]。

　1）直立位タイプ（スタンディングフレーム、スタンディングテーブルなど）

　　　二分脊椎、筋ジストロフィー、脳性麻痺（CP）児・者などの疾患で、上肢の支持で立位保持が可能なケース、頭部、体幹のコントロールがある程度とれている

図6 プロンボードの例

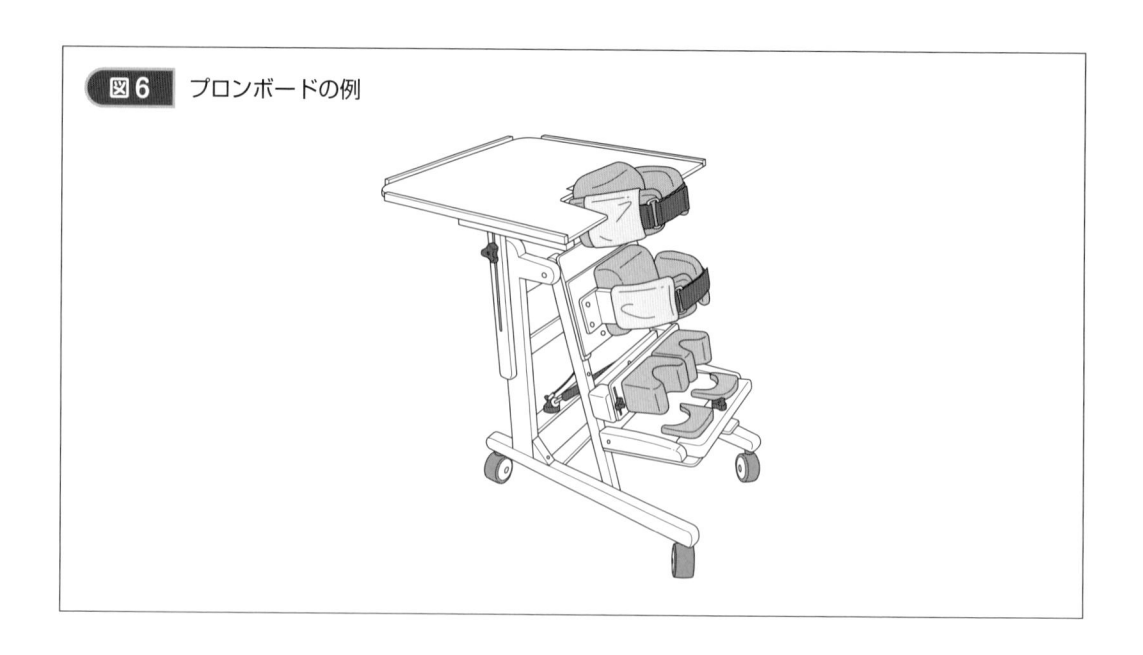

ケースに適用される。下肢装具を併用することが多い。

2）前傾位タイプ

一般にプロンボード（図6）と呼ばれているが、主としてCPに適用される。立位保持装置の中では最も適応範囲が広く、頭部のコントロール、上肢の支持性、脊柱伸展などの目的で処方される。呼吸の改善、上肢の操作性の向上などに効果を上げることもある。

3）後傾位タイプ（スーパインボード、ティルトテーブルなど）

背面全体から頭部までを支持するタイプで、頭部のコントロールができていないケースや姿勢運動負荷に問題のあるケース、神経筋疾患などに適用される。脊髄損傷患者が立位訓練を行う時に、水平から徐々に角度を起こすことのできるティルトテーブルを使う。目的は生理機能の調整、骨格形成が主となる。

③臥位保持装置

臥位保持装置は重症心身障がい児（重心児）で、座位保持が極めて困難なケースに用いることが多い。また呼吸の改善や側弯症への対応に側臥位や腹臥位、四つ這い位などの姿勢で保持するために製作することもある。

1）腹臥位

重心児の場合、背臥位よりも腹臥位の方が呼吸の改善や、動脈血中酸素飽和度（SpO_2）の数値が良好になることがある[9]。ただし、この場合完全な腹臥位よりも頭部を起こして股関節が屈曲して膝支持ができるような四つ這いに近い姿勢の方が、身体への負担が少ない（図7）。最も注意が必要な部分は呼吸ができるように鼻や口の周りに十分なスペースを作ることである。全体の角度調節機構や体幹

図7 腹臥位保持具の使用例（与謝の海養護学校）

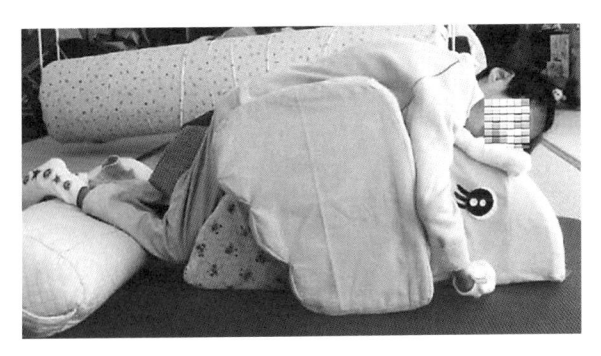

サポートなどを加えることが多い。

2）側臥位

高度の側弯があるケースでは凸側を下にして側臥位をとらせることによって、側弯のカーブを軽減することができる。ただし呼吸が困難になるケースでは逆にする。姿勢を保持するために頭部の枕と足部のポジションを決めるパッド、および胸ベルトなどを装着する。頭部を高くするように角度調整機構を付けることもある。

3）背臥位

重症児をベッド上で背臥位にした場合、下肢が交差することや、逆に外転して股関節脱臼を起こすことがあるので、膝を立て軽い外転位で保持するクッションが有効である。全身の変形と緊張が強いケースで、身体に合わせて形状を可変できるクッションを採用することで、呼吸が改善した重症児のケースもある。

1.5 ポジショニングのポイント

人間の姿勢は常に変動している。どのような体圧分散の優れたクッションを採用したとしても、良い姿勢を保っているという理由で長時間続けることは、関節の拘縮や褥瘡の危険性が高まる。また長期間、臥位のように従重力的な姿勢を続けると廃用症候群となり、自力で座位や立位がとれなくなる。これは健康な成人を被験者にしたベッドレストの実験で明らかになっている[10]。ポジショニングとシーティングの考え方で重要なポイントは、対象者一人ひとりが日常生活動作のしやすい姿勢を見出し、最小限の努力でその姿勢を保てるようなサポートの方法を考えること、身体への負荷を最小限に抑えるため15分に1回は姿勢変換ができるように本人と介護者は意識すること、および姿勢変換がしやすいようにハード面での工夫をすることである。そのためにはリハビリテーションや介護福祉に携わるスタッフと障がい児・者、高齢者の家族が、ポジショニングとシーティングの重要

性を認識し、利用者のQOLを高めるための努力を続けることが重要である。

2 環境調整の考え方

2.1 住環境整備

　日常生活の基盤は住環境にある。障がいや高齢化のために日常生活動作（ADL）が困難となった場合、その状態に合わせて住環境を整備することが必要となる。特に日本の在来工法で建てられた家屋は段差が多く、間口や廊下幅が狭い。一般的な住宅改修は、介護保険にも指定されている、1）手すりの取り付け、2）床段差解消の解消、3）滑りの防止および移動の円滑化のための床または通路面の材料の変更、4）引き戸などへの扉の取り替え、5）洋式便器などへの便器の取り替え、などである。これ以外に頻度が高い住環境整備を以下にまとめる。

　道路または駐車場から玄関までのアプローチに段差や階段がある場合の移動の円滑化と安全の確保。スロープや手すりを設置することが多いが、スペースが狭い場合は段差解消器を設置することもある。

　入浴が困難な場合に、廊下から脱衣室、脱衣室から浴室そして浴室内の移動と浴槽内への移乗、浴槽から洗い場、洗い場から脱衣室までの移動を円滑にする環境に調整しなければならない。本人が自力で移動と移乗ができる場合と、部分的に介助が必要な場合および全介助の場合とでは、浴槽の位置、移乗用のプラットフォームや浴槽台の設置、リフトの設置、入浴補助用具の導入に違いが出る。

　移乗に全介助が必要な場合は、リフトを設置することが多い。リフトにはベッドや風呂に固定するタイプ、やぐら式のフレームを床に置いて設置する据置型、フラットで広い床であれば移動ができる床走行式、天井にレールを設置する天井走行式、などがある。それぞれ利点と欠点があるので、対象者の症状や介助者の技術および室内環境を考慮して選択しなければならない。また吊り具には、ベルト式、脚分離式、シート式がある。ベルト式は介助が楽だが身体への負荷が大きく、脚分離式は身体への負担が少なく安全だが介助の技術と作業時間を必要とする。シート式は快適に吊り上げることができるが、身体の下にシートを敷き込む作業が難しく時間がかかる。日本ではベルト式を使う人が多いが、安全と身体への負担を考慮すれば脚分離式が薦められる。

　2階で生活する必要がある場合は、階段昇降機やホームエレベータを設置することがある。工事費用やメンテナンスにかかる維持費、安全性等を考慮して選択すべきである。

　台所で料理するためにキッチン周りを改修することがある。車いす利用者、杖や歩行器を使っている人、座位や臥位で作業をする人などの場合、対象者が作業しやすいキッチンの高さ、道具や収納スペースのレイアウト、移動しやすい空間、水栓のレバーやコンロの

デザイン、シンクの深さなどを考慮する。

2.2 住環境整備のポイント

　対象者が安全に住みやすい住環境にするためには、作業療法士や住環境コーディネーターの資格を持つ建築士などと相談をしながら、国や自治体の補助を最大に利用して総合的に進めることが重要である。症状の変化、家族構成や介助者の変更に対して住環境も整備を進めなければならない。

引用文献

1) 中村隆一，他：基礎運動学　第6版．医歯薬出版，2005.
2) 児玉真一，他：高齢者の姿勢管理システムに関する調査研究．リハビリテーション・エンジニアリング 21(1)：32-37，2006.
3) 染谷淳司：小児でのポスチュアリング（姿勢の選定）（伊藤利之，田中　理・監修：改訂版　車いす・シーティング）．はる書房，2007.
4) 財団法人テクノエイド協会・編：補装具の種目・受託報酬に関する基準．2002.
5) SIG 姿勢保持・車いす SIG・SIG 褥瘡予防装置共同編集：車いす・シーティング用語集．日本リハビリテーション工学協会，2005，pp60-65.
6) 財団法人テクノエイド協会・編：姿勢保持に関する調査研究報告書．1995，p35.
7) 児玉真一：採寸・採型の実際（日本リハビリテーション工学協会 SIG 姿勢保持・編：小児から高齢者までの姿勢保持）．医学書院，2007，pp53-85.
8) 小池純子：立位保持装置の必要性と処方（財団法人テクノエイド協会・編：立位保持装置に関する調査研究報告書）．1998，pp4-8.
9) 染谷淳司：姿勢保持・寝たきり対策，移動介助（江草安彦・監修：重症心身障害マニュアル）．医歯薬出版，1992，pp76-83.
10) 宇宙航空研究開発機構：国際共同ベッドレスト実験成果報告書．2006，pp99-112.

（繁成　剛）

第3部
発達支援の日常実践

- 3.1 こころの育ちを育む
- 3.2 見る力を育む
- 3.3 聴く力を育む
- 3.4 食べる力を育む
- 3.5 まねる力を育む
- 3.6 粗大運動面／姿勢や移動能力を育む
- 3.7 「もの」を操作する力を育む
- 3.8 状況を理解する力を育む
- 3.9 コミュニケーションの力を育む
- 3.10 みんなと活動する力を育む

3.1　こころの育ちを育む

　子どもの最も重要な特徴は発達することである。こころの発達を研究する分野を発達心理学と言うが、今日非常に関心が高まっており、膨大な数の研究が報告されている。ここでは、それらの研究動向を踏まえ、はじめに「発達」のとらえ方を述べ、次に具体的な発達現象を述べたい。

1　発達のとらえ方

1.1　生涯発達心理学

　従来から発達を「受精から死に至るまでの変化」ととらえる考えはあったが、実際には発達心理学は個体が身体的心理的に成熟するまでの、つまり青年期までの心理学であった。しかし、近年、生涯発達心理学（life-span developmental psychology）が提案されるようになった。生涯発達心理学の発展に最も重要な貢献をしたのはハヴィガースト（Havighurst, R. J.）、エリクソン（Erikson, E. H.）とバルテス（Baltes, P. B.）である。

　ハヴィガーストは、『人間の発達課題と教育』（1953）において、老年期までの発達段階を考え、それぞれの発達段階において達成すべき課題があるとし、これを発達課題と呼んだ。たとえば、幼児期の発達課題は、歩行ができるようになること、ことばをしゃべれるようになること、固形の食物をとることができるようになることなどであり、老年期のそれは、肉体的な力と健康の衰退に適応すること、引退と収入の減少に適応することなどである。これらの課題をうまく達成すれば個人は幸福になるという[1]。ハヴィガーストは、次に述べるエリクソンに大きな影響を与えた。

　エリクソンは、『幼児期と社会』（1963）において、そのライフサイクル（人生周期）論を提唱し、それまで論じられることのほとんどなかった、成人期、老年期を含む生涯にわたる発達過程を展望し、人生の最後の時期の意義を明らかにした。基本的信頼感、アイデンティティ（同一性）、モラトリアムなどは、エリクソンが提案した概念である[2]。

　バルテスは、実証的研究を行うと共に、理論的にも重要な貢献をしている（Baltes, 1987）。すなわち、理論的観点として、個体の発達は生涯にわたる過程であること、発達は全生涯を通じて常に獲得（成長）と喪失（衰退）とが結びついて起こる過程であるこ

と、発達には大きな可塑性（可変性）が認められること、個体の発達は歴史的・文化的条件の影響を受けることなどを主張した[3]。

1.2 新生児の有能さ

発達研究のもうひとつの重要な進展は新生児観の変革である。つまり、新生児はかつては「反射」を主とした存在と考えられていたが、感覚面では優れた力を持っていることが明らかになったのである。

1960年代、70年代には、視覚、聴覚や、新生児模倣（共鳴動作とも言われる）などに関する数多くの研究が報告された。それらの研究成果を踏まえて、「有能な新生児」（competent newborn）ということばがしばしば使われた。その中でもバウアー（Bower, T. G. R.）は斬新な実験により、大きな貢献をした（Bower, 1977）[4]。新生児の有能さは、「人－指向的」であると言われる。つまり、人の顔、人の声、ことばなど、人からくる刺激に最もよく反応することを意味している。新生児は人との相互作用を行う準備を持って生まれてくるのである。

1.3 U字型の発達経過

発達というと、一般には、年齢と共に進歩、向上していく、というイメージがもたれる。坂道を上っていくように、年齢と共に、身長は増加し、語彙は豊かになっていく。運動能力も向上し、精神年齢もあがっていく。縦軸に発達程度（身長や語彙など）をとり、横軸に年月齢をとると、発達の経過として右肩上がりのグラフを描くことができる。しかし、30年ほど前から、右肩上がりにならない現象が注目されてきた。グラフを描くと、はじめは高い達成度を示していたのに、次の時期には達成度が低下し、さらにその次の時期には再び高い達成度を示す。つまりグラフはUの字のような形をとる、という現象がある（Strauss, 1982）[5]。

その代表的な例が新生児反射に関わる現象である。反射の種類によって違うが、たとえばいわゆる歩行反射では、新生児に見られていた反射が、生後2か月頃になると現れなくなり、乳児期の後半にこれとよく似た歩行動作が出現する。また、新生児模倣というたいへん興味深い反応がある。「模倣」は生後10か月頃に、「こんにちは」とおじぎをしたり、バイバイしたりするなど、動作模倣として始まると考えられてきた。しかし、新生児でも、親が口を開けたり、舌を出したりすると、同じような動作をする。これを新生児模倣と呼ぶが、1、2か月で現れなくなり、10か月頃、動作模倣が現れてくるのである。ただし、新生児模倣の行動レパートリーはかなり限られたものである。

前述のバウアーは、認識の発達においても、ある時期にできていたのができなくなり、後に再びできるようになるという経過が見られることを指摘した。たとえば「重さの保存」では、同じ重さの2つの粘土のボールを子どもに見せて、その一方を細長くし、そこで子

どもにどちらが重いかをたずねると、4、5歳では細長い方を「重い」と答える。その理由は「こっちの方が長いから」と言う。7、8歳になると、「どちらも同じ。それは、長くなったけど、細くもなっているから、変わらない」と答えるようになる。これを「重さの保存」が成立したという。バウアーは詳しい検討を行い、もっと前の段階では正答を示し、その後誤るようになるという、「できていた－できなくなった」が3回繰り返されることを示した。こうした現象をバウアーは「反復過程」(repetitive process)と呼んだ(Bower, 1976)[6]。

1.4 発達の生態学的視点

生態学 (ecology) とは、生活体（生物）の生活（あるいは行動）を、個体の生活（行動）としてではなく、その生活をとりまくさまざまな生物（同じ種の仲間や他の種の生物）や非生物的諸条件（気候や地理的条件など）との相互交渉の過程としてとらえる学問である。その生活体をとりまくあらゆる条件を環境と言う。

ブロンフェンブレナー (Bronfenbrenner, U.) は、発達を「人がその環境を受け止める受け止め方や環境に対処する仕方の継続的な変化」と定義し、「環境」について新たな考え方を提案した (Bronfenbrenner, 1979)[7]。すなわち、人間をとりまく環境をロシア人形（マトリョーショカ）に例えた「入れ子構造」と見なしている。つまり、ある人間を中心にした同心円の構造を想定している。ある人間をとりまき、直接的な相互交渉が生じるところはマイクロシステムと呼ばれ、家庭、学校などがこれに相当する。その外側には「発達しつつある人間が積極的に参加している」2つ以上のマイクロシステムの相互関係であるメゾシステムがある。これは、家庭と学校と遊び仲間との関係などを指す。その外側には、エクソシステムという、マイクロシステムで生じることに影響を及ぼしたり、あるいは影響されたりするような事柄が生じる場面があり、両親の職場、地域の教育委員会の活動などがこれに当たる。一番外側には、これらを含み、影響を及ぼす一貫した信念体系あるいはイデオロギー、つまり文化といえるものがあり、これはマクロシステムと呼ばれる。ここで重要なことは、環境を家庭、地域、文化というように多層的にとらえるだけでなく、それぞれのシステム内の要素、およびシステム間で相互交渉があるということである。

ブロンフェンブレナーのこのような考え方の背景には、人間の発達が個体と環境との相互作用の所産であるといっても、実際の研究では個体にだけ焦点が当てられ、環境については十分検討されてこなかったことがある。とくに発達研究は科学的な厳密さを求めるあまり、「視野が限られた実験」が行われ、「よく知られていない人工的で非常に短期間の場面で行われ、他の行動場面を含めて一般化することが難しいような、通常でない行動を要求する」ことが多いとし、さらに次のように述べている。

> 今日の発達心理学の多くは、できるだけ短期間に、見ず知らずの大人たちと、ふだんとはちがった場面で、子どもたちが行った特異な行動についての科学であるということができる。　　　　　　　　　　（Bronfenbrenner, 1979, 訳書　p.20)[7]

　ブロンフェンブレナーは、実験的研究をまったく否定しているのではない。たしかに、実験的研究の限界は承知しておくべきだし、逆に、環境条件をすべて視野にいれた研究はあり得ないだろう。しかし、従来の研究が環境条件を無視したものが多く、臨床においても「母親」のみが取り上げられるというのは、生態学的な視点に立っているとは言えない。子ども虐待、育児不安、不登校など、現実の問題に取り組むには発達生態学の考え方が有効であり、また不可欠であると考えられる。

1.5　関係発達論

　近年、子どもの発達を、個体の能力としてではなく、親や保育者などとの関係という観点からとらえる立場が発展しつつある。保育実践や臨床の観点からは確かに当然の考えと言えるように思われるが、現実には「個体の能力に還元して」しまうことが多いだろう。関係発達論という立場を推進しているのは、鯨岡　峻、佐伯　胖、小林隆児らである（小林・鯨岡（2005）[8]、佐伯（2001）[9] などを参照）。ここでは、佐伯の著書から、その考え方を紹介する。

> 関係論的発達論では、人の「発達」を個人の（頭の中の）認知構造の変化という見方をしない。そうではなく、発達というものを、子どもが生きている社会、世界、共同体、そこでの人々の営み、活動などとの「関係」のありようの総体の変容として捉えるのである。　　　　　　　　　　　　（佐伯、2001、p.93-94)[9]

> しかし、保育は本来あれやこれやの「原因」に還元できるものではない。保育というのは、「善かれ」と願う人々がさまざまな行き違いやしがらみのなかで、変えようにも変えられないことにぶつかり、葛藤しながらも、あちこちでの『わずかなきっかけ』の積み重ねから、ほとんど誰も「あれが原因だった」とはいえない状況のなかで、関係の総体が少しずつ、少しずつ、変容することで、結果的に「より望ましい」保育が実現できるのではないだろうか。一人一人の子どもの「発達」も、そのような「関係の網目」のなかで形づくられるものである…。
> 　　　　　　　　　　　　　　　　　　　　　　　（佐伯、2001、p.103-104)[9]

2 発達段階とその特徴

2.1 こころの発達の段階

①新生児期

　新生児は生まれてきた赤ん坊のことであるが、新生児期とは出生から満28日未満を言う。とくに7日未満を早期新生児期と言い、7日以後28日未満を後期新生児期と区分することもある。新生児期は外界に適応する時期である。

　いうまでもなく、新生児は自分の力だけでは生きていくことはできない。しかし、生きていくための仕組みを持っている。そのひとつは、反射である。反射とは、大脳による意志のコントロールを受けない、自動的、機械的な反応を言う。新生児には、哺乳に関連した反射（吸啜反射など）など、生存に必要な反射がいくつか備わっている。

　新生児に備わっているもうひとつの生きる仕組みは、自分の能力には限界があるので、養育者（通常は母親）を自分のところに呼び寄せ、養育行動を行わせるというものである。たとえば、泣いたり、目を開け、見ることで養育者を自分のもとに引き寄せる。運動機能はかなり限定されたものであるが、視覚、聴覚などの感覚機能は、大きな限界はあるが、すべて働いている。前述したように、それらの感覚機能の特徴は「人－指向性」が認められることである。

②乳児期

　乳児は、新生児期を含め、1歳ないし1歳半までの子どもを言う。日本語の乳児は乳呑児からきたことばであるが、英語でいうインファント（infant）の語源は「ことばをしゃべらない」ということだそうである。乳児期の前期には新生児に見られた反射が抑制され、しだいに意図的な行動が現れてくる。乳児期には、ひとりで立って歩く（直立二足歩行）、ことばを獲得する、手の自由な動きを獲得するといった、ヒトとしての基本的な行動を身につける時期である。またこの時期の重要な課題は親との間にアタッチメント（attachment）を築くことである。

③幼児期

　幼児期は、1歳ないし1歳半頃から6歳頃までを言うが、3歳を境にして、幼児期前期（1歳半～3歳）と幼児期後期（3歳～6歳）に分けることもある。

　幼児期前期を「トドラー」（toddler）といい、最近、注目されている。トドラーとは「ヨチヨチ歩きの時期」という意味であるが、この時期が注目されるのは、子どもが「自分」に気づく、つまり自己意識が芽生えるからである。

　幼児期前期には、歩行が成立し、行動範囲が拡大する。そして、親を安全基地として、周囲を探索するようになる。ことばは、はじめはひとつの単語で伝えようとする一語文で

あるが、1歳半から2歳までに「パパ、カイシャ」「ワンワン、オイデ」など2つの単語を組み合わせた2語文となる。2歳半ころには「ナーニ」「コレハ」としきりにものの名称をたずねるようになる。

幼児期後期には、体型もすらりとしてきて、いかにも子どもらしくなってくる。運動も活発に行い、さまざまな運動遊具を使用する。3歳で、人の顔らしい絵を描くようになる。ことばは日常の会話がかなりできるようになる。お話を読んでもらうことを楽しむようにもなる。仲間との遊びを好み、集団生活に参加することも多くなる。この時期の後半には、大小、左右などの概念が成立する。しかし、この時期の特徴は自己中心性と言われるように、自分の立場からしか物事をとらえられなかったり、主観と客観が混同されたりしがちなことである。

3 子どもの気質

3.1 発達の個人差

乳幼児にはいろいろな面で大きな個人差が認められる。すなわち、発達の速度（たとえば、歩き始めの時期）、行動特徴（よく泣く、社交的など）、体型（大柄、小柄）、体質（熱を出しやすい、神経質など）に個人差が見られる。したがって、発育・発達の標準的な数値はおおよその目安と考えるのがよいだろう。

3.2 子どもの気質

3.2-1 気質とは

気質（temperament）とは、個人を特徴づける、時間的、空間的に一貫した行動様式を意味する。「時間的に」というのは持続的な特徴であること、「空間的に」というのはさまざまな状況、場面でも同じような行動傾向が見られることを意味している。「性格」と似たことばで、どちらも、「その人らしさ」「その子らしさ」を意味しているが、気質は生まれ持った、素質的な特徴であり、性格はギリシア語の語源に「刻みつけられた」という意味があるように、後天的に形づくられる特徴とされる。ある気質特徴を持って生まれた子どもが、環境からの影響を受け、独自の性格を作り上げていく、と言えるだろう。

性格や気質への関心は古代ギリシアからあったが、それは大人についてであり、子どもの気質について関心がもたらされるようになったのは、アメリカの（児童）精神科医トマス（Thomas, A.）とチェス（Chess, S.）夫妻による「ニューヨーク縦断的研究」（NYLS）研究によってである。これは1956年に開始され、その後30年以上継続した（Thomas and Chess, 1977）[10]。

3.2-2　行動の三側面

トマスらによれば、行動はWHATとHOWとWHYという3つの面からとらえることができる。

WHATとは、何ができるか、何をするかという、「能力」を言う。これは行動の発達に関係している。

HOWとは、どのようにするかという行動の様式（スタイル）で、気質のことである。行動の仕方の特徴と言えるだろう。

WHYとは、なぜするかという行動の理由であり、動機づけのことである。

乳幼児に関する研究の多くはWHAT（能力）に関するものであった。しかし、新生児期から、泣き方、母乳の飲み方、睡眠の仕方に個人差があることが認識され、そのような生まれ持った行動の個性が親子関係形成に大きな役割を果たすと考えられて、気質についての研究がしだいに盛んになっていった。

3.2-3　気質の特徴

トマスらは、乳幼児の行動についての親の報告を分析し、客観的にとらえられる気質特徴として、次の9つを指摘した。

①**活動水準**：子どもの運動の活発さの程度（活動水準が高い―活動水準が低い）
②**周期性**：食事・排泄・睡眠と覚醒など、生理的機能の規則性の程度（規則的―不規則）
③**接近性**：初めての食べもの、初めてみる玩具、初めて会った人など、初めての刺激に対する反応の性質（接近―回避）
④**順応性**：環境の変化に対する慣れやすさ（慣れやすい―慣れにくい）
⑤**反応の強さ**：感情を強く、はげしく表すか、おだやかに表すか（はげしい―おだやか）
⑥**気分の質**：愉快そうな、楽しそうな、友好的な行動と、不愉快そうな、泣いたり、ぐずったり、友好的でない行動の割合（きげんがよい―きげんがわるい）
⑦**敏感性**：ささいな刺激に気づくかどうか（敏感―敏感でない）
⑧**気の散りやすさ**：何かしている時に外的な刺激でしていることを妨げられやすいかどうか（気が散りやすい―気が散りにくい）
⑨**注意の範囲と持続性**：この2つのカテゴリーは関連がある。注意の範囲は、特定の行動を行う時間の長さ。持続性は、何かしている時に妨げるような刺激があった時、している活動を継続するかどうか（注意の範囲が長い、持続的―注意の範囲が短い、持続的でない）

子どもたちの中には、その時どきで、あるいは場面・状況によって行動の仕方が異なるので、その特徴を一概には言えないという、いわば平均的な特徴を持ったものもいる。しかし、いくつかの気質的特徴について、いろいろな場面で同じような傾向を示す、比較的

はっきりとした特徴を持つ子どももいる。ここで注意しなければならないのは、これらの特徴は、良い、悪いを意味するのではなく、ただその子の特徴を表しているに過ぎないことである。

3.2-4　気質のタイプ

トマスらは、気質特徴の表れ方から、気質のタイプとして、「手のかからない子ども」（約40％の子どもが当てはまると言われる）、「手のかかる子ども」（約10％）、「時間のかかる子ども」（約15％）に分類できるとした。これらのタイプには当てはまらない子も35％いるということになる。

手のかかる子ども（ディフィカルト・チャイルド）は、手のかからない子どもの逆の特徴を持つが、気質の特徴の②から⑥に関して、周期性は不規則で、初めての事態にはしりごみしがちで、変化には慣れにくく、反応は激しく表し、機嫌の悪いことが多い子どもである。

時間のかかる子どもは、初めての事態にはしりごみしがちで、変化には慣れにくい、という特徴が顕著である。

3.2-5　気質を理解する意義

子どもを見る時、「できる、できない」（能力）だけでなく、行動の仕方の特徴（気質）を考慮することが必要であろう。子どもの気質についての評価方法には決定的なものはない。現時点では、気質のことを頭に入れておくということが一番大事なことだと言えよう。

4　対人関係と自己意識の発達

4.1　対人関係とアタッチメント

子どもの心の発達と健康にとって、親との関係が重要であることは今日広く認められている。子どもが生まれた時から最も長い時間、長い期間にわたって関わるのは親である。

アタッチメントとは、特定の少数の人との間に結ばれる情緒的な絆を言い、アタッチメントの対象（親など）への接近行動によって示される（Bowlby, 1988)[11]。生後3か月の乳児は誰に対してもよく笑う。まだ「特定の人」が認識されておらず、アタッチメントは成立していない。乳児期後半に見られる人見知りや後追いは、母親に対するアタッチメントが成立したことを示している。

アタッチメントの機能は子どもに安心感、安全感をもたらすことである。子どもは、歩行ができるようになると、母親を安全の基地として、親の姿を確認しながら、親から離れて遊ぶようになる。

アタッチメントが成立するとしばらくの間、アタッチメントの対象との分離に強い苦痛（分離不安）を示すようになる。とくに1歳から3歳くらいまでの時期は分離不安が著し

い時期であり、対応に困ることがしばしば起きる。

4.2 自己意識と反抗期

　自己意識に関しては、はじめは自他未分化な状態にあると考えられるが、空腹など自分の身体感覚に気づくようになり、また空腹であってもすぐには授乳されないなどから自他の区別がついてくると考えられる。

　1歳ころに、それまで介助されて食べていたのが、うまくできなくても、親からスプーンを取り上げ、自分で食べようとするようになる。ことばで表すわけではないが、「自分で」という気持ちの表れと言える。

　1歳半になると、それまでは他の人の名前を呼んでも手を上げていたのが、自分の名前の時だけ、手を上げるようになる。さらに1歳半から2歳にかけて、鏡や写真の中の自分がわかるようになる。自分に気づいたのである。そうすると、「自分で」ということばが多くなり、自己主張を強くするようになる。反抗期と言われることがあるが、自己主張をしているのである。しかし、この時期は意欲のうえでは自分でやりたがるのだが、能力的には不十分で親に頼らざるを得ないので、自立と依存の葛藤の時期と言える。しかも、この時期には、親が意図的に子どもに働きかける「しつけ」が始まる。しつけは社会性を身につけさせようとする親の行為であり、親は子どもの自立を願いつつ、社会のルールに服従させようとする。子どもにも自立と依存の葛藤があり、親も自立を願いつつ服従を求めるという矛盾した心理状態にあるために、この時期は難しいのである。

　幼児期後期になると、親との関係は以前よりも安定し、仲良しと言えるような仲間もでき、集団生活にも従えるようになってくる。

引用文献

1) Havighurst, R. J.: Human development and education. N.Y.: Longmans, Green & Co., 1953（荘司雅子・訳：人間の発達課題と教育．牧書店，1958）．
2) Erikson, E. H.: Childhood and society, 2nd ed. W. W. Norton and Company, 1963（仁科弥生・訳：幼児期と社会．みすず書房，1977，1980）．
3) Baltes, P. B.: Theoretical propositions of life-span developmental psychology. Developmental Psychology, 23, 1987（東　洋，他・訳：生涯発達の心理学．第1巻．新曜社，1993，pp173-204）．
4) Bower, T. G. R.: A primer of infant development. San Francisco: Freeman, 1977（岡本夏木，他・訳：乳児期．ミネルヴァ書房，1980）．
5) Strauss, S.: U-shaped behavioral growth. N.Y.: Academic Press, 1982.
6) Bower, T. G. R.: Repetitive processes in child development. Scientific American, 235(5), 38-47, 1976.
7) Bronfenbrenner, U.: The ecology of human development. Harvard University Press, 1979（磯貝芳郎，福富　護・訳：人間発達の生態学．川島書店，1996）．
8) 小林隆児, 鯨岡　峻・編著：自閉症の関係発達臨床．日本評論社，2005．

9) 佐伯 胖:幼児教育へのいざない. 東京大学出版会, 2001.
10) Thomas, A. and Chess, S.: Temperament and development. N.Y.: Brunner/Mazel, 1977.
11) Bowlby, J.: A secure base. London: Routledge, 1988(二木 武・監訳:ボウルビィ 母と子の安全基地. 医歯薬出版, 1993).

参考文献
1) 石原栄子, 庄司順一, 田川悦子, 他:乳児保育(第10版). 南山堂, 2009.
2) 佐伯 胖:幼児教育へのいざない. 東京大学出版会, 2001.
3) 庄司順一:保育の周辺. 明石書店, 2008.

(庄司順一)

3.2　見る力を育む

　乳幼児期は、他者の行動や動作を模倣することを通して学び、視線を合わせたり視線の共有によって対人関係の基盤を育んでいく。視覚は、そうした子どもの成長・発達において重要な役割を果たしている。一方、その役割があまりに大きく高次の機能であるがゆえに、「見る力」という視点から子どもたちの行動を分析的にとらえることは難しい。しかし、落ち着きがない、ものをよく見ない、といった子どもの示す「現象としての行動」の背景にはさまざまな視覚の困難さがあり、彼らには「同じ風景が見えていない」ことが少なからずある。

　また、視覚障がい教育の専門機関は盲学校や弱視学級であるが、視覚障がい児はそれ以外の場でも学んでいる。少し古い統計になるが、後藤・有本（1993）による知的障がい養護学校および肢体不自由養護学校に在籍する児童・生徒5,192名を対象にした調査では、全体の29.7％が何らかの眼疾患を有していたとされる[1]。しかし、知的障がい児や重度・重複障がい児では視機能検査の実施が困難なことから、視覚障がいのあること自体が把握されていないことがしばしばあるというのが、筆者の臨床経験からの偽らざる実感である。

　ここでは、視覚の機能とその発達および視覚のさまざまな困難について解説し、視覚の視点から「現象としての行動」を可能な限り客観的にとらえる視点と、その基礎のうえに見る力を育む指導の本質について触れてみたい。

1　ものを見るための3つのメカニズムとその障がい

1.1　ものを見るための3つのメカニズム（見える・見る・わかる）

　視覚を通して外界を知るためには、視覚に関わる「3つのシステム」が正しく機能している必要がある。

　第1は視覚という感覚の機能であり、視覚情報が「見える」ためのシステムである。感覚機能は生理学的な仕組みの視点から、①外界の視覚情報（映像）を撮影するカメラの役割としての眼球の機能、②眼球の網膜上に投影された映像情報を脳というコンピュータに送る神経経路（視覚伝達路＝視路）、そして③映像情報を解析するコンピュータとしての

大脳後頭葉の視覚野の機能、に大別される。第2は、形や奥行きなどの知覚の機能であり、視覚情報を「見る」ためのシステムである。後頭葉の第一次視覚野に到達した視覚情報は、側頭葉腹側経路と頭頂葉背側経路の2つの経路を経て画像の処理が行われる。すなわち、物の形態や色を知覚する物体識別経路（What経路＝腹側経路）と、空間の中の物の位置や方向、奥行き、移動を知覚する位置識別経路（Where経路＝背側経路）である（酒田，2006）[2]。第3は、認知の機能であり、見たものが「わかる」ためのシステムである。

見る力を育むためには、その背景にある感覚（見える）、知覚（見る）、認知（わかる）機能のいずれに困難を有するのかを判断することがスタートである。

1.2 感覚機能の障がい（視覚障がい）

1.2-1 視覚障がいとは

視覚障がいとは、未熟児網膜症や白内障などの視覚の疾患に伴い、メガネなどによる矯正では回復しない永続的な視覚機能（視力・視野など）の低下があり、活動や社会生活上に制約のある状態と定義される。学校教育においては、「両眼の視力がおおむね0.3未満のもの又は視力以外の視機能障害が高度のもののうち、拡大鏡等の使用によっても通常の文字、図形等の視覚による認識が不可能又は著しく困難な程度のもの」が特別な支援の必要な障害の程度とされている（学校教育法施行令22条の3）。視力0.3未満になると黒板を使用して教育することが困難であり、教科書や視覚教材に特別な工夫・配慮が必要となる。

1.2-2 眼球の疾患と視覚障がい

感覚機能の障がいの代表的な疾患には、先天性白内障、未熟児網膜症、緑内障などがあり、視力障がいや視野障がいを引き起こす原因となる。一方、その診断名が視覚障がいを必ず伴うものではない点にも留意が必要である。また、原因疾患は見えにくさの特性を推測するために重要かつ不可欠な情報である。たとえば、白内障などの光が網膜に至る経路の混濁する疾患、無虹彩などの光覚に関わる器官の疾患はまぶしさを伴い、網膜疾患や緑内障は視野障がいを伴う。

1.2-3 視路の疾患と視覚障がい

大脳視覚野は後頭葉にあるため、眼球から後頭葉にかけて脳の中心を通るように視覚情報を伝達する神経が通っている（図1）。脳腫瘍がこの経路の側にある場合や、脳室の脳圧が上昇する水頭症では側脳室のそばを視覚伝達路が通っていることから、しばしば視覚障がいを呈する。この場合、視力障がいに加えて視野障がいを必ず伴い、網膜疾患とは異なり不規則な視野の欠損を呈すると推測され、眼球の疾患による視野障がいに比してその困難さは重篤であることが多い。

1.2-4 大脳視覚野の疾患と視覚障がい

大脳皮質後頭葉にある視覚野に重篤な損傷があれば、「脳の中の眼」が失明した状態に

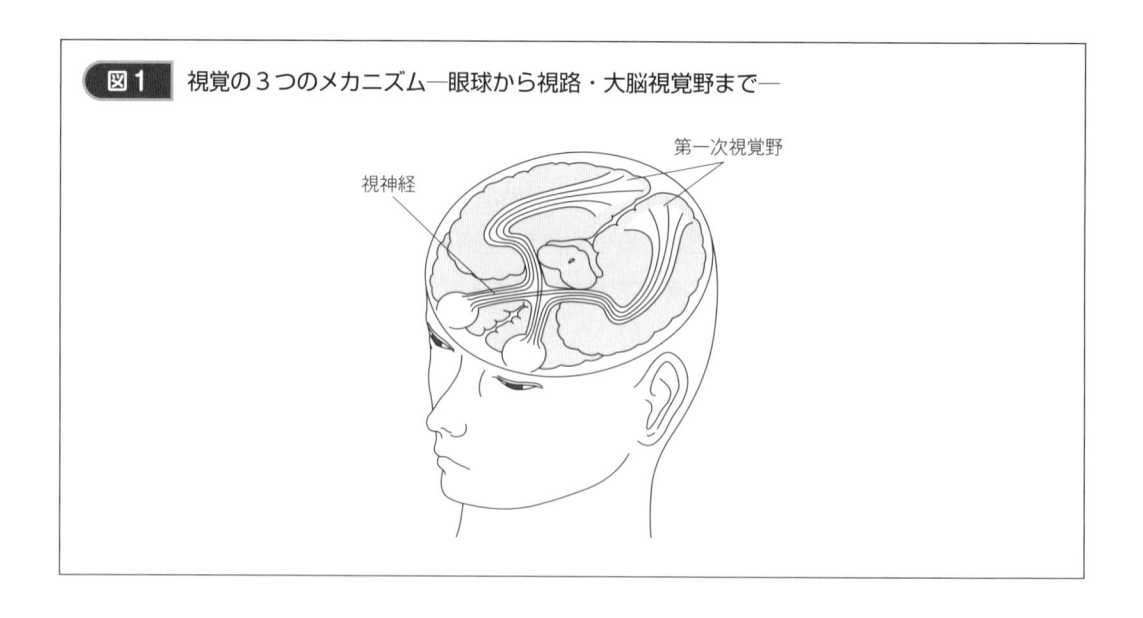

図1 視覚の3つのメカニズム―眼球から視路・大脳視覚野まで―

なる。視覚野の損傷に伴う視覚障がいのことを「皮質性視覚障がい」、あるいは「中枢性視覚障がい」と呼び、事故などによる頭部外傷、溺水などによる低酸素脳症、インフルエンザ脳症などの種々の脳炎後遺症、脳梗塞などが主要な原因疾患である。視覚野に送られる情報は、眼球の網膜の映像が正確に視覚野の特定の場所に対応して投射されており、皮質性視覚障がいでは視力障がいに加えて視野障がいを必ず伴う。臨床的にはMRIやVEP（視覚誘発電位）による重症度が実際の見えにくさに必ずしも反映されない事例もあり、日常の行動評価が重要である。

1.2-5 障がい幼児における遠視・近視・乱視（屈折異常）の実態と対応

遠視・乱視・近視は、眼球のピント合わせ機能（屈折と調節機能）の異常であり、屈折異常と総称している。屈折異常は視覚障がいではないが、幼児期に高度の屈折異常が存在すると視力の発達を阻害し、眼鏡などによる屈折矯正の時期が遅れると視力障がいを引き起こす原因ともなる。知的障がい幼児を対象とした屈折スクリーニングでは42.2％と非常に高頻度で屈折異常が存在することおよび、早期の眼鏡装用は落ち着いて学習に取り組むなど子どもの行動や発達への効果が指摘されている（佐島，2009）[3]。したがって、2～3ジオプターを越える屈折異常は3歳前後の時期の早期に発見し眼鏡装用を促すなど、適切な対応をすることが重要である。

1.3 視知覚障がい

視知覚障がいは「視覚障害、すなわち眼球や視路、大脳視覚野に起因する視機能の障害はないが、視覚を通して形態や空間を認識する能力の障害」と定義され（佐島・釣井，2009）[4]、痙性両麻痺の脳性麻痺児にしばしば見られる。他の知的機能の領域に比して目と手の協応動作や図と地知覚、図形の構成、書字に著しい困難を示すなどの面にその困難

が現れる。中核的な困難さとして、以下のような点があげられる。

① 対象が何であるかをとらえること（対象視）は良好であるが、対象の空間における位置関係や方向、奥行き、移動するものの知覚（空間視）に特異的困難を有する。
② 対象視が良好であるため、既学習し何であるかイメージのあるものや具体物を見て理解できるのに比して、図形の認知や構成など具体の手がかり・イメージがなく、空間的位置関係や方向をとらえる必要のある活動に著しい困難を示す。
③ 視覚刺激が多いほど空間的位置関係を識別すべき構成要素が増えるため、相乗的に視対象の知覚が困難になる。たとえば、単一図形の認知は可能であっても複合図形や重なり図形になると図形を知覚することができなくなる。
④ 図と地知覚における著しい困難は、空間的位置関係を識別すべき構成要素が膨大にある図版の知覚困難と理解することができる。
⑤ 垂直・水平軸に比して斜めの構成要素を含む空間的位置関係の知覚が著しく困難である。
⑥ 平面より奥行きのある立体における空間的位置関係の知覚に困難を有する。

1.4 認知機能のアンバランスと視覚認知

視覚障がい、視知覚障がいはなくとも、認知機能のアンバランスさは視覚認知、すなわち見る力にも影響を及ぼす。一般に、言語性知能や継時的情報処理能力に比して、動作性知能・同時的情報処理能力が著しく低い場合、視知覚障がいと同様に視覚的に空間全体を把握する認知能力に困難を示し、目と手の協応や日常生活動作などにも影響を及ぼす。したがって、認知能力のアンバランスさの視点からも不器用さや書字の困難の背景をとらえる視点が重要である。

2 基礎疾患と見えにくさの特性

2.1 ダウン症・染色体異常と見えにくさの特性

ダウン症は60〜70％に屈折異常を伴うことが指摘されており、その頻度は障がいのない子どもの比でない（佐島，2009）[3]。屈折異常によって視力発達が阻害され障がいとならないためには、早期の眼鏡装用などによる屈折矯正が必要であり、幼児における視覚スクリーニングが重要である。また、白内障を伴う率も高く、加齢と共に比較的早期に現れる。こうした点から、ダウン症では定期的な視覚管理が重要である。同様に、染色体異常の子どもたちも屈折異常を伴う率が非常に高く、視覚管理のニーズが高い。

2.2 自閉症と見えにくさの特性

　自閉症幼児における屈折異常の頻度は健常幼児と差はない（佐島, 2009)[3]。一方、感覚刺激に対する特有のこだわりや同一的に繰り返される事象への強い興味を示す障がい特性から、木漏れ日のキラキラした光に目を奪われたり、流れる水や回転するものへの独特の視反応を示したりすることが多い。さらにそれが強調された行動として、視対象を斜めや上目使いで見るなど独特の目の使い方をすることがある。この行動から視覚の障がいを疑うことがあるが、視覚の障がいや斜視とはまったく関係のないことがほとんどである。この行動は、網膜像の歪みに特有の感覚刺激を見出していると推測され、認知特性としての自閉性の強さ、特に特有の感覚刺激へのこだわりの強さの指標としてとらえることができる。

2.3 未熟児と見えにくさの特性

　新生児・未熟児医療の飛躍的な進歩に伴い、現在は出生体重が1,000 g未満の超低出生体重児であって生存可能となり、在胎22〜25週までそのボーダーラインが下がっている。その一方で、未熟児網膜症や脳障がいなどの後遺症のリスクが高くなっており、特に在胎週数22〜23週の児や出生体重500 g未満になると未熟児網膜症の発症リスクが高く、より重症となりやすい。

　また、在胎32週以下の低出生体重児に現れる脳障がいとして脳室周囲白質軟化症（periventricular leukomalacia：PVL）があり、早産児が痙性両麻痺となる主要な原因であり、視知覚障がいを伴うことがある。

2.4 重度・重複障がいと見えにくさの特性

　運動機能や健康面の機能が重度であるほど音声言語や身体によるサインなど、意志を伝達するための表出手段が極めて脆弱かつ限られていることから、感覚機能の評価は難しく、見えているにもかかわらず見えないと評価されているケースや、見えない・見えにくいことが十分に評価・把握されていないケースが少なくない。同様に、表出手段が限られていると知的機能の水準を評価することも極めて困難であり、運動・健康面の障がいは本来その子どもの保有している感覚機能や知的機能を低く見積りやすい。したがって、重度・重複障がい児を一括りにするのではなく、運動・健康面の障がいに隠された個々の本当の能力を見る目が非常に重要かつ必要不可欠である。一般に、周産期（出生前後の時期）における低酸素脳症などによる重度の四肢麻痺の子どもの場合、後頭葉に著明な損傷がなければ、PVLのリスクは少ないと推測され、視覚刺激は脳に伝わっていると考えられる。同時に、皮質全体のダメージが少なければ知的機能もある程度保たれると推測される。一方、周産期障がいに起因せず重度の低筋緊張を伴う場合、染色体異常などの先天的素因が

原因疾患として考えられ、運動機能が重度になると知的機能も重度で、屈折異常のリスクも高いと推測される。なお、自験例ではRett症候群は屈折異常を示す例がほとんどである。

3 視機能評価の方法

3.1 視力・視野と見えにくさの特性

見えにくさの程度を量るためには、視力と視野を把握することが基本である。一般に、①視力、視野の障がいが重篤であるほど見えにくく、②0.02～0.04未満程度の視力になると視覚を主な学習手段（文字・形態認知）として活用することが困難になってくる。また、臨床経験からは、③視野障がいが重篤であると視力が良好であっても視覚活用は困難であり触覚活用が有用なケースもある一方、④視野障がいがなければ視力が0.04程度であっても、指導によって十分に視覚活用が可能である。

したがって、可能な限り視力や視野の状態を把握することが、個々に応じた学習の機会を準備するうえで重要である。

3.2 臨床現場における視機能評価の意義

視力・視野などの視機能検査は自分で見えたかどうかを応答する方法（自覚検査）がほとんどであり、実際に種々の疾患の結果としてどの程度見えているかという見え方の機能的状態の把握は、自覚検査が基本となる。しかし、障がいのある子どもは知的機能や運動機能などの面から検査の実施が困難であり、眼科臨床場面において障がい児の知的発達や運動機能の状態に応じて検査を実施することは、一般の眼科医療に求められる範囲を超えている。したがって、臨床現場において子どもの障がいを理解し、十分にラポートのとれた指導者が視機能評価を行うことが重要である。

3.3 視機能評価の実際

3.3-1 視力評価の一般的な方法と活用

ランドルト環視標および絵視標が最も一般的な視力評価の方法であり、適用可能な知的水準はランドルト環視標が3歳程度から、絵視標は2歳半程度からである。視標が1枚ずつになったもの（単独視標）を使うことで検査可能率が上昇することから、障がいのある子どもに対しては単独視標で実施することが基本である。また、森実ドット・アキュイティ・カードは、動物の顔の目の部分を視標として、目があるかどうかを子どもに尋ねて検査を行うものであり、2歳以降であればほとんどが可能である（図2）。

3.3-2 テラー・アキュイティ・カード（TAC）

　TACは、グレーのボードの片側にある縞模様の視標を子どもが注目・選択（選好注視：preferential looking）するかどうかによって視力を測定するものであり、視線の動きから他覚的に評価が可能であることから障がい幼児や重複障がい児に対して有効な評価法である（図2）。なお、重複障がい児の視機能評価の詳細については佐島（1994，1998，

図2 ランドルト環視標および絵視標（上）、森実ドット・アキュイティ・カード（中央）、テラー・アキュイティ・カード（下）

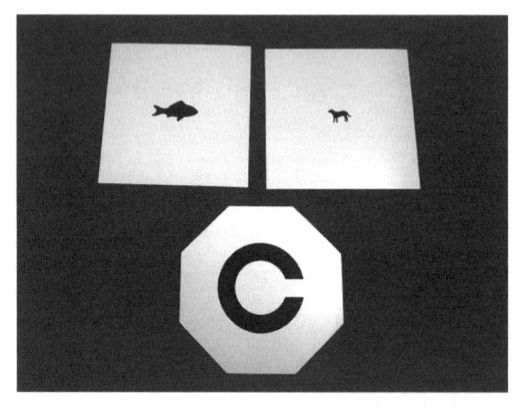

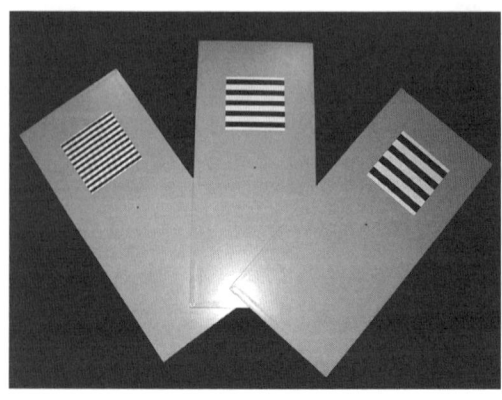

2007）を参照いただきたい[5,6,7]。

4 医療との連携・医療情報の包括的読み取り

　医療との連携は、当然のことながら必要不可欠かつ重要である。低年齢の段階、あるいは障がいが重度であるほど視機能評価の実施と行動の読み取りは困難であり、医学的診断や生育歴、手術歴などの情報が、視覚障がいの有無や見え方の状態を確からしく知るためのスタートであり貴重な情報となる。そうした情報なしに視機能評価を試みることは、いわば丸腰で戦いに臨むようなものである。以下に医療との連携・医療情報の包括的読み取りに関する基本的な観点を示した。

① 重度・重複障がい児、特に周産期に起因する脳障がいでは、MRIなどの画像情報から後頭葉損傷の有無に関する情報を得て、損傷のある場合には可能であれば視覚誘発電位（Visual evoked potentials：VEP）検査を実施してもらい、網膜に与えた光刺激に対する大脳視覚野の反応を確認する。VEPによる反応があれば視覚情報が脳に達していることを示していることから、どんなに重度の障がいであっても視覚からの感覚情報を丁寧に提示する。重度の障がいであるほど、そのことの意味は大きい。一方、VEPの反応が低いケースでも視覚活用が可能なケースもあり、学習や生活における視覚活用の行動水準を観察することが重要である。

② 屈折検査、眼底を就学前、可能であれば3歳前に必ず一度は実施する。特に、ダウン症や染色体異常の症候群における屈折異常のリスクを鑑み、眼鏡装用が必要な児に対しては就学前までにその対応が保障されるように連携しながら進める。

③ 視力や視野は、臨床現場において子どもの障がい特性・認知レベルに合わせてラポートをとりながら評価を実施しその結果を眼科へ伝える、あるいは眼科臨床場面に同行をして子どもの反応を引き出す援助をする、検査が実施しやすいように事前に個々の子どもの障がい特性を伝える、などの工夫をする。

④ 眼科医療との有機的・協力的関係に基づく連携を進めるために、障がいのある子どもの視機能検査や教育に対する理解・啓発を、療育機関が核となり継続的に行う。

5 見る力を育む指導と学習環境

5.1　学びやすい学習姿勢

5.1-1　学びやすい学習姿勢の考え方

　視覚を活用する学習は、最も学びやすい（楽に学習のできる）姿勢の工夫、すなわち「最適学習姿勢」を整えることから始まる。ブランコに乗りながら学ばないのと同じよう

に、不安定な姿勢で無理をして目や手を使用させる指導であってはならない。体幹や頭部が安定していなければ視対象に注目をすることもままならず、手を使うと姿勢が崩れて注目が持続できなくなる。常に体幹と頭部が安定し、楽に見て楽に読み書きができ、楽に手の操作ができるような環境を工夫することが、子どもの主体的な学びを支える基本である。学びやすい学習姿勢は、見やすい姿勢（視覚）と手で操作しやすい姿勢（運動、行為）の２つの側面から考え、その両立を大切にする。

5.1-2 適切な机・椅子とカットアウトテーブルの活用

学びやすい学習姿勢の基本は、いうまでもなく一人ひとりにあった机と椅子の選択・調整である。また、主体的に手でものを操作するためには、机上に両肘を乗せることのできるカットアウトテーブルが有効である。全身の運動の協調性に苦手さがあったり不器用であったりする子どもは手の操作に伴い体幹が崩れ、それが自己の行為に対する環境からの応答を著しく低下させる。顕著な運動機能障がいのある子どもに限らず、カットアウトテーブルを幅広く活用することにより学習の質を高めることができる。

5.1-3 書見台の活用

書見台は、視線の高さで視対象を見続けながら手を使うことのできる学習姿勢を保つことを可能とし、目と手の協応活動を飛躍的に容易にする。そして、それは子どもの活動への主体性を引き出すことに繋がる。特に、肢体不自由児では机上に本や絵カード・スイッチなどを置くと下方に体幹と頭部が崩れ、それを支えるために手を使用してしまい見ることと操作することの両立ができなくなることから、書見台の活用が必須である。書見台は、見やすさと手で操作しやすさを両立する最適学習環境の認識のもと、常にすべての場面で活用することを意識することが大切である（図３）。

5.1-4 頭部の安定性の確保

視覚を活用するためには、頭部を安定的かつ持続的に保持し、狭い範囲でも構わないので確実に見比べのできる頭部の動きを確保することが必要である。しかし、肢体不自由児にとってそれは非常に困難であることが多い。この場合、書見台を常時活用し、体幹をわずかに後傾させてヘッドレストやネックレストを活用することにより安定性が確保され、目と手の活用が著しく向上する。

5.2 見やすい視対象の提示

5.2-1 コントラスト・背景刺激のコントロール

視対象と背景（図と地）とのコントラスト、および背景刺激のコントロールは、子どもの視対象への気づきや見比べ、弁別など、学習の質を支える重要な要因である。具体的には以下のような視点から工夫する。

　① 見せるものと背景を高コントラスト（白や黄色と黒やこげ茶の組み合わせなど）に保つ。

図3 書見台を活用した教具、シンボルカード、本の提示例

② 背景が濃く視対象が明るい方が、視対象に注目しやすい。
③ ホワイトボードは眩しく光るため見えにくい。
④ 背景は余分な刺激を取り除き、均一にする。書見台は見るべき枠組をはっきりさせ、「場」を明示し、かつ背景を均一に保つために有効である。

5.2-2 拡大の科学と提示距離

A4サイズの絵カードを2mで提示するよりも、12cmのそれを40cmの視距離で提示した方が2倍の拡大率となり、はるかに網膜像は大きくなる。見やすい視対象の提示の

原則として、以下の視点が重要である。

① 50 cm以内の世界に提示することを常に意識する。
② 単純拡大は情報量を減らし（視野が狭くなり）、把握範囲を拡げるため、スキャンニングの負担は増えるが拡大率は低い。無用な拡大をしない。
③ 見えにくさは視対象の線の太さやコントラストに起因する。したがって、視対象を拡大せずに線を太くし、輪郭をはっきりさせることが重要である。

6 見る力を育む指導

6.1 見る力の発達と指導の領域

　生後1年までの新生児期は飛躍的に見る力が発達する時期であり、固視・注視・見比べ、追視といった見る力の基盤は生後5か月頃の早い時期に獲得される。外界の視対象を視覚的に把握する力（視覚活用の基礎技能）を確立するこの時期に、ものに手を伸ばして把持（リーチング）することが可能になり、それ起点として乳児はいよいよ目と手の協応動作を発達させていく。最も重要なことは、健常乳児の手指運動の発達過程は、常に外界の視対象への気づきと、それを手にしたいという到達への知的好奇心に基づく意欲を源としているという点である。

　また、1歳以降の見る力は、見ることの基盤となる力とに加えて、認知・概念形成の力が密接に関連しながら発達していく。前者は視覚活用の基礎技能や視覚的探索（スキャンニング）力、目と手の協応、後者は視覚弁別力、形態認知、描画・模写、空間構成などの領域である。

　指導にあたっては常に、①視覚障がいや視知覚障がいなどの感覚情報入力、②行為を支える運動機能、③認知機能、の3つの間口に合わせた学習環境と学習課題を準備し、子ども自身が直接手を下しながら試行錯誤し発見していけるようにすることが重要である。

6.2 見比べ・視覚的探索の指導の実際

　複数の視対象を見比べる力や、一定の視野の範囲から必要な情報を見つけ出す力、すなわち視覚的探索（スキャンニング）は、視覚の基礎技能を基盤とし弁別学習や空間構成学習などの基礎的能力として重要である。

　見比べ・視覚的探索の指導では、注視点移行や追視の学習を発展させ、対象を見つけて視覚的に定位することが最初の段階である。また、書見台の上にマグネットボードを置き、いろいろな場所に貼ってあるマグネットを探して残さず取る活動や、ボードに書いた印を消していくような活動、紙面上にランダムに点を配置してその上にシールを貼る活動などを通して、一定の視野内のランダムに提示されたものを走査する力を育んでいく。

さらに、弁別学習のできる子どもでは、たくさん貼られたマグネットの中から特定の色を探し出して取ったり、仲間外れを探したりする活動、いくつかの数字や形などがランダムに印刷された紙面上から特定の数字や形を見つける活動などが有効である。こうした学習は、幼児期を通してさまざまな機会と教材を用いて十分に行うことが望ましい。

6.3　目と手の協応の指導

　目と手の協応動作は学習や日常生活のすべての活動の基礎として、見る機能の発達を促す指導の中核となる領域である。目と手の協応の指導のねらいは、手の操作性（運動系）が優位な状況から、視覚優位な状況へと高次化していくことにある。たとえば、型はめで四角の積み木をカゴから取り出して、四角い穴に入れる活動では、以下のような高次化のステップが考えられる（佐島，2009）[8]。

① **すべて手でする段階**：手の運動感覚が先行（手探り）して、積み木をカゴから取り出して手に取り、手の運動感覚で穴を探して積み木をはめ込む（視覚より運動感覚が先行）。

② **目で見つけて手でする段階**：カゴの中から積み木を目で見つけて手に取るが、手に取ってしまうと、入れる穴は視覚的に確認せず、手の運動感覚で穴の位置と方向を合わせて入れる。

③ **目によって場所を定位する段階**：積み木をカゴから見つけて手に取り、穴の場所を確認して持っていくところまでは視覚を活用するが、入れる段階では手の運動感覚ではめ込む。

④ **目によって方向を定位する段階**：積み木を穴に入れる時にも、視覚で手の動きを確認して、運動を調整しながらはめ込む。

　また、目と手の協応を促す指導には、以下のような下位領域がある。すべての指導は食事や着替えなどの日常生活技能と意図的に関連づけて行うことが重要である。

① **具体物の操作による目と手の協応**：積み木積み、型はめなどによる形態や大きさなどの弁別、輪抜き、紐通し、折り紙など。

② **平面における目と手の協応**：紙面を活用したシール貼り、線結び・線たどり課題、折り紙、迷路など。市販の教材で活用できるものも非常に多いが、コントラストや線の太さ、複雑すぎて困難なものもあるので、見やすくシンプルなものを選定・加工することが重要。

③ **道具の使用**：ハサミやセロテープ、のりなど。

　感覚情報入力や運動機能の困難、認知機能のアンバランスさがある子どもは、体験を通して学習するための基盤としての目と手の協応が十分に育っていないために、必然的に未経験・未学習となりやすい。そのため、本来持っている知的機能の可能性を十分に発揮で

きずにいる。

　見る力を育む指導は、子どもが外界を能動的に探索し、直接的に手を下しながら試行錯誤によって学び、知能を発達させていく基盤となる「幹」を育てる指導である。外界を知るための幹としての「見る力」が育てば、それまで隠されていた本来の能力は自ずと引き出されてくる。

　不器用、落ち着きがないといった「現象としての行動」への対処療法的、スキル獲得的、過剰反復学習的な指導ではなく、本質をとらえた「幹」を太くする指導、そのための学習環境と学習内容を総合的・分析的にとらえる視点が重要である。

引用文献

1) 後藤　晋，有本秀樹：心身障害児童・生徒の眼疾患－障害児・者の眼科医療その1－．日本の眼科 64(6)：657-662, 1993.
2) 酒田英夫：頭頂葉（神経心理学コレクション）．医学書院，2006.
3) 佐島　毅：知的障害幼児の視機能評価に関する研究－屈折状態の評価と早期発見・早期支援－．風間書房，2009.
4) 佐島　毅，釣井ひとみ：視機能の理解と指導のポイント（下山直人・編著：重複障害教育実践ハンドブック）．全国心身障害児福祉財団，2009, pp77-100.
5) 佐島　毅：教育現場における重複障害児の視力評価．視覚障害教育実践研究 8：28-36, 1994.
6) 佐島　毅：重複障害児の視機能の捉え方－視力検査の方法－．弱視教育 25：17-25, 1998.
7) 佐島　毅：視覚に障害のある子どもの指導（日本肢体不自由協会・監修：肢体不自由教育の基本とその展開）．慶応義塾大学出版会，2007, pp188-207.
8) 佐島　毅：見る機能の発達とそれを阻害する要因（香川邦生，千田耕基・編：小・中学校における視力の弱い子どもの学習支援）．教育出版，2009, pp59-68.

（佐島　毅）

3.3　聴く力を育む

1　聴く力とは

　健常な乳幼児は生まれてから常に音や音声（ことば）を聞くことで、音・音声と周囲の状況とを結びつけ、音・音声の意味を理解していく。乳幼児がただ音・音声を「聞く」だけでなく、注意を集中して積極的に「聴く」経験を積み重ねることで、乳幼児に音・音声の意味を理解する能力である「聴く力」が育つ。一方難聴児では、音・音声が聴こえないため「聴く力」は育たず、視覚を頼りに生活することになる。しかし、補聴器・人工内耳を装用して難聴児の「聴く力」を育てるならば、難聴児は「ことば」を習得して自由に人と会話し、歌を歌えるようになる。このためには、難聴児は補聴器・人工内耳を装用して乳児期から積極的に音・音声を聴き取る訓練（聴能言語訓練）を受けることが不可欠である。聴能言語訓練の方法は健常児の保育や障がい児の療育にも応用可能である。本章ではこの「聴く力」を育てる聴能言語訓練を基本とする難聴児療育について解説する。

2　健常乳児の聴覚発達

　出生直後の新生児は大きな音に反応し（モロー反射や体動の変化）、また新生児には周波数別に敏感な音域（2kHz以上高音域が敏感）のあることが知られている。乳児が「音の方向に振り向く」ことは首が座る3か月以降見られ、続いて「音の出る方向を探す」、「日常聞く音に慣れ反応しなくなる」、「日常音とは異なる音へ警戒を示す」、「親しい人と知らない人の声への反応に差が生じる」など音および音声への反応が発達と共に豊富になる。母親の声に刺激されて発声が活発になり乳児自身が母親の発声を模倣するようになることも、生後3〜4か月くらいから観察される（図1）。言語音の理解が可能になる月齢については明確ではないが、日本人の家庭で育った8か月の乳児は日本語に敏感に反応するが、英語には明らかに反応が鈍いことから、8か月頃までに乳児は養育者の話す言語（母語）と外国語との判別が可能になると考えられる。9か月以降になると、乳児は声かけだけで反応することができる（例：声をかけただけで動作ができる、物に視線を向ける、「バイバイしましょう」というとバイバイする、「ママは？」と尋ねると母親の方を向く）。

図1 健常乳児の音声模倣

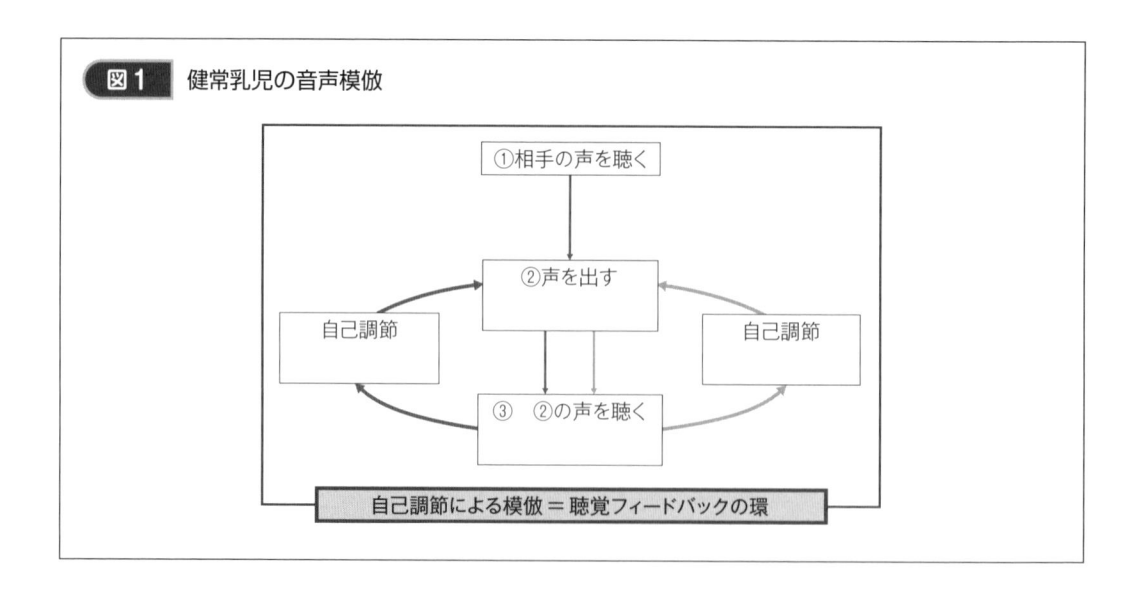

① 相手の声を聴く
② 声を出す
③ ②の声を聴く
自己調節
自己調節による模倣 ＝ 聴覚フィードバックの環

　乳児の生活を聴覚のレベルから見ると、乳児は視野外からの声かけに応じ振り向き、視覚により母親と確認し、視線を母親と合わすことにより快感を感じる。母親が乳児の視野外にいる時、声を出して泣くと母親の声かけがあり、また母親が近づく足音、ドアを開ける音、そして母親の顔を感知する一連の行為と、泣き声としての乳児自身の発声・母親の声・足音などの環境音が結びつき、音・音声が自分にとって意味あるものとなる。すなわち乳児は音・音声を聴きながら、視覚や触覚などの他感覚と関連を持たせることで音や音声の意味づけを行っている。そして発達と共に多様な生活経験を音・音声と結びつけることで意味づけの程度を深めていく。この音・音声の意味づけを深める過程が乳児期の聴覚の発達過程である[1,2,3]。

3　難聴乳幼児とコミュニケーション障がい

　正常な乳児ならば、出生直後から聴覚で感じる音と視覚・触覚などの他感覚とが結びつくことで、音・音声の意味を理解していく。しかし、難聴児は聴覚が欠如したまま視覚が主になって外界を知覚することになる。このため、視野に入る人・物しか知覚できないため、健常乳児が聴覚を頼りに行っている視野外にある人・物の存在を推測することはできない。また、現在の瞬間に目に入るものの印象が強いため、記憶していることと現在知覚していることとを関連させる機能も弱くなる。

　健常乳幼児では、音や音声は視野外から自分の意思とは無関係に聴こえてくるため、自分以外のさまざまな人の存在を常に意識することになる。また自分からの話しかけにより相手が応じる、逆に相手からの話しかけに自分が応じることで、自分とさまざまな人との関係（コミュニケーション）を意識せざるを得ない。この「人との関係」は健常乳幼児が

「心の中で意識する」ことであり、目に見える行動ではない。また人の音声には感情に伴う抑揚が豊富で人の顔の表情以上に変化が早く複雑であり、聞き手である健常乳幼児は音声を手がかりに相手の気持ちに注意を払う必要に迫られる。このように聴覚機能は視覚機能にない側面を持ち、両者が融合することで健常乳幼児は他の人とのより良いコミュニケーションが保たれ、また相手の気持ちを理解できるようになる。乳児期に始まる母子の間のコミュニケーション活動を背景に、健常乳幼児は聴覚を活用して急速に言語を習得していく。

一方、難聴児は聴覚を活用しての言語習得ができないだけでなく、年齢と共に「聴く」経験が欠けたまま、「見る」経験だけで育つことから、認知機能に正常乳児と異なる側面が生じる。低年齢時期に限ると、視覚だけで反応するため、視野に入る物・人に次々に反応するため多動になりやすい。ブロックなど視覚を主とする遊びには集中するが、ママゴトのような人とのやりとりを主とする遊びは理解できない。相手の動作を見ても「動作が意味することを理解できない」まま模倣することになる。このため自分のイメージだけで相手と関わることになり、人とのやりとりは一方的となる。その結果、相手に応じて自分の行動を変えることができない。また人は、自分の気持ちを「ことば」で表現することで相手に伝え、また相手が「ことば」で表現することで相手の気持ちを知る。しかし難聴児は相手との言語によるコミュニケーションができないため、相手と気持ちのうえで共感し合うことを体験できない。このように二次的に生じる難聴児のコミュニケーション障がいに対してどのような方法で療育を行ったらよいかが問題となる[1, 2, 3]。

4 難聴児の療育方法について

中軽度の難聴児は補聴器を活用することで、音声言語を習得することが可能である。しかし重度の難聴児に関しては、補聴器を十分活用しても聴き落としは避けられない。また最重度の難聴児では補聴器の活用に限界がある。このため、聴力90dB以上の重い難聴児では手話を用いた視覚的コミュニケーション手段を主体にすべきであるとの立場がある。一方人工内耳を装用することで聴力100dB以上の難聴児であっても35dB程度の聴覚閾値となることから、難聴児が補聴器もしくは人工内耳を装用し、聴覚を活用して健常児と同様に音声言語を主体的に習得できるようにすることを療育の目的とすべきだとの立場がある。ここでは後者の立場である、聴覚活用による難聴児の療育方法（聴覚言語法）について解説する。

4.1 聴能とは何か

聴覚により音・音声を知覚し、意味づける過程が聴能である。難聴児の場合、先に述べたように補聴器を装用しても難聴により聴こえを不完全にしか補えないため、音・音声は

健常児に比べ量的にも不十分（正確に聴き取れないことが少なくない）であり、質的にも歪み（健常者が聴くと何を言っているかわからない音声）がある。このような「聴こえ」であるが、相手の話に最大限の聴覚的注意を払い、周囲の状況・話の内容を理解することで「聴き取れない」部分を正確に補い、場面に応じてどの言語音かを判別をすることで正確に相手の話す内容を聴き取ることができる。このようにあいまいな音声を確実に「聴き取る」能力が聴能である。聴能を発達させるためには、低年齢からの補聴器を装用しての聴能訓練が不可欠である。

現在の補聴器では、難聴の程度が重度になるにつれ完全に聴こえを補えず、健常児と同様に難聴児は音声を知覚できない。しかし、難聴児と健常児とは音声知覚は異なるものの、健常児と同じ聴覚認知を難聴児が認知できるようにすることで、健常児と同様に音声言語を習得させようとすることが聴能言語訓練である。このためには、意識的に療育者が環境を整え、刺激を選択して、効果的に難聴児に音声言語を習得させねばならない。たとえば母親が「いぬ（犬）」を見て「イヌ」と話すと、健常児には「イヌ」と聴こえるが、難聴児には「イウ」と聴こえている可能性がある。しかし難聴児が「いぬ」を「イウ」と知覚しても、母親の発話を「イヌ」と聴覚的に認知して「いぬ」をイメージできればもはや言語的には問題がないことになる。すなわち難聴児と健常児とでは言語音の物理的な音響的知覚には相違はあるが、言語音の意味を理解するという音韻的認知では同一である。そこで、難聴児が乳児期から音・音声の意味的な理解力を高めることで、健常児と同様に難聴児が聴覚を活用して音声言語を主体的に習得すること（聴覚学習）が可能であるとの考え方を基本に、聴覚を最大限活用する療育（聴覚言語法）が行われている。

なお難聴児が補聴器を装用しないで「聴こえない状態」のまま成長すると、視覚判断機能が優位の認知機能が発達する。このため、このような事例ではある程度成長した段階で補聴器・人工内耳を装用して音・音声を感知できるようになっても、視覚機能を活用した認知機能が形成されているため、言語音として理解することが困難な場合がある。

4.2 難聴児の早期療育の実際

4.2-1 乳児期の難聴児療育

乳児期に発見された難聴乳児の療育については、乳児の発達段階に応じて視覚的に乳児の注意を療育者に向けつつ、音遊びや声かけを行い、補聴器を装用した難聴乳児に音の存在を意識させ、また音や音声の違いを判別させる。療育場面では療育者は常に乳児と視線を合わせ、乳児の興味が何に向いているかに注意を払いつつ、教材を提示する。また母親・療育者と難聴乳児との情緒的交流は言語を習得するうえでたいへん重要である。このため療育者は母子が情緒的に安定して関われるように、親指導を通じて親の心理的安定が保てるよう配慮する必要がある（図2）

楽器遊び（タイコ、スズ、タンバリン、カスタネット、音の出る遊具）、CDプレーヤー

図2 難聴乳児（4か月）の補聴器を装用しての聴能訓練

療育者は乳児と視線を合わせながら声かけをしたり、歌を歌ったりする。

から歌・曲を繰り返し聴かせる、指導者が歌に合わせペープサートを動かすなど、療育者は難聴乳児の月齢・発達に合わせてさまざまな教材を工夫したり、部屋の飾りを季節や行事（春はさくらの花、年末・年始は正月の飾り、遠足、運動会など）に合わせて変えることが常に求められる。

4.2-2 乳児期の母親指導

母親には、難聴乳児であっても普通に接しながら、常にていねいに話しかけることを指導する。難聴乳児は補聴器を装用してもすぐにははっきりした音への反応が出現しないため、あせる親が多い。療育者は、親には難聴乳児がすぐには音への反応が明らかにならないことを話す一方で、乳児が聴き始めていることを親の前で示す必要がある。

4.2-3 幼児期の難聴児療育

年齢と共に絵カード、絵本、その他の豊富な教材を用いての言語訓練が行われる（図3）。また難聴児だけのグループ活動、夏の親子合宿、遠足、運動会、発表会など多様な活動を行い、「生きた言語」の習得を促す。幼児は「経験している・興味を持っていること」を親が適切に「ことばかけ」をする時に最も効率的に言語を習得できる。この乳児の言語習得の原則を難聴児療育では徹底的に活用することが重要である。難聴児の親が「親子で経験したこと」を絵日記に描き、この絵日記を見ながら難聴児と療育者が会話することで難聴児の言語習得を促す方法は先の原則を応用した訓練方法のひとつである（図4）。

療育の初期段階では、難聴児の発話は不明瞭であるが、発話する単語の言語音に近い音が発話される限り、発音を矯正することはしない。十分に言語音を聴き取れる能力を習得し、言語能力も高まり、相手にわかる発話をしなければ自分の話が伝わらないことを難聴児自身が意識し始める段階で、構音（発音）訓練を行う。難聴児は「難聴はなく発音に間違い（機能性構音障がい）」のある幼児とは異なり、言語音を正確に聴き取れないことによる構音の誤りであるので、聴能を高めることが最優先となる。現在では、聴力100dB以

図3 難聴児（1歳11か月）の聴能言語訓練

療育者は難聴児に口の動きを見せない（読話をさせない）ため、横に座り、口元を手で覆いながら話しかけ、難聴児が聴覚だけで音声を聴き取るようにする。

図4 2歳難聴児の聴能言語訓練（絵日記を活用しての訓練：わたし、おみみにほちょうきつけてるの）

上の難聴児であっても、人工内耳装用によって健常児同様に正確な構音を習得することが可能となっている。

また、健常児のなかで難聴児を保育する統合保育も広く行われている。ただし、難聴児の言語力が乏しい場合には、難聴児は健常児の集団の中で関わり合うことは困難である。ある程度の言語力を習得した難聴児ならば健常児と関わり合うことができ、この関わり合いの中で難聴児の社会性の発達・情緒的成熟・対人関係の理解が促進される。

4-2.4 難聴児療育で療育者に求められること

療育者には乳幼児の授乳・排泄・食事・着替えの介助、泣く子をあやす、一緒に遊ぶなど保育的活動が求められる。このためには、乳児の身体発育・疾患・哺乳・離乳食・衣服

などについての知識を学ぶ必要がある。また難聴児療育を深めるためには乳幼児保育技術（描画、折り紙、各種の工作、童謡を歌う、ピアノを弾く、幼児体育遊びなど）が必要である。また難聴児療育での母親の役割は大きいが、さまざまな背景や個性のある母親を指導することは容易ではない。療育者は自らの人生経験（自分自身の育ち・人間関係、結婚・家庭生活・子育ての経験など）を深めることで、またさまざまなことで悩む親を誠実に援助するなかで、親たちから信頼される療育者へと成長するのである。

　難聴乳幼児の療育は補聴器調整や聴力検査ができる言語聴覚士が主になって行うべきであるが、言語聴覚士以外に難聴児の療育ができる保育士や幼児教育者の参加が望まれる。なお、難聴児の療育ができる言語聴覚士の養成には熟練療育者の指導を受けることで3～5年が必要である。その後も10年以上の療育経験と自己研鑽を積むことで、熟練した「難聴児の療育ができる療育者」へと成長する。また、1人の言語聴覚士が乳幼児期の難聴児の療育から補聴器・人工内耳調整、さらに発達評価まで行うことは不可能であり、専門分野を持つ複数の言語聴覚士からなる療育チームが療育の質を向上させるためには不可欠である。また、難聴児の療育を知らない保育士や幼児教育者が難聴児の療育技術を習得するためには、3年程度の経験が必要となることを強調したい。

5 早期療育の効果

　難聴幼児通園施設で徹底的に聴覚を活用する総合的療育（個別、グループ、健常児との統合訓練、その他の療育活動：0、1歳レベルから週5日の療育）を受けた難聴児の療育効果について検討した。その結果、聴力90～110dBの重い難聴児では、乳児期から補聴器を装用し、人工内耳を2歳で装用して聴覚を最大限活用する療育（聴覚言語法）を受けることで、6歳の小学校就学時点で年齢相応の言語力・構音を習得できることが示された（図5）。同様に聴力90dB未満の重度難聴児および中軽度難聴児は、補聴器を装用しての早期療育により、6歳時点で年齢相応の言語力・構音を習得できることが示された。また難聴児の早期療育効果はさまざまな要因により影響を受けることが示されている。早期療育効果に影響を与える要因として、聴力、知能（動作性IQ）、難聴以外の他障がいの合併の有無、療育開始年齢、母親の教育力と家族の協力、療育者の技量、専門療育施設の有無などである。上記の要因が複雑に絡み合って難聴児の言語力・精神発達が形成される。このため、聴力100dBの難聴児であっても、0歳より6歳まで通園施設で質の高い総合的療育プログラムを受け、また療育者の技量が高く、2歳で人工内耳を装用し、他障がいの合併がなく知的に高い子で、母親に教育力があり、また家族が協力的などの条件が重なると、健常児を上回る高い言語力や会話能力および健全な社会性を習得できる。一方、聴力60dB以下の知的に問題のない難聴児であっても、療育開始が4歳以降で母親の教育力が高くない（母親の学歴とは無関係）などの条件が重なると、明らかな言語発達遅滞が生じ

図5 聴力90〜115dB、動作性IQ100〜140の難聴児で2歳CI群（療育開始：0歳、人工内耳装用：2歳）と3-5歳CI群（療育開始1歳以降、人工内耳装用：3〜5歳）の6歳時点でのWPPSI知能検査言語性IQの比較

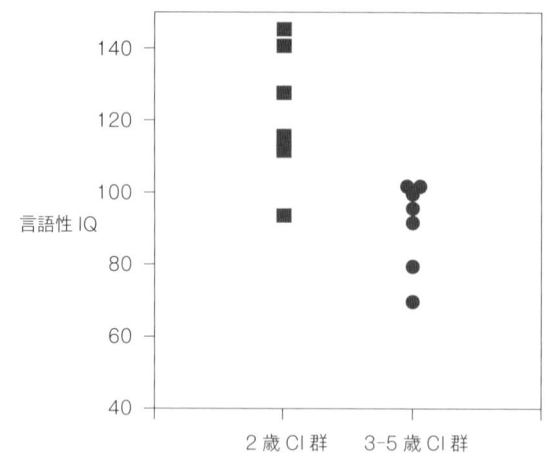

明らかに2歳CI群の言語性IQ（平均117）が3-5歳CI群（平均92）より高い。

図6 適切な療育を受けた難聴児（療育群）と適切な療育を受けられなかった難聴児（未療育群）の6歳でのWPPSI知能検査言語性IQの比較

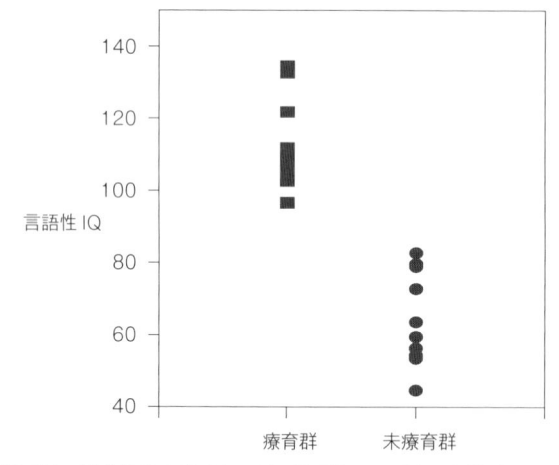

両群の聴力、動作性IQに差はないが、言語性IQに明らかな差が見られる。

る（図6）[1, 3)。

6 他障がいを合併する難聴児の処遇

難聴に他障がいが合併する場合、他障がいの種類や程度により療育効果は大きく影響さ

れる。最も多い知的障がいを合併する場合、軽度知的障がい（動作性IQ50以上）ならば早期療育により知的水準に応じた音声言語の習得は可能であり、人工内耳装用による効果も期待できる。中程度の知的障がい（動作性IQ49〜35）では、早期療育により補聴器または人工内耳の活用によりある程度の音声言語の習得は可能であるが、視覚によるコミュニケーション手段（手話・サイン）の習得が必要な場合がある。なお、中等度の知的障がいがある事例での人工内耳装用については、事例に応じた適切な療育を行わなければ、人工内耳を装用しなくなる場合があり得る。重度の知的障がいがあっても補聴器装用により難聴児は音や声かけに応じることが可能であり、生活上有利であるので積極的に補聴器は装用すべきである。ただし人工内耳については装用が困難なことから、重度の知的障がいを合併する難聴児は人工内耳手術の適応外であるとされている。

なお難聴児のなかには難聴に伴う平衡機能の遅れから、乳児期には首すわり・お座り・つかまり立ちが遅れる場合（難聴児の中の25％程度）がある。このような事例では、発達と共に粗大運動の遅れは改善することが知られており、本来的な運動発達の遅れを伴う場合と判別する必要がある。

難聴と「知的障がい」または「脳性麻痺」が合併する重複事例であっても、早期発見と適切な早期療育により言語能力やコミュニケーション能力を向上させることは可能であり、今後このような重複事例に対して積極的に療育を行うことが望まれる[1, 2]。

7 難聴児の早期療育体制

厚生労働省が管轄する難聴幼児通園施設は、児童福祉法に基づき設立（1975年）された0歳から小学校就学までの難聴幼児の療育を行う通園施設である。他に病院・障がい児センターなどで主に言語聴覚士により早期療育が行われている。文部科学省が管轄する学校教育法に基づく聴覚障がい特別支援学校（ろう学校）では難聴児は幼稚部に満3歳から入学できるが、付帯事業である教育相談では0歳から難聴児の相談に応じている。

どのような施設であっても、難聴児の早期療育については専門的知識と療育技術のある療育者と一定の設備がなければ療育効果を上げることはできない。現に専門施設である難聴幼児通園施設で療育された難聴児と専門性の乏しい施設で療育を受けた難聴児では、言語力に明らかな差が出現する（図6）。難聴児は全国どこでも出現する可能性があるが、難聴児は出生1,000人に1人と少ないことから、出生数の少ない地域まで難聴幼児通園施設を配置することはできない。そこで、難聴幼児通園施設のない県や地域では特定の早期療育機関に聴力検査機器・補聴器調整機器などの設備を整え、難聴の療育ができる複数の言語聴覚士を配置することで少人数の難聴児に適切な療育を行うことは可能と思われる[4]。

平成20年7月に提出された「障害児支援の見直しに関する検討会」の報告書で通園施

設の一元化が方向づけられた。そして平成22年12月の一元化に関する法案成立に伴い、通園施設が"児童発達支援センター"に一元化されることとなった。これまでの難聴幼児通園施設は"児童発達支援センター"の名称のもと、施設の機能・療育内容を明示して、難聴児の療育を主に行いつつ近隣の地域に住む他障がい児に対応する機能を付加した施設になることが期待されている。難聴児の療育に習熟した言語聴覚士ならば、難聴児に行う傾聴態度の育成や言語訓練の方法を言語発達遅滞のある幼児、自閉症児および知的障がい児に応用して一定の成果を上げることが可能と思われる。すなわち、通園施設の一元化は難聴幼児通園施設にとって機能拡大の機会とも言える。しかしながら、難聴児の療育を行うためには「難聴児の療育ができる療育者」が不可欠であり、このような療育者を養成するには「療育者を養成できる熟練療育者と設備と時間」が必要なことを療育関係者はぜひ理解していただきたい[4]。

引用文献

1) 加我君孝・編：新生児聴覚スクリーニング－早期発見・早期教育のすべて－．金原出版，2005．
2) 日本言語聴覚士協会小児聴覚小委員会・編：言語聴覚士のための新生児聴覚検査と早期ハビリテーションの手引き．日本言語聴覚士協会，2004．
3) 加我君孝，内山勉，新正由紀子・編：小児の中等度難聴ハンドブック．金原出版，2009．
4) 平成20年度研究班（主任研究者：宮田広善）：地域における障害児の重層的支援システムの構築と障害児通園施設の在り方に関する研究報告書　資料1「難聴幼児通園施設のない地域での難聴児の療育の実態調査．pp60-66，2009．

（内山　勉）

3.4 食べる力を育む

　食べる機能は自然に身につく機能ではない。生後、離乳期を通して食べることを繰り返し学習しながら段階的に機能を獲得し、口と体と精神の発達に伴い習熟していく。しかし、なんらかの原因によりこの食べる機能の獲得や発達が困難であったり、異なる機能を獲得してしまう小児がいる。このような小児に対し、どのような支援が必要であろうか。
　小児の摂食への支援は脳性麻痺など重症心身障がい児を中心に行われてきたが[1,2]、近年障がい児施設利用児が多様化し[3]、対象となる小児の幅が広がり[4]、小児の疾患を考慮した対応が必要になってきている。
　多職種が連携して、診療、訓練・指導、通園療育、養育支援、家族支援など包括的な療育指導を行うことのできる障がい児施設が食事支援を行う意義は大きく、障がい児に関わる職員の摂食機能の知識や技術の獲得が必要になってきている。

1 食べる機能の発達

　食事支援を行うにあたっては、関わる小児がどのような摂食機能を獲得しているか、次にどのような機能を獲得できるかを観察、評価しなければならない。そのためには、定型発達している小児の摂食機能の発達を理解する必要がある。

1.1 嚥下機能の獲得

　食物や水分を飲み込む機能を嚥下と言う。乳児が哺乳時に乳汁を飲み込む動き（乳児嚥下）と、食べ物を飲み込む動き（成人嚥下）は異なる。乳児は乳首を舌で包み込み舌を前後に動かしながら乳汁を搾り出し、口を開け乳首を含んだ状態で嚥下を行う。この嚥下方法は乳汁を嚥下するには適しているが、他の食物を嚥下するには適していない。そこで、口唇を閉鎖して嚥下（成人嚥下）する方法を、最初はゆるいペースト状の食形態を用い練習し獲得していく。
　成人嚥下時の口唇と舌の動きを図1に示す。食物の処理時、舌は前後の動きが主体だが、嚥下時には口腔内にある。上下唇は閉鎖し下顎の動きも静止するが（顎固定）、口角（上、下唇の交差する部分）はほとんど動かない。下唇が口腔内にめくりこむ様子も見られるが、これは舌を使って食物を口腔の後方に送り込む力が弱いため、下唇の力の助けを借

図1 成人嚥下時の口唇、舌の動き

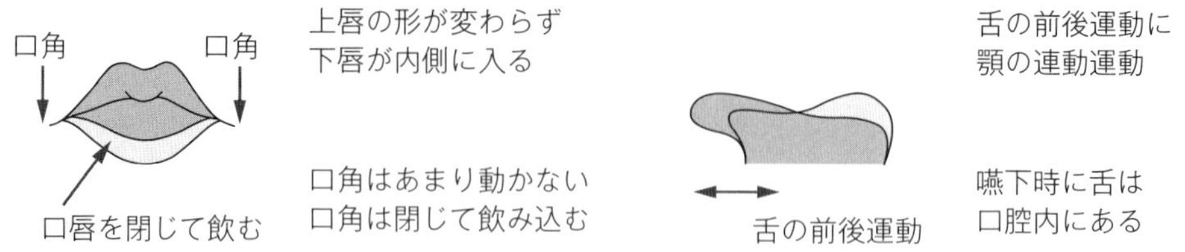

口角 / 口角 / 口唇を閉じて飲む
上唇の形が変わらず下唇が内側に入る
口角はあまり動かない / 口角は閉じて飲み込む
舌の前後運動
舌の前後運動に顎の連動運動
嚥下時に舌は口腔内にある

りているためである。徐々に舌の前後運動は減少し、下唇のめくりこみも見られなくなる。

　嚥下機能の獲得時期には、粒のないなめらかなペースト状の食物形態が適当である。嚥下機能の習熟に伴い、水分を少しずつ減らしていくとよい。

1.2　捕食機能の獲得（捕食：食物を上唇を使って取り込むこと）

　嚥下機能の獲得と共に、食物を自分で取り込むことも覚えていく。この機能を捕食と言う。スプーンを下唇に置くと、上唇を使ってスプーン上の食物を口腔内に取り込む動きが見られる。最初は下顎が静止せず、パクパクした状態でうまく取り込めないが、次第に下顎が静止し、上唇を伸ばして食物を取り込むことができるようになる。上唇を使うことにより、食べる食物の物性を認知し、口腔内に取り込む食物の量を調整できるようになる。

　この時期に適した食物形態は、嚥下機能獲得期と同様、粒のないペースト状であるが、水分が少なめのペースト状の形態で捕食の力を強くしていくことができる。

1.3　押しつぶし機能の獲得

　嚥下、捕食機能獲得時期の食物形態は口腔内に取り込んだらそのまま嚥下できる形態が主体であったが、粒のあるものや形のあるものはそのまま嚥下することは困難である。これらの形状の食物を嚥下するためには、嚥下しやすい形態に処理すること（食塊形成）が必要になる。舌と口蓋で食物をつぶす機能を押しつぶしと言う。

　押しつぶし時の口唇と舌の動きを図2に示す。上下唇は閉鎖し左右の口角は左右対称に伸縮する。口角が外側に伸びている時、口腔内の容積は小さくなり、舌は上方に動き食物を口蓋に押しつけてつぶしている。押しつぶし時に下顎は上下に動くが、これは咬む動きとは異なる。

　この時期の食物形態は、舌と口蓋でつぶせる硬さ、すなわち親指と中指で簡単につぶせる硬さが適当である。また舌でつぶした後食物がばらつくと嚥下しにくいので、あんかけなどとろみをつけた方がよい。

図2 押しつぶし機能時の口唇、舌の動き

上下唇がしっかり閉じて、薄く見える
左右同時に伸縮
左右の口角が同時に伸縮する
舌の上下運動
数回モグモグして舌で押しつぶし、咀嚼する
舌で食物を口蓋に押し付ける

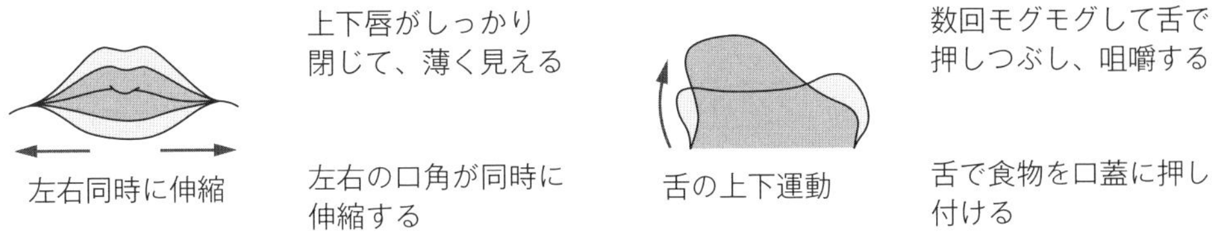

図3 咀嚼機能時の口唇、舌の動き

上下唇がねじれながら協調する
偏側に交互に伸縮
咀嚼側の口角が縮む（偏側に交互に伸縮）
舌の左右運動
舌の左右運動（咀嚼運動）
食物を歯（歯茎）に運ぶ

1.4 咀嚼（すりつぶし）機能の獲得

　舌と口蓋でつぶせない食物に対しては、歯や歯茎で処理を行う。これを咀嚼（すりつぶし）と言う。咀嚼は、ただ単に食物を小さくするだけではなく、小さくすりつぶしたものをまとめて飲み込みやすい形、食塊を形成するまでを含む。

　咀嚼時の口唇と舌動きを図3に示す。舌は口腔内で左右に動き、歯（歯茎）に食物を運ぶ。食物を歯の上に保持するためには、落ちないように頬粘膜と舌で食物を支えなくてはならず、口唇、舌、顎が協調して連動することが必要となる。咀嚼を行う時、食物は左右どちらかの歯（歯茎）上にある。すりつぶし時の口唇を観察すると、食物のある側の口角に力が入り縮み、反対側は少し力が抜けて緩むような感じに見える。押しつぶし時では左右対称に動いていた口唇は、ねじれるように左右非対称の動きとなり、下顎も単純上下の動きから、横に回転するような動きとなる。

　この時期は、親指と人差し指でつぶれるくらいの硬さが適当である。すりつぶし機能の獲得時期は9か月頃からで、乳臼歯はまだ萌出していない。歯茎ですりつぶす動きを獲得し、その後歯の萌出に伴い硬いものも処理ができるようになっていく。硬いものでないと噛む練習にならない、というのは間違いで、軟らかい固形食を用い咀嚼の動きをしっかり獲得することが重要である。

1.5 自食機能の発達

　咀嚼機能を獲得する時期くらいから、自分で食べる（自食）行動が始まる。介助食べの

時は、介助者が適切な食べさせ方で適当な一口量を与えることができる。しかし、自食の場合、本人が食べ物を口に運ぶという動作が必要になり、手の機能の未熟さや口と手の協調運動の未熟さから、食物を上手に口腔内に取り込めず、介助食べ時より食べ方が下手になる。自分で食べるという意欲は尊重するべきであるが、介助食べで獲得した摂食機能を確認しながら、少しずつ自食の割合を増やしていくとよい。自食は手づかみ食べで口と手の協調運動を練習し、その後食具を使わせるようにする。

2 摂食・嚥下機能障がい

食べるという行為は図4のように分けられる。認知期は食べ物を認知し口に運ぶ過程、準備期は食物を口腔に取り込み飲み込みやすい形態に処理をする過程である。口腔期で食

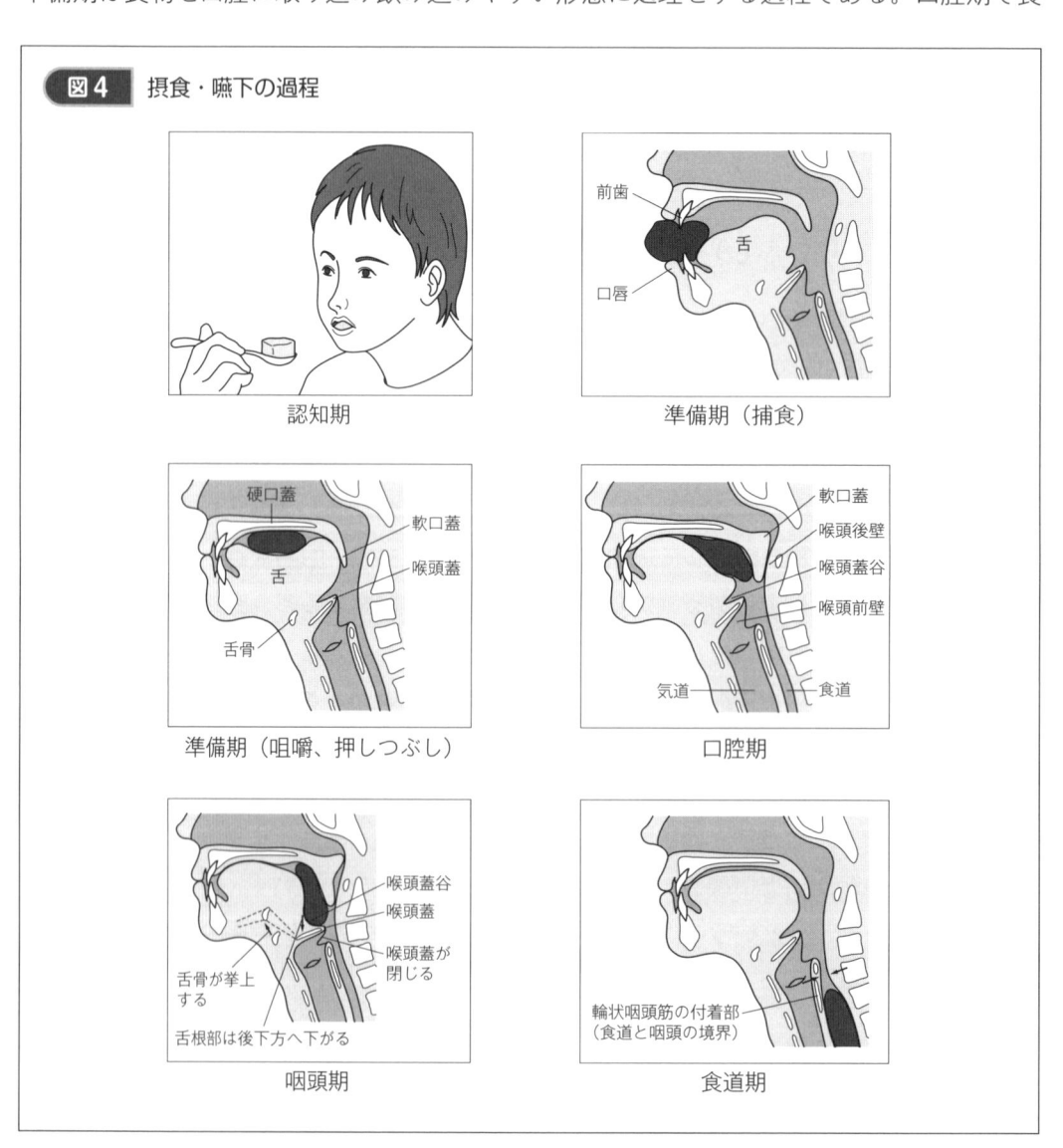

図4 摂食・嚥下の過程

認知期

準備期（捕食）

準備期（咀嚼、押しつぶし）

口腔期

咽頭期

食道期

図5 食べ物と空気の流れ

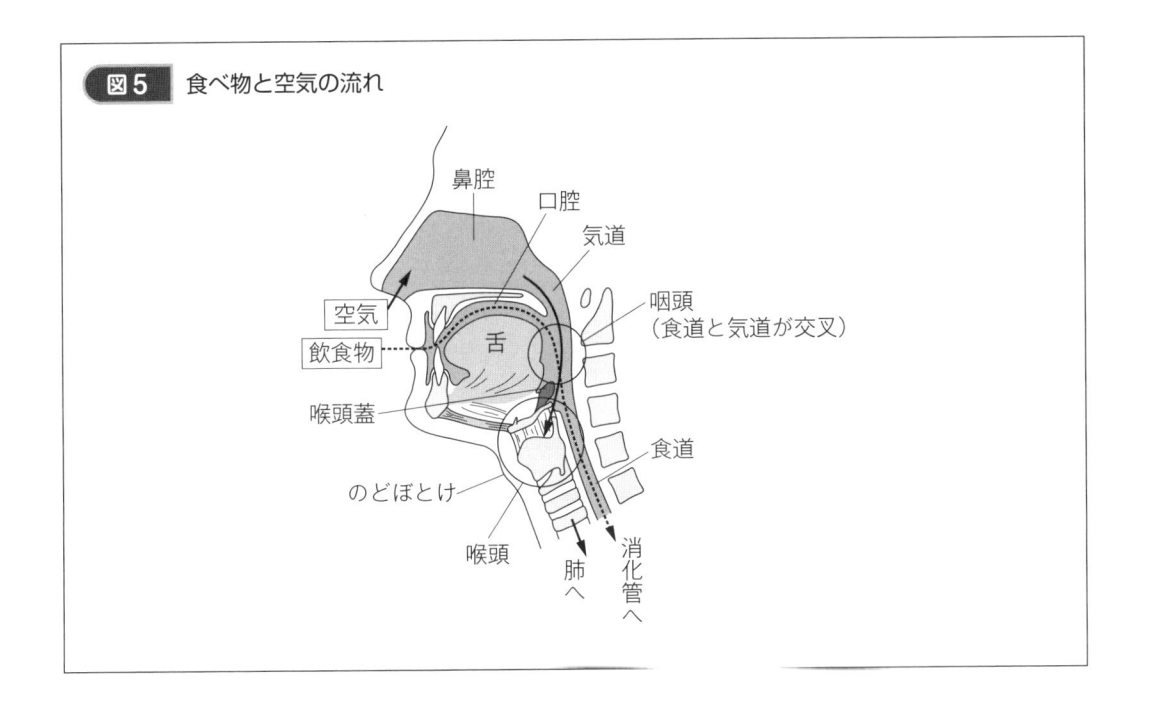

（図：鼻腔、口腔、気道、咽頭（食道と気道が交叉）、舌、喉頭蓋、食道、のどぼとけ、喉頭、肺へ、消化管へ、空気、飲食物）

物を咽頭に送り、咽頭期に嚥下反射が出現する。その後食物は食道に送り込まれる。これらの過程のうち、どの時期に問題があっても上手に食べることはできない。

　認知期の障がいとして、食べるペースが早い、どんどん詰め込む、一口量が多いなどがあげられる。ダウン症候群や自閉症児など自食を行っている小児の多くにこのような食べ方が見られる。準備期の障がいとして、捕食ができない、押しつぶしや咀嚼が不十分で、嚥下しやすい形態に食物を処理すること（食塊形成）ができなかったり、丸飲みするなどがあげられる。口腔期～咽頭期の問題として、誤嚥と窒息があげられる。咽頭部は図5に示すように空気と食べ物の流れが交差する箇所である。この交通整理がうまくいかないと、食物や水分、唾液が食道ではなく気管に流れ込む誤嚥や、気管の入り口などに食物が詰まる窒息が起こる。上向きの姿勢、食物が口に残っている時に息を吸うなどによって、誤嚥、窒息が起こりやすくなる。また、よく噛まずに飲み込む、食事に集中しない、食物を口の奥に放り込むなどの食べ方は窒息を起こしやすくなるので注意が必要である。食道期の問題としては食道の通過障がいや胃食道逆流などがあげられる。

3　摂食・嚥下機能療法

　必要な栄養量が、安全に美味しく味わいながら摂取できていない小児に対し、外部環境を整え、発達を促しながら摂食・嚥下機能の改善を行うことが摂食機能療法の目標である。摂食機能療法の実際を図6に示す。

255

図6 摂食機能療法の実際

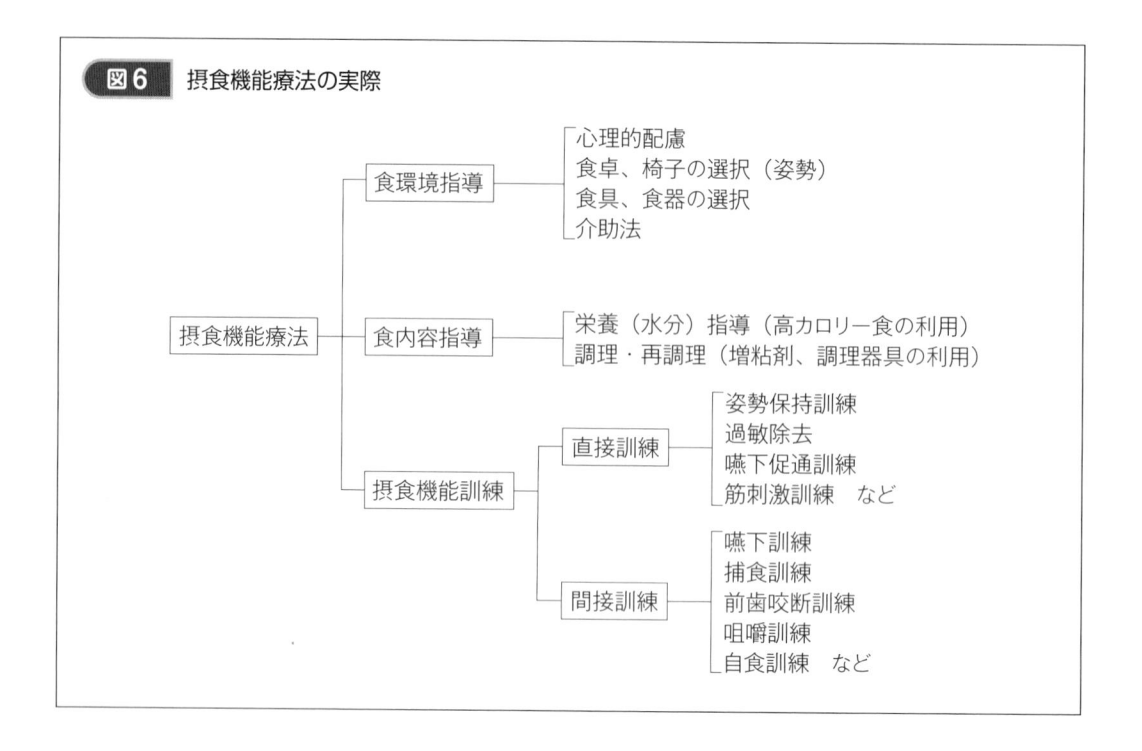

```
摂食機能療法 ─┬─ 食環境指導 ─┬─ 心理的配慮
              │               ├─ 食卓、椅子の選択（姿勢）
              │               ├─ 食具、食器の選択
              │               └─ 介助法
              │
              ├─ 食内容指導 ─┬─ 栄養（水分）指導（高カロリー食の利用）
              │               └─ 調理・再調理（増粘剤、調理器具の利用）
              │
              └─ 摂食機能訓練 ─┬─ 直接訓練 ─┬─ 姿勢保持訓練
                                │             ├─ 過敏除去
                                │             ├─ 嚥下促通訓練
                                │             └─ 筋刺激訓練　など
                                │
                                └─ 間接訓練 ─┬─ 嚥下訓練
                                              ├─ 捕食訓練
                                              ├─ 前歯咬断訓練
                                              ├─ 咀嚼訓練
                                              └─ 自食訓練　など
```

3.1　食環境指導

3.1-1　心理的配慮

　小児がリラックスできる環境を整える。食事の強要は避け、食事時間が長くなって疲れることがないように配慮する。発達障がい児など周囲が気になり食事に集中できない場合は、パーティションで区切ったり、机を壁に向けたりすることが必要な場合もある。

3.1-2　食卓、椅子の選択

　粗大運動発達により食事に適した姿勢は異なってくるが、体幹にねじりがなく、摂食・嚥下機能の関連した筋肉が動きやすいように、頸部を軽く前屈させた安定した姿勢をとらせる（図7）。脳性麻痺など重度心身障がい児においては未頸定の場合が多く、ヘッドレストやクッションなども利用し、頭部が安定するようにする。椅子に座る場合は足がブラブラすると姿勢が崩れやすいため、足裏が床にしっかり着く高さにする。自食を行う場合は手が使いやすいように食卓の高さを調整する。肘を直角に曲げた高さが適当であるが、前傾しやすい場合などは、机が高めの方が姿勢が崩れにくい場合もある。

3.1-3　食具、食器の選択

　摂食機能にあったスプーンを選択する。捕食の力が弱い場合はスプーンのボール部が浅く平らな方が捕食を行いやすい。また幅は口の幅の2/3くらいを目安とする。スプーンを噛みこんでしまう場合は金属よりシリコン製が適しているが、食いちぎられないよう注意が必要である。自食の場合、グリップが太い方が安定する。スプーンが回ってしまう場合

図7 姿勢

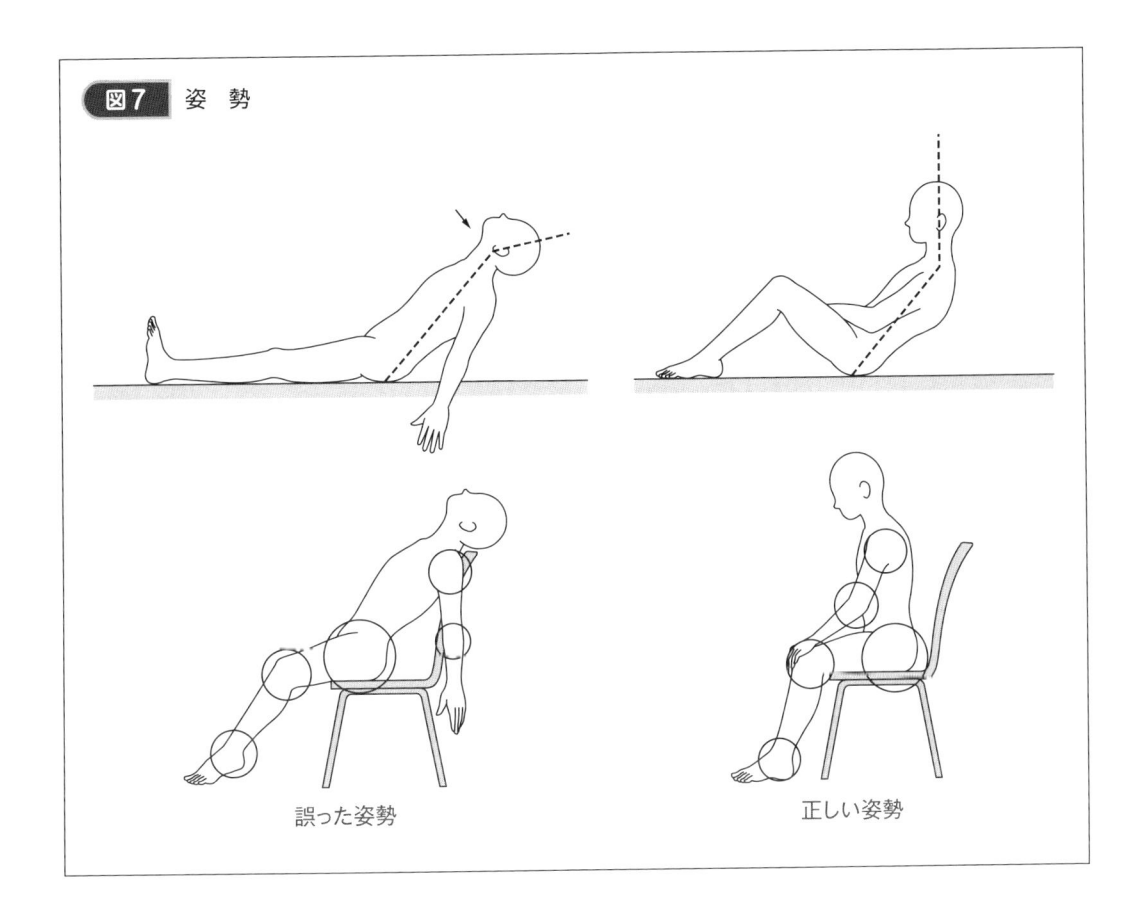

誤った姿勢　　　正しい姿勢

は、柄の形は丸いものより平たいものの方が適している。一般にスプーンが大きいとたくさん盛りすぎて一口量も多くなりやすいので、小さなスプーンを選択するとよい。

自食の場合、食器にも注意が必要である。浅い皿や茶碗など緩やかにカーブしているものはすくいにくいので、縁が立ち上がっているものを利用する。滑り止めシートは食器が固定され、すくいやすくなる。

3.1-4 介助法

小児にとって毎日の食事が摂食機能を獲得する練習の場である。そのため小児の摂食機能にあった介助が重要となる。

①スプーンの使い方（図8）

介助者の位置が高く上から見下ろすような場合、どうしてもスプーンが上から口に行き、小児が上向きになりやすい。スプーンは小児の口唇に対してまっすぐ入るようにする。下唇にスプーンを当てることで捕食が行いやすくなる。口が開いている状態で口の中に食べ物を放り込んだり、上唇にスプーンをなすりつけるように上方に引き抜くと、捕食機能の獲得が阻害される。ダウン症候群のように舌が突出する場合は図9のようにスプーンの先で舌を口腔内に誘導してから食べさせるようにする。

図8 スプーンの使い方

正しいスプーンの運び方　　　誤ったやり方

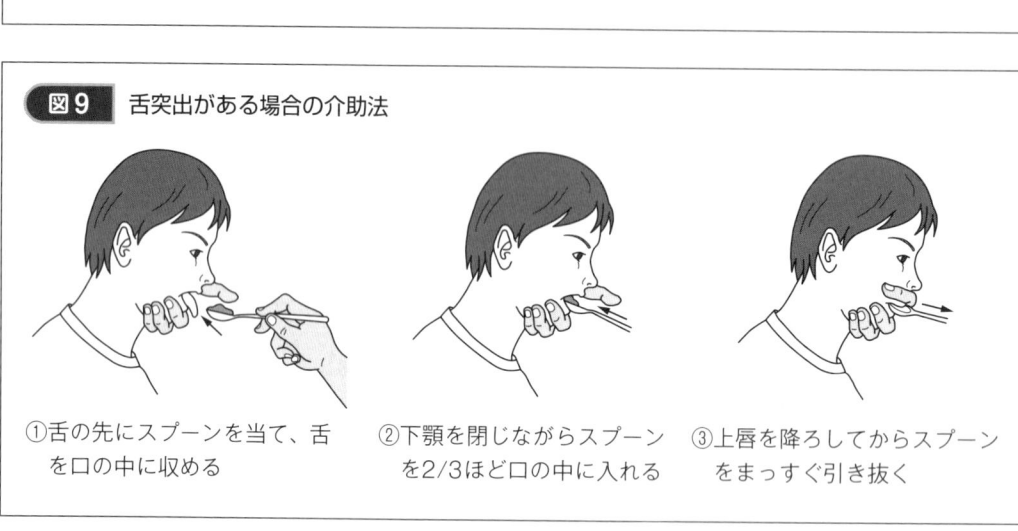

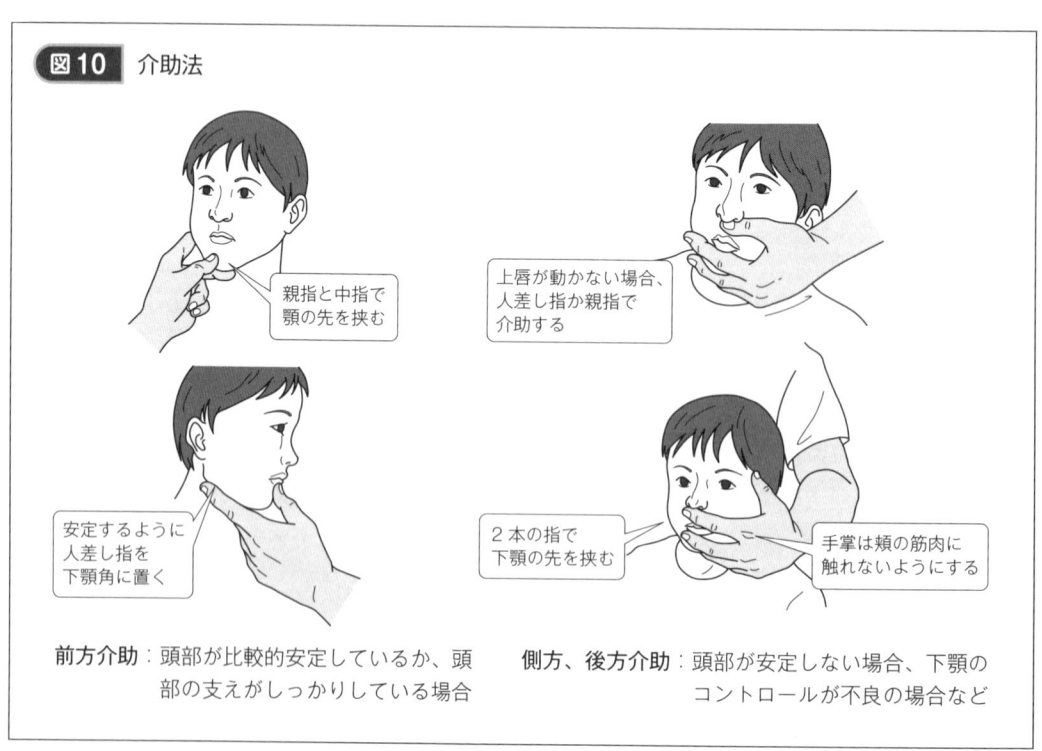

図9 舌突出がある場合の介助法

①舌の先にスプーンを当て、舌を口の中に収める
②下顎を閉じながらスプーンを2/3ほど口の中に入れる
③上唇を降ろしてからスプーンをまっすぐ引き抜く

図10 介助法

親指と中指で顎の先を挟む

上唇が動かない場合、人差し指か親指で介助する

安定するように人差し指を下顎角に置く

2本の指で下顎の先を挟む

手掌は頬の筋肉に触れないようにする

前方介助：頭部が比較的安定しているか、頭部の支えがしっかりしている場合

側方、後方介助：頭部が安定しない場合、下顎のコントロールが不良の場合など

②下顎介助法(図10)

　脳性麻痺児など下顎のコントロールが不良で、大きく口を開けて(過開咬)なかなか閉じない場合や下顎を固定して嚥下ができない場合などは、介助者が下顎の介助を行う。介助者の指は図10のように骨の裏打ちのある硬い部分に置くようにし、筋肉の動きを妨げないようにする。また、小児の能動的な動きを引き出すため、介助は最小限にする。

3.2　食内容指導

　小児の摂食機能に適した食物形態を用いることで、機能の発達を促し、危険を回避することができる。一般に家庭での食物形態は小児の摂食機能より上の形態を与えている場合が多い[4]。給食などで摂食機能に適した食物形態を用意すると、保護者が納得しない場合もあるが、小児の摂食機能を説明し、実際に食べている様子を見てもらい、食物形態の違いにより食べやすさが違うことを説明すると理解が得やすい。

　重症心身障がい児の場合、食事時間が長引くとサチュレーションが悪化する場合がある。食事時間は長くても40分程度を目安とし、少ない食事量でも必要な栄養量を確保できるよう高栄養のメニューを利用する。逆にダウン症候群や自閉症など、早食い、丸飲みの小児の場合、ペースや一口量を調整する。肥満が心配な場合は容量が多く低カロリーの献立にするとよい。

3.3　摂食機能訓練

3.3-1　間接訓練

間接訓練は食物を用いないで行う基礎訓練である。代表的な間接訓練を紹介する。

①過敏除去

　脳性麻痺など口腔・顔面への触刺激が少ない小児において、触られることを極端に嫌がる場合が見られる。これを過敏と言う。過敏があると介助や間接訓練が行えないため過敏の除去が必要になる。過敏は体の中心に近い部分ほど起こりやすい。過敏除去は過敏の見られる部分の中で最も正中から離れたところから始め、掌でしっかり触り慣れさせていく。これは食事時間以外のリラックスしている時に行うとよい。

②口唇訓練

　口唇の筋肉(口輪筋)が弱いと、捕食が行えない、普段口を開けているなどの問題が起きる。口輪筋をきたえる訓練として口唇訓練がある。指を図11のように口唇に当て、歯肉に沿って口唇を上方に押し上げたり、下方に押し下げたりする。その際、口唇を指でしっかり触り、ゆっくり動かす。これは口輪筋の水平方向への訓練であるが、他に垂直方向に動かす方向もある。模倣が可能な場合は、「イー」「ウー」などと発音する口唇の動きを真似させる方法も効果がある。

図11 口唇訓練

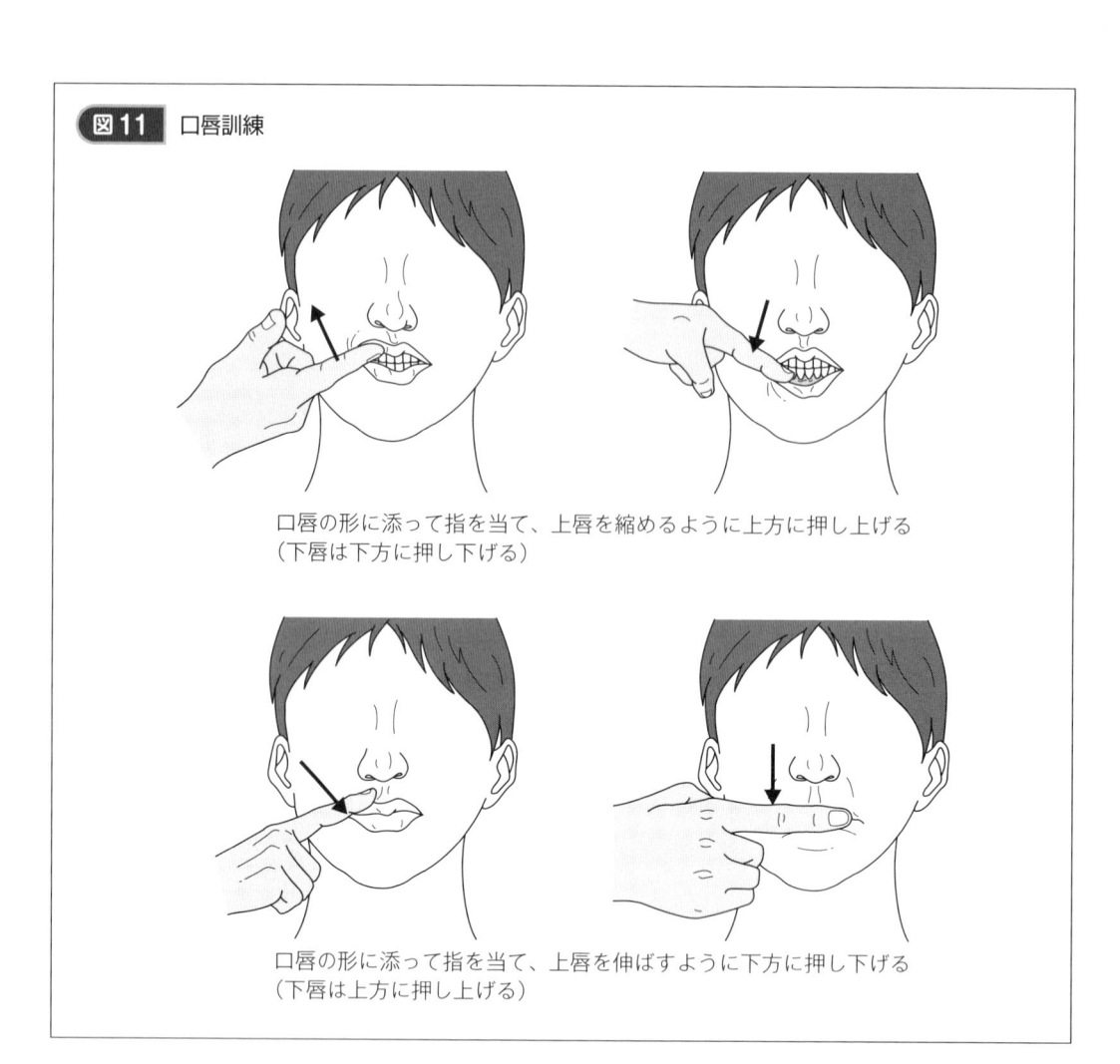

口唇の形に添って指を当て、上唇を縮めるように上方に押し上げる
（下唇は下方に押し下げる）

口唇の形に添って指を当て、上唇を伸ばすように下方に押し下げる
（下唇は上方に押し上げる）

図12 舌訓練

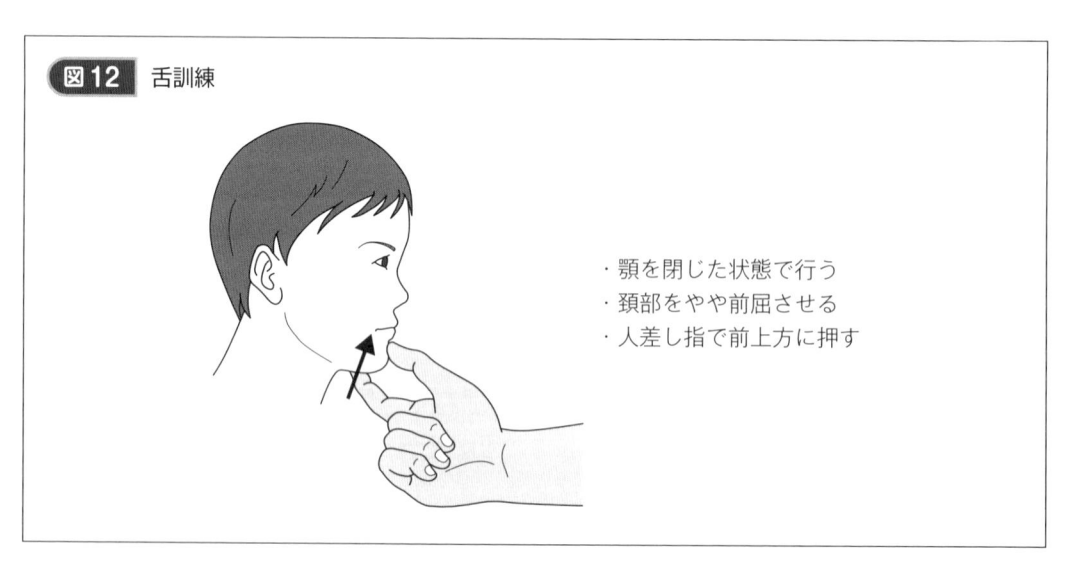

・顎を閉じた状態で行う
・頚部をやや前屈させる
・人差し指で前上方に押す

③舌訓練

　舌の前後の動きが見られる、押しつぶしの力が弱い時など、舌を上下に動かす訓練を行う。人差し指を下顎の下、骨のない軟らかい部分に当て、図12のように上前方に動かす。その際、口が開いていたり、頭部が上向きになっていると舌が口蓋に当たらず効果が出にくいので注意する。

　発音ができる場合は、「タ」「カ」「ラ」をゆっくりはっきり発音させると舌を上方に動かす訓練になる。

　そのほか、嚥下促通訓練（ガムラビング）、頰訓練などがある（参考文献6〜9を参照）。

3.3-2　直接訓練

　食物を用いて行う訓練で、日々の食事の場面を通して摂食・嚥下機能の向上を図るものである。経口摂取開始訓練（唾液嚥下）から自食訓練まで幅広い訓練が含まれる。

①嚥下訓練

　経管栄養が長く、経口摂取を行っていない小児に、いきなり食事をさせるのは危険である。まずは自分の唾液を飲み込む訓練から始める。アメなどを下唇の内側に塗り、口を閉じさせる。口腔内に味物質が広がり唾液が分泌されるので、下顎を介助した状態で分泌された唾液を嚥下させる。下顎の下に指を当てると、嚥下時にその部分が上方に動くことが確認できる。唾液嚥下に慣れてきたら、緩めのペーストに移行していく。

②捕食訓練

　捕食ができない場合、ボール部の平らなスプーンを用いて、スプーンの1/2〜2/3くらいが口に入るようにし、上唇が下りてくるのを待つ。食物をスプーンの先にこんもり盛るようにすると取り込みやすい。上唇が下りない場合は、介助者の指で上唇を下ろし、スプーンに触れるようにする。口唇が閉じたら、スプーンをまっすぐ引き抜く。

③押しつぶし訓練

　マッシュ状のもので指で簡単につぶれる硬さの食材を用いる。舌で口蓋に押しつけやすいように食物は口の前方に入れるようにする。脳性麻痺やダウン症候群のように処理時に舌が突出する場合は下顎を介助し、舌が出ないようにする。また、食前に舌訓練を行うことも有効である。

④咀嚼訓練

　歯を使う感覚を覚えてもらうために、軟らかくある程度の厚みのあるもの（1/4にカットしたバナナなど）を前歯でかじらせる（前歯咬断）。舌が左右に動かず食物を歯に持っていけない場合は、箸で食物を奥歯に載せる。その際奥に入れすぎると、歯から舌の上に落ちた食物を丸飲みする危険があるため、犬歯付近に載せるようにする。

図13 咀嚼訓練

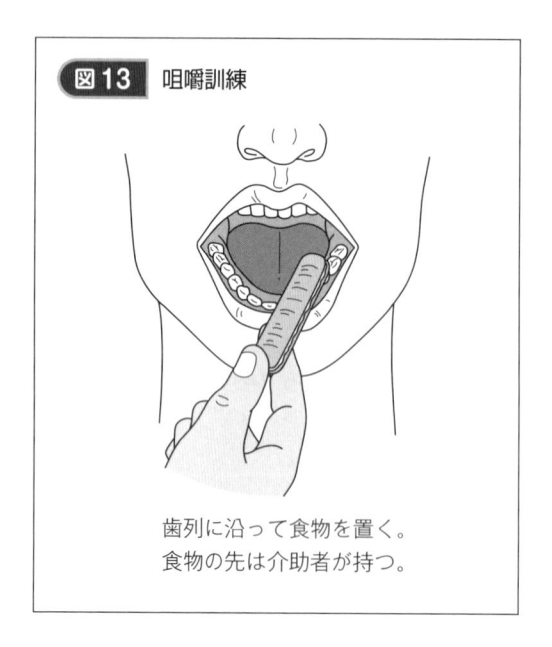

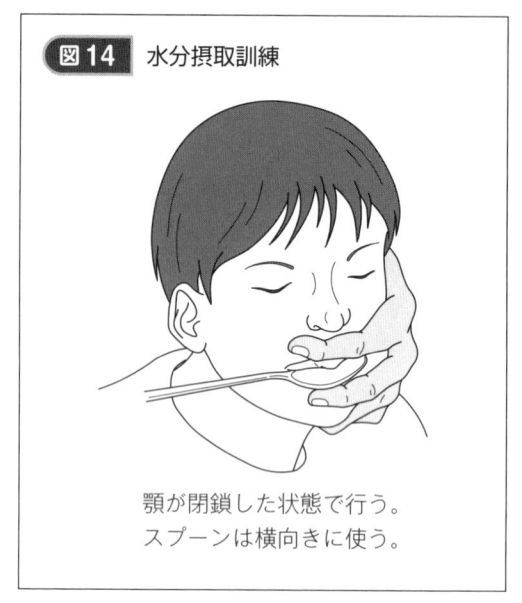

歯列に沿って食物を置く。
食物の先は介助者が持つ。

図14 水分摂取訓練

顎が閉鎖した状態で行う。
スプーンは横向きに使う。

　最初は軟らかくつぶれやすいものや、幼児用のスナック菓子など口の中で溶けやすいものを使用すると安全である。複数回嚙む感覚を覚えてもらうためには、ちぎれにくい形態の食物（皮付きのウインナー、ドライフルーツなど）を薄いスティック状にし、図13のように歯列に沿わせるように載せ、下顎を介助して複数回リズミカルに嚙ませる。

⑤水分摂取訓練

　水分がうまく摂取できない小児は、口唇が閉じない場合が多い。図14のように口を閉じた状態にし、上下唇でスプーンをはさませる。最初はスプーンを傾けず、すする動きが出るかどうかを調べ、すすらない場合はスプーンを少し傾け、少量の水分が入るようにする。スプーンを横向きに使うとコップの縁と同じくらいのカーブになり、口唇ではさみやすくなる。

⑥自食訓練

　手と口の協調運動を促し、食物やスプーンが口の正中部、前方から入るようにする。上腕が体幹から適度に離れ、肘関節が軽く屈曲している状態にし、手や肘を誘導する。最初は食物を手に持たせたり、スプーンに食物をのせた状態のものを持たせ口に運ばせるが、慣れてきたら、手でつかむ、スプーンですくうという動作から口に運ぶまでを一連の流れとして練習させる。食べるペースや一口量を教えることも重要である。

4 疾患別の対応

4.1 脳性麻痺への食事支援

伸展反射が起きにくいように、関節を屈曲させ姿勢を安定させる。未頚定の場合、頭部が後屈すると誤嚥を起こしやすくなるため、頚部が軽く前傾するように調整する。また、不随意運動により顎のコントロールが不良で、口が大きく開く、うまく口が閉じられない、舌が突出するなどの場合は下顎の介助をしっかり行う。

全身状態が不良の場合も多く、呼吸状態や痙攣発作などに関する注意も必要である。

4.2 ダウン症候群への食事支援

舌突出のため押しつぶし機能の獲得が十分行えないケースが多いため、軟固形食を用い、舌と口蓋で食物をつぶす経験をさせる。食べ物が口腔の奥に入るとそのまま丸飲みに繋がるため、前方で取らせるように介助を行う。自食の場合は、肘などを誘導しスプーンが奥に入り過ぎないように注意する。処理時や嚥下時に舌突出がある場合は、下顎介助を行い舌が突出しないようにする必要があるが、介助を拒否するケースも多い。機嫌の良い時に行うなど、児の受け入れを促すように配慮し、介助に対する抵抗を減らしていきたい。

また、あまり噛まない児も多い。適切な一口量を摂取させた時の口腔機能を評価し、咀嚼が見られない場合は食形態の調整や咀嚼訓練、前歯でのかじり取りなどを取り入れる。咀嚼の動きが見られる場合は、適切な一口量を覚えてもらうようにする。自食の場合は詰め込まないように少量ずつ食事を出したり、すくいやすい皿などを利用し、すくう量を調整しやすいようにする。姿勢が前傾になると食器に口をつけてかき込みやすくなるため、食器と口は一定の距離になるように配慮する。食欲のある場合、どんどん食べたがり、さえぎると怒るケースも見られる。その際は少し食べて落ち着いてきたところで、ゆっくり食べるペースを学習させるとよい。

4.3 自閉症への食事支援

自閉症児の食事に関しては、「場所や人が違うと食べない」「じっとしていられない」などの問題行動があげられる。必ずしも年齢があがると問題行動が減少するわけではないが、集団生活の中で学習することは重要であり、療育の効果を期待できる項目である。

自閉症児の食事評価により、摂食機能や食べ方に関する問題も明らかになってきている。食べ方（詰め込み、かき込み）はダウン症候群と同様の対応で改善する場合も多い。また、詰め込みに対してはパターン化（口に入れる→食具を置く→咀嚼を促す→口の中が空になったことを確認してから次の一口を食べる、できた時にほめる）も有効である。一

口量が多すぎることが原因の丸飲みの場合は、量の調整が重要である。摂食機能においては、捕食や前歯咬断が行えない(行わない)ケースが見られる。運動機能だけではなく感覚偏倚の関与が推察され、上唇介助や咀嚼訓練を受け入れない場合もある。その場合は無理に訓練を行わず、介助の受け入れが可能かどうかを調べ、本人の負担にならないように注意する。

偏食も大きな問題のひとつであるが、この場合も味覚や嗅覚、触覚などの感覚偏倚が関係している可能性もあり、慎重な対応が必要とされる。摂取可能な食材に他の食材を加えたり、似たような色、食感の食材を試して慣れさせる方法が考えられるが、無理強いは避けた方がよい。生活のリズムを整え空腹感を持たせることも対応のひとつである。年齢が上がるにつれ偏食が減少していく傾向があるため[5]、時期を待つということも大切である。

参考文献

1) 金子芳洋:摂食機能に障害のある小児の摂食指導・機能回復. 小児保健研究, 48:314-320, 1989.
2) 向井美惠:【摂食・嚥下障害】重症心身障害児. 総合リハビリテーション, 28:429-434, 2000.
3) 北村由紀子:地域療育センター通園施設利用児の多様化について. 小児保健研究, 19:357-362, 2006.
4) 髙橋摩理, 日原信彦, 向井美惠, 他:地域療育センターにおける摂食・嚥下外来の実態調査—初診時の実態—. 日摂食嚥下リハ会誌, 12:247-252, 2008.
5) 篠崎昌子, 髙橋摩理, 向井美惠, 他:自閉症スペクトラム児の幼児期における摂食・嚥下の問題 第2報 食材(品)の偏りについて. 日摂食嚥下リハ会誌, 11(1):52-59, 2007.
6) 金子洋祥・監修:食べる機能の障害. 医歯薬出版, 1987.
7) 才藤栄一, 向井美惠, 他・編集:JNNスペシャル 摂食・嚥下リハビリテーションマニュアル. 医学書院, 東京, 1996.
8) 山田好秋:よくわかる摂食・嚥下のメカニズム. 医歯薬出版, 2004.
9) 田角 勝, 向井美惠・編著:小児の摂食・嚥下リハビリテーション. 医歯薬出版, 2006.

(髙橋摩理)

3.5 まねる力を育む

お集まりの時によく行われる活動のひとつに、歌と手遊びがある。子どもたちにとって楽しい活動であるが、参加の仕方は一人ひとり違う。大人の動きを完璧にまねしている子、まねしているが動きがたどたどしく遅れがちな子、なかなか動きを作れず大人と自分の手の位置や方向を見比べている子、モデルをじっと見つめたまま手を動かさない子、大人の動きに注目しきれずにチラチラと窓の外を見ている子。これら異なる参加の仕方には、それぞれの子どもの異なる発達の状態があり、そのために異なる支援の方法が必要となる。

まねる力を育もうとする時、支援者はとかく子どもが「まねたか、まねなかったか」という見える結果にとらわれがちである。そして難易度を下げる、手をとって介助する、あるいは繰り返し経験させるといった"配慮・工夫"が行われる。しかし、子どもによってはそれらの配慮では不十分なことも少なくない。

ここでは、発達支援において「まねる力を育む」ことの大切さを確認すると共に、模倣の発達段階と模倣過程に関係する発達の諸要素を踏まえ、まねる力を育むためのステップと配慮について考えてみる。

1 「まねる力を育む」ことの意味

1.1 模倣による学習

「学ぶ」には「真似る」という意味があり、また「真似る」と「学ぶ」は同じ語源であると言う。ことば、日常生活の行動、遊び、マナーやソーシャルスキルなど、子どもたちはさまざまな事柄について、まねることを通して学んでいく。まねる力を育くむことの最も大切な理由のひとつは、まねる力を身につけることで、子どもたちがさまざまな事柄について模倣によって学ぶことができるようになることにある。

通常、まねる力はわざわざ教えなくても生得的に脳にプログラミングされており[1]、自然に上達していく能力である。ところが、障がいのある子どもの中にはまねる力がなかなか育たない子どもたちがいる。まねるためには、他者との関係性、身体図式、感覚情報処理、集中力、表象能力（イメージする力）、記憶、空間認知、行為のプランニング、目的志

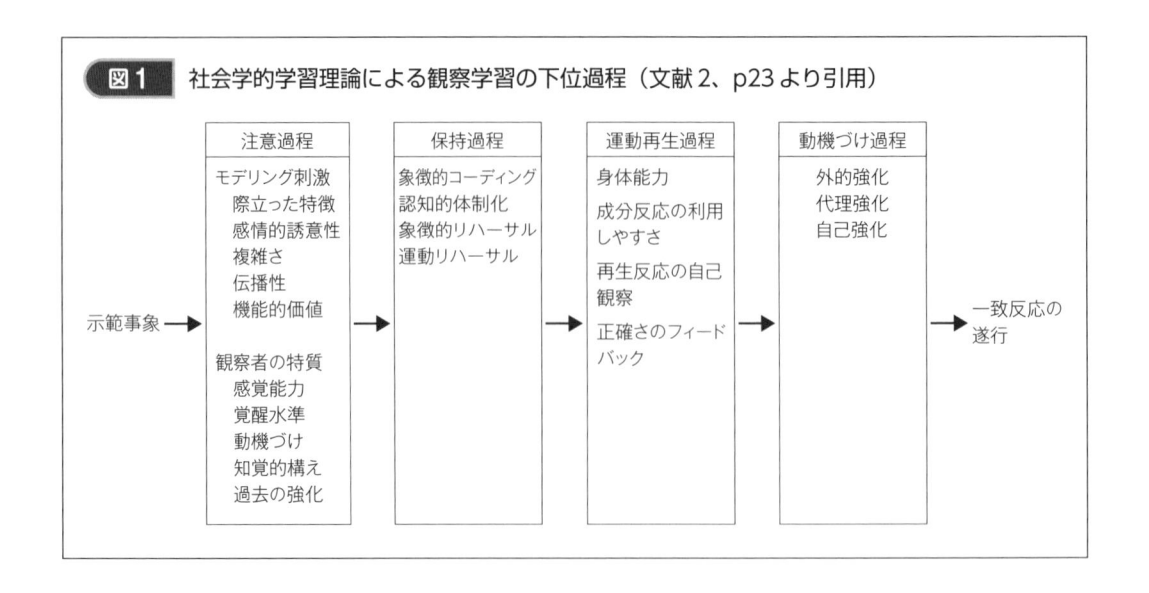

| 図1 | 社会学的学習理論による観察学習の下位過程（文献2、p23より引用） |

注意過程	保持過程	運動再生過程	動機づけ過程
モデリング刺激 　際立った特徴 　感情的誘意性 　複雑さ 　伝播性 　機能的価値 観察者の特質 　感覚能力 　覚醒水準 　動機づけ 　知覚的構え 　過去の強化	象徴的コーディング 認知的体制化 象徴的リハーサル 運動リハーサル	身体能力 成分反応の利用 しやすさ 再生反応の自己 観察 正確さのフィード バック	外的強化 代理強化 自己強化

示範事象 → 注意過程 → 保持過程 → 運動再生過程 → 動機づけ過程 → 一致反応の遂行

向性等々、障がいのある子どもたちが苦手とするさまざまな力が必要とされるからである。

したがって、まねる力を育むためには、上手くまねられないそれぞれの理由をしっかりと見極めて、個々に合わせた支援が必要となる。

1.2　模倣の成立過程

バンデューラ（Albert Bandura）は、社会的行動について観察学習（モデリング）が成立する相互関係のある4つの下位過程とその要素をあげている（図1）[2]。

この注意過程、保持過程、運動再生過程、動機づけ過程の4つのモデリング過程は、社会的行動に限らず、動作模倣やことばの模倣、遊びの模倣にも通じるものである。まねることが苦手な子どもがどこでつまずいているか、どのような配慮・工夫をすればよいかを考える時には、この4つの過程に沿って子どもの様子を観察し、推測されるつまずきを支えるための配慮をしていくことが必要である。このことにより、まねる力を育むプロセスを通して、これらの力を育てていくことも可能となるだろう。

1.3　まねる力と関係性の育ち

まねるという行為は、必然的に他者との関わりを含んでいる。とりわけ乳幼児期の模倣遊び（赤ちゃん芸、一緒に鈴を振るなど）による「行為の共有」は「情動の共有」を前提としており、「いま・ここ」に「共にあること」から出発している。

さらに、模倣遊びではしばしば「まねる－まねられる」関係を交互に繰り返して遊ぶことがある。まねることは同時にまねられる他者がいることであり、自己と他者という2つの主体による、能動と受動の双方向性・交互性が必要となる。これは「ひと－もの」関係とは異なる、「ひと－ひと」関係の最も重要な要素である。

まねる力を育んでいくには、まずこの「共にある関係」と、「受動－能動の双方向性・交互性のある関係性」を育てていくことが必要である。模倣遊びを通してこれらを育てていくことも、まねる力を育むことの大切なねらいとなる。

1.4 身体的同型性の理解と身体図式

目の前にいる人の動きをまねるためには、自分の身体と目の前のその人の身体が同じように構成されていること（身体的同型性）がわかっていなければならない。原始模倣（共鳴動作）や乳児期初期の模倣の研究からは、この同型性の理解は脳の中にプログラミングされていると考えられているが、その認識がより確実になっていくのは1～2歳にかけての時期である。身体的同型性の理解を進める手がかりとなるものとして、①生活環境の同一性、②生理的身体機能の同一性、③情動的コミュニケーションの対応性、④大人による子どもの模倣、⑤自他の活動の機能的類似性、⑥身体部位の知覚的類似性、⑦相互模倣的やりとりにおける役割の交換可能性、⑧道具の使用、⑨歌手遊び、⑩身体部位の名称などがあげられる（表1）[3]。

この同型性の理解があるからこそ、手遊びや体操をまねる時に、子どもは「自分が見た

表1 自己と他者の同型性認識のための手がかり[3]

	手がかりになる事柄	概要
1	生活環境の同一性	同じ生活環境で一緒に暮らすこと
2	生理的身体機構の同一性	同じ生活環境の中で同じ生理学的反応をする身体があること
3	情動的コミュニケーションの対応性	微笑み、視線、発声など同じ器官で対応しあい、情動が共鳴し合う経験
4	大人による子どもの模倣	大人からの頻繁な模倣的関わりがある
5	自他の活動の機能的類似性	同じ行為をしたら同じか類似した結果が得られることの経験
6	身体的部位の知覚的類似性	手、足、他全ての器官の類似した形態であることの視覚的、触覚的な知覚
7	相互模倣的ゲームにおける役割の交換可能性	相互模倣的やりとりやボール転がしなどの遊びを通しての理解
8	道具の使用	スプーンや鉛筆などの道具の用い方の学習を通して
9	歌手遊び	歌手遊びでの模倣
10	身体部位の名称	メ、クチ、テなど、ことばで直接身体部位の対応を学ぶ

とおりにまねるのではなく、他者が〈したとおり〉にまねること」[4]ができるのである。

まねる力を育むことを通して、身体への漠然とした意識を明確な身体図式の獲得に繋げていくことも、まねる力を育む大切なねらいのひとつである。

2 模倣の発達と支援へのヒント

子どもたちは、いつ頃から、どのようなことをまねることができるようになっていくのだろう。模倣の発達過程の中から、まねる力を育む時のヒントを得てみよう。

2.1 動作の模倣

赤ちゃんには、自らが育つための感覚やコミュニケーションのための仕組みが、生まれつき備わっている。新生児に見られる、大人の口形などをまねる原始模倣（共鳴動作）や、2か月くらいから見られるようになる'動きのある人の顔（口の動きなど）'の模倣は、母親（愛着対象）に抱かれている時や母親がそばにいる場面でより多く見られるという[5]。

姿勢・運動の発達に伴い、動作の模倣はバリエーションが増え、より活発になっていく。お座りが安定して両手が自由になる8～9か月頃には、「おつむてんてん」など、獲得している動きの動作の模倣が活発になる。これらの赤ちゃん芸と言われるまねっこ遊びは、多くの場合赤ちゃんが何気なくした動作に大人が気づき、「バンザイ」などのことばを付けて楽しそうにまねてみせることで、より活発に行われるようになる。赤ちゃんは、自分の動作をまねている大人を見てその動作をまねて返すことで、まねるやりとりを遊びとして楽しむようになっていくのである。

1歳を過ぎる頃には、獲得していない動きや肢位もまねようとするようになり、独歩が安定すると全身を使った連続的な動きのある複雑な模倣を楽しむようになる。また、1歳半前後からは、一度覚えた動きを、目の前にモデルがなくても再生する延滞模倣ができるようになる。

【支援へのヒント】

動作の模倣が姿勢・運動発達と共に進んでいくこと、子どもの動作を大人がまねてみせる（ミラリング）ことから模倣が遊びとして成立していくこと、獲得している動作の模倣から未獲得の動作の模倣へ、単発的動作から連続動作へ、即時模倣から延滞模倣へという発達の順序に添うことは、まねる力を育む際の大切な配慮点になる。また、乳児期の模倣が愛着対象の存在に影響されるように、その後においても、模倣が関係性に影響されるであろうことも推測できる。

2.2 声・ことばの模倣

　話しことばの獲得と発達は、音声とことばの模倣に支えられている。赤ちゃんは単なる音の反復ではなく、大人の言ったことばを自分の文脈に取り入れ、意味を持った音声模倣を行うことで有意味語を獲得していく。有意味語を獲得した後のことばの数の増加や発音の明瞭化、語連鎖の獲得も、模倣力がその発達を支えている。

　発声が音声模倣により言語へと変わっていく過程の中で、大人は頻繁に子どもに語りかける。その語りかけには、マザーリーズと言われる独特の抑揚とピッチの語りかけや、赤ちゃんが発した喃語と同じ発声で返すこと、ヴォーカルマーカー（vocal marker）と言われる赤ちゃんの動作にタイミング良く発声をつけることなどの特徴がある。

【支援のヒント】

　動作の模倣と同様に、まず大人がまねることで音声の模倣遊びによるコミュニケーションを促すこと、聞き取りやすくまねしやすい語りかけ、子どもの動作に合わせることで情動に同調し協調する語りかけをすること、これらは支援の際の配慮点となるだろう。

2.3 遊びの模倣

　9か月革命とも言われる「ひと－もの－ひと」の三項関係が育ってくる頃になると、ボールを転がし合う遊びのように、遊具（道具）を介してやりとりする遊びが見られるようになる。因果関係、手段－目的関係、物の永続性、記憶、操作性、感覚・運動協応などの育ちと共に遊びは拡がり、同時に遊具の使い方も上手になっていく。子どもが新しい遊びや遊具の使い方を獲得していく方法は2通りある。ひとつは子ども自身の探索や試行錯誤による遊びの発見であり、もうひとつは大人や友だちの遊び方を見てまねることである。

　「見て・まねて」新しい遊び方を身につける時、子どもがまねるのは単に遊びの操作や動作だけではなく、遊びの目的であり意図である。10個の積木を積み上げようとして、8個目で失敗してしまったA君を見ていたB君は、7個目、8個目と注意深く慎重に積み上げ、10個の積木を積み上げることに成功する。この時、B君は見た通り（A君がした通り）にまねているのではなく、A君の10個を積み上げるという遊びの意図を理解し、その意図をまねていると言える[6]。

　1歳を過ぎる頃から、ごっこ遊びが始まる。ごっこ遊びは、ふり遊び、見立て遊び、なりきり遊びと進み、5歳前後には空間的・時間的シチュエーションを複雑に組み合わせた遊びへと発展していく。ごっこ遊びは、日常生活の中の大人の仕草や行動を、あるいは物語やアニメなど想像上の登場人物やエピソードをまねして再現する遊びである。しかしここで大切なのは、単に他者の動きをまねるのではなく、他者が担っている関係性や役割に伴う行動とその意図、さらにそこで生じる感情までも自分の内に映し替えて他者になり

きっていることである。「いま・ここ」にいる自分を離れて、模倣という行為によって、現実の世界と「虚構の世界」を自由に行き来し、自己と他者の違いを認識したうえで、他者に自己を重ね合わせて他者を演じるわけである。こうしたごっこの遊びにおける模倣には、目の前にないものごとをイメージする表象機能や想像力が必要となる。

【支援のヒント】
　遊具遊びにおいてもごっこ遊びにおいても、遊びが成立する背景には、さまざまな心理機能の育ちが必要である。また、他児が行っている遊びの意図性も「虚構の世界」も、まねている子どもにとっては目に見えないものである。遊びの模倣は動作模倣やことばの模倣と比べてはるかに複雑で難しく、つまずきの分析と細やかな配慮とステップを組むことが必要である。

3　まねる力を育むための基本ステップ

臨床場面の子どもたちの様子からは、まねる力は5つの段階を踏んで進んでいく。支援においても、表2に示したように、この5つの段階に沿って課題を組んでいくことになる。

3.1　模倣の気づき段階

　最初の段階は、自分に関わる大人が自分と同じ動作や発声、遊びをしていることに気づき、大人を意識しながらその動作、発声、遊びをすることを楽しむ段階である。
　子どもが楽しそうに繰り返している動作、たとえば拍手や机をトントン叩くなどの動作を、子どもの前で同じようにまねしてみせることをミラリングと言う。8か月前後から1歳前後の親子間の関わり遊びに多く見られる遊びである。アーア、ブブーなど子どもが発している声をまねして返すことをモニタリングと言い、6か月前後から1歳前後に最も多く見られる親子間の関わりである。
　ここでは、子どもが行っている行為を大人がまねしてみせることで、子どもが動作や声で大人に関わる（発信）ことの楽しさと、その行為が大人の模倣によって返ってくること（受信）の楽しさを経験することが大切である。

3.2　模倣の芽生え段階

　次の段階は、自分ができる動作・行為をしている大人に気づき、その動作・行為をまねようとする段階である。まだまねるという意識は少ないが、まねることを楽しむようになり始める段階で、発達的には10か月前後から1歳半前後の頃の遊びである。
　たとえば、普段やっている「おつむてんてん」や太鼓を手のひらで叩く動作を、子どもと関わっている時に大人からして見せる。子どもがミニカーを動かしている時に、ブブーと傍らで言って聴かせる。ただし、この時に「まねさせよう」と意気込みすぎないことが

表2 模倣遊びの段階と支援方法の基本ステップ

	模倣の段階	遊びの支援方法		
		動作の模倣 （視覚－運動系）	ことばの模倣 （聴覚－運動系）	遊具・ごっこ遊びの模倣 （視覚・聴覚－運動系） （表象－運動系）
1	○模倣の気づき段階 自分に関わる大人が、自分と同じ事をしていることに気づき、同じ行為をすることを楽しむ	子どもの動作をその場でまねて見せ（ミラリング）、気づいた子どもが大人を意識し楽しみながら同じ動作を繰り返して遊ぶ	子どもが発している声をその場でまねて聴かせ、気づいた子どもが発声を繰り返し、声での関わりを楽しむ	子どもがしている遊具の使い方・遊び方をまねしてみせ（ミラリング）、気づいた子どもが大人の動きを意識し楽しみながら遊ぶ
	ポイント：子どもが行っている既得行為を大人がまねしてみせることで、「子どもからの発信→大人の受信・返信（模倣）」という関係を作る			
2	○模倣の芽生え段階 自分ができる動作・行為をしている大人に気づき、その動作・行為をまねようとする	子どもがよく行う動作を大人がして見せ、そのできる動作や行為を子どもがまねて遊ぶ 同じ動作の繰り返し、身体へのタッチ、左右対称の簡単な動作など	子どもの動作や遊びに合わせて、子どもが発声しやすい声やことばを聴かせ（ブブー、ナイナイなど）、子どもがその声やことばをまねて遊ぶ	子どもがよく行う遊び方を大人がして見せ、その遊びを子どもがまねて遊ぶ
	ポイント：子どもが普段行っていない行為を大人が発信し、「大人からの発信→子どもの受信・返信（模倣）」という関係を作る			
3	○模倣遊びの成立段階 自分がまだしたことがない動作・行為でも、大人がしているのを見てまね、まねて遊ぶことを楽しめるようになる。まねることが自体が遊びになる 延滞模倣ができるようになる	未獲得なまねしていない動作をして見せ、その動作を子どもがまねて遊ぶ 簡単な動作の連続動作、左右対称、簡単な左右交互の動作や歌手遊びなど	子どもの動作や遊びに合わせて、普段子どもが使わない発声やことばをつけて聴かせ、子どもがその声やことばをまねる	子どもがしている遊び方を少し変化させた遊び方を示し、子どもがまねて遊ぶ 楽器などで、リズムやテンポをまねてならす 簡単なふり遊びのモデルを示し、子どもがまねて遊ぶ
	ポイント：子どもが獲得している行為に近い未獲得行為を大人が発信し、子どもがその行為をまねして返す			

発達支援の日常実践

271

表2 模倣遊びの段階と支援方法の基本ステップ（続き）

模倣の段階	遊びの支援方法		
	動作の模倣 （視覚－運動系）	ことばの模倣 （聴覚－運動系）	遊具・ごっこ遊びの模倣 （視覚、聴覚－運動系） （表象－運動系）
4 ○模倣遊びの拡大段階 自分がまだしたことがない動作・行為を積極的にまねる、まねることで遊びや活動を拡げる	未獲得かあまりしていない動作をして見せ、その動作を子どもがまねて遊ぶ 左右非対称、左右の交差、見えない動き（背面、頭上など）を含む肢位や動作、複雑な動作、速いテンポの動きなど ポイント：未獲得な行為や行為を直接見ることのできない行為などを使って、模倣することの難しさをだして楽しむ	絵本遊びやカード遊びなどで、事物の名称や語句を聴かせ、まねて言う遊びを楽しむ 歌を覚えて楽しむ	子どもがよく使う遊具をいつもと違う遊び方で示す。子どもがよく行う遊び方をいつもと違う遊具で示す。楽器などで模倣遊びをやりズムの模倣遊びも楽しむ。見立て遊びのモデルを示し、子どもがまねて遊ぶ
5 ○模倣遊びの高次化段階 動作・行為を正確にまねようとする意識と、正確にまねる力が育つ表象機能を伴う模倣遊びができるようになる	指先まで細部に渡って角度や位置、表情など、モデルが示す動作を正確に模倣することを楽しむ。鏡を使って動きを確認する ジェスチャーゲームのように、イメージしたものを身体で表現する ポイント：ひとつひとつの行為を正確に模倣することを楽しむ	モデルが示したことば文章を聴いて記憶しまねる。伝言ゲームや早口ことばなどのことば遊び	遊具の使い方の手順や構成遊びでは完成図を示した後に手がかりをはずし、記憶で遊び再現するリズム、テンポ、音の数などを正確にまねる テーマを決めたシチュエーションで、ごっこの遊びを行う

272

大切である。「まねる」ことが強制になってしまうと、まねることの楽しさを経験できないからである。

ここでは、子どもにとって慣れ親しみ日常的に行っている動作・発声・遊びを使い、大人がタイミング良く、積極的に発信者になることがポイントとなる。

3.3 模倣遊びの成立段階

第3段階は、子ども自身がまだしっかりとは身につけていない動作・行為を大人がして見せ、子どもが意識的にまねることを楽しむ段階である。発達的には1歳頃から2歳頃の遊びで、この段階ではまねること自体が遊びになってくる。

左右対称、左右同時の動作（拍手やバンザイなど）、簡単な交互動作（左右の手で交互に膝を叩くなど）などが含まれる歌手遊びや体操遊びが、効果的に使えるようになる。遊具を使った遊びでは、子どもがしている遊び方を少し変化させて見せる。たとえば、ボールを投げる遊びから入れる遊びへ、太鼓を1本のバチで叩く遊びから2本のバチで叩く遊びへ、ミニカーを床を走らせる遊びから斜面を走らせる遊びへ、などである。

第1段階、第2段階では、子どもがすでに持っている動作・行為をそのまま使っているが、第3段階では、子どもがすでに持っている動作・行為に近いがあまりやらない（あるいは未獲得の）動作・行為を使うことがポイントとなる。

3.4 模倣遊びの拡大段階

第4段階は、子どもがまだしたことのない動作・行為を積極的にまね、まねることで遊びを拡げていく段階である。発達的にはおよそ2歳以降の段階である。

動作模倣で言うと、左右非対称、左右の腕の交差、背中の後ろに手を持っていくなど自分の身体の動きが視野に入らない動き、速いテンポの動きなどの模倣である。遊具遊びでは、子どもがよく使っている遊具を使って違う遊び方を示す、逆によく行っている遊びを違う遊具で示して模倣遊びを促す。たとえば、積木積みの遊びを例にとれば、積木を車に見立てて遊ぶ、積む遊びを缶を使ってしてみせるといったことである。

第3段階では既得の動作・行為に近い動きを使ったが、第4段階では未獲得の動作・行為を取り入れていき、子ども自身が少し難しいことを模倣することを、また模倣によって遊びが拡がることを楽しめるようになることが大切である。

3.5 模倣遊びの高次化段階

第5段階は、動作・行為を正確にまねようとする意識と、正確にまねる力が育つ段階である。また、記憶や表象機能を使う模倣遊びを展開できるようになる。

動作模倣では、指先の細部の動き、角度や位置、表情など、モデルが示す動作を正確に模倣するように促していく。ことば遊びでは伝言ゲームなどが、遊具遊びではモデルを見

て記憶してから同じ物を作る模倣構成遊び、ごっこ遊びではより豊かなシチュエーションでの遊びを行っていくことができる。

身体図式や運動のプランニングの弱さのために模倣が苦手な子どもたちは、模倣ができるようになっても正確さが育ちにくいことが少なくない。また、イメージを身体で表現することも育ちにくい。第4段階まで進むと発達支援の課題として模倣遊びを積極的には行わなくなってしまうことが多いが、是非第5段階までしっかりと育てていきたい。

この段階での動作模倣の遊びの例としては、ジェスチャーゲームのようにイメージしたものを身体で表現する遊びがある。正確さを確認するには、大きな鏡の前で行ったり、VTRを使う方法もある。また、ひとりではなくグループで行う模倣遊びも楽しめる。たとえば、数人でチームを組み、図示された隊形を協力して作り、それをポラロイドで撮影して図と写真を照らし合わせて確認するといった遊びである。

4 まねる力のつまずきを見つける

まねる力を育むためには、その子の模倣に関わる能力のどこに弱さがあるのかを理解し、効果的な方法で教えていくことが必要である。まねる力のつまずきを見つけるために、どのような観察の視点が必要であり、またどのような支援の配慮が必要かを、模倣の成立過程（図1）に即し、歌手遊び・体操遊びを例にとってまとめたものを表3に示した。

「観察の視点」では、子ども自身の様子の観察、支援者の言動の観察、環境についての観察の3つの視点からポイントを示した。

「関係する力」は、それぞれの過程に関係する子ども自身に必要な発達の諸要素・諸機能である。たとえば、もし注意過程において注目・傾聴ができていないとするなら、注意の集中・持続力だけでなく、覚醒水準や動機づけ、視覚や聴覚の情報処理、モデルとの関係性や集団参加という社会性の育ちなどが育っているかどうかも確認する必要がある。「支援の配慮点」としては、支援者の動きの主な配慮と環境の配慮を示した。

5 まねる力と発達の障がい

5.1 自閉症・広汎性発達障がい児のつまずきやすさ

自閉症児には、「社会性」「コミュニケーション能力」「想像力」の3つの障がいがあり、これらはいずれも模倣にとって必要不可欠な要素であるため、自閉症の子どもの模倣行動は育ちにくいことが多い。

自閉症児は特異な感覚情報処理機能のために、周囲の刺激に振り回されたり、自分が興味を持ったことにしか注意を向けられない（シングルフォーカス）ことがある。これは注

表3 「歌手遊び・体操遊び」の模倣の各過程における観察の視点と支援の配慮点

	注意過程	保持過程	運動再生過程	動機づけ過程
観察の視点	☆注目、傾聴しているか。自発的にリハーサルしているか ○注目すべき動作がわかりやすく示されているか ◇注目・傾聴しやすい環境になっているか。	☆覚えようとしているか。自発的にリハーサルしているか ○記憶保持しやすいようにモデルを示しているか。リハーサルのヒントを出しているか ◇妨害刺激がないか	☆運動機能の問題がないか。注目度と再生度のギャップはないか。テンポ・リズムは整っているか。歌、音楽とのずれはないか ○子どもの運動再生能力に見合った課題か。サポート（身体的ガイド）は過不足ないか ◇安心して動ける環境になっているか	☆興味のある課題か（新鮮さ、親しみ、飽き、難易度、好みなど） ○適切に誉めているか（頑張ったこと、上手になったこと、次への課題など） ◇自己評価し次へのモチベーションになる環境があるか（年齢や内容によって）
関係する力	覚醒水準 動機づけ・目的志向性 注意の集中・持続力 視覚刺激・聴覚刺激の情報処理 モデルとの関係性、社会性	記憶力（記銘、記憶量、再認、再生） 動きをことば（ギュ・パー）や歌の意味などのイメージに当てにする力（象徴的コーディング） 動きをまとまりごとに順序立てる力	運動能力、感覚、運動の協応、左右の協調性、姿勢の調整 身体図式、運動の応答プランニング 空間認知 表現力（イメージから運動へ） 自分の動きのフィードバック	興味・意欲、向上心 自己評価する力 他者からの評価を受け入れる力 モデルとの関係性、社会性

発達支援の日常実践

表3 「歌手遊び・体操遊び」の模倣の各過程における観察の視点と支援の配慮点（続き）

	注意過程	保持過程	運動再生過程	動機づけ過程
支援の配慮点	○支援者の動き ・注目しやすいモデルの提示 妨害刺激が周囲にない スピード、起承転結、区切り など 適切な声・音響の大きさ ・モデルと子どもとの位置 どの子どもからも注目しやすい位置と距離であること リーダーとサブの位置の工夫 ◇環境の配慮 ・不要な視覚刺激や聴覚刺激を制限して、注目しやすくする	○支援者の動き ・覚えやすいモデルの提示 一つひとつの動作を明確に区切って示す 一つひとつの動作や区切りの動作にことばを付ける（グー・パーなど） 動きをイメージしやすい表現をつける（キリン、ゾウ、など） 動作に順番をはっきり示す 長い動きをはっきり示す 覚えやすくするための補助手段 動きの順番を絵で示す 動きのイメージを絵で示す 一つの動きに一つの音楽・リズムを使う ・子どもにリハーサルを促す 動きを繰り返して覚える 動きや順番でことばで覚える	○支援者の動き ・子どもの運動能力に合わせる 動作の種類、スピード、複雑さ ・身体的ガイド、部分介助、全介助、誘導 ・運動のプランニングを助ける 動きをキューで示す 動きの流れを図示して示す 動きのイメージを絵で示す ・自己フィードバックを助ける 鏡やVTR、写真による自分の動きの確認 ◇環境の配慮 ・安全に動ける環境 適切な広さ 安定した椅子、すべらない床 ・安心して動ける環境 緊張を高めない人間関係	○支援者の動き ・模倣の遊びを一緒に楽しむ 楽しさの表現、楽しさの共有 ・子どもへの適切な賞賛（外的強化） まねた行為への賞賛 上手にできた事への賞賛 より上手になるための示唆 ・友だちからの評価を引き出す（他児からの外的強化） ・他の子どもへの適切な賞賛（代替強化） ・遊びの中での評価 ジェスチャーゲームなど勝敗のある遊びでの評価 ・自己評価を促す まねられたこと、上手にできたことの認識を促し、楽しさ、モチベーションに繋げる

☆は子ども、○は支援者（モデル）の言動、◇は環境

意過程でのつまずきとなる。さらに、象徴機能や表象機能の偏りによる象徴的コーディングの弱さ、左右の協調性やプランニング力の弱さ、モデルとの関係性の弱さなど、4つの過程それぞれにおいてつまずきを持ちやすい。

また、障がい特性からくる独特な模倣の仕方として、オウム返しと、手のひらを反対に向けたバイバイ動作がある。おそらく独特の感覚情報処理機能と象徴機能のために、聴覚－運動系の模倣で起こりやすいのがオウム返しである。入ってきた聴覚情報（ことば）の意味を理解して適切なことばで表現して返答せず、耳から入った聴覚情報をそのまま運動（ことば）にしてしまっていることが一因として考えられる。手のひらを自分に向けて行うバイバイの仕草は、相手が〈した通り〉にまねているのではなく、自分が見た通りにまねている動作であり、自他の身体の同型性理解の弱さを伺わせる。

また、自閉症の子どもの中には即時模倣はしないが、家に帰って再現する延滞模倣をすることがある。模倣を通して他者と関係を結んで遊ぶのではなく、見聞きして記憶した行為を別の場面で繰り返して遊んでいるのかもしれない。あるいは、運動のプランニングに非常に困難さがあり、その場での再生が難しいのかもしれない。

5.2 AD/HD（注意欠陥・多動性障がい）児のつまずきやすさ

AD/HDの障がい特性は、注意の転導性、衝動性、不注意である。視覚や聴覚の刺激に振り回されやすいためにモデルへの注目ができず、最初の注意過程の段階でつまずきやすい。また、自閉症児同様にAD/HDの多くに実行機能障がいがある。実行機能は、目標とする行動のために適切な表象化と企画、実行をする機能であり、この弱さは運動再生過程のつまずきとなって現れる。

5.3 知的障がい・ダウン症児のつまずきやすさ

認知発達に偏りのない知的障がいの場合には、発達年齢に沿って通常の模倣行動の育ちが見られる。特にダウン症の子どもは、リズム感がよく模倣が上手であることが多い。しかし、知的障がいの子どもの状態は多岐にわたるので、模倣ができない場合には、それぞれの子どもが模倣過程のどこでつまずいているかを観察することが必要である。また、ダウン症児や偏りのない知的障がい児も、保持過程での象徴的コーディングやリハーサルが不十分で、象徴機能や表象機能を伴う模倣は上手くできないことがある。

5.4 運動障がい・脳性麻痺児のつまずきやすさ

運動障がいがある場合は、必然的に運動再生過程に弱さが現れる。麻痺が強い場合には、模倣そのものができないということもあるだろう。しかし、自発的な運動再生ができないからまねる力を育てる必要がないということは決してない。むしろ日常的に他者と同じ動きを体験することが少ないので、身体介助をしながらでも模倣遊びを経験すること

で、他者の動きと自己の動きの同一性を確認する経験は重要であり、この経験は身体図式の形成に役立っていくと考えられる。

引用文献

1) 村田　哲：脳の中にある身体（開　一夫，長谷川寿一・編：ソーシャルブレインズ～自己と他者を認知する脳）．東京大学出版会，2009，pp79-108.
2) A. バンデューラ：モデリング過程の分析（A. バンデューラ・編，原野広太郎，福島脩美・訳：モデリングの心理学）．金子書房，1971，pp3-69.
3) 麻生　武：こども（自己）の身体と親（他者）の身体（梅本堯夫，大山　正・監修：コンパクト新心理学ライブラリ8，乳幼児の心理）．サイエンス社，2002，pp68-71.
4) 浜田寿美男：模倣と表象　身体から表象へ．ミネルヴァ書房，2002，pp59-111.
5) 池上貴美子：模倣することの意味（正高信男・編：赤ちゃんの認識世界）．ミネルヴァ書房，1999，pp76-114.
6) 大藪　泰：赤ちゃんの模倣行動の発達－形態から意図の模倣へ－．バイオメカニズム学会誌29(1)：3-8，2005.

参考文献

1) 麻生　武：乳幼児の心理（梅本堯夫，大山　正・監修：コンパクト新心理学ライブラリ8）．サイエンス社，2002.
2) 浜田寿美男：模倣と表象　身体から表象へ．ミネルヴァ書房，2002.

（竹谷志保子）

3.6 粗大運動面／姿勢や移動能力を育む

1 子どもの姿勢と移動能力を育むための基本的理解

　姿勢と移動の発達は、子どもが能動的で主体的存在であること、そして自分の周りの人や環境を探索し、その関わり方を学ぶ行動発達とも言える。子どもに障がいがあったとしても、子どもの人権を尊重し、ICF-CY（国際生活機能分類児童版）に基づいた活動と参加を果たすために最も基本的な心身機能でもある。

　姿勢保持や移動に障がいのある乳幼児の場合、両親や保育者が期待することとして、定型発達段階に見られるお座りや歩行を生活年齢相応の時期に獲得することや、移動の距離を伸ばすといった目標を持ちやすい。しかし、単に機能獲得やスピード、距離を伸ばすだけの目標を子どもに期待することは、かえって子どもの自発的な動きを妨げ、心理的ストレスを高め、二次障がい（脱臼や側弯など）を引き起こす原因にもなるので十分な注意が必要である。姿勢変換や移動能力は、運動という枠組みだけでなく、探索行為といった認知行動発達や集団の中での他者とのコミュニケーション、そして将来的な自立生活への準備として、望ましい方向へと導いていただきたい。そのためには、目に見える行動や運動能力の背景にある子どもの障がいの理解と、発達の特徴に応じた手立てをスモールステップで楽しく遊びを通して練習していくことが望ましい。

1.1 適応反応としての姿勢と移動

　姿勢や移動能力の発達の背景には、地面や床の支持面を手足で支えながら、その材質や傾斜に合わせて姿勢調整ができること（感覚過敏がある子は、芝生や砂の上を嫌がって歩けない）、また床で寝転んだ姿勢から座位へ起き上がったり、座位から立ち上がったり、さらに滑り台を上ったり、重力に逆らって体を持ち上げていく筋力とバランス能力が必要である（失調症のある子は体を動かすことに強い不安感があるため大胆な動きはしない）。

　また、視野に入った人やおもちゃに興味を持ち、そちらへ頭を向ける、手を伸ばす、移動してつかまえるのは、視覚情報を手がかりに、目標に向かって到達するリーチの延長である。逆に危険な場所は回避するなど、そこでじっと我慢する、動かず行動を抑制することも姿勢保持能力と関係する。筋緊張が低いとタイミングよく止まれなかったりふらふら

したり、じっとしていられないこともある。言い換えれば、好ましい姿勢や運動、行動だけを適応反応というのではなく、障がいの影響で、どうしても違った運動のやり方や行動をとってしまうといった、障がいのある子どもなりの適応の方法と理解することが必要である。

　子どもが示す気になる姿勢や運動のやり方、行為、行動には、必ず何か理由があるので、その背景を考え、時には保護者や専門家も交えて相談し、子どもがなぜ、そのような姿勢や運動をするのか理由を考え、必要な対策をとっていくことが大切である。

1.2　身体の生理的安定性と姿勢・移動の発達

　子どもが活動的に遊びを楽しむ、自発的に移動して活発に探索するには、体のコンディションが安定していることが不可欠である。毎日の生活リズムが安定している、しっかり栄養摂取して排便できている、十分な睡眠をとり、すっきりと目覚めていることなど、基本的な身体の生理的安定性を保つ健康管理が大前提にある。ダウン症のように心臓奇形を合併しているお子さんの場合は、座る、立つ、歩行するための姿勢保持だけでも心臓への負担が大きく、無意識に床に寝転がることが多くなり、座ることや立つことを長く続けられないこともある。てんかんのある子どもは、発作を抑制するお薬の影響もあり、覚醒状態が保ちにくいため緊張が低く、座位や立位保持が持続できなかったり、ふらついたりする。早産未熟児で生まれた脳性麻痺や自閉症の子どもは、睡眠障がいや感覚調整障がいがあり、施設や病院など外出先のにぎやかな場所ではじっとしていられないなど、聴覚過敏の影響で着席が難しいこともある。姿勢保持や移動能力の発達は、身体の生理的安定性と感覚調整能力とも深く関わっている。

1.3　運動感覚の発達と姿勢・移動との関係

　姿勢や移動の発達には、特に筋肉や関節からの運動感覚と、重力に対する前後、左右、上下・回転のバランス調節に関わる前庭感覚がとても重要な役割を果たしている。床や地面に対して、背中、お腹、両手、両足、お尻で支え、重力に対して頭を垂直に保ちながら、寝返り、お座り、はいはい、立ち上がり、歩行へと発達する。重要なのは、発達指標となるこれらの姿勢や運動を獲得するまでの間に、子どもはそれぞれの段階で、何度も何度も繰り返して、体を動かしては、試行錯誤し、どのように動かせば成功するのか、筋肉と関節の運動感覚を自ら動くことで作り出し、体験し学習していくところにある。障がいがある子どもたちは、この運動学習の一つひとつに時間を要し、また姿勢が左右非対称であったり、座り方、立ち方、歩き方が過剰に緊張したり、ふらついたり、意識と努力が求められる。また、よく動かす手足と、ほとんど使おうとしない手足があったり、決まったやり方でしか座れない、立てないなど、運動に偏りが見られたりする。このような偏りは子どものボディイメージの発達にも影響し、使いにくい側の手足や空間認知の無視傾向にも繋

がりやすい。

　遊びや日常生活での姿勢や移動の方法については、遊びやセルフケアの目的や活動内容に応じて、見たり聞いたり手を使ったりしやすくなるような姿勢のとらせ方や椅子の選び方、道具や介助方法の工夫など、個別の援助方法を検討する必要がある。

1.4　手と触覚の発達に関わる姿勢と移動の発達

　手の発達と姿勢や粗大運動の発達は密接に関係している。したがって手先の不器用がある子や利き手が確立していない子では、腹這い位での両手の筋力が弱く支持が不十分であったり、手のひら全体で支えられず指が曲がって握りこんでいたりする。また四つ這いをしないまま歩行を獲得していたり、転びそうになっても手の支えが出なかったりする。うつ伏せでの両手の支持や左右交互に手足を動かしてはいはいができることは、座位で上肢を空間で保持するための肩周囲の筋力や安定性の獲得のために不可欠な粗大運動発達である。これら手の支持性を助ける遊び経験を多く取り入れていただきたい。たとえば、斜面の上り下り、手押し車、ブランコや鉄棒のぶら下がりなどがある。

　また、手の触覚過敏があると腹這いや手の支持を嫌がる、おもちゃに手を伸ばさないなど、仰向けや座ったところから動こうとしないことがある。無理やりでなく、ティシュやタオル、紐など好みの素材で興味を引き出し、注意を引いて、体を動かす、手を伸ばすよう働きかけるほうが自発的なリーチや移動に繋がりやすい。

1.5　視覚・聴覚と姿勢・移動の発達との関係

　視覚・聴覚の発達は、頭と眼球運動のコントロールに深く関わっている。3か月頃の赤ちゃんのうつ伏せでの頭の持ち上げは両眼の正中での安定を助け、5か月頃の赤ちゃんが手と手を合わせ、物を持ちかえたりする中で、手や物を見て目の焦点を合わせることができるようになる。

　首がすわり、頭のコントロールがうまくなると、眼球のコントロールも上達し、生後6か月で、注視や追視が可能となる。また、音が鳴る方へ顔を向ける、移動して音の正体を確かめる、音源の位置を突き止めるなど、音と空間での場所の一致にも頭の向きや移動が関与する。大好きなお母さんの口元に注目し口の動きを模倣して発声したり、お母さんの手の動きをまねしてバイバイしたりできるのも、頭と眼球のコントロールによる注視能力と姿勢保持能力の発達が影響する。

1.6　将来の自立生活を支える姿勢と移動

　姿勢や移動は成長発達に伴って、教室での学習活動中の長時間の座位保持、道具を扱いながら立位保持、人や物にぶつからないように物を持って移動歩行するなど、目的を持つ作業の中に組み込まれ、長時間の体力、持久力が求められるようになる。つまり、姿勢保

281

持をしていることや歩いていることは意識されず、むしろ無意識に調整されることで、目や耳や手を働かせ、人の話に注意を向けて聞く、集中して本を読む、手先を使って物を作ることに没頭して楽しむことができる。

　遊びや学習、作業をすることに満足できるよう、できる限り子どもにとって安心安全で適度なチャレンジを促すことができるよう、姿勢保持や移動が上達するための手立てを見つけていくことが必要となる。また、保護者や医師、作業療法士、理学療法士など専門家と相談しながら、障がいの状態と禁忌事項や援助の工夫を把握し、活動の経験や参加を早期から積極的に行うために、座位保持装置や立位台、歩行器などの補装具も導入できるよう検討する。

　さらに、作業姿勢や移動・歩行での体や手足の使い方は、いったん獲得すると、それが習慣化していく。障がいがある子どもでは、体の使い方がワンパターン化しやすいために体の非対称を強くし、使うところ、使えないところの差がはっきりしてくる。このことが、将来的な二次障がいとして側弯や股関節脱臼、足の変形を引き起こす原因となる。変形はある日突然起こるのではなく、生活習慣で繰り返されることにより徐々に進行していく。普段から姿勢や歩き方の様子をよく観察し、体が曲がったり、傾いたり、爪先立ったり、何か変化が気になれば、保護者に報告し専門機関に相談することを勧める。

1.7　二次障がいを予防し、無理なく運動経験と参加を促すこと

　特別な施設や病院で行う治療は期間や頻度も限られており、日々の生活の中で遊びや日課として繰り返される生活課題を通して、ごく自然な関わりの中で取り組んでいくことができる援助技術が求められている。また普段の生活で繰り返される、遊びや身辺動作こそ最も学習効果が期待でき、日常生活で発揮することができる力として身につきやすい。そのため、子どもの姿勢や運動の困難について、個別の子ども一人ひとりに特有の姿勢や移動の困難があることを理解し、保育生活での配慮や援助方法について個別指導計画を作成するために、専門機関からの情報や両親からの説明を十分に聞き取る。そして、日常の関わりのそれぞれの場面において、個別の配慮が生かされていくようにスタッフ間で連携パスが作成されることが望ましい。

2　遊びや日常生活を通して姿勢や移動能力を育む

2.1　障がいや困難の違いによる援助の工夫を考える

　子どもの姿勢保持や移動の困難の背景や状態は、障がいの原因によって異なっている。それぞれの障がいの原因による困難の違いを理解し、援助の手立ての工夫として、日々の遊びや生活での関わりに生かしていく必要がある。子どもたちの遊びや生活場面を通し

て、個々の潜在能力を引き出し、適切なチャレンジを促せるよう、子ども自身ができること、する必要があること、大人が援助すべきこと、をチームで相談し、援助方針を決定する。個別の指導計画では保護者もチームの一員として参加し、家庭での取り組みと連携して相談協力していくことが望ましい。

2.2 姿勢保持能力や移動能力に関連したアセスメントのポイント

　普段の生活での遊びや活動に参加している様子を観察しながら、また、直接的に介助してみて、子どもの体や手の使い方、姿勢や運動の状態を把握することが最も重要である。

　専門家が病院や施設の特別な場所で行う練習場面よりも、普段の遊びや活動の中で、「している」姿勢の特徴、手足の使い方や運動の様子の方が、とても現実的で参考になる。

　そのため、普段の生活の中でしている様子や気になるところを記録しておき、保護者や専門家に相談報告できるように準備しておくことが望ましい。

　姿勢保持能力や移動能力に関連した観察のアセスメントのポイントを簡単に以下にまとめておく。個々の子どもについては、それぞれにできるところ、できにくいところがあると考える。ポイントに沿って、具体的な遊びや活動の場面を例にあげて、どのようにしているか説明していただけると、保護者にとっても理解しやすく、専門家にとっても貴重な情報となる。このような取り組みが、子どもの遊びや活動が成功し楽しめるような具体的な手立てを見つけ出し、実践できるチームの連携につながりやすい。

　　〈姿勢保持や移動に関連したアセスメントのポイント〉
- 頭のコントロール（頭が向く方向や範囲の左右差、正中位保持など）
- 目の使い方（視力、斜視、左右差など）
- 耳の聞こえ方（聴力、左右差など）
- 手の使い方（左右差、左右前後のリーチの範囲）
- 姿勢保持（背中が曲がりすぎ、そらしすぎ、左右への傾きなど）
- バランス（座っている時、立っている時、移動している時）
- 姿勢変換（寝返り、床から座る、座位から立位へ、立位から座るなど）
- 移動での手足の動かし方
    - はいはい：左右交互、手の支え方、足の動かし方
    - 歩行：左右交互、手の振り、歩幅、膝、足の使い方など
    - 走り方：左右交互、手の振り、スピード、足の使い方など
- 転倒しそうな時の手の支え
    - 両手がすぐに出る、肘が伸びる、手・指が伸びて支えるなど
- 階段の上り下り（1段ずつ昇降、左右交互に昇降、手の支えの有無など）
- 使用している器具や補装具の点検
    - 子どもの体のサイズへの適合の確認

　　　　椅子：足台、机の高さ、横幅、ベルトの位置、付属品の固定の安全性など
　　　　靴：足の大きさとの適合、足の傷、張れ、靴先の磨耗、ベルトの固定度
　　　　杖：子どもの歩行能力との適合、安定・安全の程度
　　　　立位台：身長との適合、疲労度、ベルトの位置、固定用ねじのゆるみと脱落点検

2.3　自閉症など発達障がいがある子どもの場合

　自閉症を含む発達障がいがある子どもでは、感覚調整が困難なことによる姿勢保持や歩行獲得、協調運動の遅れ、または、強い感覚欲求による多動や高所嗜好などがある。

　触覚過敏により、うつ伏せを嫌う、はいはいをしない、つま先で歩くなど、運動経験の偏りが見られる。また、左右の手足の協調運動が苦手で、けんけんやスキップ、縄とび、自転車に乗ることが難しいなど、発達的特長を示しやすい。年長になるほど、姿勢や移動、粗大運動面で不器用さが目立ってくる。

　重力不安や触覚、聴覚過敏などで、集団での遊びを好まず、一人遊びになりやすい。安心安全である雰囲気を作り、面白そう、楽しそうと感じる遊びを通して、はいはいの姿勢や四つ這い移動を経験させ、滑り台や平均台、鉄棒など左右のバランスや手足の協調運動を必要とする遊びの体験を促していく。

　近年、子どもたちの遊び環境や内容が変化し、這い上がったり、登ったり、全身を使ってバランスと筋力を鍛えるような外遊び体験が乏しいのが実態である。そのうえに、発達障がいがある場合は、なおさらそのような遊びを避けたがる傾向にあるので、就学前にしっかりと手足を支える、自分の体を支える力を養っておきたい。

　一方で、高機能自閉症の子どもの中には、高いところが大好きで、危険を顧みずにジャングルジムの上でも走ったり、飛び降りたりするような子がいる。強いバランスの変化や体を動かす感覚を求め、うろうろ多動に動き回ることもある。危険よりも衝動的に感覚欲求（センソリーニーズ）が勝り、落ち着けない状態となる。このような子どもの場合は、強い前庭刺激や皮膚、関節、筋肉からの刺激を求めるので、ぶら下がったり、滑ったり、狭いところにはまったり、押し込まれたりするような感覚運動遊びを好む。そのため、じっとしてほしい時は、椅子や座面、机などの工夫やダイナミックな遊びの時間の中でじっと座って順番を待つなどの練習を取り入れる必要がある（図1、2）。

2.4　ダウン症候群など知的障がいと低緊張を示す子どもの場合

　ダウン症候群や知的障がいの子どもに見られる筋緊張の低下や関節の緩さ、心臓病の合併症による疲労のしやすさや起立性調節障がい、また、てんかんのコントロールのための服薬状況と覚醒状態や体調との関係をよく知っておくことが重要である。

　できるようになるまでに時間はかかるが、座位や歩行は獲得できる。筋肉が低緊張で関節が柔らかく、関節の動く範囲が広がりやすい。そのため、肩や肘関節の脱臼が起こりや

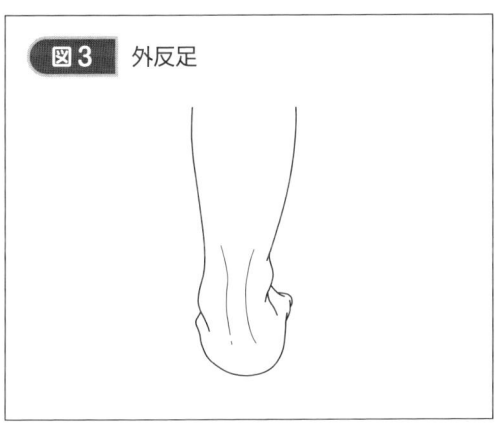

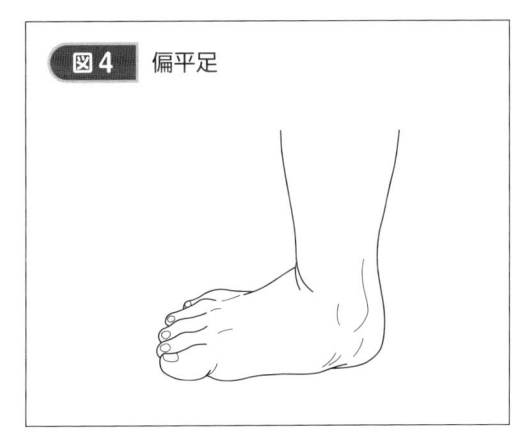

図1　座位保持を助ける箱椅子とカットアウトテーブル

図2　滑り止めシートを敷く

図3　外反足

図4　偏平足

すかったり、膝関節が逆に反ったり、足関節の軸が崩れ、外反足や偏平足になったりしやすい（図3、4）。

　重力に対抗して自分の体を持ち上げたり支えたりすることが苦手なため、うつ伏せを嫌ったり、四つ這いをせずに、座ったまま移動するような"いざり"運動が見られやすい。また、床から座位に起き上がる時に、うつ伏せから両手で支えながら股関節を大きく開脚して座るなどの特徴を示す。

　乳児期から、無理せずサポートグッズなど利用しながら、頭のコントロールを促す、うつ伏せになれる、仰向けで手足を合わせるなど、重力に対抗した運動経験を促す必要がある（図5）。また、座位保持や立位保持などの姿勢保持の獲得にも時間がかかる。低緊張があるため、長い時間の姿勢保持は疲労しやすいので、子どもの様子を見て無理強いはしない。

　筋緊張の低さや関節の柔らかさも、姿勢保持や移動の獲得に悪影響を及ぼしやすい。立ち始める頃には足の変形を予防するため、足首を安定させ外反偏平足にならないよう、靴

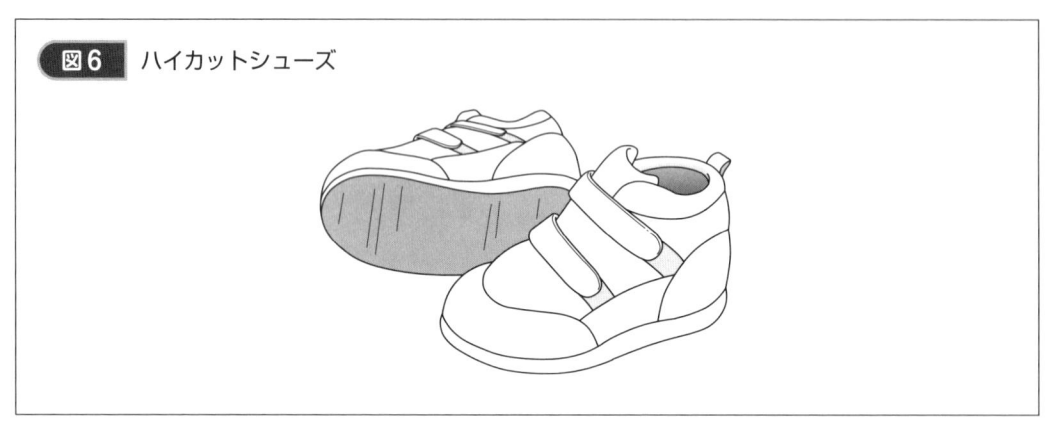

図5 胸の下にサポートグッズを入れ，うつ伏せでも手を使いやすくしている

図6 ハイカットシューズ

底が安定しアーチサポートのついたものを推奨する。また歩行が安定して下肢の筋力がつくまでは、できるだけハイカットタイプで足首が安定しやすいものを選ぶよう助言する（図6）。

　姿勢保持では、将来的に側弯を併発するケースがあることに留意する。椅子や机の高さが合っていないと、背中が丸くなりやすく、左右どちらかに傾きやすい。また斜視や視力の左右差が強いと、頭を傾けて絵本やテレビを見たりするので、頭の傾きが背骨の曲がりに影響する。小学校高学年以降の身長が伸びる時期に側弯が起こりやすくなるので、前述の姿勢保持の特徴や眼科的問題を持っている場合は、保護者にも家庭で気をつけていただくよう説明しておく。

　家庭での配慮としては、部屋のテレビの位置や子どもの体に合った椅子や机の選択、床では座椅子を活用するなど、姿勢の偏りが固定化しないよう工夫する。また、家族と共に食事をとる場合は、大人用の椅子の上に子ども用の座椅子を取り付ける、子ども用のハイチェアーを利用するなどして、姿勢保持が良好な状態になるよう配慮する。

　歩行時の反張膝や幅広く広げた足が気になる場合がある。サポーターの利用も検討し、膝が安定して体を支えられるような関節の安定を作る。階段の上り下りや歩きこむことにより、膝の曲げ伸ばしの力がついてくると、ワイドベース（股を開いた歩き方）は改善される。また、しゃがみの練習も効果的である。しゃがみ姿勢で砂遊びや地面でのお絵かき

など、足首と膝のコントロールの力をつけることができる。一人でできない時は、お尻の下に低い台をおいて軽く支えてしゃがみ姿勢を助けると良い。

2.5 脳性麻痺など脳性運動障がいがある子どもの場合

　脳性麻痺など脳性運動障がいがある子どもは、脳障がいの影響による運動制御の困難から、がんばることで緊張が高まったり、手足が硬くなったり、逆に不随意運動や筋緊張の変動により、姿勢のコントロールが難しく手足がばたばた大きく動きすぎるなど、脳の障がいの部位や損傷の程度によって、それぞれに違った困難を抱えている。脳性麻痺の子どもは、基本的に専門病院にかかり、早期リハビリテーションで、理学療法や作業療法、言語療法を受けている場合が多い。そのため、個別のリハビリテーションプログラムの情報を把握し、保育や家庭で実施する必要がある姿勢保持や移動介助での配慮や取り組みについて、リハビリテーションチームと情報交換をしていくのが望ましい。基本的には普段の生活や遊びの中での介助方法や使用すべき座位保持装置や移動器具について説明を受けておく。

　一人で座位保持が困難な子どもは、座位保持装置への座らせ方、装具の必要性の有無、どれくらいの時間使用するかなどを確認する。床上でのとんび座りは避ける（図7）。移動についても床でのずり這いはあまりさせないようにする（図8、9）。どちらも股関節の緊張を高め、脱臼を起こしやすい。

　移動については、過剰な努力させないようにするが、本人がしたい時には介助歩行を行ってもよい。歩行介助については、保護者または、できれば専門家に詳しく説明や介助方法を伝達してもらえるよう相談する。

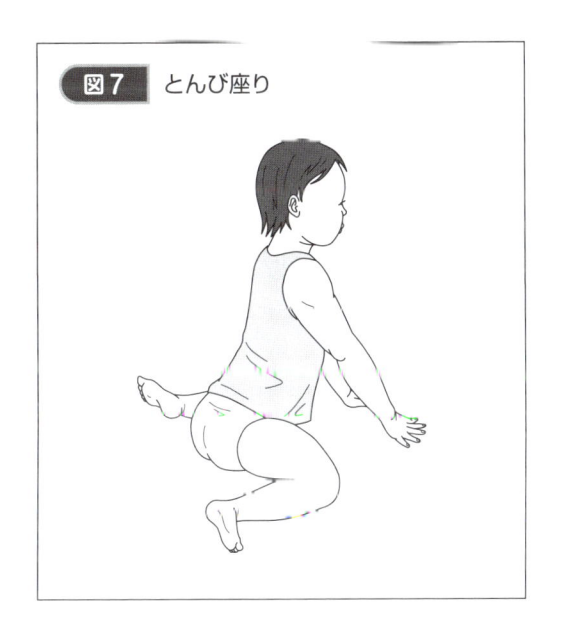

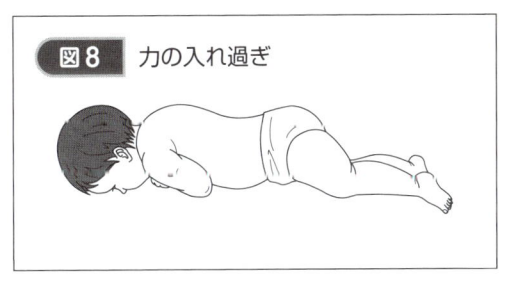

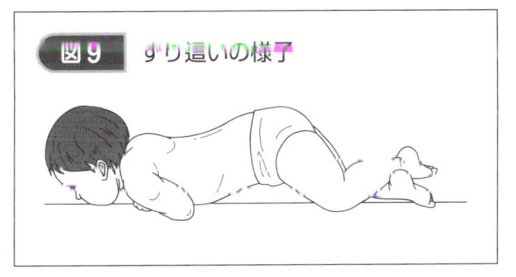

図7　とんび座り

図8　力の入れ過ぎ

図9　ずり這いの様子

3 姿勢と移動を育むためのチームマネジメント

　姿勢保持能力や移動能力は、生活のすべての場面に共通する基本的運動機能である。したがって、これからの人生において、5年後、10年後、30年後も健康であるための身体機能の基盤を作る重要な時期が乳幼児期でもある。将来的な子どものさまざまなスキルの発達に繋がる可能性を考え、保育、家庭、専門機関が共に協力して一貫した関わりを行えば、生活習慣として確立されやすい。

3.1　家庭との連携

　家庭で日々繰り返される食事や遊びの場面での姿勢や移動方法について、子どもの様子を情報交換し、保育と家庭での座り方や椅子、机の使い方、移動の距離、時間、バギーや車椅子、補装具の使用の有無や配慮するポイントなど、常日頃から確認し、家庭との連携が大切であることを保護者に伝えるようにしておく。子どもの日常生活での過ごし方が最も重要であり、両親が子どもの状況を適切に理解し、具体的な援助方法を相談し学び合いながら、周囲の支援者との協力関係を築いていけるように関わっていく。

3.2　専門機関との連携

　遊びや生活場面、育児の困難について、その困難の背景となる要因を考え、必要な手立てを見つけていく時、専門的なアセスメントや助言を必要とすることがある。専門家への相談は、具体的な場面で、どのような点で子どもが困っているか、うまくできないか、について整理して相談する。また、助言や具体的対策については、特に姿勢設定や移動手段で使う道具や補装具については、何を、どれくらい、誰が、どの場面で、どのくらいの時間実施するか、また実施した結果、成果があったかどうか、必ず振り返りながら、よりよき手立てを行えるよう専門家を効果的に活用する。また、使用している椅子や机、バギーや車椅子、補装具の適合については、子どもの発育成長の著しい乳幼児期は、定期的に点検しておかないとサイズが合わなくなりやすい。子どもの体や手足に発赤や腫れが見られる、痛みを訴えるなど、普段と違う様子があったら、直ちに専門機関に相談するよう心がける。

参考文献
1) 森田安徳・編著：発達障がいの子どもための楽しい感覚・運動遊び．明治図書，2009．
2) 池田由紀江・編著：ダウン症児の早期療育プログラム．ぶどう社，1984．
3) Nancie R Finnie 編著（梶浦一郎，鈴木恒彦・訳）：脳性まひ児の家庭療育　原著第3版．医歯薬出版，1999．

（辻　薫）

3.7 「もの」を操作する力を育む

　私たちの周りにはあらゆるところに「もの」が存在する。また私たちの生活は、「もの」を操作することなしでは成り立たない。一般的に、「もの」を操作するということは、操作者が都合のよいように「もの」を操ること、すなわち、操作には意図が存在することになる。

　ここでは、無機的な物体としての「もの」の操作を中心に話を進めることにするが、コミュニケーションを「ひと」を操作する手法としてとらえることもできるので、この点に関して簡単に触れておく。

　ここで言う操作は、子どもたちが無作為に自分以外の「もの」に接するような場合も含めて考える。なぜなら、子どもたちは「もの」や人との関わりを通して、その操作技術のみでなく多くのことを学習し、能力を向上させていくからである。よって、「もの」との関わりは子どもの発達にとって必要な経験であり、発達を促進することを役割として子どもたちに関わる場合には、計画的に提供され適切な配慮がなされるべきである。

　さらに、子ども自身が能動的に操作を行うことによって、その過程においてさまざまな学習が進むことが多く、提供者の意図をはるかに超えた効果が望める。よって、何らかの支援が必要な子どもへの関わりでは、提供する活動の特徴を知り、子どもたちの年齢、障がいの質や程度、必要な支援の内容をできるだけ明確にして関わることが望ましい。

1 「もの」の操作とは

　働きかける対象があってこそ、そこに操作が生じる。そのためには、聞こえる、見える、触れるなど感覚の存在が重要となる。しかし、前述した通り、子どもの発達過程において運動機能や知的機能はその子なりのスピードで育まれ、操作のための機能の精度は、繰り返し経験することによって徐々に磨かれていく。操作に関して重要なことは、自分以外の存在との出会いとも考えられる。

　何らかの支援が必要な子どもたちの「もの」を操作する力は、発達に伴い向上するものではない。特に運動障がいの程度や筋緊張の質、知的障がいの程度によっては、段階的に支援を行っていかなければ「もの」への関わり方や操作に変化や技術の向上が難しい子どもたちもいる。

脳性麻痺児の中でも特に移動などが難しい子どもの場合は、さまざまな素材との出会いや存分に触る機会が少なくなる可能性があることに留意が必要であり、逆に動き過ぎて注意・集中しづらい子どもの場合は、じっくり関われる環境を提供する必要がある。

　また、一概に「もの」の操作といってもさまざまなとらえ方がある。物質を手や道具を使って操作する直接的操作もあれば、指差しや表情、身振り、手振り、ことばなどを使って人を操作する間接的操作、そして昨今のAssistive Technology（以下AT）の進歩による間接的であるが直接的操作に近い効果が得られる場合もある。これらに共通して言えることは、直接的操作と間接的操作のいずれも相手との連続したやりとりがあることだろう。すなわち、対象との相互作用の連続こそが大切である。

1.1　間接的操作と直接的操作

①間接的操作

　赤ちゃんは、大人の注意を引きつけ、大人の関わりを得る魅力を持っている。これは、その愛くるしい顔貌によるものとされている。赤ちゃん自身に意図がなくとも間接的に大人を操作し、その関わりにより生命を維持することが可能となる。

　また、「目は口ほどにものを言う」などの諺がある。成熟した手段としての言語的コミュニケーションは、的確に意図を伝え、「もの」、特に人を操作する。しかし、ことばという音情報だけでは、コミュニケーションが成立しているとは言えない。互いの目の動き（眼力）や表情、身体や手の動きは、コミュニケーションの際にとても重要で、それら全体で人に何かを伝え、人を操作することになる。これらを間接的操作として考えてみたい。この間接的操作は、質を変えながら生涯にわたって人が行う行為で、泣いて不快を訴えることや微笑みや指さし、喃語、言語などコミュニケーション手段として伝えるなど発展していく。日々の療育場面での関わりは、それら間接的操作技術を向上させることができる格好の機会である。

②直接的操作

　私たちは、日常生活において意識的にも無意識的にも非常に多く手を使い、「もの」を操作している。朝起きて顔を洗うために水をすくい、食事の時には箸や茶碗を持つ。出かける時には、カバンを手に下げ、雨で濡れた時には服についた水を払いのける。工作など趣味活動の時には、何かを作りあげることもできる。ここでは、手や道具を使った「もの」を直接的操作として、2節「「もの」の操作と感覚」にてさらに詳しく述べることとする。

③ATによる直接的操作

　パソコンの普及やソフトの開発などにより、操作や表現の手段と方法は多様化している。自らが直接手を使うことなく「もの」を操作することや疑似体験としてものを操作している経験を積むことができる。しかし、重要なのはその対象の特性などを知ることと操作に意図を持つことである。これに必要な経験としては、手を使った直接的操作のみでは

なく、素材の特性などの情報をいかに適切に伝え、理解していくかである。よって、直接的操作に必要なさまざまな事項を参考にして提供者が情報提供のための感性を磨くことが必要である。

2 「もの」の操作と感覚

2.1 感覚の重要性

私たちは、「もの」を操作する前に経験を基にして、今から触ろうとする対象が何であるかを確認している。普段あまり意識することなく行っている行動であるが、素材の形や質感などから素材に関するイメージを作り、触っていいのか、どのように触れればいいかなどの作戦を練っているとも言える。大人ならば過去の経験に基づいて、素材を判断することができる。逆に経験が邪魔をして情報だけで対象との関わりをやめてしまうこともある。子どもたちは、経験を蓄積している段階であり、いわば好奇心の塊である。突然手を伸ばして触れたり、対象の操作方法としては適切とは言えない操作を行うこともしばしばある。

年齢にかかわらず共通することは、過去の経験が良い「もの」でなければ、対象を操作することを拒んでしまうこともたびたびある。療育者が、操作行程や方法、手の使い方にとらわれるがあまり、遊び場面が楽しくなくなり、嫌がっている子どもを経験したこともあるだろう。たとえば、糊をのばす時に思わず子どもの手をとって他動的に糊を引きのばしたり、食事の場面の介助では、スプーンを落とさないように介助者が子どもの手とスプーンをがっちりと握りこんで食べ物を口に運ぶなど、良かれと思ってやっている日々の関わりにその失敗は潜んでいる。

一緒に「もの」を操作する際に操作過程を提示することのみに集中することなく、色や硬さ、叩いた時の音、場合によっては匂いや温度に関する情報を提供し、それらの感じをより具体的に感覚を通してフィードバックする。当然、個人差があるので個々の子どもたちのペースに合わせて、手を使うことが望ましい。特に初めての素材や「もの」に触れる時には、丁寧に関わってほしいものである。

2.2 触覚と視覚と連続的操作による学習

手での操作の始まりは、「もの」を見ることで、「もの」の位置を確認し、素材の質感を見極め、「もの」に触れる準備を行う。

「もの」を操作するということは、手の感覚と視覚を通して、素材に関する情報を整理している過程ととらえることができる。操作を対象と手との連続的な相互作用ととらえると、子どもの表情を観察しながら、素材の変化の過程を感じさせる関わりが必要で、実に

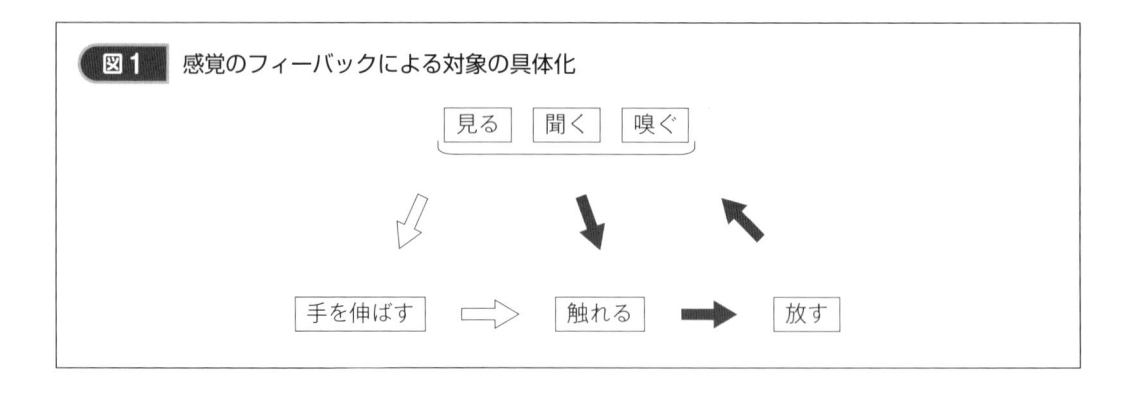

図1 感覚のフィーバックによる対象の具体化

見る　聞く　嗅ぐ

手を伸ばす　→　触れる　→　放す

慎重に関わらなければならない場面であることになる。

　眼球運動は、眼球につくさまざまな筋肉の微細な緊張によってコントロールされ、滑らかな動きを可能としている。脳性麻痺の子どもたちは、その筋肉のコントロールに不均衡さを持つことも少なくはない。また、脳の機能障がいにより急激に眼球が動いたり、動いている対象物を滑らかに目で追うことが難しい子どもたちもいる。さらに認識の面では、視知覚の過程で、目から入ってくる情報を適切に認識することが難しい子どもたちもいる。また触覚に関しては、障がいに関わらず触れることそのものに過敏さがあり、手を出せない子どももいる。

　対象物の情報を実に丁寧に伝えていくことやそれらを操作する過程において粘り強い関わりが必要となる。色のコントラストがはっきりした素材を使用したり、重さなどを工夫すること、質感を明確にするなどの情報を際立たせ、提供したい感覚情報を強調する試みも有効かもしれない。

　手には、他の体の部位に比べて多くの感覚センサーがある。「手は第二の目」とも言われ、運動器官と感覚器官を併せ持っている。視覚による認識が難しい場合でも、素材の質感や形状などは、手の感覚で補うことができる。

2.3　手を使う準備

①手と体との関係

　手の動きは、体のバランス機能に大きく左右される。だから、操作に必要な滑らかな動きを保証するためには、過度にバランスを保たないでよいような姿勢設定や環境的配慮が必要である。ヨチヨチ歩き（歩行獲得したばかり）の子どもは上肢全体を引き上げ、バランスを保っている。また、歩行獲得後も平均台の上など不安定な場所では、私たちは転倒しないようにやや上肢を広げてバランスをとる。これらのことを勘案すると、肢体不自由児をはじめとする姿勢設定がいかに重要なのかは容易に想像することができる。だが、姿勢への配慮は、肢体不自由児以外に限ったことではない。たとえば、多くのダウン症児は歩行を獲得するが、全身的には筋緊張が低いとされている。よって、大きく手を使う場面

などでは身体バランスを保つことが難しいため、踏ん張りがきかずに、体が動いてしまいふらついたり、集中できずに遊びを中断してしまうことも少なくはない。

　これらより、子どもの筋肉の基本的な緊張や姿勢を保持するために変動する全身の緊張（姿勢筋緊張）が、「もの」を操作する際に大きく影響することを頭においておくべきである。自分で姿勢保持が難しく介助を要する子どもたちは、姿勢筋緊張が整う前に、急に「もの」を触れさせられたり、自分の方に「もの」を近づけられることを繰り返している可能性が高い。この場合、防衛的に目をそらしたり、身体をそらす対応を覚えてしまう。また、姿勢を保つことができずに動き回ってしまう子どもは、じっくり「もの」を操作することよりも、叩く、放るなどの一過性の「もの」との関わりになりやすく、連続した操作による学習とならない場合がある。これらは、対象物との出会いとしての経験となるが、そこから踏み込んだ操作経験にはならないので、姿勢が安定しやすい環境を提供する必要がある。ただし、安定と固定とは異なり、必要な動きを妨げない余裕を持たせることを姿勢の安定と考えることが妥当である。さらに、子ども一人ひとり運動の程度や行動特徴は異なるように、姿勢や環境設定の考慮点も異なる。この点に関しては、作業療法士などの協力を求めることをお勧めする。施設や事業所内に作業療法士がいない場合には、所在自治体の障害児等療育支援事業受託施設などの協力を求めるなど、その専門職に相談されることをお勧めする。

　さらに、指で「もの」を操作するために手を伸ばす必要がある。その方向性や距離を定めるのが肩や肘の役割である。

　肩の動きは、背伸びや尻を拭く、背中を掻く、両手を広げるなどかなり自由度が高く、滑らかである。より安定した支えによって、指先の感覚やその操作過程に興味や楽しさを持てる。

②「もの」への関わりから得られる身体や気持ちの安定

　指先から得られる感覚や手で操作する「もの」の変化を視覚的に確認することによって、子どもたちは遊びに集中してくる。すると自然に身体や気持ちが落ち着いてきたり、高揚してくることも多い。だから、まずは手で物に触れる経験を大切にしてあげるといいだろう。砂遊びであれば、長く遊び続けられる子どももいれば、水遊びや粘土遊び、クッキング、折り紙や食事など、子どもの興味・関心のあり方はさまざまである。

　さらに手のひらは、ほとんどの場合何かに触れていることが多く、いつも対象物を操作しているわけでもない。鉛筆を持ち続ける、カバンを下げるなど、意識して自分の行動を振り返ってみると、私たちは無意識のうちに何かに触れていることが多いことに気づかされる。他にも手のひらから入ってくる感覚は、確実に素材の情報を伝えている。たとえば、手のひらを軽く膝の上においている時には、肌の暖かさやズボンの質感、頬に手を当てテレビを見ている時には顔の重みや頬の柔らかさなどの情報が得られる。何にも触れていないように感じる時でも、手を組む、ポケットに手を入れる、握り締めるなど、手その

ものの触覚と圧覚の情報が入力されている。

　筋緊張が低い子どもたちは、手を握り締めることや体の一部に触れることすら難しい場合がある。この子どもたちには、手のひらを自身の身体にそっと触れておけるような配慮をすることにより、落ち着いた気持ちになる一助となるだろう。

3 手と素材

3.1　素材から導かれる手の動き

　私たちは、柔らかそうな「もの」に触れる時には、そっと手を伸ばし、指は軽く開き包み込むような手の構えとなり、尖った「もの」へは、指先に力を入れてかつ、できるだけ1本の指で触れようとする。流れ落ちる水などへは、手で器の形を作り水を受けるように工夫し、さらさらした砂などは、すくい集めるような手の構えを作る。しかし、袋に入った砂やブロックなどの固まりは、鷲摑みにするような動きとなる。実に巧妙に素材の特徴を感じ取り、操作することができる。

　「もの」を操作するということは、「もの」に触れ、それを指先の感覚や見るなどの確認をする経験と学習に基づいた、連続した手の構えの切り替えによって成立する。私たちは、日常生活のあらゆる場面で手を使い、これらの経験と学習を行っているのであって、特別に準備された場面で提供されることではない。

3.2　意図的操作と手の動き

　私たちは、「もの」を操作する際に何らかの意図を持って手を使う。上でも述べたようにその素材によって手の使い方は異なる。しかし、原ら[1]は、意図的な操作として分類した時の手の動きを知覚−運動の観点からまとめている。それを参考に手の動きを以下のようにまとめ、保育場面等の遊びの工夫や着想点を加えた。

①**集める動き（収束）**：軸または中心を定めて寄せ集め、対象物をまとめることを目的とした操作である。
- 紙や本、積み木などを積むなど、順に上に置いて重ねる動作
- 砂などを一箇所に集める動作で、髪の毛や棒など対象物が長いものであれば束ねるなどばらばらに広がったものを一箇所に集める動作。
- 茶碗等にご飯をつぐ、さらにおかずを盛るなど定められた枠組みへ対象物を集める動作などもある。
- 雑巾を絞る、袋の口を絞る、ビンの蓋を閉めるなど、素材を中心軸に対してさらに強くよせる動作。
- お団子づくりなど粘性のある素材を用いて中心点を意識して丸める動作。

- 包装や袋に入れるなど複数のものを１つのものとして包む動作。
- 紐同士を結び合わせたり、新聞をくくってまとめるなどの動作。
- 紙縒りなど、糸、ロープ状のものを巻きつけながら１本にまとめる動作。

②**拡げる動き（拡散）**：対象物をテーブルなどの表面に拡げたり、豆まきなど対象物を広く分散させる操作である。
- 糊や絵の具を塗るなど、一定の体積のものを均一にのばして表面積を拡げる動作。
- 洋服などの端を持って張りを与えながら広げる動作。
- 豆まきや水をまくなど、対象物を空間で拡げる動作。

③**分ける動き（分離）**：対象物を分割する操作で紙を破くなどの１つのものを２つに分ける操作とくっついている２つの対象物を分ける操作がある。
- 紙を破いて２つに分けたり、部分的にちぎるなど、素材に外力を加え分割する動作。それと紙に折り目をつけるなどの動作もこの系統に該当する。
- シール剥しなど、付着している２つのものを分離したり、ケースから一本のクレヨンを取る動作。
- バケツに入った水をすくったり、汲み取るなどの動作。

④**変化させる動き（変容）**：練ったり、こねたり、混ぜるなどの操作によって対象物に変化を与えることである。
- 素材が一定の状態になるまで繰り返す動作であり、動作の終了は操作者の意図にゆだねられる特徴がある。
- こねる動作などは、①の集める動きと②の拡げる動きの繰り返しの動作と考える。

⑤**保つ動き（維持）**：形や状態を変化させないように保つ操作。
- 対象物の重心の位置を探り、手のひらに対象物をのせ、もしくは手を触れたまま対象物を保持するなどの動作やカバンの取手に手をかけて下げるなどの動作。
- 押さえる、囲うなど、対象物が動いたり、外部から影響を受けないように保持する動作。
- さする、つつくなど対象物に変化を与えることなく素材に触れる動作。

⑥**動かす動き（移動）**：配置を変えるなど対象物の場所を変える操作である。
- ボールを転がす、椅子を引く、押すなど、移動させたい場所の方向と位置や程度を定めて、対象物に力を加えるなどの動作。
- ボールを投げるなど、対象物が空間に浮遊するだけの力を加える動作。
- この動きの延長として、①の集める動作や②の拡げる動作がある。

【手の動きの解釈と着想】

　これら①～⑥に分類して示した動きは、「もの」を操作するにあたって、素材に及ぼす変化を示したものである。

　子どもが遊びの中で「もの」を操作する際に援助者は無意識に声かけを行う。その際

に用いたことばのイメージと操作により子どもが知覚すべきものが一致できているだろうか。また、ことばの意味をすでに子どもたちが経験し学習しているだろうか。

この2点に関しては、十分に配慮する必要がある。未経験である場合は、知覚するべき内容を感じ取れるようにポイントを押さえ支援する必要がある。

たとえばお片づけの場面を考えてみよう。自分の荷物をかごの中に入れる時に内容物に対して適切な大きさのかごであれば、かごの中からこぼれないように積む、収めることが期待できるかもしれない。また、実際場面で練習することも大切であるが、このよう知覚要素を取り入れた遊びを展開することで、子どもたちはストレスなく学習することになるかもしれない。

「もの」にそっと触れることが難しい場合には、動作そのものを練習するよりは、⑤の維持と同じ系列の押さえることを強調することから始める方法もある。たとえば、転がってきたボールなどをしっかりと止めたり、子どもが持っているものを抜き取る際に得られる抵抗感を徐々に軽減していくなどの方法を通して、力の調整を段階的に促すことも有効だろう。

3.3　手の動きと道具操作

「もの」を操作する場合、道具を使うと効率的である。

たとえば、スプーンを使うとまとめてすくうことができ、手も汚れない。たくさんすくいたい時にはお玉やコップ、バケツなどその目的に合わせて道具を使い分ける。「もの」を2つに分けたい時には、破ったり折ったりすることができる。仕上がりを気にすれば、はさみを使うことやナイフや包丁、のこぎりを使うことになる。いずれにしても、意図する量や素材の材質によって道具を変えることになる。私たちは、年齢相応の社会的なマナーや操作性にとらわれてしまい、道具操作そのものを子どもたちに強いてしまうことが多いことを意識しておかなければいけないだろう。その際、「3.2」で示した操作の分類と関連動作を参考にしていただきたい。

当然のことながら、社会的なマナーを守れることはとても大切である。そして、素材とその目的にマッチした道具を提供して、操作方法を伝えてあげることも大切である。しかし、その素材をどうしたいかといった子ども自身の意図を明確にすることを抜きにしては、操作とは言えないだろう。また、子ども自身が手を使って「もの」を操作した経験を持たなければならないわけではない。援助者に意図を伝えて代わりに行ってもらう、代替手段を使って操作することでもかまわない。ただし、子ども自身が素材に対してどのような変化を及ぼしたいかを理解しておく必要がある。そのための経験と学習は、幼少期から幾度となく繰り返され、学習されることが必要である。

以上のように「もの」を操作する力について、間接的操作と直接的操作とに分け、特に

直接的操作においては、感覚の重要性と操作を通した知覚要素について整理した。操作の過程においては、運動レベルや知的レベルなどの子ども自身の要素だけでなく、素材が導く手の動きにも着目してほしい。さらに、操作の誘導の際には、子どもが知覚すべき要素を整理して、個々の子どもに適切な素材や遊びを提供することによって、適切な支援が可能となる。

「もの」が身の回りにあふれている現在においては、とても便利になった反面、多くの「もの」には取扱説明書が添付され、それを読み、操作をマスターすることに追われるようになっている。よって、その作業を行うことによって私たちは、それらを使いこなしたと勘違いしてしまう。

何らかの発達支援を必要とする子どもたちの支援において、「もの」の取り扱い方法学習の支援に偏ることなく、また陥ることなく、子どもの発達の可能性を引き出せるような関わりを持ち続けてほしいと願う。

参考文献

1) 原　義晴，岸　良至，黒澤淳二，松本恭子，黒澤路子：知覚－運動の観点からの手の動作の分析．作業療法 20：551-562, 2001．
2) 佐々木正人：アフォーダンス－新しい認知の理論－．岩波書店，1994．
3) やまだようこ：ことばの前のことば－ことばが生まれてくるすじみち－．新曜社，1989．
4) 麻生　武：身ぶりからことばへ－赤ちゃんにみる私たちの起源－．新曜社，1992．
5) FD・アフォルター（額谷一夫，冨田昌夫・訳）：パーセプション－発達の根源から言語の発見まで－．シュプリンガー・フェアラーク，1993．
6) 当麻　忍，酒田英夫，和氣洋美，他：生存と自己表現のための知覚．協同医書出版社，2000．
7) 鎌倉矩子：手のかたち手のうごき．医歯薬出版，1989．
8) 上田礼子：障害人間発達学 改訂第2版．三輪書店，2005．
9) 波多野完治，滝沢武久：子どものものの考え方．岩波新書，1963．

（岸　良至）

3.8 状況を理解する力を育む

　情緒が不安定であったり、人との関わりがとりにくかったり、ことばによるコミュニケーションが苦手な子どもたちは、生活場面においても保育場面においても、状況理解が苦手なことが多い。というのは、状況理解とは部分部分を把握できればよいということではなく、全体の状況や流れを把握しなければならない。予想以上にさまざまな能力が要求されるからである。たとえば、人への関心や意識が常に向けられていること、相手から発信された情報がわかること、今いる場所などの空間的な状況の理解や、時間的な文脈の流れ、あるいは自分の気持ちを相手に伝える表現力などが育たないと、全体的な状況理解は難しく不適応行動も生じやすい。状況を理解するために必要な基礎的な力について考えてみると、図1のように整理できる。

　ひとつは認識する力であり、いまひとつは人と関わる力である。その2つの力を支えるのがコミュニケーション手段としての、他者からの伝達意図を理解し自分の意思を他者に伝えることである。

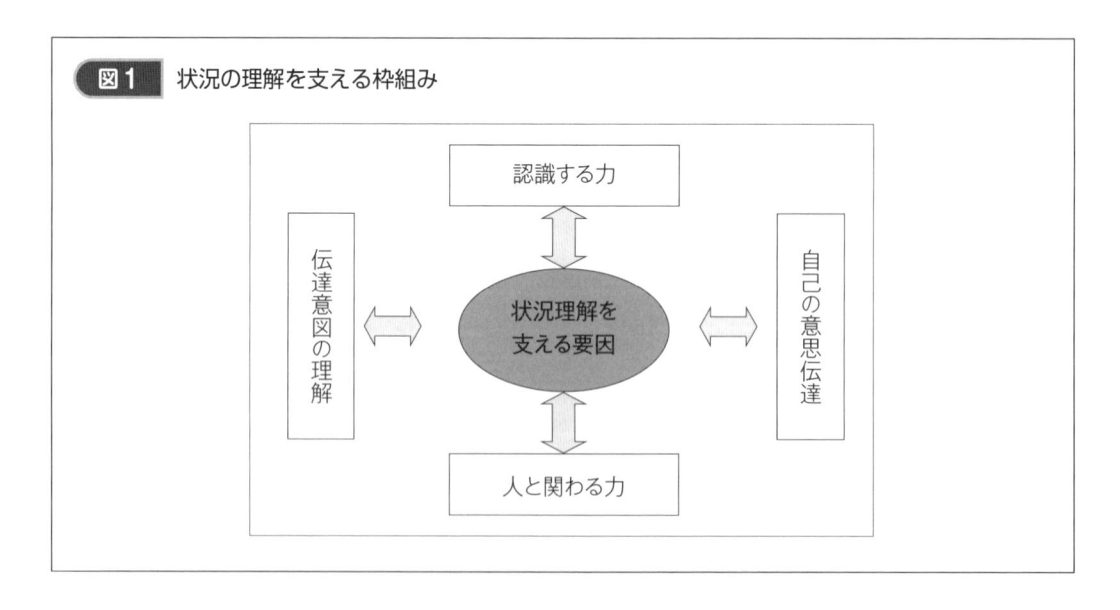

図1　状況の理解を支える枠組み

　　　　　　　　認識する力
　　　　　　　　　　↕
伝達意図の理解　↔　状況理解を支える要因　↔　自己の意思伝達
　　　　　　　　　　↕
　　　　　　　　人と関わる力

1 認識する力を育てる

　状況理解力を支えるための重要な力のひとつとして、認識力、つまり外界を認識する力を育てることがあげられる。認識力とは、認知とか知的能力ということばとも共通する内容を含むが、触運動感覚や視覚、聴覚など、自分の感覚器官を最大限活用して、外界の状況を細かく把握しつつ理解し、その情報を必要に応じて頭の中で出し入れする一連の過程をさすと言ってよい。したがって認識力ということばはきわめて広く用いられる概念であり、発達支援における認識力を考える場合は、もう少し整理してとらえなおす必要がある。

1.1　認識の基礎として手を探索的に使う

　状況理解のための認識力として最も基礎的な力は、手を使って事物を探索する活動から始まる。まず物に触れることを通して、物の柔らかさや堅さ、重量感、冷たさや暖かさといった事物の質感を手で感じる。時には口元に持っていって舐めたり咬んだりして事物を確かめる。こうした手と口を通した事物を操作する初期の探索活動が、わかることの第一歩となり、認識活動の始まりといってよい。状況の理解と一見関係なさそうに見えるが、実は手や口を使って事物を操作しつつ事象を理解していくことは、状況の理解を育てるための重要なプロセスである。

　しかし実際には、「手」はさほど簡単に用いられるわけではない。手を使おうとするためには、腕や手が動きやすいように姿勢が保たれていること、首もすわっていて、目も事物を追い続け目と手を繋げる前提が育ち始めていること、事物への興味関心があることなどが条件となる。そうしたいくつかの発達的な力が育っていく時に、手も活発に使われるようになっていくものと考えられる。

1.2　目で手を調節していく、目と手の協応過程

　手を積極的に使うようになると、最初は手当たり次第がむしゃらに物に触れようとする。大人が目を離そうものなら、周囲は一面散乱状態と化する。そうした未整理に手を使う段階から、徐々に目で手を調節しながら事物を探索するように変化していく。これは通常「目と手の協応」と呼ばれている。実はこの目と手の協応を通して、事物への関心を増し、目をうまく使いながら手を使うことになる。結果的に事物に対する認識活動が拡大されていく。目と手の協応は探索的な手を使うための基礎であり、認識と深く関わる問題である。

1.3　認識の基礎として姿勢・運動能力の育ち

　お座りから、這い這い、つかまり立ち、独歩という移動のための姿勢・運動能力の発達

も、目と手の協応と並行して、認識力の基礎を養っていく。その過程においては姿勢を保持しつつ、お座りから、はいはい、つかまり立ち、独歩という移動運動の発達過程が、認識力の根底を支える力となる。たとえば、身体を動かすということそのものが、外界へ向かう、外界を探索するということにほかならない。自由にがむしゃらに身体を動かすという段階から、徐々に外界を意識し始め、外界に合わせながら運動が行われる。これはまさに姿勢・運動を調節的に動かすという発達過程であり、認識力の発展に大きく貢献することになる。そういう点では大型遊具を使った身体遊びなども、外界を意識した調節運動の第一歩となる。

1.4 目からの情報をうまく取り込む

　目を使って手を積極的に使えるようになると、探索活動力が増す。その結果、手指操作を通して事物の形や色や材質を目で識別しながら頭の中へ情報を取り込む。物事の認識力が拡がり、人の顔や表情などもよく理解できるようになる。玩具操作や型はめなどのいわゆる見分ける弁別活動を好んだり、絵本への興味を示し内容を理解していくといった活動が盛んになる。徐々に目からの情報を取り込む力がうまく育っていくといってよい。

1.5 耳からの情報をうまく取り込む

　視覚情報の取り込みと並行して、ことばや音・音楽などの耳からの情報へも関心を示すようになる。お母さんの声とそれ以外の人の声とを聞き分けたり、好きな歌が生じたり、嫌いな音が見られたり、というように、耳から入る広範囲な音に関心を示し始め、耳を通した注意力や弁別能力も育っていく。ことばそのものの理解の前段階として、話しことばや音声にも注目することができるようになる。

1.6 イメージする力や概念が育まれる

　事物操作が拡大し視覚的な情報がうまく取り込めるようになり、同時に音・音楽・発声などの聴覚的な情報をうまく取り込めるようになると、頭の中にイメージを想い浮かべて判断する力が育っていく。たとえば「りんご」という音声を聞けば、赤くて丸くて甘い食物という視覚的なイメージも同時に想い浮かべる。つまり「ことば」は音声だけではなく、同時に視覚的なイメージや認知的な概念も伴いながら使われる。これがことばの基礎としてのイメージする力の重要性なのである。

　しかし障がい児の場合は、音声としてのことばは発声できても、見分ける力が育ちにくいために実用性を持たない場合も見られる。反対に、見分ける力は育ち、視覚的な情報処理力が育っているにもかかわらず、聞き取ったりするなどの聴覚情報処理能力が弱い子どももいる。筆者は前者の子どもを聴覚優位タイプと呼び、後者の子どもを視覚優位タイプと呼ぶ。

2 コミュニケーションの手段を育てる

　状況を理解する力を育むための第二の要因として、やりとりのための実際のコミュニケーション手段について考える必要がある。コミュニケーション手段が育ちにくい子どもは、状況の理解も苦手なことが多いからである。一口にコミュニケーション手段といっても、実際には幅広い機能と内容を有している。ことばはもちろんのこと、発声や身振りサイン、まなざし、表情、しぐさなども、常時使われるコミュニケーション手段である。以下、少し詳しく考えてみることにしよう。

2.1 相手から伝えられる伝達意図を読み取る

　まずは相手から発信されている伝達のサインとその意図を読み取ることができるかどうかがあげられる。通常の場合はことばを通して相手の伝達意図を読み取ることになるが、障がい児にとってはこの伝達意図理解は予想以上に難しい。聞こえてはいても聞き取ろうとしない、あるいは聞き取れても理解できないということも多いのである。またよくしゃべってはいても、相手の発することばの意味理解や伝達意図理解が難しい子どもも少なくない。ことばに頼りすぎないで、ことば以外の非言語的な伝達表現（まなざし、表情、身振り、しぐさ、発声など）を、相手から発信された情報として受けとめられる力を育てることが重要であるが、実際には難しい課題である。他者から発信された情報を受けとめられるようになるためには、常に傍にいる相手に意識が向けられていること、まなざしも相手に向けられていることなどが、基礎的な条件となる。発達につまずきを示す子どもたちは、表情やしぐさから他者の気持ちを読み取ることが苦手な場合も多く、それがコミュニケーションの育ちを妨げていることも少なくないのである。

2.2 人と関わる力を育てる

　状況理解のためのもうひとつの重要な要因は、他者と接触することを楽しむといった、対人関係の発展という問題がある。人への親和性が持てない限り、状況の理解には限界が感じられるからである。認知・言語的側面だけで状況の理解ができるわけではなく、人とのやり取りを通してはじめて、幅広い視野のもとで状況の理解が深まるのであろう。しかし実際には、自閉児を例に出すまでもなく、発達につまずきを示す子どもたちには難しい支援課題である。一般に対人関係を深めるためには、親子関係を中心とした大人との信頼関係を深めていくという視点が強調されやすいが、反面、解決可能な視点にならないことも多い。というのは人との関わりにつまずきを示す子どもたちの多くが、基本的には親子関係のつまずきによるものではなく、発達障がいそのものによって関係障がいを起こしていると考えられるからである。

しかし保育現場で実際に話し合ってみると、対人関係でつまずきを示すケースは親子関係に問題があるからと、とらえられていることも多い。子どもが示すつまずきを短絡的に親の関わりのせいと認識されやすいことに対しては、注意を要する問題である。

2.3 ことばを理解するための基礎

ことばを理解する力が発達していくためには、その基礎として、見分けたり聞き取るという目や耳からの情報収集力が育ち、指さしや模倣能力、みたて遊びが拡がり、さらにイメージも拡がり、やがて概念という高度な認知能力が、段階を追って育っていく必要がある。しかし一方で、ことばの遅れに対して、「言わせる練習」を行えば、ことばの理解力や発語力が育つと単純に考えられている場合もある。ことばの遅れはそれほど簡単ではない。発達のつまずきとして、より多面的で難しい発達要因によって生じている。それだけ複雑な絡みを持ち、トータルな発達を考えなければならないということである。基礎的認知の発達としては、まず事物を見分け弁別する力が育ち、次に赤い靴でも白い靴でも同じ仲間といった分類する力が育ち、並行して模倣や身振りも活発になり、それを通してイメージが拡げられやがて柔軟な概念が形成されていく。こうした幅広い視知覚の育ちの発達も、ことばの育ちには重要である。

ことばの遅れのプロセスとして、あらためて発達過程のつまずきをとらえなおしてみると、発語の芽生えた時期に指さしが見られなかったり、発語のわりにはみたて遊びや身体模倣遊びに興味を示さなかったり、多弁なわりには実際の伝達場面では実用的なことばが用いられなかったりする。そうした子どもたちの多くは、対人関係やコミュニケーションの面でも、なんらかのぎこちなさを感じる場合がある。遊びの拡がりという問題も、ことばの発達や対人関係の発達にとっては重要な視点となるのである。

2.4 考える力を育てる

ことばの獲得と並行して、数概念や文字概念など、より高次な認知・概念が育っていく。高次な認知概念操作が可能になることによって、頭の中でことばを操る（内言語）こともしやすくなっていく。そうした頭の中での内言語を使った作業を通して、さまざまな事象が理解しやすくなり、ことばを媒介として判断し考える力が育っていく。したがって考える力を育んでいくためには、発語だけではなく内言語力としてのことばの拡がりも大切であり、そのために数や文字概念を用いた情報処理能力が育つことも重要である。たんに数えられる、読める、書ければよいということではなくて、数や文字概念の獲得が、頭の中で考えていく作業を拡げ柔軟にしていくという視点が必要とされる。いわゆるおりこうさんになるということは、たんに物覚えがよくなるということではなく、考える力を通して、他者を理解し自分を表現するための基礎能力が獲得されていくことであり、人間形成に大きく貢献するものである。

2.5 自分の意思を表現する力を育てる

　コミュニケーションには、他者を理解するためのことばの重要性と共に、自分の意思を相手にうまく伝える力が必要とされる。初期段階にいる障がいの重い子どもたちの場合、意思表現を伝える力の育ちには難しい問題を抱えている。無発語の場合もあるし、発語が見られていておしゃべりができたとしても、必ずしも自分の意思が伝えられるとは限らないからである。伝える必然性がある時に、獲得されている言語はまったく用いられず、キャーといった叫びで大人に伝えようとする子どもも少なくない。みかけ上のことばと意思を伝える力とに大きな落差が見られることもある。認知の育ちのわりには意思伝達が苦手な子どもに対しては、自発性を育てる一歩として、遊びたいおもちゃをいくつか用意し、その中から選んで遊ぶ活動を意図的に設けたりする。ことばでは自分の決定内容を伝えにくいので、非言語的な絵カードや身振りサインなどで示せるように練習していく場合もある。自己の意思伝達の第一歩として有効な活動である。

　同様にイエス、ノーの意思表示が難しく、通常雄叫びだけで表現しようとする子どもたちに、要求が自発できそうな場面で、自ら選択し伝達しなければならない必然性のある場面を設ける。絵カード、身振り、音声などなんらかの形で、相手に意思を伝える練習になる。

3　状況理解で不適応を示すその他の要因

　これまで検討してきたように、認識能力の基礎が育ち、人との関わる力が育ち、ことばを含めたコミュニケーション能力が育つことによって、相手からの伝達意図がわかり、自己の意思伝達能力も拡がる。これらの基礎的な力は、確かに状況を理解する力を育むための基礎的な力といってもよい。しかしながらこうした能力が備わっていれば、状況理解力がよくなっていくのかと問えば、一概にそうとも言えない。認知能力や言語表現力が高い障がい児が、さほど難しいとは考えにくい場面でパニックになってしまうこともある。基礎的能力は備わっているはずにもかかわらず、状況理解でつまずきやすい行動例をいくつかあげてみよう。

①わかりやすい状況であるにもかかわらず、慣れない場面で極度に緊張してしまう：認知的には高い能力を持っていて、日常場面では状況理解も良好であるにもかかわらず、目新しい場面になると極度に緊張して不安定になりやすい。

②いつもの慣れた場面であるにもかかわらず、日程の順序が少し変更しているとパニックになってしまう：繰り返された場面では安定していることが多いが、プログラムの順番や使用している部屋が急に変更になると、情緒が不安定になる。

③独り言ではぺらぺらしゃべっているにもかかわらず、他者から話しかけられるとパ

ニックになってしまう：独り言でぺらぺらしゃべることは得意だが、他人から話しかけられることは極端に苦手でパニックになりやすい。

④「どこからきたの」「なまえは」などの他者に向けた質問を連発することによって、本人はコミュニケーションしているつもりになっているが、繰り返すうちに質問魔が嵩じてきてパニックになってしまう：独り言としての質問が、自分の情動を興奮状態にしてしまい、結果としてパニックにさせてしまう。

⑤一対一で話せば通じるのだが、集団で一斉指示だとほとんど理解できない：個別的に話している時は、ことばでのやりとりは難しくなく、簡単な会話が成立するのだが、先生が集団で指示する内容はほとんど理解されていない。集団になると他の些細な刺激に振られてしまい、指示が入らないと考えられる。

⑥一対一ではなんとかやりとりできるが、集団にはまったく関心を示さない：個別的な関わりの中ではなんとか相手を意識してやりとり可能だが、集団場面になるとほとんど意識は向かず、マイペースな行動に終始しがちである。

⑦大人と個人的に関わるとことばでコミュニケーションが可能だが、子どもどうしの集団では一切寡黙になってしまう：発話が可能にもかかわらず、子どもどうしの集団では緊張が高まってしまい、ことばを発しにくくなり寡黙になってしまう。

⑧状況に適応する力は備わっているが、他人に状況を説明することが難しい：集団への適応能力は日ごろ高いにも関わらず、場面での出来事をいざ他者に話そうとすると一切できない。

これらの問題は、障がい児にとって比較的見られやすい情緒不安定な場面だが、ひとつひとつをとりあげれば些細な事柄のことが多く、日ごろの安定した様子と比べると落差が大きいと感じることも少なくない。にもかかわらずこうした不適応行動が見られるのは、認識面での情報処理の硬さやコミュニケーション能力のぎこちなさと多分に関係しているものと考えられる。

4 状況を理解する力をいっそう高めるための支援

ここまでは主として状況理解を支える基礎的な力について述べてきたが、次に、日常場面で自分の力を自由に発揮できるための工夫についても触れておきたい。自宅でこなせる力と、保育所や学校他の外で発揮される力とに大きな差が見られるという指摘も、親の側からよくうかがう事柄である。その理由として、内弁慶で外では弱々しいとか、獲得できた力を外で応用することがしにくい、つまり般化能力が弱いとか、新しい能力が獲得され始めたばかりで着実に応用できるわけではない、などが考えられる。そうした問題を解決していくためにも、いくつかの方法を工夫することができる。

①繰り返し指導することによって行動を定着させる：障がい児支援では最もポピュラーで常識的に考えられている方法である。確かに繰り返すことによって行動は定着しやすいのは事実だが、時として失敗することもある。その子どもの発達から見て難しすぎる内容の課題であれば、いくら繰り返してもできるようになるとは限らない。すなわち、「発達的に適切な課題内容」であるという前提がそこには存在する。子どもの発達の状況に合わせた支援内容であるという前提条件が踏まえられていれば、繰り返しの指導によって行動は定着しやすい。しかし反面、繰り返し行動の定着はパターン化を強めることにもなるので、新奇場面をいっそう苦手とする子どももいる。

②スモールステップを設けて課題となる行動を獲得しやすくする：対象児の発達にとって最適な課題を見つけて支援していくことは大前提であるが、課題に対してもいくつかのステップを考えて実施していく。支援のためのステップとしては、やさしいものから難しい課題へという量的なステップと、発達的に見て質的な違いが見られる質的ステップとが考えられる。量的なステップの例としては、3段目まで階段を下るという課題から、6段目まで下りる課題へというように、常識的に見てやさしい課題から難しい課題へというステップである。質的なステップとは、発達的に見て明らかに異なるステップである。たとえばはめ板を使ってはまる・はまらないで弁別する課題と、異なる絵カードを果物・乗り物といったカテゴリーで弁別する課題とでは、同じ弁別課題であっても明らかに質的に異なるステップと考えられる。

③定着した行動のパターンを増やす：適切な発達課題を繰り返し行って行動が定着できれば、次は獲得された行動パターンを増やしていくということが考えられる。たとえばバックから着替えを取り出せるという課題が定着できれば、脱いだ衣服をバックに入れるという課題も考えて増やしていくということになる。

④パターン化した行動に少し変化を加えても、対応できるようにする：繰り返し行うことによって行動が定着したとしても、多くの場合パターンとして獲得されていることになり、少し場面が変わったり順番が変化しているとまったくできないという例も少なくない。パターンが獲得され定着すればそれでよしとはしないで、少しはかり変化を心がける姿勢を常に持っていなければならない。それによって硬くパターン化しがちな行動から、少しでも柔らかく柔軟に対応できる力へと変化できる育ちに繋がっていく。

⑤絵カードや文字などであらかじめ予測させることによって、新しい場面や課題が不安定になりにくくする練習：予測する力を高めるということも情緒の安定には必要不可欠であるが、ことばに頼りすぎるとなかなか予測しづらいという子どもも多い。ことばは仮に理解できても消えてしまうため、ことばの指示では予測しにくいが、視覚的情報つまり絵カードや文字カードを用いれば、認知機能が一定程度育っていると予測しやすく安定しやすい。予測力は文字ことばが理解できると高まることが多いので

発達支援の日常実践

ある。

⑥**困った状況に陥った時に、相手に文字あるいはことばで要求を伝えられるようにする練習。手伝ってください、教えてください、助けてください、など**：困った時に自分の意思表現ができるという問題も重要である。認知と言語表現力が比較的高い子どもであっても難しい場合があり、いざという時には頭が混乱してうまく伝えられずパニックになってしまう子どももいる。困った時に適切に伝えられるための練習も有効で必要な時がある。あらかじめ必要な文字カードを数種類準備して、その中から適切に伝える内容の文章を弁別して、それを読んで伝える練習をする。もちろん文章化された文字カードは簡明なもので、単語もしくは２語、３語以内におさえることが条件である。

　以上、状況理解を高めるために必要な力について、できる限り広い角度から多面的に考えてみた。再度要約してみると、ひとつは基礎的な認識力を高めていくということであった。しかし認識力を育てることは、具体的な内容を考えると予想以上に難しい課題である。認識の育ちについて発達的な系統性を支援内容として考えるという作業が難しいのである。

　第二の力はコミュニケーション能力を増すということであった。ここでは他者からの伝達コミュニケーションが理解できるという側面と、人と関わる力、ことばの理解や表現力を含めて自分の意思を伝える能力が必要とされた。

　次に状況理解で不適応を示す要因についても整理してみた。８つ要因を指摘したが予想以上に幅広い要因によって不適応になりやすいことが示された。

　最後に状況を理解する力をいっそう高めるための支援に関しても、６つの手段をあげて具体的に述べてみた。どのような不適応の要因にせよ、支援内容の手段にせよ、子どもによって大きく異なるので、個々の事例について、きめこまやかに理解できる視点を養い、それに基づいて支援内容が工夫できることが重要である。

参考文献
1) 宇佐川浩：感覚と運動の高次化からみた子ども理解．学苑社，2007．
2) 宇佐川浩：感覚と運動の高次化による発達臨床の実際．学苑社，2007．

（宇佐川浩）

3.9 コミュニケーションの力を育む

1 言語・コミュニケーション療育の基礎知識

　子どものコミュニケーションを育成することは通園施設の重要な役割である。コミュニケーションを通して、家庭や地域生活で子どもと家族や友だちとの関わりを豊かにし、子どもが周囲の人や状況を理解しやすくなることにより安定して過ごせ、自分の意志や気持ちを表現することにより周囲の人たちは子どもを理解し適切に対応しやすくなる。

　コミュニケーションというと、「ことば（音声言語）」、なかでも「ことばをしゃべっているか」という話しことばに目が向きがちだが、「ことば」をもっと広く考え、身振りや写真・種々の絵記号、文字などを含め、さらに表面上は見えない言語理解を含めて療育にあたる必要がある。そこでコミュニケーションの療育を考える時に重要な基礎知識についてまず解説し、その後療育の実際について説明する。

1.1　コミュニケーションの3側面

　「ひっかきあった！」と母親に知らせている場面を例にとり、コミュニケーションについて考える（図1参照）。コミュニケーションは、音声言語という狭い意味でのことばでのやりとりではなく、①子どもがどのように外界を認知するかという基盤（認知・基礎的プロセス）に支えられ、②どのような手段（コミュニケーション手段）で、③どのような働きをしているか（コミュニケーション機能）、という3つの側面が関わって成立する。この3側面からとらえることによりコミュニケーション行動を全体的に評価し療育プログラムを考えることができる。

1.2　コミュニケーション手段

　コミュニケーション手段は、「音声言語（ことば）」に限らず、表情や視線・身振りなどの非言語的（ノンバーバル）コミュニケーションを含め広くとらえる。身振り記号（サイン）や、実物・写真・絵・絵記号（シンボル）・マークやロゴ・図形記号・写真・文字などの視覚的記号という音声以外の記号を、音声と有機的に関連させながら実用的なコミュニケーション手段として用いる（第2部「AACの考え方とその実際」参照）。それぞれの特

図1 コミュニケーションの3側面

コミュニケーション行動には（以下図中丸付き数字と対応）、①周囲の環境の中から飛行機に注目し視覚的に認知し、子どもが持っている「飛行機」の概念と照合する認知的能力（認知・基礎的プロセス）、②「ひこうきあった！」という発話は、「飛行機」の意味概念を表す「ひこうき」と「あった」という2語文の音声言語に加え、指さしや表情という非言語的（ノンバーバル）なコミュニケーション手段、③自分が飛行機を見つけて驚き喜んでいることを母親の注意を引き報告することにより共感を得るというコミュニケーション機能、という3つの側面がある。

性を活かし（表1参照）、個々の子どもに適した手段を組み合わせて用いる。

1.3 言語理解と言語表現と模倣

言語理解と言語表現を区別する。言語理解とは、ことばを聞いてわかること、すなわち言語表現を聞いて意味を受信する過程である。言語表現とは、思ったことをことばで伝えること、すなわち意味（言語内容）を想起し、音声や身振り・文字などの形式で発信する過程である。

音声模倣はことばの形式のみの真似であり、意味のあることばではない。音声模倣と、意味のあることばである言語表現を区別する。

1.4 コミュニケーション機能

人とのコミュニケーションは乳児期初期の大人と子どもの共鳴的関係から始まる。生後半年を過ぎる頃から次第にイナイイナイバーなどの慣習的な対人的やりとり、大人と子どもの物への共同注意や相手に物を渡す（ギビング）、相手に物を見せる（ショウイング）ことが成立する。このような対人相互交渉を基盤にコミュニケーション機能が分化する。コミュニケーション機能には、自分の意志を伝える（a）要求、（b）拒否、（c）見つけたことなどを伝え共感を求める報告、（d）呼びかけて相手の注意を引いたり（注意喚起）、相手と

表1 コミュニケーション手段別比較

コミュニケーション手段別に長所と短所を比較した。コミュニケーション手段を個々の子どもに合わせて組み合わせて用いることにより、それぞれの長所を活かし短所を補うことができる。

		図	長所	短所	備考
音声	全般		誰にでも伝わる。道具がいらない 注目していない人・離れたところにいる人に伝わる 同時に多数の人に伝わる	一瞬で消えてしまう	音声言語の理解や表現ができない子どもがいる
身振り（サイン・手話など）	慣習的な身振り（語彙数少ない）		誰にでも伝わる 道具がいらない	一瞬で消えてしまう 注目していない人には伝わらない	
	細かく分化した身振り（語彙数多い）		多くの語彙を表現できる	子どもの使う身振りを知っている人でないと伝わらない	例：バイバイ、チョウダイ、頭に触り「帽子」、など 細かい身振りの違いを表すために運動機能の巧緻性が必要
視覚的記号	実物・写真・絵・マークやロゴ	⊘ （道路標識） ファーストフード・コンビニのマーク	誰にでも伝わりやすい すぐに消えず、持続的提示ができる	道具がいる 注目していない人には伝わらない 道具を作成する必要がある	
	文字		誰にでも伝わる すぐに消えず、持続的提示ができる	道具がいる（空書以外） 注目していない人には伝わらない	
VOCA（音声出力会話補助装置）			誰にでも伝わる 注目していない人・離れたところにいる人に伝わる 同時に多くの人に伝わる	道具がいる シートを作成し、録音する必要がある 経済的負担がある	

発達支援の日常実践

のやりとりを楽しむ対人機能、(e) ことばで自分の行動を調整する自己調整、(f) ことばで考える思考、などがある。

またことばにより、「今―ここ」の目に見えること（現前事象）だけでなく、過去や未来の目に見えないこと（非現前事象）についてコミュニケーションできる。

1.5　言語・コミュニケーションの包括的療育プログラム

言語・コミュニケーションの包括的療育プログラム（図2参照）は、コミュニケーションの3側面（認知・基礎的プロセス、コミュニケーション手段、コミュニケーション機能）を包括し、定型発達レベルで0歳台の乳児から、日本語の体系をおおむね獲得する就学前後の6～7歳の子どもに、連続的に適用できる全体的な言語・コミュニケーションの療育プログラムである。包括的療育プログラムを用いることにより、子どもの全体像をとら

図2　言語・コミュニケーションの包括的療育プログラム

包括的療育プログラムの全体を示す。縦軸にコミュニケーションの3側面（認知・基礎的プロセス、コミュニケーション手段・言語、コミュニケーション機能）と共同活動（次節）の場として家庭・集団療育を加えている。横軸は左から右へ言語発達のレベルが0歳台の音声言語獲得以前の前言語段階から、1歳台の単語段階、2～3歳台の語連鎖（文）段階、4～6歳台の統語（文法）段階を経て、6～7歳台のレベルとなる。包括的療育プログラムは［事物の記号（語彙）］［語連鎖（文）］［ひらがな文字］等の領域別訓練プログラムから構成されている。

※「文字」には、文字以外の視覚的記号を含む。

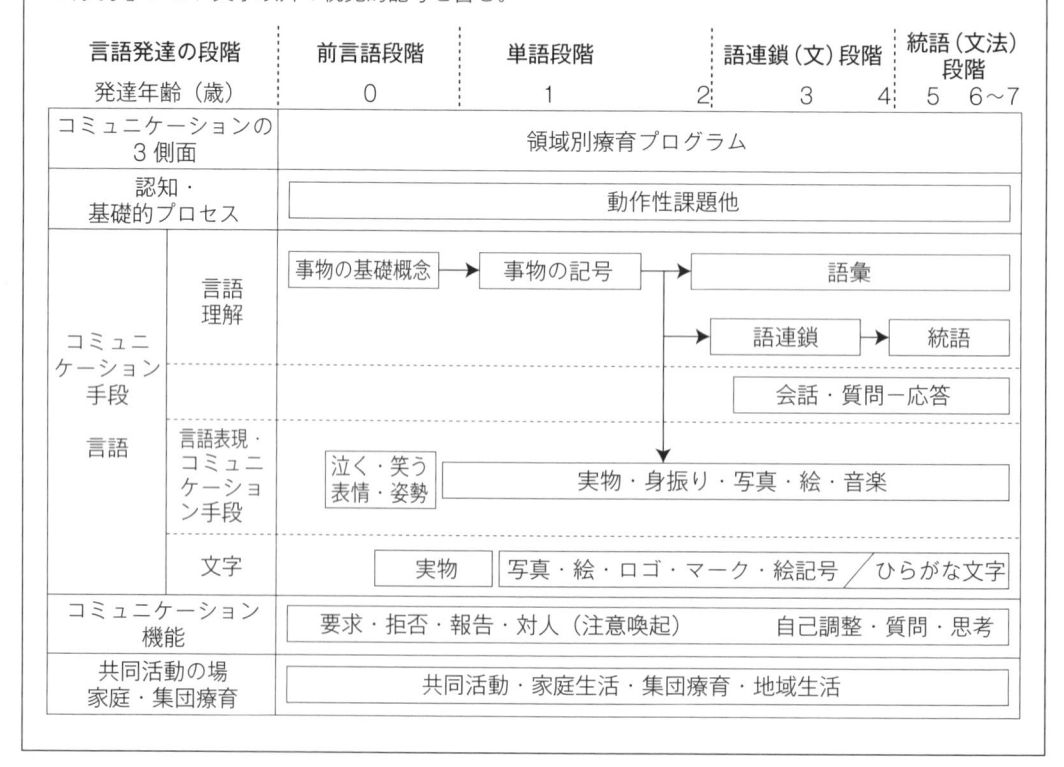

言語発達の段階	前言語段階	単語段階	語連鎖（文）段階	統語（文法）段階
発達年齢（歳）	0	1	2　　3　　4	5　6～7
コミュニケーションの3側面	領域別療育プログラム			
認知・基礎的プロセス	動作性課題他			
コミュニケーション手段・言語　言語理解		事物の基礎概念 → 事物の記号 → 語彙／語連鎖 → 統語／会話・質問―応答		
言語表現・コミュニケーション手段	泣く・笑う表情・姿勢	実物・身振り・写真・絵・音楽		
文字		実物	写真・絵・ロゴ・マーク・絵記号／ひらがな文字	
コミュニケーション機能	要求・拒否・報告・対人（注意喚起）			自己調整・質問・思考
共同活動の場家庭・集団療育	共同活動・家庭生活・集団療育・地域生活			

図3 コミュニケーションと共同活動

家庭で一緒に玩具で遊んだ後に片づけをしている場面である。子どもと母親は一緒に片づけをし（共同活動）、共同活動の中で母子のコミュニケーションが成立し、その基盤の上にことばの理解と表現が生じる。

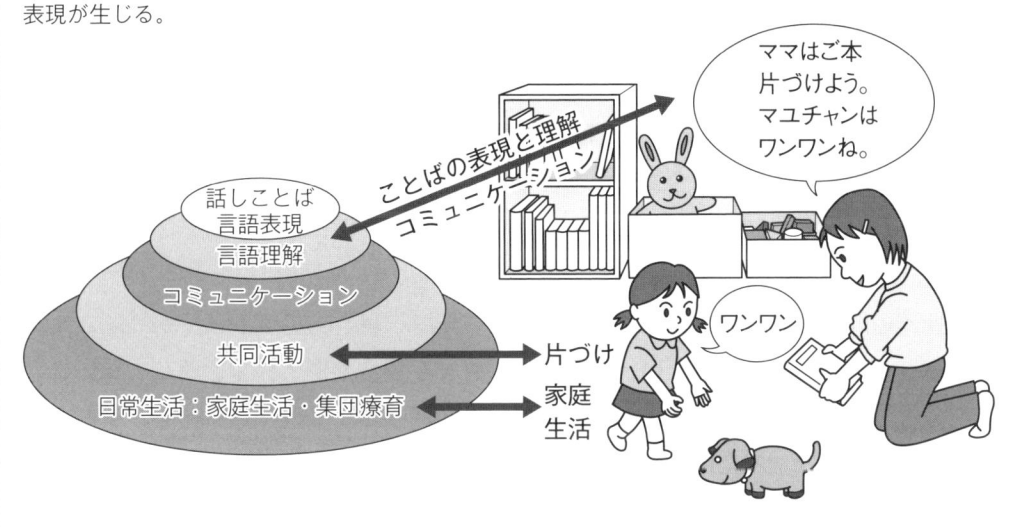

え、0歳台の前言語段階から6〜7歳台のレベルまで一貫した系統的な評価・療育が可能となる。

1.6 コミュニケーションと共同活動

　子どもの言語発達を促し、コミュニケーションを豊かにするには、日常生活での関わりが重要である。ことばを絵カードなどで反復して教えようとする「ドリル学習」では言語の習得は困難である。日常生活場面では、食事や入浴、遊びや絵本など子どもと大人との共同活動が多くあり、コミュニケーションのチャンスとなる。いわゆる身辺自立とされる、靴や衣服の脱ぎ着、登園の仕度や片づけ、玩具の片づけなども「共同活動」である（図3参照）。身辺自立を子どもが一人で取り組む自立課題としてのみとらえるのではなく、ともに取り組むコミュニケーションを豊かにするための重要な機会ととらえるという発想の転換が必要である。共同活動とそれに伴うコミュニケーション機会は、日常生活の中で成立するので、保護者が子どもの状態に応じて適切な関わりができるよう保護者支援・家族支援を行う。

1.7 留意事項

①「発音」について－単語の音形・構音－

　発語の初期においては、犬を「ワンワン」と言う幼児語や、りんごを「ゴ」と語の一部を言うワードパーシャル、りんごを「ンーン」と全体の抑揚で言う場合が多い。言語発達

が進むと、「コップ」を言う時に、「コ」と「プ」は個々には言えるが、単語として発語すると「ポップ」と前後の音の繋がり方に影響されて誤る。これらは単語の全体的な音の形（音形）を習得するまでの発達的途上に見られる誤り方で、『単語の音形』の問題と言う。多くの場合は言語発達に相応した誤りなので問題はなく許容する。

　他方、「カ」行は一貫して「タ」行、「サ」行は一貫して「タ」行に置き換える場合は『構音（発音）』の問題で、言語発達年齢相応の場合は許容する。一方、定型発達で一定の年齢（通常4～5歳以上の言語発達、たとえばカ行は3歳後半～4歳で90％以上が正しく構音できる）でも習得されない場合には機能性構音障がいと言い、言語聴覚士による構音訓練（発音の練習）の対象となる。

　②『聞こえ』・聴力について

　言語発達の遅れの原因のひとつに難聴がある。難聴には、人の声がまったく聞こえない状態から、人の声が聞こえにくい状態などさまざまな場合があるので、難聴の有無は聴力検査をしなければわからない。また肢体不自由や知的障がい・自閉症に難聴が重複する場合もある。さらに3歳で自閉症と診断された子どもが、聴力検査の結果、実は自閉症ではなく難聴単独障がいだった事例もあるので、乳幼児の検査に習熟している専門機関における聴力検査は必須である。

　③発達障がいのコミュニケーション

　知的障がいでは、言語発達が全体的に遅れる。知的発達レベル相応の言語発達レベルであれば特に問題とはならない。自閉症は、コミュニケーションの特徴として、独語、エコラリア（反響言語、オウム返し）、一方的な発話、字義通りの解釈、比喩のわかりにくさ、プロソディー（韻律）の不自然さなどが見られる。ダウン症では、言語理解に比し、構音発達の遅れがあるとされている。

　脳性麻痺などの運動障がいのある子どもには、摂食や言語発達レベルを評価したうえで、運動障がいによる構音障がいに対する指導、コミュニケーションボードやVOCA（音声出力会話補助装置）などのAACなどを状態に合わせて導入する。重症心身障がいでは、子どもからの自発的で意図的な表現は限られている場合が多いので、身体の動きや表情などで表される微細な感情の変化を大人の側が読み取る。

　運動障がいや自閉症は一般に身振りは困難とされているが、身振りを実用的に使用できる場合がある。またダウン症や運動障がいに自閉症が合併する場合もあり、診断・障がい名だけから判断せずに、個々の子どもの的確な評価に基づいて療育プログラムを考える。

2 言語・コミュニケーション療育の実際

2.1 言語・コミュニケーションの包括的療育プログラムによる療育

　言語・コミュニケーションの包括的療育プログラムについて、モデル事例をあげ、保護者支援・家庭療育についても触れ紹介する。

[事例 A]

　自閉症を伴う知的障がい児。3歳（年少）～5歳（年長）までの療育経過の概略を示す。3歳（年少）は、知的障がい児通園施設に週2回、保育園（障がい児保育）に週3回通園していた。音声言語（ことば）の理解も表現もない段階から、まず身振りの理解ができ、身振りを通して音声言語の理解が進み、3歳後半には、身振りを通して音声の表現が可能となった。4歳（年中）は、2～3語文の理解と2語発話、5歳（年長）は、3～4語文の理解と表現、過去の報告が可能となった。

　【言語理解】3歳（年少）前半には、靴を履く・脱ぐ・片づける場面で、大人はことばかけと同時に足に触る靴の身振りを示し、A児は靴の身振りの理解が可能となった。リュック（肩を叩く）、帽子（頭に触る）、などの身振りに広がった。

　[ポイント] 身辺自立のような毎日行われる一定のパターンの子どもと大人との「共同活動」を園や家庭で着実に行うことにより、子どもは見通しを持って自発的に活動できるようになり、理解しやすい場面の中で安定して過ごすことができる。この共同活動の中でコミュニケーションが成立することにより、毎日毎回同じ場面で同じ身振りやことばに触れる機会が保障され、ことばの習得が進みやすくなる。

　3歳（年少）後半には、大人は身振りに音声を伴わせていたが、身振りを仲立ち（媒介）に音声言語の理解を可能とするため、徐々に身振りを消去したところ、A児は音声言語だけで理解が可能となった。片づけ場面で「リュック取ってきて」の指示に応じられ、理解できる語彙はボールや車など身近な玩具にも広がった。4歳（年中）は、日常生活場面の手伝いで取ってくる課題を設定し、「ママのかばん」や「パパのお茶碗」などの2語文、「ママに赤い帽子（持ってって）」などの3語文の理解が可能となった。

　[ポイント] 言語理解では、まず靴を履く・片づけるなどの事物に対応した操作を広げることにより基礎的な概念形成を行い、次いで身振り（または写真）、幼児語、成人語音声、2語文、3語文と段階に沿って進めていく。

　【予告】予告は子どもが先の見通しを持ち、安心して行動できるために重要であり、広い意味で言語理解の一環である。3歳（年少）前半には、入浴時には風呂場まで連れて行き服を脱がせないと、入浴だとわからなかった。また入浴が好きで、入浴をせがみ1日

発達支援の日常実践

に何度も風呂場に行き、泣いたりパニックを起こした。そこで入浴の前に母親がタオルを示し予告するよう助言したところ、Ａ児は入浴だとわかり風呂場に行くようになり、予告がない場面で入浴をせがむことはなくなり落ち着いた。次にタオルの実物は示さず、タオルの身振りだけで理解でき、そばに置いたタオルを持って風呂場に行った。その後「お風呂だよ」という音声だけでも理解可能となり、Ａ児にとってわかりやすい風呂場の写真を用いて確認し、その後Ａ児からの自発的な要求手段として写真を活用する布石とした。

　３歳（年少）前半には外出時は連れて行かれるままだったのが、３歳後半では身近な環境の理解が進んだため、かえって出かける時に通園と保育園のどちらに行くか混乱しパニックを起こした。そこで、出かける前に通園はリュック、保育園は園バッグと実物で予告したところ、Ａ児は理解できるようになり、混乱しなくなった。

［ポイント］予告では、子どもにわかりやすく、音声のように一瞬にして消え去るものではなく、持続して呈示できる実物や写真などのコミュニケーション手段を用いるとよい。

【言語表現】３歳（年少）前半は、音声はもとより身振りでの表現もまったくなかった。おやつや玩具がほしい時に、Ａ児は手を伸ばしたり、それでも取れないとその場で泣いたりパニックを起こした。そこで、おやつ場面では、大人が皿に菓子を入れ、おかわりの時には子どもは空の皿を持ち、大人に差し出し要求する「提示行為による要求」を導入した。Ａ児はすぐに理解して皿を差し出し、要求が可能となった。玩具の時には、ほしい玩具を大人が持ち、最初はＡ児の手を大人が軽く介助しチョウダイの身振りを促し、次いでＡ児が身振り模倣をし、最終的に自発的な要求表現となった。

　３歳（年少）後半は、チョウダイやバイバイなどの身振りをしながら、「チョ」とチョウダイの一部を音声模倣し、次いで自発的な「チョ」の音声表現（ワードパーシャル）が可能となった。靴やタオルなど事物を表す身振りの自発的表現が可能となり、次いで靴の身振りをしながら「ク（靴）」と言い、身振りに伴う音声模倣から音声の自発的表現が可能となった。

　４歳（年中）は、「ブーブー、ギ（車の鍵）」、「パパ、ウ（ジュース）チョーアイ（チョウダイ）」など２～３語発話の表現、５歳（年長）は「○○ちゃんと　お山　作った」と３～４語発話の表現が可能となった。

【絵本・ごっこ遊び】３歳（年少）前半では、絵本はめくるだけで、中の絵を見ようとはしなかった。そこで、食べ物の絵では大人が食べる真似、車では「ブーブー」と言いながら走る軌跡を指でたどった。３歳（年少）後半にはＡ児も食べる真似をし、絵本の絵を注目して見るようになった。このように絵本に操作を行う「参加型」の絵本の見方が有効である。

　４歳（年中）には食べ物のミニチュアなどを用いたごっこ遊びも行い、食べる真似を

したり、ぬいぐるみに食べさせたり、流しのミニチュアで洗ったりした。ごっこ遊びの中で「パクパク」や「ゴシゴシ」の動作語を習得した。5歳（年長）では、人形を大人や友だち・絵本の登場人物に見立て、役割を持ったごっこ遊びを行った。「おおきなかぶ」の絵本を見ながら、「チューチューおいでー」と呼びかけ、大人が「はーい」と答える、「ウントコショ、ドッコイショ」と一緒に言うなど『劇遊び』ができるようになった。

【コミュニケーション】コミュニケーション機能は、3歳では要求と拒否、4歳では「ブーブー、タ（あった）」と報告し共感を求める、「ママ」と呼び注意を喚起する、「ヨウ（おはよう）」と言いながら頭を下げる挨拶など対人的な機能が分化した。5歳ではそれまでは玩具を投げ入れて片付けていたのを、「そっーと」というキーワードを用いて教示すると、自分で「ソーット」と言いながら静かに片づける、横断歩道で「トマル」と言って止まるなど、言語での自己調整機能が広がった。

【質問－応答関係、会話】質問は、4歳（年中）で大人が絵本の絵を指さしながら物の名称を言うようにしたところ、A児も絵を一緒に指さし、大人が名称を言うのを待つようになった。そこで大人が指ささないでいると、A児が絵を指さし、絵の名称を言うように要求し（ネーミング要求）、次第に「ン？ン？」と指さしに発声が伴った。これは「何？」という質問の萌芽である。5歳（年長）では、「ナニ？」と訊くようになり、絵本以外の場面でも電車や食べ物の名前を質問した。

過去の報告は、園であったことをたずねると、4歳後半から「パン（給食）」と報告するようになり、5歳（年長）では「カレー食べた」「○○ちゃん、ぶった」など過去の報告が可能となった。園外指導では、交通手段や予定を絵や写真で示した予告のためのしおり、水族館のパンフレットなどを園や家庭に戻ってから見ることで、過去の報告の話題の幅を広げた。水族館の遠足では、その場では興味を持って見ているとは大人は思っていなかったイルカショーの写真を再三見ており、「イルカジャーンプ」と言うと模倣したり、昼食のおかずを「たまご食べた」と報告するなど、大人が予想していなかった新たな発見があった。しおりやその場で撮った写真はファイルに入れたりスケッチブックに貼り保管していくと、数か月、1年以上前のことでも話題として質問－応答できる。

[ポイント] 予告に用いたカードやしおりを予告だけに終わらせず、パンフレットなど簡単に用意できる物を、過去の報告のための素材として用いる。

2.2　言語理解に比し言語表現が極端に遅い特異的言語発達障がいの療育

[事例B]

　ことばの理解に比べ、音声表現が極端に遅れている特異的言語発達障がい児である。4歳になった時点で、言語・コミュニケーション評価の結果（国リハ式〈S-S法〉言語発達遅滞検査）は、言語理解は事物名称・動作語・大小・色名が可能、2語文・3語文の理解

図4　個体内プロフィール

横軸に生活年齢（CA）、非言語性知能（動作性課題・動作性知能）、言語理解（受信）、言語表現（発信）をとり、縦軸に（発達）年齢をとり、各レベルをプロットし線で結んだものである。生活年齢4歳時点（●）では、2歳後半レベルの言語理解に比し、言語表現が1歳未満のレベルと極端に遅れ、乖離（点線矢印）があることがわかる。1年後（▲）には言語表現が3歳レベルまで急速に伸び、乖離がほぼ解消している。

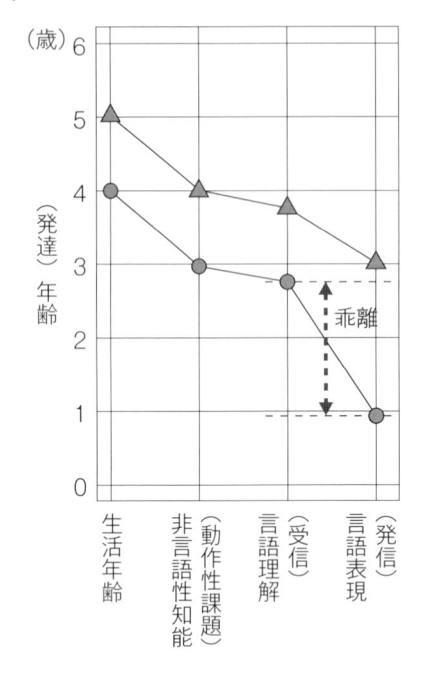

図5　表現語彙数（身振り→音声）グラフ

横軸に年齢、縦軸に表現語彙数をとっている。最初に身振りが増え、次いで音声が増えている。

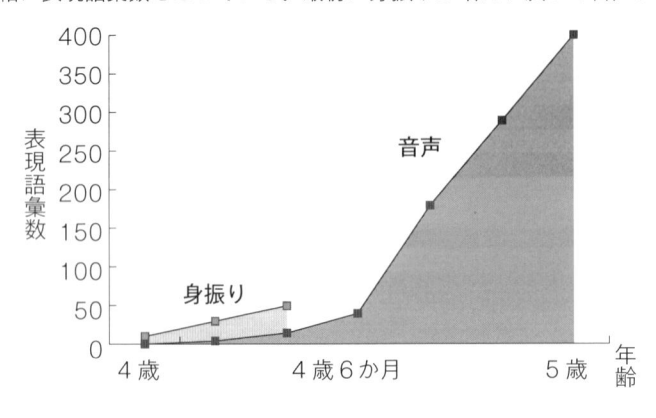

が可能で2歳後半レベル、言語表現は音声での発語はなく、1歳未満のレベル（図4参照）。音声模倣は促すとまれに一部可能、身振り模倣は促すと可能。言語理解に比べ言語表現に極端な遅れ（乖離）が見られるため、週1回の言語聴覚士による個別療育と母親面談による保護者支援を行った。医学的診断名は、4歳では発達性言語障がい、その後高機能自閉症、4歳時点で発達指数は70、就学後のWISC-Ⅲ知能検査では知能指数108だった。

言語理解相応の音声表現を習得することを2年半後の就学時点の主要な目標（ゴール）とした。たとえばパンではまず口に手を当てる身振りを導入し、次に身振りに伴う「パ」の音声模倣から音声の自発的表現に至るというように、粗大な動作で模倣しやすい身振りをまず導入し、身振りを仲立ち（媒介）に音声への移行を計ることを基本的なプログラムとした。プログラムのポイントは、(1) 身振り模倣から自発的な表現、(2) 身振りを媒介（仲立ち）に音声模倣から自発的な音声表現、(3) ひらがな文字を導入し、音声表現の補助とする、(4) 絵本などを用い興味・関心やコミュニケーションの拡大、である。

【言語表現】チョウダイやバイバイなどの初期的身振りは習得しており、歯ブラシでは口の前で手を動かすなどの簡単な事物を表す身振りを導入し、模倣できない時は直接に手を取って部分的介助を行い、身振り模倣から身振りの自発的な表現に繋がった。身振りと合わせて歯ブラシでは「シュッシュ」、電話では単語全体の音声模倣が困難なので語末の「ワ」の模倣を促し、自発的な表現が可能となった。語彙数の増加を見ると（図5参照）、身振りが最初に増加し、次いで音声が増加し、個別療育開始後約8か月で個別療育で取り上げていない語彙を日常生活で音声模倣から自力で習得可能となり急速に増加している。このように身振りを仲立ち（媒介）に音声表現を促すことが有効である。発語が増え始めると、ブロックが壊れた時に「くっつけて」と言うように教示したところ、何かしてほしい時にはいつも「くっつけて」という遅延反響言語（エコラリア、オウム返し）が見られた。その後発語が増加すると消失した。

【文字と単語の音形】個別療育開始時から導入し、ひらがな文字単語と絵（意味）とをマッチングし結びつける課題などにより、ひらがな文字は比較的容易に習得し、ほぼ1年で「はさみ」などの語彙を50音表の1文字チップから「は」「さ」「み」と構成することが可能となった。

1年経過後にパンダを「パンバ」、タクシーを「タクシャ」と発語し、単語の音形の誤りが見られた。ひらがなの1文字チップで「ぱんだ」と構成した後に読みながら「パンダ」と言うことにより単語の音形が改善した。単語の音形の改善にも文字を媒介（仲立ち）とすることが有効である。

【まとめ】表現面に焦点を当て、身振り・音声・文字を有機的に関連させたプログラムが有効である。その一方B児は自閉症であり、絵本などの共同活動や、視覚的なスケジュールの予告なども行った。特異的な遅れである言語の表現面だけに焦点を当てるのではなく、発達レベルと障がいの特性に合わせた包括的なプログラムを実施することが

重要である。

2.3 難聴と脳性麻痺と知的障がいの重複障がいの療育

[事例C]

　感音性難聴と脳性麻痺を伴う知的障がい児。3歳（年少）～5歳（年長）、さらに就学後まで指導した。定頸・座位は未獲得、移動は車椅子、上肢操作は一定可能、難聴は平均聴力レベル60dBと普通の声の大きさでの会話音声が聞き取れず、補聴器を装用すると会話の音声が部分的に聴き取れるレベルである。3歳では言語理解・言語表現ともになかった。発達検査では、5歳時点で1歳6か月レベル、発達指数（DQ）は30、中度知的障がい。

【補聴器装用指導】補聴器は当初言語聴覚士の療育場面では装用可能だったが、家庭では母親が装着しても自分で外してしまい装用が困難だった。そこで通園施設のクラス担任に言語聴覚士の個別療育場面に同席してもらい、装用の必要性と操作方法について説明し、その場で実際に補聴器の装着を行ってもらった。最初は園の朝の集まり場面に限定し装用し、次に給食場面と徐々に装用する場面を増やした。それに伴い母親も家庭で、帰宅後のおやつ場面、テレビを視聴する場面と徐々に増やし、1年かけてほぼ常時装用が可能となった。補聴器装用にあたっては、園と家庭も協力し、短期的な結果だけで諦めずに長期的に行う必要がある。

【言語理解・予告】牛乳を見せるとコップ、車のキーを見せると自分のリュックを見る（持ってくる）など関連する実物での理解から、写真や絵による理解へと進め、次に事物対応の身振りでの理解が可能となり、ごく限られた音声の理解が可能となった。

　初期には実物での予告を行った。次いで園の担任の写真やC児が好きなファーストフード店のロゴなどはっきりとわかる視覚的記号を用い予告し、おやつの食べ物・果物や公園・スーパー・コンビニなどへ語彙を広げた。

【言語表現】自発的な表現手段として、C児が可能な粗大な動作のチョウダイの身振りを導入した。予告に使用したおやつの食べ物写真カードの中から食べたい物を選び要求するようにし、その後写真やロゴカードを用い公園やスーパー・コンビニなど行き先の要求に用いた（カードの選択要求）。その後カードから、コミュニケーションシート、次いでコミュニケーションブックへと発展し使用した。8つのキーからなり、押すとライトが付き、視覚的なフィードバックがあるVOCA（音声出力会話補助装置、第2部「AACの考え方とその実際」参照）を導入した。これは難聴のために聴覚的なフィードバックが入りにくいC児に、自分が発信し相手に伝わったことがフィードバックできるので選んだ。試用期間を設け、家庭や園で日常的に使用できることを確認したうえで購入に至った。VOCAは、園では集まり場面で当番として他児の名前呼びやあいさつなどに用い、家庭ではテーブルに座ったままで、離れた台所にいる母に、食べ物や行き先を

要求するのに用いている。

　[ポイント] 予告に用いたカードを予告だけにとどめず、要求や報告などを表現するためのコミュニケーション手段として用いる。

【就学後】就学後も継続してフォローアップを行っていたが、1か月の入院後に補聴器が付けられなくなった。そこで学校の担任に言語聴覚士の療育場面に同席してもらい、学校でも朝の集会のワンポイントから再スタートし装用できるようになった。AACについても、使用する場面について助言した。学校への引き継ぎと連携が重要である。

2.4　自閉症スペクトラムの会話（質問－応答関係）・社会的なルール・ことば遊びの療育

[事例D]

　事例Bが音声表現が可能となり、高機能自閉症としての療育が中心となった4歳児後半から就学前までの経過である。

【予告→過去の報告】言語聴覚士の個別療育場面では多少落ち着かない程度で着席し課題に応じられていた。しかし4歳児（年中）入園時点ではトイレや園庭の水飲み場などにいて、クラスにはほとんど入らなかった。これは園の生活ではD児は見通しを持てず不安なため、自分の好きな（こだわり）水場の方が安定して過ごせるために生じている。園生活にも慣れた6月に、1日のスケジュールをボードに示し、D児が見通しを持てるようにしたところ、次第にクラスで過ごすようになった。また、D児は「みず」とは言えるが要求に使うことはできなかったため、クラスから出たい時には水飲み場や園長室などのカードを提示すれば「外出」できるようにした。このように周囲の環境をD児にわかりやすい視覚的手段で提示し、また伝えやすい表現手段を保障することで、安定して過ごすことができる。

　行事や病院に通院するイレギュラーな場面でぐずったりパニックを起こすことが見られたので、5歳児（年長）時には家庭でも1日のスケジュールを小型のノートに示し、まず行事など特別なことがない日を予告するようにし、次いでイレギュラーな行事などでも用いたところ安定した。また最初は朝に当日の予告を、次いで夜に翌日の予告を行い、次第に1週間、1か月のカレンダーに予定を示した。

　夕方には予告に用いたノートを見ながら、その日にあったことを話し、ノートに書いていないことも話すようになった。その際、その時の気持ちを表情マークにして描き、「楽しかった」「悲しかった」などの気持ちを表す語彙を使用したところ、自分からも気持ち・感情を表現するようになった。

【社会的なルールの理解】5歳児（年長）時には自転車に乗れるようになり、公園外の近所の道路を自分で「サイクリング」するようになった。交通ルールは、赤は止まる、緑は進むなど音声で伝えると共に、手帳にメモし確認したところ、はっきりとわかり守っ

た。自転車に雨の日でも乗ってしまい困るとの訴えがあったので、晴れと曇りの絵を描きその時は自転車は○（乗ってもよい）、雨の絵を描きその時は自転車はストップ（斜線、乗ってはいけない）としたところ、D児は納得がいき、雨の日は乗らなくなった。

交通ルールや公共の場所でのふるまい方など社会的なルールは、口頭で伝えると共に、子どもにわかりやすく図示したり、「約束」として箇条書きにして文字で伝えると、子どもは理解しやすい。その際、単に約束を守らせる、というのではなく、子どもなりにわかる理由を示し、「～だから、こうした方がよい。そうすると相手の気持ちもいいし、○○ちゃん（本人）にもいい」ということを理解できるように示す。それにより形の上だけでルールを守るのではなく、気持ちの底から納得し「腑に落ち」て、後にもやもやと残る気分がなく、ルールを身につけることができる。

【絵本・ことば遊び】絵本を読んだり絵本を用いた役割遊びも行った。文を連ねた文章やストーリーの流れ（起承転結）や因果関係の理解、たとえばブランコに乗せてもらえないとつまらないという登場人物の気持ち、順番に交替して乗るという社会的ルールの習得にも役立ち、一種のロールプレイによるソーシャルスキルトレーニングにもなる。

簡単なことば遊び（なぞなぞ）を導入し、「足にはく」→「クツ」という身体部位と対応した身につける物の語彙から、次第に「雨が降った時にさす物（カサ）」と条件が加わる語彙、「赤くて丸い果物（リンゴ）」「鼻が長い動物（ゾウ）」と上位カテゴリーや属性と知識を必要とする語彙へと難易度を増していった。役割交替し、D児が発問者となることも導入した。当初D児は「アメガフッタハクナガグツ、ナーンダ？」と答えを言ってしまうが、特に修正することなく言語聴覚士は「雨が降った時に履くのは…長靴！！」と答えた。このように大人から見れば誤りだが、習得途上の子どもでは誤りを修正せず、大人はさり気なくモデルを示し、許容した方がよい場合が多い。カルタやしりとりなどのことば遊びも導入した。

コミュニケーションを通して、周囲の人や環境が理解でき、自分の意志や気持ちを表現できることにより、自己肯定感（セルフエスティーム）を持ち、安定して生活することができる。自己肯定感は乳幼児期から学童期・成人期まで、それぞれの時期で成立するが、特に乳幼児期では、保護者が子どもを信頼し、それを子どもに伝える＝誉める・共感することにより育成される。そのためにも療育と保護者支援・家族支援の重要な柱としてコミュニケーションを位置づけ、適切な支援を行うことが重要である。

参考文献

1) 倉井成子・編, 矢口養護学校小学部・著：“S-S法”によることばの遅れとコミュニケーション支援. 明治図書出版, 2006.
2) 佐竹恒夫：言語発達遅滞訓練マニュアル〈2〉. エスコアール, 1994.
3) 佐竹恒夫, 東川 健・監修：発達障がいと子育てを考える本②　はじめてみよう　ことばの療育.

ミネルヴァ書房，2010.
4) 東川　健，東川早苗：自閉症スペクトラムの子どもとの家庭でのコミュニケーション－言葉の前の段階から2～3語文レベルまで．エスコアール，2007.

　　　　　　　　　　　　　　　　　　　　　　　　　　　　　　　　　　　　（佐竹恒夫）

3.10 みんなと活動する力を育む

　乳幼児期の子どもに求められる社会性とはどのようなものなのか。
　さらに、発達支援を必要とする乳幼児にとってはどのような意味を持ち、何を支援しなければならないのかについて、この章では考えていくこととする。
　社会性という時に考えられるキーワードとして、「対人関係」「コミュニケーション」「集団生活」などが思い浮かぶ。
　もちろん対人関係のあり方は、生活年齢や発達段階によって変化していくものである。身近な人からだんだん広がって、その延長線上に同年代の子どもたちとの集団生活があると言えるだろうし、さらに地域・社会での生活へと繋がっていく。
　コミュニケーションは、社会性を構築するうえでの下部構造ということになるのだろうか。言語は、そのための道具の一つと言えるだろう。非言語的な手段も重要である。
　これらと、発達支援の現場で作成される個別支援計画との関係や、SST（Social Skills Training）などの手法との関係も整理したい。

1　発達段階と社会性

　乳幼児期は、生理的基盤の確立と、抗重力姿勢から自力移動の獲得、コミュニケーション手段としての言語を獲得する時期と言えるだろう。
　その中で、どのようなことが起こるのか、「社会性」の観点で、また発達段階に沿って整理してみることにする。

1.1　乳児期前半

　ここでは、出生から4か月くらいまでの時期を指している。
　新生児は、多くの場合3～4時間ごとに起きて授乳を必要とする生活リズムにあるが、昼間の日照を十分に浴びることで自律神経が発達し、徐々に夜にまとめて寝るリズムを獲得していく。同時に、仰臥位のみの姿勢から重力に抗した姿勢である伏臥位へと移行していく。定頸（首のすわり）の目安は生後3か月過ぎ頃である。視覚、聴覚などを駆使して、外界のものや人への関心を支えに重力に抗して獲得するのである。
　この時期を「社会性」の観点で見てみるとどうなるか。「お腹がすいた」「眠たい」「お尻

が汚れて気持ち悪い」など、主に生理的な「不快」に対するセンサーを働かせて、周囲に発信を行っている。これらの不快の感覚は、一方で「お腹いっぱい」「十分寝られた」「お尻がさっぱりでいい気持ち」という「快」の感覚があってこそ対極のものとして感じられるのである。この時期の子どもは、それら「快」の状態を自分では作りだせない。「不快」から抜け出すこともできない。周囲の大人によってしか実現できないのである。ただし、周囲の大人は子どもからの「不快」の発信がなければ気がつかないし、対処もできない。つまり、「不快」のサインを見逃さずに対応し、「快」の状態を作りだす大人の存在があってこそ、子どもからの発信に意味が生じるのである。大人が受信し、対処することで再び発信する動機も生まれる。まさに双方向のコミュニケーションが成立し、人と人との信頼関係の基礎が作られているのである。結果として4か月頃には、大人の「あやし」に対して微笑み返すことができるようになってくる。不可分な母子の関係から自分と母親という2者の関係＝二項関係を構築していく準備を進めている。この場面で、子ども側に発信しにくい状態があったり、発信が弱い、受信されない、受信はしても対処されないなどの条件が重なると、発信は一方的で虚しいものになり、当然信頼関係も生まれにくくなる。この頃に「発達支援」の場に繋がることは極めてまれであり、家庭において主に親子の間でこれらのやりとりもなされる。しかし、あとになって対応する際に、ここまで遡って関わり方を検討することも念頭においておく必要がある。

1.2 乳児期後半

　乳児期前半以降、1歳頃までの時期である。いわゆる母子一体の状態から、少しずつ離れていく準備をする時期であり、それゆえにもつれ、扱いにくい時期でもある。「人見知り」や「母子分離不安」は、生後8か月前後で起こることが多い。不可分なほど一体化した母子の関係だった乳児期前半だが、徐々に母親を自分の外にいるものと認識するようになる。最も親密な関係にある存在ととらえることで「お母さんがいい」「お母さんでなければいや」「姿が見えなくなると不安」で、泣き叫んだり、あとを追ったりする。子どもによっては、母親の姿が見えなくなると激しく泣いてあとを追ってくるため、「母親がトイレにも行けない」状態も生まれる。

　乳児期前半で獲得してきた二項関係を充実させることによって、自分、第二者としての母親、さらに第三者も認識していく。母親と第三者を区別することで「人見知り」も起こる。扱いにくい、育てにくいと感じる出来事であるにもかかわらず、社会性の発達にとっても大きな意味を持つ節目なのである。乳児期後半は、まさにこの三項関係を作りあげていく時期でもある。

　三項関係とは、人との関係だけに限らず、自分と第二者との間にある「もの」という三つの関係も同様に成立させていく。ところで、この時期の手指の操作面での特徴は「出す出す」である。ティッシュだったら一箱全部。整理ダンスの抽斗が開いていればすべての

衣類を引っぱり出す。ひたすら出し続ける。見事なほどの散らかし屋ぶり。それが、1歳の誕生日前後になると「置く」「入れる」などの「定位」の方向に向かっていく。四つ這い、たかばい、伝い歩きなど抗重力姿勢を獲得しながら、自由に移動する力を身につけていく過程も、ただ動き回るのが楽しい状態から、興味のあるもの、人などを目指して移動する「目的移動」へと変わっていく時期である。行動全体として「一方向」を獲得していくのである。

「～だ」「～だ」と何につけても「一方向」で、切り替えはできないので、ひたすら行くだけ。蜘蛛の子を散らすように一人ひとりが自分の目的に向かって突き進む。それを止められようものなら、その場でひっくり返って怒る、泣く。そんななかで、三項関係の成立と「定位」の獲得で、たとえば身近な大人が「ちょうだい」と声をかけながら手のひらを示す働きかけをすると、「どうぞ」と手渡すこともできるようになるのがこの時期である。大人を相手にボールなどのものをやりとりする遊びも成立するようになる。

身近な大人の真似をする「動作模倣」が広がってくるのもこの時期である。

社会性が育ちにくいとされる自閉症などの発達障がいの場合は、母親への愛着関係と二項関係が育ちにくいために、三項関係の成立が困難な例がよく見られる。そのためにこの時期には「育てにくさ」や「気になる」状況として発達障がいの発見が可能とされている。ただし、法定の健診は1歳6か月以降で、1歳前は医療機関への委託で行われるため「様子を見る」「母親が積極的に関わる」などの指導をされていることが多いようである。

1.3　幼児期前期

ここではおおむね1歳後半くらいまでを指している。歩き始め、ことばの出始めの時期である。1歳6か月健康診査（1歳半健診）は70年代には法定化されており、そのことからもこの時期が発達の大きな節目であることが広く認知されていることがわかる。

二足歩行と、言語によるコミュニケーションはヒトとしての顕著な特徴であり、それを我がものにするのだから、いよいよヒトらしくなってくるということだろう。

この前の段階で獲得した「一方向」をさらに太らせて「～ではなく○○だ」と、二者択一が可能になる。布団に頭からもぐりこんでいた、滑り台の階段を上がり、そのまま手から滑っていく、「ごみポイしてきて」の声かけは理解してゴミ箱まで行くが、そのまま戻っては来ない、などといった「一方向」の行動様式から、足から布団に入る、滑り台を上りきったら、身体の向きを変えて足から滑る、ごみを捨てると戻ってきて「ほらできたよ」と言わんばかりに顔を見る、などといった折り返し点のある行動に切り替わっていく。そこには、ことばの理解が進んでいることも大きく関わっている。

たとえば、トイレに行った後パンツをはかずに走り回っている、トイレに行くという目的を果たしたのでそれで終わりになるのが、1歳前半まで。そこに「パンツをはきなさい」と声をかけてもたいがいは「いやー」と逃げ回るのである。そこで、目の前に2枚のパン

ツを示して「どちらをはく？」と聞いてみる。二者択一で「こっち」と気に入った方を自分で選び、うれしそうにはこうとする。2つのモノから「〜でなく〇〇だ」と選べることで、自分で決められることの意味も大きい。併せて、「〇〇をしてから、△△をする」「〇〇をする前に、△△をする」など、ひとつ先の目標に向かって、別の事柄にも取り組めるのである。

運動面での発達に不安を抱える子どもを持った家族は、「まず歩けるように」と願い、目標を立て、「歩けるようになったら、次はことば」というように段階的な目標を持つことが多いようである。

しかし、この時期の特徴は、運動、行動、操作、認識、表出などそれぞれの面で折り返し点を作っていくことなので、本来は目的移動もことばも同時に育っていくものである。

1歳半の節目を越えると、家族との関係だけでなく、他の大人や子どもを含むさまざまな関係の中でも折り返し点を作っていくので、集団での活動をそれ以前と比べると著しく円滑に行えるようになる。言語面での発達が落ち込むタイプの子どもの場合は、ジェスチャーや写真・絵カードなど、非言語的な手がかりを使った「視覚支援」も有効である。

1.4 幼児期中期

ここでは、2歳から3歳半くらいまでを指している。幼稚園・保育園の3年保育入園前に相当する。ことばによるコミュニケーションも、単語（1語文）から2語文を獲得し、表現力が増してくる。認識面でも、行動面でもさまざまな場面で「折り返し点」ができてくると、周囲の大人とは、ことばで気持ちを伝えたり、ことばで行動をコントロールしたりできるようになる。

また、二者択一の自己決定をさまざまな場面で展開するうちに、「他人のものではなく、自分のもの」という明確な認識ができるようになる。身のまわりのことなどで、実はひとりでは十分にやりきれないのだが、「自分でやりたい」「自分でする」気持ちが芽生えてくる。自我の芽生えである。たとえ自分ひとりではうまくできなくても、自分で選んで自分で決めたいという気持ちにあふれている。靴を履くのを手伝おうものなら、脱いでしまい、「じぶんでー」と言いながらやり直す。そんな場面がしばしば見られるのである。自我の芽生えは、人格の発達の面からも、社会性の発達の視点からも、大きな出来事であるが、「自分で」「自分が」が昂じて、いわゆる駄々こねになることも多い。わがままととらえるか、自我の芽生えから拡大という人格発達の過程ととらえるかで、大人の関わり方も変わる。その後の人格発達への影響も大きいだろう。自我をしっかり育てること。自己主張をしっかりさせること。そのためには、それを受けとめることが不可欠である。どの時期にも同じように、子どもの側が発信していることを受信し、そのことに対応することが重要なのである。対応するとは、言いなりになることではなく受けとめることである。

1.5 幼児期後期

就学までの2年ほどは、「自制心」を育む時期である。自我を十分に膨らませて、思い切り自我を主張する。それをきちんと受けとめてもらう体験を重ねる。行動面では、「○○しながら、△△する」という風に2つのことを同時に処理できるようになる。たとえば、片足で立ちながらその場で跳ぶ＝ケンケンができるようになったり、両足を交互に屈伸させて三輪車がこげるようになる。認識面でも、「○○でなく、△△だ」から、「○○だけれども、△△だ」へと、折り返し点を2つ持てるようになり、「我慢」ができるようになるには、「自我」の拡大をきちんと受けとめてもらえる体験を積み重ねることが背景となってくる。順番を待つ（早くやりたいけれど、友達も同じように早くやりたいのだから、順番を待つ）。鬼ごっこで鬼ができる（捕まったら鬼になることはわかるが、鬼にはなりたくない。でも、鬼ごっこを楽しむためには仕方ないから鬼の役をする）。知的障がい者が集団の中で働くには、この「自制心」の獲得が必要と言われている。3歳半くらいの発達の節目を越えていれば仕事ができるということらしい。

幼児期の社会性の発達の目標が、ここにある。

2 社会性を育む働きかけ

近年の制度の動きの中で特徴的なのは、通園施設にしろ、児童デイサービスにしろ、個別支援計画の充実が求められていることである。

特に児童デイサービス事業（Ⅰ型）では、2006年10月の障害者自立支援法本格施行に際して、個別支援計画を管理するために「サービス管理責任者」をおくことが指定基準となった。

ここで、本章のテーマである「社会性」に視点を当てると、どのような個別支援計画が必要になってくるのだろうか。特に、前項であげたような生活年齢に比べて、社会性の発達に遅れがあるような場合に、どのような支援が必要となるのか。

たとえば、対人関係とりわけその距離感をつかみにくいとされる発達障がいの子どもたちの場合、その方法としてSST（Social Skills Training）などが有効と言われている。

2.1 SST（Social Skills Training）について

SSTは、カリフォルニア大学のロバート・リバーマン教授が、精神障がい者等の社会復帰のプログラムとして考案したもので、「社会生活技能訓練」や「生活技能訓練」などと呼ばれている。コミュニケーション技術を向上させることによって困難さを解決しようとする技法で、統合失調症の治療から学校教育にまで幅広く利用されている。

周囲の人とのコミュニケーションがうまくいかない時、どういうやり方で表現するかと

いうことが大切であり、表情や、声の大きさ、声の調子、話をする時の相手との距離や視線を合わせるか、タイミングの取り方などがあり、これらを「非言語的行動」と言う。ことば（言語）以外のこうした要素がコミュニケーションのうえで大切であり、状況に合わせて、言語的・非言語的行動を上手に用いて、自分の気持ちや考えをうまく人に伝える能力をソーシャル・スキル（生活技能）と言う。

日常生活は、さまざまな行動から成り立っている。対人関係を含むものは「社会生活技能（Social Skills）」と呼ばれるが、直接的には対人関係を含まないものもたくさんある。家庭の中では、食事をする、整理整頓をする、清潔にする、身なりを整えるなどが必要となる。電話をかける、電車や公共交通機関を上手に利用する、役所や図書館などの公共施設・機関を利用する、なども世の中で生きていくために大切なことである。

日常生活をスムーズに行うために必要な行動を日常生活技能（Living Skills）として、最近では、その向上に SST を用いる試みが行われるようになっている。

SSTはそのテーマを自由に選ぶことができ、またトレーニングの方法も多彩であるが、主にボトムアップ、モデリング、ロールプレイ、ホームワーク、フィードバックなどがパッケージになっている（SST 普及協会のホームページを参照）。

3 乳幼児期の社会性を育む

しかし、社会性を育むという点から支援計画を見直した時に、個別的な働きかけだけでは十分だろうか。パターン的に同じ場面でいつも同じように行動することだけでは、本当に人との関わりが豊かに育っているとは言えないだろう。相手や周囲もいつも同じ反応をするとは限らないのであるし、子ども同士ならはなおさらである。社会性とは、SSTなどを使ってある程度の日常生活動作を身につけることを前提にしつつ、子ども集団の中で、その関わりの中で、失敗しながら育つものではないだろうか。

冒頭で記したように、運動面、認識面の発達と合わせて、人格面の発達を促すうえでは、子どもの自発性、自己選択、自我をしっかり受けとめつつ、折り返し点を作り、自分で折り合いをつけていく力を育てていくことが重要なのである。

そのためには、一口に集団といっても、単に人が複数いればよいというわけではないだろう。いつもの部屋、いつものお友だちに、いつもの先生というような、そんな安心できる環境のもとにある集団であることが必要である。

ここで、通園施設・児童デイサービスに求められるのは、家庭と違う第2の生活の場として、日々通える場を保障すること、安定した日課と、集団の中で一貫性のある働きかけがなされることである。

将来的な自立を大きな目標とした時に、自分で何でもできることを目指しても、障がい

の有無にかかわらず土台無理なことである。

　できる範囲のことは、なるべく自分でできるように支えていくことはもちろんだが、自分で選び、自分で決められる、自分でできないことには助けを求める、集団であれば当然起きる衝突に対して、逃げることなく正面からぶつかりながら、相手の気持ちも受け止めて、折り合いをつけてられるように支えていくことが、発達支援の役割である。それは、乳幼児期であっても同様で、とりわけ生活年齢や、発達段階、障がいの特性などを丸ごととらえつつ、家庭と連携しながら一貫した働きかけを行うことで社会性を育むことができるだろう。

> 引用文献

1) SST普及協会HP，http://www.jasst.net/.

> 参考文献

1) 田中昌人・田中杉恵：こどもの発達と診断1　乳児期前半．大月書店，1981．
2) 田中昌人・田中杉恵：こどもの発達と診断2　乳児期後半．大月書店，1982．
3) 田中昌人・田中杉恵：こどもの発達と診断3　幼児期Ⅰ．大月書店，1984．
4) 田中昌人・田中杉恵：こどもの発達と診断4　幼児期Ⅱ．大月書店，1986．
5) 田中昌人・田中杉恵：こどもの発達と診断5　幼児期Ⅲ．大月書店，1988．
6) 堀江重信：にこにこ赤ちゃん．新日本出版社，1999．

〔加藤　淳〕

第4部
発達支援に関わる制度

- 4.1 児童福祉制度の現状とその動向
- 4.2 保育制度の現状とその動向
　　　―障がい児保育を中心に―
- 4.3 幼児教育制度の現状とその動向
　　　―障がい幼児教育を中心に―
- 4.4 特別支援教育の制度とその動向
- 4.5 障がいのある子どもの保健医療制度とその動向
- 4.6 海外の発達支援の制度とその動向
- 4.7 障害者の権利条約と子ども

4.1 児童福祉制度の現状とその動向

　わが国の児童福祉施策については、戦前より民間実践家の先駆的かつ献身的な取組がある中、その法体制は戦後に整備された。60年以上が経過した現在では、核家族化や都市化の進行に伴う、子育て支援機能の低下など、子どもを取り巻く環境が大きく変化している。

　本稿では、子どもや、子どもを取り巻く家庭や地域社会の対策も含めた総合的な制度である児童福祉法を基本として、障がいのある子どもと家族を支援する各種の取り組みとその動向について、さまざまな視点の資料を踏まえて概説する。

1 児童福祉法の成立

1.1 設立の背景

　敗戦直後のわが国は、戦災による社会の混乱と困窮により国民の生活水準は著しく低下し、あらゆる面に大きな打撃を受けた。なかでも子どもに対する影響は痛ましく、社会情勢の象徴とも言える浮浪孤児や戦災孤児、遺児たちに対する児童保護対策が緊急課題となった。こうした社会的背景の中、1947（昭和22）年に「児童福祉法」が成立した。

1.2 児童福祉法の理念

　同法は、福祉国家の建設の理想を掲げた日本国憲法（1946［昭和21］年公布）の理念に基づき、すべての児童のための基本的な法律で、第1条第1項に「すべて国民は、児童が心身ともに健やかに生まれ、且つ、育成されるよう努めなければならない」と理念がうたわれている。また、第2条には「国及び地方公共団体は、児童の保護者とともに、児童を心身ともに健やかに育成する責任を負う」と、子どもに対する福祉を図る責任を、保護者と共に、国および地方公共団体においても有していることを明確にしている。

1.3 児童福祉法と「児童憲章」および「子どもの権利条約」との関係

　児童福祉法制定後、広く国民に児童観や児童福祉の理念を普及させるため、1951（昭和26）年に制定された「児童憲章」、また、国連総会において1989（平成元）年に採択

（わが国は1994［平成6］年に批准）された「子どもの権利条約」においても、児童は心身共に健やかに育成されるべきことを理念として規定されている。これは国民が次代を担うべき児童の基本的人権を認め、その福祉の保障と増進とを誓ったものであり、障がいのある子どもについても同様である。

1.4 児童福祉法と他の児童福祉施策との関連性

わが国の児童福祉施策は、児童福祉法の理念の下、関連する各種法律に基づいて母子保健対策、保育対策、母子家庭対策、そして、児童の健全育成対策と共に障がい児対策へと拡充してきた。

そして、平均寿命の伸長、出生率の低下等に伴い少子高齢化を迎えている今日、次代の社会を担う児童を心身共に健全に育成することは、喫緊かつ重要な国民的課題となっており、国、地方公共団体等が相互に連携を図りながら児童福祉の向上に努めている（図1）。

2 障がいのある子どもと家族の支援

子どもが健やかに生まれ、育まれる環境づくりは、障がいのあるなしにかかわらず重要な課題であり、喫緊の課題である。とりわけ障がいのある子どもや家族は、ライフステージを通じ、さまざまな関係者・機関の連携体制による一貫した継続的な支援が必要である（図2）。

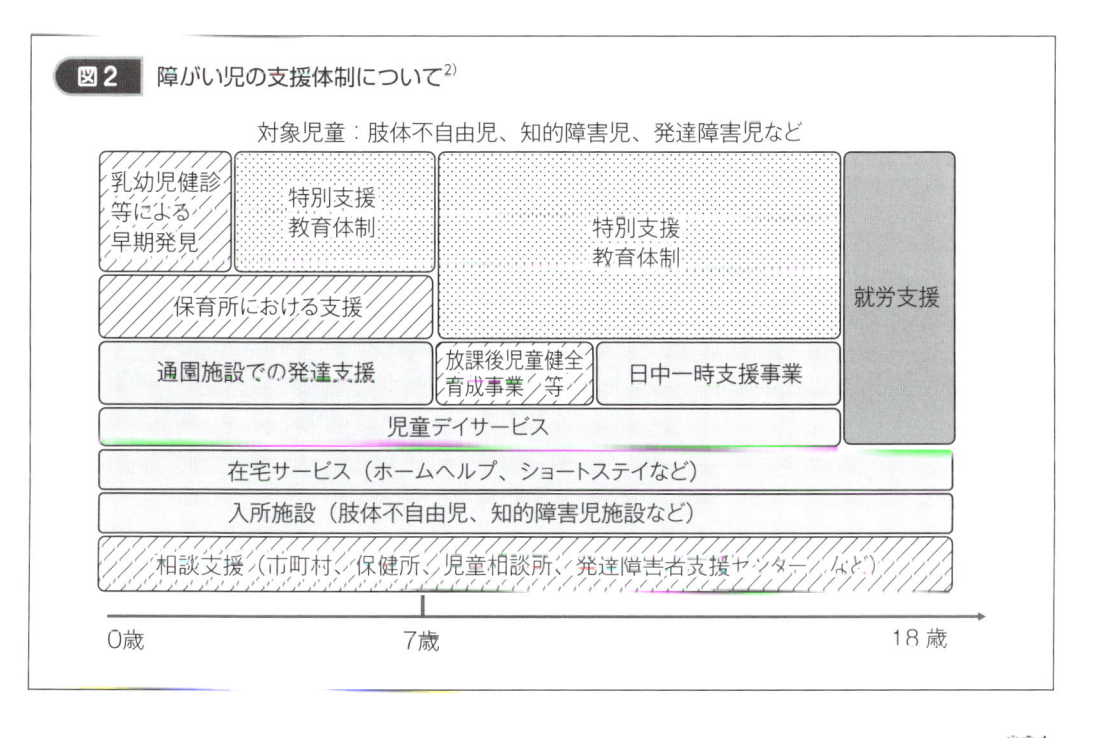

図2　障がい児の支援体制について[2]

対象児童：肢体不自由児、知的障害児、発達障害児など

- 乳幼児健診等による早期発見
- 特別支援教育体制
- 保育所における支援
- 通園施設での発達支援
- 放課後児童健全育成事業　等
- 日中一時支援事業
- 就労支援
- 児童デイサービス
- 在宅サービス（ホームヘルプ、ショートステイなど）
- 入所施設（肢体不自由児、知的障害児施設など）
- 相談支援（市町村、保健所、児童相談所、発達障害者支援センターなど）

0歳　　　7歳　　　18歳

発達支援に関わる制度

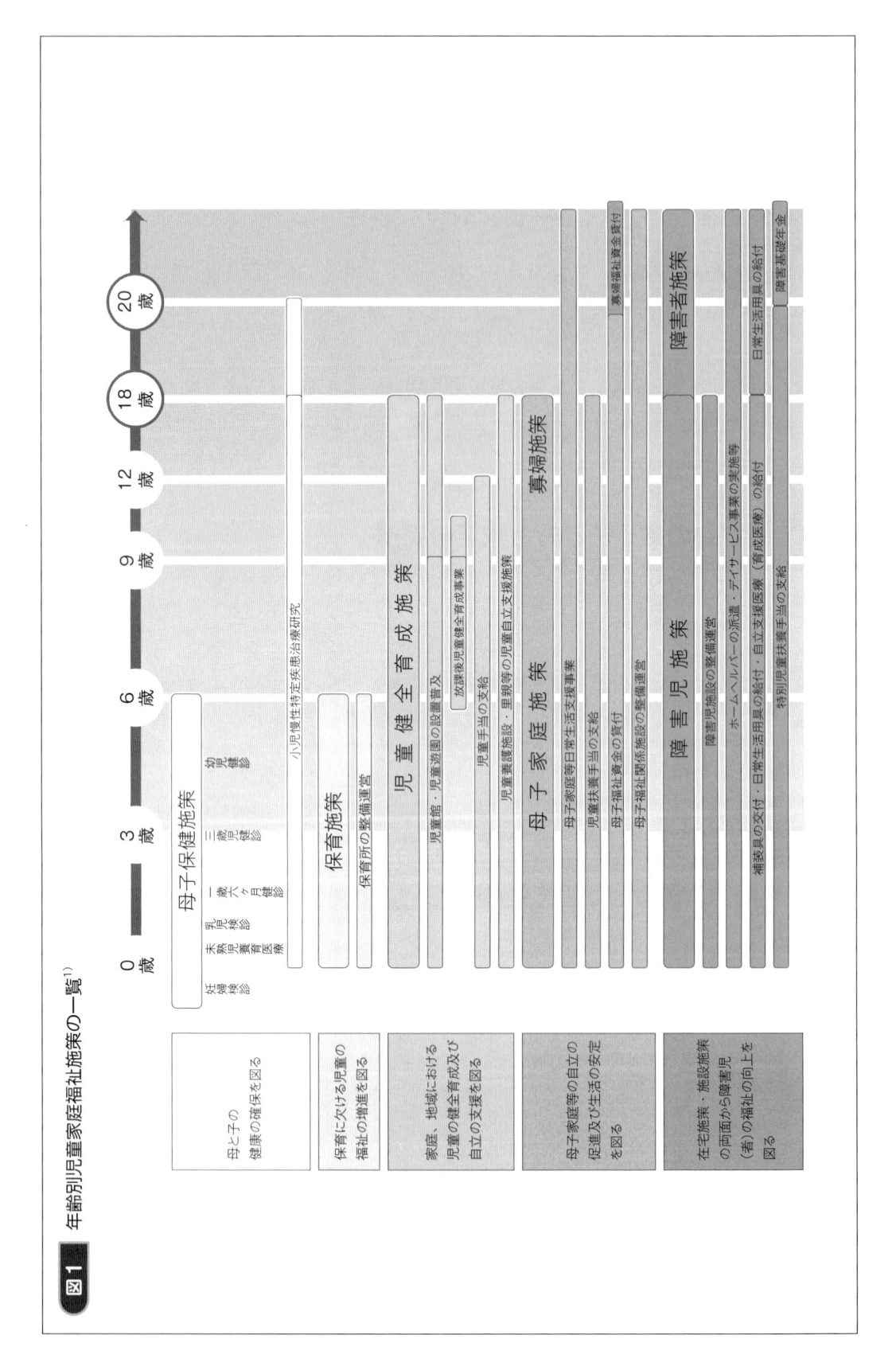

図1 年齢別児童家庭福祉施策の一覧[1]

施策区分	0歳	3歳	6歳	9歳	12歳	18歳	20歳
母子保健施策	妊婦健診・乳児健診・未熟児養育医療	一歳六ヶ月児健診・三歳児健診	幼児健診	小児慢性特定疾患治療研究			
保育施策	保育所の整備運営						
児童健全育成施策		児童館・児童遊園の設置普及		放課後児童健全育成事業			
母子家庭施策		児童手当の支給／児童養護施設・里親等の児童自立支援施策／母子福祉関係施設の整備運営					
		母子家庭等日常生活支援事業／児童扶養手当の支給／母子福祉資金の貸付				**寡婦施策** 寡婦福祉資金貸付	
障害児施策		障害児施設の整備運営／ホームヘルパーの派遣・デイサービス事業の実施等／障害児用具の給付・自立支援医療（育成医療）の給付／特別児童扶養手当の支給				**障害者施策** 日常生活用具の給付／障害基礎年金	

- 母と子の健康の確保を図る
- 保育に欠ける児童の福祉の増進を図る
- 家庭、地域における児童の健全育成及び自立の支援を図る
- 母子家庭等の自立の促進及び生活の安定を図る
- 在宅施策・施設施策の両面から障害児(者)の福祉の向上を図る

2.1 障がい児・者数の状況

わが国の障がい児者数の状況は表1の通りで、在宅の身体障がい児者および知的障がい児者を対象にした5年に1回の実態調査や全国の社会福祉施設などを対象に毎年実施している社会福祉施設などの調査から、また、精神障がい者は3年に1回、全国の医療機関を対象に実施している患者調査から推計しているもので、障がい児数は3障がいいずれも増加している。

なお、広汎性発達障がい（自閉症など）、学習障がい（LD）、注意欠陥・多動性障がい（AD/HD）などの発達障がいについての調査は行っていないが、「知的障害児（者）基礎調査」や「患者調査」の対象者の中に含まれていると考えられる。

2.2 障がい児（者）施策の歴史

戦争で負傷した傷痍軍人対策の流れを汲む「身体障害者福祉法」が1949（昭和24）年に、そして、知的障がい者を対象とした「精神薄弱者福祉法」（現在の「知的障害者福祉法」）が1960（昭和35）年に成立し、身体障がい者および知的障がい者に対する施設などの設置が推進された。また、現在の「精神保健及び精神障害者福祉に関する法律」の元となる「精神衛生法」は1950（昭和25）年に制定され、適切な医療・保護の提供を目的とした入院処遇を中心とした対策が講じられた。

このように、わが国の障がい福祉施策は、障がい種別に制度を構築し拡充されたが、具体的には障がい児者の福祉の向上を目的に、施設入所や入院を中心に進められてきた経緯

表1 障がい児・者数の推移（文献3、各データを基に障害保健福祉部が行政説明用に作成）

（万人）

	H8年前後[注1]	H13年前後[注2]	H18年前後[注3]
身体障がい者	317.7	351.6	366.3
うち障がい児（18歳未満）	9.0	9.0	9.8
知的障がい者	41.3	45.9	54.7
うち障がい児（18歳未満）	9.6	10.3	12.5
精神障がい者	218.1	258.4	290.0
うち障がい児（20歳未満）	16.3	14.2	17.7
合計	577.1	655.9	744.2
うち障がい児	34.9	33.5	40.0

（注1） 身体：平成8年、知的：平成7年、精神：平成8年のデータ
（注2） 身体：平成13年、知的：平成12年、精神：平成14年のデータ
（注3） 身体：平成18年、知的：平成17年、精神：平成20年のデータ

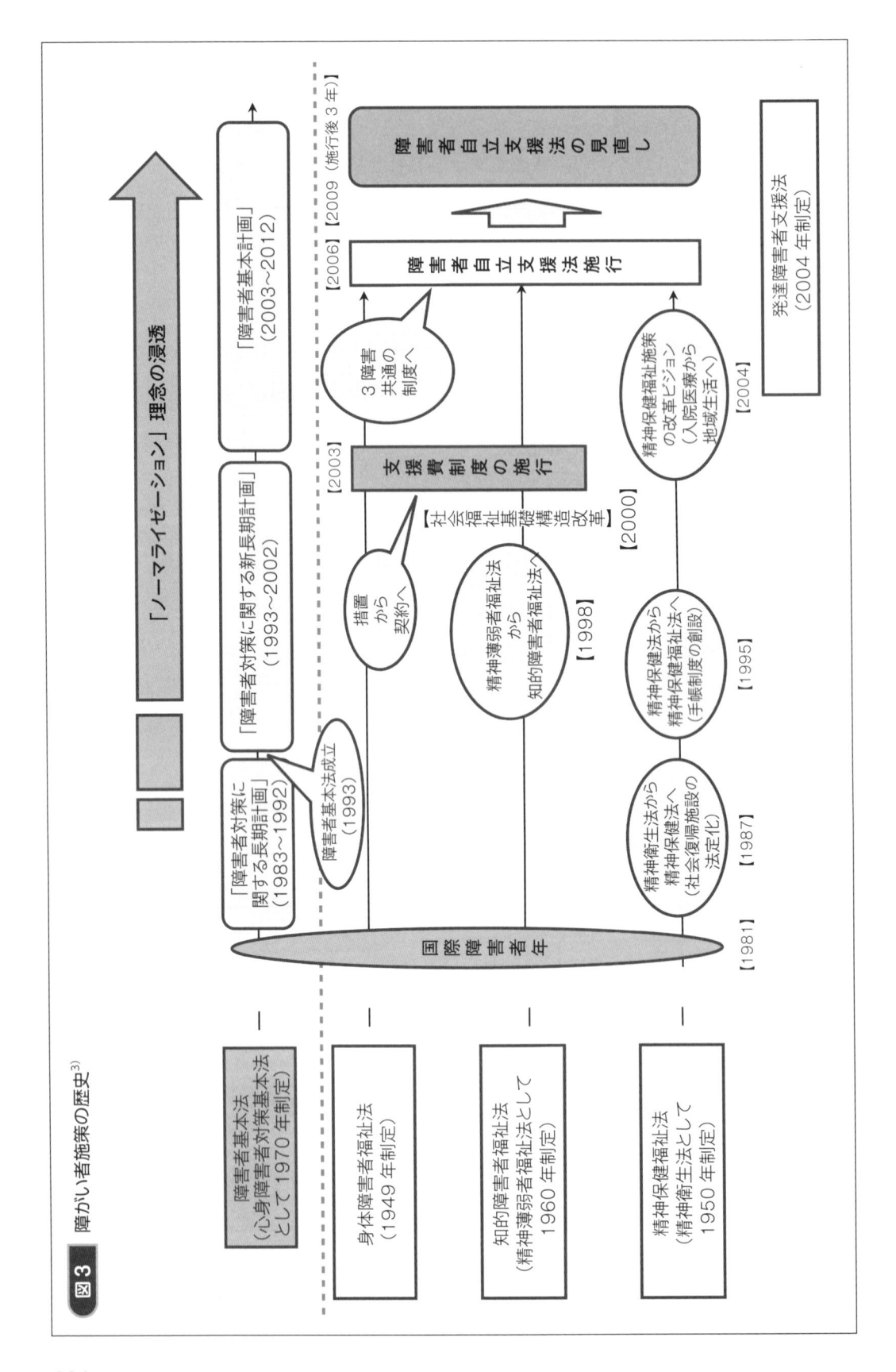

図3 障がい者施策の歴史[3]

「ノーマライゼーション」理念の浸透

- 障害者基本法（心身障害者対策基本法として1970年制定）
  - 「障害者対策に関する長期計画」(1983〜1992)
  - 「障害者対策に関する新長期計画」(1993〜2002) — 障害者基本法成立（1993）
  - 「障害者基本計画」(2003〜2012)

- 身体障害者福祉法（1949年制定）

- 知的障害者福祉法（精神薄弱者福祉法として1960年制定）
  - 【1998】精神薄弱者福祉法から知的障害者福祉法へ

- 精神保健福祉法（精神衛生法として1950年制定）
  - [1987] 精神衛生法から精神保健法へ（社会復帰施設の法定化）
  - [1995] 精神保健法から精神保健福祉法へ（手帳制度の創設）
  - [2004] 精神保健福祉施策の改革ビジョン（入院医療から地域生活へ）

[1981] 国際障害者年

【2000】社会福祉基礎構造改革

[2003] 支援費制度の施行（措置から契約へ）

[2006] 障害者自立支援法施行（3障害共通の制度へ）

[2009]（施行後3年）障害者自立支援法の見直し

発達障害者支援法（2004年制定）

334

がある。

　その後、入所施設が着実に整備され、昭和40年代以降になると家庭や地域における養育支援の重要性や、障がい者に対する一元的かつ総合的な政策の推進の必要性が認識され、1970（昭和45）年に「心身障害者対策基本法」が成立した。同法は1993（平成5）年に「障害者基本法」として改正され、精神障がい者、身体障がい、知的障がいが並んで同法の中に位置づけられ、また、「障害者基本計画」が定められることとなった。さらに、「完全参加と平等」を掲げた国際障害者年（1981［昭和56］年）以降、北欧から生まれた障がいのある人の普通の生活を主張した「ノーマライゼーション」の理念も大きな影響を与えている（図3）。

2.3　障害者自立支援法等の施行

　ノーマライゼーションの浸透に伴い、障がい者の自立と社会参加、また、施設設備中心の施策から在宅福祉に対する支援への認識が高まり、さらに、年齢や障がい種別を越えた新しいサービスの利用制度への見直しから「社会福祉基礎構造改革」が打ち出された。これを踏まえ、2000（平成12）年に身体障害者福祉法、知的障害者福祉法、児童福祉法等が改正され、2003（平成15）年に従来の行政がサービス内容を決定していた「措置制度」から、利用者自身がサービス内容を選択し決定する「支援費制度」へ移行した。さらに、2006（平成18）年に支援費制度の見直しやノーマライゼーションの理念に基づき、障がいのある人が地域で安心して普通に暮らせる街づくりを目指して「障害者自立支援法」が施行された。同法は、それまでの身体、知的、精神という障がい種別ごとに異なる法律に基づいたサービスや施策を一元化し、共通の制度とすると共に、必要な福祉サービスの質・量共に充実する仕組みを念頭に定めたものである。

　また、従来の福祉サービスの対象として取り上げられることの少なかった広汎性発達障がい、学習障がい、注意欠陥・多動性障がいなどの発達障がいに対する定義や理解の促進、地域における一貫した支援の確立などを明確にした「発達障害者支援法」が2005（平成17）年に施行された。

　このように、わが国では障がいのある子どもやその家族に対する支援については、障害者基本法や児童福祉法を基本として、身体障害者福祉法や知的障害者福祉法、障害者自立支援法などに基づき、医療、保健、教育などの各分野にわたり、国、地方自治体などが相互に連携を図った施設サービスや在宅支援サービスにより、「自立と共生」の実現に向けて総合的な福祉施策が展開されてきた。

　さらに、今後の障がいのある子どもへの支援の方向性として、障がいの重複化に対応し、身近な地域で支援を受けられるようにするために、専門性を尊重しつつ、障がい種別を超えた支援の仕組みづくりが求められるようになってきた。

　なお、障害者自立支援法の施行に伴い児童福祉法が改正され、障がい児施設の利用は、

従来の行政権限による措置入所と、保護者の申請に基づく契約入所の2通りとなっている。前者は、保護者の虐待等の場合に行われる。

2.4 障がい児施設などの体系

なお、障がい児通園施設などの基準などについては、以下に詳細を述べる（図4、表2）。

2.5 手当制度の概要

障がいのある子どもの家族に対する経済的負担の軽減を目的に各種手当の支給を行っている。

表3は国の制度の例だが、この他にも自治体独自の手当制度もある。

表3 障がい児に関する手当制度の概要[4]

	特別児童扶養手当	障害児福祉手当
目的	精神又は身体に障害を有する児童について手当を支給することにより、これらの児童の福祉の増進を図る。	重度障害児に対して、その障害のため必要となる精神的、物質的な特別の負担の軽減の一助として手当を支給することにより重度障害児の福祉の向上を図る。
支給要件	1. 20歳未満 2. 在宅のみ 3. 父母又は養育者が受給	1. 20歳未満 2. 在宅のみ 3. 本人が受給
障害程度	1級…身障1級2級及び3級の一部 2級…身障2級の一部、3級及び4級の一部 ※精神及び知的は上記と同程度	身障の1級及び2級の一部 ※精神及び知的は上記と同程度
給付月額 21年度	1級　50,750円 2級　33,800円	14,380円
所得制限 （年収）	1. 本人（4人世帯）7,707千円 2. 扶養義務者（6人世帯）9,542千円	1. 本人（2人世帯）5,656千円 2. 扶養義務者（6人世帯）9,542千円
給付人員 （20年度末）	1級　100,108人 2級　85,385人	63,994人
21年度 予算額	96,282,408千円	8,367,631千円
負担率	国　10/10	国　3/4 都道府県、市及び福祉事務所設置町村　1/4
支給事務	国	都道府県、市及び福祉事務所設置町村

（注）所得制限限度額は、平成14年8月からの額である

図4　障がい児施設等の体系[2]

入所施設：474カ所（24,279人）　　通所施設：380カ所（13,028人）　　児童デイサービス：1,159カ所（35,676人）

区分			施設	根拠法令	施設の性格
身体障害児	肢体不自由	入所施設	肢体不自由児施設 63カ所　2,703人	児童福祉法第43条の3	肢体不自由の児童を治療し、独立自活に必要な知識、技能を与える。
		入所施設	肢体不自由児療護施設 6カ所　241人	児童福祉法第43条の3 （最低基準第68条）	病院に入所することを要しない肢体不自由のある児童であって、家庭における療育が困難なものを入所させ、治療及び訓練を行う。
		通所施設	肢体不自由児通園施設 98カ所　2,448人	児童福祉法第43条の3 （最低基準第68条）	肢体不自由の児童を通所させて治療し独立自活に必要な知識技能を与える。
	視覚・聴覚・言語障害	入所施設	盲児施設 10カ所　177人	児童福祉法第43条の2	視覚障害児童を入所させ、独立自活に必要な指導又は援助を行う。
		入所施設	ろうあ児施設 14カ所　168人	児童福祉法第43条の2	聴覚・言語障害児童を入所させ、独立自活に必要な指導又は援助を行う。
		通所施設	難聴児通園施設 25カ所　750人	児童福祉法第43条の2 （最低基準第60条）	強度の難聴の幼児を保護者のもとから通わせて、必要な指導訓練を行う。
	重複（身・知）障害	入所施設	重症心身障害児施設 124カ所　11,395人	児童福祉法第43条の4	重度の知的、重度の肢体不自由が重複している児童を入所させ、治療及び養護を行う。
知的障害児		入所施設	知的障害児施設 251カ所　9,423人	児童福祉法第42条	知的障害の児童を入所させ、独立自活に必要な知識技能を与える。
		入所施設	自閉症児施設 6カ所　172人	児童福祉法第42条 （最低基準第48条）	自閉症を主たる症状とする児童を入所させ、独立自活に必要な知識技能を与える。
		通所施設	知的障害児通園施設 225カ所　9,830人	児童福祉法第43条	知的障害の児童を日々保護者のもとから通わせて保護するとともに、独立自活に必要な知識技能を与える。
三障害			児童デイサービス 1,153カ所　35,676人	障害者自立支援法 第5条第7項	日常生活における基本的動作の指導、集団生活への適応訓練等を行う事業。

※施設数及び在所者数は、平成19年10月1日現在

発達支援に関わる制度

表2 障害児通園施設等の概要（基準等）[2]

児童福祉法に基づく通所施設

施設類型	実施主体	対象者	職員の職種	設備基準	利用の実態等
知的障害児通園施設	都道府県 指定都市 児相設置市	知的障害のある児童	児童指導員 保育士 嘱託医 栄養士 （調理員）	指導室、遊戯室、屋外遊戯場、医務室、静養室、相談室、調理室、浴室又はシャワー室、便所	利用に当たっては、児童相談所長の意見（判断）が必要
難聴幼児通園施設		強度の難聴（難聴に伴う言語障害を含む）幼児	児童指導員、保育士、聴能訓練担当職員、言語機能訓練担当職員	遊戯室、観察室、医務室、検査室、訓練室、相談室、調理室、便所	
肢体不自由児通園施設		肢体不自由のある児童	診療所として必要な職員、保育士、看護師、理学療法士又は作業療法士	診療所として必要な設備、屋外訓練場、相談室、訓練室	

その他の通所施設

施設類型	実施主体	対象者	職員の職種	設備基準	利用の実態等
児童デイサービス	市町村	障害児（知的・身体・精神）	サービス管理責任者 児童指導員又は保育士 管理者	指導訓練室（必要な機械器具等を備えたもの）、サービス提供に必要な設備、備品	利用は実施主体の支給決定による

施設類型	実施主体	対象者	職員の職種	設備基準	利用の実態等
重症心身障害児（者）通園事業	都道府県 指定都市 中核市	重度の知的障害と重度の肢体不自由が重複している児童	児童指導員又は保育士 理学療法、作業療法、言語療法等を担当する者 医師、看護師 施設長	A型は、診察室、訓練室、集会室、静養室、便所、浴室又はシャワー室、調理室 B型は、本体施設の設備を利用	利用は、実施主体の決定

3 障がい児支援についての今後の動向

障がいのある子どもと家族に対する支援は、児童福祉法や障害者自立支援法等を基本として、国、地方自治体等が相互に連携を図りながら児童福祉の向上に努めてきたが、近年、その制度が大きく変化してきている（表4）。

3.1 障がい児支援の見直し検討会等

平成20年3月に、厚生労働省障害保健福祉部長の諮問機関として、有識者をはじめ、障がい児施設などの関係者からなる「障害児支援の見直しに関する検討会」が設置され、計11回の横断的かつ集中的な議論の結果、同年7月に報告書がまとめられた（図5）。引き続き、社会保障審議会障害者部会において障がい児支援の強化を含めた障害者自立支援法全般の見直しについて検討し、同年12月に報告書がまとめられた。

こうした関係者の議論の結果、障がいのある子どもに対する施策は児童福祉法を基本に再構築するなどを内容とした「障害者自立支援法等の一部を改正する法律案」が、2009（平成21）年3月31日に国会に提出された。しかし、7月30日に衆議院の解散に伴い、審議未了のまま廃案となった。

3.2 障がい児支援の強化

本稿では、「障害児支援の見直しに関する検討会報告書」などから、障害児通所施設などに関連する支援策の案や、今後の方向性として紹介する。

表4 これまでの経緯[3]

○平成18年 4月：障害者自立支援法の施行（同年10月に完全施行）
○平成18年12月：法の円滑な運営のための**特別対策**
　　　　　　　　（平成18年〜平成20年度の3年間で国費：1,200億円）
　　　　　　　　（①利用者負担の更なる軽減、②事業者に対する激変緩和措置、
　　　　　　　　　③新法への円滑な移行等のための緊急的な経過措置）
○平成19年12月：旧与党・障害者自立支援に関するプロジェクトチーム報告書
　　　　　　　　（抜本的見直しの視点と9つの見直しの方向性の提示）
　　　　　　　：障害者自立支援法の抜本的な見直しに向けた**緊急措置**
　　　　　　　　（①利用者負担の見直し、②事業者の経営基盤の強化、
　　　　　　　　　③グループホーム等の整備促進）
○平成20年12月：社会保障審議会障害者部会報告のとりまとめ
○平成21年 2月：旧与党・障害者自立支援法の抜本見直しの基本方針
○平成21年 3月：「障害者自立支援法等の一部を改正する法律案」国会提出
　　　　　　　　→同年7月、衆議院の解散に伴い**廃案**
○平成21年 9月：連立政権合意における障害者自立支援法の廃止の方針

図5 障害児支援の見直しに関する検討会の開催について[2]

ノーマライゼーションの理念に基づき、障害のある人が普通に暮らせる地域作りを目指して制定された障害者自立支援法が施行されてから約2年が経過し、この間、法の定着に向けた着実な取組を進めてきたところである。

このような中、障害児施策については、障害者自立支援法の附則において「この法律の施行後3年を目途として、障害児の児童福祉施設への入所に係る実施主体の在り方等を勘案し、必要な措置を講ずるものとする。」とされているなど残された課題の検討が必要となっているところである。

また、平成17年度に発達障害者支援法が施行されると共に、平成19年度から特別支援教育が実施されるなど、ノーマライゼーションの理念に基づいた障害児への支援も一層充実しているところである。

このように、障害児を取り巻く環境が急速に変化する中、共生社会の実現をより確かなものとするためには、障害児支援に係る課題を解決すると共に、障害児を取り巻く環境の変化に応じた適切な障害児支援の在り方について検討を行うことが必要である。

このため、今般、有識者をはじめ、関係者からなる検討会を開催し、障害児支援施策のあるべき姿について検討を行うこととする。

障害児支援の見直しに関する検討会メンバー

委員名	所属
市川　宏伸	都立梅ヶ丘病院長
柏女　霊峰	淑徳大学教授
北浦　雅子	全国重症心身障害児（者）を守る会会長
君塚　葵	全国肢体不自由児施設運営協議会会長
坂本　正子	甲子園大学教授
坂本　祐之輔	東松山市長
柴田　洋弥	日本知的障害者福祉協会政策委員会専門委員
末光　茂	日本重症児福祉協会常務理事
副島　宏克	全日本手をつなぐ育成会理事長
田中　正博	全国地域生活支援ネットワーク代表
中島　隆信	慶應義塾大学客員教授
橋本　勝行	全国肢体不自由児者父母の会連合会会長
松矢　勝宏	目白大学教授
宮崎　英憲	東洋大学教授
宮田　広善	全国肢体不自由児通園施設連絡協議会会長
山岡　修	日本発達障害ネットワーク副代表
渡辺　顕一郎	日本福祉大学教授

以上17名（敬称略、五十音順）

※開催時期等：平成20年3月から7月まで（計11回）

① 児童福祉法を基本とした身近な支援の充実

障がいを持つ子どもが身近な地域でサービスを受けられる支援体制が必要という課題の解決のため、重複障がいに対応すると共に、身近な地域で支援を受けられるよう、障がい種別などに分かれている現行の障がい児施設（通所・入所）について一元化（発達障がい児も含む）する。また、実施主体については、在宅サービスや児童デイサービスが市町村になっていることも踏まえ、通所サービスについては市町村を実施主体とする。なお、入所施設については引き続き都道府県とする。

② 障がいの早期発見・早期の支援

障がいについては、出産前後や、1歳半や3歳児健診で、また、保育所などの日常の集団生活でわかる場合があるが、いずれの場合も医療、母子保健、障害児通園施設などの専門機関が連携を強化し、親子をサポートしていく体制づくりが必要である。

一喜一憂しながら子育てする親子に寄り添い、育てにくさや発達の遅れについての親

や保育士らの「気づき」を大切に、気になる段階から関係者の連続性をもって重層的に対応することで、早期の支援に繋げていくことが大切である。

③「保育所等訪問支援事業」や「放課後等デイサービス事業」の創設

特に就学前の時期には、子どもの育ちに必要な集団的な養育のためにも、保育所等における障がい児の受入れを促進していくと共に、障害児通園施設や児童デイサービスの機能について役割を強化していくことが必要である。このため、障がい児が身近な地域で支援を受けられるようにするため、障がい種別による区分をなくし「児童発達支援事業（センター）」「医療型児童発達支援事業（センター）」として一元化して、多様な障がいの子どもを受け入れられるようにする。

また、保育所などにおいて障がい児が集団生活に適応できるような専門的な相談支援や巡回支援の機能を拡充するため「保育所等訪問支援事業」、さらに、保護者の就労支援やレスパイトケアも含めて、これまでも放課後や夏休みなどにおける居場所の確保が重要という課題に対して、学齢期における支援の充実のため、「放課後等デイサービス事業」の創設が求められている（図6）。

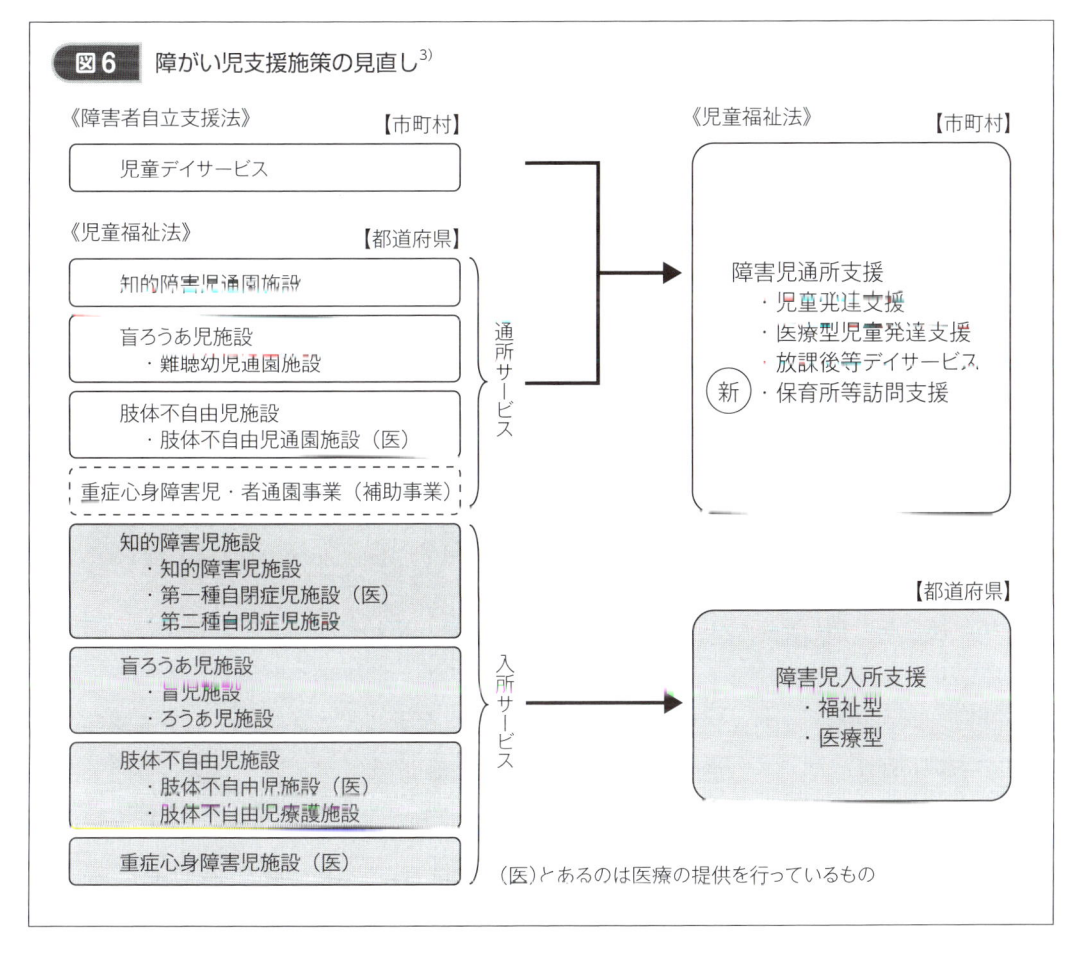

図6 障がい児支援施策の見直し[3]

《障害者自立支援法》【市町村】
- 児童デイサービス

《児童福祉法》【都道府県】
- 知的障害児通園施設
- 盲ろうあ児施設
  ・難聴幼児通園施設
- 肢体不自由児施設
  ・肢体不自由児通園施設（医）
- 重症心身障害児・者通園事業（補助事業）

通所サービス →

《児童福祉法》【市町村】
- 障害児通所支援
  ・児童発達支援
  ・医療型児童発達支援
  ・放課後等デイサービス
  （新）・保育所等訪問支援

- 知的障害児施設
  ・知的障害児施設
  ・第一種自閉症児施設（医）
  ・第二種自閉症児施設
- 盲ろうあ児施設
  ・盲児施設
  ・ろうあ児施設
- 肢体不自由児施設
  ・肢体不自由児施設（医）
  ・肢体不自由児療護施設
- 重症心身障害児施設（医）

入所サービス →

【都道府県】
- 障害児入所支援
  ・福祉型
  ・医療型

（医）とあるのは医療の提供を行っているもの

④トータルな支援

　親の子育ての不安をなくし、子育てに自信が持てるようにしていく親育ち支援の取り組みでは、家族やきょうだいを含めたトータルな支援が大事な視点である。併せて、就学時、進学時などの移行期に支援が途切れることのないような継続した支援が必要である。たとえば、保育所等と小学校・特別支援学校の相互訪問による交流や、小学校入学時に保育所などからの情報の引き継ぎやフォローなど、積極的な連携が必要である。また、個人情報保護に留意した個別の支援計画の作成、関係機関・者の連携システムである地域自立支援協議会等の活用など、情報の共有化と役割分担が重要なポイントになる。

3.3　障害者自立支援法の廃止と障がい者総合福祉法（仮称）の組立に向けた検討

　2009（平成21）年9月に、新しく発足した民主党、社民党、国民新党による連立政権合意において、障害者自立支援法は廃止し、「制度の谷間」がなく、利用者の応能負担を基本とする総合的な制度を作ることとしている（図7）。

　その後、同年12月に、障害者権利条約の締結に必要な国内法の整備をはじめとするわが国の障がい者にかかる制度の集中的な改革を行うため、内閣に「障がい者制度改革推進本部」が設置された。また、本部の下に障がい当事者等からなる「障がい者制度改革推進会議」が設置され、2010年（平成22）年1月から開催されている。今後さらに施策分野別の部会等において、障がいのある方々など現場の方々をはじめ、さまざまな関係者の意見を聞きながら検討を進めていくこととなっている。

　日頃、子どもと向き合い、家族に寄り添っている保育士や指導員など支援者の皆さんは、遊びや生活の中で専門的かつ具体的な指導と、五感はもちろん体中のアンテナを使って心配りをしていると思う。その知識や経験、感性は、子どもや家族と接する中から感じ、学び、考え、子どもに教えられ、鍛えられ、育てられているのではないだろうか。子どもの発達や家族の支援はチームワークで関わることが多く、その成果や効果は見えにくく、マニュアルにはなりにくいと言われている。

　障がいのある人もない人も共に自立して、生き生きと生活できるバリアフリーやユニバーサル社会を目指した街づくりを推進するためには、子どもの頃から共に学び、遊び、育っていくきっかけや環境づくりが大切である。このため、地域の社会資源をいかに組み合わせ、活用するか、また、地域の人や国民をいかに巻き込んでネットワークを構築するかがポイントになってくる。さまざまな課題はあるが、すべての人が「自立と共生」できる社会を目指した取り組みをさらに進めていくことが求められており、今後も障がいのある子どもを含むすべての子どもの健やかな育ちのために、関係者が力を合わせていければと思う。

図7 連立政権合意等[3]

【連立政権合意】

○「障害者自立支援法」は廃止し、「制度の谷間」がなく、利用者の応能負担を基本とする総合的な制度をつくる。

（2009年9月9日民主党、社会民主党、国民新党「連立政権樹立に当たっての政策合意」より）

【民主党マニフェスト（抜粋）】

26.「障害者自立支援法」を廃止して、障がい者福祉制度を抜本的に見直す

【政策目的】
○障がい者等が当たり前に地域で暮らし、地域の一員としてともに生活できる社会をつくる。

【具体策】
○「障害者自立支援法」は廃止し、「制度の谷間」がなく、サービスの利用者負担を応能負担とする障がい者総合福祉法（仮称）を制定する。
○わが国の障がい者施策を総合的かつ集中的に改革し、「国連障害者権利条約」の批准に必要な国内法の整備を行うために、内閣に「障がい者制度改革推進本部」を設置する。

【所要額】
400億円程度

【社民党マニフェスト（抜粋）】

再建2＞＞いのちセーフティネットを充実

5. 障がい者福祉

○基本的な生活、働く場にも利用料を課す「障害者自立支援法」を廃止し、支援費制度の応能負担の仕組みに戻します。医療と福祉を区分し、両面から障がい者の生活を支えます。精神通院公費、更生医療・育成医療を復活して重くなった自己負担を軽減します。

○谷間の障がい者、難病者をカバーする総合的な「障害者福祉法」を制定します。

○国際的な水準による「障がいの定義」を確立します。「国連障害者の権利条約」にもとづいて障がい者の所得保障、働く場や生活の場など基幹的な社会資源の拡充、就労支援策の強化などを行います。

引用文献

1) 財団法人こども未来財団・編：目で見る児童福祉2009．財団法人こども未来財団，2009．
2) 厚生労働省：「障害児支援の見直しに関する検討会」資料．2008．
3) 厚生労働省障害保健福祉部企画課．2009．
4) 厚生労働省障害保健福祉部．2009．

（青木　建）

4.2 保育制度の現状とその動向
―障がい児保育を中心に―

1 保育所保育指針の改定と次世代育成支援

1.1 保育指針の告示化と保育所の役割

　2008（平成20）年3月28日、保育所保育指針（以下「保育指針」）が、厚生労働大臣による告示として公布され、翌2009（平成21）年4月1日より施行されている（図1）。

　保育指針は、今回3度目の改定によりこれまでの局長通知（ガイドライン）から大臣告示となり、法令として遵守すべきものとなった。このため、全国の認可保育所では、保育

図1　新保育所保育指針について（厚生労働省保育課 2009）

○ 第1章～第7章で構成、保育所における保育の内容を定める
○ 厚生労働大臣告示（平成20年3月28日公布・平成21年4月1日施行）

第2章　子どもの発達
保育士等が子どもの発達及び生活の連続性に配慮して保育するため、乳幼児期の発達の特性や発達過程について示す
1. 乳幼児期の発達の特性
2. 発達過程

第3章　保育の内容
乳幼児期の子どもが身につけることが望まれる心情、意欲、態度などの事項及び保育士等が行わなければならない事項等、保育所における保育の内容を示す
1. 保育のねらい及び内容
2. 保育の実施上の配慮事項

第4章　保育の計画及び評価
計画に基づいた保育の実施のため、「保育課程」及び「指導計画」を明確化するとともに、保育の質の向上の観点から、保育所や保育士等の自己評価について示す
1. 保育の計画
2. 保育の内容等の自己評価

第1章　総則
保育指針の基本となる考え方や全体像を示す（2章以下の根幹を成す）
1. 趣旨
2. 保育所の役割
3. 保育の原理
4. 保育所の社会的責任

第7章　職員の資質向上
質の高い保育を展開するために必要となる職員の資質向上について、施設長の責務を明確化するとともに研修等について示す
1. 職員の資質向上に関する基本事項
2. 施設長の責務
3. 職員の研修等

第6章　保護者に対する支援
保護者支援の原則や基本を踏まえ、保育所の特性を生かした入所児の保護者への支援及び地域の子育て支援について示す
1. 保育所における保護者に対する支援の基本
2. 保育所に入所している子どもの保護者に対する支援
3. 地域における子育て支援

第5章　健康及び安全
子どもの生命の保持と健やかな生活の基本となる健康及び安全の確保のため、保育所において留意しなければならない事項について示す
1. 子どもの健康支援
2. 環境及び衛生管理並びに安全管理
3. 食育の推進
4. 健康及び安全の実施体制等

士はじめすべての保育所職員が保育指針の内容を理解し、これに基づき保育が行われている。厚生労働省では「保育所保育指針解説書」、DVD「保育指針を映像に！」、保育指針に基づく「保育所における自己評価ガイドライン」などを作成し、これらを活用した研修会などを全国各地で開催し、保育指針の周知と理解を図っている。

　保育指針告示化の理由は、保育所の存在が社会的にたいへん大きくなったことにある。現在、全国にある認可保育所は約2万3千、入所している子どもは約210万人と、少子化の中にあって保育所は増え続けている。また、保育所が果たす役割がたいへん重要になり、その社会的責任も大きくなっている。たとえば、乳幼児期にふさわしい生活や豊かな環境や遊びを通して子どもを育てること、不安や悩みを抱える保護者への支援など、保育所がその専門性を発揮して子どもと保護者を支えることが強く求められていると言えるだろう。

　すでに、前回の改定（2000［平成12］年）から現在までの間に、児童福祉法が改正され、保育士の国家資格化が図られ、子どもの保育と共に「保護者に対する保育に関する指導」が保育士の業務とされた。また、2006（平成18）年に改正された教育基本法には、新たに「幼児期の教育の振興」が盛り込まれ、幼稚園、保育所共に、就学前の教育の充実が求められている。

1.2　次世代育成支援と保育制度改革

　今日、少子化や核家族化が進み、家庭における養育力の低下や児童虐待の増加が指摘されているわが国では、保護者の子育てをさまざまに支える社会的支援が必要とされている。また、一方、生活環境の変化や地域社会の変容などにより、子どもが人や自然と直接関わる経験が少なくなるなど、子ども時代にふさわしい生活が送られにくくなっていることは、子どもの育ちにさまざまな課題を生み出しているだろう。

　このような状況の中で、国においては、少子化対策として、次世代育成支援対策推進法（2005［平成17］年4月施行）などを策定し、子育てを支援するさまざまな施策を打ち出している。また、2007（平成19）年12月の「子どもと家族を応援する日本」重点戦略においては、「すべての子ども、すべての家族を大切に」という基本的考え方に基づき、国民皆で子どもと家族を支援する「国民総参加の子育てに優しい社会づくりを目指す」としている（図2）。

　この重点戦略を受けて、次世代育成支援の制度的枠組みの構築が進められ、2008（平成20）年5月には、社会保障審議会少子化対策特別部会のとりまとめが公表された。また、未来を担う次世代の育成を支援するために、さらには、結婚・出産・子育てに対する国民の希望の実現を図るために、新たな子育て支援の枠組みや制度体系の設計が必要となっている。

　一方、平成22年2月、政府は「子ども・子育てビジョン」を閣議決定した（図3）。こ

図2 少子化対策の経緯（厚生労働省保育課 2010）

1990（平成2）年	〈1.57ショック〉 = 少子化の傾向が注目を集める
1994（平成6）年12月	4大臣（文・厚・労・建）合意 エンゼルプラン ＋ 3大臣（大・厚・自）合意 緊急保育対策5か年事業（1995（平成7）年度～1999（平成11）年度）
1999（平成11）年12月	6大臣（大・文・厚・労・建・自）合意 新エンゼルプラン（2000（平成12）年度～04（平成16）年度）
2001（平成13）年7月	平13.7.6 閣議決定 仕事と子育ての両立支援等の方針（待機児童ゼロ作戦等）／厚生労働省まとめ 少子化対策プラスワン（2002（平成14）年9月）
2003（平成15）年7月	平15.9.1施行 少子化社会対策基本法／平15.7.16から段階施行 次世代育成支援対策推進法
2004（平成16）年6月	平16.6.4 閣議決定 少子化社会対策大綱
2004（平成16）年12月	平16.12.24 少子化社会対策会議決定 子ども・子育て応援プラン（2005（平成17）年度～09（平成21）年度）／地方公共団体、企業等における行動計画の策定・実施（2005（平成17）年4月～）
2006（平成18）年6月	新しい少子化対策
2007（平成19）年12月	平18.6.20 少子化社会対策会議決定／平19.12.27 少子化社会対策会議決定「子どもと家族を応援する日本」重点戦略／平19.12 ワーク・ライフ・バランス推進官民トップ会議決定 仕事と生活の調和（ワーク・ライフ・バランス）憲章 仕事と生活の調和推進のための行動指針
2008（平成20）年11月	平20.11.4最終報告 社会保障国民会議
2010（平成22）年1月	平22.1.29 閣議決定 子ども・子育てビジョン（2010（平成22）年度～14（平成26）年度）／後期行動計画の策定・実施（2010（平成22）年4月～）

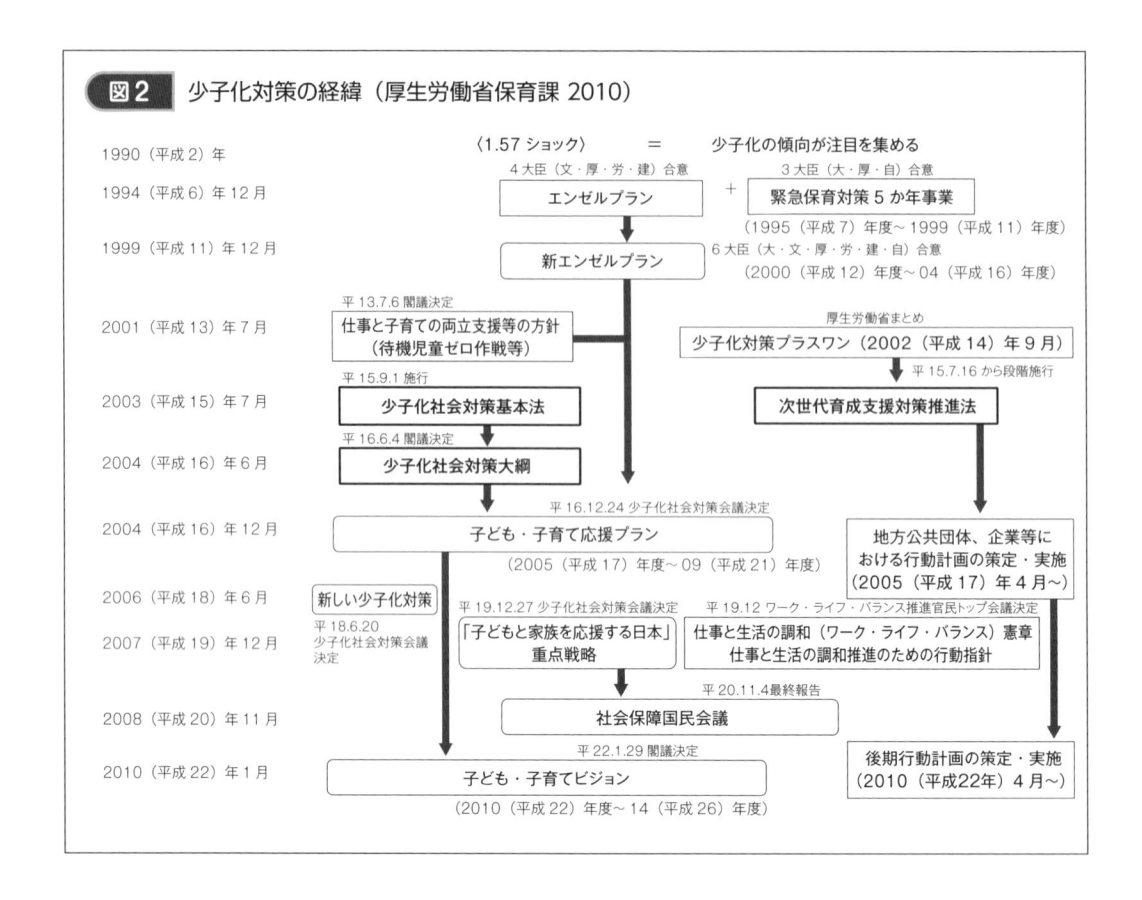

こには「チルドレン・ファースト」（子どもが主人公）という理念に基づき、これまでの少子化対策から「子ども・子育て支援」へと転換を図っている。そして、社会全体で子育てを支える視点を明確にし、「一人ひとりの子どもの置かれた状況の多様性を社会的に尊重」すると共に、「特に支援が必要な子どもが健やかに育つ」ために「障がいのある子どもへの支援」についても明記している。

1.3 保育の基本と障がい児保育

改定された保育指針では、保育所が、子どもの「福祉を積極的に増進することに最もふさわしい生活の場でなければならない」とし、保育の目標を「子どもが現在を最も良く生き、望ましい未来をつくり出す力の基礎を培う」としている。また、子どもの主体としての思いや願いを受け止めること、一人ひとりの個人差や発達過程に応じて保育すること、生活や遊びを通して総合的に保育することなどを保育の方法として規定している。

これらは、すべての子どもの保育の基本であり、当然のことながら、障がいのある子どもの保育においてもこの基本は変わらない。「すべて児童は、ひとしくその生活を保障され、愛護されなければならない」と児童福祉法の第1条総則の第1条にあるように、また、「子どもの権利条約」（国連、1989）の第3条第1項に「児童の最善の利益」につい

図3 子ども・子育てビジョン（厚生労働省 2010）

基本理念の転換
（子どもと子育てを応援する社会）

家族や親が子育てを担う
《個人に過重な負担》
→
社会全体で子育てを支える
《個人の希望の実現》

○子どもが主人公（チルドレン・ファースト）
○「少子化対策」から「子ども・子育て支援」へ
○生活と仕事と子育ての調和（M字カーブを台形型へ）

バランスのとれた総合的な子育て支援

《子育て家庭等への支援》
・子ども手当の創設
・高校の実質無償化
・児童扶養手当を父子家庭にも支給
・生活保護母子加算

《保育サービス等の基盤整備》
・待機児童の解消に向けた保育や放課後対策の充実
・幼保一体化を含む新たな次世代育成支援のための包括的・一体的な制度の構築に向けた検討

待機児童の解消等に向けた明確な数値目標
（5年後の姿）

○潜在的な保育ニーズに対応した保育サービスの拡充
（保育サービスを受けている子どもの割合）
[現状] 3歳未満児の4人に1人（24%） → [H26] 3歳未満児の3人に1人（35%）
[3歳未満児：75万人] ※5年5万人の増 [3歳未満児：102万人]
[全体：215万人] [全体：241万人]

○放課後児童クラブの充実（主に小学校1～3年）
[現状] 5人に1人（81万人） → [H26] 3人に1人（111万人）

「企業の取組」を促進

○次世代認定マーク（くるみん）の取得促進（652企業 → 2,000企業）
○入手手続き等における対応の検討（企業努力の反映などインセンティブ付与）

「地域の子育て力」を重視

○すべての中学校区に地域子育て支援拠点を整備（7,100か所 → 10,000か所）
○商店街の空き店舗や学校の余裕教室・幼稚園の活用

「男性の育児参加」を重視

○男性の育児休業取得を促進
[現状] 男性育児休業取得率 1.23% → [H29] 10% *参考指標
○男性の育児参加を促進
[現状] 6歳未満の子どもをもつ 1日60分 → [H29] 1日2時間30分 *参考指標
男性の育児・家事時間

発達支援に関わる制度

> **表1** 保育所保育指針（厚生労働省保育課 2008）
>
> 第4章　保育の計画及び評価
> 　1　保育の計画
> 　　（3）指導計画の作成上、特に留意すべき事項
> 　　　ウ　障害のある子どもの保育
> 　　　　（ア）障害のある子どもの保育については、一人一人の子どもの発達過程や障害の状態を把握し、適切な環境の下で、障害のある子どもが他の子どもとの生活を通して共に成長できるよう、指導計画の中に位置付けること。
> 　　　　　　また、子どもの状況に応じた保育を実施する観点から、家庭や関係機関と連携した支援のための計画を個別に作成するなど適切な対応を図ること。
> 　　　　（イ）保育の展開に当たっては、その子どもの発達の状況や日々の状態によっては、指導計画にとらわれず、柔軟に保育したり、職員の連携体制の中で個別の関わりが十分行えるようにすること。
> 　　　　（ウ）家庭との連携を密にし、保護者との相互理解を図りながら、適切に対応すること。
> 　　　　（エ）専門機関との連携を図り、必要に応じて助言等を得ること。

て規定されているように、保育においても児童福祉の理念が十分に踏まえられていることが肝要である。

保育指針には、第4章「保育の計画及び評価」で、「障がいのある子どもの保育」についての項目を設け、以下のように規定している（表1）。

ここにある4つの柱を十分に踏まえ、障がいのある子どもの健やかな育ちが保障されるように、保育所では保育士の専門性を発揮し、保護者や関係機関との連携を図りながら保育を進めていくことが求められる。

2 障がい児保育の歴史と変遷

児童福祉施設である保育所の障がい児保育は、児童福祉の精神に則り、長年にわたり実践されてきたが、障がい児保育が制度化されたのは、1974（昭和49）年である。これは、1968（昭和43）年に当時の厚生省児童家庭局に障害福祉課が創設され、1970（昭和45）年に「心身障害者対策基本法」や「心身障害児通園事業実施要綱」（1972［昭和47］年）が策定されたことを受けている。また、1970年代に入り、乳幼児健診が全国で進められ、その精度も増したことなども遠因としてあげられるが、健診を通して早期に障がいやその疑いが確認されても、その子どもや保護者を支援する場や方法が十分になかったのが実状だろう。

1973（昭和48）年の中央児童福祉審議会中間報告書（「当面推進すべき児童福祉対策について」）に、「障がい児保育」がとりあげられ、翌年、厚生省は「障害児保育事業実施要綱」を策定した。当初は自治体が指定する「障害児保育指定園」に助成する形で始めら

れ、対象児は「4歳以上・軽度心身障害児」とされたが、これは1978(昭和53)年に撤廃され、年齢制限なし・中程度の障がいとなった。また、その後、指定園制度もなくなり、現在では、全国どこの保育所においても障がい児保育が実施されるようになっている。

　国が制度化する以前から、先駆的な自治体において、関係者たちが心血を注ぎ、独自の方法や職員の加配により障がい児保育を進めてきたが、障がい児保育への助成・予算化が開始されたことで、全国の保育所において、障がい児保育が公私立保育所問わず、実施されるようになった。また、障がい児保育に関する研修なども療育の専門家との連携により進められ、制度開始から36年の間に、保育所における障がい児保育はその指導法、保育の環境構成、保護者への支援などさまざまな面で取組の強化が図られている。

3 障がい児保育の現状と課題

3.1　障がい児保育の制度的位置づけ

　障がい児保育は現在、「保育対策等促進事業の実施について」(平成20年6月9日雇児発第0609001号)に基づき実施されている。ここにある「障害児保育円滑化事業」と「保育所障害児受入促進事業」に則り、障がい児保育に係る職員の加配や担当者研修会の実施、障がい児受け入れのための施設の補修費などの財政補助が行われている。また、前述の通知を踏まえ、各市町村において、それぞれに障がい児保育実施要綱などを定めて実施されている。なお、「障害児保育円滑化事業」においては、対象となる障がい児を「特別児童扶養手当の支給対象児童」、「身体障害者手帳及び療育手帳の交付を受けている児童」、「同等程度の障害を有すると、児童相談所等の公的機関から認められた児童」としている。

　1歳6か月健診や3歳児健診において、障がいの疑いのある子どもが保健所や療育機関での支援や指導を受け、その後、保育所への入所または並行通園に繋げられるケースが多くなっている。また、保護者が、医療機関などで診断書を受け取り、それを市町村の窓口に提出することで障がい児保育の申請をすることもある。いずれにしても、市町村の保育担当者が、提出書類を吟味し、必要に応じて関係者を集めて委員会を設けたり、体験保育を実施したり、保護者と保育所を繋げながら入所の手続きが行われている。

　現在、障がい児保育は全国の保育所で積極的に取り組まれており、2008(平成20)年には、全国で約1万1千人、7千以上の保育所で実施されているが(図4)、これは、特別児童扶養手当支給対象児童であり、実際には、障がいの認定を受けていない子どもや、いわゆるボーダーの子どもなどを含めるとほとんどの保育所で障がいまたはその疑いのある子どもの保育が行われているといっても過言ではない。特に、発達障がいの疑いのある子どもやLDなど乳幼児では診断がつきにくい子どもの保育を通常の保育士配置で行っているところも多く、支援体制の強化が望まれる。

図4 保育所における障がい児保育の現状（厚生労働省保育課 2010）

1. 受入状況

平成20年度
受入児童数　：10,719人
受入保育所数：7,260か所
（厚生労働省保育課調べ）
※児童数は、特別児童扶養手当支給対象児童数

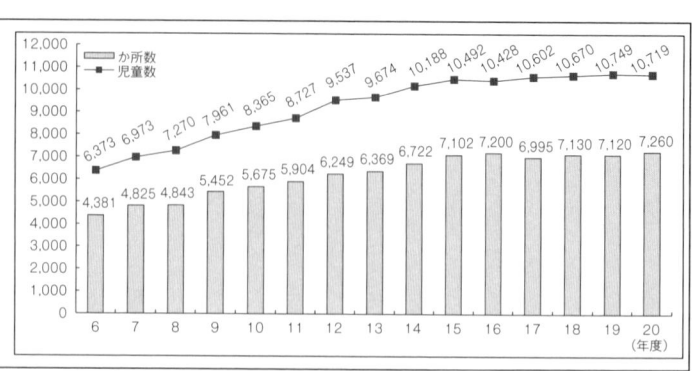

年度	か所数	児童数
6	4,381	6,373
7	4,825	6,973
8	4,843	7,270
9	5,452	7,961
10	5,675	8,365
11	5,904	8,727
12	6,249	9,537
13	6,369	9,674
14	6,722	10,188
15	7,102	10,492
16	7,200	10,428
17	6,995	10,602
18	7,130	10,670
19	7,120	10,749
20	7,260	10,719

2. 支援措置

ア．障がい児保育にかかる職員の加配

〈平成14年度まで〉障がい児保育事業（補助金）　→　〈平成15年度〉一般財源化（地方財政措置）　→　〈平成19年度〉地方財政措置の拡充（地域の子育て支援のための措置の内数）

イ．職員の資質向上
　　障がい児保育担当者研修会、保育の質の向上のための研修事業の実施

ウ．障がい児受け入れに必要な施設の改修等
　　保育環境改善事業（保育所障がい児受入促進事業）
　　補助単価100万円（補助率 1/3）

3.2　保育所の現状と障がい児保育の課題

　表2は、横浜市における障がい児保育の実施状況である。ここにあるように、横浜市ではすべての公立保育所と私立保育所の94.4％で障がいのある子どもの保育が行われている。また、障がいの種別では、約5割が発達障がいの子どもであることが見てとれる。障がいの種類も多岐にわたり、保育士の適切な対応と療育機関や行政の支援が求められる。実際、横浜市では、療育センターによる巡回指導の他、毎年、100人の保育士が8か所の療育センターで2日間の実地研修に参加し、保育所における障がい児保育の実践に役立てている。

　保育所では、障がいのある子どもの保育を計画的かつ見通しを持って行うために、指導計画に沿って一人ひとりの状態や発達過程に応じて取り組まれている。また、保育士同士の連携や家庭との連絡を密にし、地域の療育機関や保健所などとの連携も図られていると考えられるが、障がい児保育に関わるコーディネーターの配置などは制度として位置づけられていない。このことは、保育所における障がい児保育の蓄積があることや、公私問わ

表2 横浜市の障がい児保育の状況（横浜市こども未来局資料より）

| | 年齢別児童数 ||||||| 障がいの種別 |||||||||
| | 0歳児 | 1歳児 | 2歳児 | 3歳児 | 4歳児 | 5歳児 | 計 | 知的障がい || 発達障がい || 身体障がい |||||その他|
								精神発達遅滞	ダウン症	広汎性	その他	肢体不自由	脳性麻痺	聴覚障がい	視覚障がい	内部障がい	
公立	1	7	12	56	100	109	285	63	30	134	13	15	5	4	2	2	17
民間	1	10	14	42	88	105	260	44	38	104	10	27	3	10	3	8	13
合計	2	17	26	98	188	214	545	107	68	238	23	42	8	14	5	10	30

1　入所の状況（平成21年4月1日現在）
　※保育園数　…　公立　102園（公設民営2園を含む、全園で障がい児保育実施）
　　　　　　　　　私立　318園（全体の94.4％で障がい児保育実施）

ず保育所と市町村との関わりが強いこと、また、保育士の専門性として、個々の子どもに応じた養護と教育を実践する保育力を有していることなどによるが、しかし、実際には、各保育所において業務量の増加に伴う困難が生じていることも否めない。

　さらに、保育所における障がい児保育が、充実し、発展していくためには、保育士のさらなる専門性の向上が求められる。特に乳幼児の発達の特性や発達過程を十分に理解し、一人ひとりの子どもに応じた保育環境を構成することや、障がいのある子どもが主体的に活動できるための支援の方法を学んでいくことが必要だろう。

　また、真の連携とは何か、このことを実践の中で常に考えていかなければならないだろう。保育所と関係機関や小学校との連携が、子どもにとってより有効であり効果的なものとなるよう子どもの成長の見通しを持って保育を計画し、実践を自己評価することが重要であり、相互理解を図るための保育の記録はどうあるべきか、子どもの尊厳や主体性は守られているか、関係者で十分に確認し合うことが必要である。

　国においては、毎年4日間にわたる障がい児保育担当者研修会を実施しており、毎回、全国から400人以上の保育士が受講している。また、各自治体や保育団体が主催する障がい児保育に関する研修も行われている。しかし、十分であるとは言えず、今後は療育や保健機関、そして幼稚園や小学校の教員らと共に学び合うことも必要だろう。そのような研修や研究会などがなされている市町村も増えており、全国に広がっていくことが期待される。

3.3 支援のためのネットワークの構築と連携

　2008(平成20)年7月に取りまとめられた「障害児支援の見直しに関する検討会報告書」では、①子どもの将来の自立に向けた発達支援、②子どものライフステージに応じた一貫した支援、③家族を含めたトータルな支援、④子ども・家族にとって身近な地域における支援、の4つが見直しの視点とされている(図5)。この内容は社会保障審議会障害者部会に引き継がれ、同年12月に出された報告書に基づき、厚生労働省を中心に法案化作業が進められたが、法案は衆議院解散により廃案となった。しかし、今後の障がい児支援のあり方について大きな示唆を与えるものであると考えられ、今後の動向から目が離せない。いずれにしても、障がいのある子どもが誕生から就労まで、地域社会において切れ目のない支援を受けられるよう、支援のためのネットワークの構築が求められる。そのためにも、保育士、医師、保健師、ケースワーカーやソーシャルワーカーなど多様な職種がそれぞれの専門性を生かして自らの役割を果たしていくことが重要である。個別の支援計画が引き継がれ、関係者による合同研修や検討が活発に行われ、子どもの発達過程やライフステージに応じた支援体制の強化が図られるようさらなる連携が求められる(図6)。

　一方、保育所では、低年齢児からの入所の増加などにより、保育士による子どもの障がいの気づきが増えており、この気づきから適切な支援へと繋げていくコーディネイト機能を持つ人や場が必要だろう。保育所でのいわゆる統合保育と専門機関による個別支援の双方が、障がいのある子どもの発達支援と保護者支援においては必要であり、真の連携を模

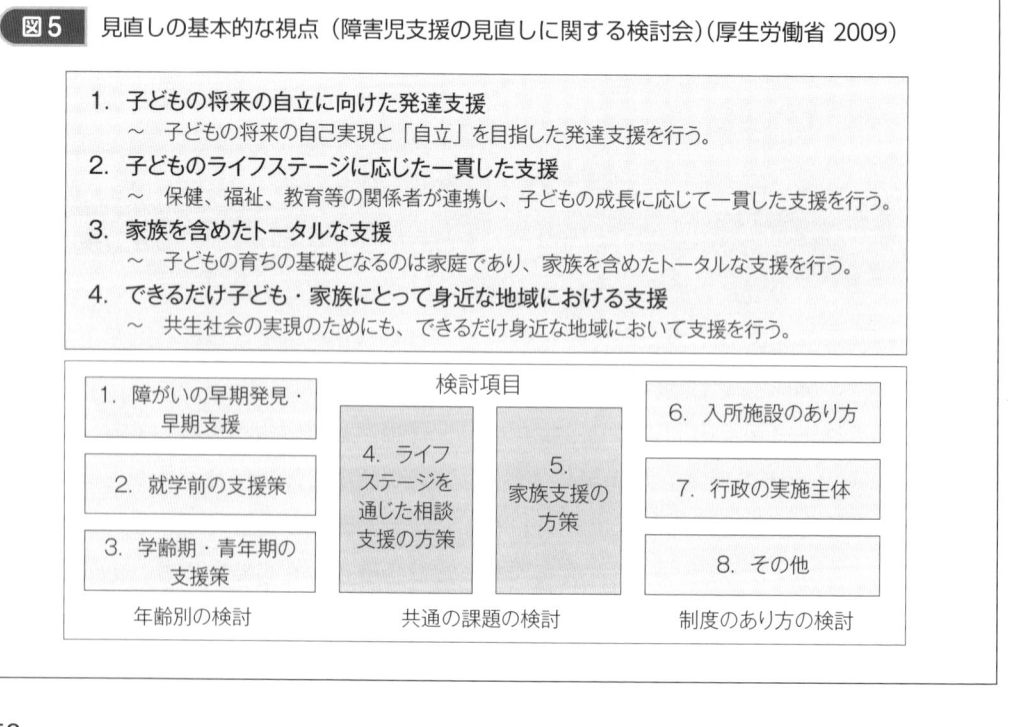

図5 見直しの基本的な視点(障害児支援の見直しに関する検討会)(厚生労働省 2009)

1. 子どもの将来の自立に向けた発達支援
　～　子どもの将来の自己実現と「自立」を目指した発達支援を行う。
2. 子どものライフステージに応じた一貫した支援
　～　保健、福祉、教育等の関係者が連携し、子どもの成長に応じて一貫した支援を行う。
3. 家族を含めたトータルな支援
　～　子どもの育ちの基礎となるのは家庭であり、家族を含めたトータルな支援を行う。
4. できるだけ子ども・家族にとって身近な地域における支援
　～　共生社会の実現のためにも、できるだけ身近な地域において支援を行う。

検討項目

年齢別の検討	共通の課題の検討	制度のあり方の検討
1. 障がいの早期発見・早期支援	4. ライフステージを通じた相談支援の方策	6. 入所施設のあり方
2. 就学前の支援策	5. 家族支援の方策	7. 行政の実施主体
3. 学齢期・青年期の支援策		8. その他

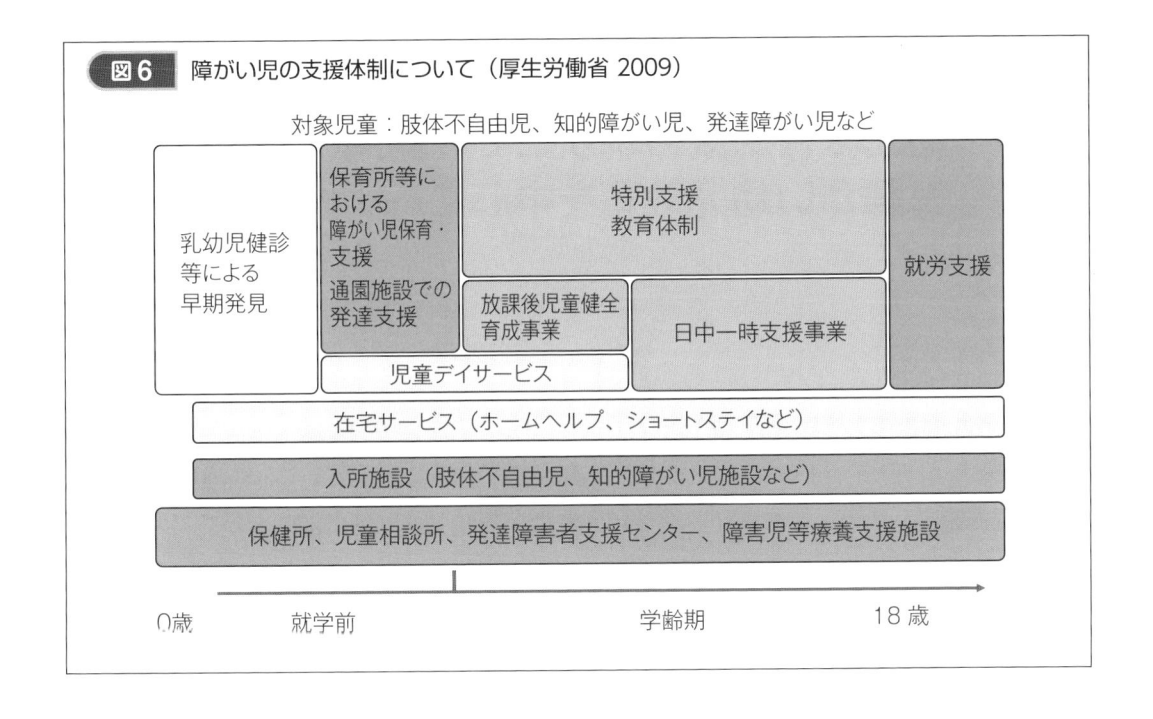

図6 障がい児の支援体制について（厚生労働省 2009）

対象児童：肢体不自由児、知的障がい児、発達障がい児など

乳幼児健診等による早期発見	保育所等における障がい児保育・支援 通園施設での発達支援	特別支援教育体制	就労支援
	児童デイサービス	放課後児童健全育成事業 / 日中一時支援事業	

在宅サービス（ホームヘルプ、ショートステイなど）

入所施設（肢体不自由児、知的障がい児施設など）

保健所、児童相談所、発達障害者支援センター、障害児等療養支援施設

0歳　就学前　　　　　学齢期　　　18歳

索しながら子どもの育ちを保障していきたいものである。

引用文献

1) 厚生労働省：保育所保育指針．平成20年3月28日．

（天野珠路）

4.3 幼児教育制度の現状とその動向
― 障がい幼児教育を中心に ―

1 幼稚園におけるこれまでの特別支援教育の経緯

　幼稚園施策で、障がいのある幼児を受け入れている私立幼稚園に補助金が交付されるようになったのは、1974（昭和49）年に当時の主務所管庁であった文部省（現文部科学省）が「私立学校特殊教育補助制度」を制定してからであり、これにより幼稚園における障がい児の受け入れが徐々に拡大していった。その後は、1975（昭和50）年に私立学校振興助成法の成立に伴い、公費の投入がそれまで公立施設に限っていたことが、学校法人立と合わせて可能となった。また、世界的にはノーマライゼーションの理念が急速に波及して、障がい者の権利の実現を唱えた1981（昭和56）年の「国際障害者年」、その後10年間「完全参加と平等」のテーマのもと、国連における「障害者の10年」、次の10年は「アジア太平洋障害者の10年」など世界的な流れの中で、飛躍的に日本国内においても、障がいのある人たちへの政策転換がなされた。その中で、1978（昭和53）年8月に「軽度心身障害児における学校教育の在り方」、1979（昭和54）年9月に「幼稚園における心身障害幼児指導法等調査研究協議会」などの積み重ねの後、特記すべき1981（昭和56）年4月には、私立幼稚園障害児教育費補助金交付要綱の制定などにより、幼稚園特殊教育経費として、当初は3人以上の障がいのある幼児の在園している学校法人立の幼稚園に、障がい幼児の専任教職員給与費を含む教育に必要な経常的経費に対する費用の補助がなされることになった。

2 わが国における幼稚園の現状

　わが国には2008（平成20）年5月1日現在、図1のように、13,626園の幼稚園があり、その内訳は私立幼稚園が8,276園（60.7％）、公立幼稚園5,301園（38.9％）、国立幼稚園49園（0.4％）となっている。また、幼児数については図2のように、1,674,172人が在園し、そのうち私立幼稚園が1,349,247人（80.6％）、公立幼稚園318,551人（19.0％）、国立幼稚園6,374人（0.4％）となっている。そして、小学校第1学年児童における幼稚園就園率は、56.7％となっている。ちなみに保育所在籍率は

図1 設置者別幼稚園数（文部科学省：平成20年度学校基本調査速報より）

設置者別幼稚園数（単位：園数）

	国 立	公 立	私 立	合 計
幼稚園数	49	5,301	8,276	13,626

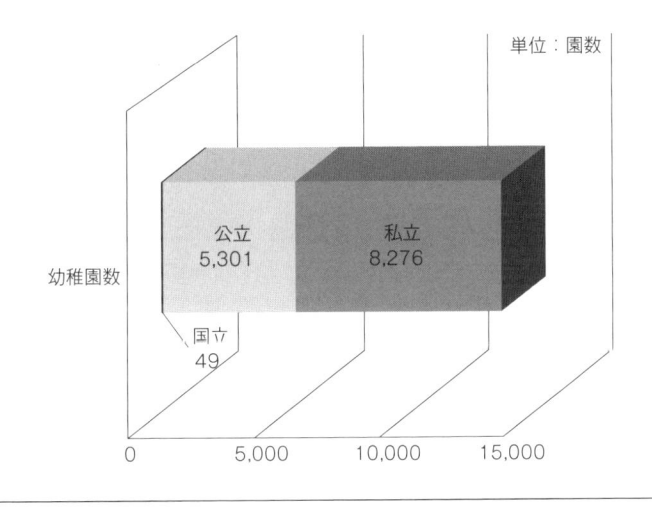

図2 設置者別幼児数（文部科学省：平成20年度学校基本調査速報より）

設置者別幼児数（単位：人数）

	国 立	公 立	私 立	合 計
園児数	6,374	318,551	1,349,247	1,674,172

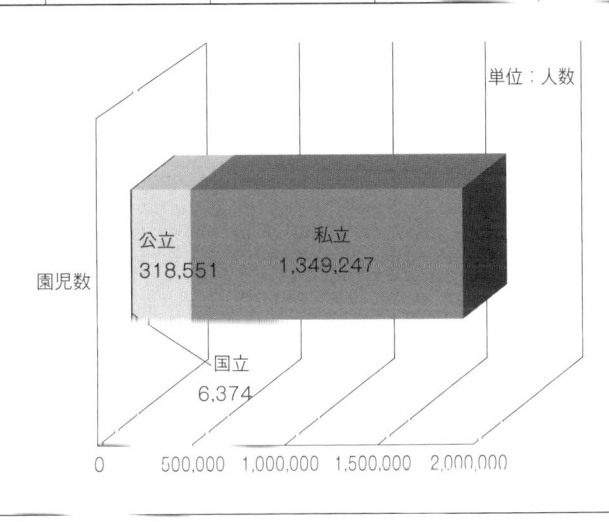

発達支援に関わる制度

38.8％となっている（平成20年度学校基本調査速報：平成20年5月1日現在による。保育所在籍率については「平成17年社会福祉施設等調査」の5歳および6歳の幼児を学齢に換算し、文部科学省で推計したものである。就園率とは、小学校第1学年児童数を幼稚園修了者数で除したものである）。

これらのことから、幼稚園教育における8割は私学において担われているといっても過言ではない。

3 幼稚園における障がい児保育の実状について

幼稚園における障がい児保育の実態把握は都道府県の裁量の中で行われていることから、統計的な実数把握は困難であるので、今回は、私立高等学校等経常費助成費補助金における幼稚園特別支援教育経費について、全日本私立幼稚園連合会の全国調査（以下、全国調査と記す）に基づき、都道府県私学担当課からの報告（毎年5月調査）による経常費補助等の補助状況から実状を述べることとする。

都道府県により、補助金費目名としては、特別支援教育費、心身障害児教育費、障害児教育費など、多くの費用名があるものの、47都道府県のうち36都道府県で費用名が明らかにされているが、県によっては、個々の経常費補助金の配分基準によって、特別支援教育という費目名ではなく、県独自の裁量で、特別運営費割合として、特色ある事業として費目構成をしている県もある。併せて、都道府県補助金以外にも、各市区町村においても、それぞれの交付要綱を定めて補助金助成を実施している。

まずは、明確に費目設置をし、かつ調査元に回答をしている36都道府県について述べていくこととする。

3.1 幼稚園特別支援教育費経費補助金の推移

全国調査で明らかにされている幼稚園特別支援教育費経費（当初は特殊教育費補助の費目であった）の、1976（昭和51）年からの実績額（昭和51～61年は予算額）の推移を見ると、幼稚園における障がい児保育の契機となったのは、1981（昭和56）年の国際障害者年であったかもしれないが、補助金の増額が見られるようになったのは、図3の特別支援教育補助金の推移からもわかるように、1996（平成8）年の障害者プランの施行後からである。特に平成3年から平成8年までの5年間では、8億1千万円の増額に比べて、平成8年から平成13年までの5年間では、13億9千万円の増額となっている。またその後5年間でも16億円の増額となっていることからも明らかである。

図3 特別支援教育補助金の推移[1]

私立幼稚園における幼稚園特別支援教育補助金の推移(単位:千円)

	昭和51年	昭和56年	昭和61年	平成3年	平成8年
補助金額	22,330	408,000	288,000	999,188	1,810,902
	平成13年	平成14年	平成15年	平成16年	平成17年
	3,202,551	3,399,318	3,745,787	4,141,688	4,445,504
	平成18年	平成19年			
	4,809,385	5,401,334			

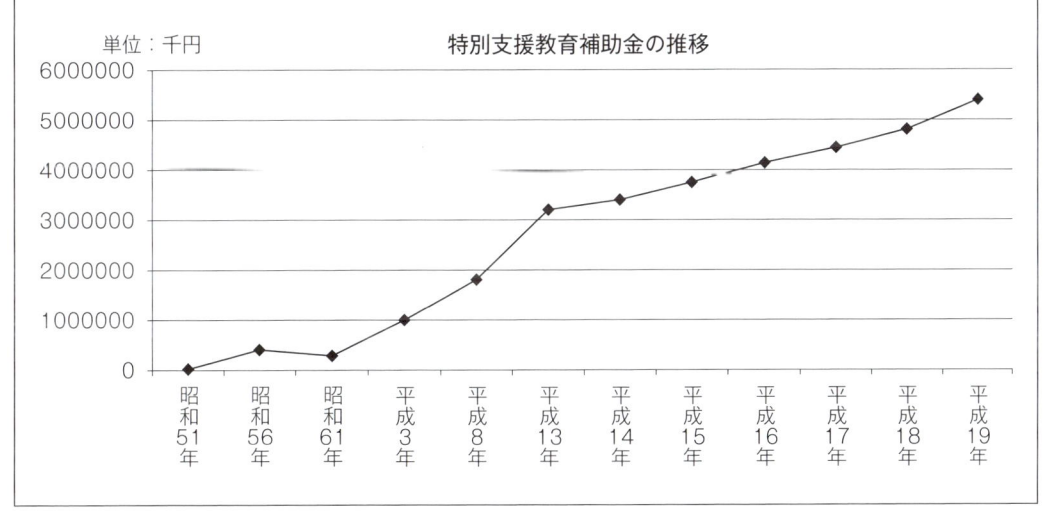

3.2 2007(平成19)年度における全国調査より

　標準的な補助金交付要綱によると、障がい児教育の充実および向上、すなわち特別支援教育の振興と心身障がい児にかかる修学上の経済的負担の軽減を図るために交付要綱が定められており、障がい児が2人以上同時に在籍する場合は園児1人につき、784,000円で、1人の場合は392,000円の補助が行われている都府県が約7割ある。また、それらの大半は学校法人立の幼稚園に限定されている。併せて、地方の裁量のもと、都道府県ごとにそれぞれの補助単価基準が設定されているのが現状である。そして、全国約1,800の各市町村のうち、25都道府県の中、98市8区8町(8区は東京都の特別区)においては、都道府県の補助金事業以外にも単独で助成を実施している。

　次に、各都道府県の特別支援教育補助金をそれぞれの園児総数で除して、園児1人当たりの特別支援教育費を算出して比較すると、図4からもわかるように、福井県の21,075円から三重県の1,077円などと、幅広くなっている。また、就園率の低いところは、幼稚

図4 平成19年度都道府県園児1人当たりの特別支援教育補助金および就園率[1)]

	補助金額	就園率	補助金	園児数		補助金額	就園率	補助金	園児数
北海道	3,194	59.3	203,794	63,802	静岡	2,290	66.0	98,784	43,137
青森	3,102	33.9	32,240	10,392	愛知	6,784	47.7	602,818	88,864
岩手	5,411	46.1	61,308	11,330	三重	1,077	51.2	12,158	11,294
宮城	6,403	70.6	183,456	28,652	滋賀	10,190	55.8	32,536	3,193
秋田	8,444	42.6	65,596	7,768	京都	7,684	51.9	210,896	27,447
山形	3,049	48.7	35,800	11,742	兵庫	3,696	65.3	170,520	46,137
福島	6,355	70.1	134,023	21,088	奈良	5,023	61.8	32,144	6,400
茨城	6,083	62.3	186,265	30,620	和歌山	3,048	42.3	20,248	6,643
栃木	6,965	62.8	228,144	32,754	大阪	3,677	64.9	372,400	101,280
群馬	1,497	46.4	26,656	17,812	鳥取	8,876	33.1	38,354	4,321
埼玉	3,663	70.6	416,936	113,824	香川	4,533	63.4	25,088	5,535
千葉	2,406	68.0	207,872	86,394	福岡	1,640	52.7	100,744	61,441
新潟	3,208	29.1	45,080	14,052	佐賀	2,537	43.1	22,736	8,963
山梨	2,499	34.0	18,228	7,295	長崎	2,407	47.4	32,144	13,355
東京	3,066	64.8	498,232	162,525	熊本	9,676	36.2	135,546	14,008
神奈川	6,702	72.3	957,656	142,896	大分	4,937	63.4	42,208	8,549
石川	6,889	26.2	54,880	7,966	宮崎	2,045	38.6	20,776	10,159
福井	21,075	34.6	70,560	3,348	沖縄	1,180	81.6	4,508	3,819
静岡	2,290	66.0	98,784	43,137		4,360	57.2	5,401,334	1,238,805

（単位：補助金額＝円、就園率＝％、補助金＝万円、園児数＝人）

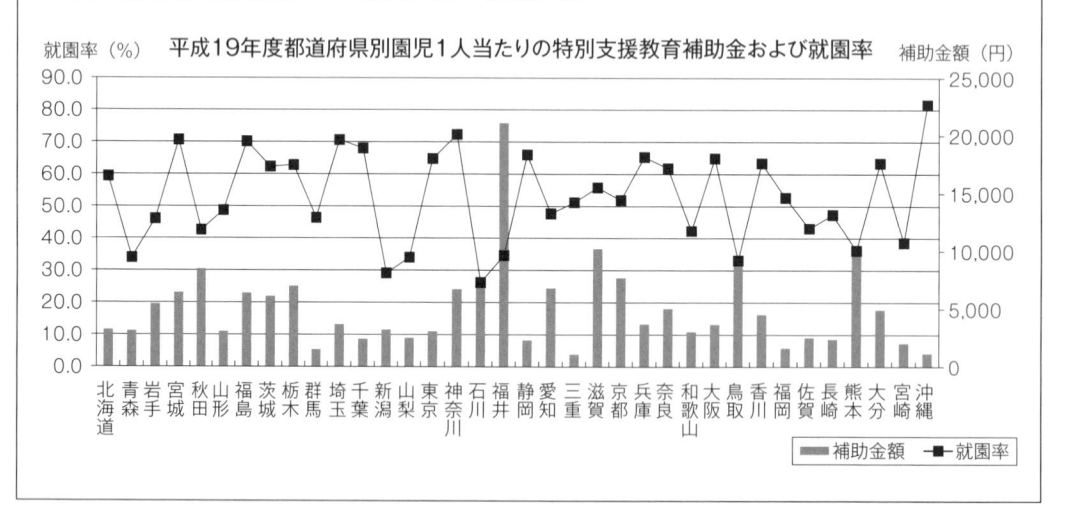

園よりも保育所が多くあることを示しているので、1人当たりの補助金が多くなるのではと考えたが、図4からもわかるように、青森、新潟や宮崎のように、就園率が低くても補助金が低いところもあるので、全国において、幼稚園における補助金状況は、地域格差が著しくそれぞれの努力の差として現れていることがうかがい知れる。

4 今後の課題として

4.1 制度上の課題

①ほとんどの地域において、「障害児」の認定がなければ補助が受けられない状況である。都道府県ごとの地方裁量であるため、施策として当然受けられるべきである補助助成が都道府県の財政事情などで異なることを是正していくと同時に、「幼児教育振興アクションプログラム」に記されている『希望する全ての幼児に対する充実した幼児教育の提供』を具体的施策のひとつに掲げるのであれば、これらに対する整合性を図ることが第一である。

②今後は、「気になる子」を含む発達障がいのある子に対して、全国において、幼児教育への支援が公平かつ均等的に可能となる制度設計と財政的な裏づけが必要である。

4.2 幼稚園現場の課題

①「気になる子」への対応として、発達障がいの可能性に気づき、特別な支援の必要性などについて保護者に認識、理解してもらうことを促進しなければ、家庭生活の中では、言語発達の遅れなどがあまり目立たない子の場合、認識されない現状がある。保護者の理解が得られなければ、個人情報保護の関係から、専門機関における個別相談や専門機関からの支援を受けることが難しく、対応に苦慮していることが伺えることから、関係機関の連携のもと、保護者の理解を得るための取り組みの充実が必要である。

②日常の保育活動における「障害児」や「気になる子」に対する関わり方や考え方など、発達支援の専門性の向上を図ることを目的とした研修会の実施が必要である。

③幼稚園と小学校の連携が唱えられ、これらの発達障がい児は、保護者の申し出により教育委員会が「就学前相談」を実施し、幼稚園等での状況などについて、保護者の了解のもと、それぞれの幼稚園等に照会し進路を決定しているが、入学後の方針に関しては、各小学校個々であり、これまでの保育内容を参考とする連携体制が整備されることが重要である。

引用文献

1) 全日本私立幼稚園連合会：全日本私立幼稚園連合会要覧　平成19年版．2007.

参考文献

1) 全日本私立幼稚園連合会：全日本私立幼稚園連合会要覧　昭和51年版〜平成21年版．

（米川　晃）

4.4 特別支援教育の制度とその動向

1 特別支援教育の基本的な考え方

1.1 中央教育審議会の答申から

中央教育審議会は、2004（平成16）年2月、初等中等教育分科会に特別支援教育特別委員会を設置し、2005（平成17）年12月に「特別支援教育を推進する制度の在り方について（答申）」を取りまとめた。

その答申では、特別支援教育とは、障がいのある児童生徒らの自立や社会参加に向けた主体的な取り組みを支援するという視点に立ち、児童生徒ら一人ひとりの教育的ニーズを把握し、その持てる力を高め、生活や学習上の困難を改善または克服するため、適切な指導および必要な支援を行うものであり、LD、AD/HD、高機能自閉症などの児童生徒らに対しても適切な指導および必要な支援を行うものと意味づけている。

また、盲・聾・養護学校については、障がい種別を超えた学校制度（「特別支援学校」）とすることが適当とし、小・中学校における障がいのある児童生徒の教育は、今後は、学校全体の課題として取り組んでいくことが求められ、LD、AD/HD、高機能自閉症などの児童生徒に対する特別の場での指導を制度的に位置づけることが必要としている。

その他、国際的な動向などを踏まえて、就学相談・指導のあり方を引き続き検討し、必要な見直しを行うことが適当としている。

1.2 文部科学省の特別支援教育に関する通知から

中央教育審議会答申を踏まえ、特別支援教育が学校教育法に位置づけられ、2007（平成19）年4月1日に施行されたことを受け、文部科学省は「特別支援教育の推進について（通知）」を発出している。この通知は、わが国の特別支援教育に対する基本的な考え方の表明であると言っても過言ではない。

この通知では、特別支援教育は、「障害のある幼児児童生徒への教育にとどまらず、障害の有無やその他の個々の違いを認識しつつ様々な人々が生き生きと活躍できる共生社会の形成の基礎となるものであり、我が国の現在及び将来の社会にとって重要な意味をもって

いる」と、それまでにはわが国では見ることがなかった広がりのある提言が示されている。特別支援教育を実施する意義は、学校教育内にとどまらず、社会全体へも大いに影響を及ぼすこととしていることに留意する必要がある。

特別支援教育の理念を実現させるための取り組みの方向については、通知では、以下のようなことを総じて述べている。

①校園長の責務に関して、校園長は、「特別支援教育実施の責任者として、自らが特別支援教育や障害に関する認識を深めるとともに、リーダーシップを発揮しつつ、次に述べる体制の整備等を行い、組織として十分に機能するよう教職員を指導することが重要である」としている。また、「特別支援教育に関する学校経営が特別な支援を必要とする幼児児童生徒の将来に大きな影響を及ぼすことを深く自覚し、常に認識を新たにして取り組んでいくことが重要である」としており、果たすべき役割の重要さへの認識を強く求めている。

②体制の整備や必要な取り組みに関して、校内委員会の設置、実態把握の実施、特別支援教育コーディネーターの指名、関係機関との連携を図った「個別の教育支援計画」および「個別の指導計画」の作成・活用、教員の専門性の向上が重要であるとしている。

③特別支援学校に関して、これまでの取り組みをさらに推進しつつ、さまざまな障がい種別に対応することができる体制づくりや、学校間の連携などをいっそう進めていくことが重要であること、特別支援教育のセンター的機能の充実を図ることなどが必要であるとしている。

④教育委員会などにおける支援に関して、特別支援教育を推進するための基本的な計画を定めるなどして、各学校における支援体制や学校施設設備の整備充実などに努めること、学校関係者、保護者、市民らに対し、特別支援教育に関する正しい理解が広まるよう努めること、教育委員会においては、各学校の支援体制の整備を促進するため、指導主事らの専門性の向上に努めると共に、教育、医療、保健、福祉、労働などの関係部局、大学、保護者、NPOなどの関係者からなる連携協議会を設置するなど、地域の協力体制の構築を推進すること、などが必要であるとしている。

⑤保護者からの相談対応や早期からの連携に関して、各学校およびすべての教員は、保護者からの障がいに関する相談などに真摯に対応し、その意見や事情を十分に聴いたうえで、児童生徒らへの対応を行うことなどが必要であるとしている。

⑥教育活動などを行う際の留意事項などとして、障がい種別の判断も重要であるが、児童生徒らが示す困難に、より重点をおいた対応を心がけること、医師などによる障がいの診断がなされている場合でも、その障がいの特徴や対応を固定的にとらえることのないよう注意すること、円滑に学習や学校生活を行うことができるよう必要な配慮を行うこと、入学試験やその他試験などの評価を実施する際に可能な限り配慮を行う

こと、障がいのある児童生徒らは、その障がいの特性による学習上・生活上の困難を有しているため、周囲の理解と支援が重要であり、生徒指導上も十分な配慮が必要であること、生徒指導上の諸問題に対しては、その背景に障がいが関係している可能性があることに十分留意しつつ慎重に対応すること、生徒指導担当にあっては、障がいについての知識を深めると共に、特別支援教育コーディネーターをはじめ、養護教諭、スクールカウンセラーらと連携し、適切な判断や必要な支援を行うことができる体制を平素から整えておくこと、障がいのある児童生徒らと障がいのない児童生徒らとの交流および共同学習は、双方の児童生徒らの教育的ニーズに対応した内容・方法を十分検討し、早期から組織的、計画的、継続的に実施すること、将来の進路を主体的に選択することができるよう、早い段階からの進路指導の充実を図ること、支援員らの活用に当たっては、活用方針について十分検討し、共通理解のもとに進めると共に、事前の研修などに配慮すること、入学時や卒業時に学校間で連絡会を持つなどして、継続的な支援が実施できるようにすること、などが示されている。

⑦厚生労働省関係機関などとの連携に関して、各学校および各教育委員会などは、必要に応じ、発達障害者支援センター、児童相談所、保健センター、ハローワークなど、福祉、医療、保健、労働関係機関との連携を図ることとしている。

2 特別支援教育の制度

2.1 特別支援学校の目的等の規定

わが国では、通常の教育だけでは、その能力を十分に発揮し伸長させることが困難な児童生徒らに対して、一人ひとりの障がいの種類や程度などに応じ、特別支援学校や小・中学校の特別支援学級、あるいは通級による指導において教育が行われている。

それらの法的な位置付けとしては、まずは、2006（平成18）年12月、教育基本法の約60年ぶりの改正時に「国及び地方公共団体は、障害のある者が、その障害の状態に応じ、十分な教育を受けられるよう、教育上必要な支援を講じなければならない」と新たな条文が規定されている。

次に、学校教育法第72条において、「特別支援学校は、視覚障害者、聴覚障害者、知的障害者、肢体不自由者又は病弱者（身体虚弱者を含む、以下同）に対して、幼稚園、小学校、中学校又は高等学校に準ずる教育を施すとともに、障害による学習上又は生活上の困難を克服し自立を図るために必要な知識技能を授けることを目的とする」と特別支援学校の目的が規定されている。

この特別支援学校への就学に関しては、基本的には、学校教育法施行令において、市（区）町村教育委員会が専門家や保護者の意見を聞きつつ、当該児童生徒が同法施行令第

22条の3に定める障がいの程度に達していると判断した場合に、都道府県教育委員会に通知し、都道府県教育委員会は就学すべき学校を指定するという一連の手続きが規定されている。

また、同法第81条においては、「幼稚園、小学校、中学校、高等学校及び中等教育学校においては、次項各号のいずれかに該当する幼児、児童及び生徒その他教育上特別の支援を必要とする幼児、児童及び生徒に対し、文部科学大臣の定めるところにより、障害による学習上又は生活上の困難を克服するための教育を行うものとする」としたうえで、「次項」として「2 小学校、中学校、高等学校及び中等教育学校には、次の各号のいずれかに該当する児童及び生徒のために、特別支援学級を置くことができる」と、特別支援学級が設置できることが規定されており、その対象は、知的障害者、肢体不自由者、身体虚弱者、弱視者、難聴者、言語障害者および自閉症・情緒障害者である（平成21年2月の文部科学省通知により従来の「情緒障害者」を「自閉症・情緒障害者」と改名）。

さらに、学校教育法施行規則第140条において、「小学校若しくは中学校又は中等教育学校の前期課程において、次の各号のいずれかに該当する児童又は生徒（特別支援学級の児童及び生徒を除く）のうち当該障がいに応じた特別の指導を行う必要があるものを教育する場合には、（中略）特別の教育課程によることができる」と、通級による指導が規定されており、その対象は、言語障害者、自閉症者、情緒障害者、弱視者、難聴者、学習障害者、注意欠陥多動性障害者などである（平成18年4月に学習障害者および注意欠陥多動性障害者が新たに加えられ、その際に自閉者を情緒障害から分離）。

特別支援教育制度では、児童生徒らの障がいの状態等に応じたきめ細かな指導のために、特別支援学校の小・中学部では一学級当たり児童生徒6人（ただし、障がいを2つ以上併せ有する児童生徒等の場合は3人）、小・中学校特別支援学級では、一学級当たり8人で学級編制ができる。しかし、実際には、特別支援学校および特別支援学級ともに、近年では、在籍者数は一学級当たり約3人であり、特別支援学校では、児童生徒等約1.6人に対して1人の教員が配置されており、特別支援学級では、児童生徒約2.8人に対して1人の教員が配置されている。

一方、特別支援学校や特別支援学級等の児童生徒らの保護者が負担する教育関係経費について、家庭の経済状況などに応じて、就学奨励費として国および地方公共団体が補助している。対象とする経費は、通学費、給食費、教科書費、学用品費、修学旅行費、寄宿舎日用品費、寝具費、寄宿舎からの帰省費などである。

2.2 特別支援学校の教育課程に関する規定等

2.2-1 特別支援学校

特別支援学校で指導すべき各教科などは、学校教育法施行規則に規定されており、小学校、中学校および高等学校に準じた各教科（知的障がい者を教育する学校の場合は、実際

の生活に役立つことを考慮した異なる各教科)、道徳(高等部においては、知的障がい者を教育する学校に限る)、特別活動、総合的な学習の時間(小学部においては、知的障がい者である児童を教育する場合を除く)、外国語活動(知的障がい者を教育する学校を除く小学部5・6年生)および自立活動によって教育課程を編成するものとされている。

　また、学校教育法施行規則において、文部科学大臣告示として公示される特別支援学校幼稚部教育要領、特別支援学校小学部・中学部学習指導要領および特別支援学校高等部学習指導要領によって教育課程を編成するものとされている。

　特別支援学校においては、自立活動という指導領域が設けられているが、この指導領域は、障がいのない児童生徒らと同じ教育だけでは、障がいのある児童生徒らの調和的な発達を促すには十分ではなく、一人ひとりの児童生徒等の学習上または生活上の困難を改善・克服するための指導が必要となることから規定されている。

　自立活動は、「健康の保持」「心理的な安定」「人間関係の形成」「環境の把握」「身体の動き」「コミュニケーション」に区分されており、これらは、文部科学省による特別支援学校学習指導要領解説(自立活動編)では、人間としての基本的な行動を遂行するために必要な要素と障がいによる学習上または生活上の困難を改善・克服するために必要な要素を検討して、その中の代表的なものを項目として分類・整理したものとしている。

　このほか、特別支援学校においては、一人ひとりの児童生徒の障がいの状態などに応じて、たとえば、下学年の教育内容を扱う、各教科などをほとんど自立活動の内容に替える、各教科等の授業時数を実情に合わせるなど、弾力的で特色ある教育課程を編成することができる。

　それらの指導を行う特別支援学校教員は、小学校、中学校、高等学校または幼稚園の教員の免許状の他に、特別支援学校教員の免許状を保有することが原則となっている。

　なお、障害者基本法第14条第3項において、「国及び地方公共団体は、障害のある児童及び生徒と障害のない児童及び生徒との交流及び共同学習を積極的に進めることによって、その相互理解を促進しなければならない」と規定されていることから、特別支援学校等においては、計画的・組織的に交流および共同学習が実施されている。

2.2-2　特別支援学級

　特別支援学級においては、基本的には小学校または中学校の学習指導要領により教育が行われるが、特に必要な場合は、特別な教育課程を編成することができる。このことについて、文部科学省による小学校学習指導要領解説などにおいては、特別の教育課程を編成するとしても、小学校または中学校の目的および目標を達成するものでなければならないこと、特別の教育課程を編成する場合には、児童生徒の障がいの状態などを考慮のうえ、特別支援学校小学部・中学部学習指導要領を参考とし、たとえば、自立活動を取り入れたり、下学年の教科の目標・内容に替えたり、各教科を知的障がい者である生徒に対する教育を行う特別支援学校の各教科に替えたりするなどして、実情に合った教育課程を編成す

る必要があるとしている。

2.2-3　通級による指導

通級による指導とは、通常の学級に在籍している比較的軽度の障がいのある児童生徒に対して、特別な教育課程を編成し、その障がいの状態などに応じた特別の指導（週当たり上限8時間）を特別の指導の場（通級指導教室）で行うことである。

通級による指導では、通常の学級の教育課程に加え、またはその一部に替えた特別の指導を行うことができる。特別の指導とは、まずは、障がいによる学習上または生活上の困難の改善・克服を目的とする指導のことを指す。小学校学習指導要領解説などにおいては、通級による指導においては、特別支援学校小学部・中学部学習指導要領を参考とし、自立活動の内容を取り入れるなどして、一人ひとりの生徒の障がいの状態などに応じた具体的な目標や内容を定めることとしている。また、特に必要がある時は、特別の指導として、各教科の内容を補充するための指導を一定時間内において行うこともできる。

2.2-4　通常の学級における配慮

通級による指導の対象者やそれまでには至らない障がいのある児童生徒に対しては、特別な指導内容は提供できないが、教科学習などにおいて、必要に応じて、特別支援学校等からの支援を受けつつ、学級担任らが該当児童生徒の状態に応じた配慮を工夫している。具体的には、児童生徒の注意集中の困難さ、文字や形を認識することの困難さなどに応じて、座席位置、板書、指示の与え方、課題提示、授業の流し方などの工夫が行われている。

3　特別支援教育の課題など

3.1　特別支援学校の児童生徒数の増加状況

図1および図2（文部科学省初等中等教育局特別支援教育課による「特別支援教育資料（平成21年度）」の資料にて作成）は、特別支援学校などの在籍者数の推移である。全体的に増加しており、特に知的障がい者および自閉症、情緒障がい者である児童生徒の増加が著しい。そのため、たとえば、知的障がいを対象とする特別支援学校では、教室不足などの問題が浮上しており、都道府県などの設置者は、分校・分教室の設置や余裕教室の活用などの工夫を続けている。

3.2　関係機関などとの連携

「障害者基本計画」（平成14年12月閣議決定）において、障がいのある児童生徒を生涯にわたって支援する観点から、一人ひとりのニーズを把握して、関係者・機関の連携による適切な支援を効果的に行うために、指導や支援の具体的な内容・方法をまとめた「個別の支援計画」の策定、実施、評価を行う体制を構築することの必要性が示された。

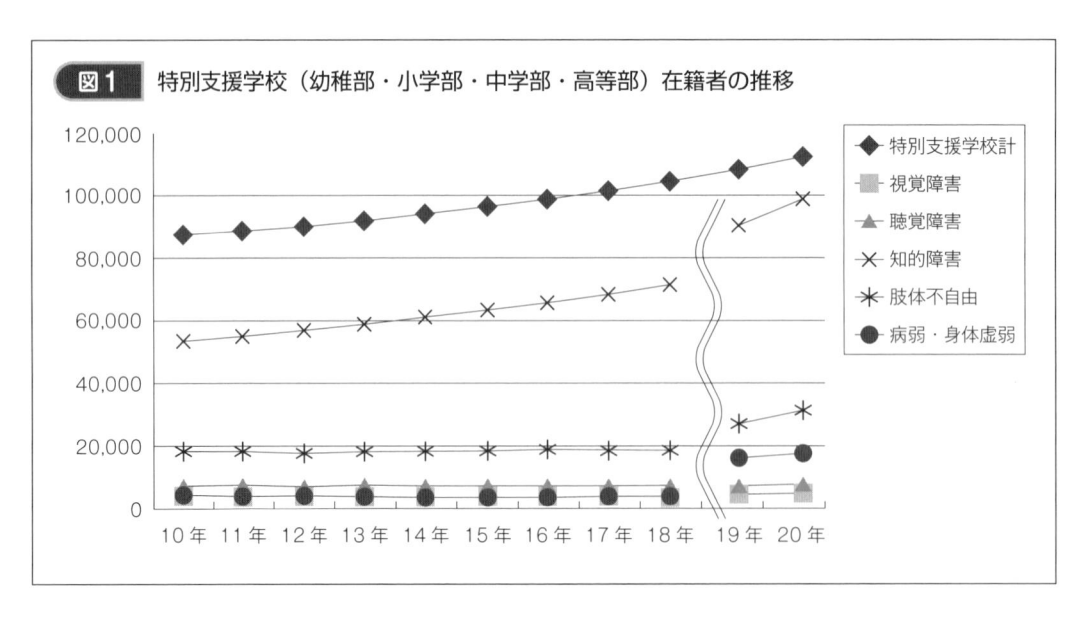

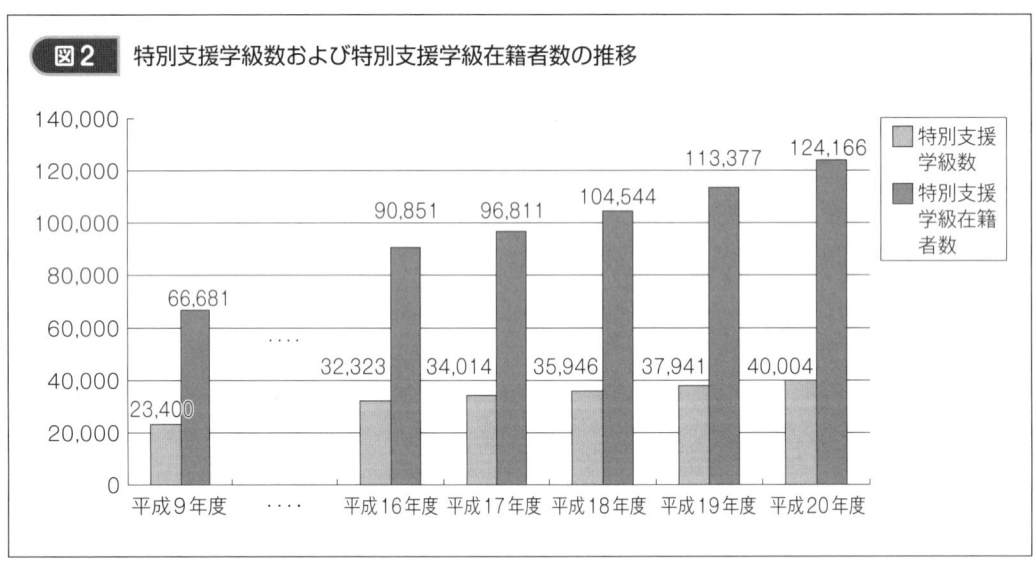

図1 特別支援学校（幼稚部・小学部・中学部・高等部）在籍者の推移

図2 特別支援学級数および特別支援学級在籍者数の推移

　その考えを踏まえつつ、文部科学省におかれた調査研究協力者会議がとりまとめた「今後の特別支援教育の在り方について」（最終報告、平成15年3月）においては、特別支援教育を推進するうえでの基本的な考え方として、一人ひとりの障がいのある児童生徒への支援の内容を明確にした「個別の教育支援計画」が提言された。

　この「個別の教育支援計画」は、先述の「個別の支援計画」と同義であり、特別支援教育においては、近年、主に社会への移行期における支援計画を基本としながら、就学段階などへと広がってきており、今回の特別支援学校学習指導要領の改訂において本計画の作成は義務化されている。

3.3　各種事業などの展開

　文部科学省では、幼稚園から高等学校までを通じて、発達障がいを含む障がいのある幼児児童生徒の自立や社会参加に向けた主体的な取り組みを支援するという視点に立ち、子ども一人ひとりの教育的ニーズに応じた適切な指導および必要な支援を行うため、現在、以下のような特別支援教育の体制整備を総合的に推進するための事業に取り組んでいる。

　①発達障がい等支援・特別支援教育総合推進事業、②発達障がい等に対応した教材等のあり方に関する調査研究事業、③発達障がい早期総合支援モデル事業、④高等学校における発達障がい支援モデル事業、⑤特別支援学校などの指導充実事業、⑥発達障がいを含む特別支援教育におけるNPO等活動体系化事業、⑦独立行政法人国立特別支援教育総合研究所（発達障害教育情報センター）などの他、特別支援教育支援員を幼・小・中学校に配置。

3.4　今後の特別支援教育の推進に関連して

　文部科学省におかれた「特別支援教育の推進に関する調査研究協力者会議」が2010（平成22）年3月に審議経過報告をとりまとめた。

　この報告では、障がいのある子どもに対する多様な支援全体を一貫した「教育支援」ととらえ、個別の教育支援計画の作成・活用を通じて、特別支援教育の理念の実現を図ることを基本的な考えに据え、教育委員会は、幼児教育段階から、義務教育への円滑な移行を図るため、市町村教育委員会が幼稚園、保育所、医療、福祉、保健などの関係機関と連携して就学移行期における個別の教育支援計画を作成すること、障がいのある子どもが就学する学校について、個別の教育支援計画の作成・活用を通じて、障がいの程度が「就学基準」に該当するかどうかに加えて、必要な教育的ニーズ、保護者や専門家の意見、就学先の学校における教育や支援の内容等を総合的に判断して決定する仕組みとすることなどが提言されている。

引用文献

1) 特別支援教育の在り方に関する調査研究協力者会議：今後の特別支援教育の在り方について（最終報告）．平成15年3月．
2) 中央教育審議会：特別支援教育を推進する制度の在り方について（答申）．平成17年12月．
3) 文部科学省：特別支援教育の推進について（通知）．平成19年4月．
4) 文部科学省：特別支援学校幼稚部教育要領，特別支援学校小学部・中学部学習指導要領，特別支援学校高等部学習指導要領．平成21年3月．
5) 文部科学省：特別支援学校学習指導要領解説総則等編（幼稚部・小学部・中学部）．平成21年6月．
6) 文部科学省：特別支援学校学習指導要領解説総則等編（高等部）．平成21年12月．
7) 文部科学省：小学校学習指導要領解説総則編．平成20年8月．
8) 文部科学省：中学校学習指導要領解説総則編．平成20年8月．

9) 文部科学省：改訂版　通級による指導の手引き．平成19年1月．
10) 文部科学省初等中等教育局特別支援教育課：特別支援教育資料（平成21年度）．平成21年4月．

(石塚謙二)

4.5 障がいのある子どもの保健医療制度とその動向

　健康な生活と安心で質の高い医療の確保は、障がいのあるなしにかかわらず、安心して子育てができるための必要不可欠な社会条件である。この分野を担う社会保障制度が、保健医療制度であり、医療、母子保健、小児慢性特定疾患のように疾患特異的なサービスなどが含まれる。関連する法律としては、母子保健法、児童福祉法、障害者自立支援法、健康保険各法など、多岐にわたる。現在の日本の保健医療制度は、戦後約60年間の社会構造や人口構造の大きな変化に対応しながら、社会保障制度の充実の一環として取り組まれてきた結果と言える（図1）。そして、その制度を保証する根拠が、日本国憲法第25条であり、国民の生存権の保障と、その実現のために社会福祉、社会保障、公衆衛生の向上などについての国の責務が明確に示されている。

　以上のように、日本では、子どもの健康に生じるさまざまなリスクに対して保健医療制度によりさまざまなセーフティネットを張り巡らせていると言える。ここでは、どのようなセーフティネットがあるか系統的に概観してみることにする。

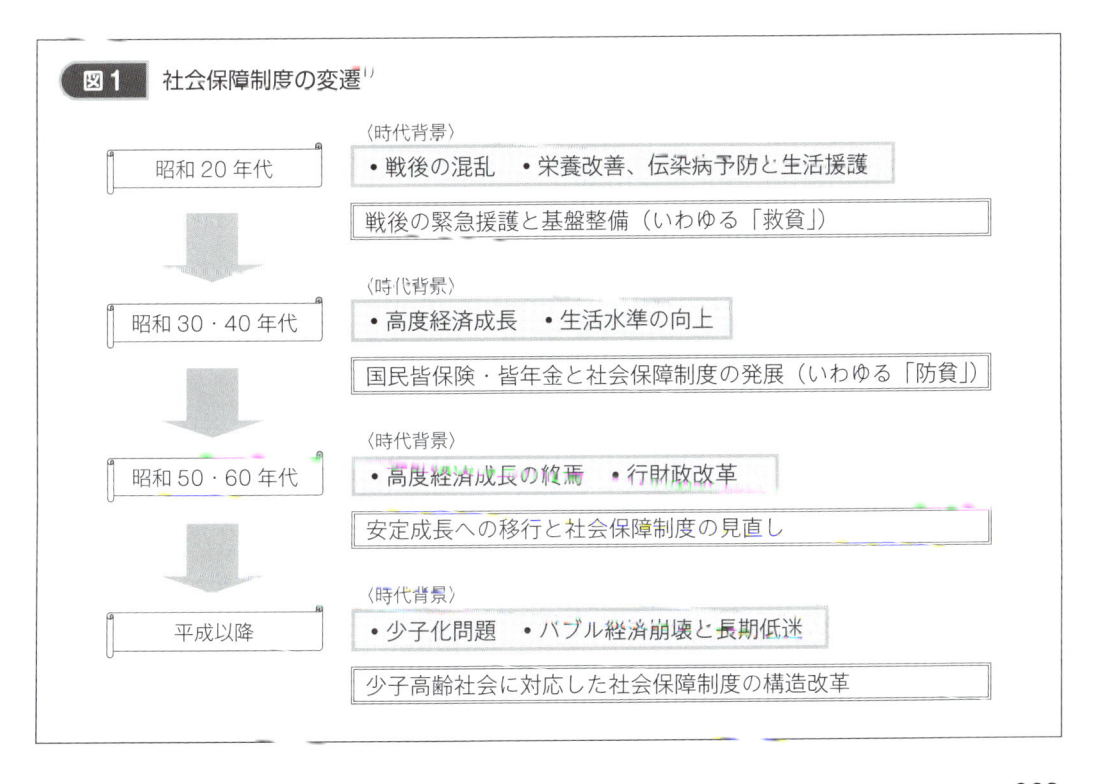

図1　社会保障制度の変遷[1]

昭和20年代
〈時代背景〉
・戦後の混乱　・栄養改善、伝染病予防と生活援護
戦後の緊急援護と基盤整備（いわゆる「救貧」）

↓

昭和30・40年代
〈時代背景〉
・高度経済成長　・生活水準の向上
国民皆保険・皆年金と社会保障制度の発展（いわゆる「防貧」）

↓

昭和50・60年代
〈時代背景〉
・高度経済成長の終焉　・行財政改革
安定成長への移行と社会保障制度の見直し

↓

平成以降
〈時代背景〉
・少子化問題　・バブル経済崩壊と長期低迷
少子高齢社会に対応した社会保障制度の構造改革

発達支援に関わる制度

1 医療制度の仕組みについて

　子どもの健康に対する最大のリスクは、一般的には病気であろう。病気になれば、その治療費は医療保険から支払われ（一部自己負担を除けば）、医療費の自己負担分が支払いできない社会的弱者や特別な医療ニーズを持つ人に対しては、法律に基づく公費医療制度の利用が可能である。

　現在の医療保険制度は、1956（昭和31）年の社会保障審議会「医療保障に関する勧告」の中で、国民皆保険制度に言及し、医療保険を中心に、医療扶助で補完する医療保障体系を示したことに始まり、1961（昭和36）年に実現した。健康保険証さえあれば全国どこの医療機関でも医療を受けることができる画期的な制度で、国民の健康度の向上に多大な貢献をしている（日本は世界トップクラスの長寿国である）。

　日本の医療保険制度は、被用者保険、国民健康保険および後期高齢者医療に大別される。被用者保険は、事業者に使用される者を被保険者とする健康保険、船員保険、共済組合であり、国民健康保険は、一般地域居住者を被保険者とする市町村が保険者となる。保険診療の一部負担金は、現在のところ、原則、患者は医療費の3割、未就学の小児は2割（自治体で別途公費補助あり）、70歳以上の高齢者は1割（所得によっては3割）を窓口で支払う仕組みとなっている。また、療養に要する費用が著しく高額になった場合、自己負担限度額を超える部分を償還払いにする高額療養費制度がある。なお、美容整形・歯科矯正など保険対象外の自由診療（保険外診療）の場合は全額患者負担となる。医療費とは別に、はり師・きゅう師・あん摩マッサージ指圧師が行う施術、柔道整復師が行う施術の費用は療養費と呼ばれ、施術費用の取り扱い（請求方法・計算方法・負担方法）で異なるものの、健康保険とほぼ同様に扱われる。

2 公費負担制度と医療給付制度

　医療保険制度とは別に、法律に基づいて、国や地方自治体が実施主体となり、税を財源として各種保健医療サービスの費用の負担を行う公費負担制度がある。大きくは、一般的な市区町村の事業と、比較的専門性の強い都道府県の事業に分けられる。

　市区町村の事業としては、対象者が年齢によってほぼ決まっている健康診査、予防接種、新生児訪問指導、乳幼児医療費助成などの一般的な対人保健サービスが含まれる。これらに関しては、案内の方法、所得制限の有無など、市区町村により若干の相違はあるものの、出生届の提出などにより市区町村が把握している住民に対して、直接市町村から案内が行くことになる。

　都道府県など（保健所）の事業では、都道府県に事業主体がある医療給付制度がある。

医療給付制度は、その内容により、①国が責任をもって補償する、国による直接給付（戦傷病者や原爆被爆者などの医療、公害医療）、②社会防衛的に公衆衛生を図る目的で、その医療費の全額または一部を公費で負担する事業（結核など特定の感染症や精神障がい、また小児慢性特定疾患治療研究事業）、③生活保護受給者や身体障がい者などの社会的弱者に対する医療補償、その他、法律に基づかない省令補助金事業である特定疾患治療研究事業、また、市区町村事業である乳幼児医療費助成制度、の大きく3つに分類される。

　これらの医療費は、医療機関が患者に請求すべき一部負担金を、患者ではなく、国または地方公共団体に請求するもので、医療機関窓口での支払いが直接免除される。対象疾患が限定され、さまざまな条件を満たす場合のみ対象とする公費負担制度では、原則として医療機関が患児家族に説明し、家族が申請することではじめて公費負担が実施される場合が多い。難病や慢性疾患の場合、公費医療給付制度の利用がなければ、家族の医療費の負担は非常に大きくなる。小児の慢性疾患は、その種類が多いだけでなく、さらに利用できる可能性のある制度の種類も多い。公費負担制度を利用できるかどうかなど、不明な事項は、小児科医、病院の医事課職員、医療ソーシャルワーカーに相談したりするほか、保健所に問い合わせることができる（表1）。

3 小児医療に関連する医療給付制度

　この章では、小児医療に関連する医療給付制度のいくつかを、さらに詳しく見ていくことにする。

3.1 小児慢性特定疾患治療研究事業（以下、小慢事業）

　小慢事業は、小児慢性疾患のうち特定の疾患について、研究を推進し、その医療の確立と普及を図り、併せて患者家族の医療費の負担を軽減する事業であり、1974（昭和49）年に整備された。それ以前から実施されていた事業、すなわち1968（昭和43）年の「先天性代謝異常児の医療給付について」、1971（昭和46）年の「小児ガン治療研究事業について」、1972（昭和47）年の「児童の慢性腎炎・ネフローゼ及びぜんそくの治療研究事業について」を統合し、さらに他の対象疾患を拡大すると共に9つの疾患群にまとめられ整備された。

　1974（昭和49）年以降も対象疾患の追加、一部の疾患では入院から通院への拡大、対象年齢の18歳未満から20歳未満への延長が行われた。そして、1990（平成2）年には神経・筋疾患が対象疾患群として追加され、10疾患群となった。

　小慢事業での医療費助成は、1995（平成7）年度より患児（保護者）の申請により、保健所を窓口として行われることとなり、1998（平成10）年度にその登録様式が全国的に統一され、申請書に添付される医療意見書は、全国的にほぼ同様の書式となった。それ

表1 医療給付制度の一覧（文献2より引用、一部改変）

制度・法律		対象者	対象疾病等	実施主体（窓口）	給付率	適用
戦傷病者特別援護法	療養の給付	戦傷病者（戦傷病者手帳所持者）	公務上の傷病	都道府県	10割	
	更生医療		公務上の障害		10割	
感染症の予防及び感染症の患者に対する医療に関する法律	新感染症	新感染症の患者	新感染症	都道府県、政令市、特別区	10割	所得による一部負担あり
	入院医療（37条）	1類又は2類の感染症患者、新型インフルエンザ等感染症の患者	1類又は2類の感染症、新型インフルエンザ等感染症			
	適正医療（37条の2）	結核に係る一般患者	結核		9.5割	
精神保健福祉法	措置入院（29条）	自傷他害のおそれのある者	精神疾患	都道府県（市町村）	10割	所得による費用徴収あり
公害健康被害の補償等に関する法律		認定患者	指定疾病	県又は市（区）	10割	
業務上の災害による療養補償給付（労働者災害補償保険法）		被用者	業務上の災害	保険者	10割	
医療保険（健保）		被保険者、被扶養者	一般	保険者	健保本人 7割（70歳以上原則9割（現役並み所得者7割）） 健保家族 7割（義務教育就学前の者8割、70歳以上原則9割（現役並み所得者7割））	

372

表1 医療給付制度の一覧の続き

制度・法律	対象者	対象疾病等	実施主体(窓口)	給付率	適用
医療保険（国保）	被保険者	一般	保険者	国保一般 7割 退職被保険者 7割 退職被保険者家族 7割	義務教育就学前の者8割、70歳以上原則9割（現役並み所得者7割） 義務教育就学前の者8割、70歳以上原則9割（現役並み所得者7割）
独立行政法人日本スポーツ振興センター法 （児童・生徒等の災害共済給付制度）	共済加入学校等の児童・生徒等（小、中、高校、中等教育学校、高専、幼稚園、保育所）	学校管理下における災害	独立行政法人日本スポーツ振興センター（窓口、学校）	負傷・疾病 4割 障害の場合 82～3,770万円 死亡の場合 1,400～2,800万円	被保護者は除く 掛金は低所得者免除あり
学校保健安全法	要保護又は準要保護の児童、生徒で学校で治療の指示を受けたもの	感染症その他学習に支障のある疾病	学校を設置した都道府県又は市町村	10割	
後期高齢者医療 （高齢者の医療の確保に関する法律）	被保険者	一般	後期高齢者医療広域連合	9割 （現役並み所得者は7割）	
自立支援医療 （障害者自立支援法） 育成医療	18歳未満の障害児	障害の除去、軽減のための手術等	都道府県（保健所）、指定都市、中核市	9割	原則1割負担（ただし、所得による軽減措置あり）
自立支援医療 更生医療	18歳以上の身体障害者	障害の除去、軽減のための手術等	市町村	9割	原則1割負担（ただし、所得による軽減措置あり）
自立支援医療 精神通院医療	通院患者	精神疾患	都道府県（保健所）	9割	原則1割負担（ただし、所得による軽減措置あり）

発達支援に関わる制度

表1 医療給付制度の一覧の続き

制度・法律	対象者	対象疾病等	実施主体（窓口）	給付率	適用
療育の給付（児童福祉法）	児童	結核	都道府県（保健所）、指定都市、中核市	10割	所得による費用徴収あり
小児慢性特定疾患治療研究事業（児童福祉法）	児童	小児がん等特定の疾患	都道府県（保健所）、指定都市、中核市	10割	所得による費用徴収あり
特定疾患治療研究事業	対象疾患患者で医療保険、後期高齢者医療又は介護保険の自己負担のある者	スモン、ベーチェット病等特定の疾患	都道府県	10割	所得と治療状況に応じた一部負担（重症者は除く）
妊娠高血圧症候群（妊娠中毒症）等療養援護（母子保健法）	低所得者の妊産婦	妊娠中毒症糖尿病等	都道府県政令市（保健所）	所得により一定限度額以内	
養育医療（母子保健法）	未熟児		都道府県政令市（保健所）、特別区	10割	所得による費用徴収あり
原子爆弾被爆者に対する援護に関する法律	認定疾病医療（10条）	原爆被爆者	原子爆弾の傷害作用に起因する傷病	国（都道府県又は長崎市、広島市）	10割	
	一般疾病医療（18条）		一般疾病		健保等の自己負担分	

に合わせて、プライバシー保護に十分配慮しながら、その内容をコンピュータ入力・集計して登録・管理する方式に変更された。

　小慢事業の設立当初に比べ現在では、医療技術の向上に伴って、対象疾患の死亡率は大きく改善した反面、その療養期間が長期化し、子どもとその家族の心身面での負担は増大してきた。そこで、厚生事務次官通知に基づく補助金事業であった当事業を、安定的な制度とすることが望まれていた。このような小慢事業を取り巻く状況を踏まえ、2005（平成17）年4月より児童福祉法に位置づけられた。現在、対象疾患は、悪性新生物、慢性腎疾患、ぜんそく、慢性心疾患、内分泌疾患、膠原病、糖尿病、先天性代謝異常、血友病等血液疾患、神経筋疾患、慢性消化器疾患の11疾患群に分類され、514種類の疾患があり、健康保険の自己負担分の公費支給が行われる。2003（平成15）年度の給付人数は108,813人で、小中高校生約200人に1人が登録していることになる。

　医療の進歩により子どもの病気の死亡率は大きく改善し、20歳を越えても治療が小児科で継続され、内科に移行できないケースが増えている（キャリーオーバーと呼ぶ）。一部疾患では、20歳で小慢事業が切れれば医療保障がなくなる。病気により定職にもつけず、将来設計が難しいキャリーオーバーの存在は、小児医療現場で大きく問題化している。

3.2 特定疾患治療研究

　ベーチェット病、多発性硬化症など、いわゆる難病のうち、特定の疾患については、治療が極めて困難であり、かつ医療費も高額となることから、特定疾患治療研究事業として、医療の確立、普及を図ると共に、患者の医療費の負担軽減を図っている。小児のみでなく成人も医療費助成の対象とする当事業では、年ごとにその対象疾患が増え、2009（平成21）年4月現在45疾患が対象となっている。

3.3 自立支援医療（従来の育成医療）

　従来の障がい保健福祉施策では、身体障がい、知的障がい、精神障がいと障がい種別で福祉サービスや公費負担医療の仕組みや内容が異なっていたものを、障害者自立支援法としてひとつの法律で束ね、制度間での負担の不均衡を解消し、医療費の多寡と所得の多寡に応じた、公平な負担になるように見直しが行われた（2006［平成18］年10月より完全実施）。この改正の一環として、従来児童福祉法の中で、身体に障がいのある児童が、生活の能力を得るために必要な医療の公費負担を行っていた育成医療は、自立支援医療と変更された（障害者自立支援法52～58条）。自立支援医療とは、障がい者などにつき、その心身の障がいの状態の軽減を図り、自立した日常生活または社会生活を営むために必要な医療であって政令で定めるものを言う（法5条18項）。自立支援医療の対象は、肢体不自由、視覚障がい、聴覚・平衡機能障がい、音声・言語機能障がい、心臓障がい、腎臓障がい、その他の内臓障がい、ヒト免疫不全ウイルスによる免疫機能障がい、肝機能障がい

（肝臓移植後の抗免疫療法）であり、育成医療の対象から変更はない。この改正で利用者負担が生じたため、若い世帯における負担の激変緩和の経過措置が実施されている。

障害者自立支援法では、サービスの提供主体は市町村に一元化されており、それを国と都道府県が重層的に支援して行く体制になった。そこで、支給認定を受けようとする障がい者または障がい児の保護者は、市町村などに申請を行い（法53条）、市町村などは、障がい者などが、その心身の障がいの状態から見て自立支援医療を受ける必要があり、かつ、当該障がい者など、またはその属する世帯の他の世帯員の所得の状況、治療状況その他の事情を勘案して政令で定める基準に該当する場合には、自立支援医療の種類ごとに支給認定を行い（法54条1項）、市町村などは、支給認定をした時は、都道府県知事が指定する医療機関（以下「指定自立支援医療機関」と言う）の中から、当該支給認定にかかる障がい者などが自立支援医療を受ける医療機関を定め（法54条2項）、市町村などは、支給認定をした時は、支給認定を受けた障がい者または障がい児の保護者（以下「支給認定障害者等」と言う）に対し、支給認定の有効期間、指定自立支援医療機関の名称その他の事項を記載した自立支援医療受給者証（以下「医療受給者証」と言う）を交付する（法54条3項）、という手続きを踏むこととなった。

自立支援給付の中で、補装具は、自立支援医療と並ぶ重要な保健医療関連サービスである。この法律において「補装具」とは、障がい者などの身体機能を補完し、または代替し、かつ、長期間にわたり継続して使用されるものその他の厚生労働省令で定める基準に該当するものとして、義肢、装具、車いすその他の厚生労働大臣が定めるものを言うと規定される（法5条19項）。障害者自立支援法では、従来の現物支給から、補装具の購入・修理にかかる当事者間の契約制度を導入し、かかる費用と所得の双方に着目した定率負担として、補装具費を支給する様式に変わり、その1割を利用者が負担している。

3.4　乳幼児医療費助成制度

乳幼児医療費助成制度は、乳幼児の健やかな育成と子育て支援を図るため、乳幼児を育てている保護者に対して、乳幼児に係る医療費の一部を助成する市区町村事業である。対象者の年齢、また入通院の別、さらに所得制限などが市区町村によって大きく異なっている。少子化対策などにより、その助成範囲は市区町村ごとに毎年少しずつ拡大されている。

3.5　未熟児養育医療

未熟児養育医療は、医学的なケアを必要とする未熟児に、必要な医療を受けるための費用を支弁する事業であり、母子保健法に基づく。指定養育医療機関に入院した出生体重2,000g以下、あるいは周産期に重症な合併症を持った乳児の医療などが主な対象となる。養育医療の給付範囲は、①診察、②薬剤または治療材料の支給、③医学的処置、手術およびその他の治療、④病院または診療所への収容、⑤看護、⑥移送である。全国の出生

数の減少にもかかわらず、未熟児養育医療の対象となる低出生体重児は増加傾向にある。

3.6 重度障害児等医療費助成制度

重度障害児等医療費助成制度（呼び方は自治体による異なる）は地方自治体独自の医療助成制度である。重度の身体障がい児・者または知的障がい児・者が、病院・診療所などで診療を受けた時に窓口で支払う保険の自己負担分の一部を助成している。国民健康保険の被保険者、健康保険など各種医療保険の被保険者・被扶養者で、身体障害者手帳1級・2級（心臓・腎臓・呼吸器・膀胱・直腸・小腸・ヒト免疫不全ウイルスによる免疫機能障害の内部障害者は3級）、療育手帳1級・2級も持つものが対象である。自治体により所得制限などが設けられているので、市町村の窓口で受給資格を確認する必要がある。

4 障がいのある子どもに関連する保健施策

障がいのある子どもに関連する保健施策は、障がいを早期発見し療育に繋げ、障がいがあっても「健康」に生活できるように提供される重要な施策である。保健施策の中心は、健康診査制度であると言える。健康診査は、さまざまな法令により、地域、職域、学校のそれぞれの場で実施される。また、母子、老人、障がい者（児）、精神、感染症（結核を含む）など、対象別に分けることもできる。本節では、日本の母子保健について詳説する。

4.1 母子保健行政のあゆみと他の関連施策の動向

妊産婦と生まれてくる子どもの健康を守るためには、疾病その他の問題を持つ妊産婦をできるだけ早く見つけて、治療する必要がある。そこで、妊産婦の保健意識を高め、医療機関を受診しやすくする体制を作ることが重要となる。

また、子どもの体は、各部分が成長・発達の途上にあり可塑性に富む。したがって、疾病や障がいを早期に発見し、早期治療・療育を行うことで、健康を回復させ、その子どもなりの成長発達が期待できる。

日本の母子保健行政は、1947（昭和22）年に公布された児童福祉法、1948（昭和23）年の母子衛生対策要綱により、その後の保健、福祉対策が相次いで実施され、1965（昭和40）年の母子保健法の成立により、それまでの児童と妊産婦を対象にした母子保健から、妊産婦になる前段階の女性の健康管理を含めた一貫した総合的な母子保健対策として推進されるようになった。先天性代謝異常マススクリーニング検査など、科学技術の発展をふまえながら、それを行政施策に取り入れ、今では日本の母子保健水準は世界のトップレベルにある。

しかし、最近の日本は、少子化と女性の社会進出など、子どもを取り巻く環境が激変し、それに対応するため母子保健を含む子育て支援のための総合戦略を相次いで策定した

（エンゼルプラン、新エンゼルプラン）。2000（平成12）年11月に出された報告書「健やか親子21－母子保健の2010年までの国民運動計画－」の中では、報告書の提言を市町村における母子保健計画の見直しに反映させることとし、具体的には、①思春期の保健対策の強化と健康教育の推進、②妊娠・出産に関する安全性と快適さの確保と不妊への支援、産後うつ病の発生率の減少、③小児保健医療水準を維持・向上させるための環境整備、④子どもの心の安らかな発達の促進と育児不安の軽減、という4つの主要課題を柱として、地域の実情に応じた母子保健計画を策定するよう各自治体に求めた。この計画は2001（平成13）年から2010（平成22）年までの母子保健の国民運動計画で、国をあげて取り組むというものであり、「健康日本21」の一翼を担う位置づけを持つ。

　以上のような母子保健対策や保育所対策にもかかわらず、日本の少子化には歯止めがかからず、2003（平成15）年には、少子化対策基本法と次世代育成支援対策推進法が成立した。2004（平成16）年に閣議決定された「少子化社会大綱」に盛り込まれた施策を具体化するための実施計画である「子ども・子育て応援プラン」が立てられた。その後も内閣が変わるたびに、「新しい少子化対策について」（2006［平成18］年6月）、「子どもと家族を応援する日本」重点戦略（2007［平成19］年12月）、「子ども・子育てビジョン」（2010［平成22］年1月）が出された。また、障がい児・者対策でも、2003（平成15）年を初年とする障害者基本計画が閣議決定され、現在は「重点施策実施（後期）5か年計画」が進行中である。2009（平成21）年12月には、障がい者制度改革推進本部が内閣に設置され、障害者権利条約の締結に必要な国内法の整備をはじめとする障がい者制度改革が進められている。このように、障がいのある子どもの保健医療施策は、これらの施策により重層的に進められていると言える。

4.2　母子保健法

　母子保健法は、母性ならびに乳幼児の健康の保持・増進を図るため、母子保健に関する原理を明らかにしながら、健康診査、保健指導、療養援護、医療対策その他の措置を講じて、国民保健を向上させることを目的に1965（昭和40）年に制定された。すべての児童が健やかに生まれ、育てられる基盤となる母性を尊重、保護し、乳幼児が心身共に健全な人として成長していくために、その健康が保持、増進されなければならない、としている。

　1994（平成6）年の法改正では、住民により身近な母子保健サービスの提供を目指し、①健康診査、保健指導、訪問指導の実施主体を地域住民に密着した市町村にする、②父親の役割を見直す、③必要な医療施設の整備、健康の保持増進に必要な調査研究を推進する、④児童福祉や学校保健との連携を強化する、⑤慢性疾患児の療育指導を強化する、などの内容が盛り込まれ、市町村母子保健計画策定などの準備期間をおいて1997（平成9）年から完全実施された。

　現在の母子保健施策は、各種メニュー事業を組み合わせて、体系的に進められている

図2 主な母子保健施策[3]

2009（平成21）年6月

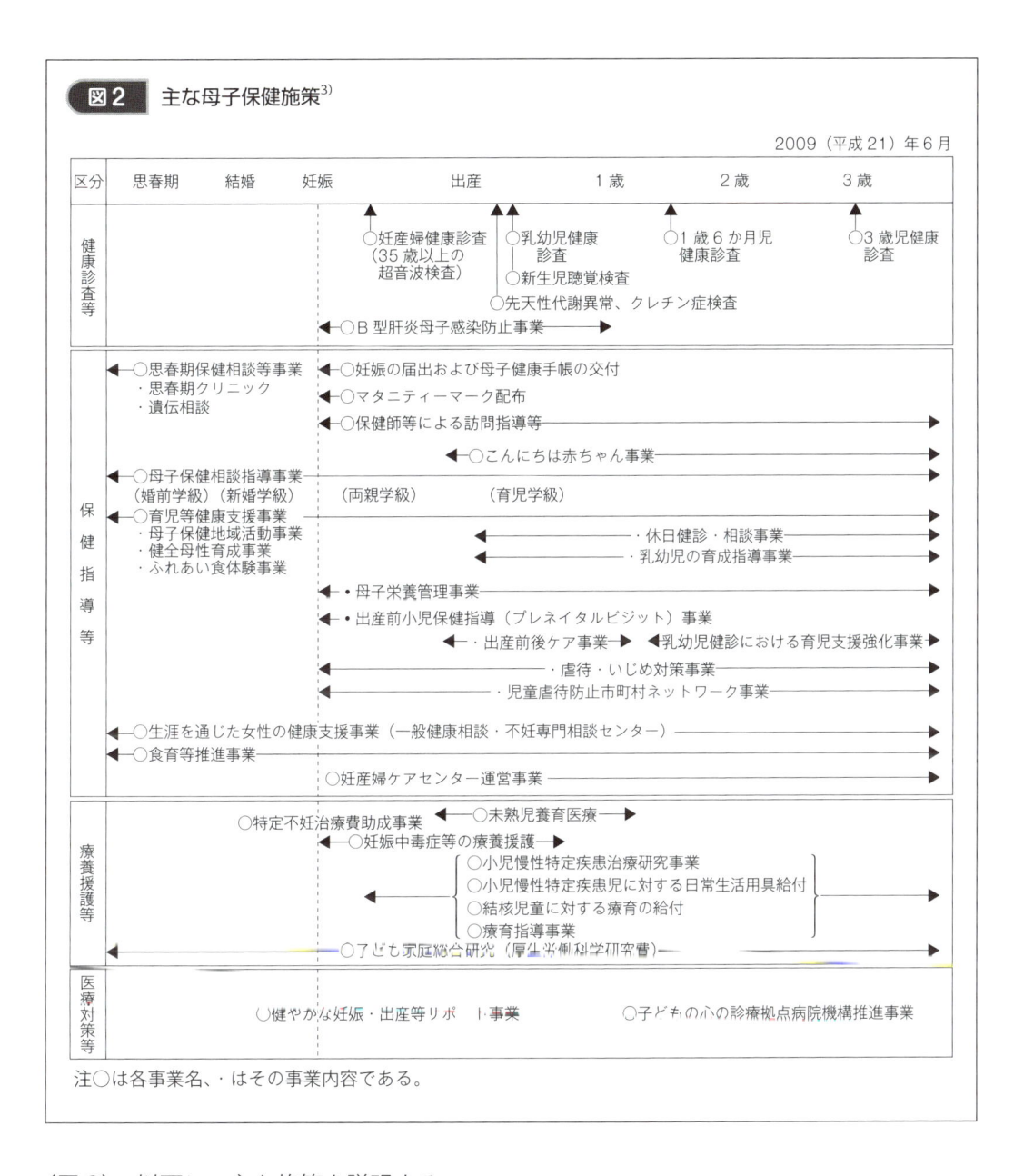

区分	思春期	結婚	妊娠	出産	1歳	2歳	3歳
健康診査等				○妊産婦健康診査（35歳以上の超音波検査） ○乳幼児健康診査 ○新生児聴覚検査 ○先天性代謝異常、クレチン症検査 ←○B型肝炎母子感染防止事業→		○1歳6か月児健康診査	○3歳児健康診査
保健指導等	←○思春期保健相談等事業 ・思春期クリニック ・遺伝相談 ←○母子保健相談指導事業 （婚前学級）（新婚学級） ←○育児等健康支援事業 ・母子保健地域活動事業 ・健全母性育成事業 ・ふれあい食体験事業 ←○生涯を通じた女性の健康支援事業（一般健康相談・不妊専門相談センター）→ ←○食育等推進事業		○妊娠の届出および母子健康手帳の交付 ○マタニティーマーク配布 ←○保健師等による訪問指導等→ ←○こんにちは赤ちゃん事業→ （両親学級）（育児学級） ←・休日健診・相談事業→ ←・乳幼児の育成指導事業→ ・母子栄養管理事業 ・出産前小児保健指導（プレネイタルビジット）事業 ←・出産前後ケア事業→ ←・乳幼児健診における育児支援強化事業→ ・虐待・いじめ対策事業 ・児童虐待防止市町村ネットワーク事業 ○妊産婦ケアセンター運営事業				
療養援護等			○特定不妊治療費助成事業 ←○未熟児養育医療→ ○妊娠中毒症等の療養援護 ○小児慢性特定疾患治療研究事業 ○小児慢性特定疾患児に対する日常生活用具給付 ○結核児童に対する療育の給付 ○療育指導事業 ←○子ども家庭総合研究（厚生労働科学研究費）→				
医療対策等			○健やかな妊娠・出産等リポート事業 ○子どもの心の診療拠点病院機構推進事業				

注 ○は各事業名、・はその事業内容である。

（図2）。以下に、主な施策を説明する。

4.2-1 乳幼児健康診査

　市区町村の保健センターなどで行う集団健診と、一般病院で行う個別健診とがある。市区町村による無料の健康診査は、対象年月齢が市区町村により異なるものの、乳児期に数回程度実施されている。さらに医療機関による任意の有料健康診査もある。1か月児健診は出産した病院で、3、4か月児健診は市区町村主体の健診を受診する地域が多い。

　1歳6か月児健康診査は、1歳6か月（～2歳未満）児を対象にした健康診査のことで、市区町村を実施主体として、1977（昭和52）年度に始められた。1歳半頃は、幼児初期の身体発育、歩行などの運動発達、言語などの精神発達のチェックが容易になる時期であ

り、各種の障がいや発達の遅れを早期に発見し、早期に適切な措置を講じやすい。また、離乳食から幼児食への切り替えや、虫歯予防、排泄のしつけなどについて保健指導しやすい時期である。

　3歳児健康診査は、3歳（〜4歳未満）児を対象にした健康診査のことであり、1961（昭和36）年度に始められた。3歳頃は、人間としての各種の機能を獲得し、より自立して独立していく時期であり、身体障がい、発達の遅れ、行動上の問題などを発見しやすい。そこで、身体面の健診に加えて、言語発達、運動機能、視聴覚機能、情緒、習癖、社会性など精神面の発達、歯科などに関する幅広い内容の一般健康診査が行われている。

　乳幼児健康診査の流れは、保健師による乳幼児の身体計測、全身状態の観察、一般的な問診の後に、医師による診察を行い、各種の疾病、発達の遅れ、視聴覚異常などを複数の専門家の視点で確認し、適切な事後指導を行うのが一般的である。異常を発見するだけでなく、育児支援として、経過観察を行いつつ、不安の起こらないようにサポートしたり、不安の高い保護者の相談に乗ったり、親同士の交流の機会を設けたり、家庭環境や親子関係などを考慮しながら、子どもたちの健康レベルを向上させることが目的である。

　乳幼児健康診査などの結果、精密健康診査が必要と認められた場合で、医療機関には受診しておらず、かつ、受診をすることで疾病などを早期に診断し治療の開始が必要な乳幼児の保護者に対して、市町村の指定する精密検査医療機関において受診する際に個人が支払う医療費の助成が行われている。

4.2-2　保健指導

　保健指導は、保健師らによる妊産婦訪問指導、未熟児訪問指導、乳幼児健診他のフォローのための訪問指導のほかに、妊娠届および母子健康手帳の交付時、さまざまなメニュー事業の機会を利用して行われている（図2）。

　妊産婦訪問指導とは、母子保健法に基づき市町村が、妊産婦のいる家庭を、主として助産師に訪問させ、必要な指導を行うものである。主な対象者は、初回妊婦、高年初妊婦、妊娠中に異常があった者、妊娠・分娩および産褥期に悪影響を及ぼす可能性のある疾患・障がいを持つ者、あるいはその既往のある者、流・早・死産の既往のある者、未熟児や異常児の出産歴を持つ、社会経済面や生活環境に深刻な問題を持つ者などである。

　新生児は、抵抗力が弱いため病気になりやすく、しかも些細な事故による傷害が発生しやすいので、育児上、特に注意を要する。そこで、市町村は、育児上必要があると認めた場合、助産師や保健師などを新生児のいる家庭に訪問させ、必要な指導を行っている（新生児訪問指導）。多くは、初めての乳児、妊娠・出産に異常があった乳児、家庭環境に問題を持つ乳児などに重点がおかれている。

　未熟児訪問指導　は、低出生体重児（生まれた時の体重が2,500g未満の新生児）の届出などに基づき、未熟児が育てられている家庭を、保健所の保健師、助産師、医師などが訪問し、必要な指導を行う事業である。さまざまな生理的ハンディキャップを伴いやすい低

出生体重児を、家庭で母親などがよりよく育てていくことができるように指導する。未熟児の保護者は、育児不安が強く、医療機関退院後も養育上いろいろな困難を有し、援助が必要なことが多いためである。

以上のように行き届いた母子保健制度と小児医療の進歩により、日本は世界で一番乳児死亡率の低い国となっている。

5 予防接種

予防接種は、感染症による患者の発生や死亡者の大幅な減少をもたらすなど、感染症対策上極めて重要な保健施策である。特に障がいのある子どもには、集団生活を送る前に計画的な接種が望まれる。予防接種は、重要な感染症（予防接種法で規定）を予防するために、ワクチンを接種して能動的に、その感染症に対して抵抗力（免疫）をつけさせるものである。ワクチンは、病原性を弱めたウイルスや細菌を生きたまま接種して軽い感染を起こして免疫力をつけさせる生ワクチン（麻疹、風疹、ポリオ、BCGなど）、種々の処理をして病原体の生活力を失わせ、感染予防に働く抗原成分のみを取り出した不活化ワクチン（日本脳炎、百日咳など）、細菌などが作り出す毒素を弱毒化したトキソイド（破傷風、ジフテリアなど）の3種類に分類される。日本では、衛生環境の改善や医療の進歩、ワクチンの改良に伴って感染症の発生や流行は少なくなっており、1994（平成6）年の予防接種法改正で、義務接種から勧奨接種へ大きく予防接種戦略を変更した。これは、感染症を流行させないという集団防衛的な考え方から、予防接種した人を感染症から防ぐという個人防衛的な考え方への変更を意味する。

しかし、海外旅行をする日本人が増える一方、国際化に伴い新型インフルエンザなど、海外から感染症が進入する危険性は増加している。予防接種により国民全体の免疫水準を維持するためにも、接種機会を安定的に確保すると共に、社会全体として一定の接種率を確保する必要がある。

対象疾患は、麻疹、風疹、ポリオ、日本脳炎、百日咳、破傷風、ジフテリアと結核である。希望者のみに接種する任意接種には、水痘、流行性耳下腺炎、インフルエンザ、B型肝炎などがある。なおB型肝炎母子感染防止事業では、妊婦にHBS抗原の有無を検査して、必要な乳児にB型肝炎の予防接種を行っている。

以上、主に小児の保健医療施策を中心に説明してきた。紙面の関係で、取り上げられなかった関連分野もあった。たとえば、療育は、施設における療育として、もう少し整理できそうである。障害者等療育支援事業も説明できなかった。これらは、医療的要素がありながら、障がい福祉分野の法律で規定されている事業である。

障害者自立支援法の見直しが行われようとしている中で、現行の制度の説明が、いつま

で有効かも疑問が残る。戦後の日本は、時代に応じて一番大きな課題を解決するために法整備をし、保健医療分野で社会保障のセーフティネットを築いてきた。平成に入り、社会経済的に大きな変化が起こり、さまざまな分野で基礎構造改革を進めており、障害者自立支援法の改正、廃案問題も、その一環である。このように制度の大きな流れをおさえれば、制度改正が積み重なっても、制度の意義や目的を見失うことはないだろう。

　日々の仕事に追われる「現場」では、個別課題の解決に頭を悩ませることだろう。そして、もう少し人や金があれば、なんとか課題が解決できると考えるだろう。しかし、その時に自分だけで問題解決ができない理由は、制度を知らない、自分の仕事の理念を忘れていることが、問題解決できない理由であることに、多くの現場の支援者は気づいていないこともあるのである。制度を学ぶ意義は、そこにある。障がいのある人からお金をいただく根拠を、いつも意識していただければ、不十分な保健医療分野の説明も、それなりの意義があったというものである。

引用文献

1) (財)厚生統計協会：厚生の指標増刊国民衛生の動向2009．Vol.56 No.9, p99, 2009.
2) 社会保障の手引き　平成22年1月改訂　施策の概要と基礎資料．中央法規, 2010, pp751-753.
3) 厚生労働省HP：戦後社会保障制度史, http://www.mhlw.go.jp/seisaku/21.html, 2010.1.20現在.

参考文献

1) (財)厚生統計協会：厚生の指標増刊国民衛生の動向2009．Vol.56 No.9, 2009.
2) (財)厚生統計協会：厚生の指標増刊国民の福祉の動向2009．Vol.56 No.12, 2009.

（西牧謙吾）

4.6 海外の発達支援の制度とその動向

1 国際機関と発達支援施策

　幼児期の子どもに対する広い意味での発達支援を表す言葉として、国際的にはEarly Childhood Education and Care（ECECと略）やEarly Childhood Care and Education（ECCEと略）が使われることが多い。直訳すると「幼児教育・保育」や「幼児保育・教育」となろうか（ただし、Careという言葉は多義的であり、どういう日本語を当てるかは議論が分かれそうである）。

1.1　OECD（経済協力開発機構）とECEC

　PISA（生徒の学習達成度調査）で注目されているOECD（経済協力開発機構）はECECという用語を使って参加国の政策動向を調査研究し、その推進を図っている。OECDによるとECECは今後、①子どもの全体的な発達や幸福（well-being）を促進する資源、ケアリング、環境をつくりだす、②早期教育や保護者への社会的支援の機会を数多く設けることで、「困難をかかえる（at risk）」子どもと家族を支援する、③学校教育への準備ができるようにし、その後の教育による成果があがるようにする、④子どものいる母親の労働市場への参入を容易にする、⑤ジェンダーの平等化や、労働と家族責任との両立を図る、⑥共通の言語と文化に子どもとその家族を導き入れることで社会的な包摂と一体性を維持していく、ようになると予測をしている[*1]。

　こうした展望を持つOECDがECECに関する政策提言を盛り込んだ"Starting Strong Ⅱ"（2006年刊。starting strongは「人生の出発を力強く」と訳されている）で注目しておきたいのは、「アクセスのためのユニバーサルな方法（特別な支援を必要とする子どもに対する個別の配慮を含む）」という観点からインクルーシブな教育・保育を提唱している点である。そこでは「幼児サービスは身体、精神あるいは感覚に障がいのある子ども、さらには社会経済に不利益を受けている子どもにとって特に大切である。〈中略〉これまでの研究によると、ユニバーサルなプログラムへのインクルージョンこそがこうした子

[*1] OECDのHP：Early Childhood Education and Care - History and Context of the Review.

どもと家族には最も効果的な方法となることが明らかになっている。〈中略〉特定の子どもに対象を絞ったプログラムはその子どもを分離し、烙印を押し、多くの場合、特別なプログラムを受ける資格のある子どもの多くにサービスを提供できなくなる」[*2]と強調しているからである。

1.2 ユネスコ（国連教育科学文化機関）とECCE

一方、ユネスコ（国連教育科学文化機関）はECCEという用語を使っている。すべての子どもに教育を保障する「万人のための教育（Education for All）」という目的と同時に「人間発達の土台は幼児期につくられる。したがって、幼児期には子どものケア、発達そして学習に対してさまざま機能を統合した対処が必要である」[*3]との立場から、「子どもの全体的な発達（holistic development）を準備する健康、栄養、安全、学習に対応するもので、インクルーシブ教育を促す幅広いプログラムの一環」[*4]としてECCEプログラムを推進している。

いうまでもなくユネスコは1994年のサラマンカ宣言・同行動枠組みに象徴されるようにインクルーシブ教育を推進している。

このように国際機関は社会的排除問題への対応や母親の就労支援といった側面も持ち合わせながら、貧困や障がいなどの状況にある子どもたちを含む子ども全体の全体的な発達や生涯学習の土台をつくるうえでECECやECCEという発達支援がきわめて重要である、という考え方のもとで各国に対し働きかけを行っているのである。

2 ECEC、ECCEを所管する行政機関

2.1 所管の行政機関の分類

ECECやECCEを所管しそれらについての政策を進める行政機関は、①教育行政中心型（A型）、②社会福祉行政中心型（B型）、③両者の混在型（C型）に大きく分けることができる。さらにC型は幼児前期についてはB型、幼児後期はA型となるもの（C-1型）と、日本のように幼児後期についてはA型とB型とが並行するもの（C-2型）とがある。

日本総研が先に紹介したOECDのStarting Strong IIをもとに作成したデータによる

[*2] OECD : "Executive Summary" pp17. "Starting Strong II". 2006 (on line, <http://www.oecd.org/dataoecd/38/2/37417240.pdf>, accessed 2009-12-27)
[*3] UNESCO : (on line, <http://www.unesco.org/en/early-childhood/mission/>, accessed 2009-12-25)
[*4] UNECSO : (on line, <http://www.unesco.org/en/early-childhood/>, accessed 2009-12-26)

と、OECD諸国については以下のような分類になる*5。OECDのデータに基づいているため、先進諸国と言われる国々中心になっていることには留意しておきたい。

　　A型：イギリス、ニュージーランド、ノルウェー、スウェーデン
　　B型：デンマーク、フィンランド、オーストリア
　　C-1型：フランス、ベルギー、アイルランド、ハンガリー、イタリア、チェコ、ポルトガル、オランダ、カナダ、オーストラリア
　　C-2型：ドイツ、アメリカ、韓国、日本

　北欧諸国がA型（ノルウェー、スウェーデン）とB型（デンマーク、フィンランド）とに二分されているのは興味深い。C型についてはC-1型が圧倒的に多くなっている。

2.2　各型の特徴*6

2.2-1　A型の所轄行政機関

　イギリス（特にイングランド）は2006年時点ではA型に属していた。だが、当時の所轄機関であった「教育・技能省」は、ブレアを引き継いだ労働党のブラウン政権となった2007年に、「子ども・学校・家族省（Department for Children, Schools and Families）」へと変わった。したがって、教育と社会福祉とが一体となった新たなD型の行政に変わったと言えよう。その点では非常に注目される動きであった。同省には乳幼児期を担当する「子ども・家族局」、学校教育を担当する「学校局」、若者の職業訓練に関わる「青少年局」、などがおかれた。しかし、2010年5月の総選挙で成立して保守党を中心とする新たな連立政権の下、同省は「教育省」へと名前を変えたが、乳幼児期の成長・発達支援に関する任務の担当は変わってはいない。D型は継続していると考えられる。

　この動きは、2009年に成立した日本の新政権の中心となっている民主党のマニフェストに示された「子ども家庭省」構想のように日本にも影響を及ぼしそうである。

　スウェーデンは1998年制定の学校法によると、保育所・幼稚園の一体化が図られ、プレスクール（förskola）や家族デイケアホーム（1～5歳）と就学準備クラス（6歳）とが中心となっている。所管の行政機関は、国レベルでは教育科学省（Ministry of Education and Science）となっているが、自治体レベルになると社会福祉局となる。したがって、スウェーデンは新たな形での教育福祉統一型とも言えよう。障がいのある幼児に関しては地域のプレスクールや就学準備クラスで医療、福祉、教育が一体となった発達支援が行われている*7。

---

*5　池本美香：乳幼児期の教育・保育制度のあり方～諸外国の政策動向をふまえて（on line, <http://www.rieti.go.jp/jp/events/bbl/08061101_ikemoto.pdf>, accessed 2009-12-20）
*6　この部分に関しては、*2に示したStarting Strong II、泉千勢・一見真理子・汐見稔幸：世界の幼児教育・保育改革と学力．明石書店，2008、各国のHP（英文）を参考にしながら整理している

2.2-2　B型の所轄行政機関

　B型に属するフィンランドは、PISAにより、今や最も注目を集めている国である。そのフィンランドで幼児期の発達支援を所管しているのは、社会・保健省（Ministry of Social Affairs and Health）である。同省はECECに関する国の政策、保護者やサービス提供者への手当、出産補助金、保健、子どもと家族のカウンセリング、子どもの福祉、家庭支援サービスに関わる権限を有しているが、地方分権が徹底しているので具体的な施策は自治体レベルの社会サービス委員会が行っている。なお、7歳で小学校に入学する前の1年間で行われる就学前教育（フィンランド語ではエシコウルと言い、たいてい保育所や小学校に付設されている）については、教育省（Ministry of Education）が管轄している。もちろん、教育も地方分権化や学校自治強化が進んでおり、国レベルでは指針作成が中心となっている。

　デンマークの担当所轄は家族・消費者省（Ministry of Family and Consumer Affairs）である。同省は家族や消費者問題に関する分野の政策遂行に責任を有するだけでなく、提供されるサービスの質や質を維持するための規則などの履行といった認可基準の原則、職員の労働条件と研修、保護者参加、財政の監督という責任も有している。しかし主要な目的は、保護者と協力しながら、幼児の発達を支援し、保護者が働いている間に彼らにケアと学習の環境を提供するところにある。デンマークも就学前教育を行う幼稚園（Kindergarten）とその後の9年制の学校については教育省が担当している。

2.2-3　C-1型の所轄行政機関

　C-1型のフランスは、0～2歳の幼児を対象とする施設や施策を所轄しているのは労働・社会関係・家族・連帯省（Ministry of Labour, Social Relations, Family, Solidarity。なおフランスの場合、社会福祉や社会保障に関する中央行政機関の名称はたびたび変わるので注意が必要である）であり、公私立の保育所（créches）、一時託児所（les halte-garderie）や家族デイ・ケア、認定保育ママ（assistantes maternelles）、などがある。2～3歳からの幼児がほぼ100％入る母親学校（フランス語のécole maternelleを直訳。しかし、幼稚園と訳される場合が多い）はほとんどが公立であるが、教員給与は国庫負担であり、国民教育省が管轄している。

　なお、フランスはインクルーシブ教育へと舵を切りつつあるが、依然として障がいのある子どもの発達支援については、教育系の母親学校と医療・社会福祉系の施設でのケアとに大きく分かれていると言ってよい[8]。

---

[7] 河本佳子：スウェーデン社会における自閉症・ADHDへの支援体制（on line, <http://www.dinf.ne.jp/doc/japanese/resource/ld/komoto.html>, accessed 2009-10-15）

[8] 池田賢市：ようやく動き始めたインクルージョンへの道．国民教育文化総合研究所編，教育と文化 第46号，アドバンテージサーバー，2007.

2.2-4　C-2型の所轄行政機関

日本と同じくC-2型に属するアメリカは連邦制をとっており、教育や福祉は各州の権限となっているが、連邦レベルでは教育省や保健・人間サービス省が財政補助による政策誘導を行っている。

連邦保健・人間サービス省施策の中で注目されるのは、所得の低い家庭の幼児に対するヘッド・スタート計画である。これは、小学校から始まる学校教育の開始を平等にしようという政策である。アメリカの発達支援は、州による違いに加えて多様な名称の施設があるので、整理が非常に難しい。その中で、0～4歳対象の保育所（day care）や家族支援に関わる政策は、州レベルでは保健・人間サービス（Health and Human Services）関係の部局（departmentあるいはcommission）が行っている。

就学前の小学校と一緒になっている4、5歳児（地域によって入る年齢が異なる）を対象とする幼稚園（kindergarten）は、州および学区の教育委員会が所管する。デイ・ケアや、貧困世帯の3～4歳児が入る保育学校（nursery school, pre-school）については、人間サービス局（Human Services Department）が所管している。

3　各国の発達支援施設[*9]

幼児に対する発達支援の制度を、障がいのある幼児の受け入れ方という点から分類してみると、①包摂中心型（インクルージョン型：障がいのある幼児も一緒の施設で発達支援を行う）と、②包摂への移行型（理念としては、障がいのある幼児は別の施設では発達支援を行う分離型からの移行をめざす）、③包摂と分離の折衷型（日本、オランダ、ノルウェーなど）、とに大きく区分できる。ただし、①を主にしながらも、②の分離型による発達支援も行っている場合も多い。たとえば学齢期のケースであるが、イタリアでは障がいのある子どもは地域の学校での学習の後、放課後に支援センターなどで必要な発達支援を受ける時もあるといった制度になっている。

あらためてここで指摘するまでもなく、現実には多様な形態をとりながらも、大きな流れとしては包摂中心型になりつつあることは、上述したOECDのレポートからも理解できよう。

3.1　包摂中心型

3.1-1　イタリア[*10]

C-1型のイタリアは3か月から2歳までの幼児を対象とする保育所（2000年前は公立

[*9]　この部分は*6とほぼ同じである

が多かったがそれ以降民間が増加している）中心であるが、近年では少子化対策的な観点から保育室（micro nido：事業所内の小さな保育施設）や保育ママ（nido famiglia）も設けられるようになっている[*11]。これらの発達支援施設については基本的に社会福祉関係の部署が、それ以降の幼児を対象とする幼児学校については教育行政機関が所轄するようになっているが、ローマ市では保育所も幼児学校も同一部署が担当している。また、幼児教育・保育では世界的に有名なレッジョ・エミーリア市の場合では「人間サービス部（area servizi alla persona）が保育所と幼児学校を所管している。ただし、国立の幼児学校の教員人事やカリキュラムについては州の教育行政機関が、支援員については市の人間サービス部が所管するという構造になっているようである。

　Starting Strong Ⅱで報告されているイタリアのデータを見ると、小学校以上の学校と同様に障がいのある幼児も一般の教育で受け入れるというインクルージョンになっているとし、幼児学校ではさまざまな種類の障がいのある子ども（幼児学校対象児の1.2％に該当）が学んでいる、としている。1992年に制定された「ハンディキャップ者の援助、社会統合及び諸権利に関する基本法」は保育所から大学までの統合保育・教育を規定しており、それに基づく政策が実施されている。

　放課後における、地域でのさまざまな活動にも、障がいのある幼児が障がいのない幼児と共に参加できるようになっているし、また障がいのある子どもを対象に支援を行うサービスもある（ただ、イタリアにも障がいのある子どもを対象にした特別学校が数は少ないが残っている。その点では完全な包摂型とは言えないだろう）。

　保育所についても基本的に包摂型になっている。ミラノ郊外にあるセスト・サン・ジョバンニというコムーネ（基礎自治体）のホームページには、コムーネ立の保育所の案内がある。そこには「ハンディキャップのある幼児を歓迎し、保育所への受け入れはサービスに関する行政基準に基づいて提供されます。幼児と家族にとって入所が有益なものになるように、グループを担当する保育士とともに障がいのある幼児の要求に適した社会的経験を支援する支援者が配属されています」としている。この保育所は、もちろん、障がいのある幼児だけを対象とした特別施設ではない。

3.1-2　フィンランド[*12]

　フィンランド（所轄行政機関はB型）も包摂中心型である。もちろん、一般の保育所内

[*10]　イタリアのインクルーシブ教育については、「一木玲子：インクルージョンの先駆者・イタリア．国民教育文化総合研究所編，教育と文化　第46号，アドバンテージサーバー，2007」や「嶺井正也：イタリアにおける包摂共生教育制度の成立と展開に関する試論．専修大学人文科学研究所，専修大学人文科学年報　第39号．pp163-185」などを参照

[*11]　「谷眞男：児童・家族．小島晴洋・小谷眞男・鈴木桂樹，他：現代イタリアの社会保障，旬報社．2009．pp204-209」を参照

[*12]　フィンランドにおける早期発見・早期支援システムについては、「独立行政法人国立特別支援教育総合研究所編：発達障害支援グランドデザイン．ジアース教育新社，2009．pp122-128」を参照

の特別グループもあるし、特定の障がいのある幼児を保育する施設も存在している。

5歳までの子どもの発達支援は、自治体が行う保育所（day care center）と家庭保育支援（family day care homes/places：保育ママ的の制度）のほかに、民間の保育所がある。もちろん、在宅での育児もある。前述した就学前教育を行うエシコウルは6歳児を対象としており、ほぼ96％の幼児が通っている。そこでは午前中に就学準備的な活動が、午後から保育的な活動が行われている。

保育所での保育は、0〜2歳児の乳幼児4人につき、3〜5歳の幼児7人に対し、それぞれ専門資格のある保育者（保育教師、保育士など）1人がつき、併せて補助員が加わることが多い。

フィンランドでは障がいのある幼児も共に保育を受けているので、その場合には加配の保育者や言語療法士や理学療法士などが加わる。

国立福祉・保健研究開発センターが2003年に策定した「国家教育・保育カリキュラム指針」では、「可能な限り、支援はその子どもが集団の一員と活動し、その子の社会的交流がその集団内で支援されるように一般的なECECサービスという形で提供される」とする。なお、手話を使う幼児については、それは母語あるいは第一言語であるとして、手話だけを使う集団、あるいは手話だけを使う幼児と手話と口話の両方を使う幼児とが混在する集団での保育を保障している。

3.2 包摂への移行型

3.2-1 イングランド

A型から新たなD型へと移行しているイングランドのECECは、0〜1歳児については基本的には家族や身内での保育が行われているが、20％くらいの乳幼児が主に私立の保育所（day nursery）か保育ママ（childminder）を利用している。1〜3歳児についてはやはり保育者保育ママの利用が多いが、教会やボランティア、さらには私営のプレイ・グループや保育所（day nursery）が多い。それ以上、就学前までの幼児（義務教育は5歳から）に対しては公立の保育所（nursery school）や就学準備クラスも準備されるようになっている。

イングランドでは特別な教育的ニーズのある子どもの支援は、早期に（特に就学前教育の始まる2歳）から一貫して段階的に支援を提供する枠組みができていると言える[13]。

この枠組みのもと、イングランドでは2001年の特別教育ニーズと障がい法（Special Education Needs and Disability Act 2001）以降、急速にインクルーシブ教育が進むと思われたが、実際にはそれは地域格差が大きいし、全体としてはなかなか進んでいな

---

[13] イギリスにおける特別な教育的ニーズのある子どもの早期支援については、「独立行政法人国立特別支援教育総合研究所編：発達障害支援グランドデザイン．ジアース教育新社，2009．pp139」を参照

い*14。法定評価の結果、判定書（statement）を策定された子どもたちの多くが公立の特別学校で学んでいる。幼児期についても包摂型の発達支援を行っているのは私立やボランティアによる保育所などであり、公的支援は少ない。

3.2-2 アメリカ*15

アメリカ合衆国では二元的な行政のもと、幼稚園や保育学校と、保育所といった発達支援の施設が多様な設置形態のもとで制度化されている。

この制度のもと、障がいのある幼児に関しては主に、1990年に制定、その後1997年改定を経て2004年に改定された障がいのある人々の教育法（Individual with Disabilities Education Act：IDEA）による連邦の補助を受ける特別な教育支援が行われている。3歳未満の幼児については同法のC章が、3歳以上の年齢についてはB章が適用される。特別な教育支援は原則として「最も制約の少ない環境（least restrictive environment）」で行うとされている。

ボストン市の場合、3歳以上の場合、①通常学級で支援を受ける形態を原則としながら、②通常の学級に在籍しながら必要に応じてリソース・センターか学習センター、③学校内の分離された学級、④特別学校（3校）で受ける4つの形態がある。民間の保育所や家庭保育での特別な発達支援については、保健局（Department of Public Health）がさまざまな支援を行っている。

先進諸国と言われる諸外国ではECECやECCEといった発達支援に力を注ぎつつある。発達支援をすすめる行政機関は社会福祉的なものと教育的なものとに二分されるが、近年ではどちらかに一本化されたり、密接な協力関係をつくる方向に動きだしている。また、発達支援の施設については、特に障がいのある幼児に関してはインクルーシブ教育・保育を理念や原則としつつあるが、具体的にそれが進んでいる国と実態を伴わない国とがある。

参考文献
1）嶺井正也：インクルーシブ教育に向かって．八月書館，2008.

（嶺井正也）

---

*14 イングランドでインクルーシブ教育の制度化に積極的に取り組んでいるインクルーシブ教育センター（CSIE）のHPで確認できる
*15 アメリカ合衆国における就学前の対応については、「独立行政法人国立特別支援教育総合研究所編：発達障害支援グランドデザイン．ジアース教育新社，2009．pp141-158」を参照

4.7 障害者※の権利条約と子ども

　障害者の権利条約は、障害分野での世界的合意を示す文書である。この条約を、日本をはじめ、世界のありとあらゆるところで本物にしていくことが私たちの課題である。本章では、障害者の権利条約の背景、その主な原則、そして特に子どもや教育、発達支援に関する面について取り上げる。

　2006年12月に国連総会で採択された障害者の権利条約は、2010年11月末の段階で、96か国が批准している。日本は2007年9月に署名を行っている。署名とは、条約の内容を確認し、その後、批准する用意があることを意味している。2010年11月の段階で、日本政府は批准を行っていない。批准には国会の議決が必要で、批准されると憲法に次ぐ力を持つ法として位置づけられる。

　障害者の権利条約の批准に向けて、2009年9月に発足した民主党を中心とする政権は、2009年12月に総理大臣を本部長とする「障がい者制度改革推進本部」を閣議決定により設置した。同本部の目的は、民主党がマニフェストに掲げた、障害者の権利条約の批准のために必要な国内法整備をはじめとする障害者制度の集中的改革である。2010年1月には、同本部のもと、障害者を中心とする「障がい者制度改革推進会議」が設置され、政策立案を担うことになった。

　このように障害者の権利条約は日本を含め世界の今後の障害政策の進むべき方向を示す羅針盤、そして世界の共通語として、いっそう重要な位置を占めることになる。

1　障害者の権利条約への道のり

　簡潔に、障害者の権利条約の成立までをたどる。最初に、障害に基づく差別をなくし、障害者の権利を確立する本格的な国際的な条約の提案があったのは、1987年だった。「完全参加と平等」を掲げた国際障害者年（1981年）を受けて1983年から開始された「国連障害者の10年」の中間的評価を行った1987年の国連の専門家会議において、障害に基づく差別を撤廃するための国際条約が提案されたのである。しかし、日本を含む圧倒的多数の国は反対だった。障害問題への関心が低く、重要な人権問題であるという認識が国連加盟国の間で低かったためである。障害者組織の中でも、障害者の権利条約が重要な課題であるという意識が浸透していなかったため、積極的なロビー活動がなかった点も見逃

せない。

　1990年代後半から、障害者の権利条約を求める障害者の組織の声は国際的に高まりを見せ、そうした声の高まりを受けて、2001年の国連総会でメキシコ政府が条約提案を行い、障害者の権利条約の策定過程が2002年に開始された。

　2002年から2006年末までの障害者の権利条約交渉過程の大きな特徴は、障害者自身の参画の度合いが非常に大きかったことである。「私たち抜きで、私たちに関することを決めないで」という意味の"Nothing about us without us"という合言葉が条約交渉では繰り返し語られた。

　そしてこの言葉が単なるスローガンではなく、実際の条約交渉に反映されたのである。たとえば非常に大きな影響力を持った2004年1月の作業部会草案を作った40名のうち、3割に当たる12名は国際的な障害者組織を代表する障害者自身であった。特筆すべきはそこに知的障害者と精神障害者が含まれたことである。

　また、条約交渉に携わった政府の代表団にも多くの障害者代表が加わった。日本政府代表団にも、車いす利用者である東俊裕弁護士（2009年12月に内閣府障がい者制度改革推進会議担当室長に就任）が、日本の障害者組織の連合体である日本障害フォーラム（JDF）の推薦を受けて、障害者代表として政府代表団に顧問として加わったのである。交渉の過程では常に、日本政府とJDFとの意見交換が行われ、大きな意見の食い違いはあったものの、日本政府の意見の中には、日本の障害者の声が反映された部分も確かにあったのである[*1]。

　このような障害者自身の参画が条約交渉過程の大きな特徴であり、それは、すでに開始されている、実施とモニタリングの過程でも継続されている。たとえば、2008年11月に発足した、条約のモニタリングを担う障害者の権利委員会に選出された12名の専門家のうち、9名は精神障害者を含む障害者である。

2　障害者の権利条約の主な原則

　この条約全体を貫く原則は、第3条〔一般原則〕が明らかにしている。そこに含まれているのは、以下のとおりである[*2]。なお、以下では、条文や重要な政策文書をまず掲げ、その後に解説を付けるスタイルとする。

[*1]　筆者は、社会福祉法人全日本手をつなぐ育成会の国際活動委員長として、JDFの条約委員会副委員長を務め、計8回開催され、障害者の権利条約交渉の舞台となった国連の特別委員会全回に出席した。

[*2]　引用はすべて、川島　聡・長瀬　修・訳（2008年5月30日）からである。2007年9月の署名時に公表された当初の政府仮訳は、http://www.mofa.go.jp/mofaj/gaiko/treaty/shomei_32.html、2009年3月に公開された政府公定訳案は、http://www.tani-hiroyuki.com/shogaijoyaku090303.html　を参照。

> (a) 固有の尊厳、個人の自律（自ら選択する自由を含む）および人の自立に対する尊重
> (b) 非差別〔無差別〕
> (c) 社会への完全かつ効果的な参加およびインクルージョン
> (d) 差異の尊重、ならびに人間の多様性の一環および人類の一員としての障害のある人の受容
> (e) 機会の平等〔均等〕
> (f) アクセシビリティ
> (g) 男女の平等
> (h) 障害のある子どもの発達しつつある能力の尊重、および障害のある子どもがそのアイデンティティを保持する権利の尊重

上記からは障害者が、違い（障害に基づく差異）を持った人間として、差別されず、平等な機会を持てることがこの条約の基本であることが読み取れる。

なお、この条約での「差別」には、合理的配慮（reasonable accommodation）の否定も含まれる点が重要である。合理的配慮とは、第2条に規定されているように、障害に基づく障害者個人に向けた「適切な変更および調整」である。合理的配慮とは、具体的にはたとえば、知的障害者の場合にはわかりやすい情報提供であったり、就労場面でのジョブコーチが含まれる。精神障害者の場合は、勤務時間の変更や短縮が含まれる。視覚障害者の場合には、音声による情報提供（朗読）だったり、拡大文字や点字が含まれる。ろう者の場合は、手話通訳、難聴者の場合は、筆記や字幕が含まれるほか、身体障害者の場合は車椅子用のスロープやトイレが含まれる。

特に子どもに関する原則は、(h)であり、成長しつつあるその力の尊重、そして、アイデンティティ（具体的には、国籍、氏名、家族関係）の保持の権利が明記されている。

3 特に子どもに関する条文

3.1 前文

> (q) 障害のある女性および少女が、家庭の内外で暴力、傷害若しくは虐待、放置若しくは怠慢な取扱い、不当な取扱いまたは搾取を受ける一層大きな危険にしばしばさらされていることを認め、
> (r) 障害のある子どもが、他の子どもとの平等を基礎として、すべての人権および基本的自由を完全に享有すべきであることを認め、また、このため、子どもの権利に関する条約の締約国が負う義務を想起し、

> (x) 家族が、社会の自然かつ基礎的な単位であり、かつ、社会および国による保護を受ける権利を有することを確信し、また、障害のある人およびその家族の構成員が、障害のある人の権利の完全かつ平等な享有に家族が貢献することを可能とするために必要な保護および援助を受けるべきであることを確信し…

(q) は女児であることによる不利益を指摘している。女性であることと、子どもであることによる二重の不利益が女児の場合にはあり得る点に留意が必要である。これは障害のある女性に関する第6条とも関連している。第6条1項は「締約国は、障害のある女性および少女が複合的な差別を受けていることを認識し、また、これに関しては、障害のある女性および少女がすべての人権及び基本的自由を完全かつ平等に享有することを確保するための措置をとる」としている。日本社会はジェンダー（社会的性別）による差別について鈍感な面があり、第3条の一般原則が示している男性と女性の平等の実現は大きな課題である。

(r) は、障害のない子どもと同様に、障害児がすべての権利を持っていることを認め、さらに子どもの権利条約について締約国が持っている責任について留意するように求めている。(x) は家族に関する言及である。この条約の中で、親をはじめとする家族についてもっと多くの言及を求める意見もあったが、障害者の権利条約であるという趣旨から、あくまで障害者の権利を守るための家族への必要な支援という表現に落ち着いた経緯がある点について注意が必要である[*3]。

3.2 障害のある子ども（第7条）

> 1 締約国は、障害のある子どもが、他の子どもとの平等を基礎として、すべての人権および基本的自由を完全に享有することを確保するためのすべての必要な措置をとる。…

障害児に関する条文は当初、子どもの権利条約の第23条[*4]に基づく形で提案があったが、条約交渉の過程で大きく修正された。本項が示すように、障害のない子どもとの平等の上に、すべての人権の確保がまず最重要とされている。

> 2 障害のある子どもに関するあらゆる決定において、子どもの最善の利益が主として考慮されるものとする。…

子どもの権利条約第3条が規定している「こどもの最善の利益」原則がここに盛り込ま

[*3] 障害者の権利条約と家族については、土屋 葉 (2010)「家庭生活と家族」，松井亮輔・川島 聡・編著『概説 障害者権利条約』法律文化社．pp219-235を参照。

れている。「こどもの最善の利益」確保については、日本政府が 2008 年 4 月に提出した、子どもの権利条約に関する定期報告書に対する、国連子どもの権利委員会の最終見解（2010 年 6 月）が、児童福祉法が子どもの最善の利益の優先を充分に考慮していないことに懸念を表明するなど、日本国内でのさらなる取り組みが求められている。障害児分野も同様である。

> 3　締約国は、障害のある子どもが、自己に影響を及ぼすすべての事項について自由に自己の意見を表明する権利を有することを確保する。この場合において、障害のある子どもの意見は、他の子どもとの平等を基礎として、その年齢及び成熟度に応じて十分に考慮されるものとする。締約国は、また、障害のある子どもが、当該権利を実現〔行使〕するための障害および年齢に適した支援を提供される権利を有することを確保する。…

前述の国連子どもの権利委員会の最終見解は、「委員会は、児童を、権利を有する人間として尊重しない伝統的な価値観により、児童の意見の尊重が著しく制限されていることを引き続き懸念する」と述べている。障害のある子どもも同様の、そしていっそう深刻な課題に直面している。

[*4]　子どもの権利条約の障害児に関する第 23 条は以下のとおりである。

1　締約国は、精神的又は身体的な障害を有する児童が、その尊厳を確保し、自立を促進し及び社会への積極的な参加を容易にする条件の下で十分かつ相応な生活を享受すべきであることを認める。

2　締約国は、障害を有する児童が特別の養護についての権利を有することを認めるものとし、利用可能な手段の下で、申込みに応じた、かつ、当該児童の状況及び父母又は当該児童を養護している他の者の事情に適した援助を、これを受ける資格を有する児童及びこのような児童の養護について責任を有する者に与えることを奨励し、かつ、確保する。

3　障害を有する児童の特別な必要を認めて、2 の規定に従って与えられる援助は、父母又は当該児童を養護している他の者の資力を考慮して可能な限り無償で与えられるものとし、かつ、障害を有する児童が可能な限り社会への統合及び個人の発達（文化的及び精神的な発達を含む。）を達成することに資する方法で当該児童が教育、訓練、保健サービス、リハビリテーション・サービス、雇用のための準備及びレクリエーションの機会を実質的に利用し及び享受することができるように行われるものとする。

4　締約国は、国際協力の精神により、予防的な保健並びに障害を有する児童の医学的、心理学的及び機能的治療の分野における適当な情報の交換（リハビリテーション、教育及び職業サービスの方法に関する情報の普及及び利用を含む。）であってこれらの分野における自国の能力及び技術を向上させ並びに自国の経験を広げることができるようにすることを目的とするものを促進する。これに関しては、特に、開発途上国の必要を考慮する。

3.3 家庭および家族の尊重（第23条）

> 3 締約国は、障害のある子どもが家族生活について平等の権利を有することを確保する。締約国は、この権利を実現するためならびに障害のある子どもの隠匿、遺棄、放置及び隔離を防止するため、障害のある子ども及びその家族に対し、包括的な情報、サービス及び支援を早期に提供することを約束する。
> 4 締約国は、子どもがその親の意思に反してその親から分離されないことを確保する。ただし、権限のある当局が、司法の審査に従うことを条件として、適用のある法律及び手続に従い、その分離が子どもの最善の利益のために必要であると決定する場合は、この限りでない。いかなる場合にも、子どもは、その子どもの障害または一方若しくは両方の親の障害を理由として親から分離されない。
> 5 締約国は、最も近い関係にある家族〔親および兄弟姉妹〕が障害のある子どもを監護〔ケア〕することができない場合には、より広い範囲の家族の中で代替的な監護〔ケア〕を提供し、また、これが不可能な時は、地域社会の中の家庭的な環境で代替的な監護〔ケア〕を提供するためのすべての努力を行うことを約束する。…

第23条は、障害のある子どもが家族と生活するための支援を規定している。第4項では、子が障害者である、もしくは、親が障害者であるという理由のみで親子を分離することを禁じている。第5項は、かりに親が養育できない場合にも、他の親族による養育を求め、それも無理な場合でも、できるだけ家庭的な環境での養育を求めている。

3.4 教育（第24条）

> 1 締約国は、教育についての障害のある人の権利を認める。締約国は、この権利を差別なしにかつ機会の平等を基礎として実現するため、あらゆる段階におけるインクルーシブな教育制度および生涯学習であって、次のことを目的とするものを確保する。（中略）…

1項において最も重要なのは、「あらゆる段階におけるインクルーシブな教育制度」の確保である。これが障害者の権利条約が目指す教育の理念である。

> 2 締約国は、1の権利を実現するに当たり、次のことを確保する。
> （中略）
> （b）障害のある人が、他の者との平等を基礎として、その生活する地域社会において、インクルーシブで質の高い無償の初等教育および中等教育にアクセスすることができること。
> （c）各個人の必要〔ニーズ〕に応じて合理的配慮が行われること。

> （中略）
> （e）完全なインクルージョンという目標に則して、学業面の発達および社会性の発達を最大にする環境において、効果的で個別化された支援措置がとられること。…

地域で学べることが求められていると同時に、学習者一人ひとりのニーズや障害に応じた合理的配慮が、どこにおいても提供されなければならないことが明らかである。

> 3 締約国は、障害のある人が教育制度および地域生活に完全かつ平等に参加することを容易にするための生活技能および社会性の発達技能を習得することを可能としなければならない。このため、締約国は、次のことを含む適切な措置をとる。
> （a）点字、代替文字、拡大代替〔補助代替〕コミュニケーションの形態、手段および様式、ならびに歩行技能の習得を容易にすること。また、ピア・サポート〔障害のある人相互による支援〕およびピア・メンタリング〔障害のある人相互による助言・指導〕を容易にすること。
> （b）手話の習得およびろう社会の言語的なアイデンティティの促進を容易にすること。
> （c）盲人、ろう者または盲ろう者（特に子どもの盲人、ろう者または盲ろう者）の教育が、その個人にとって最も適切な言語並びにコミュニケーションの形態および手段で、かつ、学業面の発達および社会性の発達を最大にする環境で行われることを確保すること。…

第3項は盲、ろう、盲ろうである人たちの教育は、点字や手話の習得のために、盲学校や聾学校という環境がふさわしい場合があることを認めている。特にろう者の場合の、手話という言語の習得にはろう社会が重要であることも明記している点に留意が欠かせない。

> 4 締約国は、1の権利の実現を確保することを容易にするため、手話または点字についての適格性を有する教員（障害のある教員を含む。）を雇用するためのならびに教育のすべての段階において教育に従事する専門家および職員に対する訓練を行うための適切な措置をとる。この訓練には、障害に対する意識の向上、適切な拡大代替〔補助代替〕コミュニケーションの形態、手段および様式の使用、ならびに障害のある人を支援するための教育技法及び教材の使用を組み入れなければならない。…

第4項は特に、手話ができるろう者教員、点字ができる視覚障害教員の雇用と共に、すべての教育者が障害に関する専門性を向上させることを求めている。

> 5　締約国は、障害のある人が、差別なしにかつ他の者との平等を基礎として、一般の高等教育、職業訓練、成人教育および生涯学習にアクセスすることができることを確保する。このため、締約国は、障害のある人に対して合理的配慮が行われることを確保する。…

　第5項は、通常の大学などが、さまざまな障害のある学習者を受け入れ、それぞれの合理的配慮を確保することを求めている。日本の大学にとって非常に大きな課題を投げかけている。

　なお、教育に関する権利については、国連人権高等弁務官事務所が、2010年4月に、国連や各国の人権担当者向けに出したモニタリングのガイドブックにおいて、さらに具体的な質問事項を準備しているので、以下、参考にしてほしい[*5]。

> 4　教育についての権利
> 〈一般的モニタリング質問〉
> 　障害のある人はあらゆる段階におけるインクルーシブ教育が利用できるか。
> 〈尊重すべき義務〉
> 　○法律は明示的にインクルーシブ教育への権利を認めているか。
> 　○国は障害のある生徒が一般教育制度に入ることを拒否しているか。
> 　○国は障害のある生徒が就学を義務づけられている分離学校制度を維持しているか。
> 　○障害のある生徒は特定の科目の勉強を強制されているか、また、障害に基づいて特定の科目の受講から排除されているか。
> 　○障害のある生徒は学校に受け入れられる条件としてなんらかの医学的処置を受けることを義務づけられているか。
> 〈保護すべき義務〉
> 　○国は障害のある人が一般教育制度から排除されないようにするための法的、その他の方策を採用しているか。
> 　○国は障害のある人の教育制度へのインクルージョンへの障壁を除去する目的で、私立の教育機関がその設備と技術のアクセシビリティを確保するための手段を講じることを義務づけているか。
> 〈充足すべき義務〉
> 　○障害のある女子は教育への権利を享受するうえで複合的差別を受けているか。
> 　○国はインクルーシブ教育という目標に即して、個別的支援を含む支援を障害のある生徒のために手段を講じているか。
> 　○国は学校、その他の教育的機関・技術のアクセシビリティを確保するための手段を講じているか。
> 　○国は障害のある教員を含む手話と点字についての適格性を有する教員を雇用するための手段を講じているか。

○ 国はインクルーシブ教育の確保を支援できる教員やその他の専門家の養成を提供し、義務づけているか。

4 推進会議第1次意見と閣議決定

　内閣府の障がい者制度改革推進本部のもとに設置され、2010年1月12日に第1回会合を開いた障がい者制度改革推進会議（以下、推進会議）の特色は、①ほぼ半数の構成員が障害者自身（精神障害者と知的障害者を含む）であること、②事務局を務める内閣府の推進会議担当室の職員に、障害者リーダーが就任したことの2点があげられる。この2点によって、障害者の権利条約策定の際の"Nothing about us without us"の精神が日本でも活かされることになった。

　推進会議は、集中的な審議を約5か月行い、2010年6月7日の第14回会合で「障害者制度改革の推進のための基本的な方向（第1次意見）」をまとめた[*6]。以下、その推進会議の「第1次意見」の障害児に関する部分の推進会議の問題認識を掲載する[*7]。

5）障害児支援（推進会議の問題認識）
　障害児は、一人の子どもとして尊重され、すべての人権、基本的自由を享受すべき観点から、障害児の最善の利益を考慮した施策が講じられる必要がある。

【障害児やその保護者に対する支援】
　相談支援については、障害児の出生直後又は「気になる」・「育てにくい」段階から、医療及び福祉関係者からの適切な情報提供、心理的サポートが不足しており、障害児を含め、その家族に対する十分な支援が提供されていない。
　このような現状を改善するため、以下を実施すべきである。
・子どもの障害について、地域の身近なところで第一次的に相談対応を行い、必要に応じて適切な専門機関へとつなぐ仕組みを構築する。
・障害児およびその保護者に対する相談や療育等の支援が、障害の種別・特性に応じた言語環境により、かつ地域の身近なところで提供されるよう必要な措置を講ずる。
・障害の専門機関の者が地域に出向き、保健センターや地域子育て拠点における保健師、保育士等と連携した効果的な相談支援を提供できるよう、必要な措置を講ずる。
・障害児支援においては、家族（特に母親）に過大な負担を強いる現状を十分に配慮し、家族の負担を減らすための具体的な施策を講ずる。

【児童福祉における障害児支援の位置づけ】
　障害児支援は、早期に必要な専門的支援が求められる反面、その支援が障害児のみに注目

> した形でのサービス提供になりがちであるため、その家族への支援や地域社会との関係が置き去りになっている場合がある。また、障害の軽減のみが重視されがちであり、そのことが本人の障害に対する否定的な認識を助長してしまうという問題もある。
>
> このような現状を改善するため、障害児支援については、家族への子育て支援や地域において一般児童と共に育ち合うことが保障されるよう、一般の児童福祉施策の中で講じられるようにすべきである。

この第1次意見に基づいて、政府は2010年6月29日に閣議決定を行った。以下、教育と障害児支援に関する部分のみ掲載する。

> [2. 教育]
> ○ 障害のある子どもが障害のない子どもと共に教育を受けるという障害者権利条約のインクルーシブ教育システム構築の理念を踏まえ、体制面、財政面も含めた教育制度の在り方について、平成22年度内に障害者基本法の改正にもかかわる制度改革の基本的方向性についての結論を得るべく検討を行う。
> ○ 手話・点字等による教育、発達障害、知的障害等の子どもの特性に応じた教育を実現するため、手話に通じたろう者を含む教員や点字に通じた視覚障害者を含む教員等の確保や、教員の専門性向上のための具体的方策の検討の在り方について、平成24年内を目途にその基本的方向性についての結論を得る。
>
> [5. 障害児支援]
> ○ 障害児やその保護者に対する相談や療育等の支援が地域の身近なところで、利用しやすい形で提供されるようにするため、現状の相談支援体制の改善に向けた具体的方策について、総合福祉部会における議論との整合性を図りつつ検討し、平成23年内にその結論を得る。
> ○ 障害児に対する支援が、一般施策を踏まえつつ、適切に講じられるようにするための具体的方策について、総合福祉部会における議論との整合性を図りつつ検討し、平成23年内にその結論を得る。…

教育については、この閣議決定を受けて、文部科学省の中央教育審議会初等中等教育分科会に「特別支援教育の在り方に関する特別委員会」が早速、設置され、2010年7月20

[*5] 原文は以下を参照。
http://www.ohchr.org/Documents/Publications/Disabilities_training_17EN.pdf
なお、尊重義務は、国家自身が人権を侵害しない義務、保護義務は私人間の人権侵害が起こらないようにする国家の義務、充足義務は、権利の実施を国家が促進する義務である。翻訳は、「障害者の権利条約／川島　聡・長瀬　修・仮訳」(2008年5月30日付)を参考にした長瀬修仮訳である。

[*6] 今後さらに、追加の意見を2010年内に「第2次意見」としてまとめる予定である。

[*7] 第1次意見は下記を参照。http://www8.cao.go.jp/shougai/suishin/kaikaku/pdf/iken1-1.pdf

日に第1回会合が開催されている。これは心強い動きではあるが、たとえば、第1回会合の資料に示されている文部科学省の「日本的なインクルーシブ教育システムの構築を図る」という言葉には危惧を覚えざるを得ない。それは「日本型」という名のもとに国際的な基準からの逸脱が意図されているのではないかという懸念があるためである。それが杞憂であることを心から願うのみである。

5 地域生活の実現へ

　第2次世界大戦への反省をもとに始まった世界の人権への取り組みは長い道のりを経て、2006年12月の障害者の権利条約の採択にたどり着いた。しかし、障害分野から考えた時には、21世紀に入って、出発点にようやく立ったばかりだと言えるかもしれない。

　個人的な話で恐縮だが、筆者が障害分野の道を歩んだきっかけは大学時代のボランティアサークルである。現在も続いている上智大学の「わかたけサークル」という、東京都目黒区立油面小学校の障害児学級で学ぶ子どもたちと、土曜日に一緒に遊んだり、近くの油面公園に連れて行って公園に来ている子どもたちと遊ばせたりという活動が原点である。言葉ではなく、表情や仕草でコミュニケーションをとる子どももいた。悲しい思いを今も感じるのは、同学級を離れた後、いわゆる「都外施設」に送られ、秋田県で若くして亡くなった友人（元・子ども）がいることである。サークルの仲間たちと墓参した時の思いは忘れない。地域の中で、家族の近くで、いわゆる重度の障害があると言われる人を含めて、みんなが暮らせる社会づくりの大切さを痛感した。毎年続いているサークルの同窓会は、元・学生を含めて関係した人たちの大切な交流の場となっている。

　確かなのは、障害者の権利条約の採択によって世界の障害分野での目標が明らかになったことである。それは、誰もが地域で暮らせる社会を目指すということである。本書の読者が住んでいるであろう日本を含め、障害者の権利条約の実現に向けて、努力が必要である。障害者の権利条約に書かれてあることが実施されている国は世界に一つもないのが現実である。日本においても多くの課題があることは間違いない。そうした課題に地道に取り組んでいくことが全員のための社会づくりへの道筋である。

　この条約の実現、すなわち、障害者のあらゆる人権と基本的自由そして尊厳のために、読者と共に歩みたい。

参考文献
1) 長瀬　修・東　俊裕・川島聡編：障害者の権利条約と日本．生活書院，2008．
2) 長瀬　修・編著：わかりやすい障害者の権利条約．全日本手をつなぐ育成会，2009．
3) 松井亮輔，川島　聡・編著：概説　障害者の権利条約．法律文化社，2010．

（長瀬　修）

※筆者の意向により本節での表記は漢字「障害者」で統一しております

第5部

発達支援と医療

発達支援と障害児医療
* 「障害児医療」について
* 障害の発見から発達支援の開始へ
* 基礎疾患
* 日常の健康管理について
* 感染症対策
* 合併症とその対応
* 重症心身障害児
* 救急対応
* 遺伝相談

発達支援と障害児医療

「障害児医療」について

1 障害児医療とは

　障害児医療は、一つの診療科として存在するわけではなく、保育、心理、福祉、教育を巻き込んだ学際的な分野と言える。なかでも小児科との関係が深い。小児科は、さらに臓器別に専門科が分かれているが、障害児医療は多くの小児科領域が関係する総合的な領域である。

　胎生期や周産期に、障害を引き起こす病気が起こった場合は、新生児科やNICU（新生児集中管理病棟）がまず対応することになる。その後、重篤な病気や障害が残った体の部位により次の診療科が決まる。たとえば、先天性心疾患であれば小児心臓外科がある施設にかかることになる（最近ではカテーテル治療技術の進歩で内科的治療ができる場合もある）。脳に障害が残れば小児神経科、水頭症などでシャント手術をしていれば脳圧管理のために脳神経外科、先天性の遺伝性疾患を疑えば、原因を明らかにしたり、カウンセリングや遺伝相談のために遺伝科にかかることになる。目や耳の病気を合併していれば、眼科や耳鼻科も関係してくる。このように障害が重篤になればなるほど多くの科が関係することになる。

　また、急性期の救命のための治療が終わり、病気や障害が慢性化した場合は慢性疾患の医療的管理の他に、リハビリテーションや医療的ケアが必要になる。脳性麻痺では、医師のいる地域の療育センターで継続的に療育を受ける場合が多い。人工呼吸器を装着しているような重症心身障害児では、在宅の人工呼吸器管理の他に、栄養管理、口腔内管理（歯科医が関係）などの医療も必要となる。そのうえに、訪問看護や生活介護など医療や福祉の支援も関係してくる。

　脳性麻痺では、嚥下困難から経口摂取困難になり、チューブ栄養や胃ろう造設術が必要となる場合がある。誤嚥性肺炎を繰り返し、胸郭の変形が起こり呼吸困難になれば、生活の質の向上を目的に気管切開も行われる。身体の変形には整形外科的手術の可能性も考慮される。これらは、障害により二次的に引き起こされる障害という意味で、二次障害と呼

ばれる。知的障害や自閉症では、二次障害としてストレスによる適応障害や強迫性障害が起こりやすく、向精神薬の投与が必要になる場合がある。また、強度の行動障害が出てくれば、児童精神科で入院が必要な場合もある。このように二次障害が起これば、ますます多くの診療科が必要となる。

障害のある子どもに関わる専門職は、子どもの年齢と共に変化する。病状が落ち着けば、医療関係者の他に保育士、心理士など、子育て支援スタッフが重要になる。学齢期は、特別支援教育の対象となることが多く特別支援教育免許を持った教員が関わることになる。現在では障害のある子どもには多職種が関わりチームとして機能することが求められる。しかし、長期間一貫して子どもを診ている職種は、医師（主治医）をはじめとした医療職であることが多い。医師には、障害のある子どもを支えるチームの一員としての役割の他に、他科や他職種の医療情報を整理し、保護者に適切に説明する役割が期待される。

2 障害児医療に係る制度について

前記のように障害があれば、多くの診療科にかかることになり医療費は必然的に高額になる。そこで、医療機関を受診した際に生じる医療費の自己負担分を軽減するために、各種の医療費助成制度があり、地方自治体独自の助成制度と、法律に基づく医療給付がある。

子ども（多くの場合、乳幼児が対象）や重度の障害児が病気になった時には、地方自治体独自の医療費助成制度が全国的に市町村レベルで導入されている。

法律に基づく各種の医療給付制度としては、ある特定の疾患になった時に対象となる小児慢性疾患医療費助成制度や特定疾患医療費助成制度などがある。療養に要する費用が著しく高額になった場合、自己負担限度額を超える部分を償還払いにする高額療養費制度がある（医療費の助成制度の詳細は、第4部「障がいのある子どもの保健医療制度とその動向」を参照されたい）。

3 障害児施策の入り口としての母子保健の現状

日本の母子保健施策は、1947（昭和22）年に公布された児童福祉法、1948（昭和23）年の予防接種法、1951（昭和26）年の結核予防法、1965（昭和40）年の母子保健法などに基づいて行われている。先天性代謝異常検査など、科学技術の発展を踏まえ、それを行政施策に取り入れているので、日本の母子保健水準を代表する乳児死亡率の低さは、世界のトップレベルにある。

その母子保健施策も、時代により、その時々の課題に対応してきた。現在、国レベルで母子保健の国民運動計画である「健やか親子21」を策定し、次世代育成行動計画とも連動して、地域の母子保健対策を進めているが、その課題と目標の中に障害の早期発見、早

期対応は掲げられていない。

　母子保健法は、疾病の早期発見・早期治療、精神運動発達面からみた障害の早期発見・早期療育を目指し、乳幼児の健全育成に貢献してきた。筆者が勤務していた堺市を例にとれば、昭和50年後半から60年代は、少子化が徐々に進行していたとはいえ、まだ1.57ショック*前夜であり、多くの子どもが生まれ、乳幼児健診の受診率は90％を超えていた。母子保健対策は、障害の早期発見、早期対応から子育て支援への転換を図っていた時期でもある。療育にかかるまでの間、集団指導の必要な児を保健所（現在は保健センター）の幼児教室に呼び、家庭児童相談室と共同で、経過観察を行う仕組みもできあがった。保健所も、平成に入り高齢者対策に軸足が移っていたが、併せて堺市として障害児通園施設整備を進めており、福祉サイドで障害児相談機能や巡回相談を行えるようになって、次第に保健所は障害児対策から離れていった。

　乳幼児健診の場では、脳性麻痺などの運動発達障害児の発見が少なくなり、1歳6か月健診での言葉の遅れでのフォローが多くなると共に、乳幼児健診が障害の発見の機会となることが少なくなった。また市町村では、乳幼児健診でスクリーニングされた親子への援助は、その力点が保護者の育児不安解消、児童虐待予防、食育、不妊対策、妊産婦ケア、子どもの心の診療拠点整備などへシフトしてきている。

　本来、心の成長も含め、「すべて」の子どもの健全育成が母子保健の目標であるが、学校保健・職域保健・老人保健へつながる一次予防レベルの施策の始まりが母子保健であるという意識が低いため、3歳児健診以降就学前までの期間に起こる問題（たとえば、肥満、親との関わりの中で生じる二次的な行動障害、集団生活の中で顕在化する狭義の発達障害）に対処しにくい。その理由として、3歳児健診が乳幼児健診の総まとめになり、3歳以後に子どもに起こる問題に関しての相談は、保健センターではなく、福祉事務所の家庭児童相談室、児童相談所、子育て支援センターなどに相談されることが多くなるからである。支援を必要とする子どもとその親を地域でいかに支えるかを考える時、親自身が、地域にある社会資源を必要な時に利用できる相談システムを作り上げることが重要な課題である。保健所・保健センターには、今でも保健医療の専門職が配置されており、相談システムの中にうまく組み込む必要がある。

　保健所で行われる障害児療育指導は、乳幼児健診で障害児発見後のフォローの機会として重要な位置を占めるが、今後、児童虐待、小児の事故などの問題を解決するために、社会の中で子どもを産み育てる環境を保障する方向で検討されねばならない。そのため、総合的に対処できる機能を持った機関、保健・医療・福祉・教育にまたがる公的機関間の調

---

* 1990年の1.57ショックとは、前年の1989（平成元）年の合計特殊出生率が1.57と、「ひのえうま」という特殊要因により過去最低であった1966（昭和41）年の合計特殊出生率1.58を下回ったことが判明した時の衝撃を指している。

整チームの必要性が増している。

（西牧謙吾）

障害の発見から発達支援の開始へ

1 障害の発見

　子どもの障害は、障害の状況、障害の種別などによって違った道筋をたどって発見される。

　一般的には、脳性麻痺や重症心身障害は周産期障害や事故・感染症による脳障害が原因で発症し、小児科での経過観察や新生児科でのフォローアップ外来で発見されることが多い。ダウン症などの先天異常は、出生前から診断されていたり出生直後に障害を指摘されたりする。最近では聴覚障害も新生児聴覚スクリーニングで早期発見されるケースが増えてきている。

　しかし、自閉症などの発達障害や精神遅滞は、早ければ乳幼児健診などで遅れを指摘されるが、保育所入所後や遅い場合には就学後に「集団行動ができない」「学習についていけない」「落ち着きがない」などの問題が明らかになり、医療機関や児童相談所で診断されることも少なくない。この子どもたちは、親や家族も「育てにくさ」や「（発達上）気になる部分」を感じながら育てているが、医療機関などで障害を指摘されても障害を理解し受け入れるまでに時間を要し、障害児施設などで発達支援を受けるようになるまでに長い月日が経過していることが多い。

2 障害の診断と告知

　障害の診断は一般的に医療機関でされる。多くは小児科や新生児科であるが、障害によっては児童精神科や整形外科、時には脳神経外科などで診断されることもある。

　診断に至るまでには、神経学的診察に加えて血液検査（血液生化学検査、染色体、時にはDNA診断）、脳波（主にはてんかんの有無）、CTやMRI（中枢神経の形態的異常の有無）などの検査が実施されて最終診断に至る。一般病院では診断が確定せず、医師が常駐する肢体不自由児（通園、入所）施設などに紹介されることもある。

　診断が確定すれば、親・家族に診断が告げられることになる。しかし、親の気持ちをおもんばかるがゆえに医師が診断を明確に告げないこともある。障害のある子どもの発達を支援できる施設・事業がなければ、余計に医師は障害を明確に伝えられない。「いつか追

いつくでしょう」「様子を見ましょう」「MRIや脳波には異常はありません（子どもの発達に異常はないと言っているわけではなく精神遅滞や発達障害では異常が見つからないことも多い）」などと言われたまま、発達支援に繋がる機会を失することも少なくない。この点は、乳児期に発見される脳性麻痺でも、就学前または就学後に発見されるいわゆる軽度発達障害（知的障害が軽い発達障害）でも同様である。

　また、障害を告知されても、地域に相談にのったり発達を支援したりする施設がなければ、親・家族に不安を持たせるだけで終わってしまう。

　ここに地域資源の確保と機関間連携の重要性がある。医療機関と障害児施設や保健センターなどとの密接な連携体制が形成されていれば、告知が遅れたり親が長い間不安のまま放置されたりするような事態は最小限にできるはずである。地域の障害児施設・事業を増やすと共に、既存の施設・事業が発見・診断・告知から発達支援に至る過程で関与することが期待される。

（宮田広善）

基礎疾患

1　運動機能障害（脳性麻痺、二分脊椎、神経筋疾患）

　身体の運動は、「司令塔」である脳、その司令を筋肉に伝える脊髄・末梢神経、そして実際に身体を動かす筋肉によって成り立っている。また、感覚神経は筋肉の動きや痛みなどの感覚を感知して脊髄、脳に情報を送り運動のフィードバックに関与する。

　運動機能障害は、脳の疾患である脳性麻痺・水頭症・二分脊椎、脳炎・髄膜炎後遺症などと、脊髄の疾患である二分脊椎、脊髄性筋萎縮症、そして筋肉の疾患である筋ジストロフィーなど、さまざまなレベルの障害によって生じる。

1.1　脳性麻痺

①はじめに

　近年の周産期医療の進歩によって新生児死亡率は著しく減少し、現在では、脳性麻痺、精神遅滞、視覚障害、聴覚障害および自閉症などの発達障害などの神経学的合併症を遺した子どもの育児支援が小児科領域の重要な課題になってきている。ここでは脳性麻痺について、その原因、育児支援や発達支援の在り方を述べる。

②脳性麻痺の定義

　脳性麻痺は、「受胎から新生児期（生後4週以内）までに生じた脳の非進行性病変に基

づく永続的だが変化しうる運動および姿勢の異常。進行性疾患や一過性の運動障害、将来正常化するであろうと思われる運動発達遅滞は除外する」という1968年の厚生省研究班の定義が現在でも用いられている。診断にあたっては、先天性筋ジストロフィーなどの進行性疾患や重度の精神遅滞による一過性の運動の遅れなどとの鑑別が必要である。

③脳性麻痺の発症率

上谷らが、出生体重1,000g以下の超低出生体重児を対象に2000年に実施した全国調査では、3歳まで確実に追跡できた790例の約16.3%に脳性麻痺が認められたと報告している[1]。出生児全体では、人口47万人余り（当時）の姫路市における調査で、1983～87年の5年間は出生千人に対して1.4、88～92年は2.0、93～97年は2.2と増加傾向を認めており[2]、発症率増加の主な原因は早期産に伴う脳性麻痺の増加であった。

また近年、不妊治療の普及などによる多胎妊娠の増加も脳性麻痺の増加の原因として報告されている[3,4]。

④脳性麻痺の原因

脳性麻痺の原因として、かつては「黄疸」「仮死」「早産」が三大原因とされてきたが、黄疸や仮死は減少し、早産と出生前因子（中枢神経系の奇形など）の占める割合が増加してきている。早産に伴う脳性麻痺では、脳室内出血と原因の80%以上を占める脳室周囲白質軟化症（periventricular leukomalacia、以下PVL：図1）が重要である[5]。

PVLは脳性麻痺だけでなく、スウェーデンの眼科医Jacobsonが「未熟児網膜症激減後の未熟児の視覚障害の重要な原因」と指摘しているように[6]、後頭葉を中心にした白質の傷害や髄鞘化の阻害によって視野欠損や視覚認知障害[7]を引き起こす危険性がある。

図1 早期産脳性麻痺児のPVL所見

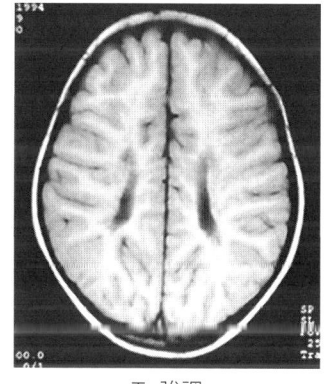

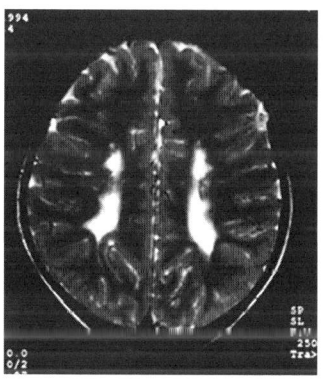

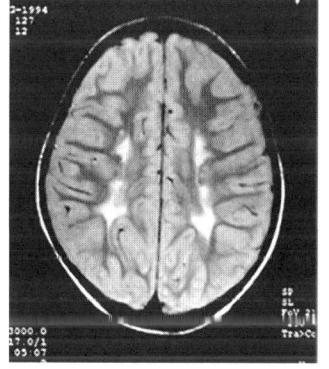

T₁強調　　　T₂強調　　　プロトン強調

- 脳室の拡大と脳室壁の不整
- T₂強調画像での脳室周囲白質の高信号
- 後頭葉白質の減少
- 脳梁体部の菲薄化

⑤脳性麻痺の病型

　筋緊張の異常による分類としては、筋の痙直*¹を主徴とする痙直型脳性麻痺と筋緊張の動揺や不随意運動を主徴とするアテトーゼ型脳性麻痺がほとんどで、その混合型も多い。前述のPVLは、錐体路*²を侵して痙直性麻痺をきたすため、近年では痙直型脳性麻痺の比率が高くなってきている。その他、失調型*³や弛緩型があるが、失調型は他の先天性疾患が潜在していることが多く、弛緩型は痙直型やアテトーゼ型の初期症状であったり精神遅滞に伴う一過性の筋緊張低下であったりすることが多いので、独立した病型とするかどうか議論のあるところである。

　麻痺部位による分類では、四肢麻痺（両上下肢体幹）、両麻痺（両下肢体幹）、片麻痺（片側の上下肢体幹）などに分類されるが、脳性麻痺ではそれぞれの病型の境界は明確でないことが少なくない。

⑥脳性麻痺状態の形成

　中枢神経が傷害されて一次的に出現する症状は「筋緊張の異常（亢進、低下、動揺）」と「原始反射の残存と正常姿勢反応出現の遅延」だけである。この状態を基盤にして発達する結果、「異常姿勢」や「異常運動」が出現する。そして、異常姿勢や異常運動を日常的に繰り返すことによって異常な運動プログラムが形成され脳性麻痺像が形成されていく。そのため、脳性麻痺児と関わる職員には、子どもが日常的な姿勢管理や正しい運動パターンで活動できるような配慮が求められる。

1）原始反射の残存と筋緊張の異常

　原始反射の残存と筋緊張の異常は、すべての脳性麻痺に共通する障害である。正常な姿勢が保たれ「二足歩行」や「巧緻動作」などの高度な機能が可能になるためには、筋緊張が正常であることに加えて、脊髄・延髄レベルの原始反射（Moro反射やGalant反射など）が中脳・大脳レベルの正常姿勢反応（立ち直り反応や平衡反応など）に統合されなければならない。大脳皮質や基底核、錐体路などの傷害によって筋緊張の異常や原始反射が残存すれば、その後の発達に大きな問題を残す。

2）正常な経験の乏しさ、ゆがんだ経験の積み重ね

　片麻痺の子どもは患側の手を使わない。使わない上肢は痙直が増悪し筋の短縮や関節拘縮が起こる。加えて、傍脊柱筋の緊張と坐骨への荷重に左右差が生じるため骨盤が歪んで患側の股関節脱臼が生じたり側弯が生じたりする。また、痙直型麻痺で見られる「割り座（とんび座り）」は股関節の内転を増悪させて股関節脱臼を引き起こす。

---

*¹ 痙直 spasticity：錐体路を中心とする大脳からの運動神経路の障害によって起こる筋緊張の亢進状態。伸ばしていくと抵抗が急になくなるジャックナイフ現象が特徴。
*² 錐体路：大脳皮質の運動野に始まり反対側の脊髄に入って全身の運動を司る運動神経の経路。
*³ 失調（運動失調）：四肢・体幹の随意運動を円滑に行うための調節機能の障害。小脳の障害などで出現する。

このように脳性麻痺児は、異常な運動や姿勢の経験を積み重ねることによって、運動パターンや姿勢の異常を増強させていく。そのため、脳性麻痺のリハビリテーションでは、筋緊張を正常に近づけ原始反射を抑制したうえに正常な運動パターンや正常な姿勢を学習させて「異常発達」を阻止することが目標となる。日常の保育や育児においても、姿勢や運動に注意を払えれば、子どもの活動しやすさを保障できるだけでなく、変形・拘縮の進行を防ぐ効果が期待できる。

3）脳性麻痺児の発達をさらに歪ませる因子

脳性麻痺児は、成長の過程で次のようなさまざまな原因によって二次的障害をさらに悪化させていくため注意が必要である。

【疼痛・変形・拘縮・脱臼などの出現】 身体の変形によって関節の疼痛が生じる。疼痛のために、筋緊張がさらに高まって脱臼が起こったり、動かさないために関節の拘縮が起こったりする。

【身体的成長】 身体の成長も、脳性麻痺児にとっては運動をさらに制限する原因になる。身長が急激に伸びる小学校高学年～中学の時期には、側弯の発生および悪化の危険性が高い。また、運動量が少ない脳性麻痺児は肥満になることが多く、健康だけでなく歩行に対する危険因子にもなる。

【心理的影響】 保育園や小学校に入る時期には、運動量が増えると共に精神的緊張も高まる。その結果、筋緊張が亢進するため、関節拘縮や脱臼などが生じる。

【健康状態の悪化】 脳性麻痺児は、慢性呼吸障害やてんかん発作、摂食障害による誤嚥や栄養障害などによって入退院を繰り返すことが多い。長期間にわたるベッド上臥床は、運動機能を退行させ関節拘縮を増悪させる。

⑦治療

わが国の脳性麻痺児の治療（リハビリテーション）にはボバース（Bobath）法やボイタ（Vojta）法などが用いられることが多い。長年どちらの治療法が優れているのかという議論が重ねられてきたが、現在では治療成績に大きな差はないとされている[8]。その他、薬物療法（筋弛緩剤、A型ボツリヌス毒素の局所注射など）、補装具の装着、整形外科手術などが用いられる。

治療においては、運動面だけでなく社会性を含む精神発達や育児への支援も重要であり、福祉制度の利用や家族機能への支援も重要となる。そのため、地域の保育所や学校、保健センター、障害児施設などの連携が不可欠である[9]。

⑧まとめ

脳性麻痺は、運動障害だけでなく、精神遅滞、てんかん、さまざまな認知障害などを合併する複合的中枢神経障害であり、リハビリテーションなどの医療的支援だけでなく、「育児への支援」「地域での暮らし」を目的とする多職種・地域機関協働の発達支援が必要である。そのため、保育や相談支援などの重要性が再認識される必要がある。

参考文献

1) 平成15年度厚生科学研究費補助金（子ども家庭総合研究事業）分担研究報告書「2000年出生の超低出生体重児3歳児予後の全国調査解析結果」（分担研究者：上谷良行）
2) 小寺澤敬子，中野加奈子・他：姫路市における15年間の脳性麻痺発生の動向．脳と発達39：32-36，2007．
3) (財)母子衛生研究会．母子保健の主なる統計．2006年3月．
4) 小寺澤敬子，下垣佳代子，他：双胎出生の脳性麻痺児について－Ⅰ．発症率－．脳と発達30：20-23，1998．
5) 鍋谷まこと，小寺澤敬子，他：早産児における脳障害の成因とMRI診断に関する研究．日本小児科学会雑誌102(4)：439-443，1998．
6) Lena K. Jacobson, MD, PhD, et al.: Periventricular Leukomalacia: An Important Cause of Visual and Ocular Motility Dysfunction in Children. surv Ophthalmol 45(1)July-August 2000:1-13
7) Fedrizzi E, Inverno M, Bruzzone MG, et al.: MRI Features of Cerebral Lesions and Cognitive Functions in Preterm Spastic Diplegic Children. Pediatr Neurol 15:207-212, 1996.
8) 北原　佶，長　和彦，佐藤一望，他：厚生科学研究「脳性麻痺など脳性運動障害児・者に対する治療及びリハビリテーションの治療的効果とその評価に関する総合的研究」（主任研究者：坂口亮）平成11-13年度報告書．
9) 前川喜平：小児神経における医療・保健・福祉の協働．脳と発達39：93-98，2007．

（宮田広善）

1.2　二分脊椎

　脊椎（背骨）の一部分が背中側の中央で分かれたままとなり脊髄が傷害される状態を言う。脊椎管には、脊髄が存在し、脊髄には脳からの指令を筋肉に送り運動を起こしたり、痛みなどの感覚を脳に送ったりする役割があるため、さまざまな障害が起こる。主に、腰部に好発するため、その部位より下の運動や感覚の麻痺が起こる。障害の部位によって膀胱直腸障害や、時に水頭症（頭室内に脳脊髄液がたまった状態）を合併することもある[1,2]。
　二分脊椎には、見た目には皮膚に隠れてわからない潜在性と、脳脊髄を覆う髄膜や脊髄が皮膚の外に出ている顕在性がある。
　治療は脳外科での脊髄膜の修復術や合併する水頭症へのシャント手術、整形外科での足や膝の変形に対しての予防や手術、リハビリテーション、泌尿器科での圧迫排尿（クレデル法）や導尿の指導、小児科や小児外科での排便の調整など、多科にわたるチーム医療が必要となる。障害の状況は、障害の部位や合併症の有無により個人差が大きい[3]。
　日常の療育では、運動機能に対するリハビリテーションを行うと共に、感覚障害のために痛みや熱を感じることができないため、火傷・凍傷・外傷に気をつける必要がある。また、膀胱直腸障害を伴う場合は、尿路感染症の予防と共に、排尿訓練・自己導尿のトレーニングや、下剤や浣腸などで、排便のコントロールを行う必要がある[3-5]。

日本二分脊椎症協会という当事者団体があり、さまざまな相談や活動を行っている[1]。

1.3 神経筋疾患

神経筋疾患には、筋肉の疾患である進行性筋ジストロフィーや脊髄神経の疾患である脊髄性筋萎縮症などがある。

①進行性筋ジストロフィー

進行性筋ジストロフィーは、進行性の経過をたどる骨格筋の変性疾患（手足を動かす筋肉が徐々に壊れ、動かせなくなる疾患）で、さまざまな種類がある[6-8]。

最も頻度の高い、デュシャンヌ（Duchenne）型筋ジストロフィーは、X染色体劣性遺伝で男児にのみ発症する。筋肉の細胞膜に存在するジストロフィンという物質が欠損していることがわかり、現在、遺伝子治療により症状を軽くする研究が進んできている。多くは3歳から6歳で発症し、歩行の遅れ、転びやすいといった症状で始まり、足を大きく広げ、手で支えながら立ち上がる「登はん性起立」が特徴的である。知的障害の合併はさまざまで平均IQは80〜85である。通常10年以内に歩行が困難となり、進行と共に心筋障害が現れ、20歳代で心不全・呼吸器感染症などで死亡することが多い。

福山型先天性筋ジストロフィーは、わが国ではデュシャンヌ型ジストロフィーについで頻度の高い進行性筋ジストロフィーで、常染色体劣性遺伝と言われており、男女共に発症する。原因はフクチン遺伝子の機能不全とされており、精神遅滞、脳形成不全が特徴的である。多くは乳児期早期より、筋力低下・筋緊張の低下が見られ、運動発達の遅れが（頚定平均8か月）顕著となる。特有の顔貌（顔面筋罹患による変化の少ない表情、ふっくらした頬、ポカンと開かれた口）があり、ふくらはぎの仮性肥大や関節の拘縮が認められ、てんかんの合併も少なくない。脳形成不全は、大脳皮質の形成異常や、白質の髄鞘化異常、小脳皮質の形成異常などが見られ、眼振・近視・遠視・視神経萎縮などの眼症状も伴う。発達は、座位を獲得することはあるものの、多くは歩行を獲得することはなく、時に二語文程度を話すこともあるが重度の精神遅滞を認める。デュシャンヌ型ジストロフィーと同様、15歳を過ぎるころから常時臥位となり、摂食障害の進行によって経管栄養が必要となり、呼吸障害を呈してくる。

生活面では両者共に、残存機能の保持、関節拘縮の予防のためのハビリテーションが必要となる。歩行可能な時期は、抗重力運動を中心に行い、歩行が不能になった段階でも、補装具などを使用して歩行期間を延ばすこと、車いすになった後は側弯の予防、臥床生活に入ったら体位交換による褥創予防、肺炎予防が重要となる。また、歩行障害が顕著になれば運動量の低下による肥満や逆に摂食筋の障害による誤嚥や食事量の減少などに気をつける。幼児期における支援では、日々の生活のQOLを高めると共に、当事者の会への参加など、将来を見通した支援が必要である。

②脊髄性筋萎縮症

　脊髄性筋委縮症（spinal muscular atrophy: SMA）[9-11]は、脊髄の前角細胞（運動をつかさどる神経）や脳神経運動核の変性によって、筋肉の萎縮や呼吸筋麻痺などを起こす進行性の疾患である。脳などの中枢神経の障害はないため、知的発達は良好であることが多い。臨床経過から3型に分類されており、乳児期より著明な筋緊張の低下を示す重症型のウエルドニッヒ・ホフマン（Werdnig-Hoffmann）病、中間型、そして、発症年齢が遅く進行も緩徐なクーゲルベルク・ベランダー（Kugelberg-Welander）病がある。ウエルドニッヒ・ホフマン病は、乳児期に筋緊張低下・呼吸困難・哺乳困難などで発症し、自発的な運動は困難であるが、知的発達は良好である。多くは呼吸不全や呼吸器感染症のために2歳以内に死亡すると言われていたが、人工呼吸器を装着することで延命することも多い。現在では、人工呼吸器を装着しながら保育園などの集団生活を送る子どももおり、適切な呼吸管理により成人期を迎え、仕事をしながら家庭生活を営んでいる人の報告もある[12]。クーゲルベルク・ベランダー病は、1歳半過ぎに立位歩行を獲得し、次第に転びやすい、歩けない、立てないという症状が出現する。ウエルドニッヒ・ホフマン病より軽度で進行も緩徐である。

　いずれも常染色体劣性の遺伝性疾患であり、臨床症状・筋生検により診断されているが、現在は、SMA遺伝子の欠失が原因とわかり（欠失のない場合もある）、主に遺伝子での診断が主となっている。SMA家族の会があり、情報提供・当事者の会などさまざまな活動をしている[13]。

参考文献

1) 厚生労働省：班研究ウェブサイト，二分脊椎，http://www.nibunsekitsui.jp/index.html，平成21年11月28日アクセス．
2) 難病情報センター：正常圧水頭症，http://www.nanbyou.or.jp/sikkan/056_i.htm，平成21年11月28日アクセス．
3) 胎児期水頭症ガイドライン編集委員会・編：胎児期水頭症　診断と治療ガイドライン．金芳堂，2005, pp101-114.
4) 石堂哲郎・編著：二分脊椎のライフサポート　育つ力（本人）と育む力（家族、教育、福祉、看護、医療）をつなげて．文光堂，2001.
5) 大塚親也・編：イラストによるお母さんへの病気の説明と小児の診療（イラスト編・解説編）．南山堂，2002.
6) 川原仁志・編著：筋ジストロフィー症ってなあに？．診断と治療社，2001.
7) 発達障害疾患の遺伝子診断マニュアル・先天性福山型筋ジストロフィー．http://www.ncnp.go.jp/nin/guide/r2/genedigmanu_html/FCMD.html
8) 佐々木征行：小児神経科ケースカンファレンス100．診断と治療社，2004, p26-29.
9) 大塚親也・編：イラストによるお母さんへの病気の説明と小児の診療（解説編）．南山堂，2002, pp331-333.
10) 小児の神経・筋疾患，http://xakimich.hp.infoseek.co.jp/pediatrics/node15.html，平成21

11) 佐々木征行：小児神経科ケースカンファレンス100．診断と治療社，2004，pp10-12.
12) 小児科臨床　第64巻　増刊号：小児の症候群．診断と治療社，2001，p136.
13) SMA（脊髄性筋萎縮症）家族の会，http://www.sma.gr.jp/，平成21年12月08日アクセス．

（山根希代子）

2　精神遅滞[1-3)]

2.1　診断基準

　精神遅滞にはいくつかの診断基準があるが、アメリカ精神医学会による診断基準を表1に示す。

　一方、AAMR（アメリカ精神遅滞学会）は1992年に、「『精神遅滞』は個人の絶対的特性ではなく、知的制約を持つ人びととその環境とのあいだの相互作用により表現されるものであって、支援や環境調整が重要である」と診断基準に関してコメントしている。つまり、「18歳未満で、認知能力（知的機能）と環境への適応機能に共に制限があり、支援を必要としている状態」ととらえることができる。

　「精神遅滞」とされる知的機能のレベルは、知能テストや発達テストで評価もしくは推定したIQ（知能指数）、DQ（発達指数）の値によって表現される。知能テストや発達テストは、子どもの状況を把握したり、課題を整理したり、新しい課題への取り組みの姿勢を評価するうえで重要である。しかし、同じ数値でも環境や教育によって子どもの状態は大きく異なるため、数字だけで子どもを評価してしまわないよう注意しなければならない。

　また、適応機能に関しては、たとえば保育園など集団の場でみんなと一緒に座っていることが難しい、ことばでのコミュニケーションが困難など、日常生活全般の状況から総合的に判断する。

表1　精神遅滞（高橋三郎，大野裕，染谷俊幸：DSM-Ⅳ-TR　精神疾患の診断統計マニュアル．医学書院，2004，p63．より）

A．明らかに平均以下の知的機能：個別施行による知能検査で、およそ70またはそれ以下のIQ（幼児においては、明らかに平均以下の知的機能であるという臨床的判断による）
B．同時に、現在の適応機能（すなわち、その文化圏でその年齢に対して期待される基準に適合する有能さ）の欠陥または不全が、以下のうち2つ以上の領域で存在：コミュニケーション、自己管理、家庭生活、社会的/対人的技能、地域社会資源の利用、自律性、発揮される学習能力、仕事、余暇、健康、安全
C．発症は18歳以前である

診断は今後の支援においてとても重要だが、診断名にとらわれることなく、まず、子どもの発達の状況や課題を客観的に把握し、理解したうえで、支援していくことが重要である。

2.2　染色体異常（特にダウン症）[4-7]

　ヒトには、22対44本および性染色体2本（女性はXX　男性はXY）計46本の染色体があり、染色体には数多くの遺伝情報がのっている。

　染色体異常には、染色体が過剰な場合や染色体が一部欠失している場合などがあり、その異常の部位により、特徴的な症状が現れる。ウィリアムス（Williams）症候群やプラダー・ウィリー（Prader-Willi）症候群などのように、以前は奇形症候群として扱われていたが、染色体の異常や遺伝子の異常が原因であることがわかったものもある。

　よく知られているダウン（Down）症は、21番目の染色体が過剰（21トリソミー）になったことから起きる染色体異常である。

　最初に報告したイギリス人のジョン・ラングドン・ダウン（John Langdon H.）氏の名前から、ダウン症候群と名づけられている。染色体の突然変異によるものが多く、高齢出産でダウン症の出生率が高くなる。以前は、トリプルマーカー検査（妊娠時にダウン症が生まれる確率を血液で行うスクリーニング検査）が説明と同意の成立しないままで行われたり、その後の羊水検査・出産の決定のプロセスなどにも課題があったりして社会問題となっていた。現在では、徐々に遺伝相談の体制が整い、ダウン症の出生前診断を受けた後に出産するケースに遭遇することもある。

　臨床症状は、特徴的な顔貌・体型や精神遅滞・運動発達遅滞に加えて、先天性心疾患、腸管系の奇形（食道・十二指腸閉鎖、肛門閉鎖、ヒルシュスプルング［Hirschsprung］氏病）、斜視・白内障、難聴、頚椎不安定症、てんかんなどの合併症がある。その他に、易感染性、甲状腺機能低下症、白血病などの健康状態に大きく影響を及ぼすものもあり、全身状態の変化に注意が必要である。

　診断は、出生後に特徴的な顔貌で気づかれ、その後に染色体検査（結果まで2～3週間）で行われる。先天性心疾患や十二指腸閉鎖、食道閉鎖などの消化管奇形の合併がある場合には出生直後に診断されることも多い。子どもの合併症の治療と共に、保護者の心理的支援も重要となる。

　眼科的合併症では、斜視、白内障、屈折異常（乱視、遠視など）などの頻度が高く、斜視の場合には患側に弱視が生じるのを予防するために、術前に健側眼をアイパッチで遮蔽するなどの日常でのケアを必要とする場合もある。耳鼻科的合併症では、難聴・滲出性中耳炎などが多く見られる。難聴は、先天性の神経性難聴より中耳炎による後天性の伝音性難聴の方が多いので、感冒などの時には中耳炎の合併に注意する。難聴は精神遅滞のための言語理解の遅れと間違えることもあるため定期検診が望ましい。また、外耳道が細いた

めに耳垢がたまりやすいので定期的なケアが必要となる。

　頚椎不安定症（第1・2頚椎が不安定なため脱臼を起こしやすく、脱臼が起これば頚髄の損傷が生じて上下肢の麻痺が起こる）を起こすことがあり、レントゲン検査をして不安定性が見られる場合は、首に急激な力がかかるマット運動、水泳の飛び込みなどは制限をする。運動中に痺れや麻痺などが起こった場合は頚椎脱臼を想定し、早期の対応を必要とする。

　他の染色体異常などの疾患と同様に、広汎性発達障害の合併の報告も多く、支援において配慮を要する。

　生命予後は、以前は先天性心疾患や消化管の異常、乳児期の肺炎のため、短命と言われていたが、医学・医療の進歩と共に平均寿命が50歳前後となり、健康管理や環境の配慮など成人期の生活を視野に入れた支援が重要となる。

2.3　先天奇形症候群[8-10]

　奇形には、日常生活に支障をきたさない「小奇形」と、髄膜瘤や口蓋裂など生命や生活に重大な障害となり治療を必要とする「大奇形」とがある。

　先天性奇形症候群とは、複数の患者に生まれつきいくつかの共通した奇形が認められるものを言う。奇形症候群は医師が奇形の所見をとり、その組み合わせのパターンを認識することで診断される。原因不明のものが多いが、近年の遺伝医学の急速な進歩により、染色体異常や遺伝子異常など明確に診断がつくものが徐々に増えてきている。

　治療することができなくても、診断がつくことにより、その疾患の特徴や症状、合併症、予後についての情報を得ることができ、その情報により、日常生活で配慮すべきことを予測することができる。たとえば、軟骨無形成症は、四肢短縮型小人症と低い鼻梁が特徴とされているが、生活においては、階段など段差やロッカーの高さへの配慮、トイレの工夫など環境の配慮により活動が容易となる。ソトス（Sotos）症候群は、出生前からの過成長、特異な顔貌、大きな手足、精神遅滞の特徴があるとされているが、協調運動障害へのハビリテーションや、広汎性発達障害を念頭に入れた療育など、早期から予後の予測をしながら、子どもの状況に応じた療育プランを立てることができる。

　現在、ITの進歩と共に、インターネットを通じて稀少疾患に関する情報発信がなされ、親の会なども活発に活動されている。たとえば、ミラ・ディカ（Miller Diekar）症候群は滑脳症、特徴的な顔貌、17番目の染色体異常などが特徴であり、その発生頻度は稀であるが、インターネットを通じて保護者の会が発足し、その後に専門家と共に幅広く活動している。また、インターネットを通じて、疾患に関する相談・情報提供などもされており、保護者支援に直結すると共に、療育においても参考になることが多い。

図2 知能の発達曲線と発達段階

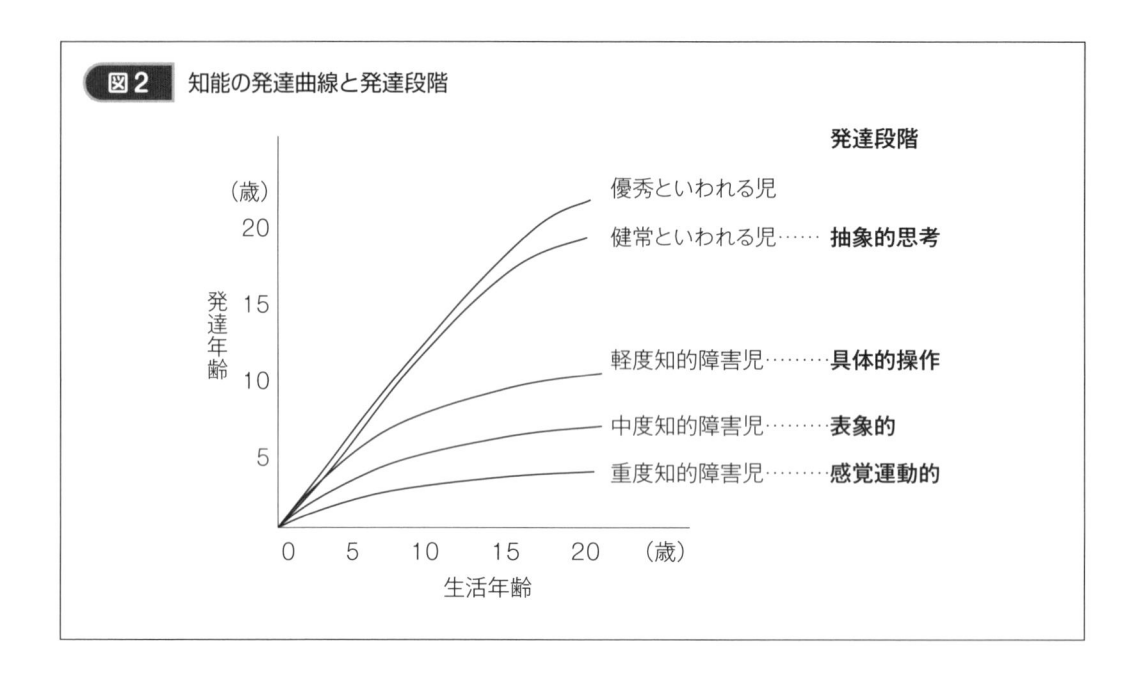

```
発達段階
優秀といわれる児
健常といわれる児……抽象的思考
軽度知的障害児………具体的操作
中度知的障害児………表象的
重度知的障害児………感覚運動的
```

（縦軸：発達年齢（歳）0〜20、横軸：生活年齢（歳）0〜20）

2.4 発達予後

まず、知的機能の発達に関しては、図2に示すような発達をたどると言われている。精神遅滞がある場合、年齢と共に「健常」と言われる子どもたちとの発達の開きは大きくなる。幼児期は発達途上にあり、また、判断自体が難しいため、その時点だけの診察や検査で把握しにくい面があるので、適切な支援をしながら経過を見ることが必要である。

2.5 支援のポイント

支援するうえで最も重要なことは、現在の発達状況に合わせた対応である。ことばの理解が困難な子どもには、具体物を見せてわかるように伝えたり、好きな遊びの段階に合わせて、追いかけっこや、くすぐり遊びでコミュニケーションを図ったりするなどである。

知的機能の発達が個人の固定的な特性である一方で、適応機能に関しては、子どもへの教育や支援・周りの環境調整で大きく変化する。したがって、子どもの活動やさまざまな場面への参加の際には適切な支援が求められる。つまり、意思伝達、自己管理、家庭生活、社会的／対人的技能、地域社会資源の利用、自律性、発揮される学習能力、仕事、余暇、健康、安全に関する支援である。

「自己管理」と「安全」を例に説明する。

「自己管理」について、たとえばトイレットトレーニングなどで、まず、オムツが濡れていない快適な状況を感覚として確認させることから始め、排尿の時間が予測されれば、おまるに座らせるなど、その時点で子どものできそうなことに時間をかけて丁寧に取り組んでいくことが大切になる。「安全」については、ことばの理解が難しい時期であれば、安全

を確保するために、危ない状況を極力少なくすることが重要になる。その後、「ダメ」で一瞬止まることができるようになったら、危険なことを少しずつ教えていく。

参考文献

1) Families of Spinal Muscular Atrophy, http://www.fsma.org/ : Mentoring Program for Teens and Adults. 平成22年1月4日アクセス.
2) 有馬正高・監修, 熊谷公明, 栗田 広・編著：発達障害の基礎. 日本文化科学社, 1999.
3) 有馬正高・監修, 熊谷公明, 栗田 広・編著：発達障害の臨床. 日本文化科学社, 1999.
4) 細川 徹・編：発達障害の子どもたち 生き生きとしたその世界. 中央法規, 2003.
5) 藤田弘子・編：ダウン症児の育児学. 同朋舎, 1989.
6) 日本ダウン症協会・編著：ようこそダウン症の赤ちゃん. 三省堂, 1999.
7) 日本ダウン症協会：ダウン症miniブック「ダウン症の理解と小児期の健康管理」. 日本ダウン症協会, 2005.
8) 梶井 正, 黒木良和, 新川詔夫, 他：新先天奇形症候群アトラス. 南江堂, 1998.
9) 稀少難病者の会 あせび会, http://www.asebikai.com/, 平成21年12月4日アクセス.
10) 滑脳症親の会 Lissangcl, http://www5e.biglobe.ne.jp/~kasha1/, 平成21年12月4日アクセス.

（山根希代子）

3 発達障害（広汎性発達障害・自閉症、AD/HD、LD）

「発達障害」は従来、脳性麻痺や精神遅滞、聴覚障害・視覚障害などの感覚障害も含む広い概念として用いられていた。しかし、平成17年4月1日に施行された発達障害者支援法で、「自閉症、アスペルガー症候群その他の広汎性発達障害、学習障害、注意欠陥多動性障害その他これに類する脳機能の障害であってその症状が通常低年齢において発現するもの」と定義されて以後、わが国における「発達障害」の概念に変化が生じている。また、高機能自閉症、注意欠陥多動性障害、学習障害などを「軽度発達障害」と呼ぶが、この「軽度」とは「精神遅滞を伴わないか軽度（IQ＞70）」という意味で、決して「障害が軽い」という意味ではなく、誤解を生じるため現在ではあまり用いられない。

図3に、厚生労働省のホームページ、厚生労働省政策レポート「発達障害の理解のために」[1]に掲載されている軽度発達障害の概念図を示す。

また図にはないが、発達性協調運動障害（不器用）とは、知能などから期待される運動の協調が下手であり、学業成績や日常の活動を著明に妨害しているものとされている。

これらの障害は互いに重なり合っており、子どもがおかれている環境（家庭か学校か診察室かなど）や年齢などによって異なった姿が見られるため、診断が一定しないこともある。いくつかの障害が重なっている場合には、診断は子どもの社会生活において最も支援する必要のある障害あるいは症状はなにかという観点に立ってなされることが多い。

図3 発達障害の特性（厚生労働省：政策レポート「発達障害の理解のために」より）

- ●言葉の発達の遅れ
- ●コミュニケーションの障害
- ●対人関係・社会性の障害
- ●パターン化した行動、こだわり

知的な遅れを伴うこともあります

自閉症
広汎性発達障害
アスペルガー症候群

それぞれの障害の特性

注意欠陥多動性障害（AD/HD）
- ●不注意
- ●多動・多弁
- ●衝動的に行動する

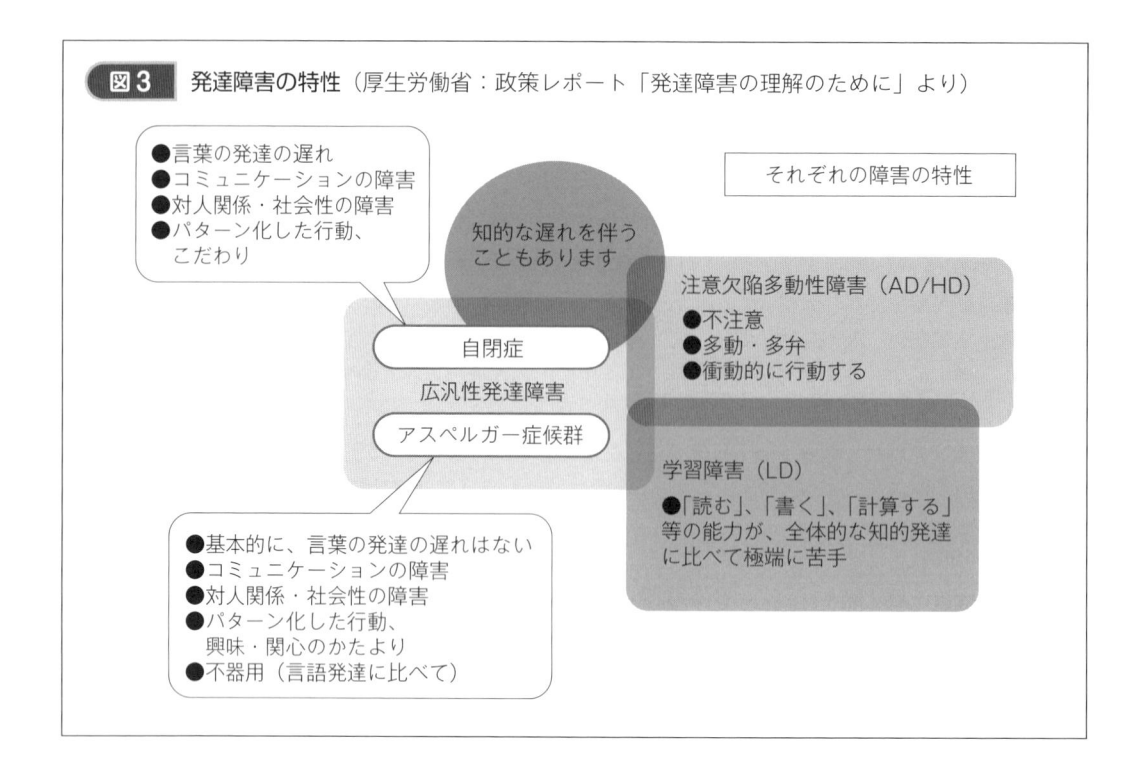

学習障害（LD）
- ●「読む」、「書く」、「計算する」等の能力が、全体的な知的発達に比べて極端に苦手

- ●基本的に、言葉の発達の遅れはない
- ●コミュニケーションの障害
- ●対人関係・社会性の障害
- ●パターン化した行動、興味・関心のかたより
- ●不器用（言語発達に比べて）

3.1 広汎性発達障害・自閉症[2-10]

　広汎性発達障害・自閉症については、いくつかの診断基準がある。どの診断基準においても、①相互的な対人関係技能の制限、②コミュニケーション能力の制限、③常同的な行動・興味・活動の存在（想像力の質的な障害）の「三つ組み」と言われる所見が、その子どもの発達水準や精神年齢に比べて明らかに偏っている状況を言う。加えて、さまざまな感覚障害や不器用といった所見が見られることも多い。広汎性発達障害の中には、自閉症、アスペルガー症候群、レット症候群（発達の退行や特徴的な手の動きなどがある）、小児期崩壊性障害（少なくとも2歳までは正常に発達していたにもかかわらず突然不機嫌な時期が数週間から数か月あった後、すでに身につけた言語能力や運動能力、社会的能力を失うなど明らかな退行現象を見せ、知能レベルも低下する原因不明の障害）、特定不能の広汎性発達障害が含まれている。

　高機能自閉症とは、自閉症のうち知的障害を伴わないもの（IQ>70）。

　アスペルガー症候群とは、自閉症のうち知的障害を伴わず言語発達も良好なもの。

　これらの自閉性障害の子どもへの支援のポイントは、「見てわかる生活作り」「次の行動の見通し」である。次の活動を、具体物・写真・絵など、子どもが理解できる手がかりを使うことで理解しやすくなり行動できる。また予測の困難さに対しては、日常的な習慣を目で見て理解しやすいようにまとめあげて（構造化、体系化）、予測をしやすくすることが大切となる。時に、特定の音を嫌がる、触られるのを嫌がるなどの感覚の過敏さを持つ子

どもには、環境の工夫や接し方の配慮が必要な場合もある。また、不安などから生じる行動の問題に対しては、薬物療法も効果が期待できる。当事者の書いた書籍も数多く出ており、当事者の認知や理解の仕方などの違いを理解するのに参考となる。

3.2 注意欠陥／多動性障害
（Attention-Deficit/Hyperactivity Disorder：AD/HD）[11-13]

　AD/HDの診断のポイントは、「注意集中の困難」「多動性」「衝動性」「興奮しやすさ」があげられる。これらの症状が、6か月以上持続し、日常生活に支障をきたし、かつ、発達段階に不相応なこと、7歳以前に出現し、学校と家庭など2箇所以上の場所で見られ、社会的・学業上、職業上、臨床的に明らかに支障があり、広汎性発達障害・統合失調症その他の精神疾患によるものではない、といった所見で診断されている。これらの症状は、小学校4年生ころになると脳の成長と共に多動性や注意集中の困難は徐々に改善することがある。また、広汎性発達障害（≒自閉症スペクトラム）にAD/HDが合併している子どももいる。

　AD/HDの子どもは、つい衝動的に動いてしまうために失敗の経験が多くなり、両親は「叱りたいわけではないのに叱らざるを得ない」「しつけの悪い子と周りに言われる」「子ども同士のトラブル」などからストレスを抱えやすく、つらい思いをする場合も多い。一方、子どもの方も「叱られてばかりで自分はダメな人間だ」と自分自身を否定したり、自分をコントロールすることができない自分をいやになったり、ちょっとしたことで爆発的な行動に出てしまい、ますます周りから認められないという、悪循環に陥ってしまいがちである。したがって、AD/HDの子どもの特性を理解し、自己肯定感を高める具体的な活動と生活作り・適切なスキルの学習・長所のフィードバックなどの適切な対応が望まれる。

　また、日常生活での対応と共に、薬物治療も重要な選択肢の一つである。最近では、コンサータ（Concerta®）やストラテラ（Strattera®）などの治療薬も開発されており、本人の生活の安定や自信につながるとの報告も多いので医療機関への受診が望ましい。

3.3 学習障害（Learning Disorder：LD）[9, 14]

　学習障害とは、能力読字障害、算数障害、書字表出障害（「読む」「書く」「計算する」が、年齢や知的能力、教育の程度から期待されるものより十分に低い）を指し、文部科学省の定義ではこれに加えて、「聞く」「話す」「推論する」能力の障害を含めている。

　その原因としては、中枢神経系になんらかの機能障害があると推定され、視覚障害、聴覚障害、知的障害、情緒障害などの障害や、環境的な要因が直接の原因となるものではない。

　学校での支援として、集中時間が短い子どもへは休憩のとり方の工夫をする、板書・視写時は線や枠を入れてわかりやすくする、子どもに合わせた目標設定をするなど、学習面

での支援と共に、手伝い・当番活動など達成感を味わう機会を作り、自信をつけさせることが大切となる。また、できないことをできるようにするためにいつまでも努力させるより、計算機やワープロの利用などによって障害部分を補ったり、筆記試験を口頭試験に切り替えるなどの配慮も必要である。

参考文献

1) 厚生労働省：政策レポート「発達障害の理解のために」，http://www.mhlw.go.jp/seisaku/17.html，平成21年12月17日アクセス．
2) 内山登紀夫・監修，諏訪利明，安部陽子・編：ふしぎだね！？自閉症のお友達．ミネルヴァ書房，2006．
3) ジェニファー・L・サブナー，ブレンダ・スミス・マイルズ（門眞一郎・訳）：家庭と地域でできる自閉症とアスペルガー症候群の子どもへの視覚的支援．明石書店，2006．
4) ローナ・ウイング監修，吉田友子：あなたがあなたであるために 自分らしく生きるためのアスペルガー症候群ガイド．中央法規，2005．
5) 服巻 繁・監修，藤田理恵子，和田恵子・編著：自閉症の子供たちの生活を支える すぐに役立つ絵カード作成用データ集．筒井書房，2008．
6) 佐藤 暁，小西淳子：発達障害のある子の保育の手だて 保育園・幼稚園・家庭の実践から．岩崎学術出版社，2007．
7) キャロルグレイ（服巻智子・訳）：ソーシャルストーリーブック 書き方と文例．かもがわ出版，2005．
8) キャロルグレイ（門眞一郎・訳）：コミック会話．明石書店，2005．
9) 榊原洋一：アスペルガー症候群と学習障害（ここまでわかった子どもの心と脳）．講談社，2002．
10) ニキ・リンコ，藤家寛子：自閉っ子、こういう風にできてます！．花風社，2004．
11) 榊原洋一：「多動性障害」児 「落ち着きのない子」は病気か？．講談社，2000．
12) 石崎朝世・編著：落ち着きのない子どもたち 多動症候群への理解と対応．すずき出版，1995．
13) 岩坂英巳，中田洋二郎，井澗知美・編著：AD/HD児へのペアレント・トレーニングガイドブック 家庭と医療機関・学校をつなぐ架け橋．じほう，2004．
14) 杉山登志郎・原 仁・編著：特別支援教育のための精神・神経医学．学習研究社，2003．

（山根希代子）

4 視覚障害

4.1 はじめに

小児の高度視力障害の原因として頻度が高いものに、先天異常、未熟児網膜症、白内障、視神経萎縮、小眼球、緑内障、網膜芽細胞腫、胎内感染症などがある。

視力の発達は、ほぼ8歳頃まで続くとされ、この時期に適切な視覚刺激を与えることが必要とされている。先天異常は、疾患自体の治療は不可能な場合が多いが、屈折異常の矯正により多少なりとも視力の改善が見られる場合がある。重複する障害があれば、視力の

図4 眼球の解剖図（目の仕組み）

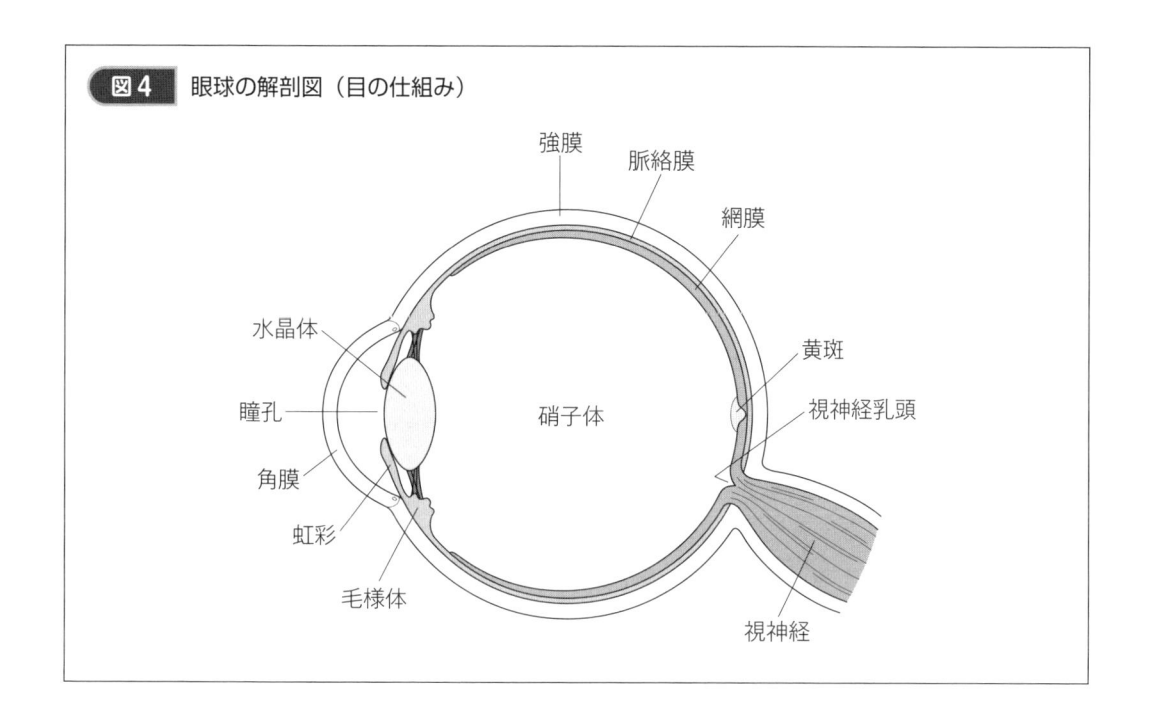

判定は困難だが、ゆっくりと視機能の発達が見られることもあり、あきらめずに視覚刺激を与えることが重要である。また、出生時には見られなくとも、経過中に緑内障や白内障、網膜剥離などを合併する疾患もあり、これらでは治療に緊急性を要し、治療時期を逃すと予後不良となるため、定期的な眼科受診が必要である。緑内障や網膜色素変性症は、経年的に視機能の障害が重篤化し、わずかな視力すら消失する可能性があり、視機能の変化に対応する必要がある。

4.2 視覚障害

視覚障害とは、視力障害、視野障害などを含めた視機能障害の総称である。

視力障害とは、近視や遠視、乱視などの屈折異常を眼鏡やコンタクトレンズで適切に矯正しても良好な視力が得られないもので、矯正視力が0.3以下になると、黒板や教科書の文字を見るのに支障をきたし、教育上の配慮を要する。0.1の視標が50cmの距離まで近づいても見えない場合は、検者の指を見せてその数を言わせる。20cmで指の数を言うことができれば「20cm指数弁」と表現する。指数の判別ができない時は、眼前で検者の手を動かし、その動きがわかれば「手動弁」と表現する。手動もわからない時は、暗室で瞳孔内に光を入れ明暗が判別できるかどうか調べ、明暗が判別できれば「光覚弁（＋）」となる。明暗の判別ができないのが「光覚弁（－）」である。

視野とは、視線を固定した状態で見える範囲を指し、正常では外方100°、内方60°、上方60°、下方70°である。網膜の部位によって感度は異なり、中心窩で最も感度が高い。全体的に視野が狭くなる場合を求心性狭窄と言い、視野の中に孤立性に点状の欠損が

ある場合を暗点と言う。視野狭窄をきたす代表的な疾患として、緑内障、網膜色素変性症がある。

網膜の視細胞には杆体（かんたい）と錐体（すいたい）があるが、暗所視は杆体が行い、明所視は錐体が反応している。杆体の障害により暗順応が障害されると、暗い場所でよく見えない夜盲症となる。錐体の障害により明順応が障害されると、暗所から明所へ移動した時にまぶしさを感じ見づらい。

4.3　小児の視覚障害をきたす代表的疾患

①無眼球
　眼球が欠損した状態で、最も重篤な眼奇形である。眼瞼、涙器などは発生起源が異なるため、眼球が存在しなくても独自に発生する。眼窩の成長を促し、将来の形態上の不自然さをできるだけ補正するために義眼を装用する。

②小眼球
　先天的に眼球が小さい状態で、水晶体や網膜硝子体などの発生異常に伴って眼球の発達が障害されて起こるものが多い。コロボーマ（ブドウ膜欠損）、先天性白内障などの多種多様な眼異常を合併することが多い。眼球のサイズ自体が小さい真性小眼球では、脈絡膜剥離を合併することがあり、定期検査が必要である。小眼球の程度が強いと眼窩・顔面骨の発育不全をきたすため、義眼を装着する必要がある。

③強膜化角膜
　角膜が強膜に似た組織となり、血管侵入を伴って白色に混濁しているもので、先天性、非進行性の角膜混濁である。緑内障を合併することがあり、角膜穿孔することもある。

④ピータース（Peters）奇形
　両眼性で角膜中央部に強い混濁（角膜白斑）があり、虹彩・水晶体の異常を伴うもので、高頻度に緑内障を合併する。

⑤無虹彩症
　虹彩の低形成、角膜混濁、白内障、緑内障、黄斑低形成などを合併する疾患で、黄斑低形成のために生来視力不良である。緑内障は一般に出生時には見られず、小児期に発症することが多い。眼振と羞明（しゅうめい＝まぶしがること）が見られ、遮光眼鏡による羞明の緩和が必要である。

⑥白皮症
　眼、皮膚、毛の色素が脱失または低下を示す先天性疾患である。低視力、眼振、虹彩透光性、眼底の低色素、黄斑低形成などが見られ、遮光眼鏡による羞明の緩和が必要である。

⑦コロボーマ
　虹彩や脈絡膜の部分欠損を伴うもので、小眼球、小角膜、白内障、緑内障、網膜剥離などを合併することが多い。

⑧白内障

　水晶体の混濁をきたすもので、特発性（原因不明）、遺伝性、風疹やトキソプラズマなどの先天性感染症に伴うもの、ガラクトース血症やホモシスチン尿症などの先天性代謝異常症、ロウ（Lowe）症候群（白内障の他、精神遅滞、尿細管アシドーシスを合併する伴性劣性遺伝病）、ダウン（Down）症候群、コロボーマ、第一次硝子体過形成遺残などに伴う場合など、病因にはさまざまなものがある。混濁した水晶体を除去する手術によって視力回復可能なこともあるが、術後に無水晶体眼となるため、眼鏡またはコンタクトレンズによる矯正が必要である。成長と共に屈折度数が変化するため眼鏡やコンタクトレンズの度数変更が必要なことと、経過中に緑内障や網膜剥離を生じることがあり、定期的な眼科検査が必要である。

⑨緑内障

　眼圧上昇によって視神経が障害された結果、視野障害が生じる疾患であり、小児期に見られる緑内障は、発達緑内障と続発緑内障に分類されている。早発型発達緑内障（以前の原発先天緑内障）は、多くは1年以内に発症し、眼圧上昇によって角膜径拡大と角膜混濁をきたし、繰り返し手術が行われることがある。続発緑内障は、無虹彩症、スタージ・ウェーバー（Sturge-Weber）症候群（顔面の血管腫、てんかん、精神遅滞などを合併する先天異常）、ピータース奇形などに合併し、手術に抵抗性で難治性の場合が多い。小児では、眼圧上昇があっても眼痛を訴えない場合がある。高い眼圧であれば発見次第速やかに手術で眼圧を下降させる必要があり、術後も眼圧や視神経の変化を定期的に検査する必要がある。

⑩第一次硝子体過形成遺残

　小眼球、白内障、水晶体後方の線維血管組織、浅前房、時に網膜剥離などが見られ、通常片眼性の先天異常である。外傷あるいは自然経過でも硝子体出血、網膜剥離を起こすことがある。小眼球が顕著であれば義眼を装用する。

⑪杆体一色覚（全色盲）

　錐体機能が杆体機能に比べ選択的に障害される先天性かつ停止性の疾患であり、低視力、色弁別能の異常、眼振、羞明などが生来見られる。昼盲が強く、薄明所や暗所での方が見やすい。

⑫網膜色素変性症

　通常は20歳代以後に視覚障害を訴えるが、小児期すでに発症していることもある。初発症状は夜盲で、視野狭窄が徐々に進行し、末期になると中心視力が障害される。紫外線の遮光眼鏡を装用する。

⑬レーベル（Leber）先天盲

　著しい低視力があり、眼振、眼指徴候（指で眼球を圧迫する動作）を示す。網膜色素変性症に似た網膜の萎縮や変性所見が見られ、視神経萎縮を伴うことがある。

⑭ **未熟児網膜症**

　重症例では牽引性網膜剥離により、視力不良となる。外傷あるいは自然経過でも白内障、緑内障、硝子体出血、裂孔形成、網膜剥離の進行を起こすことがある。硝子体手術では同時に水晶体切除が行われることが多く、無水晶体眼に対する眼鏡装用が必要である。手術が行われていない場合でも、瘢痕化に伴い強い近視・乱視になることがあり、眼鏡による矯正が必要となる。

⑮ **家族性滲出性硝子体網膜症**

　網膜血管の成長不全を基盤とした疾患で、牽引性網膜剥離、滲出性変化などが見られ、経過中に網膜剥離の進行や硝子体出血、白内障、緑内障などを起こすことがある。

⑯ **色素失調症**

　網膜血管の増殖により牽引性網膜剥離をきたす疾患で、進行する時期に個体差がある。

⑰ **網膜芽細胞腫**

　乳幼児の網膜から発生する悪性腫瘍で、眼球摘出または眼球保存療法が行われる。眼球摘出後は義眼を装用する。腫瘍の再発や全身転移、二次癌の発生、白内障や緑内障、網膜剥離の併発に対する観察が必要である。

⑱ **視神経乳頭の先天異常（視神経無形成・低形成、朝顔症候群：視神経乳頭が朝顔のような変形をきたす先天異常、乳頭周囲ぶどう腫、コロボーマなど）**

　視神経無形成では光覚がないが、その他の先天異常では視力はさまざまである。朝顔症候群や乳頭周囲ぶどう腫、コロボーマでは、しばしば網膜剥離が合併するので、定期検査が必要である。

⑲ **視神経萎縮**

　水頭症や髄膜炎・脳腫瘍などによる圧迫、視神経炎、脳炎、外傷などさまざまな原因によって視神経が障害されることによる病態である。

⑳ **大脳皮質性視覚障害**

　視路に異常がないものの、伝達する脳内の異常により視反応不良のものを言う。精神発達遅滞を伴う場合、視反応の発達も遅れる場合がある。

4.4　対応

　外傷などにより網膜剥離を生じる疾患では、眼球打撲に注意する。明所視でかえって見づらい疾患（全色盲など）では採光に配慮する。拡大鏡、単眼鏡などの補助具を活用し、補助具が活用できずに接近視を好む場合はこれを奨励する。筆記用具などにも配慮が必要である。

参考文献

1) 丸尾敏夫・他編：小児視力障害の診療．眼科診療プラクティス 27．文光堂，1997．

2) 樋田哲夫・編：小児眼科診療. 眼科診療プラクティス20. 文光堂, 2008.

（大森美依奈）

5 聴覚障害

5.1 はじめに

　人は、他の動物に比べ大脳半球が高度に発達することで、摂食・呼吸器官（口・鼻・のど・肺）を活用して「ことば（音声言語）」を話し、聴覚により他者の話す「ことば」を聴き取ることで音声言語による活発で優れたコミュニケーションが可能となった。このコミュニケーション能力をもとに、多くの人が目的をもって共同して働くことが可能となり、人は地球上に高度の文明を築き上げることになった[1,2]。

5.2 音の性質と聴覚機能

　音は空気などの弾性を持った物質の中を伝わる波である。波の振動の振幅の大きさ（エネルギー）が音の大きさであり、音源が1秒当たりに振動する数が周波数（正弦波、単位：Hzヘルツ）である。周波数が大きいほど高い音となり、周波数が小さいほど低い音となる。正常な人が聴こえる音の周波数の範囲は15～20,000Hzと言われるが、10,000Hz以上の高音（超音波）は人には聴こえにくい。

　音の感覚を生じさせる最小の音の大きさは聴覚閾値と呼ばれ、周波数によって聴覚閾値に差がある。聴力検査では、正常者の周波数ごとの聴覚閾値の平均値を聴力検査の0dB HL（デシベル聴力レベル、以下HLを略す）としている。音が大きく痛みや耐え難い不快感を生じる音圧を最大可聴閾値（120～130dB）と呼び、聴覚閾値と最大可聴閾値の間の音圧（可聴範囲）の中で人は音や音声を聴いて日常生活を送っている。

　人に2つの耳がある理由は、両耳で聴いた方が片耳より少しだけ聴き取りやすい（3dB程度、両耳加算）ことと、左右の耳に入る音の強さや時間のずれを手がかりに音が発生している場所を見つけることができるため（音源定位）である。また人は騒音の中でも特定の人の話だけを聴き取ることができ、カクテルパーティ効果と呼ばれている。この効果は両耳聴の効果であると共に、特定の音源のみに選択的に聴覚的注意を向ける高次の精神機能の効果でもある[3,4]。

5.3 聴覚器官の構造

①外耳と中耳の構造

　音は側頭部の外に出ている耳介で集音され、側頭部に開いた穴である外耳道に入る（図5）。管状の外耳道は成人で長さ3cm、直径1cm程度であり、軟骨部（皮脂腺・耳垢腺：

図5 聴覚器官の構造

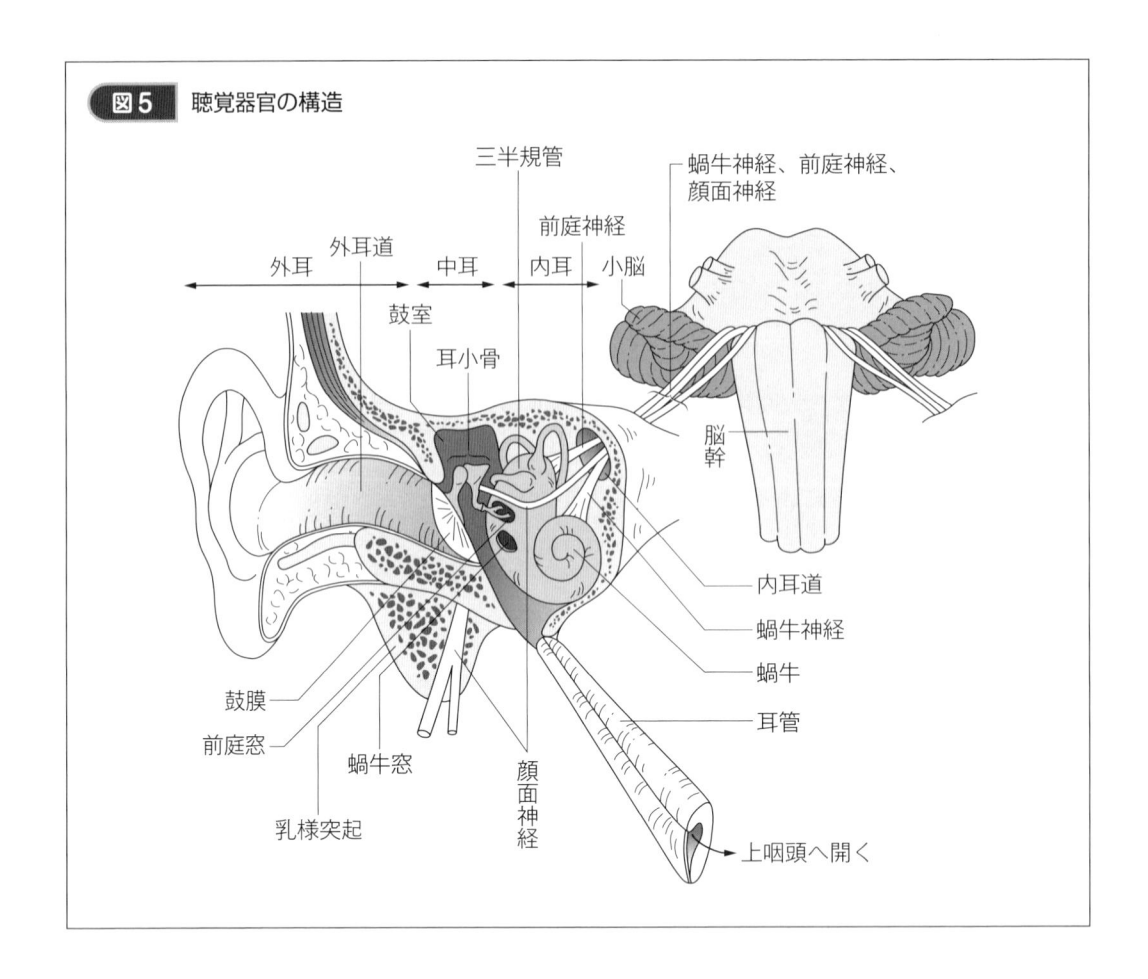

耳垢のもと）と骨部に分けられる。外耳道の奥にやや楕円形で銀色の鼓膜がある。鼓膜の厚さは0.1mmで薄いが、容易には破けない強い膜である。鼓膜の内側は側頭骨の中の空洞で中耳腔と呼ばれ、特に中耳腔で鼓膜に面している部分を鼓室と呼ぶ。鼓室にはツチ骨・キヌタ骨・アブミ骨と呼ばれる連動する3つの耳小骨がある。音による空気の振動は鼓膜を振動させ、鼓膜に接しているツチ骨に鼓膜の振動が伝わり、続いてキヌタ骨が振動し、次に内耳の蝸牛（かぎゅう）の前庭窓に接するアブミ骨が鼓膜の振動を蝸牛に伝える。音が耳小骨に伝わることで音は空気振動から機械的振動に変わると共に、てこの作用などで音のエネルギーが増幅されて蝸牛に伝えられる。耳介および外耳道は外耳、鼓膜を含む中耳腔は中耳と呼ばれる。外耳と中耳は音を蝸牛に伝えることから伝音器と言われる。なお、鼓室には上咽頭（いんとう）（のど）と鼓室をつなぐ成人で3cm程度の管である耳管があり、安静時には閉じているが、嚥下時（飲み込む時）には開く。外耳道と鼓室の気圧が同一でないと鼓膜は振動しないため、鼓室と上咽頭をつなぐ耳管が鼓室内外の気圧の調整を行っている。飛行機が上昇中に耳の聴こえが一時的に悪くなるのは、飛行機内の気圧が一時的に下がり、外耳道と鼓室とに気圧差が生じて鼓膜の動きが悪くなるためである。このような時、「あくびをする・ツバを飲み込む」と耳管が開くため、外耳道と鼓室との気圧差がなくなり聴こ

えが良くなる。

②内耳の構造

　側頭骨の中に埋もれている複雑な形の空間（骨迷路）が内耳で、蝸牛・前庭・三半規管の3部分に分けられる。かたつむり（蝸牛）の殻の形に似ている蝸牛は、音を感受する器官であり、中耳腔に開いている前庭窓と蝸牛窓とがある。

　前庭は重力と直線加速度を感受する器官である。前庭を構成する球形嚢（のう）・卵形嚢の中にある耳石（炭酸カルシウムの結晶）が動くことで、前後・左右・上下の感覚を生じる。エレベーターの中で人が上に昇っているのか、下っているのかは前庭の機能により知覚できる。三半規管（前・後・外側半規管）は回転加速度を感受する器官で、リンパ液が動くことで回転運動の感覚が生じる。ただし、運動が停止しても惰性でリンパ液が動くため、「目が回る」現象が生じる。蝸牛・球形嚢・卵形嚢・半規管は内リンパ液が入った膜迷路でつながっている。

③蝸牛の内部構造

　蝸牛の内部は外リンパ液の入った管で、鼓室階と前庭階とに分かれている（図6）。鼓室階と前庭階の間に、基底板とライスネル膜と血管条で囲まれた内リンパ液で満たされた蝸牛管（中央階）があり、基底板の上に「らせん器」が乗っている。らせん器には3列の外有毛細胞と1列の内有毛細胞が蓋膜に接して整然と並んでおり、有毛細胞には聴神経線維が分布している。中耳からの音刺激は前庭窓膜を振動させ、これが内耳のリンパ液に波動を生じさせ、この波動が終着点である蝸牛窓膜を振動させる。蝸牛の内部ではこの波動がらせん器を振動させ、有毛細胞の「聴毛」を動かす。これにより有毛細胞は「興奮」し、

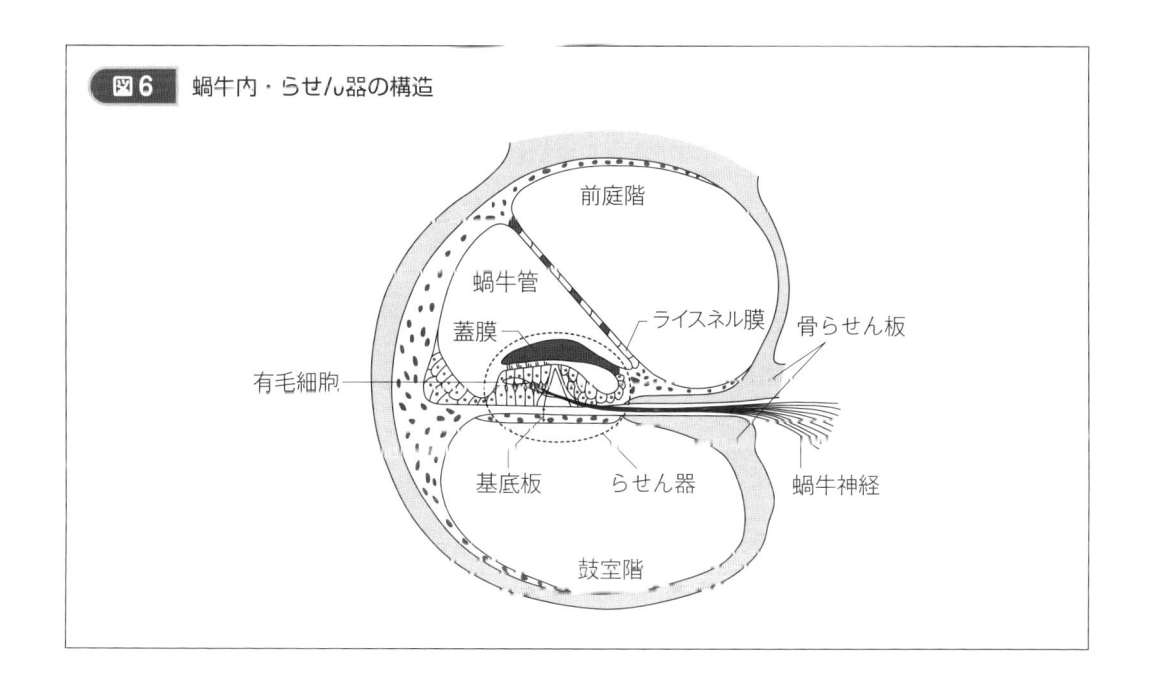

図6 蝸牛内・らせん器の構造

図7 中枢聴覚神経路と聴覚野

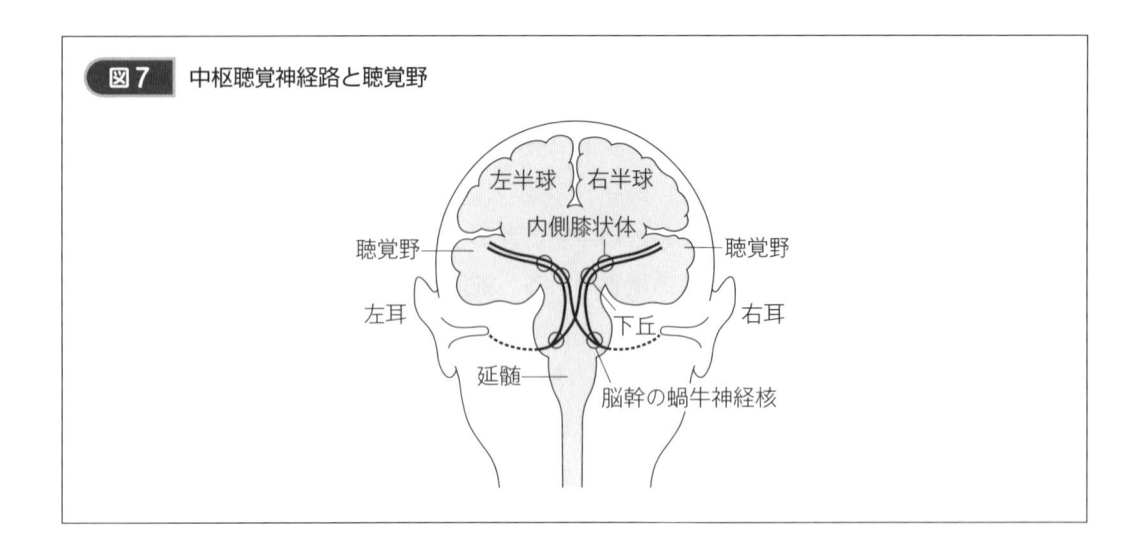

インパルス*を聴神経に伝える。聴神経のインパルスは、脳幹部・中脳・間脳を経て大脳の聴覚野に伝わる。聴覚路では右耳からのインパルスは多くは脳幹左側の聴覚路、一部は右側の聴覚路を上行する（左耳はその逆）。内耳は音刺激を聴神経が感受することから、聴神経回路を含めて感音器と言われている。

④聴神経と中枢聴覚伝導路

聴神経は内耳から脳幹・中脳・大脳辺縁系を経て、両側の大脳皮質（横側頭回）に到達する（図7）。内耳で生じた聴神経のインパルスが大脳皮質に到達することで、聴覚（音の有無）が生じる（一次聴覚野）。さらにインパルスが二次聴覚野（聴覚連合野）に伝わることで、音の持つ意味が付加され、何の音かが理解できる（聴覚認知の成立）。また、左右の耳からの情報を統合する、左右の耳からの情報の時間的差異から音源の空間的位置を特定することも、二次聴覚野の働きと考えられている。さらに二次聴覚野を経て聴神経からのインパルスが左半球（右利きの場合）にある言語野に到達することで、聴き取った発話の音声を言語音として理解できる。この言語音の認知をもとに言語野で言語理解が可能となる。言語音の判別は幼児期に最も効率よく学習でき、年齢と共に言語音の判別が難しくなる。また音楽を鑑賞する場合は、前頭葉を含む脳全体が関与すると考えられている。音を聴いて思い出すこと（＝事象の記憶）、情緒と関連した記憶など聴覚記憶に関しては、大脳辺縁系の海馬（記憶回路の場）との関わりが指摘されている[1,2,5,9]。

5.4 聴力検査の目的

聴力検査とは、人の聴力の敏感さを定量的に調べる検査であり、人の聴力の正常・異常を判別する。自覚的聴力検査（純音気導、骨導、語音、乳幼児聴力検査）と他覚的聴力検査

---

* インパルス：神経を伝わる興奮

（聴性脳幹反応ABR、聴性定常反応ASSR、耳音響放射OAE検査）に大別される[4,5,6,8,9]。

①自覚的聴力検査

純音気導聴力はオージオメータによって防音室で測定する。測定する周波数は125Hz、250Hz、500Hz、1,000Hz、2,000Hz、4,000Hz、8,000Hzの7周波数であり、測定された聴力は聴力図（オージオグラム）に定められた方法で記載する（図8）。オージオメータは最大120dB、補助装置（ブースター）により130dBまでの音圧が出せる。被検者はヘッドホンを耳に装着して純音を感知するか否かを判断し、ボタンを押す・手を上げる・ことばで答えるなどの方法で検査者に応答する。

骨導聴力検査では、音が骨を伝わって内耳に到達することを利用して、振動子を耳介の後ろに置いて聴力を測定する。骨導聴力と気導聴力の差をもとに伝音障害の有無を診断する。また単音（た、く、…）、単語（あか、いし…）、短文（きょうはよいてんきです…）の聴き取りを行う語音検査は、補聴器の装用効果を調べるために重要である。しかし、この語音検査は言語力の乏しい低年齢児や障害児では不向きである。

②他覚的聴力検査

他覚的聴覚検査のうち聴性脳幹反応（ABR）検査は、聴神経伝導路の電気的活動（脳波）をもとに聴力の有無や程度を調べる方法で、難聴児の乳児期での発見、脳幹部の異常の発見に大変有効である。しかし乳幼児を対象とする場合、ABR検査はあくまで生理学的検

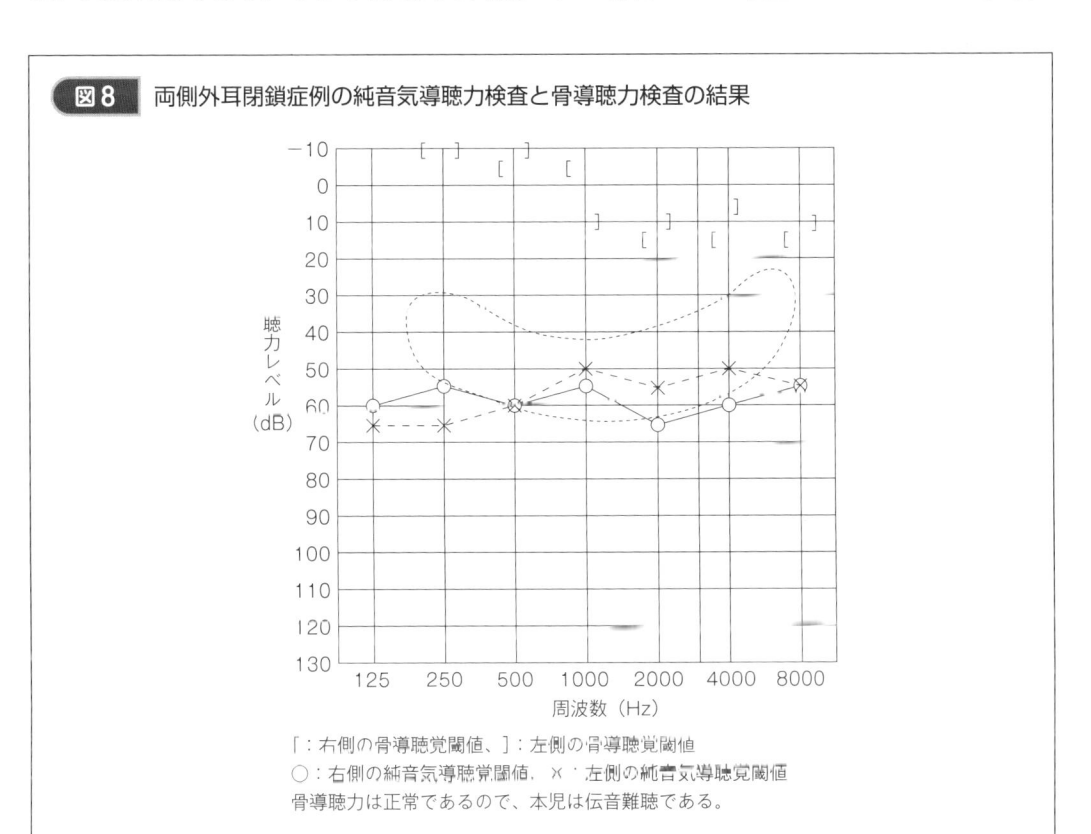

図8 両側外耳閉鎖症例の純音気導聴力検査と骨導聴力検査の結果

［：右側の骨導聴覚閾値、］：左側の骨導聴覚閾値
○：右側の純音気導聴覚閾値，×：左側の純音気導聴覚閾値
骨導聴力は正常であるので、本児は伝音難聴である。

図9 乳幼児聴力検査（COR検査：スピーカ法）結果

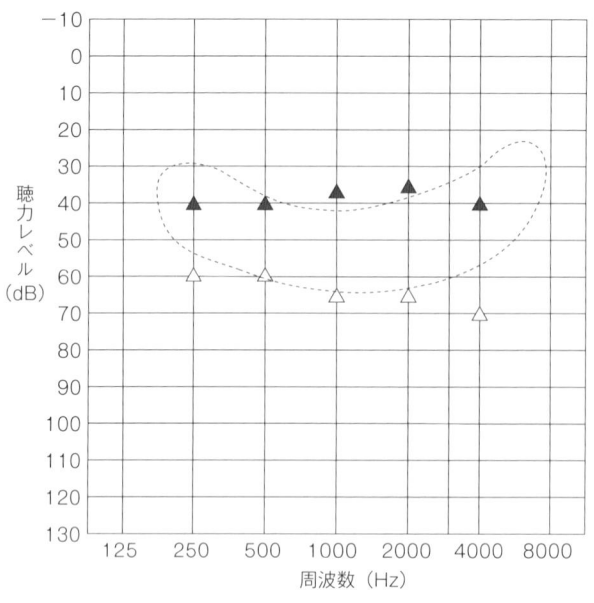

△：聴覚閾値
▲：両側に補聴器装用下での聴覚閾値
補聴器装用効果が認められる。
点線の範囲は語音の聴き取りに必要な聴力範囲を示す。

査であるため、乳幼児が「聴いているか否か」の確認には後述の乳幼児聴力検査が不可欠である。その他、周波数別の聴力を調べる聴性定常反応（ASSR）検査、内耳の外有毛細胞の動きを調べる耳音響放射（OAE）検査、および鼓膜の動きを調べるインピーダンス・オージオメトリーがある。

③**乳幼児聴力検査**

乳幼児聴力検査とは、聴覚の閾値を表現できない乳幼児を対象とする聴力検査で、行動をもとに乳児の聴力を評価する聴性行動反応（BOA）検査、条件反応を利用した条件詮索反応（COR）検査（図9）、さらに成人用検査で幼児が反応しやすくした遊戯聴力検査がある。これらの乳幼児聴力検査によって経験を積んだ検査者では0歳から聴力検査が可能である。

5.5 難聴

①**難聴の程度**

聴覚器官・機能に障害が生じると、「聴こえ」が悪くなる。これを医学分野で難聴（Hard-of-Hearing）と総称する。聴覚障害（hearing impairment）とほぼ同義語である。ろう（聾deafness）とは、完全に「聴こえない」状態を指すが、ほとんどの難聴児・

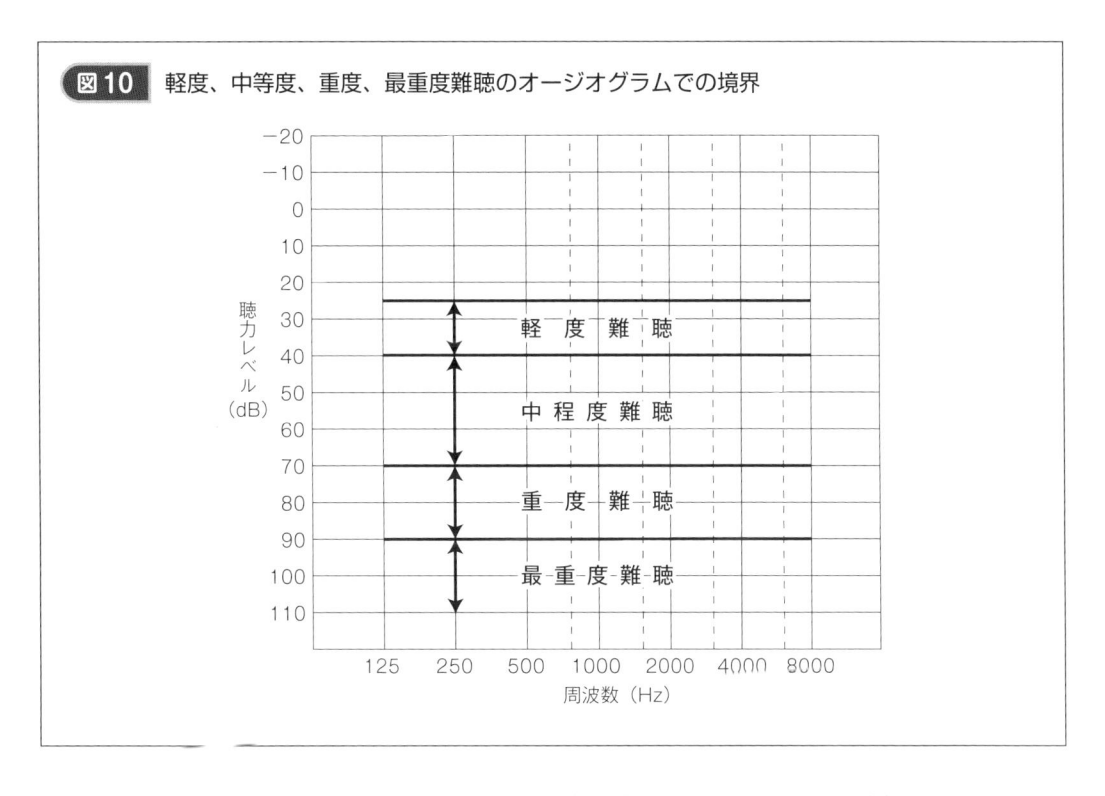

図10 軽度、中等度、重度、最重度難聴のオージオグラムでの境界

者は程度の差はあるものの残存聴力があり、残存聴力が確認できない事例は稀である。

聴力検査結果では周波数ごとに異なる聴力が示されることから、言語音を聴き取る時に必要な500Hz、1,000Hz、2,000Hzの聴力をもとに算出された平均聴力をもって難聴程度を表現する。平均聴力をもとに聴力程度が分類され、正常範囲（20dB以下）、軽度難聴（25～39dB）、中等度難聴（40～69dB）、重度難聴（70～89dB）、最重度難聴（90～、ろう：100dB以上、全ろう：全周波数130dB以上で測定不能）に分けられる（図10）。乳幼児の場合、平均聴力（以下「聴力」と略す）で25dB以上の難聴があると、言語発達・コミュニケーションのうえでなんらかの影響を受け、40dB以上で幼児の言語発達・コミュニケーションに明らかな影響が生じると言われている。聴力70dB以上の先天性難聴では、そのままでは音声言語を聴き取ることはできないため、補聴器を装用しなければ音声言語の習得は困難となる[1,2]。

② **先天性難聴と遺伝**

先天性難聴を主とする乳幼児期の難聴の原因について遺伝性難聴が知られている。遺伝性難聴は大別して優性遺伝と劣性遺伝に分けられる。

難聴を生じる優性遺伝性疾患は数多く知られているが、現実的にはその発生は稀である。一方、劣性遺伝の先天性難聴では、両親の聴力は正常であるにもかかわらず、子が難聴であることから親が劣性遺伝子を持っていることが判明する。この劣性遺伝子による先天性難聴は難聴の原因の50％程度を占めると考えられている。現在では遺伝子研究の急速な進歩を背景に難聴を生じさせる遺伝子が特定され続けており、今後もさらに遺伝子レ

ベルでの難聴の解明が進むと予想されている。現在のところ、難聴を生じさせるまたは疑われる遺伝子の数は100を超えており、確実に難聴の原因と判定された遺伝子が約50、通常の遺伝子検査の対象は10程度である。今後遺伝子検査に並行して親への遺伝相談・カウンセリングが重要になると思われる[7,9]。

③胎児期感染による難聴

胎児期感染による難聴として風疹症候群とサイトメガロウイルス（CMV）胎内感染による難聴が知られている。妊娠初期に母親が風疹に罹ると、母親の症状は軽くても、胎児に風疹ウイルスが感染して障害を生じる。初期であればあるほど障害は広範囲（内耳、中枢神経系、網膜、心臓）に及び、程度も重度になりやすい。現在、風疹ワクチンによりある程度の予防が可能であるが、妊娠前に抗体価を測定して低い場合には再度接種することが望ましい。また先天性サイトメガロウイルス感染症については近年出生直後の抗体検査が可能となり、先天性サイトメガロウイルスの胎内感染と診断される新生児の事例が増えつつある。このような事例では出生直後から抗ウイルス剤で治療することで難聴が改善する可能性がある。なお聴覚器官の形成時期になんらかの障害が起こると、耳介が形成されない、もしくは形成不全となる小耳症や外耳道が骨で埋もれている外耳道閉鎖症などが生じるが、出現率は少ない[5,9]。

④周産期障害と難聴

難聴の原因となる出産時の障害として新生児仮死と重症黄疸が知られており、内耳の神経細胞の傷害によるものである。共に、高音部の難聴が目立ち、内耳と同様に中枢神経系も障害されるため、難聴に精神発達遅滞や脳性麻痺などが合併することが多い。現在では新生児医療の進歩により、満期出産児での新生児仮死や重症黄疸による難聴の出現は減少している。

以前から在胎週数が37週未満（早産）の低出生体重児に難聴の出現が多いことが知られている。現在では新生児医学の進歩により早産・低出生体重児は重い合併症がなければ健全に発育する比率が高まっているものの、1,000g未満の超低出生体重児の中に発達遅滞を合併する難聴の出現率が高まっているとの報告がある[5]。

⑤乳幼児の後天性難聴

出産後に生じる難聴（後天性難聴）の原因として、麻疹ウイルスを含むさまざまなウイルスや細菌による髄膜炎が知られている。髄膜炎による難聴では難聴のみが後遺症となる事例から、脳が広範囲に損傷されたうえに難聴が合併する事例など髄膜炎後の難聴の様相は多様である。また流行性耳下腺炎（おたふくかぜ）の原因となるムンプスウイルスによる片耳難聴が罹患児1,000人に1人生じるが、稀に両耳が損傷される場合がある。これら感染症による難聴は聴神経が直接損傷されることで生じるため、100dB以上の重い難聴の場合が多く、全ろうになる場合もある。このため髄膜炎後の難聴では以前では補聴器の効果が乏しい場合が少なくなかったが、現在では人工内耳手術により聴力を回復する事例

が増えている。

⑥中枢聴覚障害

聴神経腫瘍・神経変性などによる脳幹部の聴覚伝導路障害で難聴が生じるが、乳幼児の難聴の原因としては稀である。また大脳の両側聴覚野に損傷が生じると、音は聞こえるが、何の音かわからないという聴覚失認が生じる。乳幼児の場合、先天性もしくは後天性（ヘルペス脳炎後遺症など）の聴覚失認事例や、てんかんに伴い環境音の理解困難・聴覚的言語理解不能が生じる事例（ランドー・クレフナー Landau-Kleffner 症候群）のあることは知られているが、いずれも稀な事例である。

⑦滲出性中耳炎と伝音難聴

乳幼児では咽頭と中耳腔が解剖学的に接近しており、また扁桃腺が大きいこと、さらに感染症のため咽頭炎・扁桃腺炎が起きやすいことから、耳管から細菌が中耳に入り中耳炎が発症しやすい。痛みを伴う急性中耳炎は適切な治療により短期間に完治できるが、近年乳幼児に痛みを伴わない滲出性中耳炎が多く出現するようになっている。滲出性中耳炎では中耳腔に滲出液が溜まり鼓膜の動きを鈍くさせるため、聴力が低下する。さらに滲出性中耳炎は長期にわたるため、軽度難聴の状態が比較的長期に継続することとなり、問題となっている。知的障害児や脳性麻痺児、特にダウン症児に滲出性中耳炎が多く見られることから、障害児施設では定期的な耳鼻科検診が必要である[1,2,5,9]。

⑧新生児聴覚スクリーニング

乳幼児の難聴の出現率は出生1,000人に1人と言われており、出現率は低いが早期療育の効果は明らかなため、早期発見が極めて重要である。近年欧米では、耳音響放射（OAE）検査や自動ABR検査による新生児聴覚スクリーニングが産院で広く行われている。日本でも新生児聴覚スクリーニングが地域（例：岡山県）により公的な形で行われている他、親の実費負担で多くの産院で行われている。この結果、全国的に0歳で難聴と診断される難聴児の数は近年確実に増加している[5]。

⑨難聴と他障害との合併（重複障害）

障害乳幼児では健常児に比べ難聴を合併する場合が多いことが知られており、超低出生体重児で約2%程度、脳性麻痺児で約20%、知的障害児で約10%程度に難聴が合併している。このため、障害児の難聴出現率は健常児の難聴出現率（2,000〜1,000人に1人程度）に比べ明らかに高いことから、聴力検査は障害乳幼児の診断・判定にあたり必要な検査の一つと思われる。

他の障害を合併する難聴児の出現率は約30%と言われており、同年齢の幼児での障害出現率（知的障害：100〜150人に1人程度）より明らかに高い。合併する他障害は多岐にわたり、身体障害（視覚、肢体不自由、内部障害）や知的障害（難聴児の約10%）の他、自閉症やAD/HDを合併する難聴児（約10%）も多いとされている[5,9]。

5.6 補聴

①補聴器

　治療不可能な難聴に対して、補聴器による補聴をすることで「聴こえ」を補うことができる。補聴器は20世紀初頭に出現したが、小型軽量・高性能化したのはここ40年である。現在では従来の補聴器では対応困難だった高音急墜型難聴にも対応できる高性能デジタル補聴器が出現している。補聴器には種類として箱型、耳かけ形、外耳道形・挿耳形（外耳道の入口もしくは中に入れるより小型のタイプ）があり、現在では耳かけ形補聴器が主流になっている（図11）。その他、耳かけ形を改良して乳児が装用しやすくした乳児用補聴器、外耳閉鎖症など伝音難聴用の骨導補聴器がある。

　補聴器の機能は音を小型マイクで電気信号に変え、小型アンプで音を大きく（増幅）し、小型スピーカから外耳道に増幅した音を出すことである。近年のデジタル技術の進歩により個々の難聴児の聴力に応じたより明瞭な音声を補聴器から聴くことが可能になりつつある。適切な補聴器装用には聴力に応じた補聴器の調整（音量・音質、他）が不可欠である。この補聴器の調整をフィッティングといい、専門家（耳鼻咽喉科専門医、言語聴覚士、補聴器技術者）が協力して行う必要がある（図9）。なお補聴器を装用しても、難聴の耳で聴くことによる音のひずみ、小型マイクが周囲の雑音を拾う、小型スピーカからの音にはひずみがあるなどの生理的・技術的制約から正常の耳と同様な「聴こえ」は期待できない。さらに90dB以上の重い難聴では、補聴器を装用しても聴力閾値50dB程度まで聴力を改善させるだけで、話者の口唇の動き（読話）を見なければ正確に発話を聴き取りにくくなり、100dB以上では補聴器を装用しても読話を併用しなければ発話の聴き取りは困難となる。また難聴乳幼児の場合は、聴覚を最大限活用するためには両側の耳に補聴器を装用することが必要であり、2台の補聴器を装用して「ことばを聴き取る」ための聴能言語訓練が音声言語の習得には不可欠である[4,5,6,8,9]。

②人工内耳

　補聴器を装用しても効果のなかった100dB以上の重い難聴児者に対して、直接内耳に電極を埋め込み、電磁波を外部から送り、電極から残存する聴神経を電気刺激することで聴覚を生じさせる人工内耳が1980年代初頭にオーストラリアで実用化された（図12）。現在では日本では主要な大学病院・専門病院などで人工内耳手術が行われている。成人の人工内耳装用者の話によると、人工内耳から「聴こえる」音は、装用を始めた時には「異様な音（ドナルドダックの声に近いという）」として感じられるが、慣れるに従い言語音として聴こえるという。また人工内耳を装用しての聴覚閾値は500〜4,000Hzの周波数でほぼ30〜35dB程度の「聴こえ」であり、90dB以上の難聴での補聴器を装用しての聴覚閾値50dBを確実に上回り、静かな環境では会話を確実に聴き取ることができる（図13）。しかし、人工内耳を装用しても騒音の中では音声を聴き取りにくいため、話し手の

図11 耳かけ補聴器とイヤモールド

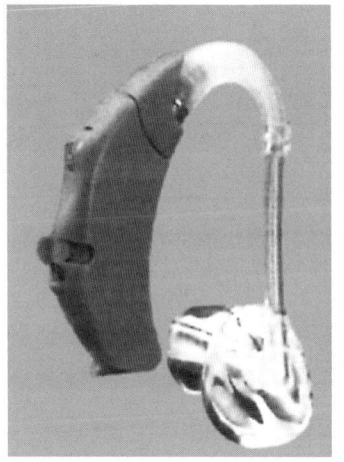

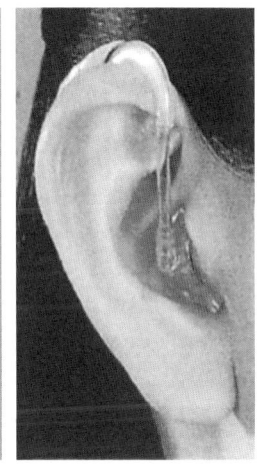

人ごとに耳の形は異なるため、個々の耳の形に合わせて作製されたイヤモールドを耳にはめて補聴器を使用すると、ハウリング（補聴器からの雑音）を予防できる。

図12 人工内耳の原理図

1) インプラント④を、難聴児の耳後部に手術によって植え込む。その際、受信-刺激器は側頭骨を削ってはめ込み、22個の電極を蝸牛の蝸牛管内腔におよそ25 mmにわたり挿入する。蝸牛外ボール電極は皮弁の下に設置する。
2) スピーチプロセッサ①のマイクロホン②で拾った音を、プログラムされた音声処理法にしたがいデジタル信号に変換して、送信ケーブルを通して送信コイル③に送る。
3) 信号を、送信コイルから皮膚を介して電磁誘導により内部のインプラント④に送る。この時、電源も同時に電磁誘導により供給する。
4) 信号を受け取ったインプラントは、音声信号に応じた刺激を22個の蝸牛内電極⑤と蝸牛外電極に送る。この時、刺激に選ばれる電極とその刺激の強さは音声信号の周波数と音の大きさに対応している。
5) 刺激電極の近くの聴神経⑥が刺激を受けて、その刺激が大脳に伝えられると、難聴児は音声として認識でき、聴覚を取り戻す。

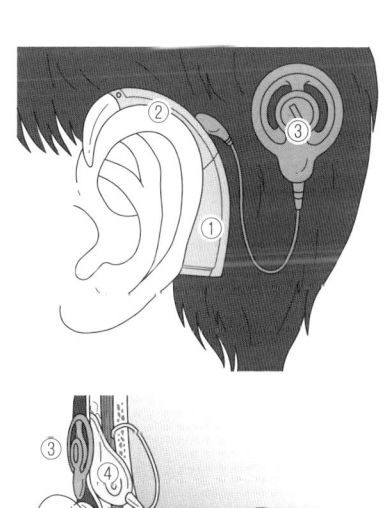

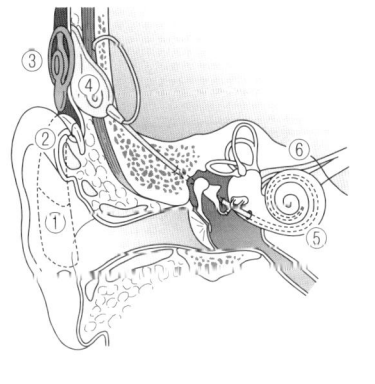

図13 人工内耳装用児聴力図

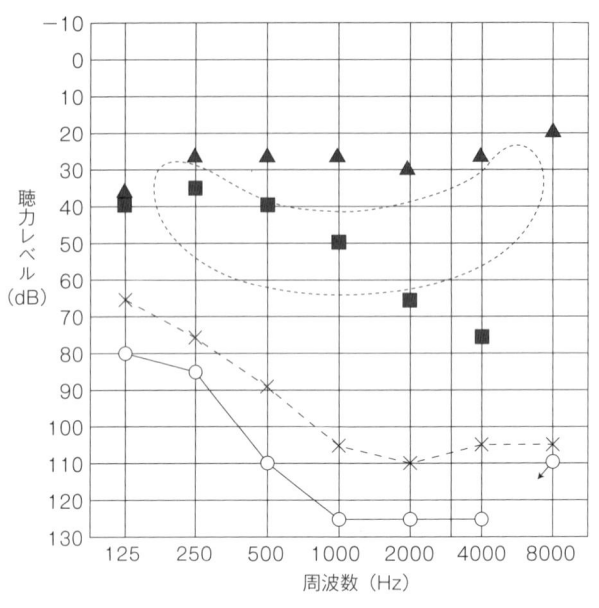

○：人工内耳手術前の右側純音気導聴覚閾値
▲：人工内耳装用下でのスピーカ法による聴覚閾値
×：左側純音気導聴力閾値
■：補聴器装用下でのスピーカ法による聴覚閾値

口唇の動きを見て発話を理解する読話の併用は必要である。また幼児の場合、人工内耳を装用して「ことばを聴き取る」ためには聴能言語訓練が不可欠である[5,6,8,9]。

引用文献

1) 鈴木淳一，小林武夫：耳科学－難聴に挑む．中央新書，2001．
2) 野村恭也・編：新耳鼻咽喉科．南山堂，2004，pp3-226．
3) 岩宮眞一郎：よくわかる音響の基本と仕組み．秀和システム，2007．
4) 日本聴覚医学会・編：聴覚検査の実際　改訂3版．南山堂，2009．
5) 加我君孝・編：新生児聴覚スクリーニング－早期発見・早期教育のすべて－．金原出版，2005．
6) 日本言語聴覚士協会小児聴覚小委員会・編：言語聴覚士のための新生児聴覚検査と早期ハビリテーションの手引き．日本言語聴覚士協会，2004．
7) 宇佐美真一・編：聞こえと遺伝子．金原出版，2006．
8) 小寺一興：補聴器フィッティングの考え方　改訂2版．診断と治療社，2006．
9) 加我君孝，内山　勉，新正由紀子・編：小児の中等度難聴ハンドブック．金原出版，2009．

（内山　勉）

日常の健康管理について

1 日常の健康管理と環境づくり

　発達支援を要する子どもたちは、日常の健康管理と環境づくりへの配慮が必要である。その理由を以下に示す。

　①コミュニケーションが困難なため、「痛い・気分が悪い」など、自分からサインを出すことが難しく、保護者からの情報と観察（泣く・食事をとれない・元気がない・おしっこが出ない）などによって把握する必要がある。

　②脳性麻痺や重症児などは、日常生活において、「食物を上手に嚥下できない」「呼吸がうまくいかない」などのため、日々の吸引や吸入などの医療的なケアが療育上必要となることがある。

　③体温調整などの生理的基盤が未熟である。

　④てんかんなどの疾患があり、服用している薬剤の影響を受けている。

　⑤喘息や呼吸障害などの基礎疾患のため、呼吸器感染症が重症化しやすい場合がある。

　⑥低年齢や発達の未熟性から、生理的な快・不快が発達支援に大きく影響している。

　⑦「予測がつきにくい」「待てない」などのため、小児科・歯科などの医療機関を受診しにくく遠ざかりやすい。

　このように、健康管理をするためには子どもの健康状態についての情報の収集と観察、診察を安心して受けるための手立て、医療機関との連携などが重要となる。

　情報の収集と観察については、以下の4点が重要なポイントとなる。

　①通常の健康状態を把握しておき、「いつもと様子が違う」ことに早期に気づく。

　②（看護師、保育士、保護者など）たくさんの人で確認する。

　③経時的に観察をすること（食事の前後・活動の前後・1週間・1か月など）が必要。

　また、診察を安心して受けるための手立てとしては、手順書や練習の場の設定などがあげられる。特に施設内に診療所がある場合や、嘱託医師の協力が得られる場合は、積極的に診察を受ける練習を重ねると効果が見られる。広島市西部こども療育センターでは、コラムのような実践を行っている。

　医療機関との連携については、後の章に述べる。

　療育環境については、基本的な遊具の安全チェックや、教育的な配慮としての構造化や活動から活動への導線への配慮、バリアフリーはもちろんのことであるが、発達支援を要する子どもについては、特に以下についての配慮が必要と考える。

①**安全への配慮**

・重症児などを抱っこして移動する時、狭い出入り口などで足が壁にひっかかり、てこ

> **コラム**　自閉症の子どもの診察準備学習
>
> 受診を日常的に練習するために、週に1回、プール療育の視診時に、保育士が白衣を着て、聴診器を胸に当て、口を開けてライトを照らすことをして模擬診察の体験をしている。これにより、診察を怖がることなく受けることができるようになる子どもも多い。また、本番の診察を行う場合は、写真を用いた手順書で実施している。診察時には、子ども自身が自分の上着を上げて胸を見せるよう、介助を行っている。また、診察終了後、保護者と共に、「ありがとうございました」と言うことをルーチン化することで、子どもが頭を下げる、不明瞭な発音でも「あーとー、た」と言うなど、確実に学習している。
>
> プール療育の視診時の模擬診察：周りの子どもたちが囲んで様子を見ている。保育士は「上手だねー。元気です。プール○。入れます。」と言っている。

の原理が働いて骨折する場合があり、介助時の配慮が必要。

- 教材の配慮（異食のある子どもの教材の工夫）。
- 教材に豆類などを用いないこと（気管に入ると急激に呼吸困難を生じる）。
- 多動のある子どもの安全管理、行方不明時の対応マニュアル作り。

②室内の温度・湿度の管理

室温は、夏で22～26℃、冬で18～24℃、できれば外気温との差を5度以内とすることが望ましい（温度設定については、重症児などは床面で過ごすことも多く、子どもの活動する場面の高さを基準とする）。

換気を十分に行い、40～60％の湿度を保つこと。

③室内の衛生管理

布団・クッションチェアなどカビ・埃への注意。

手洗い、清掃、消毒などの感染症の予防。

2 体調のチェックポイント

体調を把握するための観察のポイントとして、表1のようなバイタルサインと言われる体温・皮膚・顔色などの所見をとることが重要となる。

これらの所見がいつもと違うかどうかの判断をするためには、記録をすることが効果的である。一例として、図1に広島市西部こども療育センターで用いている健康ノートを示す。この健康ノートは、入園当初は、皆同じ形式の健康ノートに保護者が健康状態を記入できるよう支援している。この健康ノートをもとに、朝の健康チェック時に、不調の前兆などを保護者と一緒に分析し、早めの対応をしている。その後、それぞれの子どもに必要

コラム　自閉症の子どもの暑さ対策

自閉症の子どもは、感覚の偏りを持つ児童も多く、特に蒸し暑い時期に不快感を示す子どもも多い。可能であれば、クーラーを用い、室内を快適な温度・湿度にすることが望ましい。また、首に保冷剤を入れたハンカチを捲く、保冷剤を入れるポケットのあるベストを作り、時間ごとに保冷剤を入れ替えるなどの工夫も効果がある。その他、霧吹きに水を入れ、子どもの手足や周囲にスプレーをかけ、気化熱を利用して体温や気温を下げるなど、室外での工夫もあげられる。

表1　バイタルサイン

体温：通常の体温の把握
　　（朝・活動後・夕方などの日内変動・夏冬などの季節の変動も含めて確認）
呼吸：呼吸の深さ・リズム・喘鳴・無呼吸（胸に手や耳を当てる）
顔色：血色、チアノーゼの有無、表情など
意識：睡眠覚醒リズムの把握
活動：活気・筋緊張の有無など
皮膚：色・乾燥・湿疹・傷・紫斑
その他：食欲、体重の変化 排尿・排便（便秘・下痢・性状・回数）状況等

図1　健康ノート

氏名　○○○　○○○○○○○

項目	月　日（土）			月　日（日）			月　日（月）		
今朝の体温	度　分			度　分			度　分		
今朝の機嫌	良・普通・悪			良・普通・悪			良・普通・悪		
排便 時間	時　分			時　分			時　分		
排便 量	多・普通・少			多・普通・少			多・普通・少		
排便 形状	硬・普・軟・下痢			硬・普・軟・下痢			硬・普・軟・下痢		
食事状況									
生活リズム	水分	生活リズム	発作	水分	生活リズム	発作	水分	生活リズム	発作
5	5			5			5		
6	6			6			6		
7	7			7			7		
8	8			8			8		
9	9			9			9		
3	3			3			3		
4	4			4			4		
水分量									
健康									
家庭の様子									
園より									

な健康チェック項目を話し合い、一人ひとり独自の健康ノートを作成している。保護者が、わが子にあった健康ノートが作成できるような支援をすることで、最近では、育児日記的に記入できるわが子の健康ノートを作成する保護者もでてきている。また、診察時に、この健康ノートを活用することで、保護者から子どもの詳細な健康状態の変化を伝えられるようになっている。

3 健康診断

まず、入園前には、結核など、集団において配慮を要する伝染性疾患の有無の確認が必要であり、検便や健康診断を医療機関などに依頼する方が望ましい。

また、入園後は、子どもの健康状況の把握のため、嘱託医師などによる入園時の健康診断、検尿・検便、発達状況の確認のための発達検査などを適宜行う必要がある。

一例として、広島市西部こども療育センターで実施している健康診断・歯科検診などの年間スケジュールとその内容を示す（表2）。

子どもの健康状況の把握のためには、保護者への問診と健診時のチェックが重要となる。家庭での様子をもれなく聞くために、新入園時および継続児は年に1回、「健康状況の記録」（図2）を保護者に記入してもらっている。この記録を参考に、新入園時の健康診断を行い、医師は、図3の園児健康フェイスシートを作成している。フェイスシートの主な内容は、薬剤アレルギー、予防接種、感染症の罹患歴、医学的検査の実施状況、かかりつけ医師とその診療内容、入院歴などであるが、記入することにより、入園までの子どもの健康状況を大まかに把握できる。また、医療的ケアのいる子どもや重症児については、図4の入園時総合診察所見の帳票を利用し、医療的ケアなどの内容の確認を行っている。

表2 広島市西部こども療育センターで実施している健康診断・歯科検診などの年間スケジュールとその内容

 4月・入園児保護者オリエンテーションにて感染症対策などについての説明
　　・健康状況調査票の提出と新入園児健康診断
　　・検便・ぎょう虫検査
 5月・検尿（全園児　テステープで実施）
 6月・歯科検診（フッ素塗布）と歯科衛生士による歯磨きなどの口腔衛生指導
　　・園児健康診断
　　・精神科健康診断～3月まで
　　・発達検査（全園児に新版K式・遠城寺式発達検査を担当保育士・指導員が実施）～3月まで
11月・検便・ぎょう虫検査
12月・歯科検診（フッ素塗布）
 2月・園児健康診断～3月まで

図2 健康調査票

図3 健康フェイスシート

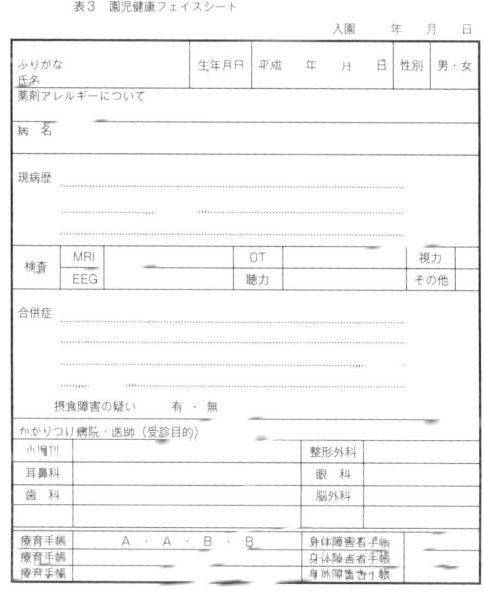

図4 入園時総合診察所見

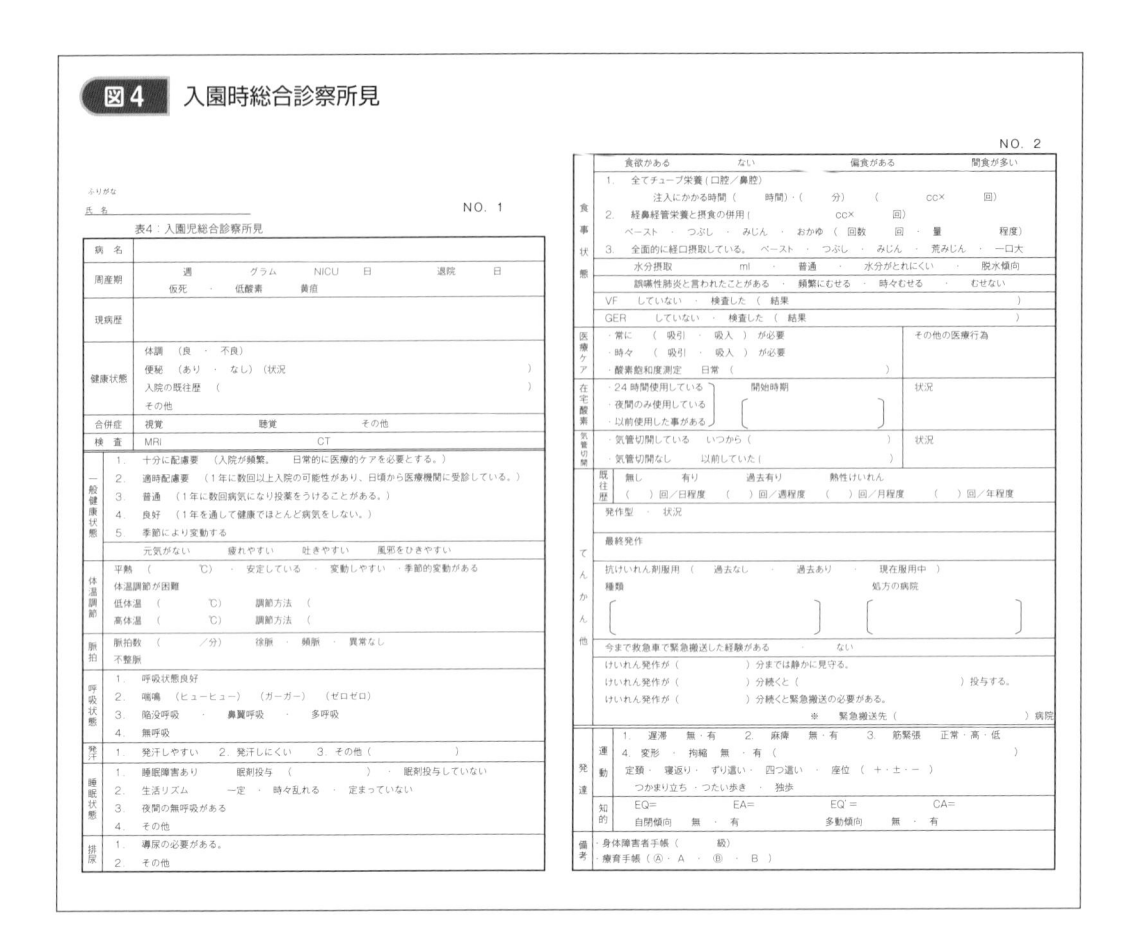

なお、食事アレルギーについては、別途給食に関する調査で実施している。

4 歯科検診と口腔衛生

　発達支援を要する子どもは、歯磨き・食事・間食のコントロールなどの口腔衛生管理が難しく、虫歯になると治療や処置が困難なこともあり、口腔衛生管理と虫歯の予防が重要となる。また、生まれつきの歯の奇形や構造異常（エナメル質の形成不全）、歯列の不正や不正咬合などがあると、ブラッシングの困難さ、虫歯になりやすさなどへつながりやすい。自閉症児では状況認識ができないだけでなく口腔～口腔周辺の過敏性があり、脳性麻痺などの子どもには、「咬反射や開口困難によりブラッシングがうまくいかない」「嚥下困難により食物残渣がある」などが見られる。てんかんのある子どもの場合は、抗けいれん剤による歯肉炎、発作による咬傷などが見られることなど、個々の疾患による特徴的な所見も持っており配慮が必要である。

　したがって、歯科検診を行うことで早期に虫歯を発見すると共に、口腔衛生の指導を行い、口腔内を清潔に保って、虫歯の予防につなげることが重要となる。歯科検診は、でき

れば年に2回実施し、フッ素塗布や、歯科衛生士による口腔衛生指導ができれば望ましい。その際、スムーズに検診を受けるための手立てとしては、自閉症児などは、ビデオを見る・検診が上手にできる子をモデルとする・スケジュールなどで予測できる手だてなどを工夫するとよい。また、かかりつけの歯科を作り、フッ素塗布や検診などのための受診を勧めることも重要である。

　口腔衛生指導は、口腔内の評価（歯列・咬合・虫歯と治療状況など）、摂食嚥下などの口腔内機能の評価、保護者の口腔衛生に対する認識や歯磨き技術の状況の把握、歯ブラシの選択や改良などを視点におきながら行うことが望まれる。

　虫歯の予防には、①ブラッシングによる口腔内の清潔の維持、②正しい食生活とシュガーコントロール、③フッ素塗布による歯質の強化、④フィッシャーシーラントによる不潔域の封鎖などがあげられるが、①②については療育機関で工夫・指導できる内容である。

　ブラッシングに関しては、上肢機能に制限がある場合は歯ブラシの柄を曲げる、自助具を製作するなどの配慮を必要とする場合がある。肢体不自由児などで、磨いた後の水での清浄が困難な場合には、誤嚥しないように顔を下に向けてシリンジなどで圧のかかった水を注入する、吸引しながらのブラッシングなどの工夫が必要である。保護者が磨く必要のある場合には、子どもに歯磨きの状況を理解できるように、手順書や鏡などを用いる工夫や配慮が必要である。また、歯科衛生士の観察の下、歯みがき仕上げを保護者が行い、その後残渣物などを確認した後に具体的な歯みがき指導を受けると、保護者の磨きぐせなどがわかり、家庭における仕上げ磨きの改善につながる。

　（図表の一部は、広島西部こども療育センター看護師　奈木野美代氏の協力による）

参考文献

1) 日本小児神経学会社会活動委員会，松石豊次郎，北住映二，杉本健郎・編：医療的ケア研修テキスト．クリエイツかもがわ，2006．
2) 江草安彦・監修：重症心身障害療育マニュアル．医歯薬出版，1998．
3) 江草安彦・監修：重症心身障害通園マニュアル．医歯薬出版，2000．
4) 片山義弘，片野隆司・編：幼児教育・保育講座15　障害児保育．福村出版，1993，pp75-88．
5) 田角　勝，向井美惠・編著：小児の摂食・嚥下リハビリテーション．医歯薬出版，2006．

（山根希代子）

感染症対策

1 学校保健法に基づく感染症

　学校保健法（平成21年4月一部改正により学校保健安全法）では、感染症のうち人から人へ伝染し流行的に発生する「伝染病」について、「学校において予防すべき伝染病の種類と出席停止の期間の基準など」として対応が定められている。伝染病予防の原則と、その対応として、①感染源対策（感染源になる患者を、免疫を持たない人から離し、早く治癒することなど）、②感染経路対策（病原体で感染源となっているものを遠ざける、消毒することなど）、③感受性者対策（予防接種や日頃の健康保持増進対策など）があげられる。

　幼稚園・保育園・発達支援を行う乳幼児期の施設においては、この法律に準拠し、子どもや集団の特性に応じて、各施設において登園停止の病気などを定めている。たとえば、肢体不自由児通園施設などでは、「麻疹やインフルエンザなどの疾患は、合併する呼吸障害に伴って重症化する子どももいるため、きょうだいなどの家族が発症した場合も出席を控えるように基準を定める」などである。各施設の状況に応じて感染症予防マニュアルを作成することが望ましい。また、感染拡大防止のために、朝のミーティングなどで出席を確認する時に、表1（新型インフルエンザ流行期を示す）のようなクラスやグループなど集団別の感染症把握表を用いて記入しておくと、集団での感染状況の確認がしやすい。

　以下に、「学校において予防すべき伝染病の種類と出席停止の期間の基準など」に記されている感染症の概略を示す（詳細については文部科学省ホームページ[1]を参照）。

1.1　学校において予防すべき伝染病の種類

　第一種は、感染症予防法の1類感染症と2類感染症を示しており、エボラ出血熱、クリミア・コンゴ熱、ペスト、マールブルグ病、ラッサ熱、急性灰白髄炎（ポリオ）、コレラ、細菌性赤痢、ジフテリア、腸チフス、パラチフスが該当する。これらの疾患は、感染症予防法によって隔離などの必要な措置がとられるが、出席停止に関しては治癒するまでと規定されている。

　第二種は、飛沫感染するもので、児童生徒の罹患が多く、学校において流行を広げる可能性が高い伝染病であり、インフルエンザ、百日咳、麻疹、流行性耳下腺炎（おたふくかぜ）、風疹、水痘（みずぼうそう）、咽頭結膜熱、結核が該当する。

　第三種は、学校において流行を広げる可能性のあるものが分類されており、腸管出血性大腸菌感染症（O157などのベロ毒素産生する大腸菌による感染症）、流行性角結膜炎、急性出血性結膜炎が該当し、必要があれば第三種としての対応をとることのできるその他の伝染病（溶連菌感染症、ウィルス性肝炎、手足口病、伝染性紅斑、ヘルパンギーナ、マ

表1 感染症把握表

クラス	平成22年1月	1金	2土	3日	4月	5火	6水	7木	8金	9土	10日	11月
ひよこ	Aちゃん めだかグループ（ぞう・きりんの部屋）排便					都合欠	都合欠		都合欠			インフルエンザの流行にともなう通園自粛協力
	B のぞみ（りす）排便 導尿		鼻水（+）ケフラール・ベリアクチン内服		昼38.8℃ 夕方A病院へ インフルエンザ＋タミフル内服	11時35.8℃ 姉もインフルエンザ	欠席	欠席 平熱	欠席			インフルエンザの流行にともなう通園自粛協力
	C のぞみ（リス）排便	用心欠			9時38.5℃ インフルエンザ（−）予防でタミフル3日 母37.5℃	インフルエンザ（+）平熱	欠席	欠席	欠席			インフルエンザの流行にともなう通園自粛協力
	D めだか（ぞう・きりん）					かかりつけ定期受診	用心欠	用心欠	用心欠			インフルエンザの流行にともなう通園自粛協力
	E すず（こあら・ひつじ）発作					用心欠	用心欠	用心欠	用心欠			理学療法 給食個別で
	F めだか（ぞう・きりん）吸引		新型インフルエンザ予防接種 夕方鼻水		朝39℃ 夜中40℃ インフルエンザ（−）	インフルエンザ（−）10時解熱剤服用けいれん発作（+）	解熱		姉40度インフルエンザ（+）			インフルエンザの流行にともなう通園自粛協力
	G たけのっこ（うさぎ）喘鳴	用心欠				不調欠	都合欠	用心欠	欠席			インフルエンザの流行にともなう通園自粛協力

イコプラズマ肺炎、流行性嘔吐下痢症など）がある。

1.2 出席停止の期間の基準

- 麻疹：解熱した後3日を経過するまで
- インフルエンザ：解熱後2日を経過するまで
- 風疹：発疹が消失するまで
- 流行性耳下腺炎：耳下腺の腫脹が消失するまで
- 水痘：発疹がすべて痂皮（かさぶた）化するまで
- 百日咳：特有の咳が消失するまで
- ウイルス性肝炎：主要症状が消失するまで
- 急性灰白髄炎（ポリオ）：急性期の主要症状が消えるまで
- 咽頭結膜熱：主要症状が消退した後2日を経過するまで
- 結核：治癒するまで
- 流行性角結膜炎：治癒するまで

- 急性出血性結膜炎：治癒するまで
- 溶連菌感染：発熱、発疹がなくなるまで

1.3　その他伝染病予防に必要な措置

　うがいや手洗いなどの一般的な予防方法の励行、環境衛生に基準の順守、予防接種の理解などに努めることが必要となる。また、伝染病患者が発生した場合は、保健所への連絡、消毒その他の予防措置を行い、流行のまん延を防ぐ、臨時休業の措置をとることも考慮するとされている。なお、臨時休業に関しては、その施設の特性による判断も必要となる。

2　MRSA

　MRSAとは、多くの抗生物質に耐性を持つメチシリン耐性ブドウ球菌を意味している。健康な人では特に問題とならないが、手術後や体力が落ちている場合に重症化すると言われており、保菌者がいた場合、その感染予防が重要となる。

　一方、保菌が判明していなくても、抗生物質の内服の機会が多い重症児や手術歴があったり基礎疾患を持っている子どもはMRSAを鼻水や唾液、気管切開部や胃ろう部に保菌していることも多いため、基本的なMRSA対策を行っておくことが望ましい。MRSA対策については、以前は厳重な対応がなされていたが、現在は、基本的な感染症予防の対応をベースとして、手洗いの励行と消毒、他児への感染を予防することが中心となる。

　まず、手洗いに関しては、通常の手洗いを行うこと、共有のタオルや個人持ちのハンカチなどを用いず、ペーパータオルなどで拭いて廃棄し、その後にウェルパス®での消毒を行うことなどである。施設環境に関しては、掃除の励行と定期的な消毒用エタノールでの消毒などを行うことである。

　保菌者に接する場合は、子どもに接する前後、食事前後、トイレ介助後の手洗い励行とウェルパスでの消毒を行うことが望ましい。また、分泌物のついたタオルなどは0.01％次亜塩素酸ナトリウム液（塩素系漂白剤）に15分つけた後洗濯する、おもちゃや床についた場合は消毒用エタノールで拭き取るなど、環境への配慮も必要である。一方、保菌者が明確な場合は、保菌者への人権・プライバシーの保護に努めることも重要である。

3　B型肝炎[2]

　B型肝炎とは、B型肝炎ウイルス（HBV）によって起こる肝臓の病気である。急性肝炎と慢性肝炎があり、急性肝炎は、HBVの初感染で起こり、慢性肝炎は、すでにHBVを持っている人が持続的な感染により、徐々に炎症が進み、肝硬変・肝癌へと進行するもの

である。また、持続的感染がありながらも、無症状で経過する健康な「キャリアー」と言われる人が以前は1〜2％おり、1986年「母子感染防止事業」の実施後は少数（0.04％）となったと言われているが、利用者の感染の有無は確認できないため、一般的な感染予防のための対応が必要である。

感染経路は、主に血液および血液を混じた分泌物・排泄物を介して、稀に肝炎ウイルスを持っている人の体液から感染することもある。したがって、通常の日常生活では、歯ブラシやかみそりなど血液がついている可能性のあるものを共用しないことや、血液混入物の処理時に直接血液に触れないような注意をすることにより感染することはほとんどない。しかし、針を誤って刺した場合や、鼻出血などの処理、時に咬傷で感染する場合もあるため、血液を扱ったり、血液混入物の処理を行ったりする可能性がある直接処遇職員については、B型肝炎のワクチンの接種を行い、年に1回は免疫が持続しているかどうかの検査、HBs抗体が陰性の場合は追加接種を受けることが望ましい。

また、針刺し事故などでHBVに感染した可能性が出た場合（被汚染者）は、まず、速やかに流水中で血液を搾り出したうえで、傷口を消毒し、医療機関を受診する。医療機関では、被汚染者が、HBVの免疫を持っているか、感染者でないかどうかを検査したうえで、48時間以内にHBVの免疫グロブリンの注射を行うなどの処置を行う。

なお、HBVのキャリアーが判明している場合は、そのための差別をしないこと、そして、人権・プライバシーの保護に努めることも重要である。

4 予防接種[3,4]

元来予防接種の目的は、伝染病の流行を抑えるための集団防衛にあったが、現在は一人ひとりの健康を守るための個人防衛として色合いが濃くなっている。てんかんなどの基礎疾患があると敬遠されがちであるが、ワクチンによる副反応よりも、自然感染の方が病状が悪化しやすいため、基礎疾患への注意を払いながら積極的な接種が望ましい。

現行の小児の予防接種について、表2、図1に示す。具体的な予防接種の受け方については、各市町のホームページなどを参考にするとよい。

なお、予防接種後の次の予防接種との間隔は、ポリオ・BCGなどの生ワクチンの後は4週間、3種混合などの不活化ワクチンは1週間をあける必要がある。

参考文献

1) 文部科学省ホームページ：http://www.mext.go.jp/. 学校における健康安全対策：http://www.mext.go.jp/a_menu/shotou/clarinet/002/003/011/011.htm, 平成21年12月29日アクセス.
2) 厚生労働省：健康：結核・感染症に関する情報．B型肝炎について，http://www.mhlw.go.jp/bunya/kenkou/kekkaku-kansenshou09/faq_HepatitisB.html, 平成21年12月17日アクセス.
3) 片山義弘、片野隆司・編：幼児教育・保育講座15 障害児保育．福村出版，1993.

表2 予防接種

予防接種		法律等で定められている期間	望ましい時期	接種回数
BCG		6か月未満		1回
ポリオ		3〜90か月未満	3〜18か月	2回
ジフテリア・百日咳・破傷風（三種混合）	1期初回	3〜90か月未満	3〜12か月	3〜8週間隔で3回
	1期追加	3〜90か月未満（1期初回（3回）終了後6か月以上の間隔をおく）	初回（3回）終了後12〜18か月	1回
ジフテリア・破傷風（二種混合）	2期	11〜12歳	11歳	1回
麻疹（はしか）風疹（三日はしか）	1期	12〜24か月未満	—	1回
	2期	小学校就学前1年間	—	1回
日本脳炎	1期初回	6〜90か月未満	3歳	1〜4週間隔で2回
	1期追加	6〜90か月未満（1期初回終了後約1年間おく）	4歳	1回
	2期	9〜12歳	9歳	1回
水痘（みずぼうそう）		1歳以降	2〜3歳	1回
流行性耳下腺炎（おたふくかぜ）		1歳以降	3〜4歳	1回
インフルエンザ（季節性）		6か月以降		毎年2回

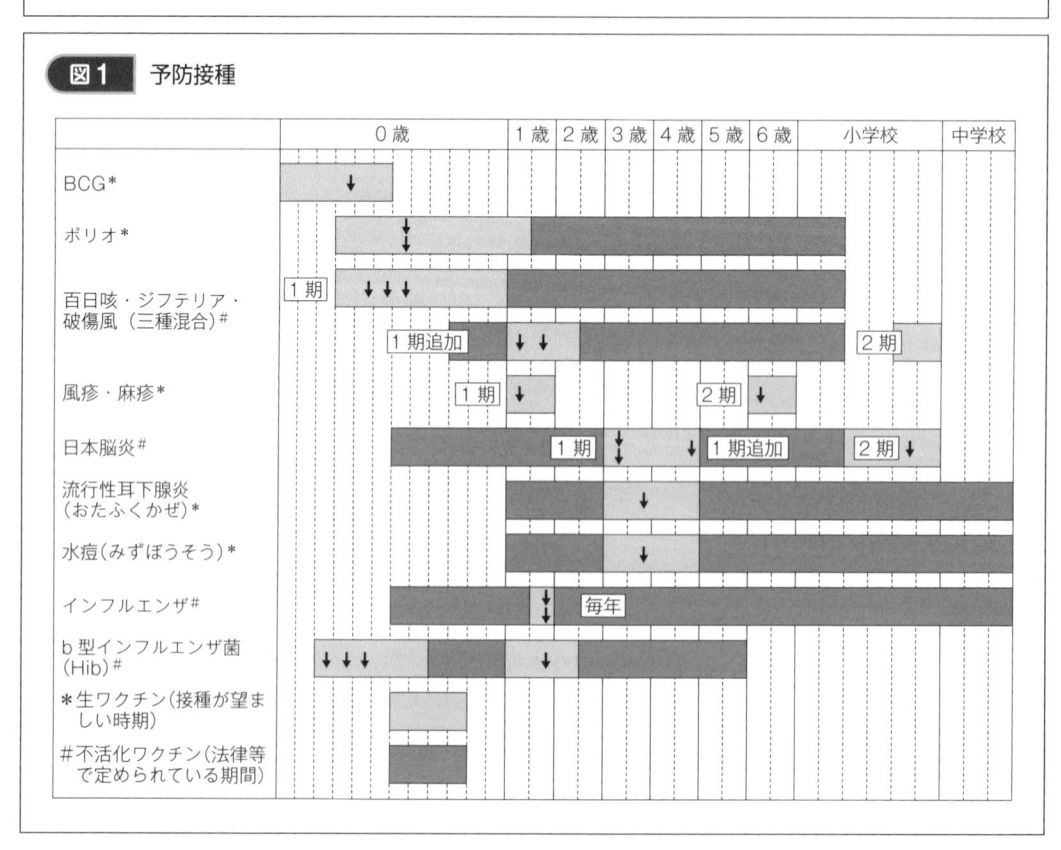

図1 予防接種

4) 渡辺　博：わかりやすい予防接種　改訂第3版．診断と治療社，2006．

（山根希代子）

合併症とその対応

1　てんかん

1.1　てんかんの定義

　WHOによる定義[1]では、「さまざまな原因で起こる慢性の脳疾患。大脳神経細胞の過剰な放電からくる繰り返す発作（てんかん発作）を主な徴候とし、多種多様な臨床所見および検査所見を伴う」とされている。つまり、「さまざまな原因によって起こる大脳の電気活動の異常」「繰り返す発作が特徴で発作型も多様」「脳波検査でてんかん波を認める」などを特徴とする病態で、人口の約0.5～0.8％が罹患していると考えられ日本では約100万人のてんかん患者がいるとされている[2]。

1.2　てんかんの診断

　てんかんの診断にあたっては詳細な病歴聴取が必要である。発作の形、意識消失の有無、持続時間などの観察が診断だけでなく治療にとっても重要である。てんかん以外にも、「けいれん発作」を症状に持つ疾患は数多く、かつ脳腫瘍や代謝障害などの生命にも関わる重要な疾患も多いことから他の疾患を除外することが重要である。そのためには、脳波検査だけでなく、血液生化学検査、CTやMRIなどの神経画像検査の実施が必要となる。
　ちなみに脳波検査については、てんかんでなくても数％の人には異常波が見られること、異常波が認められなくても睡眠のステージや脳波を取るために使用する睡眠導入剤の影響が無視できないこと、障害のある子どもでは覚醒時脳波がとれないこと（覚醒時のみ脳波異常が出ている可能性がある）などを念頭に入れて診断することが重要である。

1.3　てんかんの分類

　てんかんの原因はさまざまで、頭のケガや、腫瘍、脳卒中など脳への傷害が原因のものもあり、明らかな原因が不明で体質や遺伝性が大きく関与しているものもある。前者を症候性てんかん、後者を特発性てんかんと呼ぶ。また、てんかん発作が脳のある部分から起こるタイプを部分てんかんと呼び、大脳の中心部から起こるものを全般てんかんと呼ぶ。この2つの分類の組み合わせから、特発性部分てんかん、特発性全般てんかん、症候性部

分てんかん、症候性全般てんかんの4グループに分類されて抗てんかん薬の選択や予後の考察に利用される[3]。

ちなみに、特発性部分てんかんは比較的良性であり、治療によってほぼ100％発作が抑制されるが、症候性全般てんかんは難治であり、発作の抑制率は20％以下で精神遅滞の合併も多い。

1.4 てんかんの治療

てんかんの治療には、抗てんかん薬の他にホルモン薬（ACTH）や神経伝達物質（TRH）の注射、食事療法（ケトン食療法）、てんかん外科（病巣切除や脳梁離断術）などの特殊な治療法もあるが、本著では抗てんかん薬について述べる。

①抗てんかん薬による治療

発作があり、種々の検査によっててんかんと確定されれば治療を開始する。脳外傷の既往や脳性麻痺など神経疾患の存在など発作の再発が強く予想される場合を除いて、一般的には1回のみの発作では投薬を開始しないことが多い。その理由は、1回のみの発作かもしれないこと、発作の間隔を知ることが重要であるからである。なお、初発発作で治療を開始した場合と2回目の発作以降に治療を開始する場合で治療効果には差がないことが報告されている[4]。

抗てんかん薬の投与開始にあたっては、既存障害、発作型、脳波所見などを考慮しててんかんの分類を正確に行って薬剤を選択し治療を開始する。抗てんかん薬による治療の原則は以下のとおりである。

- 発作型、脳波所見などから適切な薬剤を選択。
- 単剤（1種類の薬）治療が原則、できるだけ多剤併用を避ける。
- とくに急がない場合には眠気などの副作用を避けるため少量から始めて血中濃度（図1）を測定しつつ徐々に増量する。
- 患者との信頼関係に基づく規則正しい服薬管理。

②抗てんかん薬の副作用

長期にわたる投薬の開始にあたっては、患者や親・家族に対する丁寧な説明が必要である。特に、薬剤の副作用は患者・家族の最大の不安要素であるので、服薬にあたっては説明と同意が前提となる。

薬剤の副作用としては、①急性に出現するアレルギーなどの副作用、②過量投与による副作用（中毒）、③長期連用に伴う薬剤固有の副作用などがあり、これに加えて④妊娠・授乳に伴う問題が加わる。

①は、投与量に関係なく起こるもので、皮疹（薬疹から全身のただれや高熱を呈するStevens-Johnson症候群などの重度例まで）、バルプロ酸による致死的肝機能障害、アナフラキシーショックなど注意を要するものが多い。②は、投薬開始早期に発現すること

図1 抗てんかん薬の血中濃度

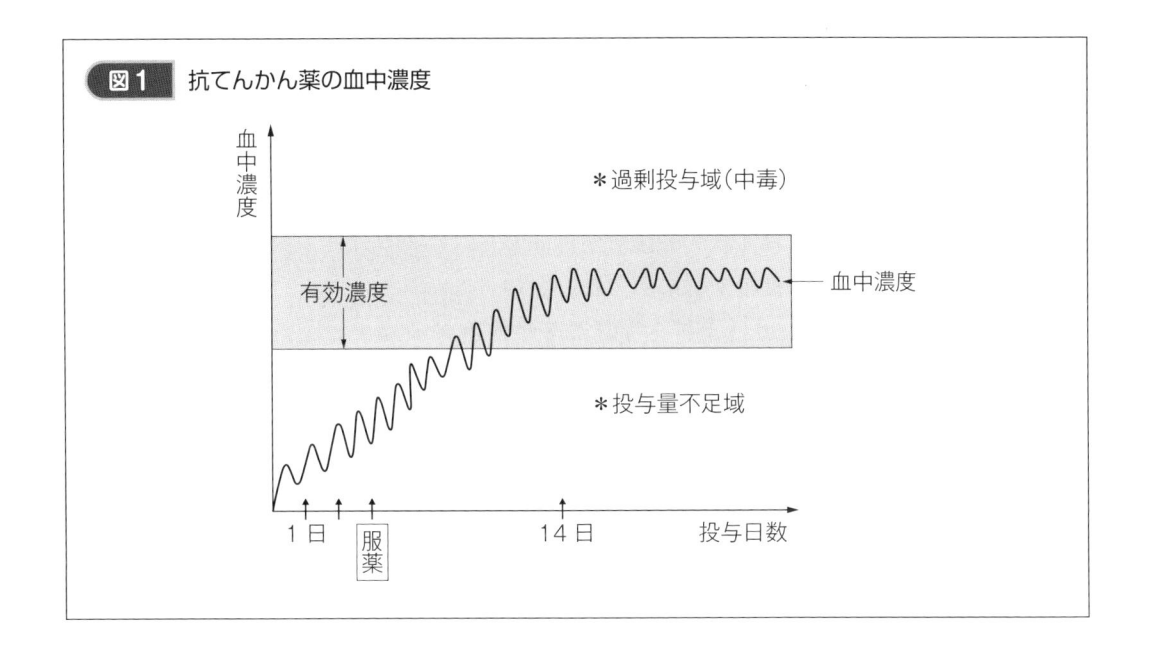

が多く発見も容易である。眠気が最も多いが、ふらつき、眼振、悪心・嘔吐など薬剤に特異なものもある。前述した薬剤血中濃度の測定が有用である。③については、薬剤ごとに特異的な副作用が報告されているので、定期的な血液検査などによる早期発見が可能である。④は後述する。

治療者の基本的な立場は、「薬剤には必ず副作用があるが、効果が副作用をうわまわるなら副作用に最大限の注意をしながら治療を開始する」である。そして患者・家族に対しては、治療による効果と副作用についての十分な説明をしたうえで治療開始の同意を得ることが重要である。

③治療の中止時期とタイミング

治療の中止時期については諸説があるが、最近では3年間の無発作と3年間の脳波正常化が投薬中止の目安とされている[5]。しかし、症候性部分てんかんや症候性全般てんかんでは再発率が高いため慎重に中止を決定するべきである。また、重度の精神遅滞や重症心身障害がある場合、著しい脳波異常が残存する場合などの断薬では、発作の再発が少なくないので注意が必要である。

抗てんかん薬を中止する時のタイミングとしては、再発率が高い思春期はできるだけ避ける、大学進学などで独り暮らしする時、発作が起こると解雇につながる就職時、結婚時などは避ける方がよい[5]。

1.5 てんかんをもつ子どもの日常管理

①発作誘発因子の除去

てんかんの抑制には抗てんかん薬の服用だけでなく、日常生活の中の発作誘発因子を取

り除く努力や対応も必要である。代表的な発作誘発因子としては、①発熱、②生活リズムの乱れ（睡眠不足やリズムの乱れ、飲酒）、③急激な断薬、④感冒薬（抗ヒスタミン剤）、⑤月経前後のホルモンの乱れなどである。

②予防接種

てんかんをもつ子どもでは、感染症罹患時の発熱などにより発作が誘発されることが多いため、最近では積極的に接種を勧めることが多い。

予防接種リサーチセンターによる2008年予防接種ガイドラインでは、発作のコントロールが良好な児では最終発作から2～3か月経過すれば接種可能、コントロール不良な児でも体調が安定しており主治医が可能と判断すれば接種可能、発熱によって発作が誘発されやすい児では接種による副反応として発熱した時の準備（解熱剤や抗けいれん剤の座薬）をしたうえで接種可能としている。

③月経・妊娠・授乳の問題

・月経

女性のてんかん患者では、月経周期と関連する発作増悪傾向のある場合がある。一般的に卵胞から分泌されるエストロゲンは発作誘発性があり、排卵で生じる黄体から分泌されるプロゲステロンには発作抑制作用がある。そのため、プロゲステロンが減少する時期（月経開始3日前～開始後3日）に発作が増悪する人が多い。また、エストロゲンの増加する排卵日前後にも発作が増悪することもある。

・妊娠・出産

妊娠による影響は、発作の減少約10％、増加約20％、変化なし約70％と報告されている。減少の原因は、プロゲステロンの増加に加えて、妊娠に伴う情緒的安定、規則的な生活リズムなどが指摘されている。増加の原因としては、妊娠による体液量増加に伴う抗てんかん剤血中濃度低下、胎児奇形を心配した自己減量などが考えられる。妊娠と胎児奇形については本稿では触れないが、妊娠中の発作による胎児への影響が少なくないことを理解してもらい、妊娠前に催奇形性の低い抗てんかん薬に変更したり、可能な限り減量しておくことが重要である。

出産後の発作再発リスクは高く、出産後1年間の発作再発が20％にものぼるという調査報告もある。原因は、プロゲステロンの急激な低下に加えて、育児による睡眠不足、薬の飲み忘れなどが考えられる。この点は、妊娠中からの説明、家族の理解と協力が必要である。

また胎児や新生児の奇形や合併症の予防について、バルプロ酸服用による神経管閉鎖不全（二分脊椎など）には葉酸の投与、ビタミンK不足には新生児へのビタミンK投与が推奨されている[6]。

参考文献

1) WHO & ILAE: Dictionary of Epilepsy. Part 1: Difinitions, 1973.
2) 岡崎光俊:てんかんの概念(松浦雅人・編:てんかん診療のクリニカルクエスチョン194).診断と治療社,2009,pp3-4.
3) Commission on Classification and Terminology of the ILAE. Epilepsia 30:389-399, 1989.
4) 井上有史:成人てんかんにおける薬物治療ガイドライン.てんかん研究23:249-253,2005.
5) 須江洋成:てんかんの薬物療法(松浦雅人・編:てんかん診療のクリニカルクエスチョン194).診断と治療社,2009,pp167-168.
6) 兼子 直,管るみ子,田中正樹,他:てんかんを持つ妊娠可能年齢の女性に対する治療ガイドライン.てんかん研究25:27-31,2007.
7) (社)日本てんかん協会・編:てんかんの薬物療法(第16版).ぶどう社,1998.
8) (社)日本てんかん協会・編:難治てんかんの治療とケア(第8版).ぶどう社,1997.
9) 兼子 直:(追補改訂)てんかん教室(第2版).新興医学出版社,2007.
10) 松浦雅人・編:てんかん診療のクリニカルクエスチョン194.診断と治療社,2009.

(宮田広善)

2 先天性心疾患

　生まれつきの心臓や大血管の構造の異常であり、100人の出生に対し1人弱の割合で発生する。図2に心臓の簡略図を示す[1]。心室中隔欠損症、心房中隔欠損症、ファロー四徴症など、構造の異常の部位により50種以上もあり[2]、その症状や重症度も異なる。チアノーゼを伴うもの、早急に手術を必要とするもの、肺炎になりやすいものなど、個々の子どもの状態を主治医に詳しく聞く必要がある。日常生活については、心臓病管理指導表の生活指導区分[3]（入院・安静・軽い運動可・中等度の運動可・強い運動可）のどこに相当するかを主治医に聞いたうえで、療育を行う方が望ましい。経皮的酸素濃度測定機器があ

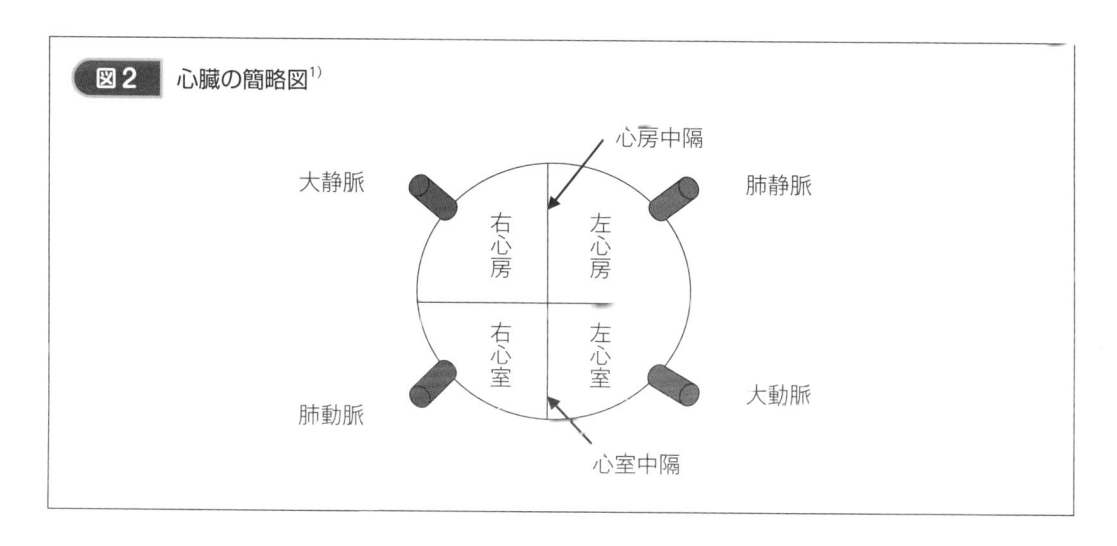

図2 心臓の簡略図[1]

る場合は、運動負荷による酸素濃度の変化を見ることもできる。

　心疾患のある子どもの場合、風邪・発熱時は早めに医療機関に受診すること、チアノーゼ（唇の色がいつもより悪い）や息苦しそうな時は専門医に受診すること、専門医の定期受診などを心がける必要がある。最近では、在宅酸素を行いながら、療育やハビリテーションに通う子どもも増えてきており、安全を図りながら活動の提供ができれば望ましい。

引用文献
1) 大久保又一（大塚親也・編）：イラストによるお母さんへの病気の説明と小児の診療（イラスト編）改訂3版．南山堂，1997，pp114-115．
2) 神奈川県立こども医療センター循環器科，http://www.pref.kanagawa.jp/osirase/byouin/kodomo/junkanki/index.html，平成21年12月17日アクセス．
3) 本田　悳：学校生活管理指導表の改訂（心臓病）東京都予防医学協会年報第30号．http://www.yobouigaku-tokyo.or.jp/old/k01sidou.htm，平成21年12月29日アクセス．

（山根希代子）

3 呼吸障害とその対応

3.1　はじめに

　重症心身障害児（以下、重症児と略す）には呼吸障害の合併が多い。呼吸障害は、日常生活の妨げとなるだけでなく、重症児の死亡原因の約70％が肺炎を中心とする呼吸器疾患であるため、運動面で重い障害を持つ子どもの日常的介護や支援にあたっては呼吸機能への配慮が重要である。

3.2　乳児期における呼吸機能の発達

①乳児期の呼吸機能の特徴

　著しく成長、発達する乳児期には、解剖学的にも運動学的にも大きな変化があり、その急速な成長の中で呼吸機能も発達して成人と同様の機能を持つようになる。

　新生児期から乳児期における呼吸に関する解剖学的特徴は「喉頭の位置が高い」「口腔に比べて大きな舌」「小さな外鼻孔による鼻呼吸が換気の中心」「気管は細く、肺胞数も少ない」であり、運動・生理学的には「肋骨が水平位で付着する脊柱（背骨）も不安定なため胸式呼吸が未発達」「横隔膜が平坦で腹式呼吸も十分でない」「呼吸パターンが不規則で、換気量の増加には呼吸の深化ではなく呼吸数の増加で対応」などの特徴＝未熟性がある。

②運動機能と呼吸機能の発達

　頚定（首座り）に伴って、口呼吸と鼻呼吸が分離し鼻咽腔が閉鎖できるようになり、食物が鼻に抜けることがなくなると共に開鼻声も消失する。この時期、腹伏位（うつ伏せ）

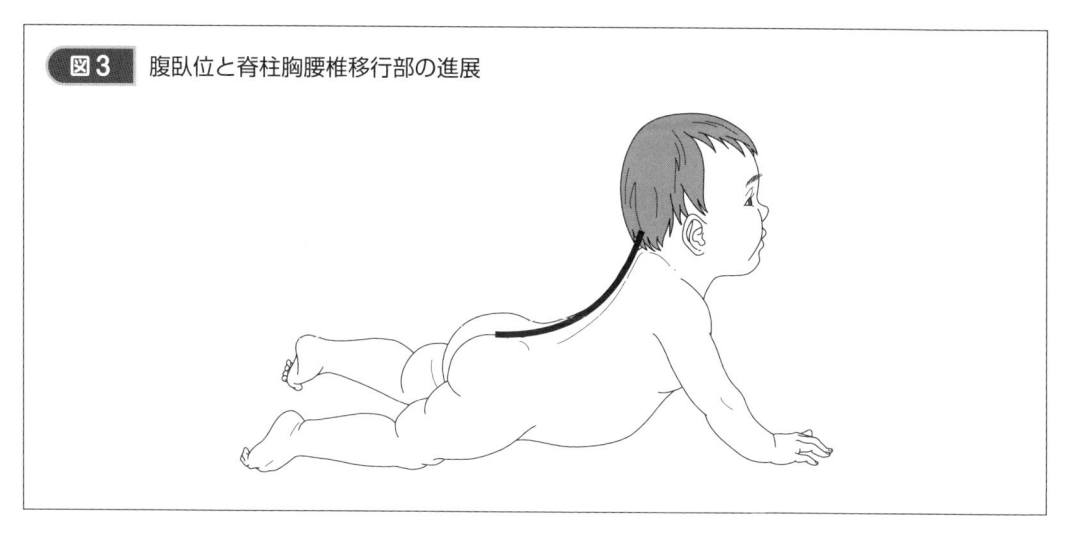

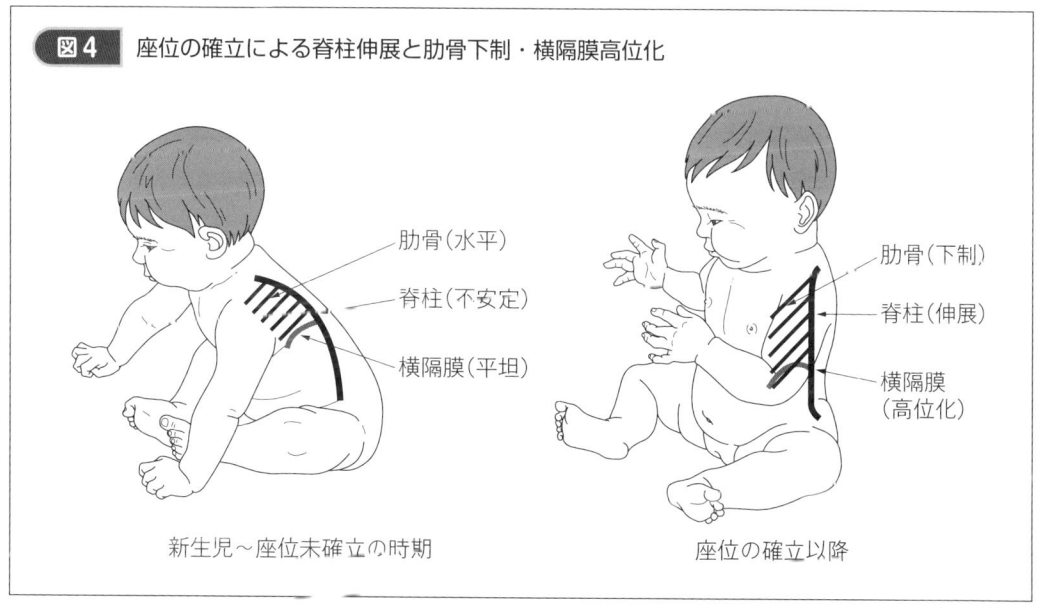

図3 腹臥位と脊柱胸腰椎移行部の進展

図4 座位の確立による脊柱伸展と肋骨下制・横隔膜高位化

肋骨（水平）
脊柱（不安定）
横隔膜（平坦）

新生児～座位未確立の時期

肋骨（下制）
脊柱（伸展）
横隔膜（高位化）

座位の確立以降

が可能になって、図3で示すように脊柱の胸腰椎移行部が伸展して横隔膜の付着部が安定する。生後7か月頃には、座位の安定によって脊柱が安定し腹筋の発達によって肋骨が下方に引き下げられる（肋骨の下制）。肋骨が引き下げられることによって胸式呼吸が可能になると共に、横隔膜のドームが高くなって腹式呼吸の効率も飛躍的に向上する（図4）。

つまり、座れない障害児は、脊柱の安定と伸展がないため肋骨が引き下げられず横隔膜のドームの高位化も障害されて呼吸機能の発達が阻害されると言える。

3.3 呼吸障害の分類とその要因

①呼吸障害の分類

呼吸障害には、気管分岐部より上部の機能的・構造的狭窄によって起こる「閉塞性換気

図5 呼吸障害の分類

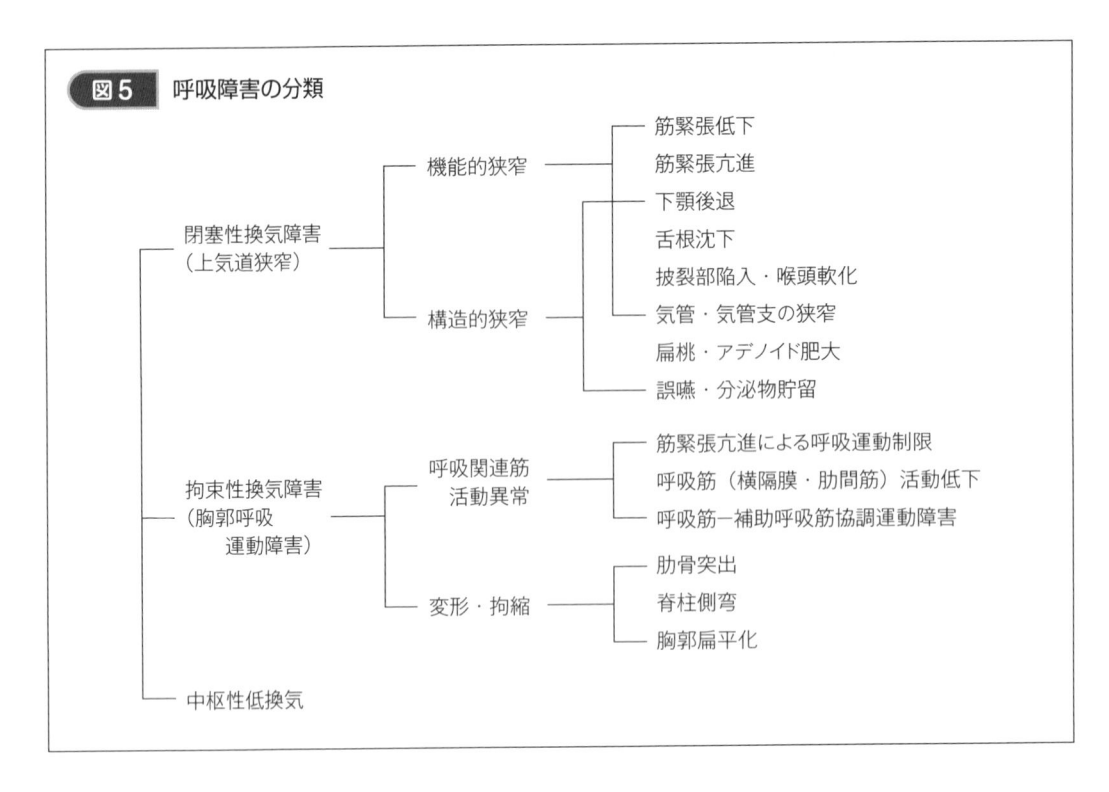

- 閉塞性換気障害（上気道狭窄）
  - 機能的狭窄
    - 筋緊張低下
    - 筋緊張亢進
  - 構造的狭窄
    - 下顎後退
    - 舌根沈下
    - 披裂部陥入・喉頭軟化
    - 気管・気管支の狭窄
    - 扁桃・アデノイド肥大
    - 誤嚥・分泌物貯留
- 拘束性換気障害（胸郭呼吸運動障害）
  - 呼吸関連筋活動異常
    - 筋緊張亢進による呼吸運動制限
    - 呼吸筋（横隔膜・肋間筋）活動低下
    - 呼吸筋-補助呼吸筋協調運動障害
  - 変形・拘縮
    - 肋骨突出
    - 脊柱側弯
    - 胸郭扁平化
- 中枢性低換気

障害」と呼吸関連筋の活動異常や胸郭・脊柱の変形・拘縮などによって生じる「拘束性換気障害」に分けられる（図5）。

　脳性麻痺児では、後頚部の緊張による下顎の後退と舌根の落ち込み、扁桃腺・アデノイドの肥大、唾液の貯留などによって閉塞性換気障害が起こりやすく、かつ呼吸筋の異常緊張や胸郭・脊柱の変形・拘縮などによって拘束性換気障害も起こりやすい。加えて、脳幹呼吸中枢の未熟性や障害による睡眠時無呼吸が問題となることもある[1]。

②**脳性麻痺における呼吸障害の特徴**

　重い運動障害や筋緊張の異常（亢進・低下）を持つ子どもでは、呼吸機能に障害を持っていることが多い。脳性麻痺児の呼吸障害の特徴を以下にまとめる。

- 呼吸周期が不規則。
- 腹式呼吸と胸式呼吸の不協調によるシーソー呼吸（腹壁が膨らんだ時に肋骨が引っ張られて陥没する現象）が起こる。腹式呼吸も前述の理由から浅く速くなる。
- 深呼吸など、呼吸運動の意識的な調整が困難。
- 口呼吸と鼻呼吸の分離が悪く、嚥下時に呼吸が止められず誤嚥が生じやすい。

　このような呼吸障害が重症心身障害児などの健康に影響するため、健康維持のためには、日常的な姿勢の管理や胸郭の可動性維持の努力が必要である。

3.4　誤嚥と呼吸障害

　本来、咽頭から食道、胃へと送られるはずの食物や水分が、誤って気管に流れ込む状態

を「誤嚥」と言う。誤嚥には、食事中に食物が気管に流れ込むだけでなく、日常的に唾液が流れ込む場合や胃の内容物が食道を逆流して（胃食道逆流現象）気管に流入する場合なども考えられる。

①誤嚥を疑わせる症状

通常、誤嚥が起こるとむせたり咳込んだりする。しかし、日常的に誤嚥がある場合にはむせや咳込みが見られないこともある（サイレントアスピレーション）ので注意を要する。

食事中に喘鳴（のどのゼロゼロ）が増強したり、食事中に不機嫌になったり筋緊張が亢進したりする場合には誤嚥の存在を疑う。食事時間が1時間以上を要する場合にも誤嚥が起こる危険がある。感冒症状がないにもかかわらず突然高熱を出したり、原因不明の発熱を繰り返したりする場合にも誤嚥が疑わしい。

誤嚥が疑われる場合には、レントゲン透視下で食物の流れを観察する嚥下造影検査（video-fluoroscopic examination：VF）を実施して、誤嚥の有無、誤嚥の量などを調べる（図6）。

②誤嚥によって起こる状態

誤嚥は呼吸障害の原因になる。慢性的な喘鳴や、ひどい場合には肺炎や無気肺を引き起こす。胃食道逆流現象では、胃液の食道への慢性的な逆流のために食道粘膜が傷害されて出血し貧血が進むと共に、胃液が肺へ流入すれば重症の肺炎が起こる。

また、誤嚥のある子どもは摂取できる食事量が少なくなり、慢性的な栄養不良状態を引き起こす。

③誤嚥への対応

誤嚥のために慢性的な栄養不良や呼吸障害がある場合には経管栄養を考慮する。経管栄養とは、鼻孔から挿入した栄養チューブから高カロリー栄養剤を注入するする方法である。本人の不快感や管理の煩わしさなどのため、腹壁から直接胃内へチューブを挿入する

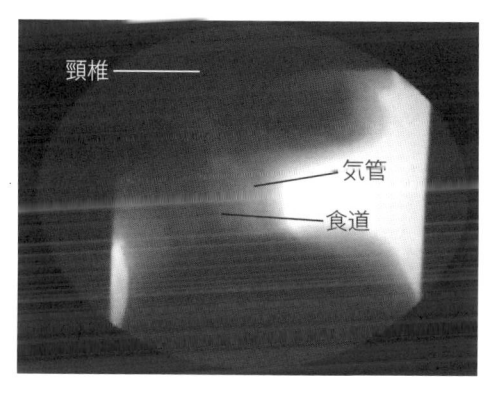

図6 嚥下造影検査（VF）

図7 PEG模式図

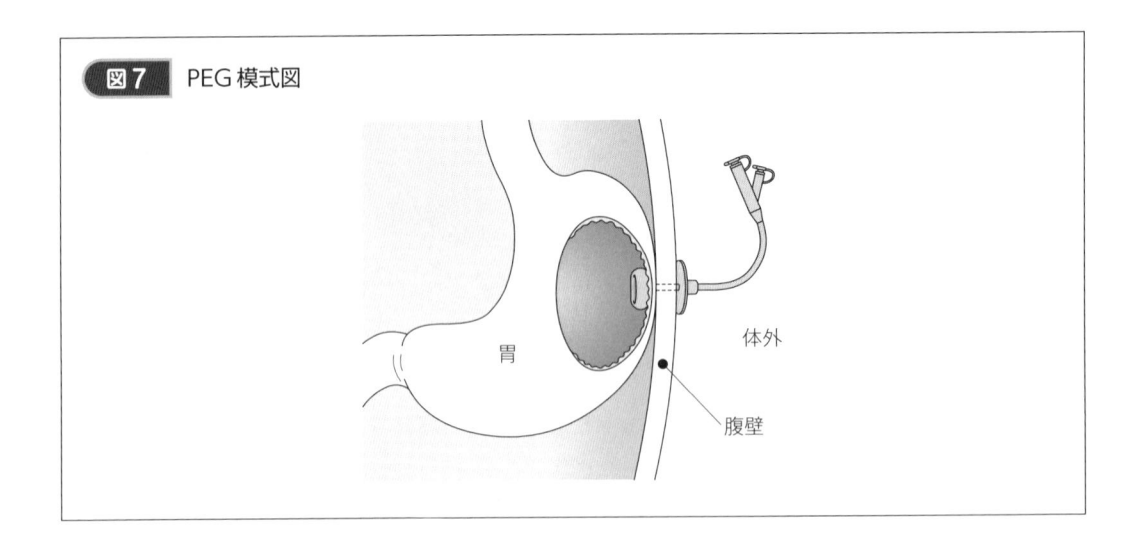

　「胃ろう」が主流になってきており、最近では開腹せず内視鏡によって胃ろうを造設する経皮内視鏡的胃ろう造設術（Percutaneous Endoscopic Gastrostomy：PEG）が普及してきている（図7）。

　経管栄養の意味について考えると、食事には「必要栄養量の摂取」と「食事を楽しむ」という2つの目的がある。誤嚥が多い子では、必要量すべてを口から摂取させようとすると、食事が楽しめないだけでなく、呼吸器感染症を繰り返し生活の質そのものが低下してしまう。経管栄養を併用して必要栄養量を確保できれば、少量でも好きな食物の味を楽しむことができ、生活の充実度は逆に高まる。

3.5 呼吸障害への対応

①姿勢管理（ポジショニング）と呼吸理学療法

　子どもの姿勢を調整してやること（ポジショニング）によって、筋緊張が緩和され呼吸が楽になるだけでなく、変形拘縮の予防・進行防止、胃食道逆流現象の予防・軽減、上肢運動改善による遊びなどの活動の拡大などの効果も見られる。臥床姿勢も、背臥位（仰向け）、腹伏位、側臥位で呼吸に対する影響は違う（表1～3）。

　また、正常で楽な呼吸を促し、肺に溜まった痰などを排出させる目的で呼吸理学療法を実施して呼吸機能の改善を図る。具体的手技は他書に譲る。

②吸引

　咽頭～喉頭部の痰、唾液などの貯留に対しては吸引器による適時的な吸引が必要になる。電動吸引器は、身体障害者手帳（呼吸障害や脳性麻痺）や医師の診断書などで給付される。日常活動場面で吸引する必要があることから、厚生労働省は、家族だけでなく医療職でないヘルパーや一般教員などにも研修などの条件を付けて咽頭部までの吸引を認めている。

表1 背臥位の問題点

- 下顎後退、舌根沈下が起こりやすい
- 顎や肩を後退させる緊張が出やすい
- 痰・唾液がのどに溜まりやすい
- 呼気を出しにくい
- 背側の胸郭の運動が制限される
- 胃食道逆流が起こりやすい
- 誤嚥物が肺下葉に貯留しやすい
- 胸郭の扁平化をきたしやすい

表2 腹臥位の利点と欠点

〈利点〉
- 下顎後退、舌根沈下が起こりにくい
- 設定次第で緊張が緩みやすい
- 痰・唾液がのどに溜まらない
- 呼気を出しやすい
- 背側の胸郭が動きやすく肺が広がりやすい
- 胃食道逆流が起こりにくい
- 誤嚥物の肺下葉への貯留を防止できる
- 胸郭の扁平化をきたしにくい

〈欠点〉
- 口-鼻部分に注意しないと窒息の危険

表3 側臥位の利点と欠点

〈利点〉
- 舌根沈下を予防できる
- 筋緊張を抑制できる
- 胸郭の前後運動を促通できる
- 痰・唾液の咽頭〜喉頭貯留を防止できる

〈欠点〉
- 左側臥位は胃食道逆流を誘発することがある

③酸素療法・人工呼吸器・気管切開

　呼吸障害が進んで、血中酸素濃度が低下してくるようであれば酸素投与が必要になる。換気障害が進んで二酸化炭素の貯留が起こってくれば、酸素の投与だけでなく人工呼吸器の使用が必要になるが、長期の気管内へのカニューレの挿入は苦痛を伴うため気管切開が必要になってくる。単純な気管切開は、嚥下機能を低下させ唾液の流入による喘鳴が増強することが多いため、発声がないケースでは喉頭気管分離術を選択することが多い。喉頭気管分離術では、食道と気管が完全に分離されるため、誤嚥がなくなり経口食物摂取も可

図8 気管切開（喉頭気管分離術）

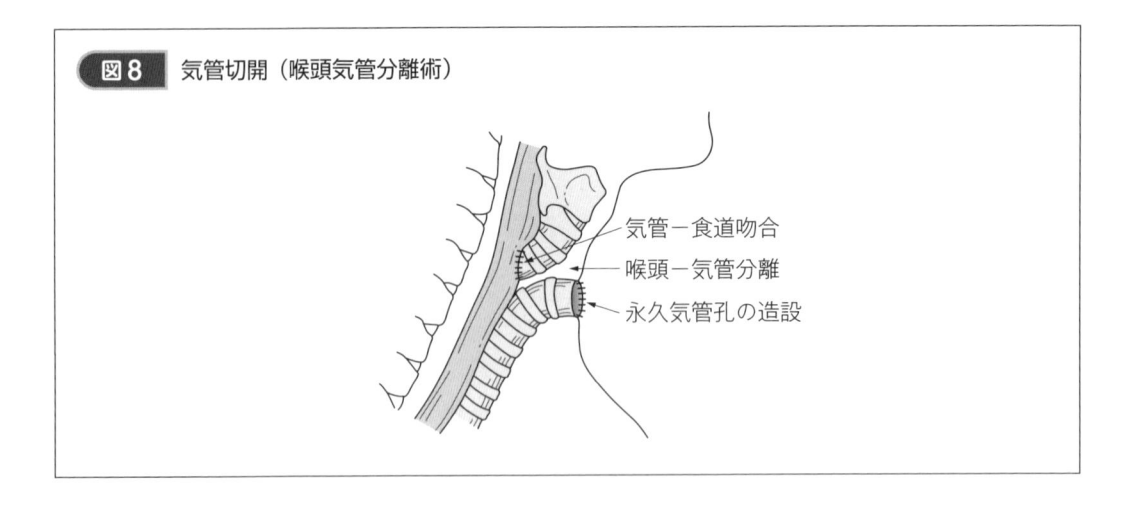

― 気管－食道吻合
― 喉頭－気管分離
― 永久気管孔の造設

能となる（図8）。

引用文献

1) 平元　東：よくみられる症状とその対応「呼吸障害の諸症状」（江草安彦・監修「重症心身障害通園マニュアル（第2版）」）．医歯薬出版，pp105-108，2004．

（宮田広善）

4 摂食嚥下障害

　運動機能や認知機能の制限がある子どもの場合、摂食嚥下機能への支援が必要となることが多い。

　表4[1]に示すが、正常の摂食嚥下機能は成長と共に獲得していくものである。また、摂食・嚥下の過程は、図9[2]のように、まず、食べるものを認知し、口に入れて咀嚼し、口腔から咽頭に移送し（捕食・咀嚼・食塊形成・食塊の咽頭移送）、食塊により嚥下反射が誘発され食道に送り込まれる。

　発達支援を要する子どもは、摂食嚥下機能の獲得に長時間かかったり、咀嚼の発達と嚥下の発達にばらつきがあったりすることも多い。また、機能障害の原因となっている疾患や状態との関連も配慮する必要がある。たとえば、知的発達の遅れがあると食べるものの認知ができない、感覚過敏があると食物をうまく口に取り込めない、筋の協調運動障害があると口唇閉鎖不全や咀嚼困難が起こる、不適切な摂食姿勢や食物形態で誤嚥する、などのようにさまざまな問題が起きてくる。

　したがって、それぞれの子どもの発達段階を含めた摂食機能の状態を把握すると共に、①筋緊張のコントロールを含めた姿勢のとり方、②食形態、③介助方法について、個々の子どもに合わせた支援を、家族を含めたチームアプローチで考えていく必要がある。ま

表4 摂食・嚥下の機能獲得過程と特徴的な動き[1]

	機能獲得過程	特徴的な動き
介助食べが主	経口摂取準備期	哺乳反射、指しゃぶり
	嚥下機能獲得期（離乳初期）	下唇の内転、閉口時の舌先固定　食塊の咽頭への移送
	捕食機能獲得期（離乳初期）	顎・口唇の随意閉鎖、上唇でのこすり取り
	押しつぶし機能獲得期（離乳中期）	口角の水平の動き、舌前方の口蓋への押しつけ
	すりつぶし機能獲得期（離乳後期）	舌顎の偏位、口角の引き（左右非対称）
自食が主	自食準備期	歯がため遊び、手づかみ遊び
	手づかみ食べ機能獲得期（離乳完了期）	口唇中央部からの捕食、前歯咬断、頸部回旋の消失
	食具食べ機能獲得期	口唇中央部からの食具の挿入、口唇での捕食

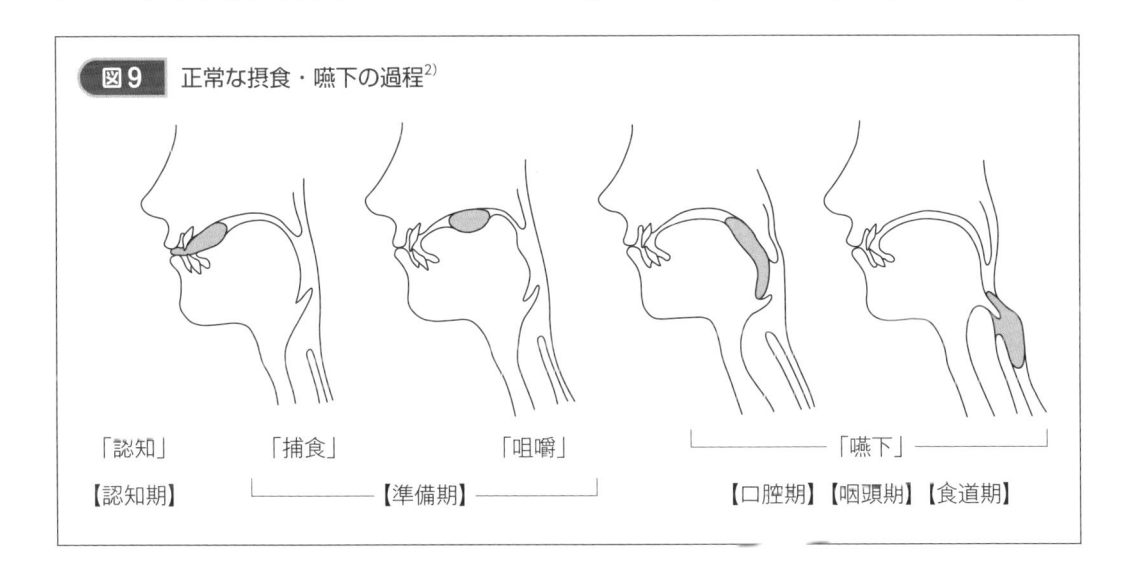

図9 正常な摂食・嚥下の過程[2]

「認知」　「捕食」　「咀嚼」　―――「嚥下」―――
【認知期】　―――【準備期】―――　【口腔期】【咽頭期】【食道期】

た、誤嚥が疑われる場合は、VF（嚥下造影検査）など、外からは見えない嚥下の状態を確認するための精密検査を勧めていく場合もある。

一般的な支援のポイントを以下に示す[3]。

①**筋緊張のコントロールを含めた姿勢のとり方**
- 筋緊張が亢進していると咀嚼・嚥下しにくいため、食事前に口腔内マッサージやハビリテーションで食事をしやすい体を作る。
- 嚥下の状況を見ながら、体幹と首の角度や向きに留意し、その子どもにとって嚥下し

やすい姿勢を見つける。一般的には、首の角度が体に対して後屈位になる姿勢は誤嚥しやすいため、首の角度を体に垂直か軽度前屈させたうえで、上体を少し後ろに倒したリクライニング姿勢をとる。

②**食形態**

- ペースト食・押しつぶし食など子どもの機能に合わせた食形態を見つけ、調理法を工夫する。
- 適度なトロミがついているものやまとまりの良い食物は誤嚥しにくいので、増粘剤などを上手に使用する（ベトつきの高いトロミは咽頭への滞留増加し、誤嚥につながることもある）。
- 好きな味や食感のものを準備する（嫌いなものは口の動きが悪くなる、口にためるために誤嚥につながることがある）。

③**介助方法**

- 声かけやスプーンを見せるなど、子どもが食物を認知できるようにする。
- 適切な一回量を見つけ、子どもの舌の動きや咀嚼に合わせ、食物を置く位置を決める（舌が前後運動しかできていない時は、食物を舌の中央から奥に置くなど）。
- 口腔内に食物をためていないか、2～3回の嚥下を必要としていないか、嚥下が終わらないうちに次の物を口に入れていないか、など、口腔内の処理機能や嚥下機能に合わせたスピード・タイミングになるよう配慮する。
- 呼吸の状態や、むせ込みなど誤嚥していないかどうか観察する。
- 時間の経過で姿勢が崩れてきていないか、疲れが出ていないかを確認する。

引用文献

1) 向井美惠：小児の摂食・嚥下リハビリテーションへの取り組み．田中　勝，向井美惠・編著：小児の摂食・嚥下リハビリテーション．医歯薬出版，2006, p2.
2) 日本小児神経学会社会活動委員会，松石豊次郎，北住映二，杉本健郎・編：医療的ケア研修テキスト．クリエイツかもがわ，2006, p70.
3) 江草安彦・監修，岡田喜篤，末光　茂，他・編：重症心身障害児通園療育マニュアル　在宅生活を支えるために．医歯薬出版，2000.

（山根希代子）

5　排尿障害

　健康状態のサインを出しにくい子どもにとって、排尿・排便は、脱水の有無などの健康状況を把握するための重要なバロメーターの一つである。また、発達支援を要する子どもにとっては、排泄の自立に向かうためには、排尿障害や便秘などの問題がなく、定時的に排泄されることが条件となる。

図10 腎臓・膀胱の簡略図

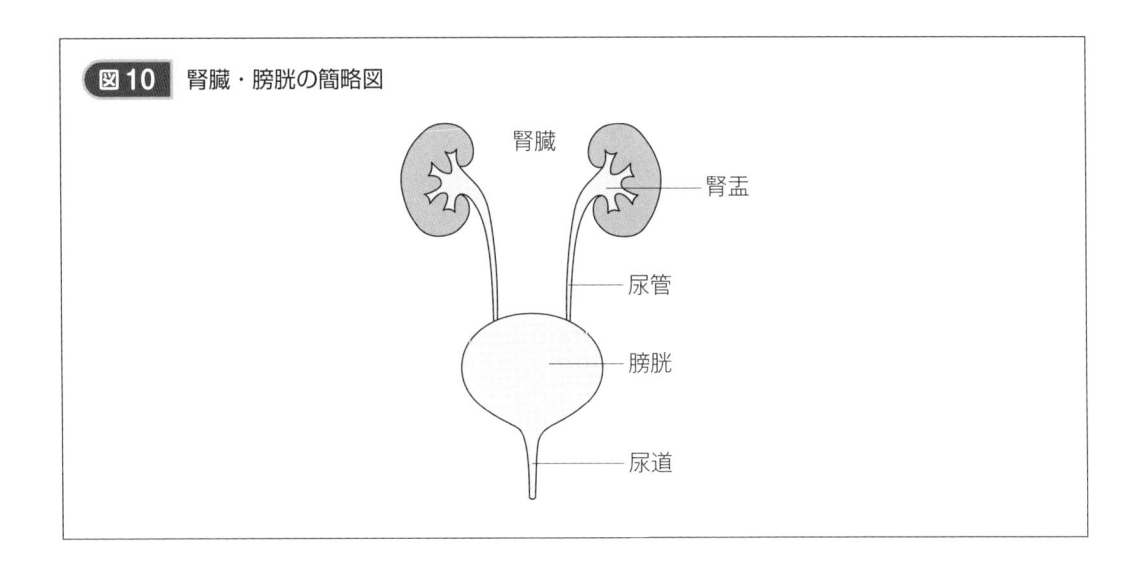

　排尿障害に関しては、まず、いつもの状態の観察が必要となる。排尿介助の際に、いつもの1回量・オムツの場合は濡れ具合・色・匂い・付着物・時間・回数を把握しておくことが必要であり、そのうえで、いつもとの違いを観察することで、排尿に関する子どもの訴えをある程度把握することができるようになる。

　図10に腎臓・膀胱などの簡略図を示す。排尿をするためには[1]、膀胱に尿が溜まると膀胱壁が伸展されて排尿反射が起こる、膀胱の充満感を知覚する、尿道括約筋を意識的にコントロールする、などの機能が必要となる。つまり、排尿には、脳の機能・脊髄での反射・知覚神経・運動神経などが複雑に機能している。

　排尿障害は、膀胱に溜めた尿がスムーズに出ていかない状態を言い、排尿困難、尿閉、頻尿、尿失禁などがある。子どもの排尿障害は二分脊椎によるものが多く[2]、脊髄の障害の部位によって、症状や程度も異なるため、一人ひとりに合った排尿方法を選択し訓練する必要がある。腹圧をかけてやる圧迫排尿（膀胱から尿管への尿の逆流がないことが条件）や、間歇導尿（膀胱に溜まった尿を時間を決めてカテーテルで出す）などがある。乳幼児期には、乾いた状態の気持ちの良さを体感すると共に、必要な子どもでは間歇導尿を行い、自己導尿の学習を進めていくことが望まれる。

引用文献

1) 日本小児神経学会社会活動委員会，松石豊次郎，北住映二，杉本健郎・編：医療的ケア研修テキスト．クリエイツかもがわ，2006，p70．
2) 江草安彦・監修，岡田喜篤，末光　茂，他・編：重症心身障害児通園療育マニュアル　在宅生活を支えるために．医歯薬出版，2000．

〔川根希代子〕

6 便秘

　便秘は排便回数が少なく便の水分が減少して硬くなった状態を言う。発達支援の必要な子どもの場合は、直腸膀胱障害などの器質的な疾患による便秘もあるが、摂取する水分の量が少ない、食事の量が少ない、抗てんかん薬・筋弛緩剤などによる蠕動の抑制、腹圧がうまく入らない、場面が変わると排便を我慢するなどの理由で便秘になることも多い。

　また、長期の便秘により宿便が続くと、直腸が肥大化して、さらに蠕動が抑制され便秘になるといった、悪循環が生じる。便秘に気づいたら早期の対応が望ましい。

　対応としては、生活指導と投薬とがある。

　生活指導については、まず、水分量のチェックと十分な水分摂取、繊維質の多い食事の摂取を推奨である。そして、適度な運動とマッサージを行い（胃ろう部は避ける）、生活リズムを整え、朝食が終わった後にトイレに座るといった規則正しい排便習慣を作ることが大切である。

　薬については、オリゴ糖などの多糖類、下剤（酸化マグネシウム・漢方薬・ラキソベロン®など）で2日に一度は排便の習慣を作るようにする。また、難しい場合は、座薬（テレミンソフト）や浣腸で排便を促すことも必要となる。酸化マグネシウムで便を軟らかくしてからラキソベロン®や浣腸、座薬を使用すると痛みがなく、「排便の心地よさ」を覚えて自律的な排便に結びつくこともある。

（山根希代子）

7 アレルギー

　アレルギー疾患とは、ある特定の抗原に対して免疫反応が過剰に起こり、さまざまな病態を示す疾患であり、気管支喘息・アレルギー性鼻炎・食物アレルギーなどがある。

　各疾患に対する治療や日常生活への配慮は、保護者からの情報によって行うが、療育においては、特に、給食やクッキングなどの際の食物アレルギーへの配慮が必要となる。

　食物アレルギーは、特定の食物の成分に対して体が反応するもので、食後30分以内に出る症状と、数時間から48時間後までに見られる症状がある。かゆみの強い発疹や蕁麻疹、鼻水・くしゃみ・咳などの呼吸器症状、嘔吐・下痢などの症状が現れる。時に、アナフィラキシーといって、急激に呼吸状態が悪くなり、チアノーゼ（顔色や口唇の色が悪くなる）を起こし喉頭部の浮腫のため窒息するといった激しい反応が起こることもある。したがって、給食やクッキングなどの前に、食物アレルギーの有無を確認する必要がある。

　一例として、広島市西部こども療育センターでは、表5のような禁止食品問診表を用いて、栄養士が給食提供前に禁止食品の確認を行っている。その後、食品の禁止程度と子ど

表5　禁止食品問診表

〈禁止食品問診表〉　　　　記入年月日　　　平成　　年　　月　　日
○ クラス＿＿＿＿＿＿＿＿＿　氏名（＿＿＿＿＿＿＿＿＿＿＿＿＿＿＿＿＿）

○ 食べたらいけないものに丸をしてください。これ以外にありましたら、追加して書いてください。

〔米・小麦〕	かまぼこ　練り製品　しょうゆ　調味料（小麦）　ふ　はんぺん　麦茶　玄米　ソース　みそ　カレールー	ソバ・パン米・オートミール・小麦（うどん、かんめん　小麦粉）　ケーキ（豆乳ゼリーOK？）　お菓子
〔いも〕	さつまいも・じゃがいも・さといも	とろろイモ・やまいも
〔豆〕	インゲン・ウズラ・トラ豆・おたふく豆	ピーナッツ
〔大豆〕	しょうゆ・みそ・豆腐・納豆・えだまめ・豆乳　サラダ油	おから・大豆・生揚げ
〔果物〕	りんご・みかん・なし・いちご・スイカ	バナナ・オレンジ・グレープフルーツ・キウイフルーツ
〔魚介〕	キス・サヨリ・カレイ・カワハギなど油脂が少ない魚　はんぺん　練り製品　だし	アカウオ・サバ・サケ・マグロ・カツオ・いわし・タラ・サンマ　うなぎ　カニ・エビ・イカ　ししゃも、わかさぎ、しらす干し、ぶり　貝類　さわら
〔牛乳〕	つなぎ程度　ハム・ソインナー・ベーコン　ケーキ　パン類　菓子　カレールーなどのルー類　ホットケーキミックス	牛乳・ヨーグルト・バター　飲むヨーグルト　ヤクルトなど乳酸飲料　生クリーム　チーズ　スキムミルク　（豆乳・ジュース・飲むヨーグルト?）
〔卵〕	ケーキ　はんぺん　ハム　ベーコン　練り製　パン　てんぷら粉　はつみつ（卵白）　マヨネーズ　つなぎ程度　ウインナー　から揚げ粉　中華めん	鶏卵・　うずら卵・　イクラ・　スジコ・　タラコ　ししゃも　かきたま汁　丼　お菓子
〔肉〕	豚肉・地鶏・ハム・ウインナー・ベーコン	牛肉・とり肉（ブロイラー）・レバー・鯨
〔油〕	なたね油・ブドウ油からしな油・オリーブ油・カレールー	市販サラダ油　マーガリン
〔調味料〕	本醸造しょうゆ・本醸造みそ・米しょうゆ・米みそ　雑穀しょうゆ（あわ・ひえ・きび）・雑穀みそ（あわ　ひえ　きび）・ソース・トマトケチャップ・酢・ノンオイルドレッシング	市販のしょうゆ、みそ、オイルドレッシング　マヨネーズ　ごま
〔おやつ〕	雑穀ポンセン、おせんべい、干しいも	スナック菓子（油で揚げたお菓子）、ビスケットケーキ・チョコレート・ココア・ミロガム・あめ・キャンディ・キャラメル・ゼリー・グミ・キャンディ
〔お茶〕	緑茶・紅茶・ウーロン茶・ほうじ茶	コーヒー・清涼飲料水・炭酸飲料水、ポカリスエットなどスポーツドリンク　ヤクルト・ジョアなど乳酸菌飲料

もの対応を表にまとめ、調理を行っている。また、給食場面では、配膳、喫食時の間違いを防ぐため、図11のように小さなホワイトボードにその日のメニューの違いを記入し、テーブルまで運んでいる。

　時に、離乳食など進めている段階や、保護者が食物アレルギーに気づいていないなどの理由で、どの食品が食物アレルギーとなっているかわからないままで、症状が出ることも

図11 アレルギー食の提供

ある。アナフィラキシーの場合は、呼吸確保・救急車などの緊急対応を行い、その他の症状であっても、小児科などへの受診と共に、給食時に提供した食品を明確にし、原因となる食品を推定し、次回の食提供に備えることが重要である。

(山根希代子)

8 肥満

　肥満とは、体脂肪が過剰に体に蓄積した状態を言う。過食や運動不足などが原因の単純性肥満と、プラダー・ウィリー（Prader-Willi）症候群などの基礎疾患によって起こる症候性肥満とがある。

　特に自閉症児などでは、偏食が強く食事や運動のコントロールがうまくいかず肥満となり、さらに運動量が減ることで急速に肥満が増強することも多々ある。基礎疾患のある肥満と同様に対応が必要である。

　一般的には、肥満の判定は、幼児期は、体格指数：カウプ指数＝体重 (g) ÷ [身長 (cm)]^2 × 10 を目安に 20 以上（標準は 15～19）を肥満と判定している。しかし、発達支援を要する子どもの場合は、成長の遅れなど個人差が大きく、低緊張のために筋肉量が少ない場合もあり判断が難しい。身長の伸びの停滞や体重の急激な増加などの変化を把握するために、図12 のように身長体重曲線を用い評価するとよい。身長や体重の推移を見ながら、肥満の程度を測り、食生活の改善、運動を行うことが必要である。一方、保護者の考え方も多々あり、時には子どもが必要だから食べたがっているといった誤解もあり、

図12 成長曲線

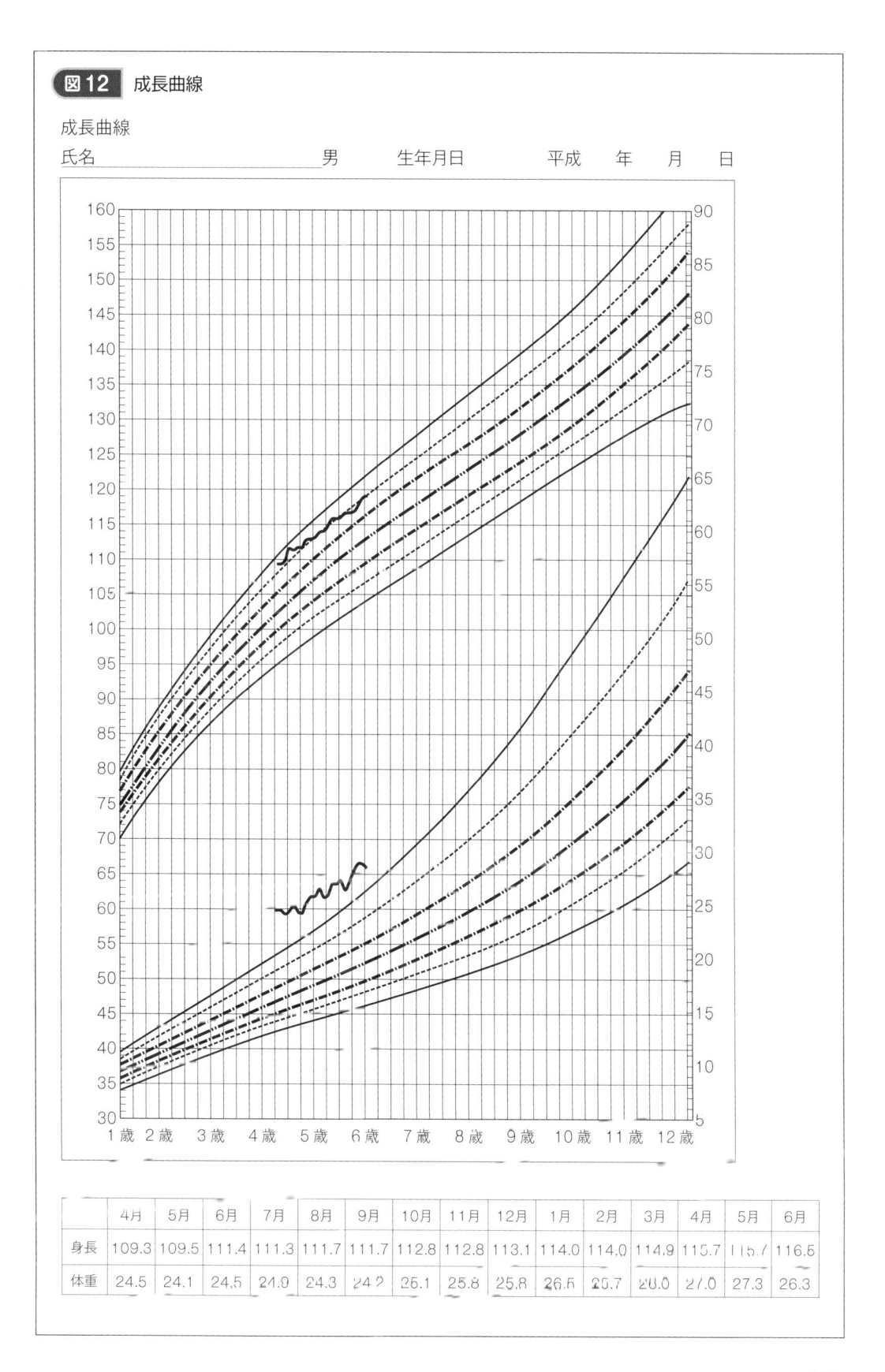

成長曲線

氏名_____ 男   生年月日   平成 年 月 日

	4月	5月	6月	7月	8月	9月	10月	11月	12月	1月	2月	3月	4月	5月	6月
身長	109.3	109.5	111.4	111.3	111.7	111.7	112.8	112.8	113.1	114.0	114.0	114.9	115.7	115.7	116.5
体重	24.5	24.1	24.5	24.0	24.3	24.2	25.1	25.8	25.8	26.5	25.7	26.0	27.0	27.3	26.3

肥満改善の必要性に対する意識の改善が重要となる。

　食生活の改善には、まず、現在の食事の総カロリーの把握、脂肪やたんぱく質などの栄養の評価と共に、食事や食材のバランスの評価が必要である。食べることのできる食材やメニューが限られていると、将来の食生活における食事バランスが崩れることがよくある。たとえば小さい時はにんじん中心でビタミンを補えていても、成長による必要カロリー増加時にはにんじんだけではビタミンを補えないといった問題である。一例として西部こども療育センターでは、3～7日間の摂食状況調査を保護者に記述してもらい、栄養士が評価を行っている。その後、適正量に近づけるための具体的なメニューや工夫について、栄養士からアドバイスを行っている。給食に関しても、たんぱく質などの栄養価を下げずに低カロリーのものを提供するなど、個々の子どもの状況に応じて対応している。

　運動に関しては、幼児期は意図して運動量を多くすることが難しいため、水泳や外遊びなど子どもの好きな活動の時間を確保することを推奨している。特に、楽しみが食べることのみと限定されている子どもについては、療育の中で好きな活動を見出し、一日のスケジュールに組み込んでいくなど、工夫が必要と思われる。

（山根希代子）

9　骨折・脱臼

　肢体不自由児、特に重症児は、運動機能の制限による廃用性の萎縮・慢性の栄養障害、日照不足や抗痙攣剤によるビタミンD不足・各種ホルモン障害などのために、骨折が起こりやすい[1,2]。好発部位は、大腿骨骨幹部・上腕骨・脛骨上部などであり、原因は、移動ができない場合は、おむつ交換や更衣、抱き上げるなどの際に起こり、移動が可能な場合は、転倒・他者から踏まれた時などに起こりやすい。

　予防としては、丈夫な骨組織を保つことと、日常の介助・介護に注意することがあげられる。丈夫な骨組織を保つためには、たんぱく質・ミネラル・ビタミンDなど食事内容に気をつけること、自発運動の機会や立位などの抗重力姿勢を多くとらせること、日に当たるために屋外へ出ること、骨塩量などの検査を行い薬剤の内服をすることなどがあげられる。介助に関しては、更衣などさまざまな場面で急激に筋のストレッチを起こさないように、また、てこの作用が起きないように気をつける必要がある。てこの作用は、たとえば、狭いところを通り抜ける際に抱っこしていた足が壁に引っかかる、バギーで移動の際に足が地面に引っかかるなどがあり、移動の際の抱っこの仕方や姿勢に気をつける必要がある。

　また、肢体不自由児の場合、大腿内転筋群の緊張が強い、大腿の内転位が長期に続くことで、股関節脱臼を起こすことがある。股関節の亜脱臼・脱臼が起こると、痛みや動きの制限（機嫌が悪い・寝返り時や介助方法によって泣くなど）が起こってくる。定期的に整

形外科を受診し、股関節のレントゲンなどでの管理が必要である。治療は、主に装具療法（両下肢の対象性を維持し、股関節を外転させる夜間用装具など）と手術（股関節周囲筋解離術、観血的整復術、臼蓋形成術などさまざまな術式）である。共に機能訓練を併用する必要がある。

　多動がある子どもの場合、子どもの介助の際、急に後ろから手を引っ張る形で行動を止めた時に、肘内障が起きることがある。肘内障は、肘関節の亜脱臼であり、急激な痛みと共に、腕をだらりと下げ、動かそうとしないといった症状が起きる。簡単な整復術ですぐに症状が改善するので、小児科・整形外科へ受診する必要がある。

　繰り返し起こすことが多いので、飛び出しなどの行動を止める際には、後ろから手を引っ張ることを避け、肘から上の腕を持つように気をつける必要がある。

引用文献

1) 石堂哲郎・編著：二分脊椎のライフサポート　育つ力（本人）と育む力（家族、教育、福祉、看護、医療）をつなげて．文光堂，2001．
2) 江草安彦・監修，岡田喜篤，末光　茂，他・編：重症心身障害児療育マニュアル．医歯薬出版，1998．

（山根希代子）

10　不眠・生活リズムの乱れ

　もともと人は25時間の概日リズムであり、光・食事・活動などで24時間に調整している。また、子どもの総睡眠時間は個人差が大きく5時間近く差があると言われている。

　発達支援を要する子どもの場合、視覚障害などがあるとリズムが乱れやすい、抗けいれん剤を内服していると昼間に眠気がくる、てんかん発作後などは睡眠が必要、低緊張の子どもの場合は姿勢保持だけでも疲れる、など基礎疾患によりさまざまな状態があり、不眠や生活リズムを考える時には、その子の睡眠状況の確認が必要となる。

　そこで、睡眠や生活リズムが整わない時のチェック項目を下に示す。

①入眠時間、起床時間と共に、睡眠の質はどうか
　（無呼吸は？　てんかん発作は？　いびきは？　途中覚醒は？　鼻づまりは？）
②食事・入浴・活動の時間帯
③家族の活動の時間（音で再々起きる子などもいる）　三問表（子どもと家族の一日の生活を把握するための日程表）の利用
④薬の変更や内服時間は？
⑤筋緊張の状況は？

　また、重症児の不眠に強く関わる要因としくは、一般的には表6にあげたようなことがあると言われている。

> **表6** 重症児・者に見られる不眠の要因

- 身体症状などによる要因
  夜間の頻尿、夜間の呼吸困難、疼痛、頭痛、歯痛、搔痒感、入眠期のてんかん発作の頻発、など
- 服薬などによる薬理学的な要因
  コーヒー・お茶・薬に含まれるカフェイン、甲状腺ホルモン、キサンチン誘導体を含む喘息治療薬、など
- 環境や生活習慣による要因
  転居・入院・旅行などによる環境の変化、騒音・夜更かし・不適切な室温や湿度などといった好ましくない生活習慣
- 心理的な要因
  心理的なストレス

　生活リズムを作っていくための対応としては、上記の要因を取り除くことであるが、まず、規則正しい生活習慣を作る工夫をすることである。ポイントは朝一定の時間に起こすことと、午後3時以降寝ないようにすることである。環境としては、刺激の少ない暗い寝室で寝ること、朝の光を入れることなどがあげられる。自閉症児などで夏に早朝覚醒する場合などは、日光が部屋に入らないように遮光カーテンや窓に段ボールを置くなどの工夫で改善する場合もある。また、父親が三交代勤務であるなど親の生活リズムも重要な要素である。

　次に、教育的な関わりとして、メリハリのある活動の準備があげられる。子どもの好きな活動をチェックし、午前中など覚醒してほしい時間にその活動を行うなどである。ある重症児は、特定の絵本の時間になると、傾眠状況から覚醒することがしばしば見られた。

　また、種々の睡眠導入剤・メラトニン（睡眠リズムを司るホルモン）なども効果が見られ、医療機関への受診が必要な場合もある。

（山根希代子）

11　偏食

　自閉症児など、感覚の偏り・想像力の制限がある子どもの場合、拒食や偏食になることがしばしば起こる。偏食に関しては特別な介入は控えるべきであるという考え方もあるが、偏食によって、メニューの制限や食べる楽しみの制限、栄養の偏りや肥満、そして家族・本人の生活のし難さにも繋がってくる。偏食の改善については、子どもの感覚・発達・食行動などの分析を行い、それぞれの子どもの状況に対して丁寧な対応をすることで、変化が見られることが実践の中でわかってきている。その一例として、広島市西部こども療育センターでの給食における口腔感覚対応食について紹介する。

まず、表7のように、園や家での食事記録から子どもの食嗜好（何を基準に選んで食べているか）を把握する。身長・体重・栄養評価と共に、JSI-R（感覚発達チェックリスト改訂版）、PEP-R（心理教育プロフィール改訂版）、発達検査などで、子どもの発達や感覚の偏り、変化の兆しなどを把握する。これらの情報と、偏食対応への経験を重ね合わせ、表8のように、大きく4つのタイプの偏食が考えられることがわかり、それに合わせた対

表7 園・家での食嗜好　Aさん

	給食で食べた献立	食べた材料	家で食べた献立（7〜8月）	食べた材料
4月	ホットケーキ		焼きむすび	ごはん
	じゃがいもソテー	じゃがいも	ラーメン	めん
	春雨サラダ	春雨	ポテトサラダ	じゃがいも
	やきそば	めん	グラタン	マカロニ・玉葱・ベーコン
	きんぴらごぼう	ごぼう・にんじん	トースト（マーガリン・ジャム）	パン・ジャム
5月	こんにゃく炒め煮	糸こんにゃく	コールスローサラダ	きゃべつ

表8 偏食傾向とその対応

グループ	傾向	対応	子どもの特徴（15名の分析から）
1. 形態で選ぶ	細い形にこだわるなど、形態、見た目で判断。色、切り方、調理法で食べる食べないを決める	こだわりを活かした形で食事を勧める。好みの形態にする　図9(1)	・知的障害が中度 ・こだわりが強い傾向
2. 慣れたもののみ食べる	慣れた限られたもののみを食る。食材がわかりやすいと理解しやすい	家で食べるものを復元する。食材をわかりやすくする。好きなものとひきかえにし、予測をたてさせる　図9(2)	・K式発達検査において認知適応が2歳を超えたもの多い ・視覚優位で予測のつき難さがある
3. 感触で選ぶ	パリパリしたものを好むなど、食感、触感、匂い、味、温度、色などで食べる、食べないを決める	食べれるものをだし、感覚に合わせて少しずつ変化させる　図9(3)	・知的障害が重度 ・感覚的遊びの段階 ・口腔内過敏が強い
4. 環境刺激に影響	すぐに立ち歩くなど、環境刺激によって、食事がすすまない（場所・食器・人・気温）	環境刺激のコントロール　図9(4)	・発達さまざま ・視覚刺激に反応しやすい

図13 繊切り状が好きな子への食事の例

図14 かれいの天ぷらと吹き寄せごはん（えび）の時の例

図15 さつまいもの味噌汁などの時の例

食材の感触を少しずつ変化させる

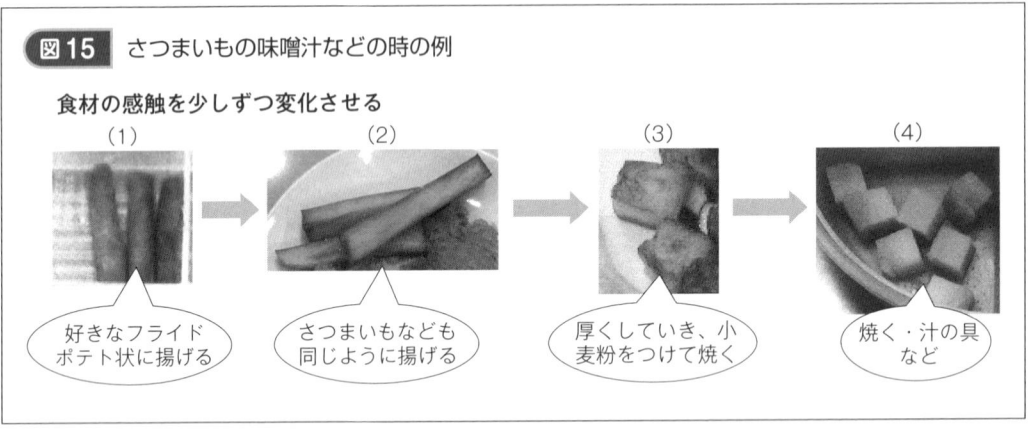

(1) 好きなフライドポテト状に揚げる → (2) さつまいもなども同じように揚げる → (3) 厚くしていき、小麦粉をつけて焼く → (4) 焼く・汁の具など

図16 視覚刺激の整理についたてを使用した例

応（図13〜16）を行っている。これらの対応により、徐々に偏食が改善してきている。好きな食材を見つけ、食への関心を引き出し、食べたい気持ちを育てること、発達に合わ

せた対応、空腹などを大切にし、子どもが安心して食べることのできる環境作りを行うことが望ましい。

（図表は、広島西部こども療育センター栄養士　藤井葉子氏の提供による）

（山根希代子）

重症心身障害児

1　重症心身障害児の概念

　重症心身障害児とは重度の知的障害と重度の肢体不自由とが重複した状態にある子ども（児童）である。これは医学的観点よりむしろ社会福祉的観点からなされた定義で、1967（昭和42）年、児童福祉法が一部改正された際、重症心身障害児施設に入所させる児童を規定する中で（第43条の4）、「重度の精神薄弱および重度の肢体不自由が重複している児童」と定義された。1998（平成10）年の用語整理のための法律で精神薄弱は知的障害に置き換えられて、この定義が現在も用いられている。

　重度の判定基準を国は明確に示していないが、一般に広く用いられているのは「大島の分類」である（図1）[1]。IQ35以下、運動に関しては寝たきりおよびお座りまでの重複するもの（分類1～4）を定義上の「重症心身障害児」、分類5～9にあって重症心身障害児の定義には当てはまりにくいが、①絶えず医学的管理下におくべきもの、②障害の状態が

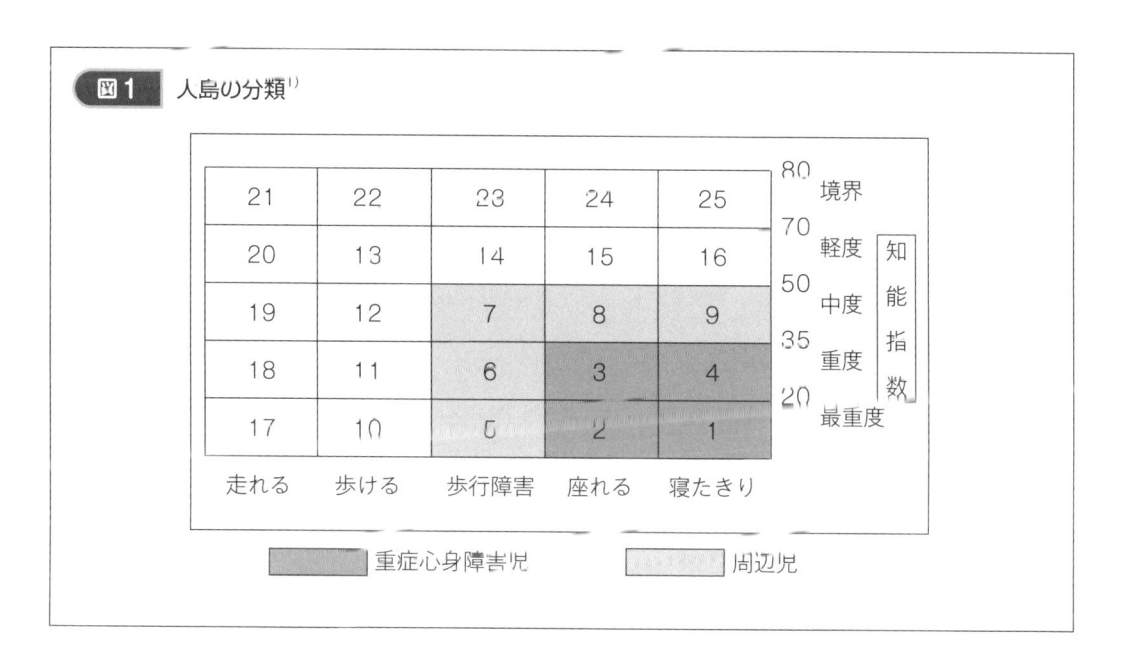

図1　大島の分類[1]

21	22	23	24	25	80 境界
20	13	14	15	16	70 軽度
19	12	7	8	9	50 中度
18	11	6	3	4	35 重度
17	10	5	2	1	20 最重度
走れる	歩ける	歩行障害	座れる	寝たきり	知能指数

■重症心身障害児　□周辺児

進行的と思われるもの、③合併症があるもの、という3条件のうち1つでも該当するものがあれば「周辺児」と呼んでいる[2]。

重症心身障害児とは本邦独特の概念で、1958（昭和33）年から用いられ始め、英語表記については、1991（平成3）年の重症心身障害学会で"children with severe motor and intellectual disabilities"（略表記は children with SMID）と提案され、近年は国際学会でも使用されるようになっている[2]。

2 超重度障害児の概念

医療技術や周産期医療の進歩により障害児の重症化が進み、経管栄養、人工呼吸器装着などの医療的配慮や医療的介護の量が極めて高い大島分類では対応できない重症心身障害

表1 超重症児の判定基準（6か月以上継続する状態の場合にカウントする）[3]

I．運動機能：座位まで		
II．介護スコア		スコア
呼吸管理	1. レスピレーター管理	10
	2. 気管内挿管、気管切開	8
	3. 鼻咽頭エアウェイ	8
	4. 酸素吸入または動脈血酸素飽和度SaO$_2$ 90％以下の状態が10％以上	5
	（＋インスピロンによる場合の加算）	(3)
	5. 1回／時間　以上の頻回の吸引	8
	（または6回／日　以上の頻回の吸引）	(3)
	6. ネブライザー常時使用	5
	（またはネブライザー3回／日　以上使用）	(3)
食事機能	1. 中心静脈栄養IVH	10
	2. 経管、経口全介助（胃・十二指腸チューブなどを含める）	5
消化器症状の有無	姿勢制御、手術などにもかかわらず、内服剤で抑制できないコーヒー様の嘔吐がある場合	5
他の項目	1. 血液透析	10
	2. 定期導尿（3回／日）・人工肛門／各々に	5
	3. 体位交換（全介助）、6回／日　以上	3
	4. 過緊張により3回／週　以上の臨時薬を要する	3

◆ I＋II＝25点以上　超重症児
◆ I＋II＝10点以上25点未満　準超重症児

児が昭和60年頃（1980年代後半）から増えてきて、「超重度障害児（超重障児）（後に『超重症児』）」という概念が作られた[3]。1996（平成8）年に超重症児の入院時の医療介護に診療報酬として「超重症児（者）入院診療料」が新設され、超重症児の概念は定着した。

また、超重症児には属さないが、介護上同様の困難さを持ち医療的配慮も必要な超重症児の周辺に位置する子どもを「準超重症児」とし、診療報酬は2000（平成12）年に追加された。

重症心身障害児は医療的配慮の必要量により「超重症児」「準超重症児」とされ、その判定は必要な医療介護の難易度や必要量をスコア化した判定基準に基づいてなされている（表1）[3]。

3 「医療的ケア」について

3.1 「医（療）行為」と「医療的ケア」

医師法第17条は「医師でなければ医業をなしてはならない」と規定している。行政解釈で「医業」とは「医行為を業として行うこと」とされており、「業」とは不特定多数のものまたは多数のものを対象として「反復継続の意志をもって行われる行為」であり、「医行為」とは「医師の医学的判断および技術をもってするのでなければ人体に危害を及ぼし、または危害を及ぼすおそれのある行為」あるいは「医師が行うのでなければ保健衛生上危害の生じるおそれのある行為」と定義されている[4]。

口や喉や気管切開チューブ内に溜まった痰を自力では出すことができない、あるいは食べたり飲み込んだりする機能が弱いなどの場合は、機器で痰を吸引したり鼻腔チューブや胃ろうで栄養をとったりする。これらの行為を家庭では医師の指示のもとで家族が日常的に行っており、健康を維持していくためには毎日、常時必要な医療的な介護行為であるとして、これらの行為を「医療的ケア」と呼んでいる。

何を医行為と見なすかを明示するものはなく、「社会通念に照らして個別に判断される」とされており、時代により変遷が見られる。2005（平成17）年までは爪切りや耳垢除去など一般に日常生活で行っている行為も医行為とされていたが、厚生労働省の通知でこれらの行為は原則として「医行為ではないと考えられる行為」に含まれた（表2）[5]。

医行為には人体に及ぼす危険性の観点から、医師自らが行わなければならない「絶対的医行為」と、医師の指示を受けて看護師など有資格の医療職者が行うことができる「相対的医行為」とがある[4]。

「医師が常に自ら行わなければならないほど高度に危険な行為」としての絶対的医行為とは具体的には、診断、医学的検査の判断、診断書・処方箋の交付、手術、動脈採血、静

表2 医行為ではない行為[5]

行　為	内　容
体温測定	腋下体温、外耳道体温
血圧測定	自動血圧測定器による測定
酸素飽和度	新生児以外のパルスオキシメーターの装着
軽微な傷の処置	切り傷、擦り傷、やけど
内服薬	一包化された薬・舌下錠
外用薬	軟膏塗、湿布貼、点眼、点鼻、坐薬
爪	爪切り、爪ヤスリ掛け
歯磨き	重度の歯周病がない場合
耳垢	耳掃除程度（耳垢塞栓は除く）
ストーマのケア	パウチの排泄物を捨てる
導尿補助	カテーテル準備、尿器や姿勢の保持
浣腸	市販の使い捨てグリセリン浣腸器

脈注射などが含まれ、「医師の指示を受けて行う」相対的医行為には看護師の行う経鼻胃チューブの挿入や静脈血採血など、理学療法士、作業療法士、言語聴覚士の行う理学療法、作業療法、嚥下訓練などがあり、医師の管理下にある「医療的ケア」もこの範疇に入ると考えられる。

「医療的ケア」で行われる行為の内容は「医行為」であると厚生労働省は規定しているが、医療職でない家族が行う場合は、特定の人（家族）が不特定多数にではなく家族のある特定の人に行う行為であるので、医師法違反にはならないとされている。また、家族以外の非医療職者が行う場合も、一定の条件のもとで特定の人に行うことは医師法に違反しない（違法性の阻却）とされた[6]。後に述べる一定の条件を整えることが大切である。

どの医行為を絶対的医行為、相対的医行為、あるいは医療的ケアとするか、その例をいくつかあげてきたが法的に明らかに示しているものはない。絶対的医行為とされていた静脈注射は2002（平成14）年に看護師の行える相対的医行為ととらえるという通達が出され、また、除細動器を使用しての除細動は医師の絶対的医行為であったが、看護師や救急救命士による使用が認められるようになり、さらに誰もが行える簡単な操作ですむ自動体外式除細動器（AED）が開発されて、2004（平成16）年には非医療職も除細動が行えるようになった[7]。

このように医行為の分類は医学・医療の進歩、医療職者の知識・技術の向上、機械器具の進化、時代の社会的要請などにより見直しがなされている。現在行われている医療的ケ

表3 医療的ケアの種類と範囲

分類	種類	ケアの範囲
看護師常駐の条件下であれば、研修を受けた非医療職でも可能なケア	経鼻経管栄養、胃ろう、腸ろう	注入後の胃腸の調子の確認
	吸引・口腔内、鼻腔内	咽頭の手前まで
	吸引・気管カニューレ	気管カニューレ内まで
専門性が高く看護師または研修指導を受けた家族ならば行ってよいケア	経鼻経管栄養、胃ろう、腸ろう	チューブの挿入、チューブの先端位置確認 胃ろう・腸ろうの状態確認 注入開始時の胃腸の調子の確認
	吸引・口腔内、鼻腔内	咽頭の奥の気道まで
	気管カニューレ	気管切開部管理、気管内吸引
	経鼻エアウェイ	経鼻エアウェイの挿入
	吸入	吸入実施
	人工呼吸器	人工呼吸器の使用、管理
	在宅酸素療法	管理、指導
	導尿	尿道口の清拭消毒、導尿
	ストマのケア	パウチ管理、パウチの取り替え
	中心静脈栄養	カテーテルの管理、輸液投与、輸液ルートの交換
	自己注射	注射行為（インシュリン、成長ホルモン、血液凝固剤など）

アには、研修を受けた非医療職が看護師常駐のもとで行えるケアと、看護師または研修を受けた家族が行うべき専門性の高いケアとがある（表3）。

3.2 「医療的ケア」を実施するための体制整備

厚生労働省は2003（平成15）年2月に「新たな看護のあり方に関する検討会」のもとに「看護師などによるALS患者の在宅療養支援に関する分科会」を設け、一定の条件下において、家族以外の者（非医療職）による痰の吸引の実施（医行為）はやむを得ないものとして、医師法に違反しない行為としてとらえた（違法性阻却）[6]。

この時の第6回分科会（2003［平成15］年1月15日）で、違法性阻却の要件が示されており、平成16年度厚生労働科学研究[8]、平成16年10月20日の厚生労働省通知[9]で「医師や看護師以外の職員が行う医療的ケアは法律からすれば法に抵触する行為だけれども、行為の目的が正当で手段が相当であれば実質的には違法性を問われない、処罰されない」という違法性阻却の見解を示した。

違法性阻却のための要件としては次の5つをあげ、それらがそろえば行った医行為には違法性を問わないとしている。
　①目的の正当性：行為が客観的な価値を担っていること。
　②手段の相当性：具体的な事情をもとに、「どの程度の行為まで許容されるか」を検討した結果として、手段が相当であること。
　③法益衡量：その行為によって起こる法益侵害と行為を行うことにより得られる法益とを比較した結果、法益の方が重要であると判断されるもの。
　④法益侵害の相対的軽微性：行為による法益侵害が相対的に軽微であること。
　⑤必要性・緊張性：必要性もあり緊張性も存在すること。
　非医療職が医行為を行ううえで、以上の5つの条件を満たしていれば違法性を阻却され、行う医行為は医療的ケアと呼ばれる。
　違法性を阻却された医療的ケアを非医療職が実施する時には次の5つの条件が必要であることを厚生労働省は示している。
　①保護者および主治医の書面同意
　②医療関係者による的確な医療管理・評価
　③医行為の水準の確保
　④施設における体制整備
　⑤地域における体制整備（医療機関、消防署など地域の関係機関との連絡支援体制）

　施設における体制整備とは具体的には次に示す6項である。
　①看護師の適正な配置
　②保護者と、施設医師（通園施設に勤務している医師）および医療主治医（子どもが通常主治医としている医師）、施設看護師、ケアを担当する者の情報交換と連携の体制整備
　③医行為技術の手順書の整備
　④指示書や実施記録の作成と保管
　⑤緊急時の手順書の作成
　⑥ヒヤリハット事例の蓄積、それらの分析、実施体制の評価および検証

　医療的ケアは、保護者（本人）からの依頼が出て開始される。医療的ケアを引き受けるには看護師の常駐が必要だが、担当個人の責任で医療的ケアを実施するのではなく、施設として責任を持つ、関係する者それぞれが責任を持つという体制を整える。保護者（本人）は依頼責任、主治医・指導医は指示監督責任、実際に実施する看護師・担当職員は実施責任、施設長は管理者責任、行政は総括管理責任が考えられ、施設内に必ず医療的ケア検討委員会（施設長、施設指導医、看護師などは必ず委員になる）を設置し、それぞれの立場

の委員の合議決定とし、施設として責任を負うという体制にすることが必要である。実施決定までに各課程での書類のやりとりも必要になる。保護者（本人）から施設への医療的ケア実施依頼書、主治医による指示書、検討委員会で決定後の実施決定通知書、実施決定通知同意書などである。

　ヒヤリハットの事例蓄積だが、ヒヤリハットとは日常の行為（療育）の中で事故にはならなかったが「ヒヤリ」としたり「ハット」した経験のことを指し、その些細な経験が見過ごされたり気づかれないでいると、なんらかの事故につながる恐れのあるもののことである。事故発生の構造を示す考え方として「ハインリッヒの法則」がよく知られている。1件の重大事故の背後には、29件の軽度の事故があり、その背後にはさらに300件の事故にはならない「ヒヤリ」「ハット」した体験があるとされている。つまり「ヒヤリ」「ハット」の事例の分析や改善策の情報がきちんと伝わり収集されれば、重大事故は防ぐことができるということである[10]。

　個々のヒヤリハットがなぜ起きたのかを分析する際、要因を個人の問題ととらえるのではなく、施設全体のシステムの問題としてとらえて改善策を立てて集積していくことが大切であるとされている。

3.3　医療的ケアの実際[11-14]

①痰の吸引

【準備するもの】

　　吸引器一式・吸引用カテーテル・水を入れた容器（吸引用カテーテル内の痰を洗い流す水）・使用後のカテーテルを入れる容器・アルコール綿・速乾性擦式手指消毒剤・ピンセット（または消毒された使い捨て手袋）。

【実施手順】

　　①開始、終了時は石けんで手を洗う（緊急時は速乾性擦式手指消毒剤を使用する）。
　　②吸引用カテーテルを吸引器のチューブにしっかりと接続し、吸引器の電源を入れる。
　　③吸引器の吸引圧を確認する（口腔・鼻腔からの吸引では100〜200mmHg、13〜26kPaくらい）
　　④吸引用カテーテルを指で折り曲げて、圧をかけずに口腔・鼻腔に入れる。
　　⑤痰のあるところにきたら指で吸引圧を調整しながら、痰を引いていく。吸引時間は必要以上長くしない（10秒以内）。
　　⑥吸引後はアルコール綿でカテーテル表面をふき、水を吸引してカテーテル内を洗い流す。
　　⑦カテーテルを吸引器のチューブから外し、所定の容器に入れる。
　　⑧吸引器の電源を切る。吸引用カテーテルを再使用する場合は、乾燥させておく。
　　⑨子どもの様子を観察する。

気管カニューレ内の吸引の場合は、次のことに注意する。
- (1) 吸引用カテーテルは清潔に扱う。消毒液につけておいたカテーテルか、消毒済みの使い捨てカテーテルを、ピンセットか消毒された使い捨て手袋で扱う。また、吸引の際に用いる水は、滅菌水（精製水）を用いる。
- (2) 吸引圧は口腔・鼻腔からの吸引の時より低く、150mmHg以下、20kPa以下にする。
- (3) 吸引時間は痰が引けない時は5秒以内、引ける時は10秒以内とする。

②薬液の吸入

【準備するもの】

医師の指示箋・医師の処方した吸入薬・生理食塩水・ネブライザー（吸入器）・マウスピースまたは吸入マスク・注入器・速乾性擦式手指消毒剤。

【実施手順】

①開始、終了時は石けんで手を洗う（緊急時は速乾性擦式手指消毒剤を使用する）。
②吸入器の必要物品を準備、正しく作動することを確認する。
③指示された薬剤を注入器で吸い上げ、指示箋と照合する。
④超音波式ネブライザーの場合
- (1) 作用槽に水道水を指示線まで入れる。
- (2) 噴霧槽に薬剤を入れて蓋をして固定する。
- (3) 吸気ホースにマスクをつけホースを本体に接続し、マスクは子どもの口または鼻に近づけ、電源を入れて吸入を開始する。

ジェット式（コンプレッサー式）ネブライザーの場合
- (1) 吸入ボトル（噴霧器）に指示薬をいれる。
- (2) 吸入ボトル（噴霧器）と送気用チューブを接続する。
- (3) ネブライザー本体の電源を入れて噴霧を確認し、吸入ボトルの嘴管にマウスピースまたはマスクを接続しゆっくり吸入させる。

⑤口腔内に貯留した唾液・痰・薬液は吸引する。

③経管栄養（経鼻チューブ、胃ろう、経皮内視鏡的胃ろう造設術PEG）

【準備するもの】

注射器・聴診器・栄養食（医師の指示による）・微温湯・コップ・イルリガートル・イルリガートルを吊るすスタンド。

【実施手順】

①開始、終了時は石けんで手を洗う。
②すでに留置されている栄養チューブが胃に挿入されているかを確認する。空気を入れた注射器をチューブに接続し、勢いよく空気を入れ、胃にあてた聴診器で空気が入るボコボコという気泡音を確認する。さらに、胃内容物を吸引し、チューブ先端

が胃内にあることを再確認する。

③医師から指示された栄養食を人肌程度（38〜40℃）に温めておく。

④子どもの体位を整える。一般的にはベッド頭部の角度を45°程度に挙上したり、座らせたりするが、その子にあった体位が良いので主治医の指示に従う。

⑤イルリガートルに滴下筒とクレンメ（滴下量を調節する器具、ローラーがついている）のついた接続チューブを接続し、クレンメを閉じて栄養食を入れ、スタンドに掛ける。

⑥イルリガートルの接続チューブ内を栄養食で満たす。滴下筒内には筒の1/2くらいの量を満たす。

⑦経鼻カテーテルとイルリガートルの接続チューブを接続する。

　胃ろうの場合、胃ろうカテーテルと接続チューブの矢印を合わせて差し込み、半回転させてロックし、接続チューブが抜けないことを確認する。胃ろうカテーテルは先端部が抜けていないか、挿入部の皮膚の異常がないかを確認する。

⑧イルリガートルのクレンメを開け、主治医により決められた注入速度に設定し注入を開始する。注入中は、吐いたり、腹部が張ってきたりしないかを注意し、異常がでた場合は注入を中止し様子を見る。

⑨注入終了後、経鼻カテーテル内または胃ろうカテーテル内に残っている栄養食を2〜3ml程度の微温湯で胃内に流し込む。

⑩使用したイルリガートル、接続チューブ、注射器、コップはよく洗い乾燥させる。

注）口から十分に食事がとれなかったり、食べても誤嚥して肺炎をくり返すような場合、また、長期の経管栄養が予測される場合に胃ろうを設置する。その手術方法のひとつがPEGである。内視鏡（胃カメラ）を使って胃に空気を送り、膨らませて胃壁と腹壁を密着状態にし、体表面からお腹の壁と胃の壁を貫通する小さな孔（胃ろう）を造り、その孔にチューブを通して留置すると手術は完了する。

④導尿
【準備するもの】
　消毒綿・導尿用カテーテル・使い捨て滅菌手袋・潤滑剤・尿を受ける容器。
【実施手順】
①プライバシーに配慮した環境を準備し、子どもを仰臥位にする。
②開始、終了時は石けんで手を洗い、使い捨て滅菌手袋を装着する。
③尿道口を清拭消毒する。
　（男児の場合）下肢をやや開き気味にして固定し、陰茎を把持して亀頭部を内側から外側へ円を描くように消毒綿で消毒する。
　（女児の場合）下肢を開脚し尿道口が確認できるように固定し、第1・2指で小陰唇

を開いて陰部を中央、左右の順に上から下へ消毒綿で消毒する。女児は尿道と肛門の位置が近いので、十分な消毒が必要である。

④導尿用カテーテルの挿入。

　カテーテルの先端に潤滑剤をつけ、利き手でカテーテルの先端をつまむように持ち、尿道口から静かにカテーテルを挿入する。カテーテルの反対側は尿を受ける容器に垂らしておく。介助者は導尿施行者がカテーテルを挿入しやすいように、また不潔にならないようにカテーテルの一端を持ち、姿勢の保持の介助も行う。

(男児の場合) 陰茎を体に90°の角度に持ち、少し前の方に引っ張ると挿入しやすい。少し入ったところで軽い抵抗があるので、陰茎を60°位に戻してそのまま進めていく。

(女児の場合) カテーテルはやや斜め下方に向かってゆっくり4〜6cm挿入する。

⑤尿が出てきたら、その位置でカテーテルを留める。尿が出なくなったらカテーテルを抜く。ゆっくりとカテーテルを回しながら、カテーテルの側孔の位置を変え、尿流がなくなって抜去し、尿道口を消毒する。

3.4　気管切開の適応および手技と気管切開部の管理

　呼吸障害には大きく4種類のものがある。閉塞性換気障害（扁桃・アデノイド肥大、筋緊張低下による舌根沈下、筋緊張亢進による下顎舌根後退、喉頭軟化症、吸気時披裂部陥凹などで上気道が狭くなり空気の通りが悪くなる）、拘束性換気障害（胸郭の変形、肋間筋を含めた呼吸筋の緊張亢進などで肺がうまくふくらまない）、分泌物の貯留・誤嚥（通常に気管支から分泌されている痰を飲み込むことができないか、咳をして痰を上手に出すことができないために痰が咽頭に貯留する。飲み込みが下手なので誤嚥し、肺炎を繰り返す）、中枢性の呼吸障害である（「呼吸障害とその対応」(p.456) 参照)。

　中枢性呼吸障害の場合は人工呼吸しか手立てがないが、他の呼吸障害に対しては、呼吸訓練、体位の工夫、排痰訓練、扁桃・アデノイドの切除、経鼻咽頭エアウェイの挿入などの種々の工夫をしても呼吸状態が改善されない場合や痰の頻回な吸引を要する場合には気管切開が行われる。それによって気道は確保され、気管カニューレの工夫や気管切開の手技によって誤嚥は防止される。

　気管切開は前頸部の皮膚は甲状切痕と胸骨切痕との間を横切開し、気管は第3〜5気管輪を縦切開してカフなしの気管カニューレを挿入する。呼吸はカニューレを介して行われるので、声帯を気流が流れることがない。そのため、発声が不可能になってしまう。これを解決するためにスピーキングカニューレが使用される。これはカニューレの弯曲部に孔が開いていて喉頭の方に呼気が流れ声が発生される。

　誤嚥の対策として喉頭気管分離術が行われる。これは気管を2つに分離し、上の方の断端を食道につなぎ、下の方の断端を頸部の皮膚に気管切開孔として開く手術である。これ

によって唾液や胃食道逆流現象による気管内への流れ込みがなくなり、肺炎が予防される。

気管切開部の管理は切開部周囲を清潔に保つことと、出血・発赤・肉芽形成など皮膚の異常を早期発見することである。切開部周囲の処置をする時は、まず手洗い、気管カニューレ内の吸引をして、カニューレ周囲のガーゼ交換、新しいガーゼにする前に切開部周囲の皮膚を清拭し、皮膚の状態と気管カニューレの翼に破損がないかを見る。切開部に折りガーゼを当て、気管カニューレの翼にひもを通し頸に回してかた結びとする。

引用文献

1) 大島一良：重症心身障害児の基本的問題．公衆衛生 35：648-655，1971．
2) 曽根　翠：重症心身障害児の概念と定義．小児看護 24：1070-1073，2001．
3) 鈴木康之，田角　勝，山田美智子：超重度障害児（超重障児）の定義とその課題．小児保健研究 54：406-410，1995．
4) 厚生省平成元年度厚生科学研究「医療行為及び医療関係職種に関する法医学的研究」報告書．http://www.geocities.jp/adliteracy/iryoukoui.html
5)「医師法第17条、歯科医師法第17条及び保健師助産師看護師法第31条の解釈について（通知）」（平成17年7月26日　医政発第0726005号）
6)「ALS（筋萎縮性側索硬化症）患者の在宅療養支援について」（平成15年7月17日　医政発第0717001号）
7)「非医療従事者による自動体外式除細動器（AED）の使用について」（平成16年7月1日　医政発第0701001号）
8) 平成16年度厚生労働科学研究費補助事業「盲・聾・養護学校におけるたんの吸引等の医学的・法律的整理に関するとりまとめ」（平成16年9月17日）
9) 厚生労働省通知「盲・聾・養護学校におけるたんの吸引等の取り扱いについて」（平成16年10月20日　医政発第1020008号）
10) 畑村洋太郎：失敗学のすすめ．講談社，2000．
11) 日本小児神経学会社会活動委員会・編：医療的ケア研修テキスト．クリエイツかもがわ，2006．
12) 沖　高司，熊谷俊之・編：小児・障害児（者）のための在宅医療マニュアル．金芳堂，2008．
13) 杉本健郎・編：「医療的ケア」はじめの一歩．クリエイツかもがわ，2009．
14) 及川郁子・監修：ベッドサイドケア技術マニュアル．小児看護22 (9) 臨時増刊号，へるす出版，1999．

（塩永淳子）

救急対応

1 体温の異常

ヒトは、環境温度などが変わっても、脳の視床下部で一定に体温が保たれるように調整

されている。ウイルスや細菌などの感染時に誘発された発熱物質が、視床下部にある体温調整中枢に働きかけることで体温の設定温度が高くなり、いわゆる「発熱」が起こる。また、低年齢の子どもや脳に障害のある子どもの場合は、脳の体温調整中枢がうまく機能せず、健康状態は問題なくとも、環境温度に左右され、夏は高体温、冬は低体温になることも少なくない。

子どもの正常の体温は個人差が大きく、36.2〜37.4℃まで幅がある。また、日内変動も大きく、深夜早朝と夕方の体温では1度近い差も見られる。したがって、子どもの「発熱」の判断をするためには、いつもの体温（時間・活動・日内変動を含む）を把握することが重要である。体温調整の難しい子どもへの日常生活での対応について以下に示す。

1.1 体温が高い場合

発熱を起こす主な病気は、8〜9割がウイルスや細菌による感染であり、その他、脱水、アレルギー、腫瘍、膠原病、抗てんかん薬のゾニサミド（エクセグラン®）の発汗抑制による発熱などもある。発熱は一部の免疫機能を高めるため、生体防御反応のひとつと考えられているが、一方で、体力の消耗、熱性けいれんや脱水などを誘発することもあるので対処が必要となる。

感染以外の発熱の原因としては、炎天下の活動、室内温度、室内での温度差（移動の困難な子どもの場合、太陽の当たる場所にいたために上がることもある）、冬の炬燵・床暖房などに注意が必要である。対応は、水分補給を行うと共に、衣服の調整、夏は冷房や扇風機（直接当たらないように）などにあてる、保冷作用のある湿布、保冷剤を入れたスカーフや、保冷剤を入れるポケットのあるベスト、水のスプレーをかけ蒸発熱を利用して体温を下げるなどを行うとよい。冬は窓を開ける、部屋を変わるなどである。

発熱が起きた時には、まず、発熱の程度を子どものいつもの体温と比較して把握することが必要である。次に、てんかんや熱性けいれんがあり、ダイアップ®などのけいれん予防の座薬を入れる必要のある子どもは早急に対応を行うこと、体温調整の難しい子どもの場合は、水分補給と涼しい場所への移動、氷のうなどで体を冷やし、体温が下がるかどうかを判断することが必要である。そのうえで、医療機関への受診を勧める。

1.2 体温が低い場合

室内の暖房と共に、衣服・毛布などでの調整を行い、末梢循環が悪い場合は、靴下・手袋をつけると共に、足浴・ゆたんぽ・マッサージなども効果がある。しもやけになりやすい子どもの場合は、ビタミンEの内服やビタミンEの軟膏の塗布などをすると予防となる。

甲状腺機能低下や低栄養などによる低体温についても、診断および日常生活での配慮が必要となる。

参考文献
1) 大塚親也・編：イラストによるお母さんへの病気の説明と小児の診療（イラスト編・解説編）．南山堂，2002.
2) 片山義弘，片野隆司・編：幼児教育・保育講座15　障害児保育．福村出版，1993.

（山根希代子）

2 けいれん

　けいれんは、子どもの4～8％が経験する比較的多い病態であるが、障害のある子どもではさらに頻度は高くなる。けいれんを起こす原因は多いが、障害のある子どものけいれんの原因の多くはてんかんである。てんかんの詳細は別項で述べたが、ここでは、てんかん発作を念頭に入れて、けいれん時の対応について述べる。

　けいれん時の対応として重要な点は、まず「冷静に対応する」ということである。てんかん発作が直接生命に関わることは少ないので、冷静に対応し、慌てて身体をゆすって気をつかせようとするなどの行動は避ける。ほとんどのてんかん発作は1分程度、長くても5～10分以内には自然に治まることが多いので、10分ぐらいは以下の点に気をつけて様子を見てもよい。

　けいれん時に一番注意しなければならないのが、食物や吐物による気道閉塞（窒息）である。口の中に食物が入っている時や吐きそうな時には、側臥位にして顔を横に向け、吐物で気道閉塞を起こさないように注意する。口の中の食物（吐物）はできるだけ口から出す。

　けいれん時に舌を噛むことを恐れて箸などを噛ませることがあるが、舌を噛むことは少なく、逆に口腔に異物を入れることは、歯を折るなど口腔に傷をつけたり、嘔吐を誘発したりする危険があるので禁忌である。

　てんかん発作が起こった時、応急処置を行うと同時に、発作の様子を観察することも重要である。発作時の状態の把握は診断や治療に欠かせない情報だが、医師が発作の状態を見る機会は少ないため、発作に立ち会った人からの情報は非常に有用である。観察すべき点は、「発作の始まり：どこから起こったか、前兆があったか」「どんな発作か：けいれんがあったか、意識消失の有無、行動異常の有無」「発作の持続時間」などである。

（宮田広善）

3 気道の異物（窒息）

　わが国では、異物誤嚥による小児の窒息死は年間2,000例にも達しているとの報告もある重要な病態である[1]。

図1 気道異物

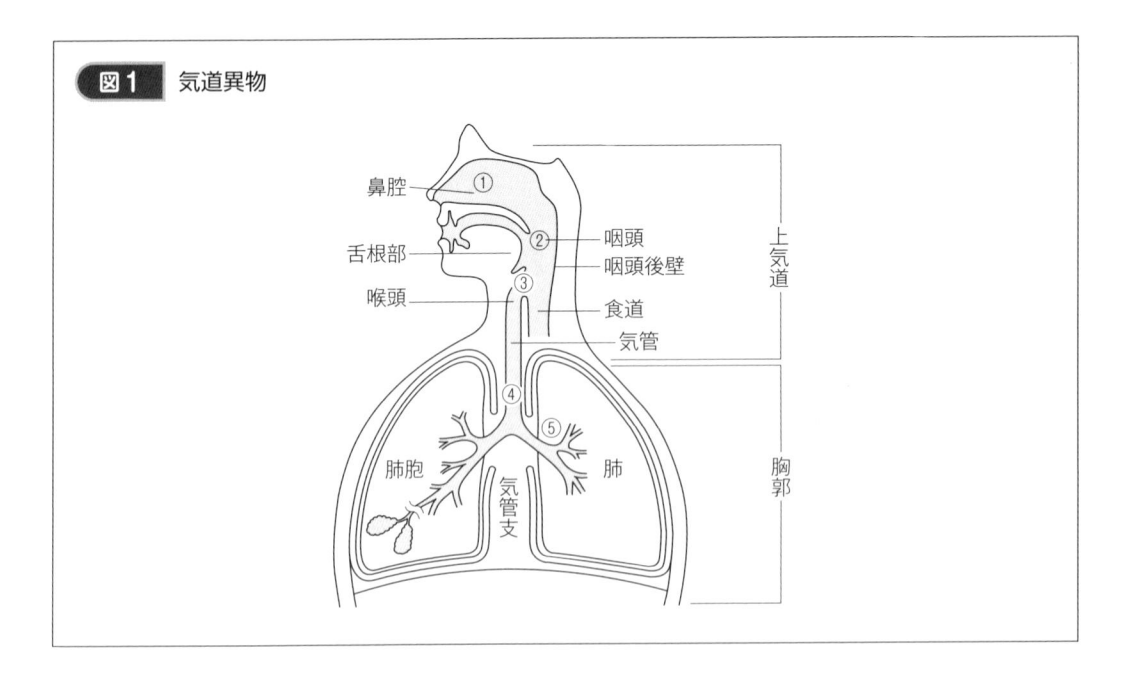

気道異物は、異物が入り込む部位によって、①鼻腔異物、②咽頭異物、③喉頭異物、④気管・気管支異物、⑤肺内・胸腔内異物に分けられる（図1）。それぞれに生命的な危機をもたらすことが少なくないため重要な病態であるが、この項では、施設現場で緊急の対応が求められる喉頭異物と気管・気管支異物について述べる。

3.1 喉頭異物

異物が誤嚥されて喉頭に至る場合、多くは咳嗽発作によって喀出される。しかし、いったんこの部分に異物が陥入すれば、呼吸困難が起こり窒息死に至る場合もある。症状は、嗄声、喘鳴、（吸気性）呼吸困難、チアノーゼなどである。

3.2 気管・気管支異物

食事中の咳嗽、驚愕・爆笑・号泣などの時の一瞬の吸気時に反射的に口腔内の異物が吸引されて起こる。発症初期には、激しい咳嗽や呼吸困難を生じることが多いが、異物の性状や大きさなどによってその程度はさまざまである。気管支異物では、呼気性呼吸困難であったり、胸郭の動きの左右差が認められたりすることがある。豆類などの食物、プラスチック類ではレントゲンに写らず見落とすこともあるので注意を要する。

3.3 処置

基本的には気道の確保（異物の除去）と人工呼吸である。人工呼吸については次項「蘇生術」にゆずることにして、本項では異物除去について述べる。

まず、乳幼児が異物による呼吸困難を訴えた場合、異物が口腔に見えていれば当然用手

図2 back blow

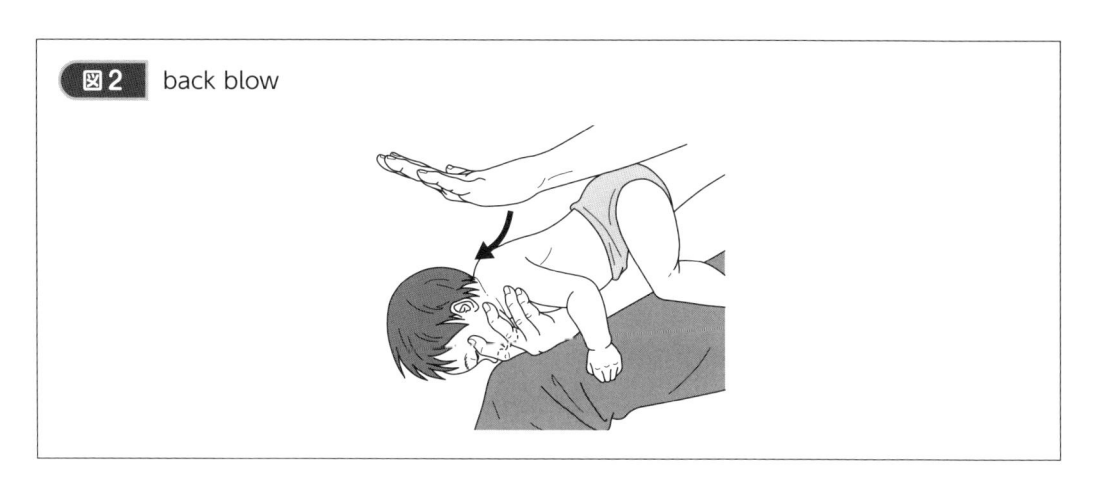

図3 ハイムリッヒ Heimlich 法

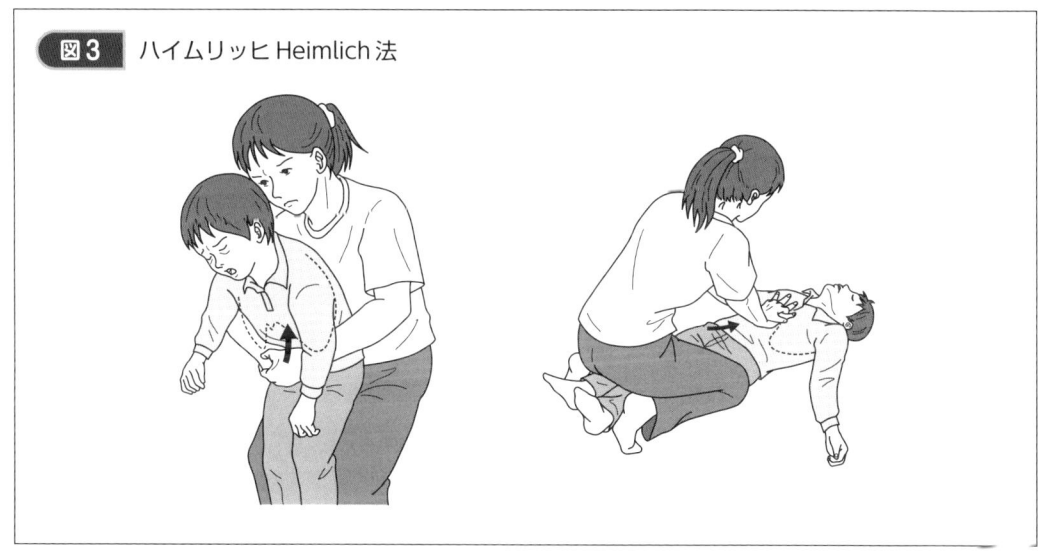

的に取り出すが、見えない場合、患児を倒立位に持ち上げ背部を叩打することによって窒息をまぬがれることがある。あるいは、大人の前腕に患児の頭を手先の方にして跨らせ、上半身を低くして背部を叩打する方法（back blow：図2）も有効である。

　もう少し大きな子どもでは、大人の右拳を上腹部に当てて左手を重ね合わせて上方に圧迫して肺内の空気を力強く排出させて異物を押し出す方法（ハイムリッヒ Heimlich 法）が用いられる（図3）。

　また、家庭用掃除機の先につけて異物を吸引できるアダプターもあるので常備することが望ましい。

（宮田広善）

4 蘇生術

なんらかの原因で心肺停止の状態に陥った場合には、意識の有無を確認し、速やかに周囲の人に応援を頼み、救急車の出動を要請する。そして、次の蘇生処置を実施する。

蘇生処置の実施順序は、A・B・C・Dで覚える。

4.1 A：Airway（気道確保）

意識がなくなると舌根が落ち込んで気道を塞ぐため、呼吸の評価に先立って気道確保が必要である。固い地面の上に仰向けに寝かせ、まず片方の手で額を押さえ、もう一方の人差し指と中指で顎を上に持ち上げる（頭部後屈顎先挙上法）。口腔内に吐物などがある時には取り除く。気道を確保できたら、呼吸の有無を確認する。

4.2 B：Breathing（人工呼吸）

額に当てている手の親指と人差し指とで鼻をつまみ空気が漏れないようにしてから胸部が軽く膨らむことを確認しながら約1秒間息を吹き込み胃膨満や肺の破裂を防ぐために口を離して2秒待つ。これを2回繰り返す。近年では感染症防止に加えて、人工呼吸を行わず胸骨圧迫心マッサージだけでもよいとの報告もある。胸骨圧迫により肺も圧迫され呼吸のサポートにもなるためである。

4.3 C：Circulation（循環・心臓マッサージ）

心臓マッサージは胸骨圧迫法で行う。乳頭と乳頭を結んだ線上で、からだの真ん中（胸骨上）に手の付け根を置き、圧迫部位とする。胸を掌（たなごころ、手の付け根のこと）の部分で4～5cm程度沈むように圧迫する。この際に、肋骨が折れても構わない（骨折よりも蘇生が優先されるため）。寝ているところが固くない場合には、心臓マッサージの効果が半減するため背中に板を入れたりするのもよい。肘を真っ直ぐ伸ばし、約100回/分の速さで圧迫を繰り返す。人工呼吸を行う場合には、心臓マッサージ30回毎に人工呼吸を2回行う。

4.4 D：Defibrillation（自動体外式除細動）

自動体外式除細動器（AED）が手に入る場所では、呼吸がないと判断した時点でAED処置を行う。

（宮田広善）

遺伝相談

1 遺伝とは

　広辞苑では、遺伝（heredity）とは「親から子・孫に、また細胞を単位とみて、その次の世代に、体の形や色などの形質の伝わる現象。遺伝子の伝授とその働き（発現）により支配される」と説明されている。遺伝子（gene）とは、その一つひとつが生物の個々の遺伝形質を発現させる設計図のようなものであり、細胞内の核染色体とミトコンドリアにある。

　遺伝は生物に起こる現象であり、ヒトであれば、髪の色から顔つきなど、子どもが親に似るのも遺伝によるものであり、生物にとって遺伝はさまざまな遺伝形質を子孫に伝えていくための重要な事象である。

　一方で、遺伝性疾患など、ある種の病気が遺伝する場合がある。現在わかっている遺伝性疾患の数から想定すると、どんな人でもなんらかの病気をもたらす遺伝子を10近く持っていると考えられている。

　近年ヒトゲノム（染色体に載っている遺伝子と非遺伝子領域を合わせた情報）の研究が急速に進み、病気の診断や治療、薬の開発などにも応用されてきている。これらの研究やその応用が進むと同時に、ヒトゲノムに関しての倫理・法的・社会的な課題の検討や遺伝に関しての啓発が必要と考えられている。

2 染色体とは

　正常の男性の染色体を図1に示す。ヒトの染色体は、1番から22番までの常染色体が1対ずつと、男性の場合は性染色体のXとY、女性の場合は性染色体のXが2つあり、計46本の染色体でなっている。1対の1～22番の常染色体は、片方を母親から片方を父親からもらっており、性染色体は、母親から1つのXを父親からXもしくはYをもらっている。

　染色体には数多くの遺伝子（核染色体にある遺伝子は26,800とも言われている）があり、染色体異常は複数の遺伝子の異常となる。染色体異常には、数の異常（例：21番目の染色体が1つ多いダウンDown症候群、女性でX染色体が1つしかないターナーTurner症候群など）と構造異常（染色体の一部が欠失、リング状になっているなど）がある。

図1 正常ヒト染色体（男性44＋XY）

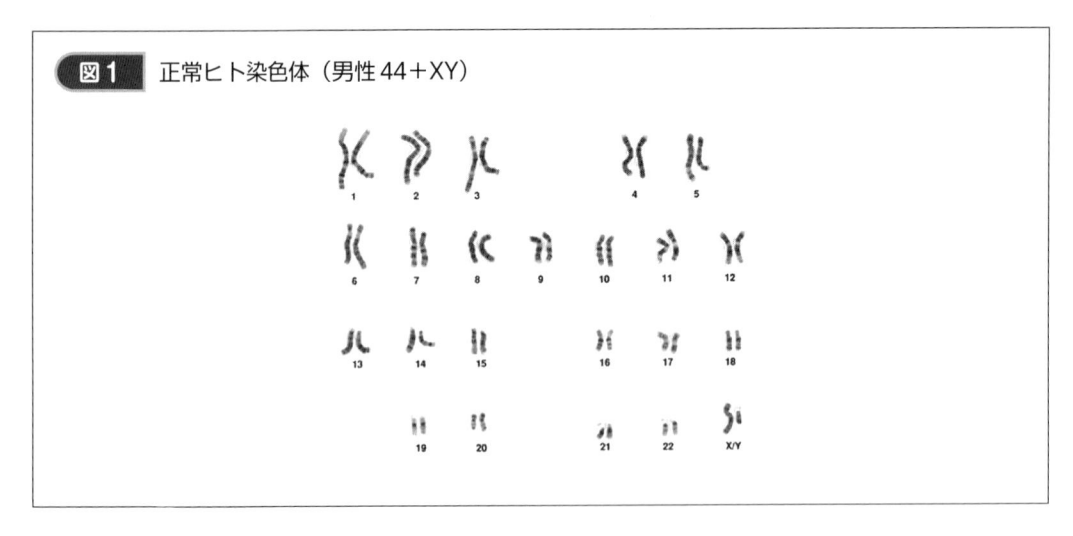

図2 常染色体劣性遺伝（両親が保因者の場合）

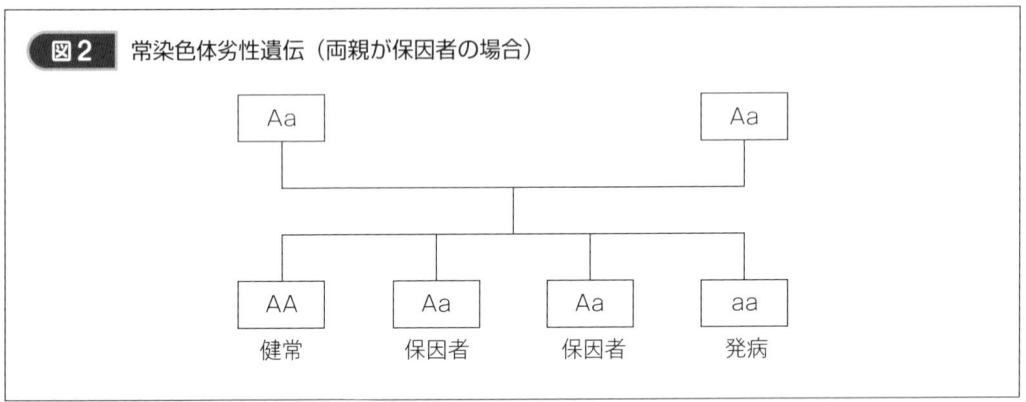

```
        Aa ─────────── Aa
                │
    ┌───────┬───────┬───────┐
    AA      Aa      Aa      aa
    健常    保因者   保因者   発病
```

3 遺伝のしかた

　遺伝の仕方の基本は、ひとつの遺伝子によるもの（単一遺伝）である。

　遺伝には、常染色体優性遺伝、常染色体劣性遺伝、伴性遺伝、ミトコンドリア遺伝、多因子遺伝と、さまざまな遺伝のしかたがある。

　常染色体優性遺伝では、常染色体の中で、1対の遺伝子のどちらかに原因があると発症する遺伝形式である。aが病気の原因となる遺伝子でAが正常の遺伝子とすると、Aaは発病の可能性があり、AAは正常となる。また図2のように、常染色体劣性遺伝は、22対ある常染色体の中で1対の遺伝子の両方ともが病気の遺伝子であるとその病気が現れる。

　ミトコンドリア遺伝は、細胞の中にエネルギーを作り出すミトコンドリアの異常によって起こるものである。ミトコンドリアは母親からのみ伝えられるため母親から遺伝する。

4 出生前診断について

　出生前診断に関しては、胎児の状態を触診や聴診で診断する方法から、超音波検査、受精卵の遺伝子診断まで、幅広い領域となる。検査は、受精卵・絨毛・羊水・胎児組織・胎児、母体血が対象となり、その内容は、形態・染色体・遺伝子、生化学などである。これらの検査を単独もしくは、複数の検査を組み合わせて診断を行うものである。

　たとえば、ダウン症の出生前診断については、母体血清によるトリプルマーカーで胎児がダウン症である確率を調べ、その後、羊水検査で、羊水の中の胎児組織の染色体を調べることで胎児の診断を行うことができる。トリプルマーカーは、スクリーニングとして簡単で非侵襲的ではあるが、確定診断ではなく、検査前のコンセンサスなしに安易に行われ、予期しない検査結果に対して、さまざまな問題が発生した。

　出生前診断に関しては、社会における生命倫理の論議を行うと共に、「出生前診断をするかどうか」「検査後の方向性」など両親が自己決定できるように、遺伝カウンセリングなどのサポート体制をさらに進めていく必要がある。

5 遺伝カウンセリングとは

　信州大学医学部付属病院遺伝子診療部のホームページには、「遺伝カウンセリングとは患者・家族のニーズに対応する遺伝学的情報およびすべての関連情報を提供し、患者・家族がそのニーズ・価値・予想などを理解したうえで意志決定ができるように援助する医療行為である．その過程で，心配している状態・病気は遺伝的に本当に心配しなければならないことなのか，本当に心配しなければならないことならば，その可能性はどの位あるのか，その可能性を避ける方法はないのか，避ける方法があるならば，それはどのような方法で，どこで受けられるのかなどの疑問に答えるために多くの情報提供を行なう」と記さ

表1 医学に関連した倫理原則 (relevant ethical principles in medicine)

個人のオートノミー（autonomy）に対する尊重：個人の自己決定権を尊重し、判断能力に制限のある人を保護する

善行（beneficence）：個人の福祉、幸福を守ることを最優先させ、彼らの健康に寄与すべく最善を尽くす

敗害防止（non-maleficence）：当事者に対して有害なものを取り除き、防ぎ、少なくとも有害なものを最小限にする

正義（justice）：個人を公正、且つ公平に扱い、保健に関する便益と負担を、対社会的にできるだけ公正に配分する

れている。

　遺伝カウンセリングは、まず疾患の正確な診断を行い、家系図から遺伝性の検討を行い再発の可能性を推定し、相談者の社会的・家族内状況を考慮して、相談者が意思決定するための援助をするといった手順で行う。

　カウンセリングを行うにあたっては、「遺伝医学と遺伝サービスにおける倫理的諸問題に関して提案された国際的ガイドライン」の中に、表1[1]に示す倫理原則を遵守するよう記されている。

参考文献

1) 日本人類遺伝学会HP：参考資料．http://www.jshg.jp/resources/index.html，平成22年1月14日アクセス．
   遺伝学的検査に関するガイドライン．
   遺伝医学と遺伝サービスにおける倫理的諸問題に関して提案された国際的ガイドライン．
2) ヒトゲノムマップ，http://www.lif.kyoto-u.ac.jp/genomemap/，平成22年1月14日アクセス．
3) 後藤雄一：ミトコンドリア病～病気の理解とよりよい生活のために～．厚生労働省研究班「小児運動性疾患の介護などに関する研究」，2001．
4) ミトコンドリア病患者・家族の会ホームページ，http://www.mitochon.org/pc/，平成22年1月15日アクセス．
5) 信州大学医学部付属病院遺伝子診療部，http://genetopia.md.shinshu-u.ac.jp/genetopia/basic/basic2.htm，平成22年1月15日アクセス．
6) 新井一夫：もっと遺伝を知ろう．社団法人日本家族計画協会，2001．

（山根希代子）

索　引

【ア】

ICIDH　139
ICF（国際生活機能分類）　13, 139, 279
ICD-10　37
愛着対象　268
朝顔症候群　426
アスペルガー症候群　420
アセスメント　37, 50, 107, 283
　　──の留意点　41
　　運動──　44
　　感覚統合──　44
　　言語──　44
遊び活動　176
アタッチメント　225
アフォーダンス理論　192
アメリンド法　156
アレルギー　466
　　──食　468
育成医療　375
医行為　477
医師（役割）　41, 352
異常発達　411
1歳6か月児健康診査　379, 406
1.57ショック　406
遺伝　491
　　──カウンセリング　493
　　──相談　491
遺伝医学と遺伝サービスにおける倫理的諸問題に関して提案された国際的ガイドライン　494
移動能力　279, 283, 288
意図的操作　294
違法性阻却　479
イメージする力　300
イヤモールド　437
医療給付制度　370, 372
医療的ケア　477
医療費助成制度　405
入れ子構造　220

インクルーシブ教育　384, 396
インクルージョン　29, 31, 383, 387
インシデンタルサイン指導法　155
インテグレーション　31
インデュースメント　193
インリアル・アプローチ　132
　　──の対象　132
　　──の適用と限界　134
　　──の方法　133
WISC-III知能検査　39, 114
ウィリアムス症候群　416
上田法　190
ウエルドニッヒ・ホフマン病　414
ウェルビーイング　76, 79, 80
VOCA　143, 159
ヴォーカルマーカー　269
運動学習　280
運動企画　176
運動の敏感期　122
運動の敏感期の種類と内容　124
運動発達レベル　188
栄養士（役割）　42
AAC　139, 142, 152
AD/HD（注意欠陥・多動性障がい）　23, 57, 58, 277, 420
絵視標　233
SST　326
MRSA　448
LD（学習障がい）　57, 58, 420, 421
嚥下機能　251
嚥下訓練　261
嚥下造影検査　459
嚥下促通訓練　261
遠視　230
延滞模倣　268
エンパワーメント　23
黄疸　434
OECD（経済協力開発機構）　383
押しつぶし機能　252, 261
親の会　35
親のためのポーテージプログラム指導技法

495

105
音楽療法　161
　　──士　163
　　──の構造　162
音声模倣　242, 269

【カ】

外反足　285
臥位保持装置　212
下顎介助法　259
下肢交叉　182
歌手遊び　275
家族支援　9-11, 46, 73
　　──のツール　13
家族システム　27
家族性滲出性硝子体網膜症　426
学校教育法第81条　59
学校保健法　446
カットアウトテーブル　236, 285
過敏除去　259
ガムラビング　261
考える力　302
感覚過敏　128, 174, 279
感覚教育　128
感覚体験　128
　　──の整理（概念形成）　130
感覚探求　172
感覚調整障がい　168
感覚統合プロセス　169, 170
感覚統合療法　168
感覚フィードバック　292
感覚防衛　174
眼球の疾患　229
関係発達論　221
看護師（役割）　41
観察学習（モデリング）　266
間接的操作　290
杆体一色覚（全色盲）　425
気管切開　461, 484
気道確保　490
機能性構音障がい　245, 312
虐待　3, 25, 67, 68
QOL（生活の質）　141
共同活動　311

共鳴動作　219, 267
強膜化角膜　424
居宅介護（定義）　16
近視　230
禁止食品問診表　467
筋ジストロフィー　413
空間構成法　193
　　──によるスイミング療法　204
空間視　231
クーゲルベルク・ベランダー病　414
クレーデル法　412
K-ABC心理・教育アセスメントバッテリー　39
計画的無視　96
　　──の活用　97
経管栄養　482
経口摂取開始訓練　261
痙直　410
経鼻チューブ　482
経皮内視鏡的胃ろう造設術　460, 482
けいれん　487
ケースワーカー（役割）　42, 352
健康診査制度　377
健康診断　442
健康調査票　443
健康ノート　441
健康フェースシート　50, 443
言語心理学的技法　133
　　──の段階的使用　136
言語聴覚士（役割）　42, 247
原始模倣　267
行為機能障がい　168
高額療養費制度　405
高機能広汎性発達障がい　23, 138
高機能自閉症　57, 58, 420
口腔衛生　444
口唇訓練　259
抗てんかん薬　452
行動援護（定義）　16
行動形成　95
行動の三側面　224
行動分析学　94
応用行動分析学　95
　　──の適用範囲　99
行動理論　114

広汎性発達障がい　138, 274, 420
公費負担制度　370
高齢化　2
誤嚥　458, 484
呼吸障がい　457
呼吸理学療法　460
国際ポーテージ協会　103
国リハ式〈S-S法〉言語発達遅滞検査　315
心の発達段階　222
ごっこ遊び　269, 314
骨折　470
ことばを理解する力　302
子ども・子育て応援プラン　378
子ども・子育てビジョン　345, 347, 378
子どもの意見表明権　78
子どもの気質　223
子どもの権利条約　5, 29, 30, 77, 87, 331, 346, 394
子どもの好みと行動　98
子どもの最善の利益　77
個別支援計画　33, 46
　──の基本要素　48
　──の作成ポイント　49
　──の作成手順　48
　──の手順　47
　──のモニタリング　54
個別の教育支援計画　366
コミュニケーション　134, 307
　──エイド　142
　──機能　308
　──手段　301, 307, 309
　──障がい　242
　──の3側面　307, 308
　──包括的療育プログラム　310
　──ボード　143
　非音声言語──　152
コロボーマ　424, 426

【サ】

サービス調整会議　85
最適学習姿勢　235
サイトメガロウイルス胎内感染　434
座位保持装置　209, 287
サイン言語　153

──法　154
作業療法士（役割）　42, 178, 293
三項関係　269, 323
3歳児健康診査　380, 406
酸素療法　461
シーソー呼吸　458
シーティング　206
JSI-R（感覚発達チェックリスト）　173, 473
ジェスチャーゲーム　274
ジェネラリスト・モデル　115
支援費制度　335
視覚障がい　229, 423
　──特別支援学校（盲学校）　38
視覚的探索　238
視覚認知　231
視覚の3つのシステム　228, 230
視覚誘発電位（VEP）　235
歯科検診　444
色素失調症　426
視機能評価　233
自己意識　226
自己意思伝達　303
自己管理　97
自己教育　122
自己決定　99
自食機能　253
自食訓練　262
視神経萎縮　426
視神経無形成・低形成　426
姿勢　279
自制心　326
姿勢保持能力　283, 288
次世代育成支援対策推進法　345
視対象のコントロール　236
舌訓練　261
舌突出　258
視知覚障がい　230
しつけ　6, 226
失調症　279
児童虐待防止法　5
児童憲章　330
児童指導員（役割）　42, 43
自動体外式除細動　490
児童デイサービス（定義）　16

497

児童発達支援センター　250
児童福祉　9
児童福祉法　5, 76, 249, 330, 335, 375, 405
視能訓練士（役割）　38, 42
自閉症スペクトラム　112, 232, 255, 259, 263, 274, 280, 284, 313, 319, 407, 420, 441, 468, 472
社会性　322, 326
社会生活技能　327
社会的養護　75, 76
社会福祉基礎構造改革　335
社会福祉士（役割）　42
社会福祉法　14
就学基準　58, 59, 61
就学指導　62
就学制度　61
就学相談　63
住環境整備　214
　　──のポイント　215
重症心身障がい児　475
重度障害児等医療費助成制度　377
重度障害者包括支援　16
重度・重複障がい　232
周辺児　476
出生前診断　493
循環・心臓マッサージ　490
障がい児医療　404
障害児支援の見直しに関する検討会　17, 21, 29, 249, 339, 352
障害児早期教育援助法（アメリカ）　101
障害児保育円滑化事業　349
障害児保育事業　30
　　──実施要綱　348
障害児保育要綱　29
障害者基本計画　60, 335, 365
障害者基本法　335, 364
障害者自立支援法　17, 335, 343
　　──等の一部を改正する法律案　339
障がい者制度改革推進本部　342
障がい者制度改革推進会議　399
障害者の権利条約　3, 19, 29, 31, 391, 401
　　──の原則　392
障害者プラン　3
障がいの告知　21
障がいの受容　21, 35, 73

生涯発達心理学　218
障害福祉サービス　15
小眼球　424
状況理解力　299
条件詮索反応聴力検査（COR）　39
少子化傾向　2
小児慢性疾患医療助成制度　405
小児慢性特定疾患治療研究事業（小慢事業）　371
食環境指導　256
食内容指導　259
書見台　236
食塊形成　252
私立学校特殊教育補助制度　354
自立支援医療　375
　　──受給者証　376
視路の疾患　229
神経発達学的治療（NDT）　189
人工呼吸　490
　　──器　461
人工内耳　436
シンシアリティ・レベル　135
滲出性中耳炎　435
心身障害児通園事業実施要綱　348
心身障害者対策基本法　335, 348
新生児仮死　434
新生児訪問指導　380
新生児模倣　219
身体障害者福祉法　333
身体図式　267, 278
身体的同型性　267
心的外傷ストレス障がい　23
新版K式発達検査　39
新版ポーテージ早期教育プログラム　104, 106
心理職（役割）　42
水頭症　412
水分摂取訓練　262
髄膜炎　434
スイミング療法　193
　　──の水中活動　202
　　──のマット活動　203
図形シンボル　153
Starting Strong II　383
滑り止めシート　285

ずり這い　287
生活リズムの乱れ　471
精神衛生法　333
成人嚥下　251
精神遅滞　415
精神薄弱者福祉法　333
精神保健及び精神障害者福祉に関する法律　333
成長曲線　469
脊髄性筋萎縮症　414
摂食・嚥下機能療法　255
摂食・嚥下障がい　254, 462
染色体　491
尖足　186
先天性心疾患　455
先天奇形症候群　417
相談支援事業　17
SOUL（ソウル）　133
ソーシャルワーカー（役割）　42, 352
側弯　286
咀嚼（すりつぶし）機能　253
咀嚼訓練　261
蘇生術　490
ソトス症候群　417

【タ】

第一次硝子体過形成遺残　425
体温異常　485
体幹後傾姿勢　209
体幹前傾姿勢　209
対象視　231
対人関係　225
体操遊び　275
大脳皮質性視覚障がい　229, 426
代理ミュンヒハウゼン　26
ダウン症候群　231, 255, 259, 263, 277, 280, 284, 407, 416
唾液嚥下　261
脱臼　470
TTAP　114
田中ビネー知能検査V　39
短期入所（定義）　16
痰の吸引　481
地域支援　65
――ネットワーク事業　90
地域自立支援協議会　84
――の構成メンバー　86
――の役割　85, 87
地域生活支援　9, 10
チームアプローチ　41, 43, 208
父親の役割　27
窒息　487
知的障がい　277
知的障害者福祉法　333
聴覚失認　435
聴覚障がい特別支援学校（ろう学校）　249
超重度障がい児　476
聴性行動反応聴力検査（BOA）　39
聴性脳幹反応聴力検査（ABR）　39
聴能　243
――言語訓練　241, 244
聴能言語法　244
調理師（役割）　42
聴力検査　430
直接的操作　290
通級　363, 365
TEACCH　112
――における「構造化」　116
――の理念　112
手当制度　336
DSM-IV-tr　37
低緊張　284
テラー・アキュイティ・カード（TAC）　234
てんかん　280, 451
伝染病　446
道具操作　296
同型性認識　267
導尿　483
登はん性起立　413
トークアシスト　146
特殊教育　57
――費補助制度　29
特定疾患医療費助成制度　405
特定疾患治療研究事業　375
特別支援学級　364
特別支援学校　362, 363
特別支援教育　30, 57, 64, 361, 362
――の推進に関する調査研究協力者会議

499

367
　　　——の推進について（通知）　360
　　　——の対象　58
トラウマ（心的外傷）　23
トランスクリプト作成　137
とんび座り　287, 410

【ナ】

内言語　302
軟骨無形成症　417
難聴　318, 432
　　　——幼児通園施設　249
　　　遺伝性——　433
日中一時支援事業　16
二分脊椎　412
日本ポーテージ協会　103
乳児嚥下　251
乳頭周囲ぶどう腫　426
乳幼児医療費助成制度　376
乳幼児健康診査　379
妊産婦訪問指導　380
認知理論　114
認定こども園　30
認定就学者　58, 61
ネックレスト　236
脳室周囲白質軟化症　409
脳性麻痺　180, 263, 277, 280, 287, 290, 318, 407, 408
　　　——の運動障がい　181
ノーマライゼーション　3, 24, 31, 57, 334, 335, 340, 354

【ハ】

パートナーシップ　70
ハイカットシューズ　286
ハイチェアー　286
排尿障がい　464
ハイムリッヒ法　489
白内障　425
白皮症　424
back blow　489
発達支援　7-9, 70, 73, 74
　　　——課題　10

　　　——の三層構造モデル　7
　　　——プラン　46, 49
発達障がい　419
　　　——児のための音楽活動チェックリスト　164
発達障害者支援法　11, 335
発達段階　222
発達の生態学的視点　220
発達予後　418
反響言語　312
反抗期　226
反張膝　286
反復過程　220
PIC　157
B型肝炎　448
PCS　156
ピータース奇形　424
非言語的行動　327
人見知り　323
肥満　468
ヒヤリハット　481
フィッティング　436
風疹症候群　434
不眠　471
プラダー・ウィリー症候群　416, 468
フロスティッグ視知覚発達検査　39
プロンボード　212
ペアレント・トレーニング　14, 15
BED-MUSIC　165
ヘッドレスト　236
PEP-R（心理教育プロフィール改訂版）　473
PEP-III　114
偏食　472
便秘　466
偏平足　285
保育士（役割）　42, 43, 247, 345, 351, 352
保育所障害児受入促進事業　349
保育所等訪問支援事業　341
保育所保育指針　344, 348
ボイター法　190
放課後等デイサービス事業　341
ポーテージ早期教育ガイド　101, 102
ポーテージ乳幼児教育プログラム　103
ポーテージ・プログラム　101

――の活動チャート 108, 109
保健医療制度 369
保健指導 380
保健師（役割） 41, 42, 352
保健センター 406
保護者支援 65
保護者のニーズ 52
ポジショニング 206, 460, 463
　　――の原則 206
　　――のポイント 213
母子分離不安 323
母子保健法 377, 405, 406
補食機能 252
補食訓練 261
補聴器 244, 136
発作誘発因子 453
ほどよい挑戦 177
ボバース法 189
頬訓練 261

【マ】

マカトンシンボル 158
マカトン法 155
マザーリーズ 269
慢性的悲哀 12, 24
ミーニング・レベル 135
未熟児 232
　　――訪問指導 380
　　―網膜症 426
　　――養育医療 376
ミラー・ディーカー症候群 417
無眼球 424
無虹彩症 424
目と手の協応 299
　　――動作 238, 239
網膜芽細胞腫 426
網膜色素変性症 425
模倣遊び 266

――の拡大段階 273
――の高次化段階 273
――の成立段階 273
――の段階 271
模倣学習 265
模倣の気づき段階 270
模倣の芽生え段階 270
森実ドット・アキュイティ・カード 233
問題行動 32, 38, 173
モンテッソーリクラス環境 127
モンテッソーリ法 122
　　――の教育分野 124

【ヤ】

薬液の吸入 482
有意味後獲得 269
遊具遊び 270
有能な新生児 219
ユネスコ（国連教育科学文化機関） 384
養育者のメンタルヘルス 21, 23
幼稚園特別支援教育費補助金 356
予測力 305
予防接種 381, 449, 454

【ラ】

乱視（屈折異常） 230
ランドルト環 233
リーバスシンボル 157
理学療法士（役割） 42, 178
立位保持装置 211
流行性耳下腺炎（おたふくかぜ） 434
緑内障 425
レーベル先天盲 425
レジリアンシー 26
レスパイトケア 16, 76
レット症候群 420
ローカルガバナンス 86

発達支援学：その理論と実践 ―育ちが気になる子の子育て支援体系―

2011年5月10日　第1刷発行Ⓒ
2011年6月7日　第2刷発行Ⓒ
定価はカバーに表示

監　修	加藤正仁・宮田広善
編　集	全国児童発達支援協議会
発行者	木下　攝
印　刷	横山印刷株式会社
製　本	永瀬製本所
ＤＴＰ	Kyodoisho DTP Station
発行所	株式会社協同医書出版社

〒113-0033　東京都文京区本郷 3-21-10
電話 03-3818-2361　ファックス 03-3818-2368
郵便振替 00160-1-148631
http://www.kyodo-isho.co.jp/　E-mail：kyodo-ed@fd5.so-net.ne.jp
ISBN 978-4-7639-2131-4

JCOPY 〈(社)出版者著作権管理機構 委託出版物〉

本書の無断複写は著作権法上での例外を除き禁じられています．複写される場合は，そのつど事前に，(社)出版者著作権管理機構（電話 03-5244-5088，FAX 03-5244-5089，e-mail: info@jcopy.or.jp）の許諾を得てください．
本書を無断で複製する行為（コピー，スキャン，デジタルデータ化など）は，「私的使用のための複製」など著作権法上の限られた例外を除き禁じられています．大学，病院，企業などにおいて，業務上使用する目的（診療，研究活動を含む）で上記の行為を行うことは，その使用範囲が内部的であっても，私的使用には該当せず，違法です．また私的使用に該当する場合であっても，代行業者等の第三者に依頼して上記の行為を行うことは違法となります．